U0909531

北京印刷学院传播学重点建设学科项目

高等学校编辑专业教学参考书

20世纪
中国著名编辑出版家
研究资料汇辑

3

宋应离　袁喜生　刘小敏　编

河南大学出版社

目　录

胡　适

舒新城

叶圣陶

孙伏园

邹韬奋

胡 适

胡适(1891 ~1962),安徽绩溪人。1905 年到上海中国公学读书。1910 年赴美国留学,先后就读于康乃尔大学和哥伦比亚大学,为美国实用主义哲学家杜威的学生。1917 年毕业,获博士学位。同年回国后,任北京大学教授。五四运动初期,提倡白话文、新诗,倡导文学革命,并任《新青年》杂志编辑。1917 年曾在《新青年》上发表了《文学改良刍议》,揭开了新文学革命的序幕。1920 年,出版了他的我国第一部新诗集《尝试集》。五四运动中,发表了《多研究些问题,少谈些主义》一文,以改良主义反对马克思主义。1920 年,脱离《新青年》,1922 年另行创办《努力周报》和《读书杂志》,后又主编《国学季刊》和《现代评论》。1928 年与徐志摩、梁实秋等出版《新月》月刊,并创办新月书店,发表文章反对无产阶级革命文学。1931 年任北京大学文学院院长兼中国文学系主任。1932 年,与蒋廷黼等创办《独立评论》,鼓吹独立自由,支持蒋介石“攘外必先安内”的反动政策，并发表“全盘西化”的主张。1938年，抗日战争爆发后，任国民党政府驻美国大使，1942年，任国民党政府行政院最高顾问，1946年任北京大学校长。1948年去美国，1958年去台湾，任中央研究院院长。

胡适是五四新文化运动中的一个重要代表人物。他一生从事对古代文学和哲学的研究，创办刊物，对继承祖国文化遗产起到了积极的历史作用。其主要著作均收入《胡适全集》。

《努力周报》发刊词：努力歌[①]

胡　适

“这种情形是不会长久的。”
朋友，你错了。
除非你和我不许他长久，
他是会长久的。

“这种事要有人做。”
朋友，你又错了。
你应该说：
“我不做，等谁去做？”

天下无不可为的事。
直到你和我——自命好人的——
也都说“不可为”，
那才是真不可为了。

阻力吗？

他是黑暗里的一个鬼；
你大胆走上前去，
他就没有了。

朋友们，
我们唱个《努力歌》：
“不怕阻力！
不怕武力！
只怕不努力！
努力！努力！”

“阻力少了！
武力倒了！
中国再造了！
努力！努力！”

注释：

① 原载《努力周报》创刊号。《努力周报》，1922 年 5 月 7 日在北京创刊，胡适主编，是《新青年》分化以后，胡适为贯彻他的主张而创办的。辟有这一周、社论、评论、讨论、论者、通信、小说、杂感等栏目，内容以讨论政治问题为主。第 2 期发表胡适、梁漱溟等人的《我们的政治主张》一文，提出“好人政府”等主张。1922 年 9 月起曾出增刊《读书杂志》，每月一期，提倡整理国故。1923 年 10 月停刊，共出 75 期。

1923 年 10 月 9 日，胡适致信高一涵、陶孟和等四人决定把《努力》停刊，信中谈了停刊的原因，并表示以后看时机仍将复刊(半月刊或月刊)。现全文摘录如下：一涵、孟和、慰慈、牲仁四位同鉴：

《努力》事承你们努力维持，至于今日，使我得安心在山中养病，我真不知道怎样感谢你们才好！

我在烟霞洞住了三个多月，虽然很安逸，很快乐，但我真住的不耐烦了。并不是地方不好，实在是心里不安。一来因为我在大学的功课无人担任；二来因为《努力》久累朋友；三来因为离家日久。所以我决计“下山”来了。（“下山”二字是浙江教育厅长张宗祥用的《思凡》典故！）

四日下山，五日夜到上海，一觉醒来曹锟已当选做总统了。上海一班朋友都不愿意我此时回来，大家谈论的结果，都劝我暂不回京。医生也不赞成我此时出来工作。因为我现在肛门还有一处痔瘤每月要发二三次，每天坐二时以上，背脊便酸痛。

因此，我于七日晚上请叔永夫妇、经农、振飞们来商议一次。结果是：

（一）《努力》暂时停办，将来改组为半月刊或月刊，专从文艺思想方面着力，但亦不放弃政治。俟改组就绪，再行出版。出版当在我恢复健康之时；此时仍继续《读书杂志》。

（二）我此时暂不回京授课，俟一年假满之时再说。

以上二事皆以我病体未复元为主要理由。

停办之事，原非我的本意。但此时谈政治已到“向壁”的地步。若攻击人，则至多不过于全国恶骂之中，加上一骂，有何趣味？若撇开人而谈问题和主张——如全国会议，息兵，宪法之类——则势必引起外人的误解，而为盗贼上条陈也不是我们爱干的事！

辗转寻思，只有暂时停办而另谋换一方向僇力的办法。

二十五年来，只有三个杂志可代表三个时代，可以说是创造了三个新时代。一是《时务报》，一是《新民丛报》，一是《新青年》。而《民报》与《甲寅》还算不上。

《新青年》的使命在于文学革命与思想革命。这个使命不幸中断了，直到今日。倘使《新青年》继续至今，六年不断地作文学思想革命的事业，影响定然不小了。

我想，我们今后的事业，在于扩充《努力》，使他直接《新青年》三年前未竟的使命，再下二十年不绝的努力，在思想文艺上给中国政治建筑一个可靠的基础。

在这个大事业里，《努力》的一班老朋友自然都要加入；我们还应当邀请那些年老而精神不老的朋友，如蔡孑民先生、吴稚晖先生，一齐加入。此外，少年的同志，凡愿意朝这个方向努力的，我们都应该尽量欢迎他们加入。

九月廿三日，自云栖回到烟霞洞，看见山前的梅树都憔悴不堪了，曾有一诗如下：

树叶都带着秋容了，
但大多数都还在秋风里撑持着。
只有山前路上的许多梅树，
却早已憔悴的很难看了。
我们不敢笑他们早凋；
让他们早早休息好了，
明年仍赶在百花之先开放罢！

让我这首小诗预祝我们的新《努力》的生命罢！
谢谢你们维持《努力》的热诚和辛苦。

适上。十二，十，九。

选自宋原放主编、陈江辑注《中国出版史料》现代部分第1卷上册，山东教育出版社、湖北教育出版社2001年

《国学季刊》发刊宣言

胡　适

近年来，古学的大师渐渐死完了，新起的学者还不曾有什么大成绩表现出来。在这个青黄不接的时期，只有三五个老辈在那里支撑门面。古学界表面上的寂寞，遂使许多人发生无限的悲观。所以有许多老辈遂说，“古学要沦亡了！”“古书不久要无人能读了！”

在这个悲观呼声里，很自然地发出一种没气力的反动的运动来。有些人还以为西洋学术思想的输入是古学沦亡的原因，所以他们至今还在那里抗拒那他们自己也莫名其妙的西洋学术。有些

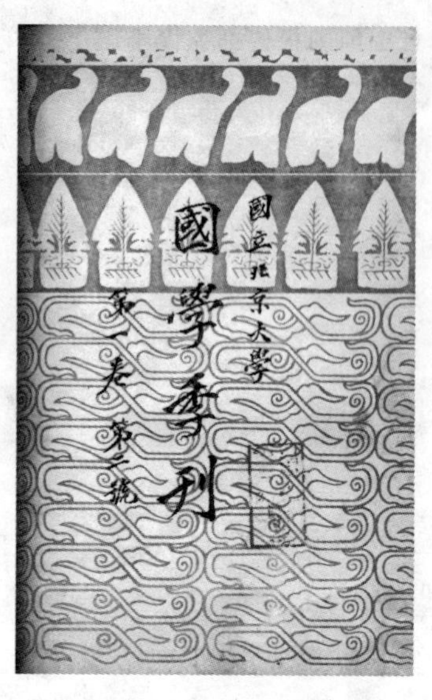

胡适主编的《国学季刊》

人还以为孔教可以完全代表中国的古文化；所以他们至今还梦想孔教的复兴；甚至于有人竟想抄袭基督教的制度来光复孔教；有些人还以为古文古诗的保存就是古学的保存了；所以他们至今还想压制语体文字的提倡与传播。至于那些静坐扶乩，逃向迷信里去自寻安慰的，更不用说了。

在我们看起来，这些反动都只是旧式学者破产的铁证；这些行为，不但不能挽救他们所忧虑的国学之沦亡，反可以增加国中少年人对于古学的藐视。如果这些举动可以代表国学，国学还是沦亡了更好！

我们平心静气地观察这三百年的古学发达史，再观察眼前国内和国外的学者研究中国学术的现状，我们不但不抱悲观，并且还抱无穷的乐观。我们深信，国学的将来，定能远胜国学的过去；过去的成绩虽然未可厚非，但将来的成绩一定还要更好无数倍。

自从明末到于今，这三百年，诚然可算是古学昌明时代。总括这三百年的成绩，可分这些方面：

（一）整理古书。在这方面，又可分三门。第一，本子的校勘；第二，文字的训诂；第三，真伪的考订。考订真伪一层，乾嘉的大师（除了极少数学者如崔述等之外）都不很注意；只有清初与晚清的学者还肯做这种研究，但方法还不很精密，考订的范围也不大。因此，这一方面的整理，成绩比较的就最少了。然而校勘与训诂两方面的成绩实在不少。戴震、段玉裁、王念孙、阮元、王引之们的治"经"，钱大昕、赵翼、王鸣盛、洪亮吉们的治"史"，王念孙、俞樾、孙诒让们的治"子"；戴震、王念孙、段玉裁、邵晋涵、郝懿行、钱绎、王筠、朱骏声们的治古词典;都有相当的成绩。重要的古书,经过这许多大师的整理,比三百年前就容易看得多了。我们试拿明刻本的《墨子》来比孙诒让的《墨子闲诂》,若拿二徐的《说文》来比清儒的各种《说文》注,就可以量度这几百年整理古书的成绩了。

(二)发现古书。清朝一代所以能称为古学复兴时期,不单因为训诂校勘的发达,还因为古书发现和翻刻之多。清代中央政府,各省书局,都提倡刻书。私家刻的书更为重要:丛书与单行本;重刊本,精校本,摹刻本,近来的影印本。我们且举一个最微细的例。近三十年内发现与刻行的宋元词集,给文学史家添了多少材料?清初朱彝尊们固然见着不少的词集;但我们今日购买词集之便易,却是清初词人没有享过的福气了。翻刻古书孤本之外,还有辑佚书一项,如《古经解钩沉》、《小学钩沉》、《玉函山房辑佚书》和《四库全书》里那几百种从《永乐大典》辑出的佚书,都是国学史上极重要的贡献。

(三)发现古物。清朝学者好古的风气不限于古书一项;风气所被,遂使古物的发现,记载,收藏,都成了时髦的嗜好,鼎彝,泉币,碑版,壁画,雕塑,古陶器之类;虽缺乏系统的整理,材料确是不少了。最近三十年来,甲骨文字的发现,竟使殷商一代的历史有了地底下的证据,并且给文字学添了无数的最古材料。最近辽阳河南等处石器时代的文化的发现,也是一件极重要的事。

但这三百年的古学的研究,在今日估计起来,实在还有许多缺点。三百年的第一流学者的心思精力都用在这一方面,而究竟还只有这一点点结果,也正是因为有这些缺点的缘故。那些缺点,分开来说,也有三层:

(一)研究的范围太狭窄了。这三百年的古学,虽然也有整治史书的,虽然也有研究子书的,但大家的眼光与心力注射的焦点,究竟只在儒家的几部经书。古韵的研究,古词典的研究,古书旧注的研究,子书的研究,都不是为这些材料的本身价值而研究的。一切古学都只是经学的丫头！内中固然也有婢作夫人的，如古韵学之自成一种专门学问，如子书的研究之渐渐脱离经学的羁绊而独立。但学者的聪明才力被几部经书笼罩了三百年，那是不可讳的事实。况且在这个狭小的范围里，还有许多更狭小的门户界限。有汉学和宋学的分家，有今文和古文的分家；甚至于治一部《诗经》还要舍弃东汉的郑笺而专取西汉的毛传。专攻本是学术进步的一个条件；但清儒狭小研究的范围，却不是没有成见的分攻。他们脱不了"儒书一尊"的成见，故用全力治经学，而只用余力去治他书。他们又脱不了"汉儒去古未远"的成见，故迷信汉人，而排除晚代的学者。他们不知道材料固是愈古愈可信，而见解则后人往往胜过前人；所以他们力排郑樵、朱熹而迷信毛公、郑玄。今文家稍稍能有独立的见解了；但他们打倒了东汉，只落得回到西汉的圈子里去。研究的范围的狭小是清代学术所以不能大发展的一个绝大原因。三五部古书，无论怎样绞来挤去，只有那点精华和糟粕。打倒宋朝的"道士《易》"固然是好事，但打倒了"道士《易》"跳过了魏晋人的"道家《易》"，却回到两汉的"方士《易》"，那就是很不幸的了。《易》的故事如此；《诗书》《春秋》《三礼》的故事也是如此。三百年的心思才力，始终不曾跳出这个狭小的圈子外去。

（二）太注重功力而忽略了理解。学问的进步有两个重要方面：一是材料的积聚与剖解；一是材料的组织与贯通。前者须靠精勤的功力，后者全靠综合的理解。清儒有鉴于宋明学者专靠理解的危险，所以努力做朴实的功力而力避主观的见解。这三百年之中，几乎只有经师，而无思想家；只有校史者，而无史家；只有校注，而无著作。这三句话虽然很重，但我们试除去戴震、章学诚、崔述几个人，就不能不承认这三句话的真实了。章学诚生当乾隆盛时（乾隆，一七三六～一七九五年；章学诚，一七三八～一八〇〇年），大声疾呼地警告当日的学术界道："今之博雅君子，疲精劳神于经传子史，而终身无得于学者，正坐……误执求知之功力，以为学即在是尔。学与功力实相似而不同。学不可以骤几，人当致攻乎功力，则可耳。指功力以为学，是犹指秫黍以为酒也。”（《文史通义》，《博约》篇）

他又说：“近日学者风气，征实太多，发挥太少，有如蚕食叶而不能抽丝。”（《章氏遗书》，“与汪辉祖书”）古人说：“鸳鸯绣取从君看，不把金针度与人。”单把绣成的鸳鸯给人看，而不肯把金针教人，那是不大度的行为。然而天下的人不是人人都能学绣鸳鸯的；多数人只爱看鸳鸯的而不想自己动手去学绣。清朝的学者只是天天一针一针地学绣，始终不肯绣鸳鸯。所以他们尽管辛苦殷勤地做去，而在社会的生活思想上几乎全不发生影响。他们自以为打倒了宋学，然而全国的学校里读的书仍旧是朱熹的《四书集注》、《诗集传》、《易本义》等书。他们自以为打倒了伪古文《尚书》，然而全国村学堂里的学究仍旧继续用蔡沈的《书集传》。三百年第一流的精力，二千四百三十卷的《经解》，仍旧不能替换朱熹一个人的几部启蒙的小书！这也可见单靠功力而不重理解的失败了。

（三）缺乏参考比较的材料。我们试问，这三百年的学者何以这样缺乏理解呢？我们推求这种现象的原因，不能不回到第一层缺点——研究的范围的过于狭小。

宋明的理学家所以富于理解，全因为六朝唐以后佛家与道士的学说弥漫空气中，宋明的理学家全都受了他们的影响，用他们的学说作一种参考比较的资料。宋明的理学家，有了这种比较研究的材料，就像一个近视眼的人戴了近视眼镜一样；从前看不见的，现在都看见了；从前不明白的，现在都明白了。同是一篇《大学》，汉魏的人不很注意他，宋明的人忽然十分尊崇他，把他从《礼记》里抬出来，尊为《四书》之一，推为“初学入德之门”。《中庸》也是如此的。宋明的人戴了佛书的眼镜，望着《大学》、《中庸》，便觉得“明明德”、“诚”、“正心诚意”、“率性之谓道”等等话头都有哲学的意义了。清朝的学者深知戴眼镜的流弊，决意不配眼镜；却不知道近视而不戴眼镜，同瞎子相差有限。说《诗》的回到《诗序》，说《易》的回到"方士《易》"，说《春秋》的回到《公羊》，可谓"陋"之至了；然而我们试想这一班第一流才士，何以陋到这步田地，可不是因为他们没有高明的参考资料吗？他们排斥"异端"；他们得着一部一切经音义，只认得他有保存古韵书古词典的用处；他们拿着一部子书，也只认得他有旁证经文古义的功用。他们只向那几部儒书里兜圈子；兜来兜去，始终脱不了一个"陋"字！打破这个"陋"字，没有别的法子，只有旁搜博采，多寻参考比较的材料。

以上指出的这三百年的古学研究的缺点，不过是随便挑出了几桩重要的。我们的意思并不要菲薄这三百年的成绩；我们只想指出他们的成绩所以不过如此的原因。前人上了当，后人应该学点乖。我们借鉴于先辈学者的成功与失败，然后可以决定我们现在和将来研究国学的方针。我们不研究古学则已；如要想提倡古学的研究，应该注意这几点：

（一）扩大研究的范围。

（二）注意系统的整理。

（三）博采参考比较的资料。

（一）怎样扩大研究的范围呢？"国学"在我们的心眼里，只是"国故学"的缩写。中国的一切过去的文化历史，都是我们的"国故"；研究这一切过去的历史文化的学问，就是"国故学"，省称为"国学"。"国故"这个名词，最为妥当；因为他是一个中立的名词，不含褒贬的意义。"国故"包含"国粹"；但他又包含"国渣"。我们若不了解"国渣"，如何懂得"国粹"？所以我们现在要扩充国学的领域，包括上下三四千年的过去文化，打破一切的门户成见；拿历史的眼光来整统一切，认清了"国故学"的使命，是整理中国一切文化历史，便可以把一切狭陋的门户之见都扫空了。例如治经，郑玄、王肃在历史上固然占一个位置，王弼、何晏也占一个位置，王安石、朱熹也占一个位置，戴震、惠栋也占一个位置，刘逢禄、康有为也占一个位置。段玉裁曾说：

> 校经之法，必以贾还贾，以孔还孔，以陆还陆，以杜还杜，以郑还郑，各得其底本，而后判其义理之是非。……不先正《注》，《疏》，《释文》之底本，则多诬古人。不断其立说之是非，则多误今人。……（《经韵楼集》，《与诸同志书论校书之难》。）

我们可借他论校书的话来总论国学；我们也可以说：整治国故，必须以汉还汉，以魏晋还魏晋，以唐还唐，以宋还宋，以明还明，以清还清；以古文还古文家，以今文还今文家；以程、朱还程、朱，以陆、王还陆、王，各还他一个本来面目，然后评判各代各家各人的义理的是非。不还他们的本来面目，则多诬古人。不评判他们的是非，则多误今人。但不先弄明白了他们的本来面目，我们决不配评判他们的是非。

这还是专为经学哲学说法。在文学的方面，也有同样的需要。庙堂的文学固可以研究，但草野的文学也应该研究。在历史的眼光里，今日民间小儿女唱的歌谣，和《诗三百篇》有同等的位置；民间流传的小说，和高文典册有同等的位置，吴敬梓、曹霑和关汉卿、马东篱和杜甫、韩愈有同等的位置。故在文学方面，也应该把《三百篇》还给西周、东周之间的无名诗人，把《古乐府》还给汉、魏、六朝的无名诗人，把唐诗还给唐，把词还给五代、两宋，把小曲杂剧还给元朝，把明清的小说还明清。每一个时代，还他那个时代的特长的文学，然后评判他们的文学的价值。不认明每一个时代的特殊文学，则多诬古人而多误今人。

近来颇有人注意戏曲和小说了，但他们的注意仍不能脱离古董家的习气。他们只看得起宋人的小说，而不知道在历史的眼光里，一本石印小字的《平妖传》和一部精刻的残本《五代史平话》有同样的价值，正如《道藏》里极荒谬的道教经典和《尚书》、《周易》有同等的研究价值。

总之，我们所谓“用历史的眼光来扩大国学研究的范围”，只是要我们大家认清国学是国故学，而国故学包括一切过去的文化历史。历史是多方面的：单记朝代兴亡，固不是历史；单有一宗一派，也不成历史。过去种种，上自思想学术之大，下至一个字，一支山歌之细，都是历史，都属于国学研究的范围。

（二）怎样才是“注意系统的整理”呢？学问的进步不单靠积聚材料，还须有系统的整理。系统的整理可分三步说：

（甲）索引式的整理。不曾整理的材料，没有条理，不容易检寻，最能消磨学者有用的精神才力，最足阻碍学术的进步。若想学问进步增加速度，我们须想出法子来解放学者的精力，使他们的精力用在最经济的方面。例如一部《说文解字》，是最没有条理系统的：向来的学者差不多全靠记忆的苦工夫，方才能用这部书。但这种苦工夫是最不经济的；如果有人能把《说文》重新编制一番（部首依笔画，每部的字也依笔画），再加上一个检字的索引（略如《说文通检》或《说文易检》），那就可省许多无谓的时间与记忆力了，又如一部《二十四史》，有了一部《史姓韵编》，可以省多少精力与时间？清代的学者也有见到这一层的；如章学诚说：

窃以典籍浩繁，闻见有限；在博雅者且不能悉究无遗，况其下乎？校雠之先，宜尽取四库之藏，中外之籍，择其中之人名地名官阶书目，凡一切有名可治有数可稽者，略仿《佩文韵府》之例，悉编为韵；乃于本韵之下，注明原书出处，及先后篇第；自一见再见，以至数千百，皆详注之；藏之馆中，以为群书之总类。至校书之时，遇有疑似之处，即名而求其编韵，因韵而检其本书，参互错综，即可得其至是。此则渊博之儒穷毕生年力而不可究殚者，今即中才校勘可坐收于几席之间，非校雠

之良法欤?(《校雠通义》)

当日的学者如朱筠、戴震等,都有这个见解,但这件事不容易做到,直到阮元得势力的时候,方才集合许多学者,合力做成一部空前的《经籍籑诂》,“展一韵而众字毕备,检一字而诸训皆存,寻一训而原书可识”(王引之序);“即字而审其义,依韵而类其字,有本训,有转训,次叙布列,若网在纲”(钱大昕序);这种书的功用,在于节省学者的功力,使学者不疲于功力之细碎,而省出精力来做更有用的事业。后来这一类的书被科场士子用作夹带的东西,用作抄窃的工具,所以有许多学者竟以用这种书为可耻的事。这是大错的。这一类“索引”式的整理,乃是系统的整理的最低而最不可少的一步;没有这一步的预备,国学止限于少数有天才而又有闲空工夫的少数人;并且这些少数人也要因功力的拖累而减少他们的成绩。偌大的事业,应该有许多人分担去做的,却落在少数人的肩膀上:这是国学所以不能发达的一个重要原因。所以我们主张,国学的系统的整理的第一步是提倡这种“索引”式的整理,把一切大部分的书或不容易检查的书,一概编成索引,使人人能用古书。人人能用古书,是提倡国学的第一步。

(乙)结账式的整理。商人开店,到了年底,总要把这一年的账结算一次,要晓得前一年的盈亏和年底的存货,然后继续进行,做明年的生意。一种学术到了一个时期,也有总结账的必要。学术上结账的用处有两层:一是把这一种学术里已经不成问题的部分整理出来,交给社会;二是把那不能解决的部分特别提出来,引起学者的注意。使学者知道何处有隙可乘,有功可立,有困难可以征服。结账是(一)结束从前的成绩,(二)预备将来努力的新方向。前者是预备普及的;后者是预备继长增高的。古代结账的书,如李鼎祚的《周易集解》,如陆德明的《经典释文》,如唐宋的《十三经注疏》,如朱熹的《四书》、《诗集传》、《易本义》等,所以都在后世发生很大的影响，全是这个道理。三百年来，学者都不肯轻易做这种结账的事业。二千四百多卷的《清经解》，除了极少数之外，都只是一堆"流水"烂账，没有条理，没有系统；人人从"粤若稽古""关关雎鸠"说起，人人做的都是"杂记"式的稿本！怪不得学者看了要"望洋兴叹"了；怪不得国学有沦亡之忧了。我们试看科举时代投机的书坊肯费整年的工夫来编一部"《皇清经解》缩本编目"，便可以明白索引式的整理的需要；我们又看那时代的书坊肯费几年的工夫来编一部"《皇清经解》分经汇纂"，便又可以明白结账式的整理的需要了。现在学问的途径多了，学者的时间与精力更有经济的必要了。例如《诗经》，二千年研究的结果，究竟到了什么田地，很少人说得出的，只因为二千年的《诗经》烂账至今不曾有一次的总结算。

宋人驳了汉人，清人推翻了宋人，自以为回到汉人；至今《诗经》的研究，音韵自音韵，训诂自训诂，异文自异文，序说自序说，各不相关联。少年的学者想要研究《诗经》的，伸头望一望，只见一屋子的烂账簿，吓得吐舌缩不进去，只好叹口气，"算了罢！"《诗经》在今日所以渐渐无人过问，是少年人的罪过呢？还是《诗经》的专家的罪过呢？我们以为，我们若想少年学者研究《诗经》，我们应该把《诗经》这笔烂账结算一遍，造成一笔总账。《诗经》的总账里应该包括这四大项：

(A)异文的校勘：总结王应麟以来直到陈乔纵、李富孙等校勘异文的账。

(B)古韵的考究：总结吴棫、朱熹、陈第、顾炎武以来考证古韵的账。

(C)训诂：总结毛公、郑玄以来直到胡承珙、马瑞辰、陈奂二千多年训诂的账。

(D)见解(序说)：总结《诗序》、《诗辨妄》、《诗集传》、《伪诗传》、姚际恒、崔述、龚橙、方玉润……等二千年猜谜的账。

有了这一本总账，然后可以使大多数的学子容易踏进“《诗经》研究”之门：这是普及。入门之后，方才可以希望他们之中有些人出来继续研究那总账里未曾解决的悬账：这是提高。《诗经》如此，一切古书古学都是如此。我们试看前清用全力治经学，而经学的书不能流传于社会，倒是那几部用余力做的《墨子闲诂》、《荀子集解》、《庄子集解》一类结账式的书流传最广。这不可以使我们觉悟结账式的整理的重要吗？

（丙）专史式的整理。索引式的整理是要使古书人人能用；结账式的整理是使古书人人能读：这两项都是提倡国学的设备。但我们在上文曾主张，国学的使命是要使大家懂得中国的过去的文化史；国学的方法是要用历史的眼光来整理一切过去文化的历史。国学的目的是要做成中国文化史。国学的系统的研究，要以此为归宿。一切国学的研究，无论时代古今，无论问题大小，都要朝着这一个大方向走。只有这个目的可以整统一切材料；只有这个任务可以容纳一切努力；只有这种眼光可以破除一切门户畛域。

我们理想中的国学研究，至少有这样的一个系统。

中国文化史：

一　民族史

二　语言文字史

三　经济史

四　政治史

五　国际交通史

六　思想学术史

七　宗教史

八　文艺史

九　风俗史

十　制度史

这是一个总系统。历史不是一件人人能做的事;历史家须要有两种必不可少的能力:一是精密的功力,一是高远的想像。没有精密的功力,不能做搜求和评判史料的工夫;没有高远的想像力,不能构造历史的系统。况且中国这么大,历史这么长,材料这么多,除了分工合作之外,更无他种方法可以达到这个大目的。但我们又觉得,国故的材料太纷繁了,若不先做一番历史的整理工夫,初学的人实在无从下手,无从入门。后来的材料也无所统属;材料无所统属,是国学纷乱烦碎的重要原因。所以我们主张,应该分这几个步骤:

第一,用现在力所能搜集考定的材料,因陋就简地先做成各种专史,如经济史,文学史,哲学史,数学史,宗教史……之类。这是一些大间架,他们的用处只是要使现在和将来的材料有一个附丽的地方。

第二,专史之中,自然还可分子目,如经济史可分时代,又可分区域;如文学史、哲学史可分时代,又可分宗派,又可专治一人;如宗教史可分时代,可专治一教,或一宗派,或一派中的一人。这种子目的研究是学问进步必不可少的条件,治国学的人应该各就"性之所近而力之所能勉者",用历史的方法与眼光去担任一部分的研究。子目的研究是专史修正的惟一源头,也是通史修正的惟一源头。

(三)怎样"博采参考比较的资料"呢?向来的学者误认"国学"的"国"字是国界的表示,所以不承认"比较的研究"的功用。最浅陋的是用"附会"来代替"比较":他们说基督教是墨教的绪余,墨家的"巨子"即是"矩子",而"矩子"即是十字架!……附会是我们应该排斥的,但比较的研究是我们应该提倡的。有许多现象,孤立地说来说去,总说不通,总说不明白;一有了比较,竟不须解释,自然明白了。例如一个"之"字,古人说来说去,总不明白;

现在我们懂得西洋文法学上的术语,只须说某种"之"字是内动词(由是而之焉),某种是介词(贼夫人之子),某种是指物形容词(之子于归),某种是代名词的第三身用在目的位(爱之能勿劳乎),就都明白了。又如封建制度,向来被那方块头的分封说欺骗了,所以说来说去,总不明白;现在我们用欧洲中古的封建制度和日本的封建制度来比较,就容易明白了。音韵学上,比较的研究最有功效。用广东音可以考《侵覃》各韵的古音,可以考古代入声各韵的区别。近时西洋学者如 Karlgren,如 Baron von Stael-Holstein,用梵文原本来对照汉文译音的文字,很可以帮助我们解决古音学上的许多困难问题。不但如此:日本语里,朝鲜语里,安南语里,都保存有中国古音可以供我们的参考比较。西藏文自唐朝以来,音读虽变了,而文字的拼法不曾变,更可以供我们的参考比较,也许可以帮助我们发现中国古音里许多奇怪的复辅音呢。制度史上,这种比较的材料也极重要。懂得了西洋的议会制度史,我们更可以了解中国御史制度的性质与价值;懂得了欧美高等教育制度史,我们更能了解中国近一千年来的书院制度的性质与价值。哲学史上,这种比较的材料已发生很大的助力了。《墨子》里的《经上下》诸篇,若没有印度因明学和欧洲哲学作参考,恐怕至今还是几篇无人能解的奇书。韩非、王莽、王安石、李贽……一班人,若没有西洋思想作比较,恐怕至今还是沉冤莫白。看惯了近世国家注重财政的趋势,自然不觉得李觏、王安石的政治思想的可怪了。懂得了近世社会主义政策,自然不能不佩服王莽、王安石的见解和魄力了。《易系辞传》里"易者,象也"的理论,得柏拉图的"法象论"的比较而更明白;荀卿书里"类不悖,虽久同理"的理论,得亚里士多德的"类不变论"的参考而更易懂。这都是很明显的例。至于文学史上,小说戏曲近年忽然受学者的看重,民间俗歌近年渐渐引起学者的注意,都是和西洋文学接触比较的功效,更不消说了。此外,如宗教的研究,民俗的研究,美术的研究,也都是不能不利用参考比较的材料的。

以上随便举的例,只是要说明比较参考的重要。我们现在治国学,必须要打破闭关孤立的态度,要存比较研究的虚心。第一,方法上,西洋学者研究古学的方法早已影响日本的学术界了,而我们还在冥行索途的时期。我们此时正应该虚心采用他们的科学的方法,补救我们没有条理系统的习惯。第二,材料上,欧美日本学术界有无数的成绩可以供我们的参考,比较,可以给我们开无数新法门,可以给我们添无数借鉴的镜子。学术的大仇敌是孤陋寡闻,孤陋寡闻的惟一良药是博采参考比较的材料。

我们观察这三百年的古学史,研究这三百年的学者的缺陷,知道他们的缺陷都是可以补救的;我们又返观现在古学研究的趋势,明白了世界学者供给我们参考比较的好机会,所以我们对于国学的前途,不但不抱悲观,并且还抱无穷的乐观。我们认清了国学前途的黑暗与光明全靠我们努力的方向对不对。因此,我们提出这三个方向来做我们一班同志互相督责勉励的条件:

第一,用历史的眼光来扩大国学研究的范围。

第二,用系统的整理来部勒国学研究的材料。

第三,用比较的研究来帮助国学的材料的整理与解释。

原载《国学季刊》1923 年 1 月创刊号

胡适与辞书

季维龙

胡适有一回说:“读书做到‘心到’的条件之一,‘字典、辞典、参考书’等等要完备。这几样工具虽不能办到,也当到图书馆去看。我个人的意见是奉劝大家,当衣服,卖田地,至少要置备一点好的工具。比如买一本《韦氏大字典》,胜似请几个先生。这种先生终身跟着你,终身享受不尽。”(《胡适文存》3 集卷 2《读书》)这当然是旧时有私有田地的人对有私有田地的人的说教,却倒是显见了他对于辞书的认识和重视。

胡适认为:“不曾整理的材料,没有条理,不容易检寻,最能消磨学者有用的精神才力,最足阻碍学术的进步。”(《〈国学季刊〉发刊宣言》)编纂辞书实质上也正是整理材料的一种工作,因而胡适对辞书编纂工作表现了关注。1924 年,他得知海宁朱起凤编出洋洋三百万言的《辞通》,就以能够先睹为快,并在感到这部词典很有价值的同时将书稿推荐给一家书店出版,不过没有成功。1934 年,《辞通》由开明书店出版,胡适又欣然为之作《序》,写道:“向来编纂字典辞书的人,都把这件事看做‘为人’的工作。真能自己有创见的学者,往往轻视这一类的工作。到了清朝,王念孙、段玉裁、钱绎诸人整理《广韵》、《说文》、《方言》一类的古辞典,都只是自己做学问,还不是做字典。到了阮元计划的《经籍籑诂》,那才有意为后来学者做一部辞典,才是有意‘为人’的工作。……朱丹九先生的这部书,罗列一切连语,遍举异形的假借字,使学者因此可以得着古字同声相假借的原则,使他们因此可以养成‘以声求义’的习惯。朱先生是一个有方法有创见的学者,他著此书,不仅仅给了我们一部连语辞典而已,同时又给了我们许多训诂学方法的教材,这是此书的最大功用。”(《胡适论学近著》第 1 集卷 5《〈辞通〉序》)

对辞书编纂的基本原则和条目内容的取舍标准,胡适有自己的系统看法。1921 年 7 月 25 日,他在上海商务印书馆见到方毅(《中国人名大辞典》主编之一)关于大字典的《商榷书》,认为“他们开出的‘帐’,只有书本子里的旧帐,只有古典主义的老帐,却没有现在最不可少的新帐。他们的帐最不完全的有几点:(1)他们只收单字,不收二字以上的‘词’。这个时候还要强调‘字’和

‘词’,岂非太愚！(2)他们只收书本里的字义,遗去许多日用的事物名。(3)他们只收古义而不收新词”。这“不能算是开帐(即“事事求其完备,求其核实”),不能算是包括‘已有之事物’”(《〈胡适的日记〉选》,载《新文学史料》1979 年第 5 辑)。胡适认为,辞典不收新词,释义只在古书里兜圈子,就没有生命力,它只能“为过去或将过去之事物留一陈迹”,这种“已死之字体字义,以博物院中之大动物骨骼、埃及木乃伊视之,可也,以收灭种之动植物视之亦可也”(同上)。

胡适强调,写词目释文必须理论联系实际,体现系统性、科学性、形象性。“例如颜色,编字典的人当到染坊与绸缎庄去调查各种颜色之名——朱青,铁青,灰青,天青,雨过天青,佛头青,蟹壳青,菜青,茶青;大红,水红,银红,桃红,豆榴红……每种求一样子:然后把物理学者依‘色带’的次序,排列起来,做一个总表,附图,放在颜色项下,再把各种颜色分列各部首之下。此外,还要求出各种颜色历史上的变迁,例如‘绿’字,古人用作深绿色解,故说‘绿鬓’,‘绿发’,‘绿水’,‘黛绿’。又如‘红’字,古人仅用作现在的水红、桃红色解。至于‘青’字,古今的意义更不同了。颜色如此,他种职业与物品的名词,也应该如此。”(同上)一个词有几层意思,胡适不主张如数列举。如“封,野牛之一”,又“怪物名”,这种“仅一见之僻解”,可以删去;而封建制度等“新解与新合辞,不能不加入”(同上),使辞书有较高的使用价值。

胡适对辞书的编排方式也很注意。他说:“字的分类与排列是一切字典辞书的基础;字的排列不可能,一切词典便不可能;字没有方便的排列法,一切词典便也没有方便的检字法。词典的检查不方便,识字便不容易。”(《胡适文存》3 集卷 9《“四角号码检字法”序》)

1923 年 1 月,胡适曾提议“把《说文》重新编制一番(部首依笔画,每部的字也依笔画),再加上一个检字的索引(略如《说文通检》或《说文备检》),那就可省许多无谓的时间和记忆力"(《〈国学季刊〉发刊宣言》)。

部首法绝不是编排辞书的理想方法,胡适也意识到这一点。1926 年间,"四角号码检字法"问世,他即取以和其他检字法比较,说它有不用部首,可免分部的困难,又使不懂部首的人也可以使用等几个优点,而最大好处就在于能供一切字典辞书之用,使人容易找出某字在字典的某处。

原载《辞书研究》1982 年第 2 期

论胡适接编后《每周评论》的政治方向

张德旺

《每周评论》(以下简称《周评》)是五四时期全国影响最大的周刊。它以陈独秀和李大钊为主要发起人,1918 年 12 月 22 日创刊于北京,陈独秀任主编。25 期之后,因为陈独秀被军阀政府逮捕,李大钊离京避难,由胡适接任主编,出至 37 期被军阀政府强行封闭。多年以来,学术界一直认为胡适接编后"就改变了该刊的政治方向"①,并使之"失去了结合当前实际斗争的意义"②。我认为值得商榷,在此略述浅见,以待匡正。

毛泽东同志说,五四运动"表现中国反帝反封建的资产阶级民主革命已经发展到了一个新阶段","出现一个壮大了的""工人阶级、学生群众和新兴的民族资产阶级所组成的阵营"③。陈独秀 1919 年 6 月 11 日被捕后的《周评》作者队伍,仍然反映了这种状况。他们大致可分三类:以李大钊为代表的具有初步共产主义思想的知识分子;以胡适为代表的英美派资产阶级知识分子;以王光祈为代表的小资产阶级知识分子。其中起主要作用的是前两者,他们的政治倾向,基本就是《周评》的政治方向。

首先看李大钊等共产主义知识分子。显然,他们在这一期间一如既往地坚持了彻底反帝反封建的革命立场。陈独秀被捕后,李大钊准备外出避难。但至7月下旬离开北京以前,他仍然参与了《周评》的编辑工作④。他还先后在《周评》上发表了约二十篇文章。这些文章尽管有中国早期共产主义知识分子思想比较庞杂的特点,掺杂了一些克鲁泡特金的无政府主义互助论等非马克思主义的观点,但总的来讲,是极为突出而明确地回答了当时全国思想界一致瞩目的中国社会如何改造的问题。其要点是:

1. 中国社会问题"必须有一个根本解决,才有把一个一个的具体问题都解决了的希望"。所谓"根本解决"乃是指经济,"经济组织没有改造以前,一切问题,丝毫不能解决"⑤。

2. 要实现"根本解决",必须以马克思主义为指针。为此,必须传播马克思主义,尤其要根据马克思主义的"阶级竞争说""为工人联合的实际运动"⑥。因为这是"改造社会组织的手段"⑦,绝不能像第二国际的修正主义社会党那样放弃阶级斗争,"等着集产制的必然的成熟"⑧。

3. 中国必须学习俄国十月革命的榜样。俄国社会主义革命胜利的关键是颠覆罗曼诺夫家族⑨,应该介绍和研究社会主义俄国,"把他的实象昭布在人类社会",绝不可一味听信帝国主义及其奴仆捏造的俄国革命政权凶暴残忍的谣言⑩。

4. 改造中国靠人民群众的斗争。"不是央求人家'网开三面'",要靠中国人民"自己的努力","从那些黑暗的牢狱中,打出一条光明来"⑪。

这些观点对全国各界特别是年轻一代的启迪鼓舞及在中国近代革命史上的深远影响,不少论著已有透彻分析,本文不再重复。但有两点值得强调:一是为当时波澜起伏深入发展的反帝救国运动指出了彻底改造旧社会制度、走俄国人的路的前进方向。二是促进了一代青年共产主义知识分子的成长，他们正是以此为起点，开始逐步区分科学社会主义同实验主义等种种资产阶级“新思潮”的原则界限。从1920年11月毛泽东与旅法新民学会会友“不赞成没有主义头痛医头脚痛医脚”的通信里⑫，次年7月少年中国学会南京大会邓中夏与左舜生关于“采取或创造一种主义（指科学社会主义——引者）”和“学者不谈主义”的激烈争论中⑬，都可以明显看到李大钊这些文章对他们的深刻影响。

其次看胡适等资产阶级知识分子。他们顽强地充分表现了本阶级所固有的政治品格：一方面，对马克思主义在反帝反封建的群众运动浪潮中开始广泛传播非常反感，急不可耐地发表了《多研究些问题，少谈些主义！》等文章，直接向马克思主义展开了进攻；同时极力用资产阶级改良主义限制反帝救国运动的发展，他们无视人民群众已经充分显示出来的根本改造中国的呼声；宣扬不用根本推翻帝国主义和封建主义在中国的统治，只要实行“外交制度”的改革和“法律的保障”就足以实现“民众运动的目的”⑭。而当反动腐朽透顶的军阀横加给他们“过激派”罪名时，他们立即公开表明：“这种黑天的冤枉，就有一百张嘴也辩不清。没有法子，只好少谈些主义，少管些武人官僚私有的政治。”⑮称政治为武人官僚“私有”，自然不无对军阀专制的讥讽，但其在高压下惊慌失措之态也跃然纸上。与此相应，他们抽去了《周评》原有的《国内大事述评》、《国际大事述评》两个重要栏目，减少了（而不是有些同志说的“取消了”）针对当时政治斗争的尖锐评论并使之尽可能地不占显赫位置。这同陈独秀主编时，《周评》高瞻远瞩一往无前地屹立在反帝救国浪潮的最前锋相比，显然大为逊色。

但另一方面，胡适等资产阶级知识分子也在资产阶级所能容许的范围和限度内坚持了反帝反封建的革命宣传。对此视而不见或一笔抹杀也不是历史唯物主义的态度。

五四时期反帝爱国斗争特点之一是集中反对卖国政府。毛泽东指出："五四运动所反对的是卖国政府，是勾结帝国主义出卖民族利益的政府，是压迫人民的政府。"⑯在这个关系敌我的根本问题上，胡适等资产阶级知识分子站在人民一边，坚持了反对军阀政府对外卖国对内专制的斗争。为抗议陈独秀被捕，胡适连续发表了著名的《威权》及《生查子》、《爱情与痛苦》、《研究室与监狱》等诗文，赞扬陈独秀是为"爱国爱公理"付出了牺牲。他还直接声援学生的正义斗争，赞扬湖南学联的《湘江评论》和四川青年的进步刊物《星期日》是《周评》的"两个新添的小兄弟"，毛泽东的《民众的大联合》"一篇大文章，眼光很远大，议论也很痛快，确是现今的重要文字"⑰。胡适还高度评价了工人阶级、爱国学生及其他各阶层群众对拒签巴黎和约的决定性作用。胡适还严正指出，皖系军阀头子段祺瑞虽然不是现政府内阁成员，更不是总理，但却在幕后操纵一切，是卖国政府的罪魁祸首。

胡适反对封建名教八股，也有努力同现实政治斗争紧密结合的倾向。他针对"父为子纲"的孝道指出，一个孩子应该爱敬他的父母的律条"有时未必适用"，如果父亲"卖国卖主义"，难道还能叫儿子爱敬他吗？⑱他对以清朝遗老自居攻击文学革命和北大学生"干预政治"的谬论报以极度蔑视。⑲胡适的短篇小说《一个问题》，以朴素的笔触，描绘了青年知识分子在社会重压下窘困无路的境遇。他还为一篇反映城郊农民苦难生活的速写加按语："这些小说无论怎么不周到，总比他在中学堂做的《汉文帝唐太宗优劣论》强。"⑳

在反对当时中华民族最危险的敌人——日本帝国主义的斗争中，也有胡适等资产阶级知识分子的声音，虽然极其微弱，但细心倾听还不难分辨出来。胡适极力推崇戴季陶的长篇论文《我的日本观》，认为它是新创刊的《建设》杂志上"最精彩的著作"，"可以给我们做'觇国'文字的模范"。㉑这实际是胡适反对日本帝国主义侵华罪行的一种委婉曲折的表示。因为此文虽然出自戴的手笔，但实际是以孙中山为代表的资产阶级革命民主派声讨日本帝国主义侵略行径的一篇战斗檄文。

胡适接编后的《周评》还发表了介绍社会主义俄国的《俄国的新宪法》、《俄国的土地法》、《俄国的婚姻制度》、《俄国的新银行法》和《俄国遗产制度之废止》等文,作者为北大教授张慰慈等人。这些文章明显带有资产阶级客观主义色彩,但绝非"纯学术"、"形式主义的"[22]。因为文章内容尽管不够全面,也没能说明苏维埃政权制定和执行这些法令的实质是无产阶级对资产阶级的革命专政,但都具体详实地介绍了这些法令的内容,肯定俄国新宪法规定的"人民的自由权甚广",有言论集会自由及义务受教育等权利;土地法"把数千年来传下来的这种神圣不可侵犯的私产制度完全取消";废除旧遗产制度是"想把现在社会上种种不平等不道德的事完全放弃,重新改造一个新社会"。张慰慈还申明,他写这些文章的目的是"使大多数人细细儿想一想现在社会上的制度","想一个法子来改良改良"。毫无疑问,他同胡适一样主张中国走改良主义道路,最终使中国变成一个资本主义共和国,但他却去借鉴社会主义俄国。这客观上就再清楚不过地揭示了中国革命必须走俄国十月革命之路,必将最终走向社会主义的历史趋势;对帝国主义及其走卒诬蔑俄国工农政权杀人放火、共产公妻的反动宣传也是有力驳斥。因此,这些文章为《民国日报》等不少进步报刊转载。李大钊说:"慰慈先生在本报发表的俄国的新宪法、土地法、婚姻法等等几篇论文,很可以使我们研究俄国的参考,更可以证明妇女国有的话显然无根了。"[23]

当然,胡适等资产阶级知识分子这些革命宣传的缺陷和不足也很突出。他们不敢正面直接抨击日本帝国主义,更不能从总体上揭露包括英美在内的帝国主义"强盗世界";对作为国内封建势力总代表的军阀政府,也不敢针锋相对抗争。这同陈独秀、李大钊大声疾呼推翻帝国主义"强盗世界"、对中国现行社会制度"根本改造”，鲁迅推崇的“为所信的主义，牺牲了别的一切，用骨肉碰钝了锋刃，血液浇灭了烟焰”的大无畏革命精神相比，是远远不可企及的。这有力证实了毛泽东后来提出的五四后资产阶级在中国民主革命中已无领导的资格，“至多在革命时期在一定程度上充当一个盟员”[24]的论断是正确的。

就上述两方面影响而言，胡适主观上以反对马克思主义传播为当务之急。他说，接编《周评》时，眼见“国内的‘新’分子闭口不谈具体的政治问题，却高谈什么无政府主义与马克思主义。我看不过了，忍不住了，——因为我是一个实验主义的信徒，——于是发愤要想谈政治。我在《每周评论》第 31 号里提出我的政治的导言，叫做《多研究些问题，少谈些主义！》”。但客观上，因为当时中国社会的主要矛盾是日本帝国主义及其走狗皖系军阀政府同中国人民的矛盾，胡适等资产阶级知识分子还跻身于反帝反封建的革命阵营中，这就决定了他反对马克思主义，抵制根本改造中国的言行基本还是人民内部问题。胡适当时对此也确认不移。他挑起“问题”、“主义”论战时还主张解决安福系的“卖官卖国”问题，[25] 1922 年也指出“安福部极盛”时“内政腐败到了极处”，其因即在此。可见，胡适这个期间的消极影响同他 30 年代与蒋介石集团结合，并坚决与马克思主义指引下的人民革命为敌是有原则区别的。因而，为胡适始料不及，他在《周评》的客观影响是反帝反封建倾向占主导地位。正如瞿秋白同志后来所指出的：“中国五四运动前后，有实验主义的出现，实在不是偶然的。中国宗法社会因受国际资本主义的侵蚀而动摇，要求一种新的宇宙观，新的人生观，才能适应中国所处的新环境，——实验主义哲学，刚刚能利用它的积极方面来满足这种需要。”[26]

所以，军阀政府对《周评》一直非常仇视，终于在 8 月 31 日派军警强行封闭。有的同志认为这是由于军阀政府“没有觉察到”《周评》在胡适接编后“政治上起了根本变化”[27]，我认为值得斟酌。因为《周评》被封后，北京警察总监吴炳湘就对胡适说过："不要办《每周评论》了，要办报，可以另起报名。"[28]这表明他们已经注意到了胡适同陈独秀、李大钊的区别。然而即便如此，军阀政府也不容忍《周评》存在下去，必至扼杀而后快。相反，进步力量和广大青年却没有忘怀《周评》，也没有忘怀《周评》同胡适的联系。《周评》被封后，全国很多进步报刊都以显著位置迅速报道以示抗议，其中以革命民主派的态度最为激烈。孙中山在上海严厉谴责段祺瑞的代表："独秀我没见过，适之身体薄弱点，你们做得好事，很可以使国民相信我反对你们是不错的证据。但是你们也不敢把我杀死；身体不好的，或许弄出点病来，只是他们这些人，死了一个，就会增加五十、一百。你们尽着做吧！"[29]周恩来 1946 年 9 月同美国记者李勃曼谈个人经历时也说过：五四运动时，北平胡适主编的《每周评论》等刊物"是进步读物"，"对我思想进步都有许多影响"[30]。新民学会会员张国基直至全国解放多年后回忆起当年与毛泽东在一起的日子，还念念不忘《周评》对《湘江评论》的"崇高评价"。

综上所述，本文认为，胡适接编后的《周评》大大增加了资产阶级改良主义色彩，但政治上并未起根本变化，仍不失为反帝反封建革命阵营中一个很有战斗力的影响广泛的舆论阵地，基本保持了反帝反封建的政治方向。

注释：

① 李新、陈铁健主编《伟大的开端》。

②㉒㉗ 《五四时期期刊介绍》第 1 页。

③⑯㉔ 《毛泽东选集》(合订本)第 522、625、659 页。

④ 《知堂回忆录》。

⑤⑥⑦⑧⑨⑩⑪⑭⑮⑰⑱⑲⑳㉑㉓㉕ 《每周评论》第 29 ~ 36 号。

⑫ 《新民学会资料》。

⑬ 《少年中国》第 3 卷第 2 期。

㉖ 《新青年》季刊第3卷第2期。

㉘㉙ 《胡适往来书信选》中册,上册。

㉚ 《瞭望》周刊1984年第2期。

原载《北方论丛》1987年第5期

论胡适的编辑活动

黄勤堂

胡适(1891~1962),字适之,安徽绩溪人,现代著名学者。在他一生的社会活动中,从事编辑活动是其一个重要方面。本文主要就这个问题来加以介绍和论述。

一

胡适早在1908年在上海公学读书时,就主编过《竞业旬报》。《竞业旬报》是学生组织——竞业学会创办的一个白话旬报。宗旨有四项:一振兴教育,二提倡民气,三改良社会,四主张自治。目的是鼓吹革命。1908年7月,《竞业旬报》第24期以下由胡适编辑,直到40期停办。这时胡适的思想很活跃,表现为一种早期的全面萌芽的状况。这几十期的《竞业旬报》给了胡适一个绝好的自由发表思想和整理思想的机会,尤其是发表了"很不迟疑的无神论"思想观点;还给了他一年多作白话文的训练。七八年之后,白话文这件工具使他能够"在中国文学革命的运动里做了一个开路的工人"。① 清末出了不少白话报,《竞业旬报》出到40期,算是长

① 胡适《四十自述》。

寿的了。

在美国留学期间，胡适被举为《学生英文月报》主笔之一，负责国内新闻；又被选为《中国留美学生月报》的编辑委员，还被选担任中国学生会主办的《中国留美学生季报》（中文版）的主编，"季报"那时由商务印书馆承印。此外，他不断地向国内《新青年》投稿，1917年1月在《新青年》上发表的《文学改良刍议》，被认为是当时文学革命的第一篇文章。五四的文学革命是以白话文运动为肇始，胡适是"首举义旗之急先锋"①。

1917年7月，胡适回到国内，在北京大学任教的同时，参加《新青年》的编辑工作。1918年1月，《新青年》在北京成立了新的编委会，编委由陈独秀、李大钊、鲁迅、胡适、钱玄同、刘半农、沈尹默7人组成，轮流编辑，每期1人，周而复始。毛泽东曾回忆说："《新青年》是有名的新文化运动的杂志，由陈独秀主编。我在师范学校学习的时候，就开始读这个杂志了。我非常钦佩胡适和陈独秀的文章，他们代替了已经被我抛弃的梁启超和康有为，一时成了我的楷模。"②

在《新青年》的影响下，1918年12月3日，北京学生傅斯年、罗家伦等人组织了"新潮社"，1919年1月创办《新潮》杂志，为《新青年》助威呐喊，成了《新青年》的得力助手。胡适被聘为该杂志的顾问。《新潮》杂志曾得到蔡元培、陈独秀、李大钊和鲁迅的支持。它的主要功绩是：第一，鼓吹"伦理革命"，反对纲常名教，提倡个性解放和男女平等。第二，鼓吹"文学革命"，提倡白话文，反对文言文。第三，产生了一批小说作家。鲁迅在《中国新文学大系·小说二集序》中说："从《新青年》上，此外也没有养成什么小

---

① 陈独秀《文学革命论》，参见《胡适口述自传》第154页，台北市传记文学出版社出版。

② 斯诺《西行漫记》第125页。

说的作家。较多的倒是在《新潮》上。从1919年1月创刊到次年主干们出洋留学而消灭的两年中,小说作者就有汪敬熙、罗家伦、杨振声、俞平伯、欧阳予倩和叶绍钧。"由于《新潮》接受了胡适的影响,也存在着错误的倾向。主要表现在:第一,当时新文化运动已经发展到必须和政治斗争相结合的时期,但是《新潮》并没有适应这一客观要求,仍然孤立地强调改造思想是改造社会的起点,仍然宣传防止革命的资产阶级改良主义观点。第二,它发展了新文化运动初期的偏向,坚持全盘西化,对民族文化遗产采取了彻底的虚无主义的态度。

当新文化运动发展到必须和政治斗争相结合的时期,每月一期而又主要刊登长篇论著的《新青年》已经有些不适应了,于是《新青年》的同人们创办了《每周评论》。《每周评论》的特点是政治性强,能及时分析形势,指导运动的发展。陈独秀、李大钊等人不断地在上面对重大问题发表评论。五四运动后,6月11日夜,陈独秀被捕,《新青年》其他人都被盯梢,李大钊也离开了北京。这时《每周评论》由胡适接办。胡适说:从这时起,"方才有不能不谈政治的感觉。那时……国内的'新'分子闭口不谈具体的政治问题,却高谈什么无政府主义和马克思主义,我看不过了,忍不住了,——因为我是一个实验主义的信徒——于是发愤要想谈政治"。他接办《每周评论》以后,先是大量地刊载《杜威演讲录》和宣传实用主义,接着于1919年7月发表了《多研究些问题,少谈些主义!》的文章,内容是:一、反对马克思主义在中国的传播。要求"把一切'主义'放在脑后,做参考资料,不要挂在嘴上做招牌,不要叫一知半解的人拾了一些半生不熟的主义去做口头禅"。二、主张一点一滴地改革,反对革命。实际上,胡适自己是大谈"主义"的人,他是把杜威的实验主义"挂在嘴上"做"口头禅"的。杜威来华住了两年多,胡适陪他到处演讲,宣扬实验主义。胡适叫人"少谈些主义",就是叫人少谈些马克思主义的。胡适叫人"多研究些问题”,这些具体问题就是诸如人力车夫的生计问题、卖淫问题、大总统的权限问题、加入国际联盟问题,等等。他认为这都是些“火烧眉毛紧急问题”,如不去解决这些具体问题,而高谈社会主义,去求什么“根本解决”,这便是“自欺欺人的梦话,这是中国思想界破产的铁证,这是中国社会改良的死刑宣告”。由此观之,反对“根本解决”,反对革命,只在现存社会的基础上进行一些改良,这就是胡适将实用主义在中国政治问题上的具体运用。胡适说的具体问题,连他自己也没有研究过,即使研究了,他也不可能解决这些问题。《多研究些问题,少谈些主义!》的论调发表后,即使并非信仰马克思主义的人,也能看出其错误。如当时属于研究系的蓝志先(公式)就在《国民公报》上发表一篇《问题与主义》的文章,指出胡适的文章“有些因噎废食的毛病”。李大钊看到胡适接办《每周评论》以后,渐渐改变了《每周评论》的性质,使它失去了革命性和战斗性,大为不满,认为有必要进行公开反击,作为“对社会的告白”。1919 年 7、8 月之际,李大钊写了《再论问题与主义》的文章寄给胡适,胡适不得不把它登在《每周评论》第 35 号上,这篇文章同胡适的文章针锋相对。主要内容是:一、论述“问题”与“主义”有不可分离的关系,解决“问题”离不开“主义”。二、所谓“过激主义”,是帝国主义分子对布尔什维克的诬蔑。李大钊公开表明自己是一个拥护布尔什维克的人。三、对于社会,“必须有一个根本解决,才有把一个一个具体问题都解决的希望”。依据马克思主义的根本原理,经济是社会的基础,要使经济组织变动,必须展开阶级斗争,必须进行革命。李大钊的论点,在当时来说是难能可贵的。

在《每周评论》上,胡适也赞扬了毛泽东和孙中山,在《介绍新出版物》的文章中,对他俩创办的刊物《湘江评论》和《建设》作了介绍和好的评价。

1920 年 6 月商务印书馆聘请胡适担任“世界丛书委员”,1921 年 7 月商务印书馆又聘请胡适担任研究所所长,月薪 1000 元。那时北大教授月薪只三四百元，如此高薪，起初胡适有些动心，后来怕万一搞不好，有损他的声名和前途。但商务的厚意不能完全置之不顾，他答应在假期中到上海考察一下，帮助商务出些主意，于是 1921 年 7 月 15 日自北京出发去上海。胡适会见了商务的李石岑、郑振铎、沈雁冰、叶圣陶、杨端六等人。胡适请他们提意见，郑振铎说，他们几个新进来的人本想对于改良编译所的事作一个意见书，后来因知道绝无改良之理，故不曾做。杨端六说，没有人能管理得住全部。胡适根据一个多月的调查了解，提出办一个完备的图书馆，办一个试验所，内设物理、化学、心理、生物等项的实验室。编译员工作时间要减少，薪俸要增加，假期也要增加。最后，他写了约计万余字的报告，主要谈设备、待遇、政策、组织四个问题。胡适这些意见，商务无法办到。商务送他 1000 元作为酬谢，他只收了 500 元。胡适推荐王云五来代替自己当编译所所长，结果王云五来当了副所长，后来又做了商务的总经理。从此，胡适与商务印书馆的关系更深了。胡适还提议要商务“最好出一种小丛书，薄薄的本子，价钱要定得很低。或者是几分钱一本，或者一角一本。梦旦先生他们很赞成”。他提出的小丛书，后来竟变成了丛书《万有文库》。汪原放曾找到这份胡适替商务拟的计划，上面还有张元济的批注，以及胡适对张元济批注的批注。①

二

1922 年，胡适离开《新青年》，创办《努力周报》。开始筹办时被北京警察厅批驳了，2 月他再请立案，措辞颇严厉，3 月获准。警察厅的批文要求他们“慎重将事，勿宣传偏激之言论”。5 月 7 日《努力周报》第 1 期出版。他写了《努力歌》，歌中道：“不怕阻力，

---

① 参见汪原放《回忆亚东图书馆》，学林出版社出版。

不怕武力,只怕不努力!”作为发刊词。不久,《努力周报》登载了胡适起草的《我们的政治主张》,提出了一个“好政府主义”的要求,参加签名的有蔡元培、陶行知、梁漱溟、胡适等 16 人,实际上主要人物是胡适。胡适为了谈政治,在《努力周报》上辟了《这一周》一栏。从 1922 年 6 月到 1923 年 4 月,每周都写些短文,除了少数几篇外,其余都是政论文章,一共写了 67 则。后来他觉得那时的政治完全是“反动的政治”。从此以后,《努力周报》不再谈政治了,渐渐地朝着思想的革新的方向去努力。《努力周报》从发刊到停刊,只有一年半的时间,胡适最后写了一篇《一年半回忆》,宣布该刊结束了。《努力周报》停刊后,又改办《努力月刊》,不久夭折。在《努力周报》时期,是胡适停步观望时期,但尚有进步的一面,属中间偏左。

1922 年秋天,北京大学议决要办一种《国学季刊》,胡适被举为编辑委员会主任。10 月审稿,11 月付印,次年 1 月创刊号出版。这是一本研究国学的刊物,但是它却以新的姿态出现。编排方式是自左向右的“横排”,文章也全部使用新式标点符号。创刊号上登载的《国学季刊发刊宣言》,是胡适撰写的。这篇《宣言》把研究汉学或国故的原则和方法作了简要的广泛的说明,对近三百年国故学上的成就和缺点进行了总结。自从胡适号召整理国故以后,几年之内,几乎形成了一种运动。其时,中国传统小说和古代史的研究取得了显著的成绩,开创了以近代科学方法研究国故学的新局面。

1924 年,胡适创办《现代评论》,作为宣传阵地。当时北京行销的主要刊物分为左、中、右三种倾向,《语丝》是左派的,《现代评论》是中间派的,《醒狮》是右派的。《现代评论》的主将是陈西滢,他与鲁迅的笔战一直持续了几个月。胡适在《现代评论》上撰写的文章不多,主要文章是《我们对于西洋近代文明的态度》。1927 年该刊自第 6 卷 138 期起迁到上海,1928 年 12 月出至 205 期停刊。这个时期的胡适已经不是《努力周报》时期的胡适了,而是从中间偏左退到中间偏右了。

三

1927年,北京政府已是风雨飘摇。5月17日胡适从日本回到上海。当时新月派的一些人也纷纷南下,徐志摩、闻一多、梁实秋、饶孟侃、余上沅、丁西林、叶公超、潘光旦、邵洵美等新老社员,都先后汇聚于上海。胡适回国后不久,新月社的人们便联络商议,由大家招股集资,筹办一个新月书店。他们推胡适为董事长,张禹九任经理。新月书店开办不久,原在北京出版的《现代评论》也移来上海编辑出版。他们又着手创办一个《新月》杂志。杂志的筹划,最初是胡适、徐志摩、余上沅负责进行,当宣布杂志由胡适任社长,徐志摩为主编时,闻一多、饶孟侃等人表示异议。胡适"决计脱离新月书店",后经徐志摩斡旋把风波平息。《新月》杂志终于在1928年出版,创刊号上登着胡适的《考证〈红楼梦〉的新材料》一篇力作。《新月》是一个以文艺为主的月刊,鼓吹所谓"为艺术而艺术",与左翼文学相对峙。但在1929年,胡适便在《新月》杂志上发起了"人权问题"的讨论,发表了《人权与约法》、《知难行亦不易》、《我们什么时候才可有宪法》等文章。虽然表现出一点法治和民主自由的精神,但对广大被压迫的劳苦大众,对于被"围剿"被屠杀的共产党人,他却没有说半句话。对国民党当局虽有某些微词,有时也相当尖锐,但其实也只不过希望蒋介石的党国搞一点西方的资产阶级民主政治而已。然而,党国治下,即使像胡适、《新月》那样谈人权,也是不允许的。1930年2月,《新月》杂志被没收禁毁。以后,《新月》隔几个月才又出一期,半死不活的。为了改弦更张,另换题目,大家公推胡适写篇引论——《我们走那一条路》,结果胡适放出了"五鬼乱中华"的奇论。他否认帝国主义和封建主义是中国人民的仇敌，而把“共产党暴动”与军阀一起归入“扰乱”，当成了敌人。1930年11月，胡适在《介绍我自己的思想》中，明确地宣布自己的态度：“我这里千言万语，也只是要教人一个不受人惑的方法。被孔丘、朱熹牵着鼻子走，固然不算高明；被马克思、列宁、斯大林牵着鼻子走，也算不得好汉。”如果说，在“问题与主义”之争的时候，胡适反对和抵制马克思还有点闪烁其词的话，那么到了此时，便是明明白白地反对马克思主义了。

1932年3月，胡适和丁文江、蒋廷黻、傅斯年、翁文灏、任叔永、陈衡哲等人发起创办了一个专门谈政治的周刊《独立评论》。第1期上刊登了胡适所作的《引言》，标榜所谓“独立精神”，说：“我们叫这个刊物做《独立评论》，因为我们希望永远保持一点独立的精神，不依傍任何党派，不迷信任何成见，用负责的言论来发表我们各人思考的结果；这是独立精神。”

《独立评论》的编辑内容主要分内政、人生观、外交三个方面。他们标榜所谓“独立精神”，保持一点“独立”的门面，只不过是要更好地为政府说话，与党国做“诤友”和“诤臣”。“独立”招牌挂得不多久，刊物上就出现了“清共剿匪”，“先剿匪，后抗日”一类的叫嚷，假独立的精神面貌暴露出来了。这时的胡适已完全滑到右派一边去了。

1949年，胡适逃离大陆的时候，在轮船上思考同雷震（儆寰）等一些朋友筹创出版社和刊物的事，想要到台湾去办一个《自由中国》杂志。于是在轮船上写出了《“自由中国”的宗旨》一文，给《自由中国》定调子。提出宗旨四条：第一，宣传自由民主，督促政府（指蒋政权）建立自由民主的社会。第二，抵制共产党剥夺一切自由的极权政治。第三，帮助沦陷区（指解放了的地区）早日恢复自由。第四，最终目标是使整个中华民国成为自由的中国。1949年11月20日，《自由中国》这个政论性的半月刊，便在台北创刊了。刊物的封面上印着“发行人胡适”五个字。他所起草的“宗旨”印在创刊号上,作为这个刊物鼓吹反共和民主自由的宣言,以后每期刊物上都重复刊登这四条“宗旨”。这个刊物的实际负责人是雷震,远在美国的胡适从纽约邮寄文章给编辑委员会,都是些反共宣传的文字。《自由中国》历时八年,共出 260 期。

胡适曾经参加五四新文化运动,倡导过文学革命,是革命统一战线中的一名战士,而且是蜚声遐迩、名噪一时的风云人物。后来他逐渐从新文化统一战线中分化出去,由标榜所谓“独立精神”的自由派学者,最终成为蒋介石国民党政府的“过河卒子”。全国解放前夕,他不得不出走美国,1958 年又回到台湾省,1962 年便死在那个孤岛上。观其一生,胡适虽并未参加过任何政党,而事实上他却是国民党政府领导和影响下的那一批知识分子的一面旗帜。他的政治思想在他所编辑的刊物中表现得很明显,他的政治思想又决定了他所编辑的刊物的内容和方向。

原载《编辑学刊》1990 年第 1 期

胡适与《鲁迅全集》的出版

余越人

20 年代初,胡适与鲁迅是新文化运动的战友,他们共同提倡白话文,反对文言文,为中国现代文学选择了最有效的语文工具,他们共同提倡新文学,并以各自的理论和创作的实绩,为新文学拓荒、奠基。胡适发表《文学改良刍议》,首当其冲为新文学理论建设鸣锣开道,鲁迅发表《狂人日记》,为新文学创作实践搴旗呐喊,奠定了中国现代文学第一块基石。特别对中国古典小说的研究方面,他们互相借鉴,互相研讨,互相支持,互相鼓励,鲁迅出版了《中国小说史略》,胡适出版了《中国章回小说考证》,鲁迅在《中国小说史略》中吸取了许多胡适的研究成果，胡适在自己的作品中，多次赞扬鲁迅的《中国小说史略》，他在《白话文学史·自序》中，称它为“一部开山的创作”。这时，他们虽然对《新青年》的办刊方针上发生过分歧，鲁迅对胡适提出的“整理国故”存在异议，但其在提倡新文化的战斗方向上是一致的。至20年代中，北京女师大事件爆发，现代评论派的陈西滢等人支持官方，站在与革命学生对立的立场，受到鲁迅的抨击，因胡适是现代评论派的首领，因此鲁迅对胡适逐渐由亲到疏，鲁迅在《华盖集》的《通讯》、《碎话》等文中，在抨击陈西滢时，对胡适也捎带讥刺。但胡适没有卷入这场论战，对鲁迅的讥刺未加反诘。

鲁迅对胡适开展直接的批评，是30年代初，胡适1931年晋见蒋介石，接着又与中国民权保障同盟发生分歧，鲁迅在《二心集·知难行难》、《伪自由书》的《王道诗话》与《出卖灵魂的秘诀》(以上两文均为瞿秋白执笔)和私人通信中，对胡适晋见蒋介石，鼓吹王道政治，美化国民党监狱，背离民权保障同盟宗旨的言论，进行了辛辣的讽刺。胡适对鲁迅的批评也没有公开答辩或进行反批评。

1936年10月鲁迅逝世后，直至1962年胡适离世，在胡适的几百万字的著作中，找不到一句责难鲁迅的话，相反，当他的学生苏雪林，在鲁迅尸骨未寒之时，就宣布要“向鲁迅开战”，谩骂和攻击鲁迅时，胡适却加以制止。他在1936年12月14日致苏雪林的信中，不但劝阻苏雪林对鲁迅进行攻击，而且批评了陈西滢对鲁迅的造谣诽谤，要陈西滢放下“绅士的臭架子”，承认错误，洗刷掉陈西滢泼在鲁迅面上的污秽。这已成为文坛佳话，而胡适曾为《鲁迅全集》的出版尽过力做过事的事，却鲜为人知，在多种胡适年谱、传记中，几乎都未提到，其实这在胡适一生中，应该说是一件重要的活动。

关于胡适当时为《鲁迅全集》的出版，做了哪些工作，我们可以从许寿裳与许广平和许广平与胡适的通信中，略知其大概。

1938年复社版20卷本《鲁迅全集》出版前，许广平及鲁迅生前友好，在鲁迅逝世后就开始研究《鲁迅全集》出版的事。当时曾有两个出版方案，一是以鲁迅先生纪念委员会名义自印，委托全国各大书店代售，一是交上海商务印书馆或开明书店出版。最后出于考虑商务印书馆历史悠久，资金雄厚，印刷精良，发行面广等多种因素，还是准备交商务印书馆出版。但商务印书馆条件苛刻，多有刁难（见1936年11月10日许寿裳致许广平信，收周海婴编《鲁迅、许广平收藏书信选》），一直未能如愿。至1937年3月，《鲁迅全集》虽然已经编定，审批工作也正着手进行，但出版单位一直未能落实，为了使《鲁迅全集》早日出版，许广平于3月21日、23日连接两次写信给许寿裳，大约都托许寿裳找寻合适的人士，向商务印书馆疏通。许寿裳考虑再三，认为胡适与商务有深厚的交情，就写信给胡适的朋友马幼渔，托马幼渔请胡适向商务疏通。胡适立即表示愿意帮忙，3月30日许寿裳即将联系结果写信告诉许广平说：

> 与商务馆印全集事，马幼渔兄已与胡适之面洽，胡适表示愿意帮忙，惟问及其中有无版权曾经出售事，马一时不便作肯定语，裳告马决无此事，想马已转告胡矣。商务回音，俟后再告。

为了争取胡适为《鲁迅全集》出版之事出力，同时也出于扩大鲁迅先生纪念委员会的代表层面，许寿裳于5月3日致信许广平，建议鲁迅先生纪念委员会筹备会，请胡适为纪念委员会委员，信说：

> 昨与幼渔兄谈及，渠谓大先生与胡适之并无恶感，胡此番表示极愿帮忙，似可请其为委员，未知弟意以为何如？希示及。

许广平于5月7日和11日复许寿裳信，表示同意许寿裳、马幼渔的建议，并请两位出面代表鲁迅先生纪念委员会筹备会，询求胡适应允。许寿裳与马幼渔向胡适面陈此事，胡适慨然应允，5月17日许寿裳复许广平信说：

胡适之为委员事已得其同意，拟请弟直接致胡一函（其地址为北平后门内米粮库四号），说明得马幼渔、许季茀信，知先生已允为'鲁迅先生纪念委员会'委员，表示谢意，并请其鼎力帮忙，全集事与商务馆接洽经过如何？亦可提到。

许广平收到许寿裳信后，没有马上给胡适写信，5月21日许广平再次收到许寿裳来信，催促此事，许广平遂于5月23日致胡适信，信稿全文为：

适之先生：

鲁迅先生逝后，亲友故交和文坛先进，思有以纪念光大先生的战斗精神与学术成绩，故有'鲁迅纪念会筹备会'之设，拟广请海内外硕德，成立纪念委员会，昨奉马幼渔、许季茀两先生函，知先生已允为'鲁迅纪念委员会'委员，将来会务进行，得先生领导指引，俾收良效，盍胜感幸。又关于鲁迅先生生平译著约五十种，其中惨淡研求，再三考订之《嵇康集》、《古小说钩沉》等，对于中国旧学，当有所贡献，但因自身无付梓之能力，故迁延至于今日，而一般人士，咸切盼其成。然此等大规模之整部印刷，环顾国内，以绍介全国文化最早，能力最大之商务印书馆，最为适当。闻马、许两先生，曾请先生鼎力设法，已蒙先生慨予俯允，如能有成，受赐者当非一人，只以路途遥阻，未克趋谒，申致谢忱，伏乞便中嘱记室草下数行，示

以商务接洽情形，以慰翘盼，无任感荷之至！肃请
著安！

许广平上　五月廿三日

许广平于5月23日寄胡适信后，即于次日致许寿裳信，告知致胡适的信已发，许寿裳不久即得到胡适致商务印书馆经理王云五的介绍信，6月7日许寿裳即把胡适致王云五信寄许广平，并附笺说：

胡适之来一绍介函，特奉上。请阅毕转致王云五，或先送蔡先生一阅，请其亦作一函绍介。双管齐下，较为有力，未知尊意如何？胡君并允直接另致云五一信，日内即可寄出云。

许广平于6月9日收到许寿裳来信并胡适介绍信，即托周建人向王云五预约接见日期，王云五约6月11日与许广平面谈。6月11日上午许广平持胡适介绍信到商务印书馆与王云五会面洽谈，现北京鲁迅博物馆保存一份许广平所写和商务印书馆经理王云五商洽出版鲁迅全集谈话备忘录一纸，详细记录了双方谈话的内容：

六月九日收到许先生信，附适之先生致王云五先生函，即托建人先生向王先生探询何时可以接见，承约于十一日上午到商务相见，当将胡信呈王，并口陈中央对注册书近状。王表示商务极愿尽力，但希望由中央党部批下，较内政部批有力。并问约有多少字，答以大约在二百万字以上。王答：如此大约普通本作十册出书，拟先看影印部之日记书信，以定版本须用六开或四开。版税照一成五计算，并允极力推销。稿件交齐后，当赶出，四个月或六个月内可出全集。对于北新等书局，则希望家属出面再由商务从旁助其收回。全书分精装普及两

种，亦答应了。目前首待中央批下，然后订约，再进行付梓及收回版权等。故王先生表示最好由家属递一呈文于中央党部，请其直接批准，再由各方有力者从旁催促，将来付印呈送审查时，亦希与以方便早日批下，庶出书较快云。

许广平与王云五谈话结束后，即写信给胡适，把双方洽谈结果告诉胡适，信说：

适之先生：

六月五日（按应作九日）奉到马、许两位先生转来先生亲笔致王云五先生函，当于十一日到商务印书馆拜谒，王先生捧诵尊函后，即表示极愿尽力，一俟中央批下，即可订约，进行全集付梓，在稿件交出后四个月或六个月内即可出书。对于影印及排印二部，亦完全同意，并谓若以二百万字计算，即可作十册一部，其他如分精装与普及本等，亦表赞同，以商务出书之迅速完备，规模之宏大，推销之普遍，得先生鼎力促成，将使全集能得早日呈献于读者之前，嘉惠士林，裨益文化，真所谓功德无量。惟先生实利赖之，岂徒私人歌颂铭佩而已。肃请

著安！

许广平　六月×日

后来在胡适的敦促下，许广平终于和商务印书馆签订了《鲁迅全集》出版合同。但后来由于七七事变抗日战争全面爆发，同年9月胡适赴美，商务印书馆主力撤迁内地，北新书局版权回收困难等众多情况，商务印书馆一拖再拖，迫使许广平提出与商务印书馆废约，改由胡愈之、郑振铎、许广平、胡仲持等人创办的复社出版，经历了曲折多磨的第一部《鲁迅全集》终于在1938年6月问世。胡适向商务印书馆推荐出版《鲁迅全集》虽然未能成功，但胡适为此

而作出的努力,却应该载入胡适与鲁迅交往的史册,作为光荣的一页,写入胡适的传记中。

原载《新文学史料》1991 年第 4 期

胡适与《独立评论》

蒋金戈

1932 年 5 月,北平的一批著名学者、教授创办了一份政论性周刊——《独立评论》。胡适担任主编。该刊 16 开本,每逢星期日在北平出版,天津、上海、南京、西安、兰州、武昌、开封、安庆等全国主要大城市均设有代售处。每期二万字左右,以刊登政论为主,同时也刊登杂文、书评、游记、新书介绍等。设有《问题讨论》的专栏,组织社会知名学者及青年学生对社会重要问题展开讨论。第 5 期起开始在尾页刊登广告,主要介绍新版书报杂志。1936 年 11 月该刊在 229 期因发表了反对日本筹划的"华北政权特殊化"的言论,被国民党北平当局责令停刊,翌年 4 月份复刊后仅维持了 3 个月又因抗日战争的全面爆发而终刊。前后共出版 244 期,发行量最高时达一万三千份左右。

在我国现代史上,胡适不仅是位具有重要影响的学者,同时也是一位著名的报刊主编。在其编辑生涯中,虽以在五四时期与陈独秀、李大钊等轮流参与主编的《新青年》、《每周评论》最富有时代影响,但对于素来崇拜西方民主自由的胡适来说,最能集中反映其思想观念的则是他所主编的《独立评论》杂志。

1932 年 5 月 22 日,《独立评论》第 1 期问世,由胡适撰写的发刊词《引言》说:"我们叫这刊物做《独立评论》,因为我们都希望永远保持一点独立的精神。不倚傍任何党派,不迷信任何成见,用负责任的言论来发表我们各人思考的结果，这就是独立精神。”当时作为受国民党政府重视的学术名流胡适为何又办起了政论性刊物，又为何在开场白中做这番言论呢？

原来在两年前，胡适就任上海中国公学校长时，曾针对国民党政府颁发的一道内容抽象的所谓保障人权的命令，连续在《新月》杂志上发表署名文章，直接对其进行了抨击。他认为：“这道命令认人权为身体、自由、财产三项，但这三项都没有明确规定。就如‘自由’，究竟是那几种自由？又如‘财产’，究竟是怎样的保障？”进而要求国民党政府“废止一切钳制思想言论自由的命令、制度、机关”。从而引起国民党当局的极大不满，不但组织保守势力对胡适进行了批判围攻，而且通过行政手段，逼迫胡适辞去了中国公学校长的职务，1930 年 5 月，胡适愤愤不平地离开了中国公学。此事由于来自政府的压力，对向来十分注重名声地位的胡适来说很是难堪，一时许多朋友见了他都躲得远远的。在上海呆不下去的情况下，正巧中华教育文化基金董事会决定聘请胡适为该会编译委员会委员长。他便于这年的 11 月举家北上，打算在北平闭门著书立说了。虽然不久他应北大校长蒋梦麟之邀，出任了北京大学文学院院长一职，可心里对这口气总想一吐为快。次年 2 月，胡适在给王云五的信中说：“近年经验没有比这三个月的中公事件使我更灰心的，一肚子不愉快。”后来在给好友丁文江做传记时也回忆当时的心情说：“……要办一个刊物来说一说一般人不肯说或不敢说的老实话。”显而易见，此番回忆与《独立评论》创刊《引言》同出一辙，反映了胡适创办《独立评论》的初衷和思想背景。所以，《独立评论》杂志的创刊绝非偶然，其所声称的“独立精神”也是有的放矢，意图相当明确。此外，这些一方面足见胡适对当时政治的不满情绪，另一方面也足见标榜自己对政治不感兴趣的胡适对政治并非不感兴趣。

胡适自担任北大文学院院长以后，门庭又开始热闹起来。他与朋友时常在其家中或欧美同学会举办聚餐讨论会，吃喝谈天。胡适说："我们八九个朋友在这几个月之中，常常聚会讨论国家和社会的问题，有时候辩论很激烈，有时候讨论居然颇一致。……我们现在发起这个刊物，想把我们几个人的意见随时公布出来，做一种引子以引起社会上注意和讨论。"这些朋友主要是丁文江、傅斯年、蒋廷黻、翁文灏、任叔永、陈衡哲、周炳琳、李四光、陶孟和、唐钺等，加上胡适本人共计14个人。后因李四光、陶孟和、唐钺三人反对办刊物退出聚餐会后，剩下的11位朋友都成为了杂志社的当然社员。为了保证这份政论性杂志在经济上完全独立，经有过创办刊物经验的丁文江建议，杂志社成员每人捐出其固定收入的5%作为办刊经费。原计划于1932年3月出版第1期，后来胡适患了阑尾炎，住院手术耽搁了一个多月，直到5月22日，第1期《独立评论》才正式与读者见面。

杂志社社员实际是11位成员，那么在其创刊号《引言》中怎么有八九个朋友之说呢？这个问题，胡适后来专门作了解释，说："原来其中有二三位是素来不写文章的，所以在《引言》中只说'我们八九位朋友'。后来社员散在各地，有些被政府征调去服务了，有些到国外去了，北平的刊物要人维持，随时增加了几个社员，最多的时候也不过十二三人。人数的限制是为聚餐谈话的方便。"

杂志社成员的捐款活动一直持续了两年之久，共集资了4202元才停止筹款。此事胡适颇为得意地说："这点钱已够我们那个刊物完全独立了。"这样《独立评论》前后六年，共出244期，发表了文章1309篇，其中45%由成员撰写，55%是采用外来稿，只是杂志社从来没有向任何作者支付过一分钱的稿费。另外，其编辑例会也较独特，采用的是聚餐形式。这和胡适及其他的一批朋友向往欧美民主自由的思想倾向是极相吻合的。《独立评论》是一份标准的同人刊物。

实际上，《独立评论》作为一份政治性新闻周刊，在30年代中国错综复杂又变化多端的政治风云中，企图谋求所谓“独立精神”，尤其是对很想在政治舞台上露一手的胡适来说，是不大可能的。所以，刊物创办后的立场与办刊的初衷相悖，矛盾也就在于此。

《独立评论》刊行前后五年，作为主编的胡适在上面发表了大量言论，一些较为重要的时局论文基本上都由他亲自所撰写。浏览一下这些文章，一来可以看出这份刊物在重大问题上的政治态度，二来也可看出胡适这时期思想变化的轨迹了。

首先是中日冲突问题。

就 1932 年上海“一·二八”抗战后，中日在上海所签订的《淞沪停战协定》一事，胡适在《独立评论》上发表《上海战争的结束》一文说：“此次的协定本是‘城下之盟’……自‘九一八’以来，政府除了迷信国联与九国公约之外，几乎束手无策……一误再误，直至整个东三省丢了，政府还在高唱绝交而不抵抗的怪论！”事隔仅一个月，他在《论对日外交方针》一文中却又主张避战求和，提出中国应依照日本提出的五项侵略要求来和他们讨论我东北问题。从而“确立远东二大民族可以实行共存共荣的基础”。这年年底，胡适在武汉大学讲学的当中曾到湖南演讲《我们应走的道路》这个主题时，作出的结论是：“惟科学可救国。”由于《独立评论》这些出尔反尔的言论姿态，引起了社会舆论的不满，特别是一些热血青年的不满。有位青年读者就曾致信给胡适说：“读《独立评论》总觉得不过瘾！”对此，胡适却不以为然，反而说：“这种态度是一定不能满足现时一般少年读者的期望的，尤其是我们对于中日问题的许多文字。”在日寇的屠刀已架在中国人民头上的危急关头，《独立评论》还在竭力宣传和谈解决争端这种不切实际的主张，当然要引起广大读者的反感。

这时需要补充的是，就在《独立评论》创刊号出版的前几天，胡适在辞谢汪精卫拟聘请他担任政府教育部长时却称：他留在外边，比放到政府里去要好，在关键时刻可以说些公道话。这年的12月，胡适应邀去武汉大学讲学，正在那里督师“剿共”的蒋介石召见了他。这是胡适与蒋介石的第一次见面。据胡适回忆说：“我在武汉第一次见他时，就留下我的一册《淮南王书》，托人送给他，盼望他能够想想‘淮南’‘主术训’里的主要思想。”这些情况说明，胡适在国民党拉拢他时也有意趁机改善与国民党的关系。于是，1933年3月，就在日军继续向长城一线进犯，长城抗战打响，全国人民同仇敌忾，声援热河前线的时候，胡适却在《全国震惊以后》一文中毫无信心地认为：“我们今天最大的教训要认清我们的地位，要学到‘能弱’，要承认我们今日不中用，要打倒一切虚骄夸大的狂妄心理，要养成虚怀愿学的雅量，要准备使这个民族低头苦志做三十年的小学生。这才不辜负这十八个月的惨痛教训，除此一条活路之外，我看不出别的什么自救的路子。”在《独立评论》上作了这番与全国人民抗日要求背道而驰的宣传后，又马上发表《我们可以等五十年》的文章。虽然一反前文要求与日本谈判求和的态度，明确表示“事实的昭示使我们明白这种交涉的原则已经完全没有希望了”。但又莫名其妙地要求我国人民作出更多的忍耐与牺牲说：“国家的生命是千年万年的生命，我们不可因为目前的迫害，就完全牺牲了我们将来的在这世界上抬头做人的资格。”他还进一步说明了比利时当年被德国占领后，四年后才得以复国；法国战败后，割地两省给普鲁士，48年后才收复的历史例子。要求“我们也许应该准备等候四年，我们也许等候四十八年！在一个国家千万年生命上，四五年或四五十年算得了什么？”虽然如此，胡适总还觉得他的理论不曾被广大读者所能理解，继续又发表了多篇文章加以说明。特别是当有人希望《独立评论》发个宣言来“主张坚决的战争”时，胡适在《我们的意见也不过如此》文章中作了这样的答复：“我不能昧着我的良心出来主张作战。”“我自己的理智与训练都不许我主张作战。我极端敬佩那些曾为祖国冒死拼命作战的英雄,但我的良心不许我来用我的笔锋来责备,人人都得用他的血和肉去和那最残酷残忍的现代武器拼命。……不能容许我希望‘脱开赤膊,提起铁匠铺打的大刀’的好汉可以‘侥幸三次四次至于许多次’。”这种长敌寇威风、灭我民族志气的论调和“把我们的血肉筑起我们新的长城”的大众抗战思想是格格不入的。说怪也不怪,原来这年的3月间,胡适和他的好友丁文江曾去了一趟保定,再一次接受了蒋介石的召见,领会了不抵抗的意图,他在替政府配合着做宣传工作呢!可见《独立评论》并不独立。

自从受到蒋介石的几次召见后,胡适的言论调子作了180度的重大修正,已全没有了几年前撰写《人权与约法》时的那种伸张正义的勇气与激情了。《独立评论》主调日益向国民党贴近,与之南北呼应的做法也日见端倪。

请再看对待“中国民权保障同盟”的态度。1932年年末,宋庆龄、蔡元培、鲁迅、杨杏佛等人在上海发起成立了“中国民权保障同盟”。该盟成立的宗旨和目的是反对国民党独裁政治,争取言论、出版、结社、集会等自由。胡适不但参加了该组织,而且还担任了这一组织的北平分会的临时主席。可他不但不认真履行所应担负的责任和义务,相反大唱其反调,在《独立评论》等报刊上发表了与同盟组织纲领相违背的言论。他在次年2月7日所发表的《民权的保障》一文中,在讲述了一番中外古今有关民权问题的空洞话后,公然指责说:“上海发起的这个运动的宣传特别注重‘国内政治犯之释放与非法的拘禁酷刑及杀戮之废除’……我们观察今日参加这个民权保障同盟的人的言论,不能不感觉他们似乎犯了一个大毛病,就是把民权问题完全看做政治问题,而不肯看做法律的问题。”并认为:“这不是保障民权。”进而为国民党政权辩护道:“一个政府要存在,自然不能不制裁一切推翻政府或反抗政府的行动。”2月22日又接着在《字林西报》上发表谈话,不仅不肯为北平监狱迫害政治犯及爱国青年的事实作证,反而反对同盟中央要求政府释放政治犯的正当要求,说什么“民权保障同盟不应当提出不加区别地释放一切政治犯,免予法律制裁的要求”。宋庆龄、蔡元培为此于2月28日有专电给胡适提出正告:“……会员在报章攻击同盟,尤背叛组织常规,请公开更正,否则,惟有自由出会,以全会章。”对此,已和国民党抱成一团的胡适当然是根本不加理睬的。3月3日,中国民权保障同盟召开临时会议,作出决议,将胡适开除出同盟。此事之后胡适不仅不反省自己,反而诬蔑同盟说:“‘人权’固然应该保障,但不可掮着‘人权’的招牌来做危害国家的行动。”尤其还值得提出的一件事,是这年6月沈从文就5月14日丁玲在上海被逮捕一事在《独立评论》52、53合刊期上发表《丁玲女士被捕》的报道。胡适竟然为虎作伥,在文后特别附上上海市市长吴铁城“报载丁玲女士被捕,并无其事。此间凡关于一切反动案件,不解中央,即送地方法院。万目睽睽,决不使人权受非法摧残”的电报作为伪证,胡适并称之:“此电使我们很放心,因版子已排成,无法抽出此文,便随记此最新消息于此以更正。”帮助国民党混淆视听,以打掩护。由此可见,胡适已从原先呼吁民主运动的促进者变成一块阻碍民主运动的绊脚石。

第三,再来看看胡适对待学生运动的态度。1935年12月,为反对国民党政府为适应日本“华北政权特殊化”的无理要求,成立“冀察政务委员会”的妥协政府,北平学生掀起了轰轰烈烈的“一二·九”爱国学生运动。当天,作为北大文学院院长的胡适先是劝告学生说:“我们今天要镇定,要在敌人的威胁下照常读书,不能假冒抗日教育来宣传马克思主义!”但他的话已劝阻不了爱国学生的罢课决心,学生还是走上了街头。这可急坏了胡适,他连忙在《独立评论》上连续发表《为学生运动进一言》、《再论学生运动》等文章进行阻挠。一方面指责学生说:“罢课是最无益的举动……不但不能引起同情、还可以招致社会的轻视与厌恶。……只有拼命培养个人的知识与能力是报国的真正准备功夫。”另一方面又假惺惺批评军警血腥镇压行为说:“用武器刺打徒手的学生,甚至用刀背打女学生,用刀刺女学生,这都是绝对不可恕的野蛮行为。”当然,学生们是不会理会他这套所谓的“劝说”。后来,他在给周作人的信中很沮丧地为自己打圆场说:“我在这十年中明白承认青年人多数不站在我的这一边,因为我不肯学时髦。”这种强辩虽近乎滑稽,但也是发自内心的感慨。

再例如:1933 年 11 月“福建事变”发生后,胡适在《独立评论》上发表了《福建的大变局》一文中,攻击十九路军是阴谋推翻政府。在西安事变中,胡适又匆匆在该刊发表了《张学良的叛国》等文章,大骂张学良“逼蒋抗日”是叛国行为等等。

当然,《独立评论》也曾发表过一些诸如反对党化教育及反对围剿红军的文章,但那些文章是由任叔永、丁文江等人所撰写。后期,该刊的言论对“国共合作”也作了积极的响应,但那时因为蒋介石已作出了“联共抗日”的决定。

综上所述《独立评论》虽然在胡适这样的社会名流的主持下,对许多当时的重大事件作了评论,阐述了意见,也曾吸引过一大批上层知识分子及政治上幼稚的青年学生,但终没能进入社会舆论的主流而时时受到公众的批评。事实证明胡适借用《独立评论》先是想来讲“老实话”以批评政府,尔后又转向向蒋介石献策,维护国民党独裁政治的根本利益,走的是一条政治投机的道路。虽然此后胡适在政治上的谋求如愿以偿了,但胡适在人们心目中的形象却下降了,这对一个在学术上有重大成就的学者来说,无疑是一个不幸。这也许是其一生中着重“实用价值”的缘故吧。

1936 年 11 月 29 日,《独立评论》因刊发了张熙若所撰写的《冀察不应以特殊自居》一文后被政府责令停刊,时值胡适赴海外出席“第六次太平洋学术大会”之际,此事可能与胡适无关。

原载《出版史料》1992 年第 4 期

胡适和上海亚东图书馆

徐雁平

中国现代出版业能得到较快的发展,原因很多,除出版界的努力外,学者文人的积极参与也是重要因素。他们或者创办出版社,如李公朴的北门出版社,以及和黄洛峰、艾思奇等创办的读书出版社,陶行知的大孚出版公司,老舍和赵家璧的晨光出版公司,还有鲁迅自办的几家出版社等等;或者在出版社任编辑,如巴金、陆蠡任文化生活出版社编辑,郭沫若任泰东图书局编辑,闻一多、楚图南、潘光旦等任北门出版社编辑,商务印书馆旗下担任编辑的学者文人更是众多;或者在一旁出谋划策,如鲁迅之于北新书局,胡适之于商务印书馆和亚东图书馆。学者文人参与的作用很多,如注入新鲜血液,调整出版方向;增加文化气息,提高出版物品位;利用名人效应,作为促销良策。本文以胡适和亚东图书馆为例,稍作阐述,或许对今天的出版界有些启发。

一　提供书源　作序考证

亚东图书馆能在现代新兴出版业中占有一席之地,陈独秀、胡适、章士钊这三大名士功不可没。其中陈独秀和亚东的关系,汪原放已有专文述之。胡适和亚东的交往也非同一般,早在1916年汪孟邹就致函胡适:“将来撰稿有雷于吾兄者甚多,当求竭力相助。蒙许刻短篇小说,至为感激无涯。”①信中“短篇小说”就是后来在1919年10月由亚东出版的胡适译著《短篇小说》一集。1917年1月陈独秀在给胡适的信中有“编译之事尚待足下为柱石,月费至少可有百元”②之语。从亚东图书馆的发展史来看,胡适后来真的成了这家出版社的柱石式的重要人物，他的著作，除几种由商务和其他出版社出版外，都交给亚东出版，如《短篇小说》（1919）、《尝试集》（1920）、《胡适文存》初集二集三集（1921、1924、1930）、《先秦名学史》（1922）、《神会和尚遗集》（1930）、《胡适文选》（1930）、《短篇小说》二集（1933）、《四十自述》（1933）、《藏晖室札记》（1939）。凭胡适的名望和在当时的影响，这些书的销路自然是非常好，以《尝试集》为例，1919 年 10 月初版，1920 年 9 月 3 版，共印了 7000 余册，1922 年 10 月 4 版时，印数累计达 15000 册，1923 年 5 版，1925 年 7 版，1933 年 14 版，据汪原放统计，到 1953 年亚东结束为止，该书总印数为 47000 册。当时图书销售的一般状况怎样呢？1932 年陆费逵在《六十年来中国之出版业与印刷业》一文中说："我国出版之书，多则销二三万部，少则销一二千部。"[③]《胡适文存》初集在 1931 年 15 版，《短篇小说》一集在 1927 年 10 版，其他的著作也大多再版，或在三四版之上。当时亚东图书馆的工作人员说："'和尚书'（指《神会和尚遗集》）倒很好，不过来买的，坐汽车的多。像《胡适文存》、《胡适文选》好，也有坐汽车来买的，也有普通学生来买的。"[④]从此亦可稍见亚东版胡适著作的销售情况。

标点校正中国古典小说是汪原放的首创，而这一了不起的举动又恰恰得到胡适小说考证的配合。亚东版的古典小说《水浒》、《儒林外史》、《红楼梦》、《西游记》、《三国演义》、《镜花缘》、《官场现形记》、《宋人话本七种》、《水浒续集》、《三侠五义》、《儿女英雄传》、《老残游记》、《海上花》、《今古奇观》、《十二楼》等，都有胡适的序文，在科学考证的同时，又将这些小说在中国文学史上进行重新定义和评价，令人耳目一新。如说《西游记》有"滑稽意味和玩世精神"，"至多不过是一部很有趣味的滑稽小说、神话小说"；[⑤]《镜花缘》"对于女子贞操、女子教育、女子选举等问题的见解，将来一定要在中国女权史上占一个很光荣的位置"；[⑥]《老残游记》

“在中国文学史上的最大贡献却不在于作者的思想，而在于作者描写人物的能力”；[7]《海上花列传》是“苏州土话的文学的第一部杰作”[8]等等。胡适的这些文字很受人注意，鲁迅也称其所作《水浒续集》“序文极好，有益于读者不鲜”[9]。胡适对自己的每一种著作都写有自序，而且有时还有再版序言，但所费时间和精力都不如这些古典小说的序言。高质量的名家序文，配以严谨的新式分段标点和校正，使得亚东版的古典小说风行一时。

此外，胡适为亚东版图书作序的有《吴虞文录》、《蕙的风》、《中古文学概论》、《科学与人生观》、《崔东壁遗书》，编选的有《胡思永的遗诗》，作书评的有康白情的《草儿》和俞平伯的《冬夜》（先后刊载在1922年第1期和第2期《读书杂志》上）。粗略统计一下，亚东出版由胡适撰写、编译、作序跋书评的图书在30种以上，这实在不多见，而其他胡适介绍给亚东出版的图书还无法查考。因此可以说胡适对亚东图书馆确有扶持之功，在促使亚东由经营文具、出版销路不好的地图转向出版传播新文化新思想图书的过程中，起了推动作用。

二　选题　指导

胡适为亚东图书馆选题，一般是从自己的学术研究出发，并在一定程度上结合当时的文化思潮。亚东的主人曾说：“我们与其出版些烂污书，宁可集资开设妓院好些。”[10]可以说两者步调还算一致。中国古代哲学是胡适学术研究的一个重点，1925年他和汪原放谈到翻印古书时，曾提出出一套“中国哲学丛书”，把一切与中国哲学史有关的重要著作都整理出来，并列出诸如《朱子年谱》、《王阳明传习录》、《颜氏学记》等9种著作。不知什么原因，这些书亚东都未能出版。但1926年3月提出的“古短篇小说丛书”，包括《京本通俗小说》、《今古奇观》、《拍案惊奇》、《石点头》、《醉醒石》和《觉世十二楼》,其中有几种出版了。1931 年 4 月,汪原放到北平检查身体时,胡适又和他谈起出书的事,汪原放记下了二十余种书名,后来由亚东出版的有重排本《红楼梦》、《醒世姻缘传》、《缀白裘》、[11]《文木山房集》、《十二楼》、《四十自述》、《藏晖室札记》,还有几种准备排印或正在排印但后来未能出版。胡适所选的书目当中,小说占有一定的比例,这与他提倡白话文、进行章回小说研究密不可分。

1920 年亚东图书馆在排印《水浒》时,胡适正在南京高等师范学校讲课,其间,他抽空到上海,让汪原放将《水浒》的校读经过写成"校读后记",并用本书句子做例句写一篇"句读符号说明",印在《水浒》正文前面。又提出将版权页上的"句读者"由"亚东图书馆"改为"汪原放"。1927 年亚东重排《红楼梦》时,胡适又指导汪原放写了篇约有两万字的"校读后记",对重印的缘起,所用版本的优劣,从前校读时疑问的解决等等都举例详细说明。在《胡适文存》初集出版前,汪原放和胡适也讨论过该书的标点符号、分段和排式等问题,至于排式,开始设想了好几种样式,最后决定采用的排式是将标点符号排在直排文字的右边,而将专名号(如人名、地名)排在左边,而且每句之间空一格。

胡适对标点古典小说所依据的版本也很关心。1920 年 9 月他得知汪原放借到一部齐省堂版《儒林外史》,便让汪将此书的出版年月、有何序跋、序跋何年月等告诉他。1921 年在致汪原放的信中说:"若早知你们动手点读《红楼梦》,我早就把我的乾隆无批本(即程乙本)借给你了。等到我知道时,你们已排了七十回了!"[12]因此胡适只得让侄儿胡思永将程乙本的序言抄出寄给他们付排。1927 年汪原放不惜代价,据胡适藏程乙本将《红楼梦》重新校点排印,胡适也很乐意为这一版本做了新序。在同一封信中还提醒说:"《西游记》亦须早日访求好木板本。最好是无有'悟一子'批注的。切勿匆匆动手!"[13]1931 年《醒世姻缘传》和《十二楼》

已经排好，纸型也打好了，但胡适又访得了更好的版本，汪原放等又据之复校重排。正是由于亚东图书馆和胡适的努力，才形成了为人称道的“亚东版”。鲁迅称赞说：“他（汪原放）的标点和校正小说，虽然不免小谬误，但大体是有功于作者和读者的。”⑭

到了1934年和1935年，亚东支出超过收入，开始走下坡路，这主要是由战争、国民党禁书、盗版、读者购买力弱等因素造成的。胡适为此请商务印书馆王云五帮忙，并想出不少解决问题的办法，后来王云五到亚东细看了账目，作了些指导。胡适又找人，让亚东在银行到期的借款转期，暂缓燃眉之急。

注释：

①② 中国社会科学院近代史研究所中华民国史组编．胡适来往书信选（上）．北京：中华书局，1979．2，6

③ 宋原放，李白坚著．中国出版史．北京：中国书籍出版社，1991．247

④⑩⑫⑬ 汪原放著．回忆亚东图书馆．上海：学林出版社，1983．141，207，68，同12

⑤⑥⑦⑧⑨ 曹伯言、季维龙编．胡适年谱．合肥：安徽教育出版社，1986．269，277，312，318，285

⑪ 此书亚东已打好纸型，后于1937年转卖给中华书局，亦有胡适序言。

⑭ 鲁迅著．热风集．北京：人民文学出版社

原载《编辑学刊》1995年第5期

《胡适研究丛录》序言

王子野

如果生活在20年代的中国，只要向一个知识青年提问：“你喜欢读什么杂志？”他会毫不迟疑地回答：“《新青年》杂志。”再问：

“你最钦佩的人是谁?”回答是:“陈独秀和胡适。”当时还在师范学校当学生的毛泽东同志就是这样回答问题的。1936 年,他和斯诺谈话时回忆说:“《新青年》是有名的新文化运动的杂志,由陈独秀主编。我在师范学校学习的时候,就开始读这个杂志了。我非常钦佩胡适和陈独秀的文章。他们代替了已经被我抛弃了的梁启超和康有为,一时成了我的楷模。”

胡适无疑是我国现代史上最有影响的资产阶级学者之一。五四运动时期,他以提倡白话文和文学改良而声誉鹊起,在学术研究的许多领域里,他都有过拓荒和创新的劳绩。后来由于他挑起问题与主义的争论,公开反共,声誉一落千丈,从此一直受到进步人士的非议和批判,这是理所当然的。

但是对于这样一个颇有影响而又很复杂的历史人物,不进行研究分析而进行简单的否定一切的批判,是不能解决问题的。多年来在“左”的思潮影响之下,对历史人物的评价往往是片面的,好就全好,坏就全坏,把一分为二的辩证法武器丢掉了。只是在党的十一届三中全会之后,情况才有所改变。用实事求是的态度来研究、评论历史人物(其中包括胡适)的著作逐渐多起来了,这是好现象。

在研究胡适的著作中有三本书特别引人注目。一本是石原皋写的《闲话胡适》,一本是耿云志著的《胡适研究论稿》,再一本是易竹贤著的《胡适传》。三本书体例各不一样,但有个共同点,就是力求本着实事求是的精神去研究和分析问题。这三本书有助于人们认识胡适的真面目。当然要认识胡适这样一个复杂的人物,还有不少问题尚待深入研究和探讨。

要深入研究首先需要发掘更多的材料。胡适的家乡安徽绩溪县政协的许多同志费了很大力气收集汇编起来的这部《胡适研究丛录》是很有用处的书,最可宝贵的是其中收集了许多从未见过的第一手材料。完成这件工作出力最多的是颜振吾同志,应当向他表示敬意。

本书第一部分是胡适的亲朋故旧写的回忆录文章，提供了大量亲见亲闻的材料，弥足珍贵。历次运动中，特别是“文革”时亲友们给他写材料，为了和他划清界限，总是把他看作凶恶的阶级敌人，臭骂一顿完事。当时不这么做也不行。现在情况变了，本书中的回忆文章都能实事求是地写出比较准确可信的材料。

本书第二部分收进的几篇论文：石原皋的《胡适与陈独秀》，季维龙的《胡适与白话文运动》，易竹贤的《新文化运动中的胡适》，全增嘏和尹大贻的《评胡适的“大胆假设，小心求证”》，都有叙事翔实、论证周密的优点。

耿云志的《抗战时期的胡适》特别值得一提。九一八事变后，胡适在北京办了一个刊物《独立评论》，为蒋介石的攘外必先安内的不抵抗政策帮腔，备受进步舆论的谴责。七七事变后，人们都认为他官迷心窍，放弃学者身份而投靠蒋家王朝去当驻美大使了。其实事情并不这么简单，耿文根据档案资料和其他一些文献作了研究分析，证明胡适毕竟是个学者，他对学者生涯的恋念远过于投身政治的兴趣。加上他的夫人一贯反对他做官，力劝他弃政从学，这对他也是有影响的。耿文中引证了许多材料，证明“胡适当大使确是经过一番思想斗争的，确不是很情愿的”。

在当大使期间，胡适在美国各地到处发表演说，为数在百次以上，主要内容都是宣传中国抗战的世界意义和坚持抗战到底的决心，力图打破美国传统的孤立主义的幻想，以便争取美国对中国的同情和支援。但他也说了些错话，引起国内一些人的不满。不过总的来看，胡适的演讲不但在美国得到了好的评价，甚至在日本也引起了强烈的反响，在太平洋战争爆发前一个月，首相东条英机也提到胡适在美活动对日本的不利影响。耿文认为“胡适用自己的长处，为抗日战争做了一定的贡献”。

1942 年胡适的大使解职之后，有人至今还肯定他曾当了行政院的高等顾问。其实并没有成为事实。耿文说："胡适解职时，重庆政府当局曾聘请他为行政院高等顾问，以示慰抚。但胡适没有接受。他以身体关系暂时不能回国，在纽约租了一处房子住下来，开始回到他的学问生涯。"(见本书第187页)

尽管他回到学问生涯，但他脑海里的反共思想纹丝也没变。1945年4月他被任为出席旧金山联合国制宪会议的中国代表团成员之一。在与会期间他同代表团中的中共代表董必武就战后中国政府问题交换意见时，他公然提议中国共产党放弃武力，成为没有武力的第二大党。随后又通过王世杰给毛泽东发去一电报，重申他的建议。这种荒谬的主张自然遭到我党的拒绝。当内战已成定局时，他就毫不犹豫地站到拥蒋反共一边去了。

过去把"过河卒子"来作为批判胡适的重要材料。其实有些批判者并不明白这句话的确切来历和背景。耿文把这问题查清楚了。1938年胡适到大使任不久，获得"桐油借款"，这次借款主要是陈光甫活动的结果。胡很敬重陈的为人，于是将自己的一张小照送给他作纪念，题上小诗："偶有几茎白发，心情微近中年，做了过河卒子，只能拼命向前。"这诗的含意显然是指努力争取美援。不久他同陈光甫合作终于达成了第二次的"滇锡借款"。其实用"过河卒子"来形容胡适同蒋政府的关系，还不如用他自称的"诤友"、"诤臣"更确切。

本书第三部分的胡适与人交往信札和章希吕日记(摘录)，内容免不了涉及生活琐事，但也有不少关于胡适对治学和为人处世的材料，可供研究参考。

举例而言，过去人们曾怀疑胡适是否研究过文字学。章太炎和人谈话就曾蔑视胡适的汉学没有基础，写文章没有《说文》根基，谈不到学问。此事发生在1932年(见《闲话胡适》第115页)。其实胡适远在青年时代就注意研究文字学了。本书中有他写给胡近仁(他的族叔，也是他的好友)的一封信中说："文字学须从字音一方面入手，此乃清儒的一大贡献；从前那些从'形'下手的人（如王荆公）大半都是荒谬。自从清代学者注重音声假借、声类通转以后，始有'科学的文字学'可言。章太炎的《国故论衡》上卷最宜先看，然后看他的《文始》。若有顾炎武、江永、戴震、段玉裁、孔广森、钱大昕诸人之书，亦可参看（沈兼士之说没有什么意思）。"（见本书第211～212页）

胡适是个洋博士，在婚姻问题上自然反对父母包办婚姻，主张恋爱自由。可是他同既无文化，又是小脚的江冬秀结婚完全是父母包办的。为什么胡博士竟能忍受这样的婚姻呢？这个问题从1918年他写给胡近仁的信上才找到答案。他说："吾之就此婚事，全为吾母起见，故从不曾挑剔为难（若不为此！吾决不就此婚。此意但可为足下道，不足为外人言也）。今既婚矣，吾力求迁就，以博吾母欢心。吾之所以极力表示闺房之爱者，亦正欲令吾母欢喜耳……此事已成往迹，足下阅此书后，乞拉烧之，亦望勿为外人道，切盼！切盼！"这封信是研究胡适为人品格的极重要的材料。胡适作为反旧礼教的急先锋，却在自己的婚姻问题上屈从母命，甘当孝子，确有言行不符的缺点，但他能和江冬秀和睦相处一辈子，没有嫌弃她而另觅新欢，就中国人的传统道德来说，尚不失为难得的好人。

最后我要提一提顾廷龙的《胡适之先生水经注论著及手札》一文的价值。

1943年11月，也就是胡适从大使卸任后不久，在他给王重民的一封回信里，提起学术史上的一段公案，就是许多学者都肯定戴震偷了赵一清的《水经注》注释，他对此表示怀疑，愤愤不平，从此下决心重勘此案而考证《水经注》，这成了他后半生的主要学术课题。书末胡适的《水经注考》，是他在台湾的学术讲演，深入浅出，把复杂的问题讲得清清楚楚，充分显示他的文风的特点。顾廷龙的文章是说明和注释胡适关于《水经注》校本研究的一组论文及手札的专著,学术价值很高,有助于了解胡适的治学精神。为先贤辩诬,穷年累月,锲而不舍,一丝不苟,胡适的这种治学精神,诚不愧是戴震的嫡传子弟。戴震曾为了《伪孔传·尧典》的一个“桄”字,化了二十多年工夫作考证,最后证明“光被四表”应为“桄被四表”。乾嘉学者治学的严谨精神,永远是我们的楷模。

总之,这是一部研究胡适很有用处的书,我在这篇序里引用的材料只是很少一部分,其余请读者各按自己的需要去寻找罢!

1987 年 5 月

选自《王子野出版文集》,中国书籍出版社 1995 年

胡适之与商务印书馆

邓云乡

1921 年 7 月,商务印书馆张元济、高梦旦几位先生,把胡适之先生请到上海来,当时“商报”登一题为《胡老板登台记》的花边新闻道:

> 北京大学赫赫有名的哲学教员,新文学的泰斗胡适之,应商务印书馆高所长的特聘来沪主撰,言明每月薪金五千元(比大总统舒服)。高所长亲自北京迎来,所有川资膳宿,悉由该馆担任。今日为到馆第一天,该馆扫径结彩,总理以次,均迎自门首……所长、部长及各科主任,趋侍恐后,方之省长接任,有过之无不及……简直同剧界大王梅兰芳受天蟾舞台的聘第一日登台一样。将来商务印书馆一定大书特书本馆特由北京礼聘超等名角来沪,即日登台了。

这则新闻和胡先生大开玩笑,也可见当时商务请胡先生来沪是起了轰动效应的。当时商务请胡来作什么呢?胡曾问编译所所长高梦旦:"究竟想要我来做什么?"当时商务本想请胡来主持编译所,但是胡表示北大开学就要回北京,不能离开北大,因而商务领导们只希望胡能看看编译所的情形,做一个改良计划书。胡也就同意了。这样胡就短期参加了商务编译所的工作,了解情况,先见了编译所的各位工作人员。胡《日记》中记到名字的很多,除张、高、李拔可等领导外,还有李石岑、郑振铎、沈雁冰、叶圣陶、潘介泉等位,又参加"编译会议",有国文部庄俞、英文部邝富灼、词典部方毅、理化部杜亚泉、东文部郑贞文,讨论编中学教科书。当时邝富灼只会说广东话、英语,不懂普通话,开会不发言,又由周越然为代表。因为他不懂江浙官话,别人不懂英文。当时胡提出了《中学国文读本》的编辑计划:以时代为纲领,倒推上去;以学术文与艺术文(包括韵文)为内容大概。但后来实际上并没有编出过这样系统的教材,只编出过文学史系统的教科书。

胡适之先生在商务编译所考察了一个多月,除为编译所提了许多建议而外,更重要的就是为商务推荐了一位人才,这对二三十年代商务的发展起到了十分重要的作用。这人就是鼎鼎大名的王云五。《胡适的日记》九月一日记道:

> 云五来谈,我荐他到商务以自代,商务昨日已由菊生与仙华去请他……此事使我甚满意。云五的学问道德都比我好,他的办事能力更是我全没有的。我举他代我,很可以对商务诸君的好意了。

但是王云五当时没有什么名气,也不是留学生,而是自学成才的。一进商务就作编译所副所长。胡在《日记》中还说:商务要他荐举人,他竟不能在留学生中找人,想来想去,推荐了王云五。商务人大感意外……胡还笑商务的人"自命为随时留意人才,竟不曾听见过这个名字!"当时谁知这个人后来作了商务的总经理呢?

胡临回北京之际,商务送他一千元酬劳,他不愿意要,只收了五百,还给高梦旦五百元。只是报上花边新闻所登月薪的十分之一。但也相当于六七两黄金的代价,为数也十分可观了。胡离大陆前,一直与商务关系密切。直到要离开上海时,顾起潜丈写给胡先生的信的最后,还附言道:"揆初、菊生、拔可、森玉诸丈,皆镇静安好,属笔道念。"从郑重的问候中,可见商务诸老和胡的学术友谊多么可珍了。

原载 1997 年 4 月 19 日《文汇报》

胡适——新文化运动的另一面旗帜

杨　雯

"尝试"文学革命,揭起新文化运动的旗帜

1936 年,上海亚东图书馆在《新青年》出刊 20 年后,准备重印,作为当年这份刊物的主将的胡适应邀题词。他写道:"《新青年》是中国文学史和思想史上划分一个时代的刊物。最近二十年中的文学运动和思想改革,差不多都是从这个刊物出发的。"

胡适一生看事情,以公允为准则。这个评价,当然也不含个人色彩,因为即使今天看来,胡适的这个评价,也会得到知识界的认同的。

《新青年》原名《青年杂志》,是陈独秀于 1915 年 9 月在上海创办的,第 2 卷改称《新青年》。创刊号卷首发表了陈氏《敬告青年》一文,向全国青年"谨陈六义",倡导科学与民主,反对封建旧

文化，举起了新文化的旗帜。而此时，正是袁世凯请出孔子的幽灵，准备窃国称帝的时候。

这时，胡适正在美国，虽然他与陈独秀是安徽同乡，但此时两人并不认识。陈、胡两人通信及胡适后来为《新青年》撰稿，是他们两人的同乡、上海亚东图书馆主任汪孟邹牵线搭桥的。

这年的10月6日，汪孟邹把《青年杂志》第1号寄给远在美国的胡适，并代陈独秀向他约稿。12月13日，汪又将《青年杂志》2、3号寄给胡适，并再致信说："陈君(即陈独秀)望吾兄的来文甚于望岁，见面时即问吾兄来文否，故不得不为再三转达。……务求拨冗为之。……否则陈君见面必问，炼(汪原名炼)将穷于应付也。"在朋友的再三催促下，大约在1916年的夏天，胡适把翻译的俄国泰来夏浦小说《决斗》寄给陈独秀，于2卷1号，也即改名《新青年》后的第1号上发表了。这是胡适在《新青年》上发表文字之始。

现今，研究新文化运动的专家们认为，新文化运动真正形成为全国的运动的发端，是文学革命的倡导；而文学革命的倡导，则首先在于提倡白话文。胡适发表的《决斗》，就是用白话文翻译的。这也是《新青年》刊登的第一篇白话文。

当然，以此来说明胡适在那时就意识到这一点，多半是不切实际的。但是，新文化运动中反对文言文、提倡白话文的主张的萌芽，以及后来所倡导的文学革命，确实是在这篇文章中产生了。

从提出用白话文写作到提倡文学革命的一系列主张，胡适大约用了三年的时间，其间有很多可圈可点的故事。

1915年夏天，美国东部中国学生会成立了一个"文学科学研究部"(胡是文学股的委员)。之前，中国在美的"留学生监督处"里有位钟文鳌先生，他极力主张改革中国文字："废除汉字，改用字母"，以为教育普及非有字母不可。胡适对此主张，大不以为然，曾作文表示反对。胡适在文章里说，汉字之所以不易普及，原因不在汉文而在于教授方法。他说汉文乃是半死的文字,既然如此,不当以教活文字的方法去教授,而应当跟教外国文一样,需要翻译讲解,不能从背诵中去求其字义的了解。由此可见,胡适虽然不反对废置文言,但是他这时已经指出文言文是一种"半死的语言",而把语体文(白话)称之为活的语言了。这是一个小小的进步,不料后来竟成为他在文学革命道路上的起点。

这年秋天,就在胡适即将离开康奈尔大学时,他的一位同乡好友梅光迪(字题庄)正在绮色佳度假。梅是安徽宣城人,就读于威斯康辛大学,已取得文学学士学位,正准备入哈佛大学去跟当时有名的文学批评家白璧德继续深造。9 月 17 日胡适为了送梅光迪入哈佛大学,作诗一首相赠。

神州文学久枯馁,百年未有健者起。
新潮之来不可止,文学革命其时矣。
吾辈势不容坐视,且复号召二三子。
革命军前杖马棰,鞭笞驱除一车鬼。
再拜迎入新世纪,以此报国未云菲。
……

此诗甚长,共 60 句,420 字。其中用了 11 个外国人的名字,如:"天生几牛顿"、"辅以无数爱迪生"等。这不过是互相勉励为国出力的话,没想到这首打油诗竟引起了另一位好友任鸿隽的诗兴。他把这 11 个外国名字的译音连缀起来,于 9 月 19 日也作了一首打油诗来戏耍"博士"(胡当时的诨名),题名《送胡生往歌伦比亚》。诗云:

牛顿、爱迪生,培根、客尔文。
索虏与霍桑,'烟士披里纯'。

鞭笞一车鬼，为君生琼英。

文学今革命，作歌送胡生。

胡适20日离开绮色佳，坐在火车上，思来想去，总不是滋味，认为自己是很严肃的作诗，却遭到朋友的奚落，“文学革命”句是在挖苦他，于是气愤不过，又回敬了一首，并请任鸿隽转致诸友人，进一步表明自己的文学态度，诗云：

诗国革命何自始？要须作诗如作文。

琢镂粉饰丧元气，貌似未必诗之纯。

小人行文颇大胆，诸公一一皆人英。

愿共努力莫相笑，我辈不作腐儒生。

胡适本来对文学革命的方向是很模糊的，但这时他想清楚了，第一次提出作诗需要跟作文一样用白话来写。这个观点提出后，他的朋友任、梅两位及其他朋友，激烈反对，于是又展开了一场笔战。胡适在争论中，不断思考，到1916年春得出一个观念：死文字不能产生活文学。他说：“一部中国文学史就是一部活文学逐渐代替死文学的历史。”在这种思想指导之下，他写了一些文章阐述：在中国文学史里面曾经有过许多次文学革命，自《诗经》以下，中国诗歌流变便是一连串的革命，散文也是如此。他们这群留学生，经过几次辩论后，梅光迪也被胡适说服了，赞成他的主张，说：“文学革命自当从民间文学入手，此无待言，惟非经一场大战争不可。骤言俚俗文学，必为旧派文家所讪笑攻击。但我辈正欢迎其讪笑攻击耳。”

胡适一生注重“尝试”。既有了革文学命的想法，就要身体力行，进行尝试。他用白话文给《新青年》所投的第一篇稿子——翻译文章《决斗》，就是这种尝试的体现。

同年夏天，胡适到克利佛兰城参加“第二次国际关系讨论会”。来回要经过绮色佳，故有机会与在那里度暑假的一班老同学会面了。以文会友，当然少不得谈的又是文学革命的事情。7月8日那天，胡适与任鸿隽、陈衡哲（她是沃莎女子学院的学生，时为《留美学生季报》编辑）、梅光迪、杨铨、唐钺等人在绮色佳的风景区凯约嘉湖上划船。忽然遇暴雨袭击，他们忙将船靠岸，慌乱中几乎把船划翻，大家都被雨淋湿了。这本是一件寻常小事，不料竟引起一场不寻常的辩论，并由此产生了胡适在中国现代文学史上具有划时代意义的作品集——《尝试集》。

文人墨客做诗为文，讲究的是个“由头”。这次划船遇雨的事，胡适和他的朋友少不了要抒发一番。任鸿隽返回后即写了一首《泛湖即事诗》寄给胡适，请他批评。既然是朋友，胡适也就不客气。在回信中直率地认为，这首诗并不好。理由是写覆舟一节，未免小题大做；诗中用了一些“陈言套语”，因而“文字殊不调和”。

任鸿隽是以善于做诗而自恃，看到胡适这个批评，心里自然不服。既不服，便要据理力争。在给胡适的一封信里，任写道：“白话自有白话用处（如作小说、演说等），然却不能用之于诗。”

两人你来我往的争论，惹起了梅光迪的兴趣。梅虽已被胡适说服，同意胡适白话可以为文的观点，但对白话可否为诗则持怀疑态度。于是，也加入这场争论。他写信给胡适说：“文章体裁不同，小说词曲固可用白话，诗文则不可。”他的理由是：“文学的文字——尤其是诗的文字——一定要由第一流的诗人和美术家加以美化，才能成为诗之文字。”因此他笑话读胡适写给他的白话诗，好像儿时听“莲花落”一样，真所谓革尽古今中外诗人之命者！

胡适中国公学时代好友、在美国华盛顿任教育部学生监督处书记的朱经农，对胡适的观点也不以为然。他写信劝胡适：“白话诗无甚可取。”又说：“兄之诗谓之返古则可，谓之白话则不可。”

三人成虎，胡适在这场争论中显然处于劣势。白话为诗既无先例可循,争论显然不会有什么结果。他思来想去,决定以身作则,自己来认真尝试用白话作诗,取得成绩,方可说服反对他的朋友们。他于1916年8月4日,写信给任鸿隽说:“我自信颇能用白话作散文,但尚未能用之于韵文。私心颇欲以数年之力,实地练习之。倘数年之后,竟能用文言白话作文作诗,无不随心所欲,岂非一大快事?”又说:“公等假我数年之期。倘此新(诗)国尽是沙碛不毛之地,则我或终归老于‘文言诗国’亦未可知。倘幸而有成,则辟除荆棘之后,当开门户迎公等同来莅止耳。”从此,胡就不再写旧诗词,而专门用白话来作诗了,并作了一首《尝试歌》以表达自己的心愿。诗云:

尝试成功自古无,放翁这话未必是。
我今为下一转语:自古成功在尝试!
请看药圣尝百草,尝了一味又一味。
又如名医试丹药,何嫌六百零六次。
莫想小试便成功,哪有这样容易事!
有时试到千百日,始知前功尽抛弃。
即使如此已无愧,即此失败便足记。
告人此路不通行,可使脚力莫枉费。
我生求师二十年,今得“尝试”两个字。
作诗作事要如此,虽未能到颇有志。
作“尝试歌”颂吾师,愿大家都来尝试!

1917年他任《留美学生季报》主编,于是将所写的白话诗选了数十首发表出来,供世人评论。因该刊在上海中华书局发行,所以国内外都有很大影响。与此同时,他为将来的诗集取名《尝试集》。

经过一段试验后,胡适总结出了以白话文写作的经验。在8

月 21 日在日记里,他归纳出文学革命的八个要点:(一)不用典;(二)不用陈套语;(三)不讲对仗;(四)不避俗;(五)须讲求文法;(六)不作无病之呻吟;(七)不摹仿古人;(八)须言之有物。他说,我主张以白话文体作诗,作文,作戏曲、小说。倘有人愿意从我,无不欢迎。

同一天,他写信给《新青年》主编陈独秀,详细谈了自己的文学革命的主张,并对《青年杂志》第 3 号上登载谢无量的长律诗,提出批评意见。他说谢君诗,用古典套语不下百余事,而记者(编辑)却附文大为推荐,称它是"希世之言"。胡适认为这与陈主张写实主义,反对古典主义相矛盾。陈接信后很快回信,向胡解释说:"文学改革,为吾国目前切要之事。此非戏言,更非空言,如何如何?《青年》文艺栏意在改革文艺,而实无办法。吾国无写实诗文以为模范,译西文又未能直接唤起国人写实主义之观念,此事务求足下赐以所作写实文字,切实作一改良文学论文,寄登《青年》,均所至盼。"

接到陈独秀的来信,胡适立即将自己对文学革命的八点主张,加以解释写成文章,题名为《文学改良刍议》。

这篇文章在 1917 年 1 月《新青年》2 卷 5 号上发表后,在文化界引起强烈的反响。北京大学教授钱玄同非常赞赏,写信给陈独秀表示自己的意见,并指出:"胡先生'不用典'之论述最精,实足祛千年腐臭文学之积弊。"陈独秀起初对胡适提出的八条还有点怀疑,但他见了胡的《文学改良刍议》后便完全赞成胡的主张,只是觉得文章写得太平和了,因此他写了一篇《文学革命论》在《新青年》2 卷 6 号上发表,正式打起"文学革命"的大旗。他说:"文学革命之气运酝酿已非一日。其首举义旗之急先锋,则为吾友胡适,余甘冒全国学究之敌,高张'文学革命军'大旗,以为吾友之声援。旗上大书特书吾革命军三大主义:(一)推倒雕琢的、阿谀的贵族文学,建设平易的、抒情的国民文学。(二)推倒陈腐的、铺张的古典文学,建设新鲜的、立诚的写实文学。(三)推倒迂晦的、艰涩的山林文学,建设明了的、通俗的社会文学。”最后以坚定的口吻说:“予愿拖四十二生的大炮为之前驱!”表示了他坚定不移的信念。

陈的文章发表后,把已经掀起的文学革命运动又推入了一个新的高潮。钱玄同、刘半农、鲁迅、周作人等都表示赞同,并以实际的行动投入到这个反对封建文化的斗争行列,共同奋斗。此后三四年里,白话文成了我国的正式“国语”,因为当时的教育部于1920年1月颁布小学秋季起一律改用语体文。白话文成为正式的国文,这在我国文化史上是一件极其重大的事,对后来的新文化运动有巨大影响。

与陈独秀并肩弄潮

胡适写给陈独秀的一系列文章和通信,使他成了《新青年》有影响的重要撰稿人之一。他与陈独秀虽未谋面,却志同道合,成为神交了。

陈独秀在发表了胡适的《文学改良刍议》一文同时,致信说:改良中国文学当以白话为文学正宗,是非甚明,必不容反对者有讨论之余地。信中他特写道:

> 蔡孑民先生已接北京总长(按,此系“北大校长”之误)之任,力约弟为文科学长,弟荐足下以代,此时无人,弟暂充之。孑民先生盼足下早日归国,即不愿任学长,校中哲学、文学教授均乏上选,足下来此亦可担任。……他处有约者倘无深交,可不必应之。中国社会可与共事之人,实不易得。恃在神交颇契,故敢直率陈之。

蔡元培是在1916年底被任命为北京大学校长的。蔡先生虽是科举出身，点过翰林，却是革命元勋，且思想上能毅然冲决樊篱，接纳新潮。民国元年任南京临时政府教育总长时，便明令停止祭孔尊孔。接掌北大以后，更加锐意改革，主张学术思想自由，采取“兼容并包”的方法，并广延“积学而热心的教员”来校任教，掌管校务。这样，当时著名的新人物陈独秀便任了北大文科学长。

1917 年 1 月，陈独秀正式就任北大文科学长后，并将《新青年》从上海迁来北京编辑。他把主编《新青年》与改革北大结合起来。

这年 7 月，胡适返抵国门，8 月即北上，进北大当了教授。

胡适虽然常年在国外，但因为他对文学革命的倡导，曾轰动一时，所以在未回国以前名头就已经很响亮了。到了北大后，由于他的“名头”响亮，加上蔡元培的“兼容并包”，吸引了当时一大批“名流”。蔡元培曾说道：自胡适之君到校后，声应气求，又引进了多数的同志，所以兴会较高一点。

与胡适、陈独秀同年进北大的，有周作人、刘半农等人；先后进北大的还有李大钊、钱玄同、高一涵、陈大齐、朱希祖、刘文典、沈尹默、沈兼士、马裕藻等许多人；稍后鲁迅也来北大兼课。真是新人荟萃，北大气象为之大变。他们都为《新青年》撰稿，使《新青年》阵容更加雄厚强大，新文化潮流更加汹涌澎湃，不可遏挡。

胡适的性情比较平和，又善于交际，因此，进北大虽是初来乍到，但人缘还是很好的。林语堂曾把他比做一块肉，而把梁漱溟比做骨头，可以想见胡适为人处事比较柔和有弹性。胡适进北大初期，生活上与高一涵、陶孟和较为接近，有时也常到章士钊家去玩。至于说到文学革命的朋友们，那就要数“卯字号”的人物了。

当年的北大，还在景山东街，即是马神庙的“四公主府”。第一院沙滩的红楼尚在建造中，第三院的译学馆是大学预科。文理本科全在这马神庙的“四公主府”。这里的正门尚未落成，平常总是从西头的便门出进，进门往北一带是讲堂；往东一带平房是教员休息室，每人一间，人们叫它做“卯字号”。卯字号里聚集着陆续进入文科的许多名人。其中有两个“老兔子”和三个“小兔子”的故事。指的是：陈独秀和朱希祖，他们二人是己卯年（1879 年）生的“老兔子”；胡适和刘半农、刘文典三人是辛卯年（1891 年）生的“小兔子”。胡适当年还不满 26 岁，真是翩翩年少的教授。

1918 年 1 月，胡适加入《新青年》的编辑工作，他与陈独秀、钱玄同、高一涵、李大钊、沈尹默等人轮流负责编辑。从此，《新青年》完全改用白话文写作。从第 2 期开始，每期都登着胡适、沈尹默、刘半农的白话诗，风气大开，吸引了很多人的关注。1920 年，胡适把他回国前后所作的白话诗结集为《尝试集》一书出版。几年的“尝试”，胡适终于开拓了一条新诗的道路，为现代文化新诗的创作，奠定了基础。

这年年底，陈独秀又邀集李大钊、胡适、周作人等商议，另创《每周评论》，仍由《新青年》同人主持，以便及时发抒议论，抨击黑暗，鼓吹新思潮。从 1919 年 1 月起，《新青年》改为同人刊物，由陈独秀、李大钊、胡适、沈尹默、钱玄同、高一涵六人轮流编辑。北大学生傅斯年、罗家伦等人，也组织新潮社，创办《新潮》月刊，响应《新青年》，作新文化的有力宣传。

年轻的胡适教授，对青年学生有更大的吸引力和影响力，于是 1918 年 12 月 3 日，北大学生成立“新潮社”时，便邀请胡适为顾问。第二年 1 月，即刊出《新潮》杂志，成为《新青年》的一个得力助手。新潮社的主干，是傅斯年。他原来也是“黄门侍郎”，即是守旧的国故大师黄侃（季刚）先生的得意门生，胡适也承认他学问根柢不错。后来傅氏倾向于新思潮，到 1919 年，便完全转变到新文化阵营一边来了。

《新潮》的组成，形成了一个围绕《新青年》的新文化团体，成为倡导新文化运动的中心。而这《新青年》团体，事实上又与北京大学密不可分，北大也就成为新思想的大本营，五四新文化运动的策源地了。

不久,五四学生爱国运动爆发,反对帝国主义,反对亲日派,震惊全国,揭开了中国新民主主义革命历史的第一页。新文化运动,也因政治的助力,而涛起风从,迅速发展到全国各地,汇集了全国规模的伟大文化革命的洪流。对于五四新文化运动的性质,毛泽东曾经有过说明。他指出:

> 五四运动时期虽然还没有中国共产党,但是已经有了大批的赞成俄国革命的具有初步共产主义思想的知识分子。五四运动,在其开始,是共产主义的知识分子、革命的小资产阶级知识分子和资产阶级知识分子(他们是当时运动中的右翼)三部分人的统一战线的革命运动。

这个分析,符合当时运动的实际情形。陈独秀是由激进的革命小资产阶级转变为具有初步共产主义思想的知识分子;胡适则是资产阶级知识分子的代表。他们两人齐名,时人称之为"陈胡",是五四新文化运动最著名的代表人物。

1919 年 6 月 11 日晚,陈独秀因在北京新世界散发《北京市民宣言》的传单,被北洋政府的密探逮捕,住宅亦被查抄。胡适当晚,写了《"威权"》一诗:

> "威权"坐在山顶上,
> 指挥一班铁索锁着的奴隶替他开矿。
> 他说:"你们谁敢倔强?
> 我要把你们怎么样就怎么样!"
> 奴隶们做了一万年的工,
> 头颈上的铁索渐渐地磨断了,
> 他们说:"等到铁索断时,

我们要造反了!”
奴隶们同心合力,
一锄一锄地掘到山脚底。
山脚底挖空了,
“威权”倒挂下来,活活地跌死!

这么激烈地抨击专制统治的诗,是《尝试集》里所罕见的。陈独秀留下的《每周评论》,也由胡适接手继续编辑,一直出到这一年的8月20日,印刷第37号时,被军阀政府封禁才停刊。

多年后,胡适在回忆他与陈独秀共举文学革命大旗的这段经历时说,自己历史癖太深,故不配作革命的事业,文学革命的进行,最重要的急先锋是他的朋友陈独秀。他们彼此谦虚,说对方是急先锋。其实他俩的文章在当时都成为青年的“圣经”。这是一个资产阶级的启蒙运动。他们联合起来,一致向封建势力宣战。

原载《炎黄春秋》1998年第5期

胡适与《竞业旬报》

刘练军

在当今炙手可热的“胡学”研究中,胡适与《竞业旬报》的关系,或者说《竞业旬报》时期(1906~1908年)的胡适并未引起各路史学作家应有的注意。尽管不少的专家学者在他们著述的胡适评传或传记中,对胡适与《竞业旬报》的关系有较为详尽的介绍、评述,但在这方面的专题性研究论文却少得可怜,近乎是块有待填补的空白。笔者把少年胡适在《竞报》上流露出来的思想与后来作为思想家、开风气者的历史上的胡适思想试作了一番比较,粗浅地探讨了一下胡适在《四十自述》中“根本诧异”的新发现:思想上的重要出发点。此文不揣浅薄,为的只是就正于高明。

一　胡适与《竞业旬报》

胡适与《竞业旬报》的关系,他自己后来多有讲述。这其中最为详尽的当推《四十自述》中的一章。但在这之前、之后,胡适也几次提到过他与《竞报》的“故事”。如在《我的信仰》一文里,他就有一段不短的评述:

> 1906 年,我在中国公学同学中,有几位办了一个定期刊物,名《竞业旬报》——达尔文学说通行的又一例子——其主旨在以新思想灌输于未受教育的民众,系以白话刊行。我被邀在创刊号撰稿。一年之后,我独自做编辑。我编辑这个杂志的工作不但帮助我启发运用现行口语为一种文艺的工具的才能,且以明白的话语及合理的次序,想出自我幼年就已具了形式的观念和思想。在我为这个杂志所著的许多论文内,我猛力攻击人民的迷信,且坦然主张毁异神道,兼持无神论。①

二十余年后的 1953 年,胡适在台北市“记者之家”欢迎会上演讲时又说:

> 我做学生时便开始办报,十六七岁主办《竞业旬报》(罗家伦先生最近在中国国民党党史编纂委员会发现保存有该

① 胡适:《我的信仰》,欧阳哲生编《胡适文集》(1),北京大学出版社,1998 年,第 12 ~ 13 页。

刊)，一个人包办整个篇幅，用了很多的假名。①

胡适自己在不同时期多次讲述他与《竞业旬报》的故事这本身就告诉我们，胡适他与《竞报》之间的关系非同一般这一简单而又重要的事实。下面我们就先来看看胡适与《竞报》之间是如何的“非同一般”。

《竞业旬报》是“竞业学会”的会刊。竞业学会成立于1906年，是胡适在上海(1904~1910年)就读的第三个学校——中国公学里的一班热忱国家民族事业、趋向革命新潮的革命同志所组织的学会。学会的目的就如其名，“对于社会，竞与改良；对于个人，争自濯磨”。竞业学会成立后的第一件事就是创办一个会刊，于是《竞业旬报》也就问世了。因为《竞业旬报》要“传布于小学校之青年国民”，所以它的《发刊词》中就明白地反对“务为艰深之文，陈过高之义”②，因而它注重语体文的稿件，提倡国语，主张白话文。

《竞业旬报》第1期是1906年10月28日即胡适在《四十自述》里记载的旧历“丙午年(1906)九月十一日”出版的，它共出了41期。因为出了十期后它就停刊一年有余，所以最后一期(第41期)出版时已是1909年年初。《竞报》的首任编辑兼主笔是湖南醴陵人傅君剑(纯根)。从第24期(1908年8月17日出版)至第40期，编辑兼主笔是傅君剑的“文章知已友兼师”③——17岁的胡适。《竞报》的编辑、主笔先后有好几位。但“胡适是最后一位主笔，但也是任职时间最长、文章最多的一位主笔”④。从《竞报》第1期上的《地理学》——这是胡适平生所作的第一篇白话文——到

① 胡适:《报业的真精神》，《胡适文集》(12)，第617页。

② 胡适:《四十自述》，《胡适文集》(1)，第79页。

③ 胡适:《四十自述》，《胡适文集》(1)，第86页。

④ 胡明:《胡适传论》，人民文学出版社，1996年，第174页。

第40期上的《铁儿启事》，胡适在《竞业旬报》上先后发表白话文45篇（含用浅易文言文写的《无鬼丛话》），旧体诗词26首，报道性的时闻15篇，总计有十五万余字。① 其中最长的一篇《真如岛》二万三千余字，它是一部章回小说——胡适生平惟一的一部长篇小说。"胆子大起来了"的胡适初拟是四十回，但到头来这部小说仅写到了第十一回。胡适把小说定题为《真如岛》，用意是"破除迷信，开通民智"②。

胡适与《竞业旬报》之间的关系大致就是如此。从上述概述中我们还仅仅只能看到胡适与《竞业旬报》之间非同一般的表面。更重要的思想内核还深藏在这表面下。这个思想内核不是别的，正是胡适自己所发现的他许多重要思想的重要出发点。

二 《竞业旬报》："重要出发点"

胡适在《四十自述》中谈到尚是少年的他在《竞业旬报》上发表的那十几万的文字时这样写道：

> 今年回头看看这些文字，真有如隔世之感。但我根本诧异的是有一些思想后来成为我的重要出发点的，在那十七八岁的时候已有很明白的倾向了。③

---

① 对这些统计数字有必要说明一下。李敖所说的那焦黄的《竞业旬报》笔者无从查获。这组统计数字是笔者根据欧阳哲生编《胡适文集》(9)中所有注明曾是在《竞业旬报》上发表过的诗、文统计出来的，其中《竞业旬报》第24至38期每一期上都有胡适个人所撰写的国内外时闻多条，但在统计的过程中，每一期不论时闻有多少条都统统就算一篇。

② 胡适：《四十自述》，《胡适文集》(1)，第80页。

③ 胡适：《四十自述》，《胡适文集》(1)，第83页。

"重要出发点",这就告诉我们,解读《竞业旬报》上胡适所作的那15万文字对探讨胡适思想是何其的重要。下面我们就具体来分析胡适自己所发现的"重要出发点"。

1. 白话文

胡适一生真正不朽的贡献,事实上是他第一个"不作腐儒生"站出来倡导和尝试白话文。后来在回忆鼓吹"文学革命"的缘起时,胡适以"逼上梁山"为题详细记叙了在美国绮色佳他那一班最敬爱但又不肯同他一起去探白话文之险的朋友逼他喊出"文学革命其时矣"的经过。但实际的情况并不如此的简单。纵向远距离来考察,我们应注意到这样一个简单的事实,即还在他不知康大绮色佳在哪个天涯海角时,胡适在白话文上已有比较成熟的训练,业已充分地体会和品尝到白话文写作在叙事说理上的优势和好处。这种训练,一在家乡的九年教育,二在上海的《竞业旬报》。

胡适9岁那年在家乡很偶然地得到了一本白话小说——早被老鼠啃去了一大半的《水浒传》。对胡适来说这是一次亲密接触,从此以后他就快马加鞭:《水浒传》全部、《三国演义》、《双珠凤》、《聊斋》、《薛仁贵征东》、《粉装楼》、《红楼梦》、《儒林外史》等等,不怕"看"不到,只怕找不到。这样的狂看使得胡适"在不知不觉中得了不少白话散文的训练","在十几年后于"他,"都很有用处"①。

在总共才41期的《竞业旬报》上,胡适洋洋洒洒撰稿白话文章15万字。胡适用白话做的文字明白清楚,这"明白清楚"后来成了胡适终生写作所抱定的一个宗旨。在《我的信仰》里,胡适谈起《竞业旬报》时那份感激之情溢于言表。他说:"我编辑这个杂志的工作不但启发我运用现行口语为一种文艺工具的才能,且以明白的语言及合理的次序,想出我自幼年就已有了形式的观念

① 胡适:《四十自述》,《胡适文集》(1),第51页。

和思想。”①不久，他又总结道：

> 这几十期的《竞业旬报》，不但给了我发表思想和整理思想的机会，还给了我一年多作白话文的训练……我不知道那几十篇文字在当时有什么影响，但我知道这一年多的训练给了我自己绝大的好处。白话文从此形成了我的一种工具。七八年之后，这件工具使我能够在中国文学革命的运动里做一个开路的工人。②

话说到这个份上已够明白的啦。我想，关于这第一个出发点——白话文是用不着笔者再从《竞业旬报》里挑出几篇进行分析以“小心的求证”了。

2. 研究问题，不谈主义

胡适对“主义”的态度在他1919年7月发表的政论导言——《多研究些问题，少谈些“主义”！》一文中就旗帜鲜明地摆了出来。其后四十多年，他“一切主义……只可用认作参考印证的材料，不可奉为金科玉律的宗教”，主义只能产生“目的热”而“方法盲”的思想是一以贯之，几乎就成了他自己“金科玉律的宗教”。那么胡适这种思想在他《竞报》时代是否也露出一点苗头，有其潜意识或显意识里的“出发点”呢？

前面已说明，《竞业旬报》是革命团体的会刊，它“骨子里是要鼓吹革命的”③。既然要鼓吹革命哪有不宣传主义的道理？但我们在胡适发表于《竞业旬报》上的几十篇文章里揩揩眼镜也找不

---

① 胡适：《我的信仰》，欧阳哲生编《胡适文集》(1)，北京大学出版社，1998年，第13页。

② 胡适：《四十自述》，《胡适文集》(1)，第85页。

③ 胡适：《四十自述》，《胡适文集》(1)，第79页。

出什么主义来——那时的上海是“革命思想的交易所”[①],显然有“主义”盛行。胡适中国公学里的同学暑假年假里还常常把宣传革命思想的《民报》缝在枕头里带到内地传阅。——相反,我们就算摘下眼镜也会发现胡适以通俗浅易的文字乐此不疲地谈论、研究着一个又一个问题。下面笔者就选几篇来求证这个“大胆的假设”。

①鬼神问题

胡适终身坚持无神论。他在《四十自述》中专门写有“从拜神到无神”一章,颇为生动地记述了他还是个小孩子时在家乡如何接受、信仰无神论思想的。1904 年到上海入新式教育后,胡适“想出自我幼年就已具有了形式的观念和思想”,并在“以破除迷信为主义者”[②]的《竞业旬报》上用清楚明了的白话文畅快淋漓地把它传播出去,呼吁“大家快快把各处的神佛毁灭了去,替地方上除一大害”[③]。除上面提到的长篇小说《真如岛》外,胡适还先后在《竞业旬报》上发表了《论毁除神佛》(第 28 期)、《无鬼丛话》(第 25、26、28、32 期)、《苟且》(第 36 期)等文章,从各个不同的角度对人们信鬼迷神的愚昧思想行为痛下针砭,义正词严,鞭辟入里。胡适在后来继续发扬在《竞业旬报》上对“信鬼迷神”思想批判的精神,自觉地担负着割除人们头脑中鬼神的毒瘤,使人摆脱鬼神的纠缠、踏上崇尚科学大道的责任。

②缠足问题

在《敬告中国的女子》(第 3 至 5 期)一文里,胡适开他后来一谈中国文化就言必称小脚的先河。文章中希强(胡适发此篇文章用的笔名)先生苦口婆心劝中国的女子要做一个好好的人,不要缠

---

① 蒋梦麟:《西潮·新潮》,岳麓书社,2000 年,第 57 页。

② 胡适:《早年文存》,《胡适文集》(9),第 485 页。

③ 胡适:《早年文存》,《胡适文集》(9),第 513 页。

足，并列出了缠足的几宗大害，最后他附录了解决问题的方法，即“天足会放足的法子”。

③教育问题

《竞业旬报》第28期上，胡适发表了一篇《论家庭教育》的文章。忧国忧民的他在文章的开头就问：“可怜我中国几万万同胞懵懵懂懂无知无识地生在世界上，给人家瞧不起，给人家当奴才当牛马，这种种的苦趣，种种的耻辱，究竟祸根在哪里？”接下来他就论述家庭教育的重要性，并指出改良家庭教育的方法：广开学堂。

④爱国问题

胡适在《竞业旬报》第28期上发表了《读书札记(一)·读〈爱国二童子传〉》，随后又在第34期上登出《白话(一)·爱国》一文。胡适在这篇读书札记(一)中，开篇就毫不含糊地提出他的爱国观：“男子首宜爱国，方为尽分。”随之他仿照《爱国二童子传》里的调子做了一些爱国格言勉励《竞报》读者。在《爱国》一篇里，胡适先讲爱国的好处，再分析了爱国的几层意思，最后他满怀信心地鼓舞读《竞业旬报》的列位：

> 其实我们中国的人，如果个个能把“爱国”二字做了自己本分内的事，人人晓得保存祖国名誉，人人要想加添祖国名誉，要是我们中国同胞果然如此，哈哈！不是我兄弟吹牛皮，我们中国断断不亡了，不灭了，名誉也保存了，也加添了。列位，一个人本分内第一件要事，便是爱国。
>
> 为祖国而战者，
> 最高尚之事业也。①

⑤继承问题

---

① 胡适：《早年文存》，《胡适文集》(9)，第554页。

《论承继之不近人情》是胡适早年一篇重要的论文,它最早发表在《安徽白话报》上,后《竞业旬报》第29期又全文转载。胡适说我们中国几千年来,有一件最伤天理最伤伦理岂有此理的风俗,那就是“人死之后,把兄弟之子来承继”一事。对这个不近人情之事,胡适拿出了他自己解决的法子,他说:“如今我要荐一个极孝顺永远孝顺的儿子给我们中国四万万同胞,这个儿子是谁呢?便是社会。”①接着胡适以不朽的孔子为例,充分论证了他解决继承问题的法子是多么万无一失。胡适后来继续发展了此篇中的思想。在《不朽:我的宗教》一文里,由这一思想发展而来的“社会不朽”论得到了深刻的阐述。

如果我们以为胡适在洋洋大观的15万字里,仅仅研究了上述五个问题,那么我们也未免太小看了《竞业旬报》的这位主笔先生了。他那时研究的问题多着呢,几乎囊括了他后来所谈论的所有社会问题。只是即便是小心的求证,也用不着面面俱到。恕笔者列举了其中的五个就打住吧。

3.传记文学

胡适对传记文学很是热衷,深信传记是教育人的好材料。但他又深感中国最缺乏的就是传记文学,所以他到处劝他的朋友们写传记。在他40岁的时候,他身体力行写了他自己的传记:《四十自述》。之后他又示范了一次,作了一部16万字的《丁文江的传记》。

可胡适对传记文学的感情要追溯起来,其起点还是他少年时代在上海《竞业旬报》上的训练。

在《竞业旬报》上,胡适首先为为中国公学而死的公学干事姚弘业先生作了一篇六千余字的传记。胡适写这篇传记的目的在于“使大家晓得责任比生命重”,希望读报的列位多学学姚烈士为责

---

① 胡适:《早年文存》,《胡适文集》(9),第516页。

任而死的人格精神，培养及加强自己对国家和社会的责任心。此后胡适又陆陆续续为《竞报》写了几篇传记，如

①《中国第一伟人杨斯盛传》，第25期。

②《世界第一女杰贞德传》，第27期。

③《中国爱国女杰王昭君传》，第32期。

发表在《竞业旬报》上的这几篇传记，无疑是胡适未来鼓吹传记文学的开始，更是他未来提倡和写作传记文学的“牛刀小试”。胡适后来对传记文学的偏好，他早年在《竞报》上传记文学的训练对其影响显然是不言而喻的。

原载《浙江学刊》2002年第6期

胡适编辑思想与实践

徐希军

创办刊物是现代中国知识分子重新确立社会角色、干预政治最重要的途径。作为中国自由主义的代表，胡适在长达半个多世纪的时间里，先后编辑、主编及创办过《竞业旬报》、《新青年》、《每周评论》、《努力周刊》、《新月》、《独立评论》、《自由中国》等。他对编辑事业介入之深、涉及之广、持续之久，在著名学者中，少有人能与之相比。胡适虽非职业编辑，亦无专论问世，便通过其编辑实践和散见于札记、书信中的有关论述，可窥见其编辑思想。

坚持既定办刊宗旨。期刊的宗旨是刊物的指导思想和灵魂，决定着刊物的品位、内容、风格和特色。胡适创办或主编的几种期刊，如《努力周刊》、《国学季刊》、《独立评论》、《自由中国》的宗旨都是他亲自拟定的。1932年5月，《独立评论》创刊，第1期刊登胡适所作的《〈独立评论〉引言》就确立了办刊宗旨：

> 我们叫这种刊物作《独立评论》，因为我们都希望永远保持一点独立的精神。不倚傍任何党派，不迷信任何成见，用负责任的言论来发表我们各人思考的结果；这是独立的精神。[①]

5年中，《独立评论》始终关注社会，针砭时弊，保持客观、公正的立场。对国共两党的评判，更多的是同情共产党而批评国民党，[②]基本上坚持既定的办刊宗旨。也正因如此，《独立评论》才成为30年代时论杂志中最有影响力的刊物之一。

1923年《国学季刊》创刊，作为编辑委员会主任，胡适为这一学术理论刊物写下了《〈国学季刊〉发刊宣言》，提出了研究国学的基本思路：

第一，用历史的眼光来扩大国学研究的范围。

第二，用系统的整理来部勒国学研究的资料。

第三，用比较的研究来帮助国学的材料的整理与解释。[③]

这一"宣言"体现了他在此前不久提出的"研究问题，输入学理，整理国故，再造文明"的思想，也可以看做是《国学季刊》的办刊宗旨和用稿标准。这一宗旨规定了《国学季刊》的学术品位，造就了北大求实、严谨、实证的学术风气，向为学人推崇。

我们还注意到，胡适当年离开《新青年》另创《努力周刊》的原因，除了政治思想的分歧而道不同不相为谋之外，主要的还是他认为《新青年》违背了当年共同订下的"不谈政治"，只进行文化启蒙的办刊宗旨，"差不多成了 Soviet Russia 的汉译本"。[④]且不论《新青年》同人分裂之是非，但足以说明，胡适十分重视坚持办刊宗旨。

重视组织编辑队伍。一刊物质量的高低，在很大程度上取决于编辑队伍建设的好坏。胡适特别善于网罗人才。《独立评论》编辑、校对、发行人员都是胡适物色、挑选的，其社员包括胡适（主编）、丁文江、蒋廷黻（二人助编）、傅斯年、任鸿隽、陈衡哲、翁文灏、吴景超，以及负责编务的竹垚生、罗尔纲、章希吕，后又补充了陈之迈、张奚若、何廉、周炳琳、周贻春等人。他们大都曾留学欧美，执掌高等院校、研究机构，可说是当时各学科的学术权威，中国社会知识界的精英。正是依靠这批具有极高学识修养的编辑队伍，《独立评论》在期刊界独领风骚。千家驹先生回忆，作者，特别是年轻人“在该刊上发表文章，颇有一登龙门声价十倍之感”。[5]无怪乎蒋廷黻自信声称：“《独立》当然是今日国内第一个好杂志！”[6]

1921 年 11 月，胡适应商务印书馆主持人张菊生、高梦旦之邀，考察了商务编译所。他以一个学者的远见卓识，提出一个详尽的编译改革建议。一、提高生活待遇。他认为，“商务编译所对于编译员的待遇虽然不能算坏”，[7]但与高等院校、科研机构相比，则“相形见绌”，所以他“希望商务能把编译员的待遇更加优厚些，总期使人才易于招致，既来之后不易他去”。他还以北大教授薪水作参照，开列商务编译所人员工资为大洋 300 元以下至 250 元以上不等。[8]二、改善工作条件。工作条件的好坏，直接关系到编译效率的高低。胡适的建议是：其一，要购置编译所用的参考用书。其二，扩大办公用房。编译工作需要安静，“一人一室固不易办到，但至多只可数人合一室”[9]。大家挤在一起，办事效率低下。其三，放宽上班限制。编译工作特殊，当以“人自为战”为宜。他“以为每日若有四点钟为工作时间，余为自由读书时间，已很够了。脑力的工作不在时间的长短，而在能养成可以工作的态度与心境。……若无此种心境，虽终日伏案，也不过装腔作势，其实无甚效果”[10]。其四，提供深造的机会。胡适建议，仿北大之制，服务 5 年者，“得出洋考察一年”，每年选派 30 岁以下，身体健壮，中文优良，外语好，有专门研究者出国学习 4 年，[11]以提高编译人员的学识水平和商务出版竞争能力。胡适的建议虽是就书籍编辑而言，我以为对于期刊编辑同样适用，值得今人借鉴。

同心协力，发挥编辑群体作用，也是胡适重视编辑队伍建设思想的重要方面。无论是在《努力》、《新月》还是在《独立评论》,胡适以“于人何所不容”之大度能将思想不同、性情各异的编辑团结在一起。胡适与蒋廷黻、丁文江在民主与专制的观点上相左,在性情上与徐志摩有异,但这些非但没有妨碍其合作,反而营造了编辑同人宽容、民主的氛围。胡适还以“聚餐”方式来加强工作、情感联系。据胡适说,当年,《独立评论》社员限制在十二三人,就是为了聚餐谈话方便。翻检《胡适日记》,仅1935年6月就聚餐3次。当然,以他们的社会地位、学识修养、经济收入,“聚餐”决不会为了饱口福、混饭吃,更多的还是在自由、愉快的环境,商讨编辑事宜,评论时局,切磋学术。无独有偶,当年储安平主编《客观》,“编辑部同人每周聚餐一次,讨论每期的稿件支配,并传观自已的及外来的文章”⑫。

培养作者群,扩大稿源。作者既是期刊的读者,又是期刊的创造者,没有作者的支持,任何一家期刊都无法生存、发展。《独立评论》前后共出版244期,发表文章1309篇,其中55%是社外来稿。据章清先生研究,“对已知职业、简历的203位作者进行分类,可知《独立评论》作者群的职业身份,大致顺序是大学教师、大学生、公务员、研究员、中小学教师、编辑报人。其中大学教授79位、讲师7位、助教5位、大学生44位、学者专家30位、公务员13位、研究员9位、中小学教员7位、编辑报人3位”⑬。对拥有这样一个人数众多、学识高深的作者群,作为主编的胡适感到十分自豪、快慰,声称:“四年之中,社会的朋友供给了六百篇文字——六百篇不取稿费的文字——这是世界的舆论机关绝对没有的奇事,这是我们最足以自豪的一件事!”⑭这一作者群的形成是与以胡适为主的编辑同人的努力分不开的。胡适作为著名的学者、社会名流、期刊主编,给他投寄文稿、写信求教者自然不少,胡适大都及时审稿、复信,提出中肯的意见。沈刚伯先生回忆说:“任何人送给他的著作文章,他总是从头到尾地细加阅读,遇到疑问不妥之处,随时做上记号，然后加以考证辨证，写给作者。”[15]时年35岁的谷春帆投稿《独立评论》，胡适审阅后复信指出其文章“立论甚辩，实不切今日之势”，且“尊文中小疵尚多”[16]。又如在给作者叶英的信中，胡适肯定了其“文章写的很好”，但立论大谬，明确告之不拟刊用，又诚恳地说：“我希望你不会因此不再寄文章来。”胡适这种谦和、奖掖后学的精神，这种对作者、对稿件“不苟且”的态度令作者十分感动。叶英后来在信中说：“你的信使我的精神感受了很大的快慰，我真想不到我那篇文章，居然能引起你写了一封这样长的信来讨论。”[17]翻检胡适来往书信和日记，可以清楚地看到，许多年轻的作者，正是在胡适创办的刊物上发表了处女作，并得到胡适的教诲，从此走上研究、写作的道路。由此也可以看出，编辑在奖掖后学、培养新人上的作用。

树立时效意识。时效意识就是期刊要关注社会、时政的热点，解答读者的疑惑。只有这样，刊物才能赢得读者，才能生存发展。胡适创办或主编的期刊，除《国学季刊》外，都是讨论时政的，因此，办刊具有时效意识显得更为重要。中国现代史上重大的文化论争和政治事件，在胡适创办或主编的刊物上都有所反映，并通过争鸣引起社会的关注。在《每周评论》上，开展了“问题与主义”之争，促使知识分子在政治思想意识上的分化更加明朗；在《努力》上开展了“好人政府”之争，革命与改良由此水火不容；在《新月》上开展了“人权与约法”之争，从而掀起一场令国民政府惊恐万状的“人权风波”；在《独立评论》上开展“民主独裁”之争与抗战之前途之争，引发了国人对国事之关心。这些争鸣的开展，不仅吸引了作者和读者，提高了刊物的知名度，产生了轰动效应，也为中国现代思想文化留下了丰富的遗产。

胡适办刊的时效意识有两大特点。其一，抓住热点持久论争。对于重大事件或理论，胡适主编的刊物都做出积极反映。20世纪30年代初，中国政治是走向民主还是实行独裁，这关系到中国政治命运的大问题，也是所有关心时政的知识分子所思考的问题。由蒋廷黻在《独立评论》上发表的《革命与专制》一文引发了“民主与独裁”的大讨论。为辨明是非，《独立评论》刊发了13篇文章，大都出自当时对政治学或中国政治造诣颇深的学者之手，如蒋廷黻、胡适、丁文江、陈之迈、陶希圣、张熙芳，前后持续4年又6个月(1933年12月10日~1937年6月20日)。若不是抗战爆发，该刊停办，这场争论可能还将进行下去。这一现象在中国期刊史上是少见的。其二，具有批判的独立精神。时效意识不仅要求选题策划、组稿的新颖，而且需要勇气和胆识。如果只是紧跟形势，人云亦云，尽管时效不错，也绝不会引起关注，所谓“时效”就会变成“时髦”。《新月》开展的“人权与约法”之争，不顾国民政府的文化专制，从理论上否定国民党专制统治的合理性，在当时的学界和政界影响极大，人称胡适“不特文笔纵横，一往无敌，而威武不屈，胆略过人……”如果为国民党的专制统治歌功颂德，对国民党党义作微言大义式的解说，那么，同样是讨论“人权与约法”，那么这种“时效意识”就沦为鹦鹉学舌而失去意义了。

总之，胡适是一位有思想的学者型编辑、主编。

参考文献：

① 胡适.〈独立评论〉引言[A].欧阳哲生.胡适文集(11)[C].北京:北京出版社,1998

②⑬ 章清.“学术社会”的建构与知识分子的“权势网络”[J].历史研究,2002(4)

③ 胡适.〈国学季刊〉发刊宣言[A].欧阳哲生.容忍比自由更重要——胡适与他的论敌(上册)[C].时事出版社,1999

④ 耿云志,欧阳哲生.胡适书信集(上)[Z].北京:北京大学出版,1996

⑤ 千家驹.我和胡适先生结识的详细经过[A].萧南.我的朋友胡适之[C].成都:四川文艺出版社,1995

⑥ 曹伯言.胡适日记全编(六)[Z].合肥:安徽教育出版社,2001

⑦⑧⑨⑩⑪　曹伯言.胡适日记全编(三)[Z].合肥:安徽教育出版社,2001
⑫　谢泳.逝去的年代——中国自由知识分子的命运[M].文化艺术出版社,1999
⑭　胡适.〈独立评论〉的四周年[A].胡适文集(11)[C].北京:北京出版社,1998
⑮　沈刚伯.我所认识的胡适之先生[A].我的朋友胡适之[C].成都:四川文艺出版社,1995
⑯　耿云志,欧阳哲生.胡适书信集(中)[Z].北京:北京大学出版社,1996
⑰　杜春和,韩荣芳,耿来金.胡适论学往来书信选(上)[Z].河北:河北人民出版社,1998

原载《安徽大学学报》2003 年第 1 期

存　目

著　作

胡　适　《胡适的日记》

中华书局 1985 年

胡　适　《胡适全集》

安徽教育出版社 2002 年

章　清　《胡适传》

百花洲文艺出版社 1997 年

易竹贤　《胡适传》

湖北人民出版社 1987 年

沈卫威　《胡适传》

河南大学出版社 1988 年

白吉庵 《胡适传》

人民出版社 1996 年

耿云志、欧阳哲生 《胡适书信集》(上)

北京大学出版社 1996 年

论　　文

朱文华 《试论胡适在五四新文化运动中的作用和地位》

《复旦学报》1979 年第 3 期

任访秋 《胡适论》

《河南师大学报》1982 年第 2 期

易竹贤 《胡适是一个怎样的人》

《人物》1986 年第 1 期

陈达文 《胡适与商务印书馆——胡适日记和书信中的商务资料》

《商务印书馆九十年》,商务印书馆 1987 年

耿云志 《胡适传略》

《晋阳学刊》1987 年第 1 期

欧阳哲生 《重评胡适》

《湖南师大学报》1988 年第 2 期

徐　京 《胡适书评思想浅述》

《安徽大学学报》1990 年第 1 期

高鸿志 《胡适与〈竞业旬报〉》

《安徽史学》1990 年第 2 期

萧　朴 《胡适与〈独立评论〉》

1990 年 6 月 3 日《团结报》

李　延 《试论胡适在〈新青年〉前期文学活动的意义与局限》

《上海师大学报》1992 年第 2 期

胡成业 《胡适与出版家汪孟邹》

《合肥教育学院学报》1996 年第 1 期

王子野　《〈现代学术史上的胡适〉序》

《王子野出版文集》,中国书籍出版社 1997 年

周　可　《永远的歧路——且说胡适的办刊“尝试”与“议政”努力》

《书屋》1998 年第 4 期

朱　庄　《毛泽东与胡适》

《人物》1999 年第 11 期

吴江江　《平心论胡适》

《炎黄春秋》2000 年第 3 期

沈卫威　《胡适与〈中央研究院〉院士选集》

《人物》2001 年第 3 期

杜日辉　《论胡适的治学与做人》

《世纪桥》2000 年第 3 期

沈卫威　《胡适与彦文》

《人物》2001 年第 11 期

许寒华、张家康　《陈独秀与胡适》

《人物》2001 年第 1 期

孙　勇、徐　苒　《胡适的报刊活动与新闻思想》

《新闻爱好者》2002 年第 2 期

丁守和　《对胡适研究的再认识》

《安徽史学》2003 年第 1 期

张太原　《从边缘到中心:〈独立评论〉的创办宗旨》

《中山大学学报》2003 年第 4 期

舒新城

舒新城(1893～1960),湖南省溆浦人。1917年毕业于湖南高等师范学校本科英语部。后历任湖南第一师范学校、上海中国公学、南京东南大学附中教员,四川成都高等师范学校教授。1925年进中华书局,1928年正式任《辞海》主编。后任中华书局编辑所所长兼图书馆馆长、代总经理等。他任《辞海》主编后,制订了新的编辑计划,在编辑体例上大胆革新。1936年《辞海》正式出版。他在主持中华书局期间,出版了"社会科学丛书"、"国际丛书",并创办了《中华半月刊》,主编了《中华百科辞典》、《中国教育辞典》等。

新中国成立后,他最早意识到应该用新的观点对《辞海》进行修订,以满足广大读者的需要。1957年秋,他正式提议重新修订《辞海》,这一创议得到了毛泽东的大力支持。1958年,成立了《辞海》编辑委员会,他任主任委员。他是第一、二届全国人大代表、上海市人大代表、上海市政协副主席。

舒新城是一位著名的教育家、出版家，特别是对《辞海》的编纂和修订做出了杰出贡献。他著有多部教育史、教育理论著作。

舒新城和《辞海》

舒　池

提到舒新城，不由人不想起《辞海》；提到《辞海》，不由人不想起舒新城。舒新城的名字，是和《辞海》连在一起的。

为什么会产生这种现象呢？

这是因为，舒新城虽然不是《辞海》的第一任主编，然而他是《辞海》的任期最长的主编。1936 年版《辞海》的编纂，实际上是从舒新城开始的。1979 年版《辞海》的筹备，则由舒新城主持。接连担任新旧两版《辞海》的主编的，只有舒新城一人。

这是因为，舒新城从壮年起，直到他病逝止，毕生的精力几乎集中于《辞海》。他不仅长期参加了《辞海》的编纂实践，而且为《辞海》编纂提出了许多有助于辞书学理论建设的设想。

由于这样的原因，在舒新城和《辞海》之间就使人们产生了条件反射式的联想。由于这样的原因，舒新城也和古今中外的许多辞书编纂家一样，使自己的名字和自己主编过的辞书紧密结合在一起。

苦学出身的教育家

舒新城一生的成就，可以概括为“两个阶段三个家”。两个阶段是前《辞海》时期和《辞海》时期，三个“家”是辞书编纂家、出版家和教育家。前《辞海》时期主要是教育家，《辞海》时期主要是辞书编纂家和出版家。

舒新城的“新城”这个名字，是《联绵字典》的编者符定一替他起的。他原来的学名叫做“维周”，在家里的名字叫做“玉山”，曾用名则有“心怡”、“遁庵”。1914 年，他假借同族舒建勋的中学毕业文凭，在长沙考入了全部公费的湖南高等师范学校，深得当时担任该校校长的符定一的赏识。1915 年，符氏在离校前替他改了名字，使他能够安心读到毕业。

舒新城在入学读书问题上，有一段艰苦曲折的经历。他于清光绪十九年(1893 年)出生于湖南溆浦刘家渡村的一个佃农家庭。五岁时进入本乡的私塾。1907 年，他考入了本县有膳食津贴的鄜梁书院(辛亥革命后改为鄜梁小学)，次年转入本县完全免费的县立高等小学，1911 年因闹学潮被开除。辛亥革命后，他先后在常德的湖南省立第二师范学校附设单级教员养成所、长沙的湖南省游学预备科、武昌的文华大学中学部暑假英文补习科等校就读，依靠帮助国文教员代改作业、在黄鹤楼卖字等换取学膳费。1917 年，他从湖南高等师范学校本科英语部毕业。

舒新城在大学毕业后的教师生涯，也经历了一个不断变换的过程。他曾任中学教员和大学教授，四度被迫辞职。第一次是 1918 年在长沙兑泽中学被排挤出去。第二次是 1919 年因在报上发表文章揭露教会学校中存在的问题，被迫从长沙的福湘女学(基督教长老会所办)去职。第三次是 1921 年在上海吴淞任中国公学中学部(后改名中国公学附设吴淞中学)主任后，因在校中试行道尔顿制，与学校当局意见不合，1923 年愤而辞职，举家迁居南京。第四次是 1924 年任成都高等师范学校教育学教授后，由于学校发生风潮，在川不足 8 个月，即于 1925 年 6 月返宁。自此以后，他结束了教师生涯，专事著述。

舒新城自幼爱好写作。他从 12 岁起，就开始记日记，终身坚持不懈。20 岁起，开始以稿费收入补足上学费用。1919 年冬离开福湘女学后，在长沙靠卖文为生，并与友人合办《湖南教育月刊》。

1920 年,他的第一部教育著作《心理原理实用教育学》在商务印书馆出版。1923～1924 年,他连续发表《道尔顿制概观》、《道尔顿制讨论集》、《道尔顿制研究集》和《道尔顿制浅说》四部译著,介绍道尔顿制,并到各地作有关道尔顿制的讲演。1925 年后,他撰写或编著了《教育通讯》、《现代教育方法》、《中国新教育概况》、《近代中国教育史料》、《教育指南》、《近代中国教育思想史》、《中国教育建设方针》、《近代中国留学史》等教育著作。由于时代的影响,他的教育思想没有脱出实用主义教育学的范围,但是他对我国近代教育史料的搜集和辑录,却使许多重要而有价值的文献得以完整地保存下来。

舒新城于 1920 年时曾从长沙到上海谋生,与恽代英、张闻天等相识。同年夏,他应湖南省立第一师范学校之聘,回到长沙,在该校讲授教育学和心理学一年,当时毛泽东在该校任小学部主事(即主任)。1923 年,他经恽代英、李儒勉等介绍,加入少年中国学会。后又经恽代英、张闻天介绍,被当时担任成都高等师范学校校长的吴玉章邀请入川,去该校任教育学教授。由于各种原因,舒新城于 1924 年 10 月方才前往成都赴任,这时吴玉章已离校他往。

由教育界转入出版界

舒新城由教育界转入出版界,是从 1930 年出任中华书局编辑所所长时正式开始的。

舒新城与中华书局总经理陆费逵是在 1922 年认识的。陆费逵曾一再邀请他入中华书局任职。1927 年,他已经在实际上主持《辞海》工作。1928 年,他继徐元诰之后正式担任《辞海》主编。1930 年起,他担任中华书局编辑所所长兼图书馆馆长。1937 年陆费逵去香港后,中华书局总经理一职由舒新城代理。1944 年长沙沦陷,日本侵略军曾企图强迫他由沪回湘,出任伪职。他以重病推托，坚决拒绝，大节凛然。新中国成立后，舒新城先后当选为全国人民代表大会代表、上海市人民代表大会代表、中国人民政治协商会议上海市委员会副主席。他于1953年退休以前，在上海主持中华书局的工作，并兼任文化部编审委员会主任委员、上海市广播学校校长等职务。

作为辞书编纂家的舒新城，除了主编《辞海》以外，还曾主编过《中华百科辞典》。这部辞典是舒新城应陆费逵之约主编的，1922年开始编纂，1930年编成出版，1935年曾予增订。增订版共收14000条条目，篇幅一百五十五万余字。中华书局1928年出版的《中国教育辞典》和1940年出版的《中外人名辞典》，是由舒新城着手编纂，而后由余家菊等和刘范猷等分别完成的。舒新城还为《文艺辞典》编写过部分稿件，此书后来没有编成，仅将有用材料并入《辞海》。

对1936年版《辞海》的擘画

《辞海》缘起于1915年。当时《辞源》刚出版，中华书局为了同商务印书馆竞争，总经理陆费逵、编辑所所长范源廉、《中华大字典》主编之一徐元诰等经过商讨，决定另编一部同《辞源》相类似的辞书，定名为《辞海》。但因范源廉和徐元诰都于次年出任官职，此事遂被搁置。其后徐元诰重回中华，《辞海》编纂才着手进行，但1927年他又离开中华，《辞海》工作改由舒新城主持。舒接手以后，立即组织力量积极投入编写，同时又为全书制订编辑计划，规定要旨、范围和体例。1928年5~9月间，中华书局设辞典部于南京，负责《辞海》编纂工作。同年10月，辞典部移设杭州，1929年12月迁至上海。先由编辑所副所长张相兼管部务，后延聘编辑所教科图书部原部长、当时在北京中国大辞典编纂处的沈颐来沪担任辞典部部长，而以刘范猷副之。1936年版《辞海》的版权页上，主编列名共四人，其次序为舒新城、徐元诰、沈颐、张相。1936年版《辞海》从编纂到出书，号称“亘时二十年”，但实际上不过十年(1927～1936年)，其中前三年由舒新城具体主持，后七年由舒新城原则领导。所以尽管舒新城不是《辞海》的第一任主编，然而他却是促使《辞海》于1936年问世的主要设计者和组织者。

舒新城对1936年版《辞海》的擘画，基本上反映在该书的《编辑大纲》里面。他在我国现代辞书编纂史上的贡献，主要有五点：

一、提出了综合性辞典的编辑方针，并将这个方针付诸实施，编成了1936年版《辞海》。1936年版《辞海》是以我国原有的字书、韵书、类书为基础，着重吸收美国《韦伯斯脱新世界美国英语词典》(《韦氏大词典》)的特点而编成的，全书共收词目85803条，其中语词(包括单字)占41%，百科占59%。由于百科的比重已经超过语词，并由于书末有中外大事年表、行政区域表、译名西文索引等附录，所以它已不是语文辞书而是综合性辞典(《编辑大纲》中称为“普通辞书”)。

二、提出了综合性辞典的收词原则和范围，认为综合性辞典的目的，“在供一般人之应用”，“非以求泛博”。《大纲》中对词目选收的范围所作的具体规定是：(1)旧籍中恒见之辞类；(2)历史上重要之名物制度；(3)流行较广之新辞；(4)行文时习用之成语故典；(5)社会上农工商各业之重要用语；(6)行文时常用之古今地名；(7)最重要之名人名著；(8)科学文艺上习见习用之术语。此外，它还提出“凡有关于修学操业之所需，不能归入上列各纲者，亦时时统筹兼顾”。对于“概所不录”的词目，则划了两条界线，一是“不烦解释者”，二是“过高过僻者”。但是对“骤观易解，细按难明”的辞类，它仍要求收录诠解。

三、提出了综合性辞典的释义原则，认为综合性辞典“为一般人治学应用之工具，其职责在揭举固有辞类之意义及用法，期供给用者以确切适当之解释，俾遇有疑难立得解决；故为辞书者，自当体察用者之需要，恰如其所需以予之”。读者的查考需要和辞书的实用价值，是舒新城一再强调的辞书编纂原则之一。

四、采取了新的体例，一是举例引书不仅注书名，而且注篇名，二是改用新式标点。

五、倡导了新的辞书编纂方法，工作不再以从原有的字书、韵书、类书中采集旧词为限，而把重点放在广泛收集新词上面。陆费逵在《辞海·编印缘起》中说，舒新城继任《辞海》主编以后，“觉原稿中已死之旧辞太多，流行之新辞太少，乃变更方针，删旧增新；然旧辞有从前之字书类书可依据，新辞则搜集异常困难。曾嘱同人遍读新书新报”。《辞海·编辑大纲》也强调“苟非推陈出新，顺时以应，则辞书之用有时而穷”。

1936 年版《辞海》出版前夕，为了企图在日本侵略者的势力范围内销售，有人提出过将《辞海》已经排校好了的涉及日本帝国主义者侵略中国的政治性条目（如“九·一八之役”、“一·二八之役”等）删去的意见。舒新城本着我国正直的知识分子固有的爱国精神，表示反对，曾说：“我国积弱，不与强敌抗衡，敌污我之词不与之辩论，已属屈辱，而敌人强加于我之事实亦默而不提，未免不近人情。”后来这些条目在 1936 年版《辞海》中虽然仍被保留，但中国人民抵抗日军侵略已被写成中日两国交战，丝毫不提侵略字样。

接受《辞海》修订任务

1936 年版《辞海》出版以后，由于它能适应广大读者学习科学文化的需要，颇受好评。解放以后，读者对《辞海》的需要非常迫切，但是舒新城深知书中存在的错误特别是哲学社会科学方面的政治性错误，认为必须修改，并全部重排，才能再版问世。他表现出高度的爱国心和责任感，约请沈仲九对书中的哲学社会科学条目首先进行修订。后因人力、财力受到限制，修订工作到 1953 年不得不中辍。

1957 年秋，毛泽东主席到上海视察，于 9 月 17 日晚约见舒新城。据舒新城在日记中追记，他曾向毛主席汇报他在全国人大一届四次会议上的意见和建议，认为我国出版工作当时存在两大问题，一是大部头的书出得不够，尤其是辞典和百科全书；二是编辑干部培养不够，建议由国家设立百科全书编辑部和出版社，用各种方法培养干部。毛主席听后表示极力赞成。毛主席说，到现在他还只能利用《辞海》、《辞源》，新的辞典没有，舒的建议很好，应该写信给国务院；并说舒应在中华书局"挂帅"，设编辑部，先从修改《辞海》做起，然后再编百科全书。舒新城说，《辞海》在解放后已着手修改，但是他不敢继续进行，一是由于人手不够，经费有限制；二是由于他年龄大，事情多，辞典尤其是百科全书是长期的事，他负担不起。毛主席叫他放心，当场把修订《辞海》的任务交给了上海。

舒新城挑起了修订《辞海》的重担，立即全力以赴，紧张地投入筹备工作。他草拟了《中华书局辞海编纂处初步计划》和这个计划的《补充说明》，提出了配备一百名干部，拨款一百万元，以五年时间完成修订工作，以及对 1936 年版《辞海》可用"剃、梳、篦、增"四字来处理的方案。对于 1936 年版《辞海》，他认为当时"既是服从于半殖民地半封建的要求，又是服从于资本家谋利的要求"，它的编纂除了"只有一条不可逾越的鸿沟，就是要和《辞源》竞争以谋利"外，"其他都可以由主编和编辑人员按照自己的意见行事"，所以基本上处于无计划状态。1958 年 5 月，编辑出版新《辞海》的专职机构——中华书局辞海编辑所成立，他被任为主任。1959 年 2 月，《辞海》编辑委员会成立，他任主任委员。编委会于 1959 年 6 月举行第一次会议，《辞海》修订工作全面展开。1959 年 9 月，中共中央宣传部向党中央提出《关于修订〈辞海〉、〈辞源〉问题的请示报告》，确定将《辞海》修订成为以百科知识为主的综合性大辞典,《辞源》修订成为主要供阅读古籍用的工具书。

对于这个方针的贯彻执行以及修订《辞海》的各个方面,除了会议发言、个别谈话等以外,舒新城还撰写了《〈辞海〉的性质和编写要求》、《保证〈辞海〉质量的基础工作——关于资料的掌握和运用》两文,分别在1959年的《辞海编辑情况》第2期和第9期上发表。他在前一文中,阐明《辞海》是"一部单字、语词、百科术语兼备而又以百科为主的综合性辞书",并指出新的《辞海》包括各科知识,"对于专家来说,也具有广泛的实用价值"。文中强调《辞海》应使"外行看懂,内行说不错",指出"只有在具体工作中时时以读者的利益为中心"而把政治性、科学性、通俗性"紧密结合起来,方能提高《辞海》的质量,满足读者的要求"。他在后一文中,强调"掌握丰富的资料和正确地运用资料",是使《辞海》"有高度水平"的"重要工作之一",并指出"资料的全面掌握只是编写释文的第一步,更主要的是用马克思主义的立场、观点分析批判运用资料"。文中还反对"为考证而考证",认为"像旧《辞海》语词中的大部分释文那样","只注意到许多无关重要的材料而看不到全局","反使读者概念模糊";同时也提倡在引证上,"除注意'真实'之外,更要注意其积极性与主流性",要求"有意识地选择在政治上能鼓舞人或在生活上有益的事例作证"。

1960年3月,舒新城已经住院开刀,但是他仍写信给毛主席汇报《辞海》修订工作进展情况,亲笔缮正后寄出。同年4月,他在二届人大第二次会议上作了《争取〈辞海〉的高度水平》的书面发言,汇报了修订《辞海》的情况,并对今后工作提出了设想和意见。

舒新城不仅关心《辞海》修订本身,而且打算在新的《辞海》出版后,总结经验,编写一部辞书编辑法或辞书概论,并编辑出版许多副产品,如将全书缩成三分之一,编一部小《辞海》;将单字抽出编一部字典;将语词部分抽出编一部语文辞典;将百科部分抽出编一部小百科辞典等等。当时他已经重病在身，但是他在病床上，殚精竭虑的依然是《辞海》修订工作和新中国的辞书事业。

1960 年 11 月 28 日，舒新城因癌症不幸在上海逝世。他虽然没有来得及看到新《辞海》的出版，但新老两版《辞海》中却处处凝聚着他的心血。而他的有关新中国辞书事业的许多建议和设想，如编辑出版百科全书，培养编辑干部，总结《辞海》经验，开展辞书学研究，出版《辞海》副产品等，在党中央领导全国人民向“四化”进军的过程中，也正在有步骤地有计划地付诸实现。当代和后代人士看到《辞海》，现在和将来都会永远缅怀这位辛勤一生的辞书编纂家，感谢他所做出的贡献。

原载《辞书研究》1982 年第 1 期

同舟风雨话当年

——忆舒新城先生

陶菊隐

我和舒新城先生相识，始于 1916 年在《湖南民报》共事的时期。这一年，窃国大盗袁世凯在北京死了，号称“屠夫”的汤芗铭也给湖南军民赶跑了，国民党人士卷土重来，在长沙办了好几家报纸，《湖南民报》便是其中之一。

这一年，我和新城都是二十岁上下的小伙子，他 23 岁，我才 18 岁。他是来自外县的穷学生，考进了免收学杂各费的岳麓高师；①

① 湖南高等师范是湖南大学的前身，设在湘江对岸岳麓山下，故称岳麓师范。

他还半工半读，利用暑假当了两个多月的报馆编辑，假满仍回学校读书。我是个既失学而又无业的落拓少年，好不容易经友人介绍进了这家穷报馆，月支光洋 3 元，不到 3 个月就被报馆当局精简出去。我同新城仅仅打了几个照面就各自东西，谈不上有何交情。但 20 年后，我们又在上海相见，而且成了两度风雨同舟的好友，却非始料所及。

一　勤修苦炼力争上游

新城后来向朋友们谈及少年身世。他是湖南溆浦县人，1893 年生于县属刘家渡的一个自耕农的家庭。他跟一般家庭的情况相反，父慈而母严：母亲望子成龙，叫他舍耕而读，把他送入乡村私塾读书。后来，她又省吃省用，苦扒苦挣，把积下来的一点点钱送他进了县城的高等小学，时为 1908 年。

新城在高小就学时，偷看过《黄帝魂》、《猛回头》等宣传民族革命的小册子，思想上打下了深刻的烙印。又向同学家借到《三国》、《水浒》、《红楼》及刚问世的林译小说，看得津津有味，至于废寝忘食，这又为尔后写小说、杂文打下了底子。1911 年应当升入中学时，他母亲罗掘俱穷，担负不起中学学费，又亏得他岳父和亲友们多方设法，先后把他送往长沙、武昌两地上中学。1913 年由武昌回长沙后，又考进了免费的岳麓高师，他这才有完成其接受各级教育的全程。

溆浦是湖南辰州府属的四个小县之一，所出人才不多。新城生于穷乡僻壤，家道又十分贫寒，其所以能够由私塾进入高师，半由于家庭和亲友们的勉力相助，而更重要的却是由于他自己的勤修苦炼，力争上游。他幼年时代，既不浪费一文钱，也从不虚度一寸光阴。那时代，各级学校成绩列为优秀的学生，大多为来自外府州县的穷学生，而出身于世家大族的子弟，则往往习于荒嬉，碌碌无所成就。新城兼有山区农民那一股子苦干蛮干的劲头,所以学业蒸蒸日上,每试必列前茅;而其生活之朴素,尤非城里人所能望及。举一事为例:从长沙到溆浦,有七百多华里的山路,沿途山岭重叠,崎岖难行,即使健步如飞的脚夫,也得走上八九天,新城竟能与之偕行而不落后。农村生活水平虽低,每天食宿之费,至少也得花上穿眼钱二三百文,而新城每逢落店打尖,就不顾疲劳为乡下人写对联,沿途卖字收入竟能抵销路费而有余。

1910 年新城初到长沙时,目击省城的一片繁华,叹为人间天上。其后又到上海、成都等大中城市,见过更大的世面,经过风风雨雨,五四运动后又接触到各种不同的新思想,正如孤舟大海,一望无涯,找不到救国真理和自己的出路,精神上不免感到苦闷,但又因曙光在望而感到兴奋。

二　五四运动到来为伸张正义丢掉了“铁饭碗”

1917 年,新城毕业于岳麓高师,在长沙兑泽中学①当过短期的音乐教师。他的教师生活自此而始。

1918 年,第二次南北战争又在湖南大打起来。南军败退后,北京政府派“北洋骁将”张敬尧为湖南督军兼省长。张敬尧是个纵兵殃民的强盗,他招兵买马把北方的土匪和散兵游勇招收下来,编为“国军”,以扩充自己的实力,因此兵额骤增,军饷无着。他把教育经费提作军费,学校变成兵房,长沙各级学校只得停止上课,湖南著名教育家明德学堂总办胡元倓、楚怡小学校长陈夙荒、周南女校校长朱剑凡等均被迫出走。张敬尧对本国公私学校虽极尽摧残蹂躏之能事,但对外国人所办的教会学校则不敢以一指触及,因此美国雅礼会所办的雅礼大学、长老会所办的福湘女校均能照常

---

① 湖南分中、西、南三路,每路在省城设中学一所,兑泽为西路人所设。

上课。新城由美国牧师饶伯师的介绍，受聘为福湘女校的教务主任。

1919年，北京学生发动了轰轰烈烈的五四运动。随着爱国运动的开展，千百年来视为金科玉律的伦理观念也起了天翻地覆的变化：打倒旧礼教、砸烂孔家店的呼声遍于全国，鼓吹新文化、新思想的刊物雨后春笋般涌现出来。新城向有强烈的求知欲，对于《新青年》、《每周评论》、《星期评论》、《新潮》、《解放与改革》等新刊物以及北京《晨报》副刊、上海《时事新报》的《学灯》、《民国日报》的《觉悟》栏所登的新文学，均视为至宝，而以先睹为快。他每月所得的薪水和稿费，除维持其最低生活外，几乎全部都用之于订阅新书新报。从此，他的见闻日益广阔，学术思想也就显著提高了。

前面讲过，福湘女校为美国教会所办。美国为提倡所谓男女平等、言论自由之国，教会学校自应循此轨道而行。但是此时长沙的风气尚未大开，福湘当局为了讨好学生家长，仍然遵守中国封建社会“男女有别”的古训，检查学生书信，监视学生会客，取缔学生阅读《新青年》之类的进步书刊，新城对此深致不满。1919年11月，他写了一篇文章为一女生鸣不平，其经过情形如下：

这位女生年将二十，已经进入三年级，距毕业之期不远。一天，她接到表兄的一封信，被女校长（美国人）查悉，指为违犯校规，将予以退学处分。十分明显，一个女生被开除出校，不但影响求学前途，而且影响个人名誉。为此，新城代向校长乞情，请求免予处分。校长竟谓个人名誉事小，学校名誉事大，坚决不肯收回成命。这位女生含冤负屈，只得哭哭啼啼离校而去。

新城认为，女生接受亲友来信，并非不端行为，校方何得妄加干涉。而且，开除学籍是学校对学生最严厉的一种处分，校长小题大做，如此辣手辣脚，实在太不讲道理了。他气愤之余，写了《我对教会学校的意见与希望》一文，在《时事新报》的《学灯》栏发表。此文本系善意的批评，希望教会学校当局取消一切违反时代潮流的规章制度,停止对学生的高压政策,不料因此引起轩然大波,长沙各教会学校公然联合起来指摘新城思想上有问题,一定要福湘当局辞退这位教师,新城只得以一走了之。

那时候,教会学校对于他们的教职员工,一律用现大洋发薪,不受纸币贬值的影响;且外国人所办的事业,中国官厅不敢干涉,可以不受政潮起伏的影响。新城因主持正义而丢掉了这个"铁饭碗",引起长沙社会人士的广大同情。福湘全体学生打算集体请愿加以挽留,但新城表示志在必去,她们才改请愿为欢送;在欢送大会上,师生均不胜依依惜别之情。

三　加入"少年中国"退出《醒狮周刊》

1918 年 6 月 30 日,由王光祈、周太玄、陈淯、张尚龄、李大钊、曾琦、雷宝善 7 人发起的"少年中国学会",于次年 7 月 1 日在北京成立,参加者 74 人,大多为在国内外求学或从事文教工作的知名人士。该会宗旨为:"本科学之精神,为社会的活动,以创造少年中国。"他们又提出 8 个字信条:"奋斗、实践、坚忍、俭朴。"该会目的,在于把号称"东亚病夫"的老大帝国,改造为朝气蓬勃的"少年中国",因此会章规定慎选会员,入会者须有 5 人以上之介绍,不许懒汉参加。

少年中国学会紧接五四运动后成立,显然具有"科学与民主"的时代思潮。他们发行刊物,编印丛书,出有《少年中国》月刊和不定期刊物《少年世界》,以介绍学术思想,交流文化情况为主要内容,对现实政治较少注意。

1923 年 10 月 4 日,该会在苏州召开了会员大会。时值直系军阀曹锟贿选成功,山东有一股土匪公然演出"临城劫案",在火车上劫走了西籍男女 26 名。这一事件俄然成了当时国际上的头条新闻,帝国主义各国纷纷发出了"出兵代平乱"的叫嚣,眼见庚子联军之祸将重见于中国。为此,大会发布了纲领九条,将该会方针由空谈转入实际,由重视文教工作转入政治经济活动,而以反对军阀、反对帝国主义为其核心。

这一年,新城由恽代英等五人之介绍加入了该会。

时局变化万千,风云起于不测。正当少年中国学会拨正方向大有可为之际,忽又于1925年以停止活动闻。这是因为,该会成立之初,虽然标榜"慎选会员",但是入会者在思想上既无共同基础,一旦接触到实际,在行动上就不免暴露出各行其是的缺点,其中主要为共产主义与国家主义的分歧。1923年以后,他们分道扬镳,有的走上了光明大道,有的陷于泥淖而不能自拔,该会便因此解体而停止活动了。

该会停止活动时,会员已由刚成立时的74人发展至一百零几人。除原发起人七人而外,各种不同方向的知名人物有毛泽东、张闻天、恽代英、许德珩、赵世炎、左舜生、陈启天、卢作孚、周佛海、邰爽秋、舒新城、田汉、倪文宙、朱自清等。

所谓国家主义派,其发起人为中国留法学生曾琦、李璜。1923年,曾琦等人在巴黎组织了"国家主义青年团",后改称"青年党"。他们都参加过少年中国学会。1924年,曾琦回国到上海,在大夏大学任教,同时发行了《醒狮周刊》,于是他们又有"醒狮派"之称。他们打着"民族主义"的旗号,表面看来,似乎也是个爱国团体;其名称为"青年团"或"青年党",与"少年中国"相类似;他们建党的目的,在于将往日的睡狮改造为今日的醒狮,又与"少年中国"所揭橥的宗旨相同,因此颇能迷惑一些人。但1927年以后,曾琦到昆明、南京两地作过政治旅行,为西南军阀唐继尧组织"民治党",为北洋军阀孙传芳组织"三爱党";①抗日战争时期,这位党魁到南京与汉奸梁鸿志诗酒流连,又与日本驻南京"大使"谷正之有所接洽;解放

① 三爱党指爱国家、爱民族、爱敌人。

战争时期,又到重庆作了蒋介石的社会贤达。这些行径戳穿了他们的老底子,从此这个党就成为臭名昭彰的一个反动党团了。

新城的一生,除一度参加《湖南民报》外,长期从事教育工作,既未加入政界,也未参加任何政党。但他在长沙时,跟陈启天、余家菊之流在城南师范共过事,在上海时又跟李璜、左舜生有过学术性的往来。这些人都是青年党的发起人或头面人物。新城参加过学术性团体,因此,青年党创办《醒狮周刊》时,请他列名为发起人,新城误认为学术刊物而不以为意,后知为青年党所办,有浓厚的政治色彩,立即声明退出。1927 年国民政府迁往武汉时,竟因此疑为青年党领袖之一而指名通缉,他一度由南京迁居上海。幸有友人代为疏解,他又由上海迁回南京。

四　十年教学生活简记

新城常在《时事新报》发表文章,与该报主编张东荪结为文字之交。1920 年离开福湘后,曾到上海找张商谈就业问题。正当其时,湘局起了变化,张敬尧这个害民贼给湘军逃跑了,谭延闿卷土重来三次督湘,聘教育界"名流"易培基为省立第一师范学校校长。① 易派人到上海招聘教授,新城也在其列,于是他又折回长沙,任一师教育科主任。

1920 年,美国实用主义教育家杜威博士应邀来华讲学,其门弟子胡适追随左右,足迹半中国,因此"教育即生活,学校即社会"的奇谈怪论,成了当时教育界的口头禅,主张"学生治校"、"学生选校长"、"学生自由选课"的,大有人在。湖南教育会还请来本国名流蔡元培、张继、张东荪等来湘讲学,新城也在长沙、湘潭一带奔

① 湖南一师设在长沙南门外,故又称"城南师范"。毛泽东同志即在该校附小任主任。

波演讲，一时湖南讲学之风大盛。

新城在一师任教一年，因反对学生选举校长，于 1921 年辞职赴沪。到沪不久，张东荪介绍他到中国公学任中学部主任。

中国公学与《时事新报》都是研究系在上海的文化阵地，梁启超自任中国公学董事长，董事有同系人物熊希龄、王家襄等，教务主任为张东荪。

1922 年，梁启超将中国公学改为大学，聘张君劢为大学部校长，而将中学部改为中国公学附设吴淞中学。此时，美国教育界风行一时的道尔顿制输入中国，新城深感兴趣，就在吴淞中学首先推行起来。道尔顿制标榜自由与合作，提倡废除钟点制及班级制，让学生自由学习，共同研究，以培养学生的自学与工作能力。这种制度与杜威博士所提倡的“学生治校”初无二致，道尔顿制推行不久，并无显著成效。

中国公学除以研究系为主体外，还有持不同政见的部分教职员。研究系利用《时事新报》为宣传工具，另一派则利用《民国日报》，彼此打起笔墨官司来。其实这种新旧学派之争，也正反映着国民党与研究系在文教战线上的斗争。新城不愿卷入漩涡，便于 1923 年 2 月辞职去南京。

新城到南京后，又应东南大学附中之聘，任研究股主任，不负行政责任。南京半城半乡，环境优美，生活低廉，加以新城的住所距金陵大学不远，便于借阅图书，因此自 1923 年春天到 1924 年秋天，他在东南大学附中任职一年半。

但 1924 年 10 月，他又应聘到成都，任成都高师教授，1925 年夏回南京。至此他才结束了长达 10 年的教学生活。

五　应聘主编《辞海》转任编辑所长

新城于 1922 年与陆费伯鸿先生相识。他们两人都是当时有名的教育家,又都写过不少的关于教育学的文章,由于志同道合,彼此一见如故。伯鸿先生屡邀新城入中华书局共事,当时新城虽无意于摆脱教学生活,但对伯鸿先生的盛情邀请,却已铭记在心。

早在1915年,伯鸿即有志于编订一部综合性的大辞书,定名《辞海》,以适应各界人士的需要,曾聘学者主办其事。因主办人先后易手多次,编订工作时作时辍,未能计日观成。1925年新城由成都回南京后,伯鸿重申前请,希望新城摆脱教学生活,由南京迁居上海,专心致志地完成《辞海》的修订工作。新城也因连年在各大城市任教,经过不少风浪,心身均感憔悴,因此接受了邀请。

修订辞书是一件极其繁重的工作。新城任事之初,发现此书初稿已失效用之旧词太多,适用之新词太少,首先必以去旧增新为急务,乃与编辑诸公一面分工收集,一面综合研究。他们动手修订时发现了三大难题:(1)新词在旧字典中从未发现。必须在新出书报中细心收集,而收集之时间愈久,来源愈见枯竭,往往穷数人之力,终日而无所获。(2)其次,新词释文无所依据,必须从头做起,而一字之推敲,往往争论终日而难于下笔。(3)旧辞书均无标点,而此书则采用新式标点,下笔时颇难做得工稳无误。此外如排字校对等工序,难关重重,就不必一一为之条举了。

1930年,新城转任中华书局编辑所长,无暇兼顾《辞海》的工作,改由沈颐先生接任主编。据友人许彦飞先生谈,1934年,新城曾偕一批修订《辞海》的同事到杭州,经过复查校正,才完成了《辞海》旧版的定稿工作,于1936年出版,则新城对于此书,堪称煞费苦心。

修订辞书既非轻而易举,更不可能一劳永逸。1949年新中国诞生后,新生事物层出不穷,新词不断涌现,加以进行文字改革;①到1957年,新城建议集中更多的人力,把旧《辞海》进行修订,得到

① 我国文字改革,包括繁体字改用简体字,或用同音字代替繁体字等等。

毛主席的赞许。1959年,《辞海》编委会在上海浦江饭店成立,除编辑人员外,还邀集各行各业专家五百多人参加修订工作。我也于1963年被邀参加,主要为修订辛亥革命后的反面人物和反动事件的词目。1965年,新《辞海》的未定稿本出版,一面在内部发行,一面向全国各方面广泛征求意见,以便再作修订后公开发行。不料1966年,我国遭逢"十年浩劫",此书被打成"大毒草",许多参加修订的同志被列为"牛鬼蛇神"或"反动学术权威"而受到迫害,此书的再修订当然无法进行。"四害"既除,重整旗鼓,我虽因病未参加,但自1978年12月12日起,由于编委会和参加修订者的共同努力,经过两百天的奋战,此书合订本乃于1979年10月出版,向我国建国30周年献礼。我深以我国第一部大辞书的问世而额手称庆。

必须说明,新《辞海》未定稿本的修订工作是在旧辞海已有相当规模的基础上加工进行的,而1979年合订本的修订工作,又是在未定稿本的基础上,排除了"四人帮"的严重破坏,继续加工提高完成的。因此,我们读者对于伯鸿、新城两先生的先后倡议,应表示深切的谢意。

六　新城对我的热情鼓励
我们共同度过两次苦难时期

《新闻报》总经理汪伯奇先生系中华书局的董事之一,与新城经常有业务上的往来。1936年我由南京迁居上海后,即在《新闻报》再度与新城相见。别来20载,故人无恙,彼此均极感欣慰。此后多日往来,亲聆教益,遂成莫逆之交。新城献身文教事业多年,其治事之勤,求学之努力及其待人接物之推诚相见,在在均值得我们学习。他写日记无间寒暑,数十年如一日,举凡读书心得,个人交往,社会动态等等,无不笔之于书。其恒心毅力,迥非常人所及。

他还保存着多年来与友人及有关方面的往来信件，其中有不少可供参考的资料。我自获交新城后，也养成了写日记和保存信件的习惯，但不能坚持，遇有疾病或作旅游，即停止不写。我从事新闻工作数十年，接触过不少风云人物，所存往来重要信件，均锁在报馆办公桌的抽屉里，①太平洋战事发动时，这些信件和日记，均已付之一炬。

我在《新闻报》发表的专栏稿，大多涉及古今中外的遗闻轶事，新城鼓励我将这些旧稿分类整理，送中华编辑部处理。从1936年起，我将旧稿陆续整理送去，他们为我起名《菊隐丛谈》，先后出了25册，至太平洋战事发生而止。

1945年日寇投降后，新城继续鼓励我修改旧作《六君子传》，并介绍我到中华图书馆借阅书刊，收集有关资料，以提高其质量。中华图书馆设在澳门路中华印刷厂楼上，所藏书报甚多，我去借阅时，管理人楼、陈诸公给了我很大的便利，深为感幸。《六君子传》脱稿后，我又继续前往收集资料，写成《督军团传》、《蒋百里传》等书，均承中华编辑所审阅出版。我协助著名精神神经病专家粟宗华医师写了《精神病学概论》一书，其中涉及心理学之处，我们都是门外汉，新城又为我们代请专家细心校正，这种热情帮助，至今感念不忘。

新闻记者在旧中国，本为自由职业，我因此养成了自由主义的严重恶习，其反映于写作方面的，如信手涂鸦，漫无条理，立场观点、模糊不清种种缺点，不一而足。战后我为中华书局所出《新中华》期刊写时事述评及《天亮前孤岛》、《美国侵华史料》等稿，尤属粗制滥造，辜负良友提携之雅，至今犹觉汗颜。

我同新城度过两次“风雨同舟”的时期：

第一次，日寇发动太平洋战争前，新城因公赴港，不久香港陷

---

① 中日战争时期，《新闻报》又挂了美国旗，收藏信件较安全。

落，我们均为他的安全提心吊胆，深望他早日脱险归来。1942 年 5 月，日寇用军用飞机将中国著名人士颜惠庆、梅兰芳和新城等分批送回上海。新城害了一场大病，体重减轻不少。他的病由于在炮火中逃兵荒和吃不饱、睡眠不足所致。他回上海后，经过长期调养，才逐步得到康复，为此他写了《我怎样恢复健康的》一书。那时候，上海也非乐土，敌伪特务横行，杀人如同儿戏，我们都隐姓埋名，深居简出，除少数知己朋友外，几乎断绝一切社会活动和社交往来。新城住在靠近苏州河的新闸路，我住在旧法租界南头的萨坡赛路，①两地相距甚远。我昼夜忙于护理妻儿，不能分身外出。新城有时步行来访，不但馈我以婴儿所需乳品及药物，还将收听短波得来的好消息奔走相告，此种患难相顾之情，至今记忆犹新。

第二次，1948 年淮海战役后，上海笼罩着一片白色恐怖，市民想望解放犹如望岁。我们少数朋友在常熟路开了一爿小店，有时与地下党员在此碰头，商谈书局、报馆、医院的护产工作。新城每来必将延安广播详细相告。他还秘密印就《新民主主义论》多份，以迎接上海的解放。

上海解放后，1958 年毛主席来沪视察时，曾与陈毅市长谈及，他与新城都是"少年中国学会"的会友，决定安排他为上海市政协副主席，主管文史资料工作。

1960 年，新城因肠胃病在华东医院就诊并动了手术。出院时打电话告我，他剖腹断肠幸获重生。不料他患的是肠癌，虽经割治，但已扩散，不幸于同年 11 月 28 日逝世，终年 67 岁。我们聆此噩耗，又不禁涕泪滂沱，为之不怡者累月。

今天距新城逝世又已 20 年。今天又是我国 10 亿人民为实现四个现代化而共同努力的艰难缔造之秋。新城的一生，为我国文化事业做出了很大的贡献，为人民做了许多好事。我怀念新老，应

---

① 萨坡赛路后改名英士路，现又改名淡水路。

当学习他的榜样，勤勤恳恳，为“四化”做出力所能及的贡献。

选自中华书局编辑部编《回忆中华书局》上编，中华书局 1987 年

老《辞海》是怎样编成的

周颂棣

1936 年版《辞海》载有中华书局创办人和当时的总经理陆费逵（伯鸿）先生撰写的《编印缘起》，开头的一段说：

“民国四年（1915 年）秋，《中华大字典》既杀青，主编者徐鹤仙先生元诰欲续编大辞典，时范静生先生源廉长编辑所，亟赞成之，遂商讨体例，从事进行，定名曰《辞海》。”后以主编人屡经更迭，工作时断时续。“民国十六年（1927 年），乃由舒新城先生继其事。新城觉原稿中已死之旧辞太多，流行之新辞太少，乃变更方针，删旧增新；然旧辞有从前之字书类书可依据，新辞则搜集异常困难。曾嘱同人遍读新书新报，开始时收获尚多，后来则增益甚少，尝有竟日难得一二辞者。……十九年（1930 年）春，新城改任书局编辑所长，无力兼顾，乃请张献之先生相，沈朵山先生颐董其事；献之任编辑所副所长，亦不能以全力赴之，近四年来，实朵山主持之力为最。刘范猷、罗伯诚、华纯甫（文祺）、陈润泉、周钜鄂（颂棣）胡君复、朱丹九（起凤）、徐嗣同、金寒英、邹梦禅（今适）、常友忼（殿恺）、周云青诸先生分任其事，先后从事凡百数十人……亘时二十年之久，亦可谓艰巨之业矣。”

老《辞海》编纂的先后经过，简单地说来，就是如此。

实际上，在决定编纂以后的最初阶段，并没有做很多的工作，不过是把已经出版的《中华大字典》等书的词条加以剪贴，并从一

些旧的字书、类书(例如《佩文韵府》)中选择一些词目,抄录下来,编成资料卡;这样的条目和资料卡大约有许多万条。至于工作开始走上正规,正式进行编写,是在舒新城先生接任主编以后。1928年4月,舒新城接受中华书局委托,在南京设立编辑室,招集了十多个人,进行《辞海》的编纂工作(同时编写《中华百科辞典》、《中国教育辞典》等书)。在以后一年多的时间里,大约编写了二三万条的词条,其中大多数是属于百科方面的。1929年春初,编辑室由南京迁到了杭州,在西大街(现名长征路)长颐里租了4幢两层楼的石库门房屋,作为编辑室和部分人员居住的处所。在同年秋初,舒新城因感编辑力量薄弱,人手不足,在杭州报上登载了一则启事,公开招聘编辑及助编人员。我就是在那时候,通过考试,开始参加《辞海》的编辑工作的。那时从南京搬来的(包括吴廉铭、刘范猷、徐嗣同等同志),连同在杭州新参加的,总共不过二十来人。其中编辑约十二三人,还有六七个是练习生和其他助编人员。练习生的年龄都很轻,最小的不过十五六岁,文化程度也只相当于高等小学或初中毕业。

我进入《辞海》编辑室以后,在杭州的几个月内,舒新城分配给我做的工作很简单。他把当时美国出版的一部中型辞书(《林肯百科辞典》)交给我,要我把其中收入的外国人名(日本人名除外)逐条翻译出来,由他亲自审阅并经过选定后,就交给练习生把这些条目抄录下来,作为《辞海》的部分初稿(其中有些条目也同时收入《中华百科辞典》)。每天工作八小时(后来进中华书局编辑所,每天工作时间为六小时),大约翻译二千字至二千五百字。按条数计算,平均每天翻译十余条,每条二百字左右。

舒新城原来计划,在两三年内就能把《辞海》全书编写成功。几个月之后,他发现这个计划是不符合实际的,在编写过程中遇到的困难很多,这就是陆费逵在《编印缘起》中所说“五难”中的前面的“三难”,也就是沈朵山在他所写的《编辑大纲》中所说的在体例方面"纷纭纠葛"、"辗转牵引,难以殚究",需要"爬梳"解决,或"分条疏释"的诸问题。经舒新城和陆费逵往来商量,决定于这年冬季把杭州的编辑室撤销,合并于上海中华书局的编辑所。

舒新城担任了中华书局编辑所所长,兼新成立的辞典部部长。不久舒新城因编辑所的事务繁忙,无法兼管辞典部的工作,于是请张献之先生兼管。而张献之先生原任编辑所的副所长,兼管教科书部的工作。所以此后大约有一年多的时间,辞典部的日常工作,是由副部长刘范猷主持,比较重大的问题,则由刘范猷随时请示舒新城决定解决。等到第二年,从北京请来了沈颐(朵山)先生,担任辞典部部长,《辞海》的编纂工作才全面进入分类修订、增补、逐批审阅定稿的阶段。

《辞海》的编纂方法,是按词目的性质,各个编辑分类包干。辞典编辑部迁到上海以后,人员有进有出,主要编辑人员大致稳定在十四五人左右,连同练习生和其他助编人员,不到三十人。单字及一般词语(包括复词、成语典故、中国人名地名以及文史方面其他许多词语)数量较多,参加修订编写的人数也较多,主要有邹梦禅、朱丹九、胡君复、金寒英、周云青诸先生。百科部分,则一个人要分担许多部门条目的修订编写工作。例如:陈润泉同志包干数理化以及天文、气象等自然科学的条目,徐嗣同同志包干政治、经济、法律等社会科学条目以及有关日本的历史地理、人名地名的条目,华纯甫老先生负责宗教(主要是佛学名词)、生理、卫生医药以及部分动植物的条目。我分担的条目数量也不少,包括哲学、文艺、教育、外国历史地理、人名地名(日本除外)等许多部门的条目。总数大略估计在一万条左右。至于稿件的整理、保藏、抄录、誊清,资料的查阅、核对等项工作,都是由十几位年轻的练习生分任。在各学科中,也有少数部分的条目,是请编辑所内其他部门的同志帮助修订或审阅的。例如:音乐条目是请教科书部朱稣典同志编写的。又如:生物方面的条目,是由华汝成等同志帮助整理和审阅的。还有，附录中的《中外历史大事年表》是由姚绍华等同志纂辑的。也有极少数部分的条目送请书局外面特约的专家审阅。例如：语文方面就有一百多条的条目，是请黎锦熙先生审阅定稿的。

当时，中华书局编辑所和商务印书馆的编辑所一样，是在一统间几百平方米的大房间内集中工作的。各个编辑部门之间没有墙壁或板壁间隔，只是用许多大约三市尺高的长方形书柜把各个部门包围起来。各个部门都自成范围，各有进出口，平时不相往来，而謦欬之声相闻。

各个编辑经常所需要参考的书籍，就藏在这些书柜内，或陈列在书柜的上面，随时取用，非常方便。

中华书局的图书馆，设在编辑所楼上。那时藏书达五六十万册，而且门类也比较齐全（不论是中文的或外文的，古代的或现代的）。如果需要参考，借阅手续也极简便。图书馆在一处比较空的地方，把楼板凿开一小方块（大约四平方尺），用小型电梯传送图书。你要借什么书，只要写明书名、版本、作者姓名或所属丛书种类，连同借书卡，交给练习生去办理借书手续就可以了。

那时《辞海》已经编写成的全部初稿条目和资料卡片，都是按照部首及笔画顺序，分别装盛在薄铁皮制成的长方形抽屉内。而所用编写条目的稿纸和资料卡片，都是用比较坚厚的毛道林纸印成的。稿纸长约 12 厘米，宽约 9 厘米；每纸 4 行，每行 14 格，一张稿纸只能写 56 个字；但四旁留出的地位很宽，以便修改。编写成的条目，除了附见条和解释极简单的少数词目以外，用纸最少两张，多达十数张甚至二三十张。凡是用纸两张以上的条目，都用大头针别定或用回形针夹住。因为稿纸的面积小，纸张质地厚实，盛放在铁皮屉内，就能够直竖起来，不致倒伏。这样，在查阅和调取稿件时，都比较方便。

至于辞典编辑部日常工作的进行，大致程序如下：

每天早上在工作开始之前，经管稿件的练习生打开保险箱，把在上一天已经过刘范猷同志整理好的初稿稿件和所附的资料卡片检出，按照各个编辑包干的类别分成十几束（其中一部分稿件是在上一天收回、还没有修订完成的），送交给各编辑本人。各个编辑就把这些条目逐条进行阅看、修改或重写。修订完成的条目，就在稿纸的右角上签上一个英文字母的代号，作为本人的签名。如果发现修订的词目，与其他词目有关联或内容有交叉，则把所有能够想起来的交叉关系的词目，一一开列出来，交给练习生，从稿箱中把稿件调出，尽可能同时加以修订解决。如果发现在同类条目中，有些条目遗漏未收，则随时参考资料，加以增补。

每天下午在最后十几分钟的工作时间内，各个编辑把手头所有的稿件和资料卡片加以整理，把已经修改好的条目抽出，连同资料合并成一叠，用橡皮筋箍好，送交给沈朵山先生审阅。而把其余没有修改好的条目及资料卡，仍交给练习生，收藏在稿箱内。

老《辞海》的编纂工作，在最后的四五年内，就是这样按部就班、有条不紊地进行的。各个编辑每天能够修改完成的条目，少则两三条（少数复杂的多义单字，有时候工作一天连一条也完不成），多则十余条；总共约七八十条。

沈朵山先生在主持辞典部工作以后不久，就作出决定，要求全体编辑人员阅看宋、金、元、明以来的小说、戏曲，搜集流行的俗词俗语（口头词语），做成资料卡，供写稿时选择，作为《辞海》新补充的一部分词目。并指定刘范猷同志以后逐日阅看各种报纸和新出版的重要杂志、图书，注意搜集新词新语（包括外来语），而且希望其他各编辑也能够同样做。

沈朵山还同时立下决心，要把《辞海》收入的全部词条，从头到尾，由他自己逐条加以审阅。在此后四年多的时间内，沈朵山每天就在忙着审稿。事实上，沈朵山先生对于单字和普通词语，还能发现一些问题，改正错误或提出修改意见；对于各学科的条目，就只能在文字上稍加润饰而已。但是，就是这样，每天要审阅各编辑交来的总共七八十条的词条,也是非常吃重的。

大约到了1935年的秋季,陈润泉同志和我包干的各类条目已经基本上完成。陈润泉同志以后还继续修订了一些词牌和戏曲方面的词目。我也修订增补了一些职官的名称,并帮助修订单字的同志新编写了一部分虚字方面的条目。

1936年上半年,各部门的修订编写工作陆续完成,逐批发稿付印。以后的校对工作,主要是由印刷所的校对部门和辞典部的十几位练习生负责,各编辑只是看了最后的一份清样。《辞海》上册于是年出版,下册于1938年出版。

总结老《辞海》的编纂经过,我觉得有以下的几种方法和措施,是有一些道理,或者可以说是可取的:

一、包干制度。这种制度不仅可以加强各编辑的责任心,而且在修订编纂的过程中,可以不断提高各编辑的业务水平,扩大他们的知识范围。对于各类词目的选收和平衡工作,因为是由一个人经管的,也可以做得比较恰当。

二、各个有交叉关系的词目,凡是能够想到的,尽可能同时加以解决,以避免内容的互相矛盾或重复。

三、资料的查阅核对工作,由各练习生分担。这一方面可以大大减轻编辑人员的负担,加快修订进度,另一方面使年轻的练习生可以多接触一些书籍,增广知识。

四、因为全部条目是由主编人逐条阅看定稿的,所以在体例方面和文字风格都比较统一。

五、与图书馆密切配合,使资料的供应工作尽可以做到迅速,有求必应。各种常用的书籍,存放在各编辑身旁的书柜内,随时可以取用,这也是一个好办法。

我忽然想到用下面四句诗来结束这篇记述老《辞海》编纂经过的文字。诗曰:

虫篆獭祭非吾愿，五十年前正少年。

似水流光人已老，传经愧写太玄篇。

选自《回忆中华书局》上编，辑录时稍有删节

舒新城与陆费逵

舒绍祥

一

舒新城是我国现代著名的教育家、出版家、辞书学者。1893年（光绪十九年）5月，生于湖南省溆浦县刘家渡。

他5岁时入本村私塾读书，由于家贫，时学时辍，进过商店、当过学徒。民国反正，全国实行新学制，他借得同族舒建勋辰郡中学毕业文凭，考入湖南高等师范。毕业后，担任中学教员、教务主任；师范学校教育科主任、成都高师教育学教授。前后担任过中华书局新旧《辞海》主编，编译所所长、图书馆馆长、函授学校校长，解放前夕，任代总经理。解放后，先后被选为全国人大代表、政协上海市委副主席。

陆费逵（字伯鸿、号少沧）是我国现代著名的教育家、出版家。1886年（光绪十二年），生于浙江省桐乡县。他在青年时期，自办新学界书店，20岁接办汉口《楚报》。由于攻讦张之洞，报社被迫停刊，转赴上海任昌明书店编辑。23岁，进商务印书馆任编辑，主编《教育杂志》等职3年。武昌起义，预料革命必成，与陈协恭、戴懋哉、沈颐等在家秘密编辑新教科书。辛亥革命成功，中华书局成立，为创办人，任局长。时年27岁。

二

舒新城与陆费逵相识，是在1921年秋。那时他在吴淞中国公学中学部任主任，学校邀请中华书局总经理陆费逵来校讲演。由于他们两人都是当时著名的当代教育家，又都写过不少文章，志同道合，经介绍，彼此一见如故。陆认为舒颇有才华，为不可多得的人才，当时有意约请舒入局共事，由于初次见面，未便明白提出。

后来，两人逐渐结成密友。陆曾4次邀请舒入中华书局共事，由于舒正在著书立说，终未答应。1925年，舒在成都高等师范任教授，成为学潮对象，便由成都回到南京，这在他人看来，对舒清誉有损，而陆对他更加钦佩，因而又一次邀他入局，仍未答应。1928年初，陆得知北京师大聘舒任教授，在他未赴任前，致舒长函，诚精意切，约他主编《辞海》，舒这时感到情谊难却，才慨然应命。

《辞海》起于1915年，因主编先后多次易手，编订工作时起时辍。舒接手后，发现原收旧词，大多失效，而新词太少。首先必须去旧增新。在着手修订时，发现三大难题，即：新词在旧字典中从未发现，必须在新出书报中去收集，往往花很大人力、终日无所获。其次，新词释文无所依据，必须从头做起，有时为了一个字的推敲，往往争论终日而难于下笔。第三，旧辞书无标点，必须新加，但下笔很难做到工稳无误。而舒主持其事后，用他的聪明才智，将难题一一克服。

由于舒的才华横溢，陆以私人名义又多次商请舒兼任书局编译所所长。舒又感到陆的情谊太深，诚意难却，便于1930年1月1日兼任所长职务。

陆总经理可以说是舒的知己，自始至终信任他、器重他。陆任总经理，任务大、担子重、掌握全局，月薪二百二十元大洋，而舒的月薪则是三百元。单这一点，可见陆对舒的重用和信赖。

陆与舒的私人情谊深厚，但两人在搞好书局、办好文化、教育、出版事业的共同目标下，为了真理、毫不让步、也不讲情面，有时会争论得面红耳赤。例如抗日战争时期的1935年初，陆在主持一次业务会议上提出，近以华北时局发生变化，营业上必须大力振作，同时还说：中日战争必不可免，明年将是大难临头，所以《辞海》必须争取在原计划的1936年出版。但又不易办到。舒听后，即席站起来说："古云：'多难可以兴邦'嘛！"

1935年夏，在又一次局内业务会议上，陆迫于形势，主张砍掉《辞海》，分为《国语大辞典》，和自然科学、佛学辞典单独出版。社会科学条目全部取消。舒听后，当即批评陆为"神经过敏"，并力辩："即使中国亡了，历史上的名词，也应存在，社会科学条目，决不能取消。"

1935年底，陆又主张将《辞海》中的人名、地名、科学名词一概取消，免得日本人找麻烦。舒听后，认为在事实上也行不通，如果硬要如此，那就既不像辞书，也不像大字典，变成不伦不类的畸形儿了。

1936年4月，又在一次业务会议上，陆提出将政治条目删除，如"九一八"、塘沽协定等名词不能收。舒听后马上批驳："我国虽弱，不与强敌相抗衡，敌人强加我之事实，默而不言，未免不近人情……"在舒的力争下，大家齐声协力，而《辞海》仍按原计划如期出版了。

从上面业务会议的例子，舒对陆似乎两人都在"顶牛"、不听领导指挥，其实不然，而是为了工作，为了一个共同目标——办好书局，努力搞好祖国文化教育事业。虽然争论是争论，而深的友谊仍然是友谊。一次陆请舒和局内几个骨干吃饭，在便条上写着：

"星期五晚，请大先生吃酒席，拟约局内几位老将并两位新来的大将谈谈。大头先生（因陆费逵头特别大）七月廿二日。"

舒和大家对陆的评价是：公认陆的记忆力强，凡遇见之人、所经的事，在若干年后，犹不忘记。而他精明能干、性情爽直，大权独揽，办事有果断、有魄力、用人信任不疑，有“见事明、处事敏之称”。下面重要职员，都是他亲自选任的。这些人员如果有错误，他能够承担责任。这是他在事业上得到成功的主要原因。凡是他“看中”的人，总是千方百计“弄”到才放手。对舒就是一例。在局里很得人心，所以个个肯卖命。而且有些事，都令人折服。他长期担任上海书业同业工会主席，在同业中有一定威信。他预见性强，令人佩服。

陆在书局30年，在出书方面有较大计划，而舒任编辑所长，两人步调一致，互相配合，都能一一实现。1941年7月9日，陆突患心脏病去世，终年56岁。由于两人深切的友谊，他把重任交给了舒。在陆的“盖棺论定”上：他和舒新城对祖国文化、教育、出版事业上，全部精力都奉献出来了。而他两人在局内任职之长且久，是很少见的。

原载《杂家》1987年第6期

老《辞海》主编和中华书局编辑所长舒新城

王建辉

惟楚有材，乃千年旧话。旧楚地之一的湖南，近代人才，更是辈出，不过多在政治军事和社科领域，出版界则是凤毛麟角，舒新城(1893～1960)是一个例外。由此开当代出版界湖南人大领风骚的新局。

1928年，中华书局约请舒新城主持《辞海》编纂工作，1930年应中华之聘，任编辑所长，兼图书馆馆长，函授学校校长，历任董事，解放前后一度为代总经理。从这简单的履历表上可以看出他在中华的主要业绩。舒有辞书家、教育家和出版家之称。

说是辞书家,主要是主持《辞海》编纂。

舒新城不是《辞海》的第一任主编,却是《辞海》任期最长的主编。早在1915年,陆费逵便有意编辑一部综合性的大工具书,定名《辞海》。那时,中华与商务两家展开同业竞争,工具书自然是竞争的重要领域之一,因为当时新学科新知识传入后,国人对于工具书的需求是迫切的。中国两大主要的出版社在这方面的竞争也是空前激烈的。从《辞海》的取名看,它是针对商务出版的《辞源》而来的。中华编纂工作时续时辍,主办人先后易手多次,都未能见效。陆费逵对此自然十分关心,这样旷日持久的巨大的人力和物力的耗费,对于一家民营出版社来说,代价实在太高,陆多次邀请舒来主持编辑这样一部大工具书。而舒早在1922年应陆费逵之约给中华编纂《中华百科全书》,并领着一班人进行此项编纂。差不多历时十年,1930年出版,这是后话。

20年代中期以后(约1927年),舒终于接受中华之邀来主持《辞海》编纂这样一项工作了。当时是在馆外担任此项工作。他在南京(其时舒居其地)成立编辑部,招集十余人进行编纂工作。编辑部因为办公场所的原因一度移驻杭州。编辑部设在外地,与现在出版社向作者的约稿相类。《辞海》现在是中国出版界的一大品牌,想当年那些编辑人对编纂这样一本大书,于新词之立期间是何等的艰难与繁重。此前,此项工作差不多进行好几个年头了,但舒任事之初,前期工作聊胜于无罢了,或者说工作等于从头做起。所成部分旧稿数十万字,已死之旧词既多,而流行之新词也少,由于拖的时间长,有些新词也变旧了。于是他决定变革过去的方针,认定《辞海》要不同于大字典,是以词为主要内容的。他决定收辞范围是:旧籍中常见的词类,历史上重要的名物制度,流行较多的新词,社会各业重要语汇,常见之地名,最重要的名人名著,科学文艺上常见常用的术语等等,而重点则是新词。但摆在面前的如下难题是可想而知的：新词之立既难，而其释义更无所依凭。他“嘱同人遍读新书新报”，可是进展十分艰难，“尝有竟日不得一二词者”。这需要何等的毅力和勇气。在他的主持下，编纂工作走上正轨，删旧增新，广搜远绍，抉疑发微，精审细校，一切井井有条地加紧进行。因此局中人说，《辞海》的正式编写是在舒新城接任主编以后。1930 年舒应中华书局聘，就任编辑所长，《辞海》编辑部也从杭州随迁上海并入中华书局的编辑所。以所长之职抓这样一个大项目，不可能像过去那样具体和事必躬亲，但也得益于所长之权位，除了在大政方针上给予指导之外，调动全所人力资源支持编写工作就更有力了。舒并从北京请来原中华旧人时任中国大辞典编辑部职的沈朵山（颐）到沪主事。这样来看，此时的《辞海》编纂和现在出版业中的总编工程又类。

20 世纪 30 年代中期，战云密布，对于《辞海》来说，也是多事之秋。面对多难时世，在收不收社会科学词语、政治性时事性条目方面，有人多次提出了不同主张，甚至总经理陆费逵也持不收的调门。舒坚决主张按既定方针办，社会科学条目不能取消，否则《辞海》与一般词典无异。在他主持下终于完成定稿，经营决策者抢在战前于（1936 ~ 1937 年）以多种开本多种纸张，分上下两册正式出版。经百余人近二十年努力（也可以说实际上是由他主持的十年），玉于汝成，《辞海》终成正果。此后陆续重印，各种版本预计发行在一百万册以上，战后还出版了合订本。舒新城们当时就决定《辞海》要不断修订，并保留了纸型，只因战争到来未能实现，对它的修订是多少年后的事情了。解放后舒新城一直牵挂着《辞海》的修订，建国之初便以中华书局自身的力量根据当时形势试行修订，但未能奏效。1957 年毛泽东在上海接见他的同龄人和早年“少年中国学会”的会友舒新城，舒提出编辑大辞典和百科全书的建议，毛泽东勉励舒负责修订《辞海》并在这个基础上搞百科全书。要知道百科全书是几代中国知识分子的梦想！1958 年，“中华书局辞海编辑所”成立，舒被聘为主任。舒以退休之身受命重组中华书局辞海编辑所，虽然在50年代后期出版了修订版的未定稿本，但终因为“文革”到来而计划受阻。但舒新城几十年来的编辑方针和思路，实际上为新《辞海》奠定了格局和基础。舒新城一生献给了《辞海》，包括新老两个《辞海》，只是由于我的研究视野主要在于老本子，对于他对新辞海的贡献不打算多说。舒是辞书家，除了《辞海》外，还主编了《中国百科全书》、《中国教育大辞典》、《中外人名辞典》等。

说是出版家，主要是就其做编辑所所长而言。

中华和商务是中国出版的两大重镇。舒做编辑所长，和商务印书馆的编译所长同，相当于总编辑，职责是主管编辑业务。舒作为一名向来实事求是的学者，知名的教育家和辞书家，来领导编辑工作是得其所哉，具有学术的凝聚力，也是他在中华这样学者成堆的地方能够立足的因由之一。中华书局像商务印书馆一样，它的编辑所也成为人才的工厂，赖有这样的学者主政，也是中华编辑所同人工作踏实钻研的作风养成的要因之一。舒在所长任内凭学问做事，不善也不喜弄权。30年代中期，四川作家李颉人曾致函表示拟放弃教书改为卖文，请舒代为介绍。舒李两人20年代有患难之交，收信后舒急回一函，一方面表示自己为他介绍稿件的困难，一方面劝昔日的朋友仍以教书维持生计为好。他在这封信中有这样一段文字：“学问是事业，生活是事实，首在事实上站得住，方能在事业上做得开。”由于他为人正直，中华书局中人回忆起他来，都能说到他的种种功绩。如奖励后进，中华书局的新人差不多都得到过舒的指导，中华书局第一个女编辑（黄青衣）是舒招进局中的。钱歌川很感谢他把自己作为可以做新文学编辑工作的人才收进中华，后来在他出版留学问题上的开明，并为他找蔡元培向教育部求取资助。如关心资料建设，中华书局设有图书馆，舒兼任馆长，馆中同人犹忆，对于需要翻译之类的外书资料，没有经费购买，舒总能设法拨给。馆中清末民初的各类教科书最称完备,也乃舒的捐赠。在商务东方图书馆被毁之后,中华书局图书馆成为上海最重要的私家图书馆,解放初陈毅曾在舒陪同下参观该馆,并大加赞扬。陆费逵对舒可以说是特为倚重并信任始终,陆本人任总经理时月薪220元,而舒任编辑所长月薪为300元。说他是出版家,是指他在中华任上对于出版事业的贡献巨大。

人们说他是教育家,除了他有过教学的十年经历外,主要是就他在教育理论方面的造诣深厚而言的。舒在进入中华前,就在多所高校任教达十年之久,对中国教育问题多所思考,在改进教育制度方面作了深入研究,发表了不少著作。对于教育的关注是他毕生的事业,教育方面的著作有数十种,代表著作有《近代中国留学史》、《中国近代教育史料》(四册)。

在舒新城这样三种身份中,孰先孰后或许并不重要,重要的是他在这三种身份或者说三个岗位上都做出了重要贡献。在某种意义上说,在很长一段时间里,舒新城是《辞海》的符号,是中华书局的代名词。建国后,舒曾当选为第一、二届全国人大代表,并被选为上海市政协副主席。

主要参考文献:

中华书局编辑部:《回忆中华书局》,中华书局1987年版。

《舒新城日记》(选载),《出版史料》1987年第二、三期。

上海市出版工作者协会等编:《我与上海出版》,学林出版社1999年版。

选自《老出版人肖像》,江苏教育出版社2003年

《辞海》的编纂和修订

巢　峰

《辞海》是从1915年开始编纂的。这一年,商务印书馆出版了《辞源》。《辞源》首创以字带词头的编纂法,使这种工具书兼具字典和词典的功能,开创了我国综合性辞书的先河。可以说,这在我国辞书史上树立了一座具有首创意义的里程碑。

《辞海》的编纂

据文明书局高级职员陈寅回忆:1911年酝酿建立中华书局,是年11月20日,陈寅专职从事尚未最后定名的"中华书局"工作,任经理。陈寅说:"我是中华书局一只老牛。中华书局算元年元旦成立,2月22日开始营业;伯鸿(陆费逵)是辛亥大除夕进局的,我却先三个月。"中华书局初为陆费逵、陈寅、戴克敦三人合资,后又增加沈颐、沈继方,即为五人合资,由陆费逵任局长。陆费逵、戴克敦、沈颐、沈继方均曾在"商务"工作,熟知"商务"情况。他们雄心勃勃,处处以"商务"为竞争对手。在"商务"编纂《辞源》的同时,"中华"就在编纂《中华大字典》。说来凑巧,1915年在《辞源》出版的同时,收单字四万八千余个的《中华大字典》也出版了。作为《中华大字典》主编之一的徐元诰并不甘心编一部字典了事,还想编一部比《辞源》还大的辞典。他的想法,得到中华书局编辑所所长范源廉(原为北洋政府教育总长)的赞赏,便向总经理陆费逵汇报。而陆本人一心要赶超"商务",编一本超过《辞源》的大辞典的主意,正中下怀。经他们再三推敲,把这部书定名为《辞海》。

然而,此书的编纂工作却千难万难,颇不顺利。最先(1916

年)是范源廉再次调任北洋政府教育总长,接着徐元诰迁任上海道尹,后又转任河东道尹。编纂工作因领导不力被搁置一旁。虽然如此,徐元诰并不甘心就此了结,一度在做官之余,兼管《辞海》的编纂。但终因政务繁忙,编纂工作时断时续,一晃十年过去,仅成稿十万余字,且多为《中华大字典》的剩稿。徐学运不济,官运却十分顺达,1927 年升任国民政府最高法院院长。这一来,终于打破他业余编纂《辞海》的美梦,从而此项计划便全面停顿。此事别人放下犹可,陆费逵放下不能。他作为局长,投资了十多年的工程,总不能一事无成,于是千方百计物色新的主持人,这样就找到了舒新城。从 1923 年到 1928 年 4 月,五年中陆向舒相邀七次,终于感动了舒新城,正式主持《辞海》编纂工作。

舒新城接受主编后,随即在南京何家花园设立编纂处,1928 年秋迁至杭州,人数增至十六七人,另有几名练习生。1930 年 1 月初又迁往上海,并入中华书局本部。

1932 年 1 月 28 日,日本进犯上海闸北地区,爆发了震惊中外的"一·二八"事变。由于屈服于日本帝国主义的压力,有人竭力主张砍掉《辞海》,即将全稿化整为零,如语词部分变为《国语大词典》,自然科学部分另编成《自然科学辞典》。舒新城则坚决反对。有的人则提出删去〔一·二八〕、〔九一八〕、〔上海事变〕、〔塘沽协定〕等条目。舒新城则说:"我国积弱,不能与强敌抗衡,敌污我之词,不与之辩论,已属屈辱。而敌人强加我之事实亦默而不提,未免不近人情。"正因为舒新城据理力争,《辞海》的政治性条目才得以保留。如〔塘沽协定〕称:"日军自九一八起,侵占我国辽、吉、热、黑四省后,又陆续向关内进兵,威胁平津……"虽然如此,在日本帝国主义全面压境和国民党剿共的大环境下,舒新城的指导思想不可能贯彻全书,《辞海》不少政治性条目存在严重问题,此点下面再说。

历时 20 年编就的《辞海》终于在 1936 年上半年出版了上册,

次年又出版了下册，社会反映强烈，购者踊跃。1939年出版的《中国公论》上发表的《评〈辞海〉》说：它是“后来居上”，“《辞海》的确可以说是现在通行的字典或词典中最完善的一部”。

刘叶秋先生在《中国字典大略》上讲到《辞海》时说：“作为一部综合性词典，它与《辞源》相同，但出版在后，得以《辞源》为编辑的借鉴，纠正了《辞源》的一些缺点、错误；内容和机制都比较好。”他概括了《辞海》的优点有：第一，单字的音义分辨较详；第二，词语的解说较为确切；第三，补充引证，丰富了词语的内容；第四，在每一词条之下，大都先做解释，后列引证，体例较为一致；第五，收词较为严格，不像《辞源》那样杂滥贪多；第六，增收了小说词典中的常用语词，多为《辞源》中所未有；第七，引书大都注出篇目，便于读者查考；第八，对百科性的词条做得较精。

刘叶秋先生1958年到商务印书馆参加《辞源》的修订工作，1980年起任商务印书馆编审，直至1988年逝世，他对《辞海》的评价比较中肯。

李开先生在《现代词典学教程》中也称“《辞源》开创了我国现代辞典时期”，而称《辞海》“是我国又一部开创性现代词典”；“后出转精，无论在体例、条目的收列、释文等方面都取得了新的成就”。

徐庆凯先生说：“在出版史上，后出者对前出者参考借鉴取长补短，是正常的、必要的，这也是提高质量的一个条件。只要不是单纯地模仿，更不是抄袭，那就无可厚非，而且应当肯定和提倡。”

基于以上原因，《辞海》问世后，很快就与《辞源》齐名，受到读者广泛欢迎，成为他们常备常用的工具书。

曾经长期担任毛泽东主席警卫员的李银桥于1976年12月26日在《人民日报》上发表回忆录《在毛主席身边的时候》，其中说：“1947年，国民党反动派进攻陕甘宁边区，党中央撤出延安。那时驻地经常转移，条件十分艰苦。到了宿营地，我们为了使毛主席尽早地得到休息,先找铺板。主席亲切地嘱咐我说:到宿营地,不要先急着搭床铺,要先安排办公的地方。为了方便主席办公,行军时,我背着两个黄帆布挎包,一个挎包里装着办公用具:铜墨盒、砚台、墨、纸张,等等;一个挎包里装着两部工具书:《辞源》和《辞海》。每到一个新宿营地,我就把这些办公用具和工具书放在桌子上,或者其他可以办公的地方。”从这段叙述中,不难看出毛主席在学习和工作中,多么重视运用《辞海》与《辞源》。

综上所述,可以说,《辞海》的出版,在我国辞书史上是继《辞源》以后又一个新的里程碑。如果我们用“继往开来”来概括《辞海》在我国辞书史上的历史地位,是十分恰当的。

《辞海》各种版本

第一次修订(1965 年版)

《辞海》从 1936 年版到 1965 年版,时隔 29 年。这一时期,从世界来说,经历了第二次世界大战;从中国来说,我国人民在中国共产党的领导下,推翻了以蒋介石为代表的三座大山,社会制度以及科学文化都发生了翻天覆地的变化。因而,1936 年版《辞海》的内容,无论从哪方面说都显得十分陈旧了。

毋庸讳言,1936 年版《辞海》,半殖民地半封建的社会烙印相当严重。如在一些条目中称中国共产党为“匪”、为“反革命”;对我国少数民族用了不少犬字旁的侮辱性称号,如称傜族为“猺族”,“僮族”为“獞族”,并称之为“蛮族”;少数条目仍有掩饰日本帝国主义侵略的情况,如将〔九一八之役〕定义为“日本军队在我国东北四省开始行动之战役”,在〔台湾海峡〕条中称“日属台湾”;宣扬封建迷信,如释〔神〕为“天神,引发万物也”,释〔鬼〕为“人所归为鬼”等等,与 1800 年前的《说文解字》的释义几乎无任何区别。至于由于形势的变化,科学文化的发展所带来的问题则更多:从国内说,如国旗、国都、国庆的变化;从国际说,如亚非拉广大地区殖民地半殖民地的独立等等。

1936 年版《辞海》,还有一个先天不足的问题,全书没有一个通盘计划,每天由编辑从报刊书籍中收词,拾到篮里就是菜,各学科极不平衡。如宗教条目,佛教收了数千条,而基督教(包括天主教、正教、新教)只收了数百条,伊斯兰教不足 100 条。但佛教中的“佛教”、“佛经”、“般若学”、“禅学”、“中观宗”、“瑜伽宗”、“鉴真”等却付阙如。连舒新城也说:“当时只有一条不可逾越的鸿沟,就是要与《辞源》竞争谋利。所以设计时所定的体例,在进行编辑时,为迁就事实,已不知几易更新。这就使老《辞海》成为无目的、无计划的东西。”这一切都说明必须对旧《辞海》做脱胎换骨的改造。

1957 年 9 月 17 日,毛泽东主席在上海接见了《辞海》主编之一舒新城先生。舒先生提出了编辑大辞海和百科全书的建议。毛主席说“我极为赞成”。“到现在还只能用老的《辞海》、《辞源》,没有新的辞典。”“你的建议很好,应写信给国务院。”舒说:“我已写信给人大常委会。”毛主席说：“你应该挂帅在中华书局设立编辑部门，以先修订《辞海》为基础，然后再搞百科全书。”舒先生听说要他挂帅，表示为难：一则人手不够，经费有限；二则自己的年纪大了（此时舒64岁）。毛主席风趣地说“你有儿子吗？自己不干了，儿子继续干下去”，鼓励舒先生“一定干”，并指示在场的时任中共上海市委书记柯庆施帮助舒先生解决具体问题。据此，中央就把修订《辞海》的任务交给了上海。

这次谈话中，舒新城还提出作者人员问题。毛主席说：“现在有那么多右派没事干，你何不趁火打劫，调一批真才实学人去？”舒犹豫地问：“如果批右派批到我头上怎么办？”毛主席开玩笑地说：“你别怕，是我委任你当右派司令嘛！右派帽子我们两人分担。”后来有一批“右派”参加编《辞海》，就是这么来的。

遵照毛主席的指示，1958年在上海成立了中华书局辞海编辑所（上海辞书出版社的前身），舒新城为主任，李俊民为副主任。1959年又在上海成立了辞海编辑委员会，由舒新城任主任，罗竹风、曹漫之为副主任（舒新城逝世后，由陈望道任主任。陈逝世后由夏征农任主任），修订《辞海》的巨大工程终于启动了。

辞典怎么编？这对于领导者、出版者来说，都是一个新问题，开头也走过弯路。由于受到大跃进、反右倾的影响，在大学生中成立编写组，大学生人人动手写词条，还把写好的条目带到工人、农民中去征求意见。总之，在编写中碰到许多钉子，终于意识到此路不通。在摸索一段时间后，才认识到编《辞海》除了要有一个规划、一个体例（下面另说）外，还要有经费和一支作者队伍、编辑队伍。罗竹风在回忆这段历史时感慨地说：“有些东西不能靠人多，九亿人也不能把卫星扔到天上去。”“编《辞海》要走专家路线。”编纂《辞海》的经费，起初全部由国家投资，以后政府在人力、物力、财力上也给予一定支持。没有这一条件（尤其在开办时期），是绝无可能启动的。至于编写队伍，也由上海市委直接参与组织。市委文教书记石西民具体领导《辞海》修订工作，先在上海各大学、研究所和有关部门组织作者队伍，上海名教授、名专家几乎都网罗在内，如数学苏步青，桥梁学李国豪，生物学谈家桢，文学郭绍虞、刘大杰，医学石美鑫，京剧周信芳，昆剧俞振飞，音乐贺绿汀，美术丰子恺，美学蒋孔阳，历史学周谷城、谭其骧，哲学冯契等等，以后又逐步向北京等外地伸展。

为了克服旧《辞海》"无计划"缺陷，新版《辞海》对百科条目进行分类，哲学、经济、法学、历史、地理、文学、艺术和科学技术都有适当比例。虽然未尽如人意，但以后几版都是在这一基础上发展和完善起来的。

从收词来说，除淘汰了一部分不适合的条目外，大量增加了反映我党、我军和新中国的有关条目，反映苏联和东欧等社会主义国家的有关条目，反映马克思主义、毛泽东思想的条目，反映新的科学技术和文化艺术的条目，如〔中国共产党〕、〔中华人民共和国〕、〔中国人民解放军〕、〔中国人民政治协商会议〕、〔社会主义国家〕、〔社会主义制度〕、〔社会主义革命〕、〔社会主义改造〕、〔第二次世界大战〕、〔抗日战争〕、〔第三次国内革命战争〕、〔毛泽东思想〕、〔人造地球卫星〕等。新增条目数以万计，举不胜举。

从释义来说，由于辞典的文风与一般著说显著不同，起初所写稿件大多不合要求，于是就选择了几条试写，其中〔竞走〕一条的试写稿如下：

竞走是田径赛中的比赛项目。它不同于普通一般的走。在竞走时，必须依照规则的规定。它的主要特点为两腿交互迈步前进。在任何时间不得两腿同时离地；在竞走中是单脚和双腿交互支撑地面，在前进中必须在前脚落地后，后脚才能离地，不得两脚同时有腾空阶段，并且当前进的脚跟在着地时，腿必须伸直，膝部不得前屈。如果违反上述规定，即为犯规。

行文重复累赘，我社当时的副总编辑严霜把它压缩改写为：

> 径赛项目之一。竞走时两腿交互迈步前进，前脚落地后脚才能离地，两脚不得同时腾空。前脚跟着地时腿必须伸直，膝部不可前屈；否则以犯规论。

由一百五十余字压缩为六十余字，而原稿的科学涵义全部保留。定稿时，又压缩一半，只有三十余字，同时又增补了如下知识：

> 比赛分5公里、10公里、20公里、50公里和1小时、2小时竞走等项目。

此稿改成后，得到众多专家肯定，成为《辞海》条目的样稿之一。

经过几年摸索，虽然取得一定成绩，但稿件中问题仍然不少。为此，1960年8月23日至9月2日，在锦江饭店召开《辞海》编委会初稿审查会议。此会规模很大，约有五百人参加，后来称为“五百人会议”。会议由罗竹风主持，中华书局辞海编辑所副主任杭苇作了初稿词目和释文质量的汇报，上海市委文教书记石西民对《辞海》的选词和释义要求作了重要讲话。根据初稿中存在的帽子多、空洞议论多、批判多、知识少的“三多一少”倾向，提出了“明四至”、“撕标签”、“割尾巴”、“挤水分”的要求，并在肯定1959年提出的“政治性、科学性、通俗性”的前提下，又提出“知识性、稳定性、正面性”。后称前者为“前三性”、后者为“后三性”，合为“六性”，作为《辞海》修订原则。此后三四年中曾在浦江饭店三次集中。

当时正值三年困难时期，粮油定量供应。但浦江饭店仍然四菜一汤，另有香烟、糖果和茅台供应。此时的浦江饭店竟成为研究学问的园地。哲学教授全增嘏说，在恩格斯《费尔巴哈和德国古典哲学的终结》一书中，发现恩格斯提到康德的“唯我之物”时不加引号，而提到他的“自在之物”时却加上引号。这就引起了一个怀疑：“唯我之物”究竟是康德用语还是恩格斯用语？于是就指定一位同志查了康德原著，却查不出康德用过“唯我之物”，从而初步断定这不是康德的用语，而是恩格斯的用语。谭其骧教授说：宜兴有个丁蜀镇出陶器。有一家工厂叫“均州工艺厂”，意为仿古代均州的工厂。“钧陶”，金字旁，可他们写成土字旁。他们说：老《辞海》、老《辞源》都是“土”字旁。我一查老《辞海》、老《辞源》果然都是“土”字旁（新《辞源》未改）。他们释文说，“均州窑”。其实，禹县古代叫过钧州，是金字旁。土字旁的均州在湖北。新《辞海》纠正了这一错误，钧州、钧陶都是用金字旁。

修订《辞海》每条都逐字推敲，一丝不苟。用“几易其稿”已不能形容其真实。世界史教授靳文翰说：“〔罗斯福〕一条前后写了三十几稿。”

有人用笔名写了一首词，形容当时编写情况：

十载辛苦，磨去了多少翰墨。
临江处，几番胜会，选词润色。
一字推敲难入梦，全篇刻画呕心血，
考古今典籍。
引名言，文章立，天下事，皆罗列，
知识库，海中觅。
赖中央领导，四方同力。
祖国专家齐献宝，友邦名士争先阅，
看洛阳纸贵，乘风行，飞南北。

1965 年《辞海》(未定稿)终于出版了。称之为"未定稿"是为了留有余地,目的是通过内部发行,认真听取读者意见,并迅速转为公开发行。未定稿收词 97723 条,其中包括单字 13587 个。"未定稿"名曰修订,其实重编,除新增大量条目外,保留条目的内容也被改得面目全非。如中国国都原为南京,未定稿则改为北京;中国国旗原为青天白日满地红,未定稿则改为五星红旗;中国国歌原未确定,曾用国民党党歌代,未定稿则改为义勇军进行曲;中国国名则新设〔中华人民共和国〕,而〔中华民国〕则作为历史条目保留,重新撰写。〔马克思主义〕(1936 年版为"马克思列宁主义")原为 88 个字,未定稿则为 1508 个字;〔苏联〕(1936 年版为"苏维埃社会主义联邦共和国")原为 63 个字,未定稿则为 1226 个字。

新版《辞海》虽然仍沿用部首编排,但对老部首进行了较大的改革。通过增、删、合、分,将原有 214 个部首调整为 250 个部首,如将"亻"部从"人"部中分出另列,"什"、"仁"等字不再编入"人"部中;将"刂"部,从"刀"部中分出另列,"刑"、"刚"等字不再编入"刀"部中。1936 年版单字的归部无定则,或从义归部,或从形归部,或形义兼顾,这就使读者查检无所适从,而且如果不了解单字的意义,就很难从意义上去取部首。如"滕"字,因其义为"水超涌也"而归入"水"部,但一般读者是难以想到的。从形归部时,也无一定规则。上下有部,或取上或取下。如"密"旧入"宀"部,而"蜜"则归入"虫"部。左右有部,或取左,或取右。如"吠"字归入"口"部,而"鸣"字则归入"鸟"部。这样,就使读者无所适从。1965 年版,规定了七条,即从形不从义,从上不从下,从左不从右,从外不从内等等,使部首趋于合理,大大便于读者检索。

此外,在注音、字体、体例、插图、编排、版式等方面,都作了较大的改革。综上所述,用"脱胎换骨"四个字来概括《辞海》的第一次修订,是不为过分的。

第二次修订(1979 年版)

由于《辞海》未定稿得到毛主席的肯定和中央各部门的高度评价,辞海圈中和广大作者都很兴奋。本以为再一次听取读者意见后,便可正式发行。孰知,山雨欲来风满楼,姚文元《评新编历史剧〈海瑞罢官〉》一文,揭开了“文革”的序幕,一场史无前例的运动,终于在翌年“5·16”爆发了。有口皆碑的新《辞海》,竟被打成“字字句句都是毒的大毒草”。1966 年 7 月七十多个单位红卫兵组成了“上海批判《辞海》联络站”,还发表了《上海批判〈辞海〉联络站成立宣言(草案)》,并出版了《辞海批判》。在中华书局辞海编辑所门口贴了一副对联:

庙小妖风大
池浅王八多

1967 年 12 月 9 日张春桥说:“辞海那里好人怕是不多。”徐景贤在一旁帮腔说:“辞海编委会成员 96% 以上都是牛鬼蛇神。”从此,批斗会一个接着一个,石西民、瞿白音、贺绿汀、杭苇、罗竹风、周信芳、傅东华、陈落、曾彦修等人,无一幸免,而《辞海》也被批得面目全非。

1971 年 3 月 15 日,周恩来总理召开全国出版工作座谈会,会上周恩来指示把修订《辞海》列入国家出版计划。

“四人帮”对此虽然百般干扰,但也不能置之不理。1972 年 7 月上海人民出版社辞海编辑室成立,任务却是对《辞海》(未定稿)进行修订,完全歪曲了周恩来的指示精神。可怜《辞海》(未定稿)还未正式面市,又落得重新修订的下场!

这次修订,要“把无产阶级专政落实到每个条目”,是在极左路线指导下的一次修订。这次修订，迟迟没有成果，最后于1975年年底出版了《辞海·生物分册》，余均为初稿（大多以白皮书形式印出来）。

1976年，平地一声春雷，“四人帮”被打倒了！《辞海》这一段被扭曲了的历史终于得到纠正。

“文革”十年，除了铺天盖地的“红宝书”外，其他出版物寥若晨星，书荒亦如旱荒，“赤地千里”，图书市场除了红色以外，几乎看不到其他颜色。尤其广大读者迫切需要的辞典，少而又少，人们揶揄地说：“八亿人民拥有一本《新华字典》。”面对这种情况，谁能无动于衷！1978年10月，国家出版局向上海接二连三地传达中宣部紧急指示：《辞海》必须在1979年国庆前出版，向建国30周年献礼。

屈指一算，此时离出书时间不足一年，而十年“文革”把全国搞得混乱不堪，《辞海》当无例外。继《辞海》第一任主编舒新城逝世后，第二任主编陈望道也于1977年逝世。主持常务工作的副主编罗竹风还在等待平反，杭苇则已调回教育局工作。众多的分科主编和编写人下落不明。重新组织队伍，做好各种准备，即使以最快的速度估计，也要三个月。作者修订、编辑加工、排、校、印、装，充其量不足九个月。要在这么短时间内完成一部1200万字大辞典的编纂出版工作，谈何容易！

当时，上海辞书出版社已经在中华书局辞海编辑所的基础上成立，以束纫秋为社长的社领导急得如热锅里的蚂蚁，夜以继日从速提出方案，报请领导部门决策。上海市委迅速成立了以市委书记王一平为首的辞海编辑出版领导小组，同时决定由夏征农继任陈望道担任辞海主编，并请罗竹风出山担任副主编主持常务工作。在研究《辞海》修订出版的会议上，罗竹风提出以未定稿而不是以修订稿为基础，得到主编夏征农的肯定并获得通过，随后，立即组织作者和编辑队伍，开列名单，分别联系。

从事《辞海》编纂的作者、编者和出版者，在“文革”十年中，非但无用武之地，而且大多数人挨批挨斗，如今终于有了出头之日，那股被压抑多年的革命热情，就像滔滔奔流的江水，一下子奔放出来。九个月能够完成《辞海》编纂任务吗？能！

其实，最困难的不是时间，而是指导思想。“无产阶级专政下继续革命的理论”，把是非标准完全颠倒了。在打倒“四人帮”后，华国锋推行的是“两个凡是”路线：“凡是毛主席作出的决策，我们都坚决维护；凡是毛主席的指示，我们都始终不渝地遵循。”1977年8月召开的党的十一大，仍然肯定无产阶级专政下继续革命的理论是当代马克思主义最重要的成果，继续坚持以阶级斗争为纲，抓纲治国，要巩固和加强无产阶级在上层建筑其中包括各个文化领域的专政。会议赞扬“文革”对于巩固无产阶级专政，防止资本主义复辟，建设社会主义是完全必要的，非常及时的，以后还要进行多次。如果按照这一指导思想修订《辞海》，新《辞海》必将集极左路线之大成，从而成为一堆废纸。

广大干部、知识分子和人民群众对“文化大革命”深恶痛绝，“两个凡是”理所当然地受到他们的反对。经过一段时间酝酿，1978年5月11日，《实践是检验真理的唯一标准》在《光明日报》发表。这篇檄文，矛头直指“两个凡是”。1978年11月、12月相继召开了中央工作会议和中共十一届三中全会。12月13日邓小平作了《解放思想，实事求是，团结一致向前看》的讲话。这篇讲话，既是三中全会的主题报告，也是真理标准大讨论的总结。它为我国社会主义建设，包括修订《辞海》提供了一条唯一正确的思想路线。

虽然如此，党的十一届三中全会还不可能对“无产阶级专政下继续革命的理论”、“无产阶级文化大革命”等一系列重大理论问题、实际问题以及二三十年来以阶级斗争为纲的是非得失，一一作出明确的评价。总之，正确思想的路线虽然已经提出，但贯彻这条路线的阻力还相当大，一系列重大理论问题和实际问题还没有结论。1979年版《辞海》就是在这样的政治背景下编纂的。

编纂新《辞海》的首批大军，是1978年12月25日进驻陕西南路25弄辞海编辑部临时办公地点的。到1979年1月，各学科先后就位。作者、编者夜以继日，许多人连春节都在加班加点。加班加点不怕，但许多疑难杂症怎么办？一个个问题纷纷提到编辑部："无产阶级专政下继续革命"、阶级斗争、路线斗争怎么写，"文化大革命"怎么写，领袖人物怎么写，陈独秀、瞿秋白、刘少奇、林彪、康生、谢富治等人物怎么写，国民党以及台湾问题怎么写，孔子、海瑞、李秀成等历史人物怎么写，美帝、"苏修"怎么写？……

夏老说："《辞海》采取什么方针，要实事求是，尊重客观事实。""要我们负责，我们就要敢于负责；如果我定，我也敢定。"不唯上，不唯书，只唯实。解放思想，实事求是，实践是检验真理的唯一标准，就是解决《辞海》编纂中各种问题的钥匙。在夏征农、罗竹风领导下，经辞海编辑部多次讨论，"《辞海》(合订本)处理稿件的几点具体意见"终于形成。这一意见共有八条三十九款，对于阶级斗争、"文化大革命"、导师和领袖、路线斗争、社会主义经济、台湾和国民党、国际问题以及历史人物和事件等，一一提出具体处理原则。"意见"大胆否定以阶级斗争为纲，纲举目张，抓纲治国，无产阶级专政下继续革命，两个阶级、两条道路斗争是贯穿于整个社会主义历史阶段的主要矛盾，无产阶级在上层建筑其中包括文化领域对资产阶级的专政，刘少奇资产阶级司令部，走资派，十一次路线斗争，党内资产阶级，等等。"意见"明确提出，对"无产阶级文化大革命"的评价一概避免，在〔无产阶级文化大革命〕专条中，只讲何时开始，何时结束，以及毛泽东发动这场大革命的出发点和林彪、"四人帮"的破坏，不作评价。

"意见"说：马克思、恩格斯、列宁、斯大林、毛泽东，一律按辞书习惯称姓名，一般不加"同志"，也不加"主席"、"伟大领袖和导师”、“革命导师”等称号。提到党和毛泽东的地方,要把党放在前面,一般用“在党(或党中央或中共中央)领导下”;如当时毛泽东确实起了很大作用,可用“在党中央和毛泽东领导下”、“在以毛泽东为首的党中央领导下”。“意见”明确提出“党、国家、军队的缔造者”这类提法尽量避免,特别不要讲某一个人缔造。

这些问题,在现在看来,理所当然,毫不稀罕,但当时却要冒极大风险。当时情况虽与过去有所不同,但风云莫测,在“两个凡是”派当权的条件下,谁能担保绝无旦夕之灾!在我起草这一意见时,莫逆好友好心劝告:“勿为天下先,不要好了疮疤忘了痛!”我把这一劝告告诉罗老,罗老诙谐地说:“砍头不过碗大的疤,大不了再打倒!”文王拘而演《周易》,仲尼厄而作《春秋》。没有舍得一身剐的精神,绝不可能成就权威巨著!

这一“意见”出台后,上海市出版局不置可否,《上海出版工作》不予刊载。而国家出版局代局长陈翰伯看到这份意见,如获至宝,立即决定在1979年第7期《出版工作》上加上编者按以首篇文章发表。按语如下:“‘《辞海》(合订本)处理稿件的几点具体意见’,涉及一些大家关心的问题,特此发表,供各出版社的同志处理有关书稿时参考。”这是对辞海编辑部的极大支持!

有了这一“意见”,新《辞海》编纂中的诸多疑难杂症,基本上迎刃而解。

〔阶级斗争〕条,在阐述社会主义社会的阶级斗争时说:“在社会主义相当长的时期中,阶级斗争以新的形式继续存在。在我国,大规模的急风暴雨式的群众阶级斗争已经基本结束,但是还存在极少数敌视和破坏社会主义现代化建设的反革命分子和刑事犯罪分子,还存在阶级斗争。”而“路线斗争”则不列目,在〔党内斗争〕一条中只说:“政党内部斗争。无产阶级政党内部不同思想的对立斗争,是社会的阶级矛盾和新旧事物的矛盾在党内的反映。中国共产党内正确思想和错误思想的矛盾,正确的解决方法是:‘从团结的愿望出发，经过批评或者斗争，分清是非，在新的基础上达到新的团结'。"此条不但不提"党内走资本主义道路的当权派"、"党内资产阶级"，而且不提路线斗争，可以说，比较彻底地清除了极左路线的流毒。

〔文化大革命〕条，释为"1966年毛泽东鉴于苏联叛变为修正主义的历史教训，为了反对和防止修正主义而发动的政治运动。但运动一开始就遭到林彪、'四人帮'等阴谋家、野心家的严重干扰和破坏。1976年10月以粉碎'四人帮'为标志宣告结束"。这一释义现在来看很难令人满意，但当时有这样的认识，已明显地含有否定倾向。至于涉及"文革"的具体条目，在处理方法上则更为大胆。"文革"所肯定的东西或人物，除上面述及的之外，还有如红卫兵、破四旧、大串连、一月风暴、二月逆流、夺权、大联合、斗批改、资产阶级知识分子、五七干校以及康生、谢富治等等，一律不收，实质上予以否定。凡"文革"所否定的东西或人物，如"四五"运动（天安门事件）、瞿秋白、罗瑞卿、邓拓、吴晗、田汉、周信芳、张志新等等，则予以列目，充分肯定。刘少奇因尚未平反，暂且不予列目；而在平反后立即修改版面，增列专条，并给予高度评价。从总体来说，新《辞海》在实质上已将"无产阶级文化大革命"否定了。

讲到台湾问题时，不用"一定要解放台湾"的口号，不用"窃据"、"盘踞"和"尚待解放"等用语，强调祖国统一，反对台独。对台湾的经济、文化和人民生活，尊重事实，不随便使用"残酷剥削"、"民不聊生"、"经济凋敝"等字眼。对其行政区划，按客观存在以五市十二县收词。

尊重历史是新《辞海》的另一重要特点。无论历史事件或历史人物，都以史实为根据，基本上不受"文革"中极左思潮的影响。《辞海》百科条目平均一百余字，但〔孔子〕条写了八百多字。对孔子的学术地位和成就，给予恰如其分的评价，一扫"批林批孔"中的胡言乱语。

秦始皇在“文革”中被捧为法家代表人物。毛泽东十分赞赏秦始皇，因此只能说好，不能说坏，批评秦始皇几乎就等于批评毛泽东。为此，郭沫若连同他的《十批判书》都受到株连。但《辞海》〔秦始皇〕条，对秦始皇一分为二，既肯定他的统一六国和政治、经济、文化上改革的功绩，又指出他焚书坑儒、严刑苛法、租役繁重等错误，还了历史的本来面貌。

对包拯、海瑞、况钟等清官，也都突破了极左路线的禁区，删去了大批判语言，并给予适当的评价。

“文革”前，在编纂《辞海》（未定稿）时，由于彭德怀受批判，就删去了〔平江起义〕、〔百团大战〕，在〔八路军〕、〔第一野战军〕等条目中，连他是副总司令、领导人也不提了。由于田汉受到批判，连〔义勇军进行曲〕也删去了。当时由于林彪已红极一时，所以在〔湘南起义〕、〔井冈山会师〕等条中，竟不顾历史事实，把他排在陈毅之前、朱德之后，俨然成为起义和会师的领导人之一。因为陈独秀是右倾机会主义者，在〔中国共产党〕条中，就不写他是首任总书记。因为项英执行了错误路线，就不列〔项英〕。这些违背历史事实的做法，在编纂1979年版《辞海》时，都一一予以纠正。与此同时，并不因为林彪是反革命集团头目，就否定他在历史上的地位和功绩，在〔第四野战军〕以及有关战役中，仍如实加以反映。

解放思想并不是胡思乱想，它以实践是检验真理的唯一标准为原则，坚持实事求是的思想路线。在我国完成对农业、手工业和资本主义工商业的社会主义改造以后，经过二十多年的社会实践检验，两个阶级、两条道路的斗争，并不是贯穿于整个社会主义历史阶段的主要矛盾。毛泽东把它作为主要矛盾，据此作出的以阶级斗争为纲以及发动“文化大革命”等的决策，非但不能推动历史前进，相反使国民经济走到崩溃的边缘。实践检验的结果，证明这些决策是错误的。因此，即使在没有任何定论的条件下，辞海编辑部也敢于否定“无产阶级专政下继续革命的理论”，否定“无产阶级文化大革命”，敢于正确处理台湾和国民党、历史人物等各种问题，从而赋予新《辞海》以解放思想、实事求是的马克思主义的灵魂。

毛泽东在《实践论》中说：“人类认识的历史告诉我们，许多理论的真理性是不完全的，经过实践的检验而纠正了它们的不完全性。许多理论是错误的，经过实践的检验而纠正其错误。”真理的长河是无止境的，因此人们对真理的认识也是无止境的。以1979年版《辞海》为例，虽然在根本指导思想上得到拨乱反正，但在不少条目中还残留着“左”的痕迹。上面讲到的〔文化大革命〕条，对“文革”未作明确评价，并把苏联认定为“苏修”，不过是其中的一例。而时代在发展，政治、经济、文化和科学技术每时每刻都在变化，人们对真理的认识仍然不断经受新的社会实践的检验并取得新的认识。《辞海》十年修订一次，就是坚持和发展真理、修正错误的过程。这是由实践——认识——再实践——再认识的认识规律决定的。

第二次修订中还有一件值得一提的事，周恩来十分关心《辞海》的修订工作，直到他逝世前不久，还派秘书告诉王冶秋说：“当时袁世凯称帝时，‘筹安会六君子’的第一名杨度，最后参加了共产党，是我介绍并领导的。”他说：请冶秋同志告诉《辞海》编辑部，《辞海》若有杨度条目，要把他最后入党的事写上。据此，1979年版一改1965年版对杨度一批到底的行文，加上了他营救李大钊，参加中国共产党，从事我党地下工作的内容。

从规模上说，1979年版《辞海》也有重大发展：它收单字14872个，比未定稿多1285个；词目91706条，比未定稿多7370条；全书字数达1342.8万字，比未定稿多181.5万字；并从未定稿的两大册变为三大册，另有一卷本缩印本。

第二次修订，用四个字概括，就是“拨乱反正”。1979年版《辞海》是对“文革”和《辞海》修订稿的拨乱反正，也是对1965年版少数错误的拨乱反正。惟有正确的东西才有生命力，《辞海》之所以成为我国极具权威的工具书之一是与这次拨乱反正分不开的。1979年版《辞海》出版后，全国的需求量极大，一年印五六十万套都不能满足需求，长时间求大于供，因此，只能计划供应。从而，使《辞海》形成黑市。当时缩印本定价22元，黑市价竟翻上一番两番。《辞海》生产于上海，而上海供不应求，上海工具书店不得不规定凭结婚证购书。湖北天门县一位读者来信说：“三年来，为了得到一本《辞海》，我就像得了精神病一样，跑遍了本地周围县城以及武汉几家书店，如今仍是水中捞月一场空。”湖南省新华书店反映，株洲市有位教师为了买一部《辞海》，跑了一年多还未买到。他恳切地对书店工作人员说：“我差不多要给你们叩头了！”云南嵩明县书店来信问：“上海凤凰牌自行车在三年内可以敞开供应，上海的王牌书《辞海》哪一年才能敞开供应？”

第三次修订(1989年版)

1979年版《辞海》出版后，为了不断提高质量，编委会决定《辞海》每十年修订一次。《辞海》1989年版编纂工作是从1984年起始的。第一步化整为零，先出26本分册；第二步化零为整，即在分册的基础上汇编成合订本。所以说，这次修订是比较过细的修订。1989年版《辞海》共收单字1.6万个，一般语词和专科词语10.3万条，合计12万条，比1979年版增加1.3万条；全书1600多万字，比1979年版增加250万字，所增篇幅相当一部大型专科辞典。

1979年版《辞海》是以1965年版为基础的，而1965年版成稿于20世纪60年代初，除了资料陈旧，书稿反映的科学技术水平滞后外，由于“左”倾路线的影响，把哲学社会科学中的诸多学科视为资产阶级的世袭领地而予以排斥，从而全书的学科体系还存在缺漏不全和不平衡的情况。第三次修订的一大特点，就是进一步健全学科体系。

社会学在1965年版中仅收一条，第二次修订时，深觉不妥，编辑部曾派人专程去京，请费孝通先生担任该学科分科主编，费先生欣然应允。由于时间紧迫，作者赶出18个条目，聊备一格。1989年版该学科仍在费老主持下，收词增至367条；同样，美学1979年版仅收35条，1989年版增加到270条；伦理学1979年版仅收20条，1989年版增至124条（不包括伦理学史），都各具规模，形成体系，分别从哲学中分出，成为独立学科。政治学在1979年版中未脱离法学单独置类，1989年版条目增至702条，单独置类。

即使是我党历来所重视的哲学，由于政治原因，当代哲学条目所收甚少，1989年版增收395条，使本学科自身比例趋于平衡。

在1979年版中，经济法、国际法未予收列，行政法和民法条目所收甚少，十分单薄。1989年版增列了经济法、国际法分支学科，增补了行政法和民法的条目。从而，使法学的收词体系趋于合理。

在自然科学方面，1979年版没有把固体物理学作为物理学的一个分支学科，只设了"半导体"一类，而半导体物理学不过是固体物理的一个分支。1989年版增设固体物理学二级学科，除半导体物理学词目外，另增了一批词目。又如电子技术学科中，增设了光纤技术、微电子技术、微波技术、电路与系统等二级学科。数学中增设概率论和数理统计等二级学科。科学技术部分还增加了环境保护等一级学科。

《辞海》的学科体系，经过第三次修订，基本趋于合理。1999年版的学科体系，之所以沿用1989年版，未做大的调整，就是得力于第三次修订的积极成果。

进一步肃清"左"的影响，是1989年版的另一个特点。1979年版在拨乱反正方面做了大量工作，但由于历史原因，"左"的残余影响还不可能彻底清除。例如，〔文化大革命〕条，1979年版只作了简单的说明,在观点上还没有持完全否定的态度;而1989年版中这一条全部重写,而予以全盘否定。再如,在人物的概括语中尽量删去贬称的“帽子”,如〔胡汉民〕,1979年版为“国民党右派”,1989年版则改为“国民党早期领导人之一”;〔柏拉图〕原为“古希腊唯心主义哲学家”,1989年版则改为“古希腊哲学家”。过去对有些名词术语往往限定为旧中国或资本主义国家用语,如货币信用一般类296条中就有50条,如〔保付支票〕、〔金融市场〕、〔贴现〕、〔通知存款〕、〔银根〕、〔头寸〕等有“资本主义国家”或“旧中国”用语等帽子。1989年版除纯属资本主义国家或旧中国使用的名词,都作了“中性”介绍,摘去了原来的帽子。

又如,中国现代史学科的收词,1965年和1979年版都偏重于中共党史。以抗日战争为例,只强调中国共产党领导的战争,对国民党正面战场的战争多有忽略,某些重大战役如太原会战、忻口战役、南京保卫战、徐州会战、长沙会战等都未列目,1989年版则一一予以增补。

〔帝国主义〕条,1979年版根据列宁主义原理释义,即垄断的、腐朽的、垂死的资本主义等等。1989年版则一改以往的阐述方法,采用分别介绍霍布森、希法亭、列宁的论述,即比较客观地介绍他们关于帝国主义的论点,并不意味编纂者对此持肯定或否定的态度,应该说这是一种大胆的尝试。

《水浒传》一条,一般认为不会有什么问题,孰知1979年版释文中竟有“作品歌颂和美化宋江,只反贪官,不反皇帝”等语,“文革”中批判《水浒传》的语言跃然纸上,1989年版予以删去。

外国条目中,也有类似情况,如1979年版〔布哈林〕条,继承未定稿的说法,称其为“苏联布哈林—李可夫反党联盟首领之一”,“1928～1929年,与李可夫结成反党联盟,鼓吹富农‘和平长入社会主义’等谬论,反对全面实行农业集体化”;在〔季诺维也夫〕条,称其为“苏联托洛茨基—季诺维也夫反党联盟首领之一。1925年与加米涅夫等结成名为‘新反对派’的反党集团,1926 年与托洛茨基等组成反党联盟”。随着布、季等人的冤案在 20 世纪 80 年代被平反,1989 年版已将这些“左”的说法统统删去,改用“苏联共产党早期领导人之一”等提法。

1979 年版对〔社会民主党〕的提法,也沿袭了未定稿的观点,说“十月革命后,分裂和破坏工人阶级队伍。第二次世界大战后,许多社会民主党在其右翼首领的操纵下,进一步为垄断资产阶级服务”。1989 年版,删去“分裂和破坏工人阶级队伍”的“左”的判断,而在二战后的表现,则改为“第二次世界大战后,许多国家的社会民主党,作为一支具有广泛群众基础和重要影响的政治力量,积极进行活动。在维护世界和平等方面,也起积极作用”。

在科学性、知识性方面,1989 年版比 1979 年版大大加强。如〔专利权〕,1979 年版为:“资本主义国家发明人对其成果享有独占和经营获利的权利。在社会主义国家,专利权属于国家。”这一句把专利权局限于资本主义国家是错误的,第二句说专利权在社会主义国家中属于国家也是错误的;而且这两句自相矛盾——既然专利权局限于资本主义国家,怎么又说社会主义国家有专利权呢?1989 年版将此条彻底改写了。

1979 年版类似的简单化,缺乏知识性、科学性的东西还有,以〔个人主义〕最为典型:

> 〔个人主义〕一切以个人利益为根本出发点的思想。是私有制经济在意识上的反映。它是资产阶级世界观的核心和资产阶级道德的基本原则。资本主义社会是私有制的最后和最完备的形态,因而个人主义在资产阶级身上发展到了顶峰。表现为损公肥私、损人利己、唯利是图、尔虞我诈等。个人主义也是小生产者世界观的一个特征,表现为自私狭隘、自由散漫、自发的资本主义倾向等。个人主义同无产阶级集体主义

根本对立,对革命队伍起着腐蚀作用。

1989 年版对此条作了彻底改写:

〔个人主义〕一种极端重视个人自由,强调自我支配、不受外来约束的政治、伦理学说和社会哲学。法文称作 individualisme,源于拉丁文 individuum,意为“个体”、“不可分割的东西”。该词由法国社会学家托克维尔(Alexis de Tocqueville,1805 ~1859)最早使用,被形容为一种温和的利己主义。近代资产阶级革命时期的思想家,把个人主义普遍化为永恒不变的人性,并使之成为道德的主要内容和判断善恶的主要标准,以此作为资产阶级反对封建禁欲主义的思想武器。个人主义的涵义甚广:作为一种价值体系,它主张一切价值均以个人为中心,个人本身具有最高价值,一切个人在道义上都是平等的;作为一种对于政治、经济、社会、宗教行为的总的态度,它包括高度评价个人自信、个人私生活和对他人的尊重,反对权威和对个人的各种支配,认为个人有权不同于他人、有权同他人竞争;作为一种伦理原则,它与集体主义相对,把个人与社会、集体对立起来,一切从个人需要出发,反对统一的社会道德标准。个人主义与追求个人正当利益和需要在性质上根本不同,后者并不为社会主义社会所否定,而是认为只有通过国家和集体的整体利益,才能使绝大多数人的个人利益得以实现和满足。

两者对照,可见 1989 年版用力之深!

此外,1989 年版还增加了四角号码检字索引,连同笔画查字表、音序索引、外文索引以及部首查字法,就有五种检索方法。1989 年版《辞海》基本上健全了全书的学科体系,进一步纠正了

1979 年版中存在的“左”的思想残余，从而使这部皇皇巨著在框架和内容上更加趋于合理，这是《辞海》走向成熟的标志。

如果用“脱胎换骨”四个字来概括第一次修订，用“拨乱反正”四个字来概括第二次修订，那么也可用“精益求精”四个字来概括第三次修订。当然，这都是相对而言的。金无足赤，人无完人，书也是没有完书的。1989 年版也存在不少问题，甚至也有惊人的错误。如〔江庸〕条生卒年误为 1876～1945，应为 1878～1960，即生年提前了 2 年，死年则提前了 15 年，而且把他抗战胜利后的全部经历都抹掉了。此人的最光辉之处，恰恰在这 15 年。1948 年他被国民党提名为国大代表，他放弃竞选。不久国民党公布宪法，宣布江为大法官，他力辞不就。1949 年他同章士钊、颜惠庆、邵力子等到北平与中共代表和谈，同年出席中国人民政治协商会议，等等。

第四次修订(1999 年版)

进行第四次修订早在 1993 年年底就进行酝酿了。1994 年 3 月我把“《辞海》(新世纪版)编纂方案”送给罗老审定。罗竹风从编纂 1989 年版起就担任本书的常务副主编。从《辞海》上马起，直至此时，他几十年如一日，任劳任怨，做了大量工作，有口皆碑。但此时他身患骨癌，长期住华东医院治疗。罗老在病床上看到这一方案，仍然一丝不苟，字字句句推敲，连一个标点符号也不放过，修改订正竟有 49 处之多，最后批上“请打印上报。罗竹风 1994 年 3 月 31 日”。这是罗竹风最后一次为《辞海》签发的文件，也是他留给我们的永远值得纪念的墨宝。

编纂方案经《辞海》主编夏老审定并经主编会议讨论通过上报市委审定。此后，主编夏征农，常务副主编罗竹风，副主编苏步青、周谷城四老曾联名致函时任上海市委书记黄菊，请市委对编纂

1999年版《辞海》予以支持。黄菊迅速批示“应予支持”。时任市委副书记陈至立还专门接见巢峰等人,具体了解1999年版《辞海》编纂打算。

1996年4月6日上午,于上海市政协江海厅召开编纂1999年版《辞海》动员大会,陈至立在会上说:“近年来上海文化的标志性建筑如博物馆、图书馆等硬件正在陆续建成,在软件方面,编纂1999年版新《辞海》是最大的工程,市委、市政府高度重视。最近市委常委会又郑重研究,决定财政拨款1000万元支持这项社会主义精神文明建设工程。”她再三嘱托,希望大家扎扎实实把工作做好,使新版《辞海》达到新的水平。

经过三年多的努力,1999年版《辞海》如期问世。它有彩图本、普及本、缩印本等各种版本。彩图本为国际标准大16开5卷本(正文四大卷、附录索引一卷)。封面上十分醒目的“辞海”两个大字,是江泽民亲笔所书。打开正文,图文并茂,五彩缤纷,一变过去白纸黑字线条图的老面貌。面向21世纪的新《辞海》,重在求新。可以说,它是20世纪各个学科最新研究成果的总结,是把人类文化积累推向21世纪的知识列车。

1999年版《辞海》大体上有以下六新:一是新的词目。新增词目6000条,大部分是近十年来新出现的词语。二是新的解释。由于国际形势的变化,科学技术的进步,体制改革的发展,以法治国的成就,行政区划的更动等等原因,大量政治、科技、经济、法律、地名等条目,都作了新的解释。三是新的规范。以法规来说,新的法规不断产生或修订;以科技来说,全国科学技术名词审订委员会陆续公布的学科名词就有四十余本之多;国家技术监督局公布了新的《量和单位》,如此等等。《辞海》中有关条目,都按各种新的规范行文。四是新的数据。数以千计的国家、地区、城市的人口数和各项经济值、动植物数、卫星数以及一切涉及到数据的条目,凡有新资料者均予更新。五是新的图片。配图16000幅,比1989年版增加近四倍，而且绝大多数为彩图。六是新的设计。求新的重点，是尽可能反映新的理论、新的发明、新的发现、新的成就、新的情况，让《辞海》适应世界的巨大变化。《辞海》有 109 个学科，这里不可能把每个学科、每个方面的新面貌都反映出来，仅就以下几个侧面简述一二。

一、反映国际形势的变化

近十年来，国际形势发生深刻而巨大的变化。全球范围内，新的分化、新的组合、新的对抗、新的冲突此起彼伏，而新的事物则层出不穷。这些，在 1999 年版《辞海》中都力求予以充分反映。

1999 年版《辞海》还增列了重要的世界或地区组织、重大国际事件、重要国际会议、著名企业等。

根据《辞海》只收已故人物的惯例，增列已故的国际风云人物，如〔尼克松〕、〔田中角荣〕、〔齐奥塞斯库〕、〔金日成〕、〔拉宾〕等。

所有这些，都为本版注入了新的知识和信息。

二、介绍科学技术的进步

近十年来，科学技术一日千里。着力反映它的成就，追踪现代科学技术的前沿——高新技术的成果，以适应即将到来的 21 世纪的社会需要，是 1999 年版《辞海》的一个基本要求。

自 1957 年 10 月 4 日苏联发射第一颗人造地球卫星以来，人类活动范围开始从地球大气层扩展到宇宙空间。1989 年版《辞海》空间科学技术学科，虽然相应增收了一些条目，但比较零散，连“空间科学技术”这一学科名称也未收。此次则把它作为一个独立学科，补充收词，系统修订，使之形成一个较为完整的体系。包括长征号在内的各种运载火箭、卫星发射场、运行轨道、各种类型的人造天体，如人造地球卫星、人造行星、宇宙飞船、卫星、行星探测器等，应有尽有。其中尤以〔哈勃空间望远镜〕、〔探路者号探测器〕、〔风云号卫星〕、〔和平号空间站〕等等为本学科的最新成果。

在宇宙空间探索中的新的发现,如海王星环、卫星的数目由 44 颗增至 66 颗、正式编号的小行星由 2927 颗增至 7000 多颗,则在有关条目中予以修订。

地球内核自转增速,是美籍华人科学家宋晓东和美国科学家理查兹的最新研究成果。他们准确定量地测出地球内核自转的速度变快,使得人类对地球内部核心的认识有了一个飞跃。据此,1999 年版《辞海》增收了〔地球内核自转〕条,以反映地球物理学的最新发现。

1989 年版《辞海》有〔厄尔尼诺现象〕条。进入 90 年代,报刊上经常出现影响全球天气、气候的反厄尔尼诺现象(即“拉尼娜现象”)。这一现象的突出表现为赤道东太平洋水域的水温异常降低。为此,1999 年版《辞海》增收〔拉尼娜现象〕,以反映气象学科的发现。

鉴于遗传学和生物工程学的突飞猛进,除大量更新原有条目外,还增列了〔断裂基因〕、〔重叠基因〕、〔可动遗传因子〕、〔超基因〕、〔外显子〕、〔内含子〕、〔动态突变〕、〔基因组印记〕以及〔克隆动物〕、〔基因删除技术〕、〔基因转移技术〕、〔基因定位整合〕等等,传达了人类完全可按自身的利益和意愿,裁剪拼接生物体的基因组,从而创造出生物界不存在的人造生物体,真正反映人类能动改造生物世界的信息。

在当代社会中,材料已成为现代文明的支柱之一。一种新材料的出现,常会引起技术工艺和生产方式上的革命。新版《辞海》根据材料科学的新发展,除对原有条目进行改正、充实外,还将各种新材料增收为词目,如能够吸收雷达电磁波的〔隐身材料〕;用于计算机通讯及控制技术的〔信息材料〕;以及在运动状态获得动能做功的〔动能材料〕;具有感觉、处理和执行功能,能自诊断、自适应和自修补的〔机敏材料〕;比机敏材料更高级的,能根据环境实时的作用大小作出优化反映的〔智能材料〕。其他如〔薄膜材料〕、〔新能源材料〕、〔纳米材料〕、〔梯度材料〕、〔金属基复合材料〕、〔陶瓷基复合材料〕等等，无不反映材料科学的最新成果。

现代电子技术是现代科学技术的加速器和度量衡。通信技术是它的一个重要方面，其中包括光纤通信、数据通信、图视通信、移动通信和卫星通信等。对于这些通信方式以及每一通信的最新成果，如光纤通信中能实现数千公里无中继通信的光纤放大器，数据通信中的以太网、因特网；视图通信中的高清晰度电视，移动通信和卫星通信中的移动卫星通信、低轨道移动卫星通信、中轨道移动卫星通信、静止轨道移动卫星通信以及集各种通信方式之大成的信息高速公路等，均予以列目，以传达电流和电磁波是继语言和文字后的又一信息载体，而它又大大突破了用语言文字交流信息的局限性，从而产生一场信息革命的最新信息。

计算机技术是电子技术的一个分支。1999 年版《辞海》除增收有关计算机的基本词如〔电脑〕、〔PC 机〕、〔服务器〕、〔光盘〕等外，还增收了〔虚拟现实〕、〔计算机翻译〕、〔远程协作〕、〔多媒体〕等条，体现了该学科迅猛发展的趋势。

电子技术的发展对人们生活的影响越来越大，现在社会中几乎人人都在接触和使用电子技术。现在打长途电话一般使用呼叫迅速的“直拨电话”，一些公共场所安置了“磁卡电话”。人们随身携带“手机”（“大哥大”），是一种常见的现象。“电话银行查询系统”能向信用卡持卡人提供查询账务余额以及交易情况等优质服务。银行休息时，信用卡持卡人可通过“自动取款机”（“ATM 机”）简便取款。到大商场、超市购物，可以使用“智能卡”。购买几张“影碟”，就能通过影碟机在家中观看质量较高的影片。“700 业务”（“通用个人通信”）允许用户有移动的能力，只通过一个唯一的个人通信号码，接入网络进行通信，呼叫不受地理位置的影响。“900 业务”可向使用本业务的用户提供大众对某一问题的各种意见及详细情况。作为帮助人们解难释疑的工具书，1999 年版

《辞海》新收了这些条目。

三、记述我国经济体制改革的发展

近十年来，我国经济体制发生巨大变化，特别表现在由计划经济体制过渡到社会主义市场经济体制。1999 年版《辞海》，对于这一重大的社会和经济变革，作了比较全面的反映。

首先，在改革的指导思想和根本方针上增加了一系列重大条目，如〔邓小平理论〕、〔有中国特色的社会主义〕、〔一个中心两个基本点〕、〔中国共产党在社会主义初级阶段的基本路线〕、〔经济发展战略〕等等，充分反映了总设计师邓小平关于有中国特色社会主义的指导思想以及改革开放后党的历代代表大会的精神。

其次，大大充实关于市场经济和社会主义市场经济的知识。如〔市场经济〕，1989 年版《辞海》只有一句话："由市场供求关系和价格变动进行调节的商品经济，亦即由价值规律自发调节的商品经济。"1999 年版释文从原来的 40 个字增加到 430 个字，除定义外，介绍了市场经济产生的条件、一般特征以及社会主义国家也可以实行市场经济的根据和积极意义。而新增的〔社会主义市场经济〕和〔社会主义市场经济体制〕则更为全面系统地介绍了邓小平关于社会主义也可以搞市场经济的理论以及党的十四届三中全会提出的社会主义市场经济体制基本框架的观点。随着我国关于市场经济的理论和实践的发展，除上述新增条目外，还增加了大量新的条目，如〔资源配置〕、〔宏观调控〕、〔经济增长方式〕、〔生产要素市场〕、〔劳动力市场〕、〔产权市场〕、〔信息市场〕、〔技术市场〕、〔旅游市场〕、〔期货市场〕、〔超级市场〕、〔A 种股票〕、〔B 种股票〕等等。

第三，在所有制方面，也尽量反映我国改革的最新成果。如在 1999 年版《辞海》稿件发排期间，根据党的十五大精神，及时增补〔公有制实现形式〕。该条释义指出，社会主义公有制也可以同非公有制组成各种合资经营的企业，如包含多种所有制的股份公司、股份合作制企业。这些混合所有制经济中的国有成分和集体成分也是公有制的实现形式。释义强调:凡一切能够促进生产力发展的适应社会化生产规律的经营方式和组织形式,公有制都可以大胆利用,成为自己的实现形式。〔公有制经济〕等条,也体现了上述观点。对农村集体经济有关条目,补充了家庭承包经营是集体经济组织内部的一个经营层次,与集体统一经营共同组成双层经营体制,并简述了体制的必要性和优越性。〔私营经济〕、〔个体经济〕等条,根据新的精神,将原来"成为社会主义公有制经济必要的有益的补充"改为"成为社会主义市场经济的重要组成部分"。

第四,分配制度方面的新的变化在新版《辞海》中也有相应反映。如〔以按劳分配为主体的分配制度〕既指出"实行按劳分配和按生产要素分配相结合,是有中国特色社会主义经济的一个特征","这种分配制度体现效率优先、兼顾公平的原则,有利于调动一切积极因素",又指出必须"加强宏观调控和税收调节,防止少数人收入畸高,形成两极分化"。

最后,1999年版《辞海》,力求多角度、全方位地反映我国改革开放的最新成果,从以下条目设置中可见一斑:〔经济体制改革〕、〔劳动体制改革〕、〔财税体制改革〕、〔计划体制改革〕、〔金融体制改革〕、〔科技体制改革〕、〔政企分开〕、〔现代企业制度〕、〔公司制〕、〔社会保障制度〕、〔可持续发展〕等等。至于各部门经济体制改革开放条目,则数不胜数,其中有些条目,虽然在1989年版《辞海》中已经收词,但在内容上都有较大的更新。可以说,1999年版《辞海》是记载我国十年改革理论和实践的史册。

新版《辞海》纳入109个学科,在政治、哲学、经济、法律、文化、科技、历史、地理、军事等各个方面,都进行了全面更新。在1989年版《辞海》中,苏联、东欧都是社会主义国家,我国还实行计划经济;从科学技术来说,连电子出版、光盘、录像制品、录音制品等词目都没有。这种情况,很难向社会传达新颖、准确的知识和信息。

由于《辞海》不断修订，不断更新，才使它源远流长，永葆旺盛的生命力，成为一部记载人类文明不断发展的青史，汇集各种知识的海洋和最具权威的万宝全书。所以，我们用“与时俱进”作为基本特点来概括这一次修订。

1989 年 3 月 15 日，在《辞海》(1989 年版)即将问世之际，江泽民为《辞海》题词：“发扬一丝不苟、字斟句酌、作风严谨的《辞海》精神，为提高中华民族的文化素质而努力。”他把编纂《辞海》严谨细致的工作态度和工作作风，概括为《辞海》精神，并把这一精神与提高中华民族的文化素质密切联系起来，予以肯定和提倡。这对从事《辞海》修订编纂人员是很大的鼓舞和鞭策，对任何辞书、工具书的编纂，甚至整个出版工作，都有重大指导意义。

原载《出版史料》2003 年第 2 期

我国辞书出版史上一件珍贵的史料

方厚枢

1957 年 9 月 17 日，毛泽东主席在上海接见《辞海》主编之一舒新城，舒提出编辑大辞海和百科全书的建议。毛泽东说：“我极为赞成。”“到现在还只能用老的《辞海》《辞源》，没有新的辞典。”“你的建议很好，应写信给国务院。”舒说：“我已写信给人大常委会。”毛泽东说：“你应该挂帅在中华书局设立编辑部门，以先修订《辞海》为基础，然后再搞百科全书。”舒听说要他挂帅，表示为难：一则人手不够，经费有限；二则自己的年纪大了(此时舒 64 岁)。毛泽东风趣地说，“你有儿子吗？自己不干了，儿子继续干下去”，鼓励舒“一定干”，并指示在场的时任中共上海市委书记柯庆施帮助舒新城解决具体问题。据此，中央就把修订《辞海》的任务交给了上海。在这次谈话中,舒新城还提出作者人员问题。毛泽东说:"现在有那么多右派没事干,你何不趁火打劫,调一批真才实学人去?"舒犹豫地问:"如果批右派批到我头上怎么办?"毛泽东开玩笑地说:"你别怕,是我委任你当右派司令嘛! 右派帽子我们两人分担。"后来有一批"右派"参加编《辞海》,就是这么来的①。

《辞海》的修订编纂工作于 1958 年春正式启动。4 月 28 日,中共上海市委将《辞海》修订工作的意见和有关问题向中央并报毛主席发电请示,电报中说:

> 这些年来,没有一部像样的辞书,供察考之用,确是出版工作的一大缺点。根据主席的指示,我们即责成上海市出版局协助舒新城先生积极着手筹备辞海的修订工作。经过反复研究初步决定:(1)在上海成立辞海编纂所,名义上仍属中华书局建制。行政上由地方具体领导。(2)修订"辞海"至少需要五年时间。在此期间,作为事业单位,由地方投资。估计约需经费一百五十万元。(3)辞海编纂所由舒新城负责。我们已配备两个局一级干部、二十多个一般工作人员,并从上海各高等院校抽调一部分教师和少数右派分子,把架子搭起来,现在已开始工作。
>
> "辞海"出版已二十年。近二十年来,世界经过很大的变化,中国已经过很大的变化,新的辞目到处都是,为数极多。这些新的辞目,在修订"辞海"时,需要加以搜集、整理,及时地收进来;而原来的一些不合时宜的旧辞目,应该剔除或修改者,又至少占全部辞目的三分之一。
>
> 对于这样一件文化建设的基本工程,市委已决定亲自领导这一工作,指定宣传部具体负责督促检查,决心把它做好。但是,对辞书编纂,我们是缺乏经验的,牵涉面也较广,深恐有负主席的委托。为此,以下几个问题,必须提请中央研究解

决：

(一)为了加强"辞海"工作的领导,首先需要明确它的方针任务。这个问题牵涉到其他辞书的编纂和分工,建议在国务院科学规划委员会领导之下,单独成立辞书工作组,由国家统一规划,研究有关辞书的方针任务、协作关系等重大问题。

(二)建议中央指定中国科学院、中央文化部、中央教育部对"辞海"编纂所的业务有指导和帮助的责任。

(三)人力除在上海就地取材,尽量配备以外,还请中央将散处各地而"辞海"又迫切需要的编辑人员,及早调齐,以利工作。(名单附后)

以上意见,是否有当?请速指示。

电报最后附有请调的六人名单,其中包括朱文叔(前《辞海》主要编辑,现在北京人民教育出版社工作)、刘范猷(前《辞海》编辑,现在长沙湖南历史考古研究所工作)、朱谱萱(现在北京外文出版社工作)、俞振(现在北京大学俄文系工作);还有两名"右派分子":曾彦修(现在北京人民出版社工作)、高觉敷(现在南京师范学院工作)。

中共中央办公厅机要室收到上海市委的电报后,立即将来电抄送:毛泽东主席、刘少奇、周恩来、朱德、陈云、邓小平、彭真、陆定一、陈伯达、谭震林、聂荣臻、习仲勋、杨尚昆、胡乔木及中央办公厅、中央宣传部、国务院第二办公室、文化部、中国科学院、国务院科学规划委员会、教育部等有关方面。

5月3日,陆定一看到上海市委的电文后即批:"周扬、子意同志:调人事请即研办。"周扬于5月5日批:"我看,人可以同意调给。科委下成立辞典组,亦可办。请光远、之静商君辰办。"5月9日,中宣部负责干部工作的负责同志签署:"我们即商调。"

5月19日,中共中央电复上海市委:"同意你们关于修改'辞海’问题的意见。关于统一规划辞书的出版方针以及给辞海调配编辑人员问题，已嘱中央宣传部研究解决。”这份复电是经陆定一、杨尚昆阅后，由彭真批发，电文同时抄发邓小平、杨尚昆、中宣部、文化部、教育部、中国科学院，充分说明中共中央对于《辞海》修订工作的重视②。

遵照毛泽东主席的指示，1958年在上海成立了中华书局辞海编辑所（上海辞书出版社的前身），舒新城为主任，李俊民为副主任。1959年又在上海成立了辞海编辑委员会，由舒新城任主任，罗竹风、曹漫之为副主任（舒新城逝世后，由陈望道任主任。陈逝世后由夏征农任主任），修订《辞海》的巨大工程终于启动了③。

注释：

①③ 巢峰.《辞海》的编纂和修订.出版史料，2003(2)

② 中国出版科学研究所，中央档案馆.中华人民共和国出版史料(1957～1958).北京：中国书籍出版社，即将出版

原载《出版科学》2004年第5期

存 目

陶菊隐 《同舟风雨话当年——忆舒新城先生》

《新闻研究资料》1982年总第11辑

卢润祥整理 《舒新城日记》选载(一)

《出版史料》1987年第2期

赵春祥整理 《舒新城日记》选载(二、三)

《出版史料》1987年第3期

1988年第1期

谈宗英　《从教育家到出版家——记舒新城》

丁景唐编《中国现代著名编辑家编辑生涯》，

中国展望出版社 1990 年

上海辞书出版社总编办公室　《舒新城和〈辞海〉》

上海出版工作者协会、上海编辑学会编

《我与上海出版》，学林出版社 1999 年

叶圣陶

叶圣陶(1894～1988),名绍钧,江苏省苏州人。早在中学时期就热爱文学并组织诗社,1912年中学毕业后因家境贫寒,从事小学教育工作。五四运动之前,参加李大钊、鲁迅支持的新潮社,1921年,与沈雁冰、郑振铎等发起组织文学研究会,提倡“为人生”文学主张,并从事多种形式的文学创作活动。九一八事变后,参加发起成立“文艺界反帝抗日大联盟”,积极参加爱国民主运动,抗战胜利后,他参加了争取出版自由的斗争,反对国民党独裁政府的图书审查制度,联合重庆、成都十几种刊物,拒绝送审。1946年回上海,仍主持开明书店工作,出版进步书刊,宣传民主运动。1949年初,受中共中央邀请,由香港北上出席中国人民政治协商会议第一次会议。新中国成立后,先后担任出版总署副署长兼编审局局长、教育部副部长兼人民教育出版社社长和总编辑、中央文史馆馆长等职。他曾当选为全国人大第一届至第四届代表和第五届常务委员、全国政协第一届、第五届常委和第六届副主席、中国民主促进会主席等职。

叶圣陶于1923年进商务印书馆，任国文部编辑，历时8年，1931年进开明书店，主持编辑工作18年。他从事编辑工作后，先后创办、主持或参与编辑的报刊有：《诗》、《苏州评论》、《文学旬刊》、《公理日报》、《小说月报》、《妇女杂志》、《中学生》、《新少年》、《开明少年》、《人民教育》、《中国语文》等十多种，尤其是他主编的《中学生》，在20世纪三四十年代深受广大青年欢迎，在社会上产生了广泛影响。

叶圣陶除编辑众多报刊外，还倾心致力于中小学教科书的编辑工作。他编撰或主编的中小学教科书主要有：《小学语文课本》、《开明国语课本》、《开明国文讲义》、《开明文言读本》等。1950年至1956年，他主持人民教育出版社工作期间，曾编辑出版了四套约五百种中小学各科教学大纲、教科书、教育参考书等，其中许多书稿是经他逐句逐段修改推敲定稿的。与此同时，他还非常重视在全国范围内倡导学习语法修辞，主持或参与了标点符号的统一、汉字简化、异体字的淘汰、印刷通用汉字字型的整理、汉语拼音方案的制定、普通话的推广、异读字的审音等工作，为编辑出版工作的规范化做出了重要贡献。

叶圣陶是一位杰出的爱国主义者，坚强的民主战士和著名的教育家、文学家、出版家、社会活动家，他从事教育、文学创作、编辑出版活动七十余年，教育工作成绩突出，文学创作丰硕，编辑出版业绩卓著。他的编辑工作最突出的特点是态度十分诚恳、工作极端认真，对读者高度负责，处处为读者着想，注重出版物的社会效果，尤其乐于帮助和扶植新作者，许多著名作者的处女作均是经他手推出的。

叶圣陶的主要著作有长篇小说《倪焕之》和《叶圣陶散文集》、《叶圣陶童话选》、《叶圣陶文集》、《叶圣陶出版文集》等。

我和商务印书馆

叶圣陶

我进商务印书馆编译所工作是在1923年春天。在此之前，我当小学教员。自从进了商务，编辑就成了我的主要职业，甚至可以说一直持续到现在。我进商务是朱经农先生介绍的。朱先生当时在编译所当国文部和史地部的主任。我在国文部，跟顾颉刚兄一同编《新学制中学国文课本》。这套课本的第一册是另外几位编的，其中有周予同兄。我参与了那时候颁发的"新学制中学国文课程标准"的拟订工作。

1927年5月，郑振铎兄去欧洲游历，我代他编《小说月报》，跟徐调孚兄合作，商务办了十几种杂志，除了大型的综合性的《东方杂志》人比较多，有十几位，其余的每种杂志只有四位。《小说月报》除了调孚兄和我，还有两位管杂务的先生，他们偶尔也看看校样。

那时正是大革命之后，时代的激荡当然会在文学的领域里反映出来。那两年里，《小说月报》上出现了许多有新意的作品，也出现了许多新的名字，最惹人注意的是茅盾、巴金和丁玲。当时大家不知道茅盾就是沈雁冰兄。他过去不写小说，只介绍国外的作品和理论。巴金和丁玲我都不相识，是以后才见面的。

等振铎兄从欧洲回来，休息了一些日子，我就把《小说月报》的工作交回给他，回到国文部编《学生国学丛书》，时间记不太准，总在1929年上半年。到第二年下半年，我又去编《妇女杂志》，跟金仲华兄合作。1930年初，开明书店创办《中学生》杂志，到了年底，夏丏尊先生和章锡琛先生要我去帮忙，我就离开了商务。我在商务当编辑一共八个年头。作为一个编辑工作者，我自审并不高明,可是有关编辑工作的责任感以及若干必不可少的知识和技能,却确切地自知是在商务的那八年间逐渐学来的。

我的文学创作也跟商务分不开。进商务的前两年,1921 年,《小说月报》革新,沈雁冰兄任主编,发表了我的短篇小说。《儿童世界》也在那一年创刊,郑振铎兄任主编,经他怂恿,我开始写童话,一写就写了许多篇。我的小说集《隔膜》、《火灾》、《线下》,童话集《稻草人》,都是列入《文学研究会丛书》在商务出版的。我的长篇小说《倪焕之》先在商务的《教育杂志》上连载,当时《教育杂志》的主编是李石岑兄和周予同兄。

商务不但给文学研究会这样的新文学团体提供了出版的方便,对于许多学术团体的专著或丛书都兼容并包,广为流通。我国最早的两个科学团体——留美学者的中国科学社和留日学者的中华学艺社,都有中坚人物在商务编译所参加工作,都有刊物或丛书由商务出版发行。商务在当时成了各方面知识分子汇集的中心,编译所人员最多的时候有三百多位。早期留美回来的任鸿隽、竺可桢、朱经农、吴致觉诸先生,留日回来的郑贞文、周昌寿、李石岑、何公敢诸先生,都在商务的编译所工作过。从出版的书籍和杂志来说,古今中外,文史政哲,理工农医,音体艺美,无所不包,有极其专门的,也有非常通俗的,不管男女老幼,不管哪行哪业,都可以从商务找到自己需要的喜爱的书刊。服务的对象如此广泛,出版物的种类如此繁多,在当时以商务为最。而商务的气魄所以这样大,是跟编译所的奠基人张元济先生分不开的。此外,商务还贩卖国外的书刊,贩卖各种文具和体育器械,还制造仪器标本和教学用品供应各级学校,甚至还摄制影片,包括科教片和故事片。业务方面之广和服务对象之广,现在的任何一家出版社都不能和商务相比。商务的这个特点,现在不大有人说起了。

商务创办于 1897 年。初创办的时候是专管印刷业务的,所以叫做“印书馆”。创办人夏瑞芳和鲍咸昌、鲍咸恩兄弟都是印刷工人出身。当时营业很不错，又增加了资本，过了五年，就把张元济先生请了去，办起编译所来了，不但印书卖书，还自己编书，一个编辑、印刷、发行三者联合的文化出版企业就初具规模了。张元济先生是19世纪末的维新派人物，学识广博，眼光远大。他进商务之后，特地去欧美考察编辑出版事业；看最近出版的他当年的日记，可以知道他为编译所制定规模，物色人才，耗费了不少心血。我进商务的时候，是王云五先生主管编译所，用现在的话来说，张元济先生已经退居第二线，可是他仍旧把商务认为他的终身事业。新中国成立后，他已经八十多岁的高龄，还为商务的公私合营尽了最后的力。

我幼年初学英语，读的是商务的《华英初阶》，后来开始接触外国文学，读的是商务的《说部丛书》（最近重版了林纾译的十种）；至于接触逻辑、进化论和西方的民主思想，也由于读了商务出版的严复的各种译本（最近全重版了）。我的情况绝非个别的，本世纪初的青年学生大抵如此。可以说，凡是在解放前进过学校的人没有不曾受到商务的影响，没有不曾读过商务的书刊的。

商务为我国的出版企业也作出了楷模，引进了国外的先进印刷技术，培养了一大批编辑、出版、发行的从业人员。商务创立后14年，辛亥革命爆发，第二年，中华书局成立。中华书局是我国近代第二家大出版企业，它的规模跟商务差不多，编辑、印刷、发行的骨干，大都是从商务出来的；后来成立的世界书局、大东书局、开明书店，情形也大体如此。解放以后，在新中国的出版事业中，经过商务培养的人仍旧是重要的力量。

有趣的是1949年10月新中国成立，政务院有个管出版事业的直属机构叫出版总署，胡愈老任署长，周建老和我任副署长，二十多年前在商务编译所共事的老朋友又聚在一起了。后来，人民教育出版社成立，我兼任社长。1954年9月，出版总署撤销，这一摊工作并入文化部。胡愈老调到文化部，出版工作仍旧由他主管；

我调到教育部,主要还是在人民教育出版社做编辑工作。这一二十年来,老朋友过世的不少,周建老、胡愈老和我还健在。有人说,做出版工作的人就是长寿。

原载《出版史料》1983 年第 2 辑

记我编《小说月报》

叶圣陶

1927 年 5 月,郑振铎兄赴欧洲游学,托我代替他编《小说月报》。在那年 6 月份出版的《小说月报》第 18 卷第 6 号上,振铎兄刊载启事说:“我于 5 月 21 日乘 Athos Ⅱ赴马赛。此次欧行,为时至促,亲友处多未及通知告辞,万乞原谅! ……关于《文学研究会丛书》事,已托胡愈之、徐调孚二君负责;关于《小说月报》事,乞直接与《小说月报》社接洽;但我虽在请假期内,仍当视力之所及为《丛书》及《月报》负一点责任。”

振铎兄是 5 月下旬动身的,我从商务印书馆编译所的国文部调到《小说月报》社大约就在那个时候。期刊的编辑者是跑在时间前头的。振铎兄动身之前已经把第 6 号编定了,还给以后几期准备了一部分稿子。所以从第 7 号起虽然由我接编,格局跟以前并没有明显的不同。振铎兄实践了他的诺言,在欧游途中时常写信回来,给《小说月报》出主意,寄稿子——他自己经常写,还拉朋友的稿子。他对《小说月报》的系念和关切,只能用不得已远离家乡的父亲对他子女的心情来比拟,不但使我感动,还感染了我。

振铎兄去欧洲不满两年,等他回到上海把劳顿休息过来,把杂事安顿停当了,我把《小说月报》交还给他,已经是 1929 年 5 月间了,所以 20 卷的第 6 号大概还是我编定的。我说“大概”,因为第

6 号跟前一期第 5 号也看不出明显的不同。所以只能粗略地计算，从 18 卷第 7 号到 20 卷第 6 号，我代振铎兄编了两年，一共 24 期。

现在经常有人说那两年的《小说月报》上出现了许多新作者，说我如何能发现人才。现在那两年的《小说月报》影印出来了，大家翻一下目录就会发现，在那 24 期中，新出现的作者并不很多，就只是人们经常提起的那几位。他们的名字能在读者的心里生根，由于他们开始就认真，以后又不懈地努力，怎么能归功于我呢？我只是仔细阅读来稿，站在读者的立场上取舍而已。如果稿子可取，又感到有些可以弥补的不足之处，就坦率地提出来跟作者商量。这些是所有的编辑员都能做到的。

还有一点必须说明，那两年的编辑工作是徐调孚兄跟我一同做的。从 1924 年起，调孚兄就协助振铎兄编辑《小说月报》，他比我熟练得多。直到 1931 年年底《小说月报》停刊，他才离开商务印书馆，到开明书店工作，解放以后仍然干编辑这一行。他勤勤恳恳为读者服务了一辈子，我是永远忘不了的。

原载《叶圣陶散文乙集》

我们的宗旨与态度

叶圣陶

编辑《中学生》十几年，觉得我们一班写稿朋友有个共通的观点，虽然并没有明文规定或者口头约束，那个共通的观点用夏丏尊先生的话来说，就是“受教材”并不等于“受教育”，学校教育如果只能使学生“受教材”，那是欠缺，如果连教材也受不到，当然更不成话。必须使教材像食物一样，在学生的身体里消化了，转化为血肉；学生就在“受教材”的当时得到补益受用，那才是“受教育”。

从这个观点出发，我们自然而然反对文字教育与记诵教育。这需要略加说明。反对文字教育并不是反对识字与读书，是反对功夫只做到识字读书而止。必须通过了文字与事物的实际打交道，才可以获得真知识、真经验，养成真能力、真才干。有若干事物很可以不必通过文字的，那就应该直接与它们打交道，不必绕弯儿读什么书。反对记诵教育并不是主张学了什么不须记住，要赶快把它忘掉，是反对死记死读，反对食而不化。要知道记住只是初步，跟在后头的事情还有很多，必须把记住的东西化为自身的习惯，即知即行，才算做到了家。

刊载在《中学生》里的无非是一些材料，犹如学校教育的所谓教材，并且，一篇一篇的无非是文字，这是个没有办法的办法。如果不提供些材料，不用文字写出来，我们还有什么办法给读者诸君服务呢？可是我们并不希望诸君看过了记住了就完事，却希望诸君经过一番消化作用，生出新的血肉来，这是十几年来一贯的想法。

我们给诸君提供材料，每月一回出杂志给诸君看，又念念不忘教育，好像我们自居于老师的地位似的。就年龄说，我们的确与诸位的老师相当，而且，我们中间大部分曾经当过老师或是现任老师，就承认自居于老师的地位也不要紧。不过老师有种种，大概说来可以分为两个派头。一派是取教训态度的。自己方面好像什么都没有问题，样样懂，件件能，立身处世，所作所为就是标准。他们把学生或者比作一张白纸，五颜六色都待涂上去，或者比作一个空瓶子，甜的、咸的、固体的、液体的都待装进去。于是根据自己的见解来“涂”来“装”，什么应该怎样怎样，什么不应该怎样怎样，这就是他们的教训。他们只巴望学生领受，全部领受的是好学生，领受一部分的是次好学生，领受不下的是坏学生。还有一派是取辅导态度的。不承认自己全知全能，自己也还在学习的中途（学习哪里有止境呢？），不过比学生多走这么一步两步，或许多一点知识经验,能够尽一点导引与辅佐的责任罢了。他们不把学生看做白纸或者空瓶子,他们知道知识能力全从与环境接触而来,婴儿孩童就有知识能力,只待引导他、发展他,让他的知识能力越来越精深强盛,可不能硬要给他什么。这就自然而然站到学生的旁边,安排好适宜的环境,让他们自己去活动,他们忽略了什么的时候,给他们提醒一下,他们弄错了什么的时候,给他们纠正一下,他们遗漏了什么的时候,给他们补充一下,不过如此而已。而在提醒与纠正与补充的当儿,又必然像亲切的朋友似的,用商量的口气说,如果这样,是不是更好一点?决不会像严厉的长官似的,用命令的口气说,你那样不行,非这样不可!因为活动的主体到底是学生,活动要有意义,有价值,必须让他们自愿自发才成。以上说的两个派头很不相同,要我们挑选,我们愿意属于后面一个派头,我们愿意取辅导的态度,我们十几年来也一直取的这种态度。我们时常把读者诸君称为青年朋友,这个"朋友"不是一种浮泛的称谓,欲表示我们真心诚意地把诸君认作朋友。我们想些什么说些什么固然不肯马虎随便,可不敢相信一定想得对说得对。既然彼此是朋友,这一层也无所谓。朋友之间原有共勉互励的情分,我们想得说得不对,诸君尽可以不客气地给我们纠正,这在我们与诸君都是非常有益的事儿。

以上一些话其实说过不知道多少回了,这回《中学生》出满200期,社中同人要我把编辑的宗旨与态度表白一下,所以又来简要地说一回。以下说一些事务方面的话。

出一种杂志,标明是月刊,每月某一天出版,这就是与读者诸君订了契约。按月如期出版,那是守约,读者可以享受如期展读的快感。如果出版脱期,那就是失信,读者就将因盼望不到而失望。我们深知守约是人间的起码道德,使多数读者感到失望也是我们自己深切的痛苦,所以十几年来一直希望出版准期,甚至提早几天。在抗战以前,出版条件优越,催稿寄稿也方便,出版准期可以说是做到了的。在抗战期间,编辑印刷都退到了后方,技术的拙劣与交通的不方便,致使出版准期成为奇迹,这是非常疚心的事。胜利以后,我们返回上海,可是印刷条件不如从前了,出版脱期还常常不免,虽然脱得不多,不过三天五天,总之是对不起读者的。以后拟提早集稿,提早排印,务望做到以前那样月月准期。

除了编辑杂志以外,我们每天阅读读者的来信与来稿。来信中与我们商量什么事情的,提出什么问题要我们回答的,所占分量不少。来稿往往不只希望采登,还希望我们给一些批评意见,或者把文稿详加修改,仍然寄回去。就我们的心愿与责任(做朋友的心愿与责任)而言,自然应该就所知逐一写信奉告,把文稿逐一详细改过寄回去,才对得起珍重投书的朋友们。可是我们四个编辑人中,三个都兼顾旁的工作,我们的人力太微薄了,心有余而力不足,实在没法做到。对于来信,只能择选比较重要的答复,而且只写寥寥的几句。对于来稿,只能大略批评一两句话,至于修改,除了采登的文稿以外,一律不加修改。如果要做到接信必复,接稿必改,少说一点,也得有七八个人,分门别类,专心对付。但是我们所有的人力,总加起来还不到三个人呢。加多人力,事实上办不到。明知这对不起珍重投书的朋友们,但没法补救。特地写在这里,并不希望诸位原谅我们,只希望诸位明白我们的困难而已。

每见人家报告外国杂志社的情形,编辑若干人,采访若干人,特约作者若干人,搜集材料若干人,答复投书若干人,一个杂志社就是一个繁复的机构,所有的人都为了服务读者而努力。我们这个不成体统的杂志社到哪一天才比得上人家呢?照目前情形看起来,恐怕还得在不少年月之后。

1948 年 6 月 1 日

原载《中学生》总 200 期

谈谈开明书店

叶圣陶

请允许我代表开明的同人,向纪念会的主办单位,中国出版工作者协会和中国青年出版社致谢,向今天来参加纪念会的诸位先生诸位同志致谢。

提到开明,大家都说这个书店办得还不错,而且总要提到我,好像办得不错都是我的功劳。其实不是这样。我进开明是 1931 年的事,那时,开明书店已经创办五年了。创办人是章锡琛先生和章锡珊先生,是夏丏尊先生,还有吴觉农先生和别的几位先生。周建人先生和胡愈之先生虽然没有参加开明,在创建时期也出了不少力气,我当时只能算作一个赞助人。后来看他们干得不错,我才参加进去,前后干了将近二十年。跟我先后在一起工作的,除了夏先生和两位章先生,还有杜海生先生、范寿康先生、范洗人先生、朱达君先生、王伯祥先生、周予同先生、金仲华先生、丰子恺先生、徐调孚先生、傅彬然先生、宋云彬先生、顾均正先生、索非先生、丁晓先先生、贾祖璋先生、唐锡光先生、卢芷芳先生、周振甫先生还有别的许多位先生。开明书店还能给读者留下一点儿印象,是这许多人共同努力的结果;其中有我的一小份,只是一小份而已。

开明书店能给诸位读者留下一点儿印象,同人的团结和努力是一个方面,还有一个非常重要的方面,是得到了许多朋友的支持。许多作者愿意把自己的作品交给开明出版,在经营管理上、在印刷技术上,开明也得到了许多朋友的帮助。还有许多朋友热心地给开明出主意,他们之中有不少是共产党员,有的,我们当时并不知道他们是党员,有几位是知道的,当时也没考虑他们是不是党员。是因为他们的主张对,说得有道理,我们觉得应该这样做,很自然地就照着他们说的去做了。后来回想起来才体会到，原来在解放以前，我们不知不觉地接受着党的领导。

开明是一个私营的书店，当然要赚钱的，现在叫做讲求经济效益，不赚钱而蚀了本，书店就办不下去，就要关门，还谈得上什么有发展，但是开明不光为赚钱。我们有所为有所不为：有所为，就是出书出刊物，一定要考虑如何有益于读者；有所不为，明知对读者没有好处甚至有害的东西，我们一定不出。这样做，现在叫做考虑到社会效益。我们决不为了追求经济效益而不顾社会效益，我们决不肯辜负读者。开明书店的读者主要是青年和少年，因而我们认为，我们的工作是教育工作的一个组成部分，一个不可缺少的重要的组成部分。我们做的工作就是老师们的工作。我们跟老师一样，待人接物都得以身作则，我们要诚恳地以平等的态度对待我们的读者，给他们必要的条件，让他们成长为有益于社会的人。我们当时的确是用这样的准则来勉励我们自己的。

开纪念会不是为了向后看，而是为了向前看，怀念过去，为了开拓将来。有人建议恢复开明书店，征求我的意见。我认为没有必要，也没有可能。时代不同了，过去的东西回想起来似乎很有味儿，如果再现的话，往往只能使人扫兴。我就我想到的，零零散散说了这一些，对开拓将来恐怕没有什么好处。花了大家很多时间，真对不起。

（1985 年 10 月 19 日在开明书店
创建 60 周年纪念会上的讲话）

选自《叶圣陶出版文集》，中国书籍出版社 1996 年

叶圣陶和编辑工作

叶至善

我的父亲叶圣陶生于1894年,1988年逝世。他在晚年说:如果有人问他的职业,他就回答说,他的职业是编辑。在一生中,他做编辑工作的时间最长,超过了60年。

他进商务印书馆正式当编辑,是1923年年初。在这之前一年,他和朋友们一同编的《诗》已经问世,《诗》是我国第一种新诗刊物。

他在商务编辑所工作了8年,主要在国文部,编辑小学国语课本、中学国文课本,还有学生国学丛书。曾代替郑振铎先生编过一年半《小说月报》,后来又被调去编《妇女杂志》,编了不到半年。在业余,他担负了文学研究会部分书刊的编辑工作;五卅运动中,和朋友们一起编《公理日报》;大革命之前,受中国济难会委托编《光明》半月刊;还有其他,都是义务的,并非现在所谓的"第二职业"。

1931年初,他进开明书店编辑部工作,主要编《中学生》杂志,也参与其他书刊的编辑。他和朋友们编了好几部国文课本,还独自编写了一部小学国语课本。他是《新少年》半月刊的创办人;《月报》创刊,他担任文艺栏的主编。还在业余,编了一部《十三经索引》。

抗日战争爆发,开明和在上海的许多出版业一个样,受到很大损失,暂时处于停顿状态。他离开了开明,携家进入四川。《中学生》在桂林复刊,他挂上了主编的名义,可是人在乐山,无法参加实际工作。那时他感到很寂寞,由于离开了日夕相处的老朋友,也由于放下了编辑工作。

1940 年秋天,他接受四川省教育科学馆的聘请,名义好像是什么督导员,主要的工作却是编写语文教学的辅助读物。在业余,他给成都当地的书店编课本编刊物,取得一些报酬来贴补日益贫困的生活。他还担任《笔阵》的主编,这是中国文艺界抗战后援会成都分会的机关刊物。

1942 年,开明书店在成都设立编辑部办事处。他回到开明,主持办事处的工作。在编辑方面,除了主编《中学生》,别的图书也全归他管,助手只有我母亲一个。到 1945 年《开明少年》创刊,才添了一个我。这并非父亲的主意,是朋友们实在过意不去,而我又早在帮父亲的忙了。父亲似乎还有用不完的精力,几家小书店请他帮助编辑图书期刊,只要是他认为值得出版的,他都乐于接受。

抗战胜利后回到上海,开明大体上恢复了原来的规模,人员却比战前精简多了。编辑部包括专业校对在内,不足 20 人,几乎一个人就相当于现在的出版社的一个编辑室。我父亲担任编辑部主任,好在都是熟朋友,出什么书,刊物怎么编,大家随时商量。他负责终审《中学生》、《开明少年》、《国文月刊》的稿件,书稿也大多归他最后审读。为了试验中学语文教学的改革,他还和朋友们一同编了好几套国文课本。

1949 年初,父亲离开上海,绕道香港进入解放区,也就从此脱离了开明。直到“文革”开始,这 16 年间,他的精力主要用在中小学教科书的编辑出版上,只要看他担任的职务就可以知道。先是担任华北人民政府教科书编审委员会主任;新中国成立后,担任出版总署副署长,分管编审局,编审什么呢?主要是中小学教科书。过了不久,出版总署的任务明确了,主要抓管理,就把业务部门逐个划分出来,于是成立了人民教育出版社,由我父亲兼任社长兼总编辑。出版总署撤销后,他担任教育部副部长,仍旧主管人教社,职务没有变动。

父亲屡次说，他当不了领导，最适合的是让他当个责任编辑。在人教社，他主要做的实际上正是责任编辑应该做的工作：根据各科的教学大纲制定选题，编写或组织稿件，审读，修改，定稿，设计版式，直到校对付印，检查成品，他都事必躬亲。有人以为他只管语文课本，其实不然，数、理、化他也管，也参与定选题，改稿件，看校样，尤其是生物课本，花的力气不小。别的机关和出版社、杂志社请他看各种稿件，他都认真审阅；朋友们托他看著作稿或翻译稿，他也从不拒绝。此外，他还对标点符号的用法做了规定，在印刷字体的统一和排版格式的改进方面，也做了不少工作。

在十年浩劫中，父亲跟出版界绝大多数人一个样，被剥夺了工作的权利。“文革”以后，父亲没有再担负出版方面的职务，可是老关系还在，请他审阅或修改稿件的出版社、杂志社，还有老朋友，又渐渐多起来，他都应承下来。有的征求意见稿用小五号字印得密密麻麻，把他的眼睛也看坏了。有一次在给我弟弟的信上说起又在看什么稿子，跟下来一句是“总之都是中国的事”，意思没有说清楚。我体会他说，凡是中国的事，不论谁要他干，只要他还能干，他就得尽力干。最后审读的可能是《周恩来统一战线文选》的注释，那是1984年10月，他正好90岁。在他长长的一生中，他经手的图书期刊到底有多少种，实在很难估计。

父亲的编辑思想，跟他的文艺思想和教育思想是一致的。他早年曾猛烈抨击《礼拜六》派把文艺作为纯消遣品的游戏态度，同时指出生活是文艺作品的泉源，文艺作品应该反映时代，应该担负起唤起读者、改革社会的责任。还指出儿童文学的教育作用在于感染，不应该采取教训甚至恫吓的手段。他认为改革社会要从基础教育做起，要帮助学生树立正确的人生观，使他们得到全面的发展，成为自觉进取的、能为社会做出贡献的合格公民。他也说过，出版工作也是教育工作，对编辑青年读物和少年儿童读物来说尤其如此。

开明书店成立于1926年,1930年创刊《中学生》,等于公开声明从此把青年作为主要的读者对象,包括在校的和失学的青年。创刊人夏丏尊在《中学生》上接连发表文章,阐明受教材不等于受教育,青年不能关在学校里光读教科书,应该认清自己所处的时代和社会,学会如何做人如何处事。这许多话正是我父亲要说的,无怪乎他宁可减少薪俸,接受了开明的招邀。他在开明编辑部感到很愉快,朋友们不但看法相同,作风也相同。他们大多教师出身,不满意当时的学校教育。他们知道哪些知识是青年所必需的,哪些问题是青年所关注的;又熟悉青年的阅读兴趣和理解水平。他们编写读物从来不用教训的口吻,而是跟朋友谈心一样,和读者平等地商讨问题。他们都善于跟作者交朋友,尊重作者的意见,保护作者的权益,因为他们也都写文章在别家报刊发表,对作者有充分的理解。他们还熟知印制技术,尽可能给印制工人,尤其是排版工人以方便,遇到困难能一同商量解决。他们注重出版物的质量,既对读者负责,又对作者负责,总起来说就是对社会负责。当时在文化界、出版界,把他们的作风称作"开明风"。

在北上进入解放区的叙中,父亲作过一首七律,中间有一联是:"篑土为山宁肯石?涓泉归海复何求?"我想,"篑土为山"指的建设一个崭新的中国,"涓泉归海"指的接受中国共产党的领导。编审中小学教材是党交给他的主要任务,他当然得努力做去,在各科的课本上体现党的教育方针。在开明编辑所,他习惯于无为而治,又事必躬亲。人教社跟开明大不相同,人员是从五湖四海调集拢来的,人数越调越多,编辑室越分越多,使他难以适应。他自己也说,他成了个辛辛苦苦的官僚主义者。遇到的困难是很多的,工作十分劳累,在日记上,他都有具体的记载。

我不是没考虑到,由我来叙写父亲在编辑出版方面的工作是不相宜的。可是和他一同在商务、在开明工作的老朋友,大多去世比他早,连抗日战争后期的,如今也寥若晨星了。我从小生活在父亲身边，许多事还能约略记得；近几年来编25卷的《叶圣陶集》，又把脑海中的记忆梳理了一遍。要写这样一篇比较全面的简介，还是由我来吧。我一边写一边警告自己：下笔要客观，除了记叙事实，别的话一句也不要说。警告尽管警告，实际上没有严格做到。我当编辑不是父亲教的，他不主张我搞文字工作，我却主要是跟他学的；我爱上了编辑这一行，而且莫名其妙地感到自豪，主要是受了他的熏陶。在字里行间带上点儿感情色彩，在我恐怕是免不了的，只好请读者明察了。

1994年6月20日

原载《出版发行研究》1994年第5期

叶圣陶与编辑工作

彭加瑾

一个为人民辛勤工作了一生的人，人民永远记着他。

今年第4期《新观察》的封面上，刊登了曹辛之的诗——《叶老长寿》：

仿佛就在前天——那个灰暗的日子，
亮着泪花读您的《稻草人》。
它开启了幼小心灵的窗子，
使我们开始接触社会，懂得爱和恨。

昨天，"倪焕之"成了我们的朋友，
我们一同思想，一同追求，
一同投身于时代的激流。

七十个春、秋，寒、暑，
您哺育了多少好儿女；
而今，您须眉似雪，还时刻为
培育人才操心，频频“呼吁”。

我们怀着感激的深情向您致敬，
衷心祝愿您健康长寿！
您的道德文章，
一直伴随我们前进。

诗中所述的这位可尊敬的老人，就是叶圣陶先生。

我的职业：“第一是编辑……”

叶圣陶（绍钧）先生是我国现代著名作家、教育家和编辑。

作为一个作家，他著述甚丰，誉满四海。长篇小说、短篇小说、散文、童话、评论……他无不涉足，均有建树。他的《隔膜》、《火灾》、《稻草人》、《线下》、《城中》、《倪焕之》、《剑鞘》、《未厌集》、《四三集》、《未厌居习作》……毫无疑问，都可称之为我国现代文学宝库中的颗颗明珠，虽经时间洪流的长期淘洗，至今仍然熠熠生辉。

作为一个教育家，他很早就开始从事教学工作，先后教过小学、中学、中等专科学校和大学。“桃李满天下”，对于他来说，丝毫没有夸张的成分。解放以后，叶圣老曾长期任教育部副部长。在教育事业上，他一直兢兢业业，以毕生的精力，哺育了一代代的青少年，赢得了人民的赞誉。他的宝贵的教育经验，已经结集出版。

这一切都是众所周知，早有定论的。

但是，叶圣老却多次说：“作家不是我的职业。”“如果有人问起我的职业,我就告诉他:第一是编辑,第二是教员。”

叶圣老是个非常真诚的人,他的话绝不是自谦,而是实事求是的总结。他从事编辑出版工作的年头确比教书、当作家的时间长。

1915年,21岁的叶圣陶经郭绍虞介绍,到上海商务印书馆附设的尚公学校(小学)教国文,同时为商务印书馆编小学课本。不久,便担任正式编辑。这是他正式从事编辑出版工作的开始。

此后,他又应邀转入开明书店任编辑。几十年来,叶圣老几乎从未离开过编辑岗位,一直到解放前夕。他主编、与他人合编或担任过编委的报刊,仅据粗略的统计,便有我国第一份专刊新诗和诗评的杂志——《诗》,名扬文坛的《小说月报》,以及《文学周报》、《公理日报》、《光明》、《一般》、《妇女杂志》、《中学生》、《中学生文艺》、《文学》、《太白》、《新少年》、《每周文选》、《月报》、《少年先锋》、《抗战文艺》、《国讯》、《中学生战时月刊》、《开明少年》、《中国作家》……经他手编辑出版的书籍就更难以计量了。

1949年初,当人民革命战争的隆隆炮声昭示着新中国即将诞生的时候,叶圣老接受了党中央的邀请,秘密离开国民党反动统治下的上海,经香港、烟台、济南,到达北平。此刻,他也没有离开编辑出版工作。

5月,他即与茅盾、周建人等主编《进步青年》杂志;随后,主持了中小学教科书的编审工作。

新中国成立以后,叶圣老任全国出版总署副署长,主管全国教科书的编辑与出版工作。人民教育出版社创建,叶圣老兼任社长。他现为教育部顾问,仍然时常关心着编辑出版工作,不时有精彩的见解发表于报刊。

纵观叶圣老的一生,他生命中的绝大部分都用在了编辑工作上。在这个被人称为“为人作嫁”的岗位上,他自甘默默,任劳任怨,辛勤工作了几十年。看得出来,叶圣老对于编辑工作有着一种十分深厚的感情,深沉的爱。这种爱只能属于把编辑工作看做一项严肃的事业,并倾注了毕生心血的人。“我的职业:第一是编辑……”在这句话中,我们可以感受到老人那颗“为人生”的真诚的心在跳动!

在茅盾、巴金、丁玲……的背后

在繁星闪烁的中国现代文学领域中,茅盾、巴金、丁玲……无疑都是闪耀着异辉的明星。

他们的成就固然是时代的产物,个人努力的结晶;但是,也不可缺少那首先给以帮助,时时关心和扶植他们的人。在成功的作家背后,往往凝聚着编辑的辛勤劳动。

大革命失败以后,白色恐怖笼罩全国。当时主编《小说月报》的郑振铎同志被迫远走欧洲避焰。叶圣陶受命于危难之际,代为主编这个新文学运动中颇有声望的文学研究会的机关刊物。

不久,茅盾同志为了避开国民党特务的注意,移住到上海景云里,与叶圣陶紧邻,过往甚密。

当时,为了维持生活,也为了总结大革命的得失,茅盾同志拿起了笔,首次进行创作。此时的心情,他在《从牯岭到东京》中说得很真切:

> 我是真实地去生活,经验了动乱中国的是复杂的人生的一幕,终于感到了幻灭的悲哀,人生的矛盾,在消沉的心情下,孤寂的生活中,而尚受生活执着的支配,想要以我的生命力的余烬,从别方面在这迷乱灰色的人生内发一星微光,于是我就开始创作了。

虽然是第一次从事创作,但作者熟悉其中的人物,有着深切的感受,作品很快就写完了。因为他深感不少人思想、言行常有矛盾,却总自以为没有矛盾,时时侃侃而谈,教训别人。为着讽刺此种人物,并含有嘲笑自己的意味,他就随手写了“矛盾”这个笔名。

《幻灭》的前半部一完成,茅盾就拿给叶圣陶看。

一看到原稿,叶圣陶欣喜异常,如获至宝。第二天,他就急匆匆地找到茅盾,说:“写得好。《小说月报》正缺这样的稿件,就准备登在九月份的杂志上,今天就发稿。”茅盾同志吃惊道:“小说还没有写完呢!”叶圣陶却说:“不妨事,九月号登一半,十月号再登后一半。”

考虑到茅盾同志的安全,叶圣陶劝他改一改笔名,在“矛”字上加个草头;姓“茅”的人很多,可以避免国民党方面的注意。

这样,《幻灭》就以茅盾的笔名发表于《小说月报》九月号的头条位置上。

接着,茅盾又写了《动摇》、《追求》,均发表在叶圣陶代为主编的《小说月报》上。

叶圣老曾这样回忆这段往事:

> 不说他的精力弥满,单说他扩大写述的范围,也就可以大书特书。在他的三部曲以前,小说哪有写这样大场面的,镜头也很少对准他所涉及的那些境域。我很荣幸,有读他三部曲的原稿的优先权,又一章一章地替他校对,把原稿排成书页……

从叶圣老的回忆中,我们不难想见他为茅盾三部曲伏案工作的情景。

《幻灭》一发表,立即引起了读书界的普遍注意。大家打听“茅盾”究竟是谁,有人还疑心是叶圣陶的手笔。叶圣老总是摇摇头:“我哪里写得出这样的东西。”

为了帮助三部曲的出版,保护茅盾同志的安全,叶圣老丝毫没有顾及自己。其实,当时他自己的处境也并不那么妙。“四一二”以后,小报就透露出国民党要逮捕他的夫人胡墨林。因此,他们才从曾是左派联络点的仁余里寓所搬出,几经转折才落脚在景云里的。但在帮助出版《幻灭》时,他似乎并没有想到这些。

如果说,在帮助茅盾同志发表三部曲时,更多的是显示了叶圣老的胆略的话,那么在扶植丁玲以及巴金等作家上,便充分表现了他的识见与对文学青年的至诚。

丁玲这个名字,现在已经名扬四海。可是,在 1927 年,她还只是一个默默无闻的文坛新人。

这年秋天,她开始用丁玲这个笔名创作。第一篇是《梦珂》,冬天,紧接着写下了《沙菲女士的日记》。

那时,叶圣陶主持刊物编辑工作。他对作者的来稿向来十分重视,非常认真。每篇来稿他都仔细地看,像沙里淘金一样地从中选取。有一次,他从一大堆来稿中发现了一篇题为《梦珂》的小说,觉得很好,很新鲜,于是提了意见,请作者修改,随后就发表了。《沙菲女士的日记》也同样。两篇小说都分别登在两期《小说月报》的头条位置上。叶圣陶的眼光没有错,效果证实了他的判断。丁玲的作品一发表,立即震动了文坛。一篇评论文章这样形容:

> 好似在这死寂的文坛上,抛下一颗炸弹一样,大家都不免为她的天才所震惊了。

从此,丁玲踏上了文坛,成为一位引人注目的女作家。每当回忆起走上文学之路,丁玲总是忘不了叶圣老对她的帮助:“要不是您发表我的小说,我也许就不走这条路。”

巴金现在是中国作家协会主席。新近获得的 1982 年“但丁国际奖”,又使他的声名增添了荣耀。而五十多年前,他初出茅庐,步上文坛的时候,正是叶圣陶的慧眼,使他的处女作得以顺利问世。

1927 年至 1928 年旅居巴黎求学期间,巴金写出了他的第一部长篇《灭亡》。1928 年 8 月,他将书稿寄给当时在开明书店门市部工作的友人索非,征求意见。索非将稿子介绍到《小说月报》。叶圣陶读了书稿,很为这位陌生的青年作者高兴,立即刊登,并亲自写了连载预告:

> 《灭亡》,巴金著。这是一位青年作家的处女作;写一个蕴蓄着伟大精神的少年的活动与灭亡。

为了引起读者的广泛注意,叶圣陶又以记者的名义写了《最后一页》,特地注明:

> 巴金君的长篇创作《灭亡》已于本月号刊毕了,曾有好些人来信问巴金君是谁,这使我们也不能知道。他是一位完全不为人认识的作家,从前似乎也不曾写过小说,然而这篇《灭亡》却是很可使我们注意的,其后半部写得尤为紧张。

为了鼓励作者,在同年 12 月号上,编者又以记者名义写了《最后一页》,再次推荐这部小说,说本卷刊登了两部长篇:巴金的《灭亡》和老舍的《二马》,“这两部长著在今年的文坛上很引起读者的注意,也极博得批评者的好感,他们将来当更有受到热烈的评赞的机会的”。

叶圣老的苦心没有白费,正是《灭亡》的成就开始奠定了年轻的巴金在中国现代文学史上的地位,预示了他广阔的前景。

叶圣老提携、扶植、培养年轻作家的事例是举不胜举的。

施蛰存的处女作《绢子》,戴望舒的代表作《雨巷》,也都是经他的手发表的。叶圣老称许《雨巷》“替新诗底音节开了一个新的纪元”。他的奖掖与推荐,使戴望舒获得了“雨巷诗人”的称号。

人们由此称赞叶圣老，感谢他在培育文学新人上做出的贡献。可是叶圣老却这样回答：

> 《小说月报》刊登了不少新作者的作品，好几位作者后来成了名。因此近年来常有人提起，说这是我的功劳，我以为这样说并不切当。首先是时代使然，轰轰烈烈的大革命冲激了人们的思想，自然会有许多新作者和新的作品出现，自然也改变了我这样的编辑者的眼光。另外一点是《小说月报》的工作是调孚和我共同做的，有许多好作品正是调孚在成堆的来稿里发现的。

有功而不居功，叶圣老的高风亮节堪称编辑的楷模。

为了青少年和儿童

我们赞美园丁，他们以辛勤的汗水浇灌着花木，使百花盛开，绿树长青；

我们赞美教师，他们以忘我的工作，培育着代代新人，使社会进步，文明永存。

在编辑出版岗位上为青少年和儿童工作的人，也是教师，也是园丁。

叶圣老是深爱着孩子们的；为了他们，他可以牺牲一切。

叶圣老担任过多种刊物的主编、编委、编辑。时势的动荡、反动当局的迫害，以及其他种种原因，当时大多数刊物都为时不长，中途夭折。在这样的困境中，叶圣老担任《中学生》主编的时间竟达十余年之久，即使在抗日战争的弥天硝烟中，它仍然顽强地生存着。叶圣老似乎在广大青少年和儿童的需求中扎下了根，任凭风吹雨打，也决不动摇。由于他的坚忍不拔的努力，使这个面向青少年的刊物获得了极高的声誉。

1930年1月,《中学生》创刊。次年2月,叶圣陶就任《中学生》的主编(他同时还主编《妇女杂志》和《中学生文艺》杂志)。2月号的《编辑后记》中这样记载:"我们为欲使本志更完善起见,已拉得叶圣陶先生加入为本志的主干,从三月号起就由叶先生负责编辑。"

叶圣老早年从事教学,有着丰富的经验;在创作上,又是颇有盛名的作家。他把进步的教育思想与广博的社会科学知识,融会在编辑工作中,使得《中学生》的面目焕然一新。

一切为了读者,"读者诸君的满足,也就是我们的欣慰"。这是叶圣老的编辑宗旨。为读者服务,就必须适应读者的需求。因此,他要求来稿力求通俗,"浅近言之","过于冗长之文,恕不发表"。他认为"每一篇文字应使大部分的读者能够了解,否则就对不起读者"。青少年的兴趣是广泛的,而培养一个全面发展的人才必须有全面的营养。因而《中学生》并不拘于一隅,社会科学知识、自然科学知识,大至天下国家时势,小至课内习题解答,《中学生》广为包涵,丰富多彩。

不料,次年即爆发"一·二八"战事。"数十日间,饱听敌人飞机重炮之声,感愤填膺,而无计可施……逮战事息归寓所,则前垣尽塌;楼之三层,窗櫺如削;承尘毁堕,断板纵横……敌人于居室内器物,中其意即攫之而又,否则随手损毁略不顾惜。"

国破家碎,伤心至极,可是叶圣老并没有以家室为念,他仍然顽强、坚忍地据守在《中学生》的编辑阵地上。

2月号的《中学生》特地开设了"文章病院"专栏。按它的解释是"对事不对人",只是讨论文章的失误,其实它的影响是绝不止于此的。

"专栏"首先针对的文章便是《辞源续编说明》、《中国国民党第四届第一次中央执行委员会全体会议宣言》、《江苏省立中等学校校长劝告全省中等学校学生复课书》。这无异是在国民党统治下的政治界、文化界、教育界“衮衮诸公”的脸上打了一记耳光——你们道貌岸然，煞有介事，但是并无真才实学，连文章都做不通的！

至于它给予青少年文字修养上的实际帮助，那更是众所公认的：

> 所批改的文字，诚然不是学生写的；但学生知道了人家的错误，又知道了这些错误怎样改正，到了自己动手的时候，也就不会犯这样的错误了。“文章病院”功德无量呀！

宣传抗日，激发青少年的爱国热情，是《中学生》的显著特色。叶圣老不但编发了许多这样的稿件，有时还亲笔撰文，怒斥日本帝国主义者及其帮凶，使得刊物洋溢着一种激荡人心的时代精神。

1933年3月号的《中学生》上，登有他与夏丏尊先生合著的《知与情意》。那激越的爱国热情，鲜明的民族爱憎，淋漓尽致的愤怒斥责，使我们至今读来犹感扬眉吐气。

> 我们翻开地图来看，辽宁、吉林明明是我国的土地，那里住着百千万我们的同胞。但是此刻在那里杀人放火的是日本的军队，此刻在那里奔跑示威的是日本的战马和炮车，而此刻在那里呼号啼哭受尽痛苦的是我们的同胞！
>
> 日本帝国主义是我们的仇敌，我们要有结实的拳头来对付他！但是，我国政府却去告诉国际联盟，要国际联盟出来说话。国际联盟原来是帝国主义的团结，流氓与流氓是一伙儿，对我们难道会有好处么？

辅导中学生学习语文，练习写作，是《中学生》的又一重要内容。叶圣老在这上面是不吝气力的。他重视知识积累,基本功训练,力戒青少年勿好高骛远,而须扎扎实实地前进。1935 年 3 月《中学生》上发表的《木炭习作和短小文字》,便是他送给青年克服浮躁急进病的一剂良药。

国民党反动派的卖国政策,更加纵容了日本帝国主义。1937 年 7 月,日寇制造卢沟桥事变,大举侵华。战火很快烧到上海。8 月 16 日,排印中的《中学生》第 77 期,随同开明书店的编辑、出版、发行部门,以及为开明承印书刊的美成印刷厂,全部被日寇炮火轰毁。《中学生》被迫停刊。

从此,叶圣老开始了“流浪”生活。但是,他为青少年服务的心愿并未放弃。

1938 年 2 月,宋云彬在汉口创办大路书店,叶圣陶为发起人之一。22 日,由茅盾、叶圣陶等主编的《少年先锋》创刊。在国事艰危,落难流浪中,叶圣老也始终没有忘记少年儿童。

1939 年,叶圣陶任武汉大学中文系教授。不久,他接到友人来信,商议恢复《中学生》事。叶圣老在大后方接触了不少学生,他们都很怀念曾给过他们多方面帮助的良师益友——《中学生》。叶圣老为之激动和感奋,读者的赞誉,正是编辑的欣慰。这一切更加坚定了他的信心与意志。在复信中,他这样表示:

> 今后我们要说真有所见的话,不效一般人搬弄几个名词术语,一切都是从嘴唇边滚下来的。又,我们要特别提倡个人之志概与节操,天下事未可料……须有志概与节操,将来乃有生望。

鼓励青少年在逆境中奋斗,不悲观绝望,不随波逐流,以坚忍的毅力,去争取抗战的胜利。叶圣老这样说,也是这样去做的。

经过一番惨淡经营,《中学生》杂志改为《中学生战时半月刊》

在桂林复刊，叶圣陶亲任社长兼主编。

8月4日，日机袭击桂林，《中学生战时半月刊》印刷所被震毁，叶圣老的住所也被烧毁。但是他们不屈不挠，继续出版着刊物。

谈抗战、谈民主、谈团结、谈进步，刊物的鲜明的政治倾向，引起了国民党反动当局的不满。为此，在1945年8月，他们受到了潘公展的训诫。

然而，他们对压迫的回答是更加坚决的抗争。9月8日，《中学生》联合了《东方杂志》、《新中华》等，公开抗议国民党的图书审查制度，一时汇成一股汹涌澎湃的争自由、反迫害的热潮。叶圣老是这股潮流中的先锋战士，他以自己的言行，鼓舞和教育着广大爱国的热血青年。

在解放战争的"第二战场"上，《中学生》也是一面耀目的战旗。

十几年来，在叶圣老的努力下，《中学生》不仅鼓舞和教育着青少年，同时也提拔和培养了不少青年作家。叶圣老曾回忆道："那时写稿的记得有徐盈和子冈，他们后来成了夫妇作家和名记者。大概还有几位，一时记不起来了。"

除了编辑各种刊物外，叶圣老还编选了大批的中学生课本，古典文学选注本，为青少年服务。

叶圣老从1912年起就担任小学教师。1915年就曾为商务印书馆编小学课本。直到解放以后，他的这项工作几乎没有中断过。他编选点注的《礼记》、《国语》、《荀子》、《传习录》、《苏辛词》、《周姜词》，都分别被列为"学生国学丛书"。

叶圣老编的课本内容丰富、形式活泼、注释详细、深浅得当，很受教育界的欢迎。叶圣老自己回忆道：

在儿童文学方面，我还做过一件比较大的工作，在1932

年，我花了整整一年时间，编写了一部《开明小学国语课本》，初小8册，高小4册，一共12册，四百来篇课文。这四百来篇课文，形式和内容都很庞杂，大约有一半可以说是创作，另外一半是有所依据的再创作，总之没有一篇是现成的、抄来的。

即使是为孩子们工作，他也是那样认真严肃，一丝不苟。他的创造性的劳动，使《开明国语课本》享有极高声誉，解放以前，竟然印了四十余版次。这在课本的重版率上，恐怕是个创纪录的数字。

叶圣老对孩子们始终怀着一颗长者的淳厚的爱心。他在诗作中这样总结道：

学步导幼儿，人人有经验。
或则扶其肩，或则携其腕，
惟令自举足，不虞颠仆患。
既而去扶携，犹恐足未健，
则复翼护之，不离其身畔。
继之更有进，步步能稳践，
翼护亦无须，独利颇利便，
他日行千里，始基于焉奠。
……

为了使学生能真正地承继我们民族的宝贵文化遗产，叶圣老在古籍的注释、介绍上下了很大的气力。《国语》的编辑例言便是一个明证：

本书于各篇作者均附撰略述，引入注文，俾读者略明时代、环境与文学之关系。……

正因为叶圣老这样全身心地爱着青少年和儿童，不惜以自己的心血，一点一滴地哺育他们，很自然地，也就赢得了他们衷心的崇敬与爱戴。李束丝在《祝叶圣陶先生五秩大庆》一文中说：

叶圣陶先生一直在无形中做着我的导师。自然，许许多多青年，都同我一样，是在直接间接有形无形地受叶先生的教导，尤其是爱好文艺的青年。……上个月，叶先生的五十大庆，这位种桃不吃桃的老人，却避寿于西乡；但多少热诚的心是避不开的，今天成都文艺界的朋友们为先生补行庆寿，我谨在此敬祝叶先生永远愉快，永远健康，永远和青年在一起！

是的，说得多么好啊，我们的叶圣老是永远和青年在一起的！

素养·品格·作风

编辑应有广博的知识，他应该是一个杂家。叶圣老在编辑出版工作上的成就，与他广博精深的知识素养是分不开的。

1894年10月28日，叶圣陶出生于苏州城内一个贫民家庭。父亲晚年得子，望子成龙心切，对他要求极严。在六岁进私塾前，他已识字三千左右，字也写得极秀丽。他不爱读经籍、史籍，却从《唐诗三百首》、《白香词谱》，以及听民间艺人说书和读外国文学作品中，喜爱上了文艺。在中学阶段他就与友人建诗社、办刊物，还径自向报社投稿，逐渐走上创作之路。

中学毕业后，因家境贫寒而辍学，他就到一家小学去教书。即使如此，他也不轻易丢弃自己的爱好。为了能凑够到上海去看戏的路费，他可以省吃俭用，积存每一个铜板。

没有堂皇的文凭，没有优越的学习条件。他的知识都是自己主动学习来的，从生活中学，从工作中学，还向交好的朋友学。因为一切都是经过自己消化得来的，所以他的知识掌握得非常扎实。我们看他的论著，毫无哗众取宠之意，全是实事求是之心，一标点、一词句，何正何误，分析得是非分明，使人不能不诚服他素养的广博与扎实。

积累使他广博，多思使他精深。叶圣老广博精深的学识使他成为具有远见卓识的名编辑。

他重视学习语文，但并不局限于只让青少年识几个字，读几篇文。他有自己过人的识见：

> 尽量运用语言文字并不是生活上一种奢侈的要求，实在是现代公民所必须具有的一种生活的能力。如果没有这种能力，就是现代公民生活上的缺陷，吃亏的不只是个人，同时也影响到社会。

正因为有着这样远大的为人生、为社会的目光，数十年来，他才能在这块阵地上孜孜不倦地工作着。

在复古主义与虚无主义氛围甚厚的旧中国，怎样合理地承继我们古老民族的文化传统，始终是一个难题，但是叶圣老却以其精深的研究，较好地解决了这一难题，做出了自己的贡献。

《孟子·许行》章中，“劳心者治人，劳力者治于人；治于人者食人，治人者食于人：天下之通义也。”这一段话，是多少年来人们所熟知的。直到十年动乱中，还不时为一些专家引证来无限上纲，批判孔孟之道。而叶圣老在 1943 年就指出：

> 若以孟子这个话为天经地义，而说从前君主时代竭尽天下的人力物力以供奉君主是合理的，现代的民权思想与民主政治是要不得的，这便是糊涂头脑。若以孟子这个话为胡言乱语，而说后代劳心者与劳力者分成两个阶级，劳心阶级地位

优越，劳力阶级不得抬头，都是孟子的遗毒，这也是偏激之论。要知道孟子这一章在驳斥许行的君臣并耕之说，他所持的论据是与许行相反的"分工互助"。劳力的百工都有专长，劳心的"治人者"也有他的专长，各出专长，分任工作，社会才会治理：这是孟子的政治思想。时代到了战国，社会关系渐趋繁复，许行那种理想当然行不通。孟子看到这一点，自是他的识力。

仅此一例，我们就可见叶圣老识见的精深，多少年繁讼不清的争论，经他这么一剖析，是非泾渭分明。70年代的那些"批判家"除了政治上的原因外，学识上的浅陋也就只能贻笑大方了。

叶圣老为人真诚、正直、善良。他给自己的孩子取名为"至诚"、"至善"，可以看出他对人生境界的追求及自励。

他自幼便有非常强烈的爱国心。在小学阶段，受维新派教师的影响，便立下了爱国强国之志。为此，应他的请求，老师给他取了"秉臣"的字。

1911年的辛亥革命曾使他欣喜若狂，苏州光复时，他剪去辫子，参加了全城庆祝会。

1919年的五四运动使他颇感振奋，在甪直这一江南小镇上，他与其他教师破天荒地召开了"唤起民众"的集会，吸引了不少人前来观看。

叶圣老的一生是纯朴的一生。他在政治上并没有树立可歌可泣的丰功伟绩，但他并不是远离政治和革命的旁观者。几十年来，他始终与中国革命采取同一步调。在编辑出版事业上，他也是一位深沉智勇的斗士。

五卅惨案之后，上海的出版商们慑于帝国主义及反动派的压力，各报均不能如实报道。6月1日叶圣陶即与胡愈之、应修人、楼适夷等人举行集会，对此表示了强烈的革命义愤，倡议办一份报纸来揭露、抨击英日帝国主义的暴行。经过一夜奋战，6月3日，

《公理日报》即与上海群众见面,受到各阶层爱国者的热烈支持与欢迎。

1926年,叶圣陶受共产党员杨贤江的委托,创办和主编了中国济难会机关刊物《光明》半月刊。《光明》创刊后,即被反动当局指为"赤化"、"有特殊作用",但叶圣陶面对威胁,却毫不动摇,一直坚持到最后,才根据杨贤江的意见停刊。

叶圣老没有加入左联,那是他顾全大局,服从党组织的安排而自觉留在外面,以便做好统战工作,把更多的作家团结到革命阵营周围来。

真诚待人,豁达大度,是叶圣老的美德。有时他的纯真几乎达到忘我的境地。有一次,一位作者拿了自己的一部著作来找叶圣老。他急于用钱,而出版商却很势利,不屑为无名之辈出书。无奈之下,他请求叶圣老把大名借他一用。叶圣老见作品对社会有益,也就欣然同意让他借用自己的名字去出书。

此事虽小,叶圣老待人的真诚可见一斑。

记得有人说过,文艺欣赏可以有偏爱,文艺评论却必须公允。作为一个编辑,他应该有博大的胸怀,兼收并蓄各种见解、风格、流派的作品。胸怀狭隘、目光如豆,势必造成刊物的单调、板滞。

叶圣老是有度量的。早在1922年,当他与朱自清、叶延陵编辑的《诗》成为文学研究会的刊物之后,他们就公开声明:

> 我们并不愿意专门把自家几个朋友底稿件颠来倒去地登载;如果读者有佳妙之作寄来,我们当尽先采用。

他们这样说,也这样做,有言有行,言而有信。这期的卷首,就发表了几位陌生者的作品。编者说:

> 我们故意把这些新的投稿者底作品编在头上,用以表示

我们热烈的欢迎。

在他代为主编《小说月报》时，也显示了他的这种度量：

> 编者决不是一架天平，能把东西称得一丝一毫没有差错；
> 所收各篇，态度同情调几乎各色各样，殊不同趋，好在《小说月报》本来是个杂志。

联想到当时文学派别之间，有不少人视同一阵营中的他人为仇雠，而互相攻讦不休，也就足见叶圣老仁厚大度的可贵，也就不难理解，为什么他能在培养、扶植新人上取得那样的成绩了。

叶圣老是一个严于律己的人，他的编辑作风的严谨是享有盛誉的。

宋云彬在《开明旧事》中这样赞扬他：

> 圣陶是个文学家，也是很好的编辑工作者。他那种一丝不苟的作风，给开明同人做出了好的榜样。

赵景深在《叶圣陶》一文中说得更加具体：

> 我们看他代编《小说月报》，主编《妇女杂志》和《中学生》，几乎没有一次不是用全力来对付的。一切琐碎的事，甚至校对，都由他自己动手。投稿人有信给他，如果是需要答复的，他也亲自写回信去。他的字迹圆润丰满，正显出他那谦和而又诚实的心。

编辑对于作者的尊重，主要体现在对他作品的负责上。叶圣老的严谨细致、精益求精的作风，曾使许多作者深为感动。叶圣老曾参与丰子恺画集《子恺漫画》的编选出版工作。为了对作品负责，他在装帧上就费了不少心思，着意挑选了米黄色的纸，以烘托画幅的意境。在装订之后，有意不裁毛边，以求自然别致。他把作者的作品看得比自己的都重，力求形式与内容的和谐的统一。

对于一个编辑来说，这可以算得上是一种极高的风格了。

在叶圣陶踏上文坛之后不久，鲁迅就曾预言过，他会有远大的前程。他没有辜负鲁迅先生与读者的期望，在创作上取得了丰硕的成果。但是，30 年代以后，他的创作减少了，其中一个原因，便是编辑工作占去了他大量的时间，耗费了他可贵的精力。叶圣老曾经吐露过他的苦衷：

> 如果我过着闲适生活，养花、品茶、看山、访友，兴到的时候，就可以提起笔来，写几篇小品文，在这年头，小品文是时髦不过的。可惜我每天要往造书的工厂去，从早上八点起，到下午五点半整，忙的是红墨水、蓝墨水、校样、复写纸，那些事情；最近一个夏天，没有听到一声蝉鸣，也没有看到一朵荷花；小品文的感受根本就不来访问我的头脑。

然而，他并没有因此而丢弃编辑工作！我们今天提倡精神文明、职业道德，叶圣老的编辑风范是我们应予承继的一份宝贵财富。

源远流长的中华民族的文化传统之所以发展到今天，其辉煌的成就足以震惊世界，是依靠着一点一滴的积累而成的。其中，编辑工作者的功绩不可泯没。像叶圣老这样的编辑业绩，确是应该为更多的人所知道的。

原载《编创之友》1982 年第 4 期

叶圣陶语文教材建设的思想和实践

田小琳

叶圣陶先生关于语文教材建设的思想有个形成和发展的过程，包括他的编写实践活动在内，可以分为解放前和解放后两个时期。

一 解放前

这个时期可分为四个阶段。

（一）1912年~1929年

叶圣陶1894年10月28日生于江苏省苏州市。1911年冬，在苏州公立中学毕业。因家境清寒，1912年开始在苏州干将坊言子庙小学任教。这是他从事教育工作的开始。1915年秋，叶圣陶到上海，在商务印书馆办的尚公小学任教。同时，他应邀为商务印书馆编写小学语文课本。这是他编写教材生涯的开始。1917年春，叶圣陶应邀到吴县县立第五高等小学校任教，努力进行教育改革，用语体文作教材。在当时一律用文言文教学的情况下，这是一个大胆的革新。此后，他先后在上海吴淞中国公学中学部、杭州第一师范学校教国文，积累了丰富的教学经验。

十月革命以后，特别是五四运动以后，叶圣陶接受了新思想。他针对当时小学教育中的种种弊端，根据教学和编写教材的实践经验，连续发表文章，提出革新语文教育和改革教材的主张。他提出教材编写的宗旨是“顺自然之趋势，而适应学生之地位”。他大力提倡白话文，主张“小学国文教材宜纯用语体”，“教材或由搜集，或由创作”，“力避艰古而近口说”。这一系列主张表明叶圣陶站在五四运动的前列，是我国现代语文教材改革的先行者。1922

年，叶圣陶在北京大学担任讲师，教授作文，后在上海复旦大学、神州女学教国文和文学。同年，他参加了新学制中小学各科课程标准的制定工作。这一年，叶圣陶与顾颉刚根据新学制中学语文课程标准编写了《初中国语教科书》(共六册，商务印书馆出版)，这套教材是当时通行的教材之一。1923 年初，叶圣陶到商务印书馆国文部当编辑。秋，又到福州协和大学任教授。半年后，仍回商务印书馆，主要编写青少年读物和中小学语文课本。同时在景贤女学、立达学园等中学试教他的教材，在复旦大学兼课。

(二)1930 年～1937 年

1930 年底，叶圣陶由商务印书馆转到开明书店任编辑。编辑《中学生》、《中学生文艺季刊》、《新少年》、《妇女杂志》等刊物。同时，他把主要精力投放在中小学教材的编写上。

1932 年，叶圣陶编写了小学初级学生用《开明国语课本》(全书八册，丰子恺配画)。1934 年，他编写了小学生高年级用《开明国语课本》(全书四册，丰子恺配画)。这是一套完整的小学国语课本。为编这套教材，他花费了很大心血。全书 12 册，全部课文和练习都是他一个人编写的。编辑要旨中说明，这套课本内容以儿童生活为中心，取材从儿童周围开始，随着儿童生活的进展由家庭、学校逐渐拓张到广大社会。数课为一单元，各单元又互相照顾，适合儿童心理。数课之后列有练习课，有的注重于内容的研求和欣赏，有的注重于语法、作法、修辞的讨究，有的注重于写作的练习。教材篇目尽量容纳儿童文学和日常生活的各种文体。词、句、语调力求正确并与儿童切近，并且与标准语相吻合。每册后附有《词汇》，列载新出现的词，供儿童翻检、应用。书中图文并茂，图画与文字有机的配合，以拓展儿童的想像，涵养儿童的美感。叶圣陶在编辑要旨里从选材标准、范围，编排系统等各方面提出了系统的见解，这是关于小学语文教材编写原则的一次完整的表述。这套教材体现了教材编写的科学性和规律性，开辟了教材建设的新蹊径。因为它适合教学，学校普遍长期采用。

1934 年，叶圣陶和夏丏尊、宋云彬、陈望道合编成了《开明国文讲义》（开明书店出版），这是为开明函授学校编写的讲义，全书三册。第一、二册注重文章的类别和写作，第三册注重文学史。每篇选文后附有解题、作者传略及语释。第一、二册每四课设有一篇文话，讲文章的写作、欣赏等。第三册每三课设有一篇文学史话，讲文学的时代和社会的背景。文话、文学史话和选文互相照应，互相印证。第一、二册每隔四篇还有一篇关于文法、修辞的讲话，这部分注重理解的实用，竭力避免机械的术语和过细的分目，使学习者对于语言文学规律具有扼要的概念，并养成正确地、精当地表达的习惯。文话，文学史话，文法、修辞讲话的后面都有复习性或启发性的练习。这套教材的特点是便于自学，内容丰富，注重应用。

1935 年，叶圣陶与夏丏尊合编初中国文科教学自修用《国文百八课》（开明书店 1935 年出版），全书共六册。在本书的《编辑大意》和《关于〈国文百八课〉》一文里，阐述了他们的语文教育思想。可以说，这套教材和上述文章是叶圣陶教材编写实践的一次总结，是他语文教育思想成熟的一个标志。《编辑大意》（《叶圣陶语文教育论集》第 171 页，以下凡引自此书的，只标页码）里，提出了很多新思想。他第一次明确提出，国文科是一门科学，必须把它当科学对待。他说："在学校教育上，国文科一向和其他科对列，不被认为一种科学。因此国文科至今还缺乏客观具体的科学性。本书编辑旨趣最重要的一点就是想给与国文科以科学性，一扫从来玄妙笼统的观念。"这些话切中以往语文科教学的要害，为语文科建设指明了方向。他在教材的《文话一》里，明确讲到语文科教学的目的："中学语文科的目的说起来很多，可是最重要的目的只有两个，就是阅读的学习和写作的学习。这两种学习，彼此的关系很密切，都非从形式的探索着手不可。"（第 177 页）《国文百八课》在选文和编排上有很多特点。第一，选材范围尽量放宽，照顾到各种文体,特别提出应用文应入选。他说:“洋洋洒洒的富有情趣的材料固然选取,零星的便笺、一条一条的章则、朴实干燥的科学的记述等也选取。”(第178页)应用文在教材里和其他文章同样处理,从第一册起就编入,认为它是中学国文教学上的一个重要纲目。这一做法,在当时的教材编写中是很有新意的。第二,单元编排,形成完整严密的科学体系。一课就是一个单元,有一定目标。包括文话、文选、文法或修辞、习问四项,各项打成一片。文话是每课中心,讲文章知识,百八课有百八个项目,代表文章知识的108个方面;文选列古今两篇文章为范例;文法或修辞,从文选中取例,并保持自己的系统;习问是对前三项的复习巩固。从纵的方面看,四项都有一定的系统,构成全书一个完整严密的体系。单元编排的形式,从《开明国语课本》提出并实行后,到这套教材有了进一步的发展。这种形式也成为以后教材编写的特点之一。

从语文教材编写史的角度看,《国文百八课》可说是这个时期语文教材的范本,为我国现代的语文教材建设打下了良好的基础。这套教材的编辑思想和编排方法至今可以借鉴。

(三)1937年7月~1945年

抗日战争开始,叶圣陶的教材编写、改革的工作被迫中止。《国文百八课》原定出六册,只出了四册。

1937年底,叶圣陶由武汉转赴重庆。1938年,先后在重庆的巴蜀学校、戏剧学校、复旦大学和乐山的武汉大学任教。1940年秋,他应聘任四川省教育科学馆专门委员。1942年,开明书店(抗战时总办事处设在桂林)在重庆设立编辑办事机构——开明编译所,叶圣陶回到开明书店,主持编译所的工作,直到抗战胜利。

抗战期间,他与朱自清合作出版了《精读指导举隅》(商务印书馆1942年出版)、《略读指导举隅》(商务印书馆1943年出版)和《国文教学》等有关语文教育的著作。同时,在《国文月刊》、《国文教学》、《国文杂志》等刊物上发表了许多文章,进一步发展了他的语文教育和教材编写的一些思想。

《国文教学》(1945 年开明书店出版)一书收录了叶圣陶和朱自清关于教育的文章。书分上下辑,上辑收录叶圣陶的文章。这是一本经验谈,包括了关于语文教材编写的新思想,是研究叶圣陶这方面思想的重要资料。其中《谈语文教本》一文,专门谈到教材的性质和作用。他说:"语文教本只是些例子,从青年现在或将来需要读的同类的书中举出来的例子;其意思是说你如果能够了解语文教本里的这些篇章,也就大概能阅读同类的书,不至于摸不着头脑。所以语文教本不是个终点。从语文教本入手,目的却在阅读种种的书。"(第 182 页)在另外几篇文章里,还谈到几个重要的观点。第一,文道关系。叶圣陶对这个问题的看法很全面,很辩证。他说:"国文教学自有它独当其任的任,那就是阅读和写作的训练。学生眼前要阅读,要写作,至于将来,一辈子要阅读,要写作。这种技术的训练,他科教学是不负责任的,全在国文教学的肩膀上。"(第 57 页)把语文教学的目的说得很清楚。同时,"国文是各种学科中的一个学科,各种学科又像轮辐一样辏合于一个教育的轴心,所以国文教学除了技术的训练而外,更需要有教育的意义。"他认为,教育意义主要体现在选材的适当上。第二,语文教学不是文学教学。他说:"国文所包的范围很宽广,文学只是其中一个较小的范围,文学之外,同样包在国文的大范围里头的还有非文学的文章,就是普通文。这包括书信、宣言、报告书、说明书等等应用文,以及平正地写状一件东西而载录一件事情的记叙文,条畅地阐明一个原理发挥一个意见的论说文。中学生要应付生活,阅读与写作的训练就不能不在文学之外,同时以这种普通文为对象。"这话说得十分符合实际情况。在他的提倡下教材选材的范围扩大到非文学作品的种种应用文。

从这个时期叶圣陶发表的许多文章看,他不仅是现代语文教材建设的奠基人,又是积极创新的改革家。他不墨守成规,不满足自己已有的成绩，总是提倡革新。他边教书，边编书，勤于思考教学、编辑中的问题，时时总结经验，提出新的看法。

（四）1946 年～1948 年

抗战胜利后，叶圣陶回到上海，仍在开明书店工作。他积三十余年教学和编著的经验，在这个阶段编写了几套深受好评的教材；他关于语文教学、语文教材诸多问题的主张，也更趋于完善，形成一套理论。

1946 年，他和周予同、郭绍虞、覃必陶合编了《开明新编国文读本〔甲种〕》，1947 年，和徐调孚、郭绍虞、覃必陶合编了《开明新编国文读本〔乙种〕》。这是叶圣陶主张把文言文和白话文分开教学，分两种教材编写的第一次实践。甲种六册专选白话，乙种三册专选文言。抗战刚结束的两年，叶圣陶就拿出了两套共九册教材，进行改革的试验，这是难能可贵的。

在《开明新编国文读本》的基础上，1948 年，叶圣陶与朱自清、吕叔湘又编成《开明新编高级国文读本》（六册）和《开明文言读本》（六册），这是供高中用的白话和文言分编的教材。这套教材在编排上有两个特点。第一，注意了教材的系统性，从内容到形式都是先易后难，由浅入深。“就体裁而论，大致一、二册记叙文描写文多些，说明文议论文少些，以后说明文和议论文逐渐加多，五、六册记叙文描写文就比较少了。”（第 194 页）第二，为帮助学生理解、学习，加强了注释和练习。白话文教材每篇后面分列“篇题”、“音义”、“讨论”、“练习”四项，文言文教材每篇后面有“作者及篇题”、“音义”、“古今语”、“虚字”、“文法”、“讨论及练习”等六项。引导学生有正确的思路，学会分析问题，并结合了实际应用。

二 解放后

这个时期可分为三个阶段。

（一）1949年初～1956年

从1949年3月起，叶圣陶长期主持全国中小学教材的编审工作，并发表了大量有关的文章，对社会主义教育事业和教材建设的创立和发展做出了重大贡献。在中小学语文教材建设上，他花费了大量精力，可以说，“文化大革命”前的17年中出版的每一本语文教材都饱含他的心血。社会主义社会促使他的教育思想、教材建设的思想发展到一个崭新的阶段。

1949年8月，叶圣陶主持了中小学语文科课程标准的起草工作，并起草了《中学语文科课程标准》，这个课程标准是供全国使用的（以后改称“教学大纲”），它总结了五四以来我国教材建设的经验（包括老解放区的经验），对解放后的语文教学和教材编写工作有重大影响。

《中学语文科课程标准》，始用“语文”一名。叶圣陶曾对此作过解释，“前此中学称‘国文’，小学称‘国语’，至是乃统而一之。彼时同人之意，以为口头为‘语’，书面为‘文’，文本于语，不可偏指，故合言之。亦见此学科‘听’‘说’‘读’‘写’宜并重”。课程标准里列目标、教材、教学要点三项。教材一项里，融会贯穿了叶圣陶几十年的比较成熟的思想，并随着形势发展有了新的进展。首先，关于选材标准，就精神说，要符合目标里规定的：通过语言文字的学习，从感性的认识出发，在学生的情操和意志方面，培养他们对劳动跟劳动人民的热爱，对祖国的无限忠诚，随时准备去克服困难战胜敌人的决心和勇气，服从公共纪律、爱护公共财物的集体主义精神（第199页）。这些提法在当时的政治形势下是很必要的。就文章的体裁来说，坚持他一贯的主张，“要包括一般人在生活上所触及的各类文字”（第201页）。其次，又一次谈到“中学语文教材除单篇的文字而外，兼采书本的一章一节，高中阶段兼采现代语的整本的书”（第201页）。用整本的书作教材的主张，叶圣陶多次提出，但历来试验不多，近年有个别学校采取这个办法，这方面至今还缺乏系统的研究。第三,认为“教材的性质同于样品,熟悉了样品,也就可以理解同类的货色”(第 201 页)。这是他一贯的思想。

1950 年,叶圣陶主持全国中学、师范学校使用的语文课本的编写工作,这是全国第一套通用教材。它的特点是具有革命的思想内容,反映了新民主主义革命在各方面的胜利,一扫旧社会许多国文课本中的封建的、买办的、法西斯主义的反动思想内容。这是十分必要的,在新中国刚刚成立的短时间内编出这样一套教材是应该肯定的。

1954 年 2 月,中央政治局扩大会议批准了《关于改进中小学语文教学的报告》,报告里提出“应当把中小学语文一门课程,分为语言和文学两种独立的学科进行教学”,将汉民族学校中的语言课定名为“汉语课”。教育部责成人民教育出版社拟订教材编辑计划,编订文学和汉语的教学大纲、文学课本和教学参考书。1955~1956 学年度,初中一、二册文学的和汉语的教学大纲、课本和教学参考书编定,在全国范围选定了 74 处中学进行试教。试教之前,1955 年 8 月叶圣陶对北京中等学校语文教师作了《关于语言文学分科的问题》的报告。1956 年 7 月 1 日,在全国语文教学会议上作了《改进语文教学、提高语文教学的质量》的报告。都谈到语言和文学分科的必要性和可能性,课程的内容和要求。尽管 1958 年停止了《文学》、《汉语》分科教学,但是这种分科编写教材办法的利弊都是可以借鉴的。在教材编写史上,不失为一次有价值的试验。特别是由于分科的要求,产生了“暂拟汉语教学语法系统”,使得中学语言教学有了可遵循的语法体系,这个体系影响至今。叶圣陶在这次分科试验中起了积极作用,做出了贡献。

(二)1957 年~1966 年 6 月

这个阶段,人民教育出版社中学语文编辑室在叶圣陶的主持和参与下编写了以下几套教材:1958 年至 1959 年编辑的中学语文课本，初中六册，高中六册；1960 年修订的中学语文课本；1961 年至 1964 年继续出版的十年制学校初高中语文课本，初中六册，高中四册；1963 年新编中学语文课本，初高中共 12 册。

这几套教材里，能较好地吸收解放以来语文教材编写的经验教训的是 1963 年的新编中学语文课本。这也是“文化大革命”前叶圣陶主持参与编写的最后一套教材，是建国以来编写的较好的一套教材。这套教材的编辑工作始于 1962 年，1963 年修改定稿，全面使用，直到 1966 年。这套教材吸收了十年制语文课本的经验，根据《全日制中学语文教学大纲（草案）》编写，力求体现《大纲（草案）》规定的语文教学的目的。这套教材的特点是：第一，选材有明确标准，现代文要文质兼美，是学习的典范，适合学生程度，入选的文章做了必要的文字加工；文言文，选得多的是思想内容进步健康，语言文字好的，内容无害的。这个考虑是比较全面的，克服了 1958 年那套教材在选材上的偏颇之处，符合语文教学目的，文道统一。第二，课文篇数增加，共 360 课，篇幅缩短。第三，加强了基本训练。各年级有循序渐进的安排。现行全国通用教材，很多地方学习了这套教材的编辑体例。

1966 年 6 月至 1976 年 10 月，十年动乱，教育事业受到严重摧残。叶圣陶的教育实践也被迫中断，这是很大的损失。在逆境中，他始终相信党，相信未来。

（三）1976 年 10 月～现在

叶圣陶以 82 岁的高龄迎来了祖国的春天。“多活几年，多做些事”是他献身四化的心愿。

作为现代的语文教材建设事业的创始人，他继续关心教材建设。1978 年 3 月，在北京地区语言学科规划座谈会上作了题为《大力研究语文教学，尽快改进语文教学》的发言。1980 年 11 月，第二次中学语文教材改革座谈会召开，叶圣陶到会指导，并作了热情的发言，他以十分迫切的心情期待语文教材改革的成功。

近年来,叶圣陶虽年事已高,体弱多病,但仍与语文教育界的朋友们保持着密切联系,不厌其烦地回答师生、同人们提出的问题,阐述他的教育思想。他说:“语文教学诚须认真研究,且须从速而务求实效,否则必将妨碍四个现代化之进程。”他大力提倡多作调查,多作研究,“切实研究,得到训练学生读作能力之纲目与次第,据以编撰教材,此恐是切要之事”。(第 744 页)这个思想对于今后编好教材,是有深远的指导意义的。

摘自《课程·教材·教法》1983 年第 3 期

怀念圣陶先生

吕叔湘

我认识圣陶先生是在成都,1941 年春天的一个细雨濛濛的上午。那时候我在华西大学中国文化研究所工作,圣陶先生在四川省教育科学馆工作。教育科学馆计划出一套供中学语文教师用的参考书。其中有一本《精读指导举隅》和一本《略读指导举隅》,是由圣陶先生和朱佩弦先生合作编写的。计划里边还有一个讲文法的书,圣陶先生从顾颉刚先生那里知道我曾经在云南大学教过这门课,就来征求我的意见,能否答应写这样一本书。

我第一次见到圣陶先生,跟我想像中的“文学家”的形象全不一样;一件旧棉袍,一把油纸雨伞,说话慢言细语,像一位老塾师。他说明来意之后,我答应试试看。又随便谈了几句关于语文教学的话,他就回去了,那时候圣陶先生从乐山搬来成都不久,住家和办公都在郊外。过了几天,他让人送来一套正中书局的国文课本,供我写书取用例句。

大约半年之后,我写完了《中国文法要略》的上卷,送给圣陶先生审阅,那时候他已经把家搬进城里了。后来开明书店设立成都编译所,就设在圣陶先生家里。圣陶先生一直在主持《中学生》杂志的编辑工作,后来又跟宋云彬先生合编《国文杂志》,他邀我给这两个刊物写稿子。我的《文言虚字》、《笔记文选读》、《中国人学英文》以及《石榴树》(即《我叫阿拉木》)的译文,或全部,或部分,都是在这两种刊物上发表的。因为送稿子到圣陶先生那里去,也就常常留下来,一边说着话,一边看圣陶先生看稿子。圣陶先生看稿子真是当得起"一丝不苟"四个字,不但是改正作者的笔误,理顺作者的语句,甚至连作者标点不清楚的也用墨笔描清楚。从此我自己写文稿或者编辑别人的文稿的时候也都竭力学习圣陶先生,但是我知道我赶不上圣陶先生。

写《中国文法要略》以及《文言虚字》等等,是我对学术工作的看法有了变化的表现,哪是因哪是果可说不清。原先我认为学术工作的理想是要专而又专、深而又深,普及工作是第二流的工作,我自己思想中本来就有这个倾向,我在那里工作的研究所的主持人更是十分强调这一点。可是我现在认识到普及工作需要做,并且要把它做好也并不容易。回想起来,我确实是受了圣陶先生的影响。圣陶先生把很大一部分时间和精力用来编《中学生》,值得吗？非常值得。现在七十多岁到五十多岁的人里边有很多人曾经是《中学生》的忠实读者,在生活和学问上受过它的教益的。

在这里我想顺便说一个故事。1949 年年初,开明书店收到魏建功、萧家霖等几位先生从北平寄来的编字典的计划,圣陶先生认为这个计划很好,复信说开明可以接受出版。这就是后来由附设在出版总署内的新华辞书社出版的《新华字典》,那时候圣陶先生任出版总署副署长。《新华字典》出版之后,新华辞书社并没有解散,圣陶先生打算让这个班子继续编别的辞书,并且希望建功先生辞去北京大学的职务,继续领导辞书社的工作。建功先生不肯,态度很坚决。后来有一天圣陶先生跟我闲谈,谈起这件事,他说:"难道在大学里教课一定比编字典的贡献大吗?”现在建功先生和圣陶先生都已经作古,我也不需要保密了。

1945年,抗日战争结束,圣陶先生一家随着开明书店由长江出川回上海,第二年我也随金陵大学回南京。为写稿的事,也时常有书信往还。1947年,圣陶先生约朱佩弦先生和我参加高中国文读本的编辑工作,我建议把语体文和文言文分开,编成两套,他们两位都同意。到1948年冬天,淮海战役的胜负已成定局,南京城里人心惶惶,很多人家避居上海,我也扶老携幼投奔开明书店。我在开明书店工作了一年有余,认识了章锡琛、王伯祥、顾均正、徐调孚、贾祖璋、周振甫、唐锡光等“开明人”,也多多少少感染上了那难于具体描写却确确实实存在的“开明作风”。圣陶先生不久就去香港转道去北京参加政治协商会议,人民政府成立之后担任出版总署副署长。第二年我应清华大学之聘也来到北京。虽然住得不近,也还时不时有机会见面。

1951年2月,我母亲在上海去世,我奔丧回南。回到北京,家里人告诉我,圣陶先生找过我,说有要紧事儿。我去了才知道是要写一个讲语法的连载,在《人民日报》上发表,主要是供报刊编辑以及一般干部参考。发起这件事的是胡乔木同志,他曾经问过语言研究所,语言研究所不愿意承担,才找到圣陶先生,圣陶先生说可以找吕某人试试。这就是《语法修辞讲话》的由来。这件事在我的生活中形成又一个转折点。1952年高等学校院系调整的时候,我被分配到语言研究所,做语法研究工作,还在人民教育出版社兼任一名副总编辑(圣陶先生是社长),照料语文课本的编辑工作。如果没有《语法修辞讲话》这件事,很有可能我会跟着清华大学中文系并入北京大学,或者调到别的大学去。

《语法修辞讲话》给我惹出许多事儿。首先是到处邀请做报告,其次是回答纷至沓来的读者来信。过了几年,好像没事儿了,忽然有一天接到圣陶先生一个电话,说是某方面的指示,要写一篇批判《语法修辞讲话》的文章,并且点名要圣陶先生写。圣陶先生在电话里说,这篇文章他不会写,"解铃还是系铃人,还是请你勉为其难吧。署名当然还是署我的名字"。这可把我难住了。对于《语法修辞讲话》我也不怎么满意,可是我的不满意跟那位不知道名字的发指示的同志的不满意,大概不是一回事。所以这篇文章很难写,既要让考官满意,也得让挨批者不太难堪。好在已经过多次政治学习,如何发言才算"得体"已经多少有些经验。饶是这样,一千多字的文章还是写了一个星期,登在《人民日报》上,也不知道命题人是否满意。

《语法修辞讲话》的发表引起了一阵"语法热",一两年内就出版了十来种语法书。圣陶先生大概也看过几种,好像都不满意,有一天跟我说:"能不能写一本不用术语的语法书,容易懂,而且实惠?"我说:"不用术语恐怕办不到,少用几个,像'名词'、'动词'、'主语'、'谓语'等等,也许能够办到。至于实惠,也就是对说话、作文有帮助,那就更难了。"圣陶先生当然没有叫我试写,我可偷着试过好几次,都是写着写着就写不下去了。我希望有人能满足圣陶先生这个遗愿。

我在人民教育出版社照料初中汉语课本的编辑工作,当时的计划是要把汉语和文学分成两套课本的。实际工作是张志公同志负责,但是我得认真审读,提修改意见。这套课本仅仅试用两年就不用了,汉语和文学又合流,恢复原先的语文课本的编法。这时候我已经不兼人民教育出版社的职务,但是圣陶先生叮嘱我好好审读新编的语文课本。不久,我在语言研究所主编的《现代汉语词典》的初稿陆续出来,圣陶先生和朱文叔先生都是审订委员会的委员,也只有他们二位认真提了些修改意见。

"文化大革命"开始以后,彼此不通音问。我听说周总理设法保护文教界的一些老先生,估计圣陶先生会在内,也就放心了。我自己则由隔离反省而集中学习,而下干校,又和二十多位同志于

1971 年初提前放回北京,仿佛做了一场稀奇古怪的大梦。这时候虽然仍然受驻机关的军宣队、工宣队管束,已经基本上可以自由行动,于是有一天我就去访问圣陶先生。大概这个时候圣陶先生那里还是很少有客人来吧,看见我非常高兴。寒暄几句之后,他睁大眼睛问我——至今我还记得很清楚——"你是什么罪名?"我说:"反动学术权威加走资派,双料打倒对象。"圣陶先生叹了口气,半晌不说话。后来互相交换熟人的消息,圣陶先生扳着指头算了会儿说:"我认识的人里边,死了的和下落不明的,十七个。"

圣陶先生和王伯祥先生是幼而同学,长而共事,交情很深。伯祥先生那时候身体不好,在家里很寂寞,圣陶先生常常去看望他,有时候乘公共汽车,有时候步行。二位老人的心情是不难理解的。因此,我也过些时候就去看看圣陶先生,尽管没有多少话要说。

圣陶先生不是以书法知名的,可是书以人重,来求墨宝的还是很多。我在上海的时候曾经得到他一副篆书短联。1976 年有人送我两张高丽棉纸,我拿去请圣陶先生给我写点什么。他写了两首诗送我,是楷书写的。

> 华西初访犹如昨,既接清芬四十年。邃密深沉殊弗逮,媿存虚愿欲齐贤。
>
> 并臻信达兼今雅谓使用现代语,译事群钦夙擅场。颇冀移栽名说部,俾因椽笔得深尝。

这里既有溢美之辞,也有勉励的话,希望我翻译外国名著。我又何尝不想在这方面多做点工作,但是我也跟很多人一样,时间不能完全由自己支配,也就顾不上了。

在这以前,圣陶先生也曾经在我女儿吕霞写的《在抗战中度过的童年》的前边题过一首《洞仙歌》,那些短篇是原先发表在《开明少年》上,后来剪贴成册的。

华西初访，记见垂髫觌。小试文心不吟絮。叙离乡，辗转汉浦湘皋，更绕道遥傍滇池侨寓。　　曩曾雠手稿，卅载于今，重读依然赏佳趣。观感本童心，暗喜轻愁带幽默，时时流露，待掩卷津津味馀甘，却不免追怀西南羁绪。

1977 年 8 月，谢刚主（国桢）先生发起去承德避暑山庄游览，邀请圣陶先生、唐弢同志和我同去，圣陶先生由至善世兄随侍，唐弢同志和我也都有家属陪同。那时候避暑山庄还没有正式开放，游人很少。我们住在文津阁楼下，非常清静。早晚在松林中散步，虽少花香，不乏鸟语。尽管只住了一个星期，但是来去自由，没有多人迎送，也不要讲话和应酬，圣陶先生心情很舒畅，后来还屡次提到。第二年夏天圣陶先生参加政协的视察组去四川，路上患病，回到北京去医院检查出来是胆结石，做了手术，在医院里住了三个多月，健康大受影响。这以后，除 1982 年到烟台作短期旅行外，就没有再出京了。

我最后一次晤见圣陶先生是 1987 年 9 月 8 日。这一年他健康情况比较稳定，那一天正好有新华社的老摄影记者邹健东同志来给圣陶先生拍相片，也给我们两人拍了一张合影，圣陶先生兴致很好。11 月 17 日上午我去看望圣陶先生，他因为晚上没睡好，早餐后又睡着了，我没有惊动他。至善有事出去了，我跟满子说说话就出来了。后来我自己闹病，住了一程子医院，回家休养，一直想去看圣陶先生都因循未去。有一天张志公同志来看我，说起圣陶先生，他说他也好久没去看望了。我们相约过几天去看他老人家。又过了几天，志公在电话里告诉我，圣陶先生又住院了。最近几年，他常常住院，所以我也没放在心上，打算过些时到医院去看他。2 月 16 日早晨，志公同志来电话，说叶老去世了，我后悔没早去医院。第二天我自己患感冒躺下了，追念往事，做了一副挽联：

交情兼师友，四十八年，立身治事，长仰楷式。

道德寓文章，一千万字，直言曲喻，永溉后生。

也只是在心里念道念道，没有写出来送到民主促进会举行的追思会上去。下联是天下的公论，上联却是说出我个人的感受，可是我相信，像我这样受过圣陶先生言谈的影响、行事的感染的真是不知道有多少人啊！

原载《新文学史料》1988年第3期

悼念我最尊崇的叶圣老

苏金伞

一

叶圣老于今年2月16日逝世，到今天（5月16日）已整整3个月。3个月虽然只是一瞬，但已换了一个季节，大街上的梧桐树已抛下了浓荫。这满城的绿阴使我想起叶圣老。这些梧桐树一到秋天，叶子就会飘落。但叶圣老留下的绿阴，将在世间永存。作为活动着的人，他离开了我们；作为历史上的人，他将永远活着。

叶圣老是我的前辈，是我最尊重的老人。他的逝世，使我很长时间失去了心中的平衡，好像丧失了一种什么，而这种丧失又是不可弥补的。

叶老比我大12岁。1920年我考上开封第一师范时，是15岁，还是一个乡下的土孩子，而叶圣老已是成名的作家。我一到学校，由于五四运动余波未熄，成天罢课游行示威，把守城市检查日货。不上课就整天在操场上踢足球；但同时对新文学运动极有兴趣，尤其对于新诗。除了踢球以外，有时也钻钻图书馆，看看新出的文学刊物和报纸，经常读到叶圣老的文章和他的小说。有些文章给我的印象很深。文章朴实明畅、不发高深的议论，但含有颠扑不破的道理；不夸夸其谈故作惊人之笔，但看过以后深入人心难以淡忘，从思维认识上不知不觉地影响着我。1921年他和沈雁冰、郑振铎等人成立"文学研究会"，主张文学为人生，源出生活。这正是叶圣老文学创作的核心，也影响了我一生的文学思想。

那时我不过是个不称职的小读者，对他当时发表的文章没有机会全读。开封师范大门口内，有人摆个书摊，卖的全是新文化的书刊，《新青年》、《新潮》，叶圣老编的《诗》以及《文学旬刊》、《文学周报》等许多刊物我都可以在那里看到。叶老的文章有许多是在这个书摊上得到的。这个人对新文化的传播颇起点作用，不像现在的书摊专卖庸俗低级的东西。后来慢慢发展，在开封西大街开个书店兼卖文具，不用店员，仍然亲自站柜台，人称梁掌柜。

我考入开封第一师范时，四年级学生有个徐玉诺，已经在报刊上发表了许多新诗和小说。因为我是低年级学生，相差几年，没有接触过。但因为正已是大名鼎鼎，所以我认识他。1921年成立"文学研究会"时，成员中也有徐玉诺。他的诗除了和叶圣老、周作人等人合出的《雪朝》外，他还有诗集《将来的花园》。1921年暑假毕业离开学校后，没有见过他。但也不断地听到他的一些消息。因为他的诗人气质太重，行动有些出乎常人的意外，传为趣闻；也听说他去江苏去看过叶圣老。

那时我虽喜欢文学，有时也在校刊上发表一两首新诗。但一个十几岁的孩子怎敢向大刊物上投稿，当然也不会妄向大作家写信。叶圣老不过是我的一个崇拜者而已。他的小说集《隔膜》、童话《稻草人》以及以后出版的《倪焕之》都是我最好的读物。

又一个12年，即1932年以后，我才开始陆续在上海《大公报》、《现代》、《文学》、《新诗》等报刊上发表一些诗作，数量很少。其时叶圣老在上海主编《中学生》，但没投过稿。1937年日本入侵后，各机关学校逃出开封，我辗转到了河南大学。河南大学搬到河南嵩县深山里，交通闭塞，跟外地隔绝，但仍能看到重庆、昆明、桂林等地出版的一些刊物。40年代写诗最多，也是我写作的最好时期，大多发表在以上各地刊物上。但对叶圣老的消息却听不到了。

1945年8月日本投降，1946年2月我才回到开封，仍在河南大学任教。从1946年到1948年这一段时间，我写诗的内容更辛辣尖锐，写了不少讽刺诗。当时许多作家回到了上海，生活不安，工作难定，刊物也极少。也有地下刊物如《文萃》、《新文萃》等多无地址，寄去稿子难以收到。我就把稿子寄给叶圣老请他转给《新文萃》，我的长诗《国民身份证》，就是叶老转去发表的。有些诗他放在《中学生》上发表。曾引起一些中学生的反响，有些学生去信给《中学生》，对我的诗给以好评。

1948年6月，开封第一次解放，我和嵇文甫、王毅斋、李俊甫等教授被邀入解放区。叶圣老也于1949年3月经由香港到达北平。但由于我当时在“北平军管会文化接管委员会”工作，我和丁易接管北师大。除了在北师大解决一些问题外，还要跟随“文化接管委员会”主任钱俊瑞到北平各大学及各大专院校参加接管仪式，晚上还要碰头开会汇报情况，抽不出时间去看叶老。一直到接管工作结束，我又回到华北大学参加文学创作组，在开全国第一次文代会前夕，我才到他家去拜见他。那是一个晚上，他刚参加宴会回来，脸喝得红红的，也可能微有醉意。我不便多坐，说明来意就匆匆告辞出来。他连连表示歉意，把我送出门来。在开文代会期间，只见他坐在主席台上，未再接触。开过文代会，不久我就调回河南筹备河南省文联。办了群众性刊物《翻身文艺》，同时还办了一个文学刊物《河南文艺》。在《河南文艺》创刊号上，我发表了新诗《犁耙地》。这是描写农民分到土地的心情的。发表后受到了批判。批判文章也登在《河南文艺》上。当时情况是：只要有人批，就是坏作品，只有接受批评，无权反驳。而且登在我主编的刊物上，表示我已虚心接受。不过不久接到北京人民教育出版社编辑部来信，说要把这首诗编入中学语文课本上。因为这首诗是写土改的，而当时正在全国进行土改，是最合适的教材。并建议把题目《犁耙地》改为《三黑和土地》，自由体改押韵诗，征求我的意见，我当然同意，改这首诗时肯定得到叶圣老的指导，因为他是当时的人民教育出版社的社长，又是出版总署副署长。解放前编过多种语文课本，极有经验，解放后的第一部语文课本，以他的极端负责精神，他当然会关心而且要具体审定课本文稿的。在北京举办的全国中学语文教师讲习班上特别讲解了我的这首诗，因此发生很大的影响。这在解放初期的中学语文教师及中学生都是熟悉的。

1953 年开第二次文代会时，我又去看他，他还提到上次拜见时他喝醉酒的事，我说："你的记忆力真好！"从这一件小事上也可以看出这位老人对人恳切、深厚、谦诚的态度。叶老给人的感觉是：令人尊敬但又觉亲热，不是只令人景仰而中间却有距离。

1955 年从胡风问题开始，而反右，而文化大革命，接连陷入可怕的风暴漩涡之中，二十多年失去了人的一切价值、一切活动、一切权利，也包括发表作品的权利以及参加第三届全国文代会的权利；也丧失给人写信的资格。因此二十多年没有和叶老联系过。

1977 年 3 月间，"四人帮"被粉碎后不久，我特意到北京住了一个月，看望多年不见的老朋友。比较熟悉的老朋友都见到了。不少划过右派的朋友，工作都没安排，房子都没解决。艾青住在什锦坊小胡同里，半间小房子里住了一家人，《人民日报》上还有人点名批判他，最使他恼火。萧乾住在天坛附近，也是半间小房子堆满了书籍和杂物，连下脚的地方都没有。吕剑、荒芜的情况都不妙。

除了看望老朋友外，当然要专诚拜见我的前辈：叶圣陶和曹靖华二位老人。

叶老已迁至现在的住址，东四八条 71 号。我在吕剑那里吃过晚饭，一同去看他。路上遇见常任侠，也一块去了。大概由于叶老的威望及国际上的影响，“四人帮”没敢碰他。到他家时，正准备休息。至善同志到里面跟他说我们来了，马上出来接见我们。那时他已 83 岁，身体健康，大劫之后能看见我所尊敬的人安然无恙，感到欣慰。他也问了我的情况。我的工作并没安排。河南还正是“四人帮”爪牙在掌权呢。

在书案上看见他给人写的篆字对联，工整有力。他说以后不再给人写篆字了。我请他给我写个小条幅，他慨然允诺。坐了大约个把小时告辞出来。我回河南后不久，由吕剑转来他给我写的小条幅，内容是参观内蒙古时自己作的一首绝句：

天似穹庐始信然，
草原一碧望中圆。
临风呼侣笑相语：
到此方知天地宽。

书旧作初到呼盟草原绝句，以应金伞同志雅令

一九七七年四月叶圣陶

1979 年 10 月，我去北京参加全国第四次文代会。一到北京，住下后即到他家去看他。那是下午，叶老午睡未起，跟至善同志说了几句话，不敢惊动他，就回住所了。开幕的时候，他坐在主席台上，长长的眉毛都已雪白，我坐在后排当然无从接谈。绝没料到在开会期间会接到他的来信：

金伞同志赐鉴：

二十八日午后承宠临，以入睡失迎，甚深抱歉，不敢乞恕。会场中人多，寻找良不易，故作书致其诚意。

故友徐玉诺之事迹，有谢照明、王予民二位同志从事调查

访问，二位为平顶山市教育界中人，曾到玉诺之家乡鲁山。观二位来信，言玉诺之子已故，今二孙在生产队劳动，年皆逾三十，贫困未能结婚，希望能得适当之照顾。今闻足下语小儿至善，谢照明、王予民二位曾到文联访谒，其言必较详。念玉诺为新体诗之早期作者，其性格独特，曾在多处任教，而今已少有知之者。倘文联能调查研究，为撰一篇传略，并通过正当途径，俾其二孙之穷困略得改善，则我代为玉诺感激不尽矣。匆匆作书，言皆草率，得原宥为幸。敬请旅安。

叶圣陶　十月三十一日上午

（1979 年）

信中提到的徐玉诺，是中国的早期诗人，我前面曾提到过，跟我同过一年学。随后四处奔走，教书多年。信中所说“性格独特”，就是我说的“诗人气质过重”。20 年代初期，写了几年诗，也写了几篇小说，以后就辍笔执教，再也未发表作品。解放后，安排在河南省文联。被聘为省政协委员、人大代表，曾和我们一同几次参加土改。1951 年在许昌五女店土改时，感情激荡，老嫌斗争不彻底。曾写打油诗一首：

土地改革五女街，
斗争地主如煮鳖，
大鳖小鳖一齐煮，
可惜锅里水不热！

1957 年我被划为右派，下到大别山新县劳动改造。1958 年听说他患食道癌病逝，我当然无资格参加他的追悼会。这些情况，叶老恐怕也不会知道的。

1979 年我还是“摘帽右派”，一切还受歧视，但我回来以后，还是设法积极进行的。我把进行的情况写信告诉他，他马上复信：

金伞同志赐鉴：

上月二十七日手书昨日接读。

前承惠顾，深歉失迎。本以为会场中总能晤面，不意竟未如愿，愧疚更切矣。

徐玉诺之二子在鲁山县乡间，据谢照明、王予民二位同志来书云，曾往访其乡，遇见二子；年皆三十余，贫困尚未结婚。我猜想鲁山恐是较为穷困之县，农民大多艰苦，未必独此二子。今来书言玉诺之女在武汉，可否设法与她接洽，借知她的弟兄的情况。倘果属极度困难，敢恳有关方面酌情照顾。我意如此，请足下审度其妥当与否。

专此敬复，即请

著安。

叶圣陶上　十二月二日

（1979 年）

信中所说“徐玉诺之二子”，实际上是徐玉诺的两个孙子；玉诺在武汉工作的女儿，应该是他俩的姑姑，想系叶老一时笔误。

1979 年底，我的“摘帽右派”彻底平反。1980 年初，我找到河南省摘帽办公室负责人卢治国，请他协助解决徐玉诺孙子的工作问题，并把叶老的信拿给他看。徐玉诺的儿子也划了右派，人已死，给他的孩子安排工作也是合理的。治国同志极为通情达理，慨然给了一个指标，交鲁山县负责解决。不久徐玉诺的孙子来家，说已给他安排了工作。我把情况写信告诉叶老。叶老马上回信：

金伞同志惠鉴：

顷接五日手书，获悉足下为徐申费神之详情，欣感之至。

如此办理，彼兄弟二人处境当可改善，亦见党政方面落实政策之实绩，至足歌颂。而多劳清神，我亦深铭于心。

玉诺为新体诗初期颇为努力创作之人。虽曾两度特到江南看我，而语言隔阂，其所谈我往往不能全晓。当时信札来往不少，后则渐稀。我屡次搬迁，其信札无一留存。渠曾任教于河南福建二省，不知今尚能访得与玉诺相识之人否。又闻解放之后曾任政协委员，不知是省政协抑市政协，文联方面或可打听而知之。倘能搜集其生平事迹，为撰一传略，亦河南之文学史料也。

鄙况如常。视力听力益差，至感不便。

文代会之时承赐顾，未能晤面倾谈，恒感疚心。何日再临，企之无已。

即请

撰安。

叶圣陶二月十日傍晚

（1980 年）

1981 年我因患气管瘤（良性）去北京动手术，1982 年回河南，1983 年《苏金伞诗选》由人民文学出版社出版。收到样本时曾给叶老寄去一册，另外写了一封信，信中提到刘岘给他刻的头像，我装上镜框挂在墙上朝夕瞻仰。他马上回信：

金伞同志惠鉴：

久未通信，今日得赐书，喜逾寻常。惟闻抱病未全愈，又不免殷念。祝愿珍重保养，医疗奏效，早臻康复，克符鄙意。刘岘同志为刻像颇费功夫，先请人来照好些相片，然后择其佳者刻之。

尊作诗选已出版，闻之深喜，前言中齿及我，良为惭愧。

书想来不久即可收到，先此道谢。我耳目皆极度衰退，视听极不便，书报全不看，只令家中人择要告我。饮食睡眠血压脉搏皆尚好，可请勿念。

匆复，即请

大安。

叶圣陶

一九八三年六月二十日

这是给我的最后一封信，在“耳目皆极度衰退”的情况下，还给我回信。捧读之下不禁肃然起敬。以后就不好再打搅他了。1986年冬天，着小女苏岩带着一些吃的和两个南阳玉制的健身小球给他送去，希望老年人活动活动手指。老人握住她的手，视听皆不见，已无法进行谈话了。

嗣后未再联系，不知道什么时间又住进医院。今年2月16日逝世这个极其不幸的消息，使我感到突然。唁电中称他为“中国新文学的开创人，其作品将千古传诵，其品格将万世尊崇”。在中国历史上他应该得到这样的位置。

1988年5月21日

原载《新文学史料》1988年第3期

道德文章　一代师表

——缅怀叶圣陶老人二三事

曹治雄

四五十年前，我在长沙农村念小学，上初中，从国文课本里先后读到叶绍钧的《蚕儿和蚂蚁》、《五月卅一日急雨中》。从此以后,“叶绍钧”的名字就一直刻在了我的脑子里。我很喜欢他的文章,这两篇课文都能背诵。

解放初期,我在中央团校语文史地教研室工作。我们语文组的几个同志边工作边学习,其中一项学习内容,就是听出版总署叶圣陶副署长讲语法修辞课。第一次听课是深秋时节,我们骑车到了北京东总布胡同出版总署。礼堂前排中排已坐满了人,我们只得坐在靠后的座位上。

一位个子不高的中年人健步走到讲台旁,先向听众一鞠躬。啊!他就是叶圣陶,叶绍钧,我崇拜了十多年的一位文学家,现在居然有幸听他的课了!怎么,他是副署长,又是课堂上的先生,倒先向学生鞠躬?我有点诧异,立刻,一种如沐春风的亲切感和幸福感油然而生。

讲课的内容现在记不全了,当时的笔记也没有留下来,然而叶先生举的一个例子,数十年来却一直刻在我的脑子里。先生说:“报纸上对国庆二周年庆典的报道中有这样一句话:‘……群众的欢呼声响彻天安门广场。’这‘彻’字用得不对,应当用‘响遍’;如果要用‘响彻’,只能用‘响彻云霄’之类的词组来形容,虽说不很贴切,但语法是正确的,逻辑也通。”为什么不对,为什么正确,他作了简明扼要的解析。以这个例子举一反三,我觉得至今仍在受益。

到出版总署听叶先生讲课共有数次。每次讲课,叶先生都从实例出发,提炼出语法修辞、作文技巧等带规律性的东西,条分缕析,明明白白,好懂好记,富于启发性,便于在实践中运用。

当时,中央团校的学员是来自全国各地的县、地两级团干部,他们当中很多人文化水平不高,因此学校开设了语文、历史、地理等文化知识课程,并且请了一些名家来讲大课。周扬、何其芳、荣孟源、侯仁之等同志都来讲过课,也请叶圣陶先生讲过。课堂是团校大礼堂(现在圆恩寺影剧院),能坐一千多人。

那次请叶圣陶先生讲课,校领导派我随车去接他。不记得是车子出了故障,还是司机耽误了,我们晚去了二三十分钟。一进东四八条叶宅客厅,只见先生端坐那里等着,面色有些焦急。我连忙抱歉,解释了两句。他却平静地说:“上千人等着听课,想必会更急的,真对不起他们!”我因为先生没有批评而感到意外,更为他只替学员着想而深受感动。叶先生讲的是苏州官话,一部分学员不能完全听懂,某些内容也不一定都能懂。在先生建议下,我把一些估计不好懂的词语用大字随时写在黑板上。学员反映,这样做效果很好。嗣后凡讲大课,我们都推广这一做法。

50年代末,我改行到中国少年儿童出版社做编辑工作。1962年,中国青年报社请时任教育部副部长的叶圣老给记者们讲写作通讯报道的问题。这次,叶圣老主要分析了两篇通讯:一篇写得不好的,一篇写得好的。他从语法修辞、文字风格、写作技巧等方面讲解了为什么前一篇写得不好,后一篇写得好,讲得十分切实、生动、透彻,虽然是给记者讲的,但我们做编辑工作的同志,受益也不浅。后来听说,叶圣老事先请报社选送了20篇记者写的稿件,他都仔细看了,从中选出这么两篇进行对比分析,因此讲得有的放矢,鞭辟入里。

十年浩劫造成严重“书荒”,复业后我们都以一种紧迫的责任感加紧工作。70年代末,我们编辑室的重点选题——三套历史故事相继发稿,我想请三位德高望重的老前辈题写书名。经过努力,《中国历史故事》请了茅盾同志题写,《中国革命历史故事》请了徐向前老帅题写;《世界历史故事》,想请叶圣陶同志题写。叶圣老的题签是在叶至善同志协助下如愿的,简体字的书法工整劲峭,骨力刚健,我看了非常满足,不禁连声赞叹。可再一看,写的是“外国历史故事”五个字。我对至善同志说:“是‘世界’历史故事,是不是叶圣老笔误,把‘世界’写成了‘外国’?”老叶反问:“这套书包括不包括中国的内容?”我回答不包括。老叶笑笑说:“既然不包括中国的，叫《外国历史故事》不是更贴切吗?”

一个书名，叶圣老推敲得多么仔细啊！我立刻感到，自己的思维不缜密，工作作风也不够严谨。这方面，叶圣老永远是我的楷模。

后来，我调到文物出版社工作。1986 年是江南名城苏州建城 2500 周年，苏州市政府筹备纪念活动。由他们倡议，中国历史博物馆、辽宁省博物馆和文物出版社决定合作编辑出版清代乾隆年间吴县著名画家——徐扬(字云亭)精心描绘苏州当年盛况的《盛世滋生图》，以襄盛举。苏州是叶圣老的家乡，我们如果能请叶圣老为图册题签、题词，不仅是锦上添花，而且意义很大。但是叶圣老年事已高，是否还能写毛笔字？我先给老叶打了个电话，然后在一天下午到了东四八条叶府。老叶告诉我，他父亲身体已大不如前，视力严重损坏，还有其他疾病，这几年住院的时间多，家居的时间少，提笔写字已经不可能……听到这里，我失望的心情顿时涌现脸上。老叶看出来了，他说：“有个办法，从我父亲过去手写的文字里，找出‘盛世滋生图’这五个字，连接起来，可以吗?”我欣然从命。

老叶从书柜里搬来了好几本叶圣老的手迹，其中有叶圣老自己多年的诗词作品，还有一两本是十年浩劫中抄录的古代诗词。我和老叶一页一页、一本一本地翻着，寻觅着所需要的字。同时我似乎亲眼看到，一位卓然成为大家的老前辈，就是这样一字一字、一句一句耕耘过来的啊！至于 70 年代前期抄录的那些古诗，不正是以一种特殊的方式，表示了对魑魅魍魉无声的愤怒的抗议吗！老叶和我找了大约两个小时，共找到了 4 个字，还差一个“滋”字。老叶说，他晚上再从叶圣老其他手迹中找找看，估计能找到。过两天，老叶果然找到了，并把有这 5 个字的几个本子亲自送到文物出版社给我，在场的同志无不为获得叶圣老的墨迹而高兴。

关于题词，老叶说：“题词的字数较多，要从我父亲的手迹中找这么多字,实在太不容易,而且这种做法不太合适,如何是好呢?"我同另一位负责同志商量了一下,决定仍请叶圣老题词,就用印刷字制版。老叶同意了。几天之后,他又亲自把题词稿送来。

这年 11 月,《盛世滋生图》出版了。其时我已调到了中央统战部工作,出版社仍旧委托我把赠书送交叶圣老作为纪念。叶圣老出院不久,老叶从里屋搀扶他走了出来。我见老人背微驼,步履缓,但一双银色的长眉使刚刚康复的面容显出精神。我赶紧趋前问安,祝他老人家健康长寿,并代表出版社致谢。老人说他近来身体好些了,只是眼睛不行,差不多看不见了。我告诉他《盛世滋生图》已经出版,印制质量还比较好,他老人家写的书名墨迹和题词,使这本图册增色不少。老人听了很高兴,一边翻阅图册,一边谦虚地说:"眼睛看不见,腕力也很差,实在不能提笔。这集起来的几个字,没有满足你们的要求,也对不起读者啊!"我深为感动,忙说:"书名的 5 个字和谐统一,我们非常满意了,想必读者也会喜欢的。谢谢你老人家!"

叶圣老的名字,在我心中占据了几十年。如今,他虽然永远地离开了我们,但是,他的道德,他的文章,堪称一代师表;他的业绩,将长存于世。

原载《出版工作》1988 年第 9 期

叶圣陶和《辞书研究》

尚　丁

五四文学运动的最后一位元老——叶圣陶先生,离开我们了。

叶老是我国著名的作家、教育家、出版家和社会活动家。但叶老自己却说:"如果有人问我的职业,我就告诉他,我当过教员,又当过编辑，而当编辑的年月比当教员的多得多。”他还特别声明：“作家不是我的职业。”

叶老一生做了七十几年编辑，他那丰富的编辑出版经验和模范榜样，是我们的珍贵财富。我和许多后辈青年一样，小时候读过叶老的《稻草人》，中学时代成了《中学生》的忠实读者，叶老和夏丏尊先生合著的《文心》，把我引导进了做文字工作的胜境。40年代初，我担任《国讯》杂志的编辑，叶老从1938年起就是这个杂志的编辑委员(他担任此职10年之久)。从而，我终于见到了仰慕多年的前辈叶圣陶先生。我庆幸自己有这样一位教导我做编辑工作的好老师。四十几年来，他的手札，他为我修改习作，使我得到莫大的教益。叶老的一言一行，都是我学习的榜样。他对我的厚爱和教诲，终生不忘。

从50年代中叶起，我“破帽遮颜”25年，和叶老的往来少了。史无前例的十年过去以后，我担任《辞书研究》的编辑工作，又不断地和叶老通信，向他请教，几年之中，积有十几封信。重读这些书信，发现大多数是和《辞书研究》有关的，他的教言，指导我们编好这个杂志，同时对编辑出版工作也有其普遍意义。

《辞书研究》于1979年创刊后，我写信给叶老，要求他就开明书店出版的《辞通》，为《辞书研究》撰文，不久，就接到叶老回信说：

> 久未晤面，昨接来书，方知足下在辞书出版社工作。寄下之《辞书研究》均收到，我以目力不济，未能全看，选看数篇，皆有味。
>
> 颇有索稿者，而我皆无以应之。已届衰年，只能书其所欲言，不能如学生然，因老师命题而作文。而索稿之事，有似老师命题，故未能勉应。明知此殊对不起人，而也无可如何也。《辞通》之回忆文章，吴文祺先生为之最适宜。惜宋云彬先生

> 已逝世，否则亦可评谈《辞通》。至于我，虽在开明而未当与其役，故未能有所作，尚祈谅之。……
>
> 叶圣陶　一九八〇年一月八日

这是叶老对我冒失的编辑作风的一个委婉的批评，但却给了我很大的启迪。在这里，叶老提出了一个反对"命题作文"，主张"书其所欲言"的原则。这也涉及一个文风问题。几十年来，报刊上常有空洞无物的应景文章，废话、套话连篇，问题不就在这里吗？其实，叶老做编辑工作，一向就反对"一窝蜂"的"拉稿"和"命题作文"的。他45年前在成都文协分会的一次演讲时就说："现在通行'拉稿'。试想，拉来的稿子都会是精心结撰的吗？有许多作家常常说，他们写成了文章，是连第二遍都不看的，也不高兴看的。其实，这并不足以表示出他们高深的修养和卓越的天才，倒说明了他们对艺术的不很忠实。还有一些作家说他们一小时可以写两三千字，这，以我的经验来说，是不可能的。能够这样的若非卓越的天才，一定是在粗制滥造。在这种情况下，好作品当然不会多的。"

叶老的教导，引导《辞书研究》树立了务实的原则和言之成理、持之有故、朴实无华的文风。

显然，叶老在严格考察我们这个杂志。时隔一年，1981年初，叶老就来信鼓励我们说：

> ……贵刊所载文篇，质量相当高，我大多爱看。收到去年第四期之后，得空时兼靠两镜，在桌灯下看（晴窗下还得开桌灯），已经看了大半了。自以为受益不浅。我觉得现在可有可无的杂志不少，而贵刊是非有不可的好杂志。

上海辞书出版社的领导和我们编辑部的同志，对叶老的鼓励和奖评，十分感动。我受编辑部三位同志之托，写信感谢叶老，并向他报告我们编辑工作的情况。又立刻得到叶老热情洋溢的回信说：

尚丁同志：

接上月廿五日惠复，欣慰之极。耿庸同志我现在已经记不起来，在此向他问候。

三位朋友编一种期刊，要是大家认真从事，尽够了。以前我们办刊物，大都如此。现在总要十多人，甚至几十人，我总觉得奇怪。

你们三位最好挑选二三人作后继人。水平低不愁，只要有志于做好编辑工作就可取。空讲效果少，在编辑工作中学编辑最易见效。我看现在各个出版社都有这么一个问题，人多而效率低。所以我希望你们人少而效率高的三位创造好经验，影响到别的出版机构。

我前陈的建议承蒙采纳，极为心慰。

至善极忙，只能帮我复少数信件，接待来访客人。偶尔也代我起个底稿，但是我的难处在于不能有较为完整的意思说与他听。您的嘱咐当然不该拒却，只能说容我放在心上就是了。

匆复，即请

撰安。

叶圣陶启　三月二日

叶老的奖评，我们当然愧不敢当。而叶老又提出了两个主张，一是主张出版机构要“少而精”，二是“在编辑工作中学编辑最易见效”，就是在今天的出版界，仍然有针对性和现实意义的。

“少而精”，可以说是叶老的一贯主张，而且他是身体力行的。

叶老在1931年接手主编《中学生》杂志时,只有两个人。一个是他自己,还有一位助手就是他的夫人胡墨林先生。叶老说:"当时两个人编一本杂志,并不显得吃力,组稿、发稿、校对,样样都做,晚上不用加班加点。而且,每天还都写点文章、短评、卷头语和编后记等等。"

叶老在主编《中学生》时,还特别着力于培养青年作者和编辑,如胡绳、吴全衡夫妇,徐盈、子冈夫妇等,都是在叶老心血的浇灌下崭露头角的。

叶圣陶先生脚踏实地,勤勤恳恳做编辑工作一辈子,在自己大量写作的同时,还为别人——青年作者仔细修改、发表大量作品。他身教言教,乐此不疲地付出了毕生的心血,从而培养了一代有影响的作家和编辑工作者。

叶老对我们的工作,既有鼓励,也有批评。1982年3月,叶老来信说:

> ……我于《辞书研究》去年第四期之底封见《世界地名词典》之广告,二月十六日汇出八元与贵社读者服务部,函购此书。至今尚未见将此书寄来。鄙意以为办读者服务部甚为美意,惟尚需求办事迅速,乃能使读者称心满意。敢以奉闻,并乞代为一问。
>
> 叶圣陶　三月十日

待半个月后,叶老又来一封信,说:

> 惠函收到又一周,而地名词典仍未至。如此迟缓,实在可怪。鄙意尊处大可开个小会,商量如何改进为读者服务也。
>
> 叶圣陶　三月二十五日

叶老的批评对我社的服务工作很有触动。记得当时就把叶老的信在黑板报上公布了，读者服务部还专门开会认真检查了服务工作，切实加以改进。

叶老的目力越来越不济了，1982 年，他为审阅吴泰昌一篇关于李叔同先生的文稿，兼用两镜花了一天半时间写了三张纸的修改意见。由于过于劳累，因眼疾而引起其他疾病，急得家里人连夜请大夫。的确叶老做事就是这样认真，不论什么人写信给他，他都尽量亲自作复的。我得知这个情况后，立刻去信，请叶老对我的信件切切不要回复。当然，我也不敢再寄文稿请他看了。所以，到 1983 年止，叶老只给我写了 12 封信。但这 12 封信几乎封封都对《辞书研究》关切备至。

十分出于我们意外的，1984 年初，叶老知道五月是《辞书研究》创刊五周年了，而他在一月间就写了《〈辞书研究〉创刊五周年随笔》的文章寄来了。叶老在文章中说：

> ……我喜爱这种杂志，它作者群广，选辑相当谨严，这是一点。再一点是我对辞书颇有兴趣而缺乏素养，《辞书研究》每期送来，我从中选看若干篇，知所未知，闻所未闻，受益的乐趣难以描摹。可是前年和去年的《辞书研究》我都没有看，因为视力极度衰退，老花镜放大镜并用也不济事，只好割爱不看。近两年来我常叫孙辈给我念书刊，得到的经验是某些文篇宜于听人念，如创作小说、翻译小说、通俗论文、时事报道之类；某些文篇可不宜于听人念，稍带专门性质的，引用古文字稍多的，就属于这一类，而《辞书研究》文篇的大部分正是这一类。既不能看，又不便听，辜负了《辞书研究》编辑部寄赠的厚意，真是没法自赎的歉疚。
>
> 听说《辞书研究》编辑只有几位同志，我料想，在如今年代，大概是人数较少的编辑部了。人数少，却能编成这样的好

杂志，几位同志善于通力协作，相辅相成，以及各自胸有成竹，因而不至于把杂志编成“杂”志，也就可想而知。我知道如今有若干杂志通行分组包干的编辑方法，把一册杂志分成若干部分，每一部分各占若干页，由某某几位同志组成的小组负责，到期各小组把负担的稿件如数交出，全册杂志就编齐了。我想这样做只恐不是好办法，几个小组各自为政，然后凑到一起，就会有编成“杂”志的可能。曾经把这层意思向少数几位熟朋友说过，也许只是我的杞忧而已。……

叶老的文章还对辞书的编辑出版提了不少宝贵意见，并呼吁增加教育经费，使各类学校都能购买必要的工具书。现在读来，还感到非常亲切和中肯。

明年，《辞书研究》创刊十周年了，我们再不能听到叶老的教导了。但叶老平易谦和、诚朴敦厚、谨言慎行、表里一致、坚持真理、一丝不苟的形象，永远活在我们心里！

原载《辞书研究》1988年第5期

叶圣陶与“当年”文坛新秀

王知伊

《叶圣陶与“当年”文坛新秀》，这个题目在我心中已蕴积一年多时间了，那是由于丁玲同志的逝世而引起的。

还是先从丁玲同志说起。

丁玲与叶老的交谊始于1927年。丁玲以处女作《梦珂》投寄给商务印书馆的《小说月报》，当时叶老正代替郑振铎任该刊编辑，收到后就发表了。从此之后，叶老与丁玲、胡也频夫妇之间建立了革命的战斗友谊。翌年,叶老曾与丁玲、胡也频、王伯祥、徐调孚等一起到海宁,观赏钱塘江潮水。这件事,给叶老印象极深,以致距此52年之后,当丁玲平反后在京拜访叶老时,他高兴万分,书《六幺令——丁玲同志见访,喜极,作此赠之》。词中说:“更忆钱塘午夜,共赏潮头雪。”1931年,叶老已在开明书店工作。这一年的1月17日,柔石、胡也频、殷夫、冯铿、李求实等革命作家被国民党反动派逮捕,丁玲到开明书店找叶圣陶,请求设法营救胡也频。叶老和夏丏尊先生联名写信,请国民党元老邵力子帮忙(邵是“开明”董事,与夏私交甚深),并在开明书店募钱。1933年5月14日,丁玲、潘梓年被捕。叶老与蔡元培、胡愈之、郁达夫、柳亚子、洪深、陈望道等联名致电南京政府行政院长和司法部长,要求释放丁、潘。同时,叶老还参与组织募款营救他们俩人。

叶老对丁玲文学创作中的帮助,以及他们之间的革命情谊使丁玲一辈子忘不了。丁玲在《感谢与祝贺》(见《我与开明》16页)一文中说,她写完了第四篇小说《阿毛姑娘》,寄给叶先生,叶先生当即把它发表在《小说月报》上,同时建议丁玲把四篇小说编一本集子在开明书店出版。这就是丁玲的第一本小说集《在黑暗中》的出版过程。1979年,丁玲经历了漫长的坎坷道路,终于回到北京。她访晤叶老时说:“叶老,我常常告诉年轻的编辑同志,您当时怎样给我提意见,指点我怎样修改自己的小说。我又常常想,要是您不发表我的小说,我也许就不走这条路,不至于受这许多折腾了。”这使叶老接不上话,只好笑着。

无独有偶。另一位还健在的当代大作家巴金同志也曾说过与丁玲类似的话。巴金的处女作《灭亡》,也是由叶圣陶发表在《小说月报》上的。叶老在《小说月报》第19卷12号上就写了《灭亡》的预告,说:“这是一位青年作家的处女作;写一个蕴藏着伟大精神的少年的活动与灭亡。”这是叶老对这篇作品的介绍,读者不难从这短短两句话中看出编者对作品的激赏。这同样使巴金同志于五六十年之后不能忘怀,他说:“我在一些不同的场合讲过了我怎样走上文学的道路,在这里我只想表示我对叶圣陶同志的感激之情。……倘使叶圣陶不曾发表我的作品,我可能不会走上文学的道路,做不了作家;也很有可能我早已在贫困中死亡。作为编辑,他发表了不少新作者的处女作,鼓励新人怀着勇气和信心进入文坛。”

诚如巴金同志说的,新作者与他们的作品还可举述一些。例如戴望舒的代表作《雨巷》,施蛰存的处女作《绢子》,都是经过叶圣陶之手发表在《小说月报》上的。叶圣陶称述戴望舒的《雨巷》替新诗底音节开了一个新纪元。叶的推荐和奖掖使戴望舒在当时得到了“雨巷诗人”的称号。当时,在叶老主编《小说月报》时期,写稿的著名进步作家有茅盾、钱杏邨、夏衍、王统照等。茅盾来稿用的笔名原是“矛盾”,叶老因为一看就知是假名,防备国民党查问原作者真姓名,才在“矛”字上加个草头。茅盾对此表示欣然同意。以后,就一直沿用这个笔名了。另外,当时的文坛新秀彭家煌的短篇集《怂恿》,也和丁玲的《在黑暗中》那样,由叶老编选后以“文学周报社编”的名义,在开明书店出版的。

叶老由商务转入开明书店当编辑之后,与夏丏尊、王伯祥、顾均正等志同道合,悉心致力于开明书刊的出版,培养、提携了不少作者步入文坛。特别是当夏先生作古,由叶老继夏先生主持开明书店编译所之后,叶老对开拓开明的作者群,在哺育一批青年作者方面更是费尽了心机。

1936 年开明书店纪念 10 周年时,夏、叶两先生负责编辑纪念集刊《十年》正、续集。收录在这两本短篇小说集中的作品,不少是出于初露锋芒的新作者之手。计有萧乾的《鹏程》、蒋牧良的《报复》、施蛰存的《嫡裔》、端木蕻良的《乡愁》、王鲁彦的《银变》、周文的《爱》、萧军的《四条腿的人》、艾芜的《海岛上》、沙汀的《逃难》、芦焚的《马兰》等。萧乾、端木蕻良等对此都曾表示十分感激。端木说:小说《乡愁》“这篇稿子是九一八事变后不久写的,真实性很强……开明书店《十年》续集约稿，是含有记录一段历史进程的意思，借这个机会，我也想把自己最初在北方写的东西，留下一点痕迹。……没想到，我这无名青年的稿子，还是收进去了。这样，在《十年》续集中，就留下了我到上海前的一个短篇”。端木还说，1936 年 12 月，赵家璧编一本 20 人所选《短篇佳作选》，他的短篇《鹭鸶湖的忧郁》就是由叶老推选编入该书的。这些往事，尽管半个世纪过去了，可在他却还是“记忆犹新，历历在目”呢。

叶老通过《中学生》杂志培养了一批专家和作家，这方面的事例也是相当多的。不少当年《中学生》的读者，后来竟成为书店和《中学生》的作者。这里，随便举述一些名字，如胡绳、吴全衡同志夫妇，徐盈、子冈同志夫妇，孙源、沈振黄、沈同衡、莫芷痕等都是。其中，子冈同志和徐盈同志是著名的新闻记者和散文家。子冈有一篇《怀念振黄》的悼文（载 1944 年《中学生》），文中说到她和沈振黄曾一起去拜访过开明书店的金仲华、夏丏尊、叶圣陶诸先生，“我们对于他们的虔敬，真是超过了对学校老师千倍万倍以上”。叶先生在发表这篇文章时写下了这么几句：“子冈与振黄的友谊是由我们这个杂志《中学生》联结起来的，而且‘一个小圈子就有二十人以上’，而且‘似乎谁都不曾对谁失望’。（此指子冈他们一群读者——知伊）在办了十多年杂志的我们，听到这个话，真比听到奖励话赞美话感慰到十倍二十倍。我们敢不努力吗？”

从抗日战争到解放战争，以至全国解放，叶先生的大部分时间仍在开明工作。建国后则历任全国出版总署副署长、教育部副部长、中央文史馆馆长、全国政协副主席等重要职务，对党和国家做出了很大贡献。他在文坛上，是众望所归的老作家，除掉自己继续写述作品外，提携后进，依然不遗余力。就我所熟悉的他在开明书店解放前后这段日子里，他曾审定、出版了端木蕻良的著名长篇小说《科尔沁旗草原》，秦牧的第一本杂文集《秦牧杂文》，以及吴祖光的剧本《少年游》、《风雪夜归人》、《牛郎织女》、《林冲夜奔》等。

秦牧曾说，他在1944年因日军长驱侵入桂林，便到了重庆，编了一本杂文集托朋友送给开明书店看看能否出版。我那时正在开明工作，确是由我把稿子送呈叶老的，此事数十年过去了，可我还记得叶先生慎重处理他的书稿，代他取书名等情况。并且也记得秦牧给《中学生》写过一篇稿子，叶先生觉得字迹太潦草，竟亲自为他重新誊写一遍后才发的稿。今天秦牧说，因之而“产生了对叶老的一种特殊亲切的感情”。那就完全可以理解了。至于叶老与吴祖光同志的关系，也非寻常，他曾出席吴祖光与新凤霞的婚礼，在“四人帮”垮台后，叶老还对新凤霞的写作，倍加鼓励，曾填词《菩萨蛮》，赠新凤霞，赞美她写的真诚朴质而十分感人的文笔。

叶圣陶与他“当年”的文坛新秀之间的文字因缘，是感人至深的。现在我还是以本文开头说到的丁玲同志的话，抄几句来结束这篇短文。丁玲同志说：“凡是真正从事文学创作的人，他们总会走在一条道路上。一个真正从事文学创作的人，他总能在同一类人的感受中得到同感。”

原载1988年3月20日《文汇报》

涓泉归海

——中国共产党的亲密朋友叶圣陶先生

陈大庆

敬爱的叶圣陶先生离开我们整整三年了。我们在纪念他老人家逝世三周年的时候，回忆一下他走过的道路，总结这么一位奋斗了将近一个世纪的爱国知识分子的人生经验，对于理解他的思想和著作是很有意义的；对于我们知识分子在党的领导下，团结奋斗，振兴中华，也是有启发的。

叶圣陶在他 94 年的人生旅程中，经过几个朝代，历尽人间沧桑。但他始终同人民在一起，站在时代的前列，同时代一起前进。从中国共产党诞生之日起，他就拥护党的奋斗纲领，赞同党的政治主张，在我国革命和建设发展的各个历史阶段，他都是在共产党人影响或引导下，积极参与，努力奋斗，并做出自己应有的贡献。叶老一生的言行证明，他是同中国共产党长期合作、风雨同舟、肝胆相照的亲密的朋友。

本文试图从叶圣陶在几个历史时期的主要工作和社会活动，从他各方面的社会交往，来说明他与中国共产党的关系，说明一个爱国正直的知识分子怎样在党的影响下走上革命的道路，同时也说明党的统一战线政策在革命和建设中的巨大作用。

几位对他影响很深的早期中共党员

叶圣陶在五四运动时期在我国文坛上已崭露头角。1921 年初，中国共产党诞生前夕，他同沈雁冰、郑振铎、胡愈之、沈泽民等人发起组织我国第一个新文学研究团体文学研究会，这些人中许多都是中共最早的党员。不久，叶圣陶到上海商务印书馆任职时，中国共产党已经成立，在商务编译所他结识了中共党员杨贤江、丁晓先等。现在我们从叶老的文章中可以知道，早期的中共党员与他有过直接或间接交往的，有沈雁冰、杨贤江、胡愈之、侯绍裘、瞿秋白、沈泽民、恽代英几位（后边两位只提到了一句），叶圣陶对他们的景慕之情溢于言表。叶圣陶一生从事的工作主要是文学与教育两个方面，尽管他在出版事业献力的时间最长，但他一直把出版工作当作教育工作的一部分。上边提到的沈雁冰等都是从文学或教育上同叶圣陶开始交往的。

沈雁冰与叶圣陶有整整 60 年的交谊。他们在文学上志趣相投，共同认为文学是为人生的，是可以作用于改造社会的。20年代初，他们创立了文学研究会，嗣后，他们在商务编译所共事期间，又多年一起主持文学研究会的日常工作。叶圣陶初访沈雁冰是在1921年3月，沈雁冰给他的第一个印象就是思维精密和学识渊博，尤其是沈氏的自学成功与勤奋进取精神，使他由衷钦佩。1923年春，叶圣陶到商务编译所国文部任编辑。此时沈雁冰恰好从《小说月报》社调回国文部。当时设在涵芬楼的商务编译所国文部中，每四张书桌为一组，叶圣陶与沈雁冰相对而坐，联席共灯，朝夕相处。时，沈雁冰为中共上海地委委员、中央直属联络员，每天要接待许多人员，收转许多信件。叶圣陶是知道他的身份的。凡是公开的活动，沈雁冰邀他参加，他出于对朋友的信任与仰慕，大多去了。别的事，他也从不打听。"五卅"惨案后不久，沈雁冰突然离开上海，到广州去参加党的代表大会，以及到武汉参加政权工作去了。1926年元旦后，又没去上班。叶圣陶就猜测他到当时革命的中心广州、武汉去了，并预料革命形势将会有新的发展。1981年春，沈雁冰逝世，叶老赋诗寄托哀思，第一首绝句记的就是这件事：

联席涵芬楼上日，不辞而别省何之。
广州武汉无书至，正是风雷迅猛时。

后来，沈氏从广州回到上海，接替恽代英担负起主管"交通局"的工作。党的任务更加繁重，他也不在商务国文部编书了。而此时叶圣陶仍任商务国文部编辑，在工余兼管文学研究会的日常工作。当时，叶府在香山路仁余里28号。大门口还钉着一块"文学研究会"的牌子。沈雁冰看中了叶府有这么一个公开的身份，就托叶圣陶为他收取信件。凡是信封上写着"钟英先生收"的信，收捡在一旁，说待有人来取就交与。"钟英"即"中央"的谐音。在

“五卅”前后,相当长的一段时间里,叶府实际上成了共产党人和左派人士的秘密联络点。叶老在晚年曾回忆说:“‘五卅’前后,仁余里28号成了左派的联络点。一些共产党人和左派人士,常在夜里借我家开会。我并不参加。”据解放后曾在民族出版社工作的毛芷芬同志回忆,她当时在商务印书馆做女工,曾在叶先生家里开过会。“左联”五烈士之一的冯铿,也到叶府开过会。(《叶圣陶年谱》第100~101页)此事,叶至善在一篇回忆录里叙述得很清楚:“(他们)有些晚上还借我家开会,会场就在客堂后间的楼梯底下。我父亲从不问他们开什么会。总是在晚饭以后,先从后门进来一个我父亲认得的人,我父亲把大门的权交给了他,管自上楼去做自己的工作。”(《赋别寄哀思》,《新文学史料》1982年4期)这在当时是要冒相当风险的。从这件事可以看出叶老同共产党人不同寻常的关系。

“四一二”事变后,白色恐怖笼罩全国。先是宁汉分裂,尔后宁汉合流,湖南、湖北、江西也大杀共产党人。沈雁冰本来住宝山路鸿兴坊,大革命前,党的许多重要人物常在他家聚会,“四一二”后,沈氏当然不能继续居住在鸿兴坊了。而曾作过中共秘密联络点的仁余里28号,也因沈雁冰的日记被抄,日记上记着某年某月在仁余里28号开会,叶老也不能再回去住了。于是他们两家先后迁居景云里:叶府为11号,沈府为11号半,与鲁迅、周建人、冯雪峰等为近邻。当时沈雁冰不便公开露面,只能呆在家写文章。叶圣陶千方百计地掩护了他,并鼓动他写小说(以前沈雁冰只写评论文字)。叶老常在夜间去看他,或取回稿子,或转递书刊、书信。1928年夏,沈雁冰秘密离沪,东渡日本避难。嗣后在长达两年的时间里,叶老成了沈雁冰在国内的“经理人”:为其收取稿件并分别投寄各报刊;为其领取稿酬,并将一部分汇往日本,其余的留给沈夫人家用。此外,还做些传递书刊信件的杂事。叶老为了让沈雁冰在日本放心,把他的家事料理得井井有条。叶老也有诗记叙这件事：

悄然送别浦江滨，且寄扶桑小隐身。

刊稿传书宁老母，两家亲若一家人。

叶圣陶与沈雁冰这段从“五卅”到大革命患难与共的生活经历既出于他们之间的个人友谊，也从一个侧面看出叶圣陶对共产党政策的理解、同情和支持。

此后，在抗日战争和解放战争以及建国后的社会主义革命和建设中，叶圣陶与沈雁冰始终是联系密切、并肩战斗的战友。

杨贤江也是叶老敬佩的中共早期党员之一。他们的关系从1923年叶圣陶到商务编译所之后开始。他们同在涵芬楼二楼的编译所办公。杨编《学生杂志》，叶编国文课本，彼此之间时有联系。叶老在纪念杨贤江逝世50周年的纪念会上说：“《学生杂志》不是共产党的刊物，贤江同志又不是《学生杂志》的主编。当时是军阀统治时期，要在此时此刻宣传革命真够费劲的了。一方面要抓住各种切当的时机，采用各种不同的方式，尽最大的可能去影响青年学生，一方面要妥善应付恶劣的环境，处理好种种复杂的关系。因此，贤江同志的工作，看起来好像挺平常，其实是很不容易的。”(《叶圣陶集》第7卷第205页)叶老十分赞佩杨贤江的生活极端有规律，称他是工作上“极端认真的实干家”。从生活作风、工作作风这两点看，叶老把杨贤江誉为受过理学家影响的革命者。“从阶级意识说，从唯物唯心的观点说，革命者跟理学家截然不同。然而在凡事认真这一点上，彼此是相同的。”(《纪念杨贤江先生》见《叶圣陶集》第6卷第314页)

叶圣陶是从小学教师开始走向我国文化教育事业的。对于先进的教育思想和教育改革自然十分重视。我们从叶老的著作中可以看出他同杨贤江的教育见解有许多相同之处。比如，杨贤江认为“把求学限定是读书,把求学与做事绝对区分,这都是错误的。学生是求学的,学生是读书的,但不能就说求学即读书,读书即求学”。所以他认为,求学与读书之间不能画等号,读书只是求学的一个项目,此外还有很多项目,就是从事事物物中读不用文字写的书,也就是跟事事物物直接打交道做各式各样的事。而叶老的看法是:“学生上学,随俗地说是去读书,正确地说可不是去读书,是去受教育。受教育是上学的全部意义和整个目的,读书是受教育的一种手段。……受教育的意义和目的是做人,做社会的够格的成员,做国家的够格的公民。想到‘做’字,就可以悟出光记住些什么是远远不够的。必得把某些精要的东西化为自身的血肉,养成永久的习惯,终身以之,永远实践,这才对于做人真有用处。”(《读书和受教育》见《叶圣陶散文乙集》第665页)我们不难看出,在20年代,叶圣陶与杨贤江不仅有良好的合作共事关系,而且更重要的是在政治思想上、在对教育的见解上有许多相通之处。他们确是志同道合的朋友和同志。在今天我们读到的叶老著作中,他老人家先后写了《纪念杨贤江先生》、《杨贤江同志逝世五十周年》、《〈青年思想与青年教育〉序》等文章,直到晚年,一提起杨贤江,叶老的“虔敬心情无法描摹,只能说这样一句话,贤江同志呀,您真是个纯粹的人!”(《叶圣陶序跋集》第297页)可见早期中共党员的杨贤江对叶圣陶影响之深。

据商金林的《叶圣陶年谱》,1923年秋,叶圣陶由杨贤江介绍到我党创办的旨在培养革命干部的上海大学任教,并在那里结识了中共中央领导人瞿秋白。初次见面,即为瞿秋白的见识才华所折服。四十多年前,叶老在《回忆瞿秋白先生》中写道:“认识秋白先生大约在民国十一二年间,常在振铎兄的寓所里碰见。谈锋很健,方面很广,常有精辟见解。我默默地坐在旁边听,领受新知异闻着实不少。”(《叶圣陶集》第6卷第312页)此后,叶老与秋白结下了深厚的友谊:曾经到秋白的顺泰里寓所去过,叶老主编的《中学生》曾刊登过“从朋友手里辗转递来”的秋白的稿子,直到1935年,瞿秋白在长汀殉难前,写下遗嘱,让杨之华将他的一些材料交给叶圣陶作小说。6月底,叶圣陶与鲁迅、郑振铎、沈雁冰、胡愈之等酝酿收集出版瞿秋白遗稿;叶老还与郑振铎、胡愈之、章锡琛、王伯祥等参与集资排版《海上述林》。(见《叶圣陶年谱》第127页)建国初期,叶圣陶在中央人民政府出版总署副署长任内,会见杨之华,得悉《瞿秋白文集》正在整理,不久可以付排。叶老很高兴,主动要求担任文集的校对工作,同时,还提出建议:“他的文集必须好好地编,分类要分得精密,排次要按时间先后,校对要像鲁迅先生那样认真,还要有翔实的传记或者年谱。”(《叶圣陶集》第6卷第313页)

叶老的早期中共党员朋友中,有一位“在全国各地的烈士里头最先成仁”的侯绍裘。叶圣陶是在1926年9月经杨贤江介绍到松江景贤女子中学上海分校任教时期与侯绍裘相识的,他们之间的过从并不甚密,但从工作接触以及耳闻目睹的一些事,叶老对他的为人极为敬佩:“他担任的工作多,经常是忙,这儿那儿赶来赶去,坐下来把话说完,把事儿谈妥,又匆匆忙忙走了。跟他人讨论什么,和气,亲切,直爽,让他人感到一股热力。虽然如此,对于敌人可绝不宽容,有时为了维护革命立场,宁可与人割断友情,不愿稍稍退让。自奉非常俭约,头发不常修,衣服也穿得随便,脏了破了也不在乎。公而忘私的精神给人一个印象,在某些方面,他跟恽代英先生很有相似之处。”我们可以看出叶老把侯绍裘、恽代英二位先烈待人律己的态度奉为自己学习的楷模。在景贤女中分校任教的日子里,叶圣陶还非常佩服侯绍裘的办学精神,同意他的办学主张。叶老在《纪念侯绍裘先生》中指出:“他把教育跟革命结合起来,办教育不是无所为而为,为的是革命。革命干部越多越好,培养干部当然要靠教育。”叶老认为:“这种思想现在近乎常识了,可是在二十多年前,恐怕只有真正革命的人才了解。”(《纪念侯绍裘先生》,见《叶圣陶集》第7卷第3~4页)侯绍裘于1927年"四一二"反革命大屠杀前夜,在南京被捕。之后,国民党反动派对其威逼利诱,无所不用其极。蒋介石亲手抛出了一个赌注,妄图以"江苏省政府主席"的官位收买侯绍裘就范。遭到侯绍裘的严词拒绝后,便对他进行凌辱与摧残,最后竟用刺刀把他戳死,遗体装入麻袋,投入秦淮河中。翌年,叶圣陶创作了被茅盾誉为"扛鼎"之作的《倪焕之》,把他的惨遭杀害作为王乐山结局以示悲愤:"消息传来,乐山是被装在盛米的麻布袋里,始而用乱刀周围刺戳,直到热血差不多流完了的时候,才被投在什么河里。"(《倪焕之》,见《叶圣陶集》第3卷第259~260页)

此外,叶圣陶早年所教的学生,有的参加了革命,加入了共产党,并在残酷的革命斗争中壮烈捐躯,如当年吴县五高的学生陈继昌1930年3月遇害于南京雨花台。总之,叶老在20年代结交的一批中共党员,以他们的真诚和努力,以他们的渊博学识和真知灼见,吸引了一大批有正义感的知识分子和各界人士。当然从根本上来说,是中国共产党当时反帝反封建的政策符合人民的要求,符合广大的爱国知识分子的愿望,使他们愿意跟着党走。

从"五卅"惨案到"四一二"大屠杀

"五卅"运动是在中国共产党领导下的我国人民反帝的革命斗争。"五卅"惨案发生的第二天,叶圣陶极度悲愤,挥毫写下了散文《五月卅一日急雨中》。6月1日,上海全市罢工、罢课、罢市的斗争轰轰烈烈地展开,而当地各报皆不据实报道。此时,叶圣陶与胡愈之、应修人、楼适夷等在郑振铎寓所集会,愤怒谴责当时上海各报"对于如此残酷的足以使人类震惊的大屠杀案,竟不肯说一句应说的话"。倡议自己创办一张报纸,名为《公理日报》。6月2日,叶圣陶、郑振铎为该报出版而撰稿、编排,奋战通宵。报头"公理日报”出自叶圣陶手笔。6月3日,《公理日报》创刊,署“上海学术团体对外联合会主办”。这个联合会包括少年中国学会、中华学艺社、文学研究会、太平洋杂志社、孤军杂志社、醒狮周报社、上海世界语学会、妇女问题研究会、中国科学社上海社友会等11个团体。这些团体左中右都有,文学研究会、上海世界语学会、妇女问题研究会可以说是左派。《公理日报》虽然名义上是11个学术团体联合主办,实际的编辑工作却落到商务印书馆编译所中的文学研究会会员身上。编辑部就设在宝山路宝兴西里9号郑振铎的家里。

《公理日报》揭露上海各报之不敢报道“五卅”惨案真相,尤其是《申报》、《新闻报》、《时报》之媚外言论,上海银钱业之私下接济外国银行等等,甚为激烈。该报的编辑实权操在文学研究会在沪会员之手,亦即商务编译所一些重要编译员(郑振铎、叶圣陶、胡愈之、应修人、楼适夷等人——笔者按),其中有好些是共产党员。这张报纸的言论和报道,代表了人民的革命立场,抨击了帝国主义及其走狗的暴行,受到了上海各界人士及广大人民群众的欢迎。(参阅茅盾《我走过的道路》(上)第271页)

在“五卅”运动中,共产党旗帜鲜明地提出了“反对帝国主义”的口号,叶圣陶办《公理日报》时,写的文章用了这个口号,为此,跟一位国家主义派的朋友吵了一架。叶老当时恐怕并不知道这个口号是共产党提出的,只是觉得应该这样提,所以在文章中用上了。

这张《公理日报》出刊至22期(6月24日)停刊。在这期间,叶圣陶以“秉丞”、“颖生”等为笔名,发表文章9篇。此外,《公理日报》上尚有半数文章没有署名,其中必定也有叶圣陶的作品。所以,我们认为这张报纸从一个侧面记录了叶圣陶在“五卅”运动中的反帝爱国斗争。(参见商金林《叶圣陶与〈公理日报〉》,《江海学刊》1983年第3期)

6月6日，在党的领导下，由侯绍裘、韩觉民、沈联璧、沈雁冰、周越然、丁晓先、杨贤江、董亦湘、叶圣陶、刘薰宇等三十多人，发起组织了上海教职员救国同志会，叶圣陶被选为该会的执行委员。在“五卅”运动中，叶圣陶还同侯绍裘、沈雁冰、杨贤江等共产党人一起，深入群众，进行宣传。与此同时，叶圣陶夫人胡墨林也同杨之华一道参加了宋庆龄领导的上海各界妇女联合会，同叶老一起做支援罢工工人的工作。

1926年初，共产党人恽代英、张闻天、沈泽民、沈雁冰等共同发起成立中国济难会。这是中国共产党领导的外围组织，以“人道主义”为掩护，主要任务是营救被捕的革命者及救济其家属。同年5月，叶圣陶接受共产党人肖朴生的委托，着手创办中国济难会机关刊物《光明》半月刊。孙伏园《走向光明之路》：“圣陶先生是我极敬佩的朋友，他今天来信说：中国济难会拟出一个半月刊，名曰《光明》，事务宣传该会宗旨，希得一般人赞助。该会新经决定，不谈政治，不参加政治活动，不带任何党派色彩，惟自人道主义之立足点，援助解放运动之被难者，完成一种社会上缺少的慈善事业。‘光明’立论，即据此议。”6月5日，《光明》创刊后，即被反动派指为“赤化”，“有特殊作用”，出至6期即停刊。当时叶圣陶接受党的委托编辑这么一份刊物，不仅没有报酬，而且要担风险。他之所以乐于这样做，正是因为他对反动军阀残杀革命志士的暴行愤恨之极；而党把这个刊物的编辑、出版工作全权交给他，亦真可谓知人善任。当时是第一次国共合作时期，共产党的许多公开活动，往往让可靠的、社会上有影响的知名人士出面，而在这方面，叶圣陶又是最合适的人选。

大革命之后，上海成立了以共产党为优势的新政权，随着上海工人第三次武装起义的胜利，上海特别市临时政府即宣告成立，市府19名委员中，共产党员占半数以上，罗亦农、侯绍裘等均列为委员。新的教育局曾派胡墨林去接收上海最大的女子中学务本女校,胡墨林因病未能去。共产党掌握的国民党江苏省党部(侯绍裘、朱季恂、柳亚子为该党部常务委员,侯绍裘兼任该党部中共党团书记)委派叶圣陶、王伯祥、计硕民等7人组成接管委员会,到苏州去接管各中小学校。他们都去了(他们事先都加入了国民党,有受权的合法身份)。没料到不久就发生了"四一二"事变,一切美好的希望都成为泡影。叶圣陶、王伯祥等都愤怒地撕毁了党证,以示决绝。在"四一二"事变中,共产党遭受了很大的破坏,叶圣陶是极度悲愤的。这场事变使叶圣陶对国民党反动派的本质认识得更深刻了。

"四一二"大屠杀之后,白色恐怖日趋严重,与共产党人过从甚密、公开露面较多的郑振铎不得不旅欧暂避。郑氏赴欧之后,叶圣陶代为主编《小说月报》。他不顾反动当局随时可加之的迫害,在他主编的刊物上号召作家们:"提起你的笔来写这不寻常的时代里的生活!"目的当然是唤起民众。他自己则创作了反映大屠杀的第一篇小说《夜》,次年又写了长篇小说《倪焕之》。特别需要一提的是他主编《小说月报》期间,在经济上不断给拮据之中的一些党内作家以照顾。当时《小说月报》规定,文章登出之后再付稿酬,而钱杏邨(阿英)、冯雪峰、夏衍他们都是交了稿子就付给稿费。而有些稿子稿费已领,后来并不见得刊用。当年这些党内作家生活无固定收入,叶圣陶的关怀很能解决一些同志生活的实际困难。解放后,常常听见钱杏邨、夏衍他们感激地说起这些往事。(参见吴泰昌《从郑振铎、叶圣陶没有参加"左联"谈起》,《人民日报》1980年3月1日)

叶圣陶不是"左联"成员。"左联"的活动同样得到叶圣陶的支持。1931年3月17日,柔石、胡也频、殷夫、冯铿、李求实等5位青年作家被捕,叶圣陶曾积极参加营救工作。叶老晚年回忆此事时,说:"胡也频被捕后,丁玲到开明书店找我,请设法营救胡也频。我立即在开明书店募钱,又和夏丏尊先生联名写信,请国民党元老

邵力子帮忙。邵力子也是开明书店的董事,与夏丏尊先生私交很深。”(《叶圣陶年谱》第 141 页)

主持开明书店与主编《中学生》杂志

开明书店是在新民主主义革命中诞生的一家进步书店。创办于 1926 年。开始是由章锡琛、章锡珊、夏丏尊、吴觉农等几位文人用自己有限的积蓄,靠办杂志开创起来的。头五年经历了惨淡经营、创业维艰的阶段。1931 年叶圣陶应聘到开明书店,作为编辑部的重要成员,主编《中学生》杂志。从此,叶圣陶开始了他同开明书店长达二十多年的编辑出版生涯。

开明书店的创业时期,正是 1927 年大革命的前后。“四一二”政变,使上海地下党创办的一些出版机构很快遭到破坏。在当时的出版界,除国民党官办的正中书局以外,一方面是几家资本比较雄厚的老牌书店,如商务、中华,代表比较保守的立场;另一方面,是生活、新知、读书以及一些左翼书店,则代表比较激进的立场。开明书店厕身其中,采取了既不保守又不激进的编辑出版方针。她自始至终保持自己的特色——开明特色。她更注重教育,注重面向青少年读者,显示出一种开明的宽广的科学精神,反对倒退,反对狭隘,反对愚昧。这个进步倾向从开明创立到全国解放,十分明显地贯串在她的出版活动中。

1928 年,章氏兄弟经营的开明书店正式改为股份有限公司组织,政治态度、编辑方针也更加明确。叶老总结这段历史说:“那时候,蒋介石已经背叛革命,成立了国民党一党专政的南京政府,开始他的法西斯统治。开明书店既要谋生存,又不愿意投靠国民党,朋友们商量就推举邵力子先生担任董事长(国民党左派人士邵力子为支持这个颇有朝气的书店,也加入股份,成为董事——笔者注)。邵力子主编过《民国日报》,反对旧军阀和帝国主义的态度是鲜明的。还担任过上海大学副校长，在知识界中有影响。他在国民党内左右不了那些权势者，这是大家都知道的。可是他毕竟是位‘元老’，开明书店请他当董事长，无疑地能起保护色作用。”(《叶圣陶集》第7卷第326页)

开明书店在长期的出版实践活动中，形成了自己独特的风格。开明同人和广大读者亲切地称之为“开明风”。叶老在《开明书店二十周年纪念碑辞》中概括为：“开明夙有风，思不出其位。朴实而无华，求进弗欲锐。惟愿文教敷，遑顾心力瘁。此风永发扬，厥绩宜炳蔚。”(《叶圣陶集》第8卷第208页)照笔者的理解，“思不出其位”就是办店、出书、编刊物等活动，一切从实际出发，规定范围，不出限度，既不是兼收并蓄，也不是漫无标的。开明把读者群规定为中等教育程度的青年，出版的书刊，绝大部分是存心奉献给他们的。这样做是自己的智力、财力所能承担得了的。“朴实而无华”就是在作风上严严正正，踏踏实实，不随大流起哄，不图私利，不务虚名，孜孜不倦地为出版事业尽职尽责。“求进弗欲锐”，讲的是政治态度，这是“开明风”的核心。在政治态度上，开明书店的反帝爱国，志在发展教育、繁荣文化，谋求国家富强、民族团结的立场是一以贯之的。但在反对蒋政权上有时是不那么明显，是比较讲究斗争策略的。当然，这里的讲策略不是中间骑墙，不是是非不分，而是始终坚持进步，反对倒退的立场。叶老曾用“有所为，有所不为”一句话来高度概括开明书店这一立场和态度。

在“有所为”方面，开明书店是全力以赴并卓有建树的。当30年代国民党反动派千方百计妄图扼杀上海进步出版事业的时候，开明书店自觉地掌握时代的脉搏，适应革命需要，努力出版进步书籍。比如在文学创作方面有茅盾的《子夜》，叶绍钧的《倪焕之》，巴金的《家》、《春》、《秋》，端木蕻良的《科尔沁旗的草原》等等；在文学译著方面，有夏丏尊译的《爱的教育》，夏衍译的《母亲》；在科普读物方面，有顾均正的《科学趣味》、周建人的《花鸟鱼虫》、高士其的《细菌和人》、贾祖璋的《生物素描》、索非的《疾病图书馆》以及董纯才译的《五年计划的故事》、《十万个为什么》等等。真可谓林林总总,蔚成大观。应该指出的是,在当时出版茅盾、夏衍、董纯才等党内作家的著译作品,书店是要承担风险的。而开明书店有时是想方设法,有时是旗帜鲜明地坚持出书的。例子可说是比比皆是。早在开明书店创办不久,夏衍翻译了19世纪中叶的德国社会民主党与第二国际的创始人倍倍尔的《妇女与社会主义》、苏联无产阶级文学奠基人高尔基的《母亲》,先在大江书铺出版,不久即被查禁。吴觉农先生介绍他与开明书店联系,要求出版。开明先后出版了这两本书,并将书名分别改为《妇女与社会》、《母》。译者署名"孙光瑞"(由夏衍的名字沈端先变化而成)。这样使反动当局一再查禁的书,得以继续出版,读者很多,影响很大。又如,1935年瞿秋白殉难后,鲁迅打算自己出资印刷出版秋白遗著《海上述林》,可是资金还不够数。这时叶老与开明书店的主要成员章锡琛、王伯祥等都热情资助。鲁迅亲笔记录下捐资者名单,注明各人认捐的钱数。《海上述林》稿成之后,没有一家印刷厂敢于接手。尽管这不是开明出版的书,开明却也出了力,结果还是由开明书店的主要印刷厂美成印刷公司打的纸版。出版后,开明书店门市部还接受委托代销。再如,1935至1936年间,"左联"成员楼适夷被捕,在狱中完成了高尔基《人间》的译稿,秘密送给鲁迅。当时《中学生》正开始连载黄源译的这部长篇。黄源在鲁迅处见到楼氏译稿,便决定终止与开明签了约的翻译,要《中学生》改登楼适夷的译稿。此事立即得到叶老的同意,并代楼适夷拟了一个"封斗"的笔名。全稿登完之后,开明还出版了这部著作。

开明书店在自己的出版活动中,有时也表现出相当的胆略与勇气。如1946年闻一多被国民党特务暗杀后,国统区文化出版界的气压低到了极点。叶老主持正义、不畏强暴,敢于在开明书店出版《闻一多全集》。叶老晚年为《闻一多全集》写"重印后记",还满腔激情地写下开明书店同人当时的情绪:“闻一多先生被反动派看做死敌,他当然是咱们的英雄;反动派消灭了他的肉体,咱们就得拥护他的精神的永生——包括他的道德和文章。给他编集子当然应该编全集,不编全集就感到不满足,不够劲,不能给敌人一种威慑力量,不足以向全世界控诉反动派竟杀害了这样一位正义的有成就的学者。”(《叶圣陶序跋集》第238页)与此同时,开明还出版了一部介绍中国共产党所领导的各个边区的版画艺术的《抗战八年木刻选集》。这样一部硬面精装的大型画册,开明书店从接稿到成书只花了五十多天。叶老从接待作者,签订契约,修润序文与作者小传以及印刷装订等项,事必躬亲,表现了他对中共领导的抗日根据地和人民的一片深情。叶老在为这部《木刻选集》写的序言中说:“由于所处的国度和所处的时代,木刻作家与文艺作家一样,一贯表现着反帝反封建的精神。从正面说,一贯表现着争自由的精神。”他赞扬木刻作家在抗战八年中的努力,说他们的作品表露“对于敌人的憎恨,对于受苦难者的同感(不是同情),对于大众生活的体验,对于自由中国的希望”。(《叶圣陶序跋集》第169页)在抗战胜利后,叶老主持的开明书店编辑部敢于冒风险出版了一些颇有政治色彩而又极受读者欢迎的好书,充分表现了开明书店“在窒息的环境中生活,在压迫之下挣扎,但有‘有所为,有所不为’的意志与决心”。(臧克家语)

当然,开明从来不出那些格调低下、思想内容不健康的书刊,即使是缺乏科学精神的作品,出了可以有相当的利益,开明也不肯俯就。这表现他们“有所不为”的一面。1945年,田世英经叶老推荐,接受了当时教育部的约请,编写《初中本国地理课本》。那是一本五十多万字的“国定课本”,印量大,收益高。送审后,当局提出要按《大纲》增补《实业计划》中的铁路系统、三大海港,以及“四川省是抗战建国的根据地”的阐述。当叶老征询了作者的意见,明确了《实业计划》中的铁路系统和三大海港的修建，是孙中山的设想，没有经过实地调查，没有科学根据，而四川是抗战建国的根据地的问题，完全是国民党的宣传，不属于地理的范畴。叶老非常气愤，说：教材应当是确实可靠的，我们不能指鹿为马地欺骗学生。“国定课本”这块金字招牌我们不要，也不能把既无科学根据又不属地理范畴的宣传品硬塞到地理课本里滥竽充数。结果那部教材改名为《开明新编初级本国地理》，以非课本的名义出版发行。

开明书店还创办了许多有影响的刊物，主要的有《新女性》、《中学生》、《月报》、《国文月刊》、《英文月刊》等，其中影响最大、拥有读者最多、坚持时间最长的是《中学生》。

叶老到开明不久，即接任《中学生》主编。时国难当头，民不聊生。反动当局在继续屠杀和追捕共产党人和革命群众的同时，还标榜所谓“党化教育”，禁锢青年的思想。叶老针对这点，在《中学生》里，努力为青年读者提供新知识、新事物、新理论，其内容包罗万象，而又有的放矢，不仅辅导学习，而且指点做人，教给青年读者在这个时代何以自处。开明书店依靠《中学生》为媒介，同广大青年学生建立起感情联系，许多作者原先就是它的读者，叶老等许多老编辑，也殚精竭虑地培养他们，倒真培养出不少人才来。当年向《中学生》投稿的青年，后来成为作家、教授、记者、画家的就不少，其中胡绳、徐盈、彭雪珍（子冈）、沈振黄、孙源、吴潜英（全衡）、莫志恒（芷痕）等都是。有的读者因经常阅读《中学生》杂志而接近开明书店，后来竟投身出版事业，一生与编辑出版工作结下了不解之缘。

开明书店从 1926 年创办到 1953 年公私合营，与青年出版社合并成立中国青年出版社，其间共 28 年，她曾出版了许多在中国读书界有深广影响的书刊，对发展我国文化教育事业，做出了杰出的贡献。有的老读者在几十年后还深深地感念她，说“开明书店教育了整整一代青年”。她在我国出版史上将永远是光辉的存在。

叶老在开明书店奋斗二十几个春秋，与开明的同人感情融洽，同王伯祥、夏丏尊、顾均正、傅彬然、徐调孚、周予同等结下生死不渝的交情。战前，他在上海开明书店任《中学生》主编；抗战期间，他在成都，任开明书店编译所所长、《中学生》杂志社社长；抗战胜利后，返回上海，任开明书店上海编译所所长。有人说"叶老是开明书店的灵魂"，（萧乾语，见《我与开明》第 91 页）诚非虚语。所以，今天老读者一提起开明书店总是把她与叶老联系起来。诚然，开明书店的业绩是叶老与开明书店同人努力的结果，也是许多朋友支持的结果。叶老在《开明书店创办六十周年纪念会上的讲话》中说："开明书店能给读者留下一点印象，同人的团结和努力是一个方面，还有一个非常重要的方面，是得到了许多朋友的支持。许多作者愿意把自己的作品交给开明出版，在经营管理上，在印刷技术上，开明也得到了许多朋友的帮助。还有许多朋友热心地给开明出主意，他们之中有不少是共产党员，有的，我们当时并不知道他们是党员，有几位是知道的，当时也没有考虑他们是不是党员。只因为他们的主张对，说得有道理，我们觉得应该这样做，很自然地就照着他们说的去做了。后来回想起来才体会到，原来在解放以前，我们在不知不觉地接受着党的领导。"（《叶圣陶集》第 7 卷第 329 页）胡愈之就是这许多热心朋友中的一位突出代表。他善于团结人，乐于帮助人出主意。他没有参加开明书店，但在开明创建时期也出过不少力气；以后的出书、办刊物，抗战期间《中学生》杂志改名为《中学生战时半月刊》在内地复刊，几乎都得到他的支持和鼓励。30 年代初，胡愈之去法国，多次为开明书店了解西式书籍装订技术，以提高书籍的装帧质量。1936 年底，西安事变后，开始了国共第二次合作的历史时期，胡愈之去开明接洽，要创办个《月报》，那是个综合性的大型月刊，从国内外报章杂志中选编和翻译有关政治、经济、社会、科学、文教、卫生等方面的文章，目的在向读者介绍国内外形势和学术动态，颇受读者欢迎，也提高了开明的声誉。胡愈之在介绍《月报》创办的历史背景及其主要内容时指出:“当时抗日要搞统一战线,国民党、共产党、无党无派要合作抗日,这叫做统一战线政策。这政策是中国共产党制定的。我办《月报》,凡是主张抗日的文章尽可能登出来;在第二期登了蒋介石的文章,也登了毛泽东的文章,因为不登蒋介石的,毛泽东的就登不出来。”(《我与开明》第40页)叶老在抗战胜利前夕的一篇文章里说:“胡愈之先生是我们《中学生杂志》的老朋友,从《中学生杂志》创刊到复刊,他一直给我们许多帮助,不但为我们写文章,还帮我们出主意,定规划。”(《叶圣陶集》第6卷第144页)可见胡愈之与开明关系之深。胡愈之是30年代入党的老党员,直到全国解放后才公开身份,叶老与许多朋友原先都不知道他是党员。在胡愈之与叶老私交数十年的历史中,胡愈之的许多想法、建议影响着开明书店的出版方针和发展方向,这是不言而喻的。叶老与胡愈之私交很深。在60年的漫长岁月里,他们经过许多次合作共事,有时甚至朝夕相处,胡愈之的思想言行,对叶老的思想演进与发展,其影响也是不言而喻的。

晚年叶圣陶与胡愈之在一起

经受抗日烽火与民主洪流的考验

1937 年,卢沟桥边的炮声响了。叶圣陶扶老携幼,背井离乡,经杭州,到汉口,辗转跋涉,于 1938 年初到达四川。在那里一住就是 8 年。叶老先后在重庆、乐山、成都等地,应聘内迁的复旦大学、武汉大学、齐鲁大学、光华大学等校任教职和四川教育厅教育科学馆做研究工作,通过他的教学,教育青年学生要关心国家大事、民族命运,要关心“神州有惊天动地之血战”,不可闭门读书。在出版工作方面,叶老同许多朋友在一起,于武汉、重庆、成都、桂林、昆明等地办书店,编杂志,先后主编过《少年先锋》、《抗战文艺》、《国讯》旬刊、《国文杂志》、《国文月刊》等等。1942 年,开明书店在成都设编译所,办公处就在叶圣陶家里。叶老辞去四川教育科学馆之职,回开明书店主持编译所事务。此时为国共合作时期,叶老在大后方与各界的共产党人广交朋友,合作共事,为民族解放的神圣大业尽职尽责。那时与叶老交往的中共党员主要有:胡愈之、胡绳、胡乔木、胡风、吴全衡、陈白尘、冯雪峰、夏衍、邵荃麟、靳以等。尤其是叶老在成都主持开明书店编译所工作期间,同时主持成都文协工作。经常有共产党员来找他谈论时事,通报消息。他们都比叶老年轻,其中有的原来就是叶老的学生。他们有时邀请叶老去参加一些活动,有时就编辑出版工作提点建议、出点主意,有时赠送延安的书刊(如叶老初次读到的毛泽东《在延安文艺座谈会上的讲话》就是中共党员黄药眠赠送的),对此,叶老无不欣然参加和接受。在成都期间,叶老多次因公到重庆,胡绳、胡乔木等都亲自登门拜访,主动向叶老通报国内外的形势和党的任务、策略,有些问题,他们还主动征询叶老的意见。这种联系方式、活动形式一直持续到整个解放战争时期。

值得提出的是:1943 年 11 月,全国文协暨成都文艺界陈白尘、陈翔鹤、叶丁易、刘海粟、应云卫、李劼人、瞿白音、刘开渠等41人，聚会为叶老祝贺50大寿，《新华日报》等报刊，发表了祝贺文章，胡绳就为该报撰文记叙叶老教他写文章、改文章的事。

叶老经过这场为期八年的民族战争的血与火的考验，同我们党的关系更加密切了。1945年8月26日，中共中央向全党通报了派毛泽东、周恩来、王若飞赴重庆同国民党当局进行谈判的决定。28日，毛泽东一行飞抵重庆。在这次国共谈判期间，叶圣陶与在重庆的共产党人频繁接触，受到极为深刻的教育与影响。他们中有沈雁冰、夏衍、冯雪峰、胡乔木、邵荃麟、何其芳、陈白尘、靳以、郭沫若、徐冰、潘梓年、叶以群、阳翰笙等同志。叶老还多次应周恩来的邀请到曾家岩中共办事处，与有关人士会晤，先后聆听了周恩来、董必武、李维汉等中共中央负责同志的有关国内外形势、延安的文艺活动的报告。胡绳在一篇文章中提到这件事："圣老在重庆，曾由我陪同到曾家岩中共办事处，恩来同志和董老同他进行了亲切的谈话。"(《我与开明》第43页)叶老的《年谱》对此亦有记载："十月十六日，应周副主席邀请，赴曾家岩中共办事处参加晚宴。第一次见到周恩来副主席。同座有叶以群、吴组缃、老舍、靳以、胡风、何其芳、王若飞、徐冰。""十月二十一日，出席文协茶酒会，叶圣陶报告成都情形。周恩来副主席到会谈延安文协情况，题为《延安的文艺活动》。""十月二十八日，赴郭沫若与潘梓年之招宴，席间，听周恩来副主席谈国内外形势。"(按：时间是1945年，见《叶谱》第274页)

1945年12月28日，叶老告别了重庆，率领开明书店部分职工及全家老少乘木船经三峡东下返沪。当时正是国共谈判的紧张阶段，叶老在木船上半个多月，什么消息都没有。到了汉口，即有乘飞机先期抵汉口的邵荃麟来拜访，详详细细地向叶老介绍了这次谈判的经过和结果，以及可能的几种发展前途。一讲就是两三个小时。叶老在《东归江行日记》中对此有记载："(1946年)1月30

日 11 时返旅馆。邵荃麟来访。邵以飞机来汉,为时仅二小时。……邵为余道一月来重庆政闻。”“2 月 1 日,荃麟偕《大刚报》社长王怀冰来访。”(《日记三抄》第 30 ~ 31 页)叶老回到上海之后,除了中共办事处用各种形式邀请叶老参加各项活动,每个星期至少两三次以外,还经常有党员来同叶老联系、谈话,来得最多的是陈白尘,有时往往谈到深夜。叶老也常常请党员干部到开明书店来为同人讲话。叶老《在上海三年》的日记中,亦有大略的记录。“(1946 年)5 月 30 日,散工后,侯以群、宦乡二君来,今夕明社开会,请二君演讲。以群讲苏北现况,宦乡讲目前局势。”“6 月 21 日,饭后 1 时半,偕彬然至思南路 107 号,应董必武君之招,告以近日谈判经过。董君谈甚久……华岗君方到沪,谈南京最近消息。”“6 月 23 日,胡绳、潜英夫妇来,谈一时而去。”“7 月 23 日,晚 6 时,应郭沫若之招,至其寓所。到者二十余人,多数为熟友。听周君(笔者按:指周恩来)谈近局,剖析极详。分两席会饮,饮毕复谈,到家将 12 时矣。”“8 月 28 日,5 时,偕彬然至沫若家,友人到者四十余人,听李君、邓君谈政治、谈战争。(李,指李维汉;邓,指邓初民。笔者)”“(1947 年)4 月 1 日,夜间,白尘偕蒋牧良来访。蒋为初见,湘西人。白尘谈电影界、文艺界事,闻之有味。”“4 月 28 日,雁冰来,谈旅苏情形。”“5 月 21 日,白尘来。”“5 月 25 日,白尘来,持两稿,一为对和谈意见,一为对于学生运动之意见,余皆签名其上。”“7 月 25 日,夜间,白尘来谈电影界、话剧界情形,甚久。”可以看出,叶老回到上海以后在一年多的时间里,从中共中央到有关方面的负责干部,主动地做他的工作,使他有机会广泛地接触社会各界人士,了解我国革命形势的发展及前途。通过这些,叶老对国民党反动派的打内战、镇压人民民主运动的阴谋有更深刻的认识,因而不断予以揭露和批判:1946 年 2 月 10 日,重庆较场口惨案,6 月 23 日,南京下关暴行;7 月中旬,李、闻被害;1948 年 9 月 28 日,上海“小教联”发动的反饥饿、求生存的请愿斗争,叶老均与当时在沪的文教界知名人士郑振铎、许广平、周建人、赵朴初、沙千里、田汉等一起或联名通电当局表示抗议，或投书报刊以示声援。解放战争期间，叶老在开明书店主持工作，更加自觉地按照党的意图和部署，使自己的工作成为人民革命斗争的组成部分。例如，1946年内战爆发后，周恩来安排上海的工作，对当时出版界的形势作了估计，分成第一线、第二线、第三线三类。第一线是很快会被国民党查禁的，第二线是有可能维持一个时期，到某种时期也会被查禁的。《中学生》与开明书店属于第三线，不要过于激进，一定要保存下来。周恩来这个安排通过胡绳转告叶老，请叶老尽力维持开明书店，维持《中学生》。叶圣陶就是照着周恩来等的意见办的，将《中学生》一直维持到上海解放。在最困难的时期，给了青年有益的教育。又如，东北解放区负责教育工作的董纯才，在解放战争紧张进行的时候，写信给叶老，说他那里非常需要青少年知识读物，希望开明书店选个几十种，赶紧设法运一批去。叶老与开明书店同人很乐意为解放区尽一份力，可是交通阻塞，书籍又笨重，运输问题简直无法解决。后来董纯才又来信同叶老商量，问可否将《中学生》和《开明少年》的纸型按期经香港转口寄去，由他在东北就地印刷发行，叶老立即复信表示同意。然而不久，战线迅速推到长江岸，这项工作就没有进行的必要了。就在董纯才向叶老提出这个问题之前，开明书店也有过这方面工作的考虑，并且有的已经做了。那就是在辽沈、平津战役之后，开明书店襄理卢芷芬提出建议，将一部分图书和纸型运到北平，再设法找关系转入解放区。卢芷芬受书店委托去北平执行这个计划。总之，在中国共产党正确政策的影响与许多共产党人引导下，叶老完全站在革命的立场上，和人民同呼吸、共命运，成为文教战线上英勇无畏的斗士。对此，反动派恨之入骨，把叶圣陶的名字列入黑名单，并准备下毒手。正在此时，中共中央派杜国庠同志向他发出到解放区去参加人民政治协商会议、共商创建新中国大计的邀请。1949 年 1 月 7 日，叶老偕夫人胡墨林秘密经台湾赴香港。到香港之后，与陈叔通、柳亚子、马寅初、郑振铎、曹禺等人会齐，化装潜行。登上苏联货船，于2月28日离港，3月5日抵解放区烟台，18日到达北平。叶剑英市长亲往迎接并设宴洗尘。25日，中共中央自西柏坡村迁到北平。叶老同许多民主人士前往西郊机场，欢迎毛泽东、周恩来。

篑土为山宁肯后，涓泉归海复何求？

叶老应中共中央的邀请，是满怀革命家的豪情奔赴解放区的。事隔三十多年之后，他还清晰地回忆起这桩往事：北上的27人中，大多数都年过半百，可是兴奋的心情却还像青年。因为大家看得很清楚，中国即将出现一个崭新的局面，并且认为，这一回航海绝非寻常的旅行，而是去参与一项极其伟大的工作。（见《日记三抄》第42页）在前往解放区的船上，叶老写了一首诗，中有句云："翻身民众开新史，立国规模俟共谋。篑土为山宁肯后，涓泉归海复何求？"反映了他的喜悦心情和献身新中国建设的壮志。此后，叶圣陶先后任华北人民政府教科书编审委员会主任、中央人民政府出版总署副署长、国家教育部副部长、人民教育出版社社长兼总编辑等重要职务，投身于开创新中国的文化、教育、出版事业，特别是新中国的中小学教材建设事业。在这些方面，叶老的开创之功是永垂史册的。

特别应该提出的是，数十年来，不尽的艰苦工作，与之俱来的无穷的政治运动风雨，不论甘苦、毁誉、荣辱，也不论身处顺境或逆境，他都始终坚定不移地相信中国共产党，相信党的政策。坚信中国共产党是中国人民的领导核心，坚信党能领导全国人民，战胜艰难险阻，绕过急流险滩，到达胜利的彼岸。我们党也是自始至终深切关怀着这样一位数十年如一日，与党风雨同舟、患难与共的老朋友。"文化大革命"开始，中央改组教育部，周总理特地关照，叶老的安排由国务院“直属口”管理。1967 年 9 月,叶老因患急性心肌梗塞住进工农兵医院(首都医院)普通病房,周总理知道后,亲自过问了叶老住院的事,才住进高级病房。在“文革”期间,叶老在家抄读《毛主席著作》,间或赋诗以自娱,心情恬然自安,胸怀旷达,寄希望于未来。

1976 年 10 月,党中央一举粉碎“四人帮”,82 岁高龄的叶老,参加了天安门庆祝大会,满怀激情写了一首《满江红》(刊《人民文学》1976 年第 8 期),欢呼神州大地,“电掣雷轰,阴霾扫,碧空晴澈”,抒发了“年来欢畅,无如斯刻”的心情,对祖国前途充满信心,“想前途,凌厉胜先时,心头热”。党的十一届三中全会以来,他不顾年事已高,体弱多病,欣然出任教育部顾问、中央文史馆馆长,仍然勤奋写作,以有生之年,认真总结自己在教育、文学、出版、编辑工作等方面的经验,并通过人民政协、民主党派、报纸杂志等渠道,向党中央、国务院对教育、文化、出版工作恳切地提出了许多重要建议。叶老多次提出,我国实现四化根本在教育,而教育的根本在小学,小学教师的劳动理应得到社会的尊重。他针对片面追求升学率的倾向,语重心长地说:“爱护后代,就是爱护祖国的未来,中学生在高考的重压下,已经喘不过气来了。解救他们已经是当前急不容缓的事,恳请大家切勿等闲视之。”他同教育界人士商定我国教师节的日期,并由全国人大常委会做出决定,自 1985 年设立教师节。在党中央的倡导下,尊师重教的风气逐步形成。到了晚年,叶老更加热爱共产党,关心党风的根本好转。笔者有幸参加 1983 年 11 月在京举行的全国中学语文教学研究会,在会上聆听了叶老的讲话。他说:“去年中国共产党开第十二次代表大会,闭幕词是李先念同志讲的,末了说了三个‘根本好转’:国民经济情况根本好转,党风的根本好转,社会风气的根本好转。我听了很高兴,我希望活到九十四岁,能够亲眼看到这三个‘根本好转’!”(《叶圣陶散文乙集》第 687 页)叶老对党和社会主义祖国的感情,忠诚党的教育事业的崇高精神，永远值得我们学习与钦敬。

我们从叶老同中国共产党的关系述评中，有两点给我们以深刻的启迪。

第一，党的统一战线政策，有着重大功效。自中国共产党诞生之日起，就有一个统一战线的问题。“谁是我们的敌人？谁是我们的朋友？这个问题是革命的首要问题。”党在成立后的两三年内，先后召开了“二大”和“三大”。党的“二大”做出重要决策，同国民党合作，建立革命统一战线，开展反帝反封建斗争；党的“三大”正式决定统一战线的方针和政策，促进一切革命力量联合起来，促成第一次国共合作和大革命的兴起，极大地打击了军阀的反动势力。叶圣陶就是在大革命时代，在第一次国共合作的历史时期，同几位中共早期的党员合作共事，并逐渐建立了友谊，从而接近共产党，并逐步加深了对共产党、对革命的理解。经历了北伐战争失败，九一八事变，八年抗战和三年解放战争，中共对统一战线的方针政策，不断充实完善，以适应不同的历史时期形势发展的需要。从叶老与之交往的共产党人中，我们可以看到，不论是党的高级干部还是一般的党员，都是满腔热情地同党外人士广交朋友、合作共事，形成了全党同志做统一战线工作的局面的。再从同叶老接近的共产党人来看，他们同党外人士交朋友，极善于做党外人士的工作，他们在感情上推心置腹，知人善任，在思想上、生活上关心，可以看出党是历来重视知识分子、民主人士的，使他们在社会上充分发挥作用的。

第二，知识分子、党外人士的成长进步以及在社会上充分发挥自己的作用，离不开中国共产党的领导。我们从叶老的经历来看，在革命发展的每一个重大转折的关头，都有共产党人引导他参加活动、在实践中接受教育，叶老在他的许多著作中提到，他接触过的许多中共党员都自觉地以真诚态度待人，使党外人士从心里信服党说的有道理，愿意照着去做。叶老在晚年总结开明书店的经验的时候,在讲到开明的成长发展是依靠朋友帮助支持的时候,就说过在解放前“不知不觉地在接受着党的领导”。叶老的经历告诉我们:知识分子、党外人士,自己所以有进步、工作能有所成就,离不开党的影响和教育,并非全靠个人的自觉和奋斗。因为党代表了中国革命的大方向和广大人民的根本利益。过去革命的历程,证明党是中国人民的领导核心;今后我国社会主义强国的建立,也离不开中国共产党的领导。“中国人民经过一次又一次的胜利喜悦和失败痛苦,历史地选择了中国共产党作为自己推翻帝国主义和官僚资本主义的领导力量,经过血雨腥风的艰难历程,中国人民终于站起来了。在中国共产党的领导下创建了中华人民共和国,开辟了社会主义革命和社会主义建设新的历史时期。长期的历史实践最有力地证明:没有中国共产党,就没有社会主义新中国,只有走社会主义道路,中国才有光明前途。”(孙起孟《在全国政协新年茶会上的讲话》,《人民政协报》1991.1.4)这是历史的结论,也是颠扑不破的真理。

原载《出版史料》1991 年第 4 期

叶老和《中学生》

欧阳文彬

《中学生》是开明书店出版的杂志,1930 年诞生于上海。开始由夏丏尊先生创办。1931 年由叶圣陶先生接办。他们两位都有丰富的教学经验和深厚的语文修养,又有共同的教育主张和编辑作风。在办刊过程中,还团结了一批志同道合的编辑,如金仲华、顾均正、贾祖璋、徐调孚、傅彬然、宋云彬等先生。淞沪战争爆发,《中学生》休刊,叶先生经武汉入川。夏先生留守上海。1939 年

《中学生》在桂林复刊，由傅彬然、贾祖璋负责编辑，叶先生任社长。湘桂撤退后，《中学生》迁往重庆，抗战结束后又迁回上海。编辑工作一直在叶先生和傅先生领导下进行，一直到建国以后开明书店迁往北京为止。在那漫长的艰苦岁月中，叶先生为《中学生》付出了大量心血，创造了一系列可贵的办刊经验。

我有幸在30年代成为《中学生》的读者，40年代前期成为它的作者，40年代后期又成为它的编者，从不同角度受到叶老的熏陶和教诲。遗憾的是，我当年对叶老的言传身教领会不深。要说对叶老和《中学生》有所了解，还是后来在长期的编辑工作实践中逐渐加深的。

为中学生开辟第二课堂

我们这些30年代的中学生，几乎都要读《中学生》杂志。那时只知道这份杂志好懂、好看，学校里所有的课程、杂志上都有相应的专栏，各科专栏都把枯燥的道理讲得清晰生动。像夏丏尊、叶圣陶合写的《文心》，顾均正的《科学趣味》，贾祖璋的《生物素描》，刘薰宇的《马先生学数学》，高士其的《细菌和人》，这些专栏在杂志上连载，定期和读者见面，进行循序渐进的系统讲解，比学校里的课堂教学有趣多了。在我们心目中，《中学生》杂志就像是另一所学校，为我们开辟了第二课堂。夏、叶先生好比这所学校的校长，各科专栏的作者就好比老师。这些未曾谋面的老师，甚至比课堂里的老师还要亲切。因为他们的文章帮助我们提高了学习兴趣，开拓了知识领域。用不着别人督促，我们会自觉自愿地走进这第二课堂。尽管《中学生》是一种课外读物，我们自会按期阅读，读了这期等下期。至于《中学生》杂志为什么这样招人喜爱，当时我们这样的中学生读者是不明白的。

后来我才慢慢明白，《中学生》杂志之所以受到广大中学青年的欢迎,是由于它提倡的教育主张和当时的教育制度截然不同,那就是:不能只让学生"受教材",而要让学生"受教育",使"教材"在学生体内像食物那样消化吸收,生出新的血肉。这就是夏先生、叶先生办刊的宗旨,这样的宗旨又决定了办刊的态度不是教训,而是启发、辅导,把学生引向知识的海洋,让他们自己吸收,学会运用。正因为这样,他们不满足于一般教科书式的知识读物,力图采用文学笔调,把各科知识写得通俗易懂,生动活泼,使读者乐于阅读,从而激发学习的兴趣。这样做当然是很费力的,比写一篇专论要辛苦得多。如果没有为青年读者做奉献的精神,是难以办到的。

叶老说:办刊物是为了宣传自己的主张,表明自己的态度。上述的教育主张和办刊态度,就是叶老在《中学生》上再三强调,反复宣传的。他不仅宣传,而且付诸实践,和一些赞同这一主张的编辑、作者一起来付诸实践。各科专栏的作者队伍形成了,壮大了。他们都是各有专长的学者,所以能把文章写得深入浅出,引人入胜。这些专栏在杂志上连载以后,又出单行本,编为《开明青年丛书》,种类多,印数大,从那个时代过来的人几乎都从中受过教益。有人说《中学生》开了一代文风,并不为过。

叶老不仅在杂志上宣传这种教育主张和办刊态度,还利用一切可以利用的场合和机会,在座谈会上向各界人士说,在组稿时向作者说,在编辑部向青年编辑说,不厌其烦、苦口婆心地说,为的是使更多的作者、编辑和读者了解、赞同《中学生》杂志的主张和态度。他这样做,确实使《中学生》的朋友越来越多。文化界、教育界的人都知道,《中学生》杂志是很有凝聚力的。这与叶老的热诚宣传和身体力行分不开。

拿我来说,第一次见到叶老,是 1945 年 6 月在重庆。那时叶老住在成都,是来重庆和傅彬然先生商量开明书店及《中学生》事务的。我原在重庆新知书店的分支机构亚美图书社工作,曾在傅先生帮助下在《中学生》发表过几篇文章,受到叶老关注的可能是一篇《我生活在书业界》。文中抒发了自己从事书店工作的志愿与甘苦。1944年冬,亚美图书社被特务勒令停业。为了不让特务发觉亚美图书社和新知书店的关系,我不能和新知的有关同志联系,只得先到一位女同学的机关宿舍里暂时借宿,再通过金端苓同志介绍进《时事新报》当绘图员,处境相当困难。这种情况,傅先生是知道的。他当然向叶老作了介绍。于是我就以青年作者的身份,受到叶老的接见。见面时叶老也没有多问,只鼓励我认真写作,多写一些对读者有益的东西。叶老本是《中学生》杂志上给我印象最深的一位老师。这次见了面,他那平易谦和的态度,亲切诚恳的言词,使我感到这就是《中学生》的风格,给我留下了更深的印象。我万万没有想到,此后不久,傅先生就通知我,开明书店决定吸收我进店工作。我终于摆脱了当时的困境,又能为出版、书业贡献力量,而且在叶先生、傅先生的指导下开始了编辑生涯,从《中学生》的读者和作者变成了编者。那次接见又何止是前辈编辑对青年作者的关怀呢?

再后来,我又明白了,夏先生和叶先生都是由于不满当时的教育制度和学校状况,反对"灌输式"、"填鸭式"和"死记硬背"的教学方法,才放弃教师工作,从办学校转向办刊物,想通过刊物来实现自己的教育主张,为广大青年学生开辟第二课堂的。他们办刊物,就是办教育,只不过从小讲台走上大讲台,把校园扩展到社会,把校门向所有的青年敞开。只要愿学,有钱无钱都可以来受教育。买不起杂志还可以借来看。只要一卷在手,都可以得到长进。

《中学生》创刊号,销数就突破一万大关。这在当时的出版界已经很不简单。以后发行量逐期增长。姑且算到"八一三"抗战休刊为止,累计印数已近百万。若以每本刊物有几个读者传看计算,受益的青年该有多少?何况《中学生》的读者除了学生,还有教师。当教师的通过教学实践,最能领会《中学生》教育主张的优越性。这种教育主张也会被教师们吸收消化,贯彻到他们的教学中去。影响所及,更是无法估量。

“跟并世的青年心心相通”

《中学生》虽然以辅导文化学习为主,也并不忽略政治思想指导。因为中学时期既是学习上打基础的阶段,又是为走向社会作准备的一个人生阶段。纷纭复杂的社会现象必将在中学青年思想上引起各种不同的反映。他们需要真诚的顾问,帮助他们指导前途,解决疑难。《中学生》就要当读者的“顾问”。这个“顾问”不采取高高在上,指手画脚,强加于人的态度,而是跟读者交朋友,和他们站在一起,从旁指点,共同前进。叶老经常在编后记中和读者谈心,他说:“我们常把读者诸君称为青年朋友,这个‘朋友’决不是浮泛的称谓,是表示我们真心诚意把诸君认作朋友。”

30年代时的国家灾难深重。面对日本帝国主义的侵略,国民政府一面奉行不抵抗政策,一面向国际联盟乞求公理。《中学生》杂志一开始就很重视形势教育和时事分析。“九一八”事变刚发生,叶老就写了《闻警》一文,站在热血青年的立场,喊出青年心中的最强音:“我们永远不要忘记这个日子!”就连介绍语文知识的《文心》连载,叶老也通过故事中的人物之口,揭露了国际联盟的本质,抨击了政府的不抵抗政策。在编辑阵容中,增加了国际问题专家金仲华,显然也是出于这样的需要。

抗战期间,《中学生》为了密切配合形势,改出战时半月刊。叶老在《复刊献词》中说:“一千个一万个被战争毁灭了,十万个万万个都从瓦砾堆中重建起来。”“《中学生》杂志是抱了这种坚定的信念在西南抗战根据地宣告复刊的。”从这里可以觉察出浓重的时代气息。那段时间敌寇深入,国土沦丧,广大群众家破人亡,流离失所,青年中流传过这么一句话:大好河山放不下一张安静的课桌。《中学生》一向想读者之所想,以读者的需要为需要,刊物的着重点当然和以往不同。先是宣传团结抗日,后来宣传反法西斯斗争和新民主主义,帮助读者认清形势,增强信念。读者面从中学生扩展到大学生和社会青年,杂志的影响日益扩大。1945 年 8 月,国民党大员潘公展在成都约见叶老,告诫《中学生》少谈政治。叶老和当时在重庆负责编辑工作的傅先生都置之不理,叶老还以编者的名义在《中学生》的"卷头言"中宣称:"我们只觉得融合在青年的队伍里是我们的安慰,跟并世的青年心心相通是我们的欢快,所以不怕阻碍跟困难,宁愿干这个事业。"潘公展约见后不久,叶老就针锋相对地以"中学生杂志社"的名义于 9 月间和重庆、成都其他杂志联合发起"拒检运动"(抗拒国民党政府钳制言论自由的书报检查制度),11 月又联名发表《不要内战》的庄严声明。昆明"一二·一"惨案发生后,重庆的学生报刊为救助昆明死伤师生拟写了《告全国同学及同胞书》,并派代表到"中学生杂志社"求见叶老,商请参加。叶老读完全文后连声说:"好!好!好!"立即毫不迟疑地提笔签上了"中学生杂志社"的名字。据当时作为《中国学生导报》代表的戴文葆同志回忆,叶老提笔时动作严肃而迅速,眉宇间透出凛然的正气。后来他们到另一家学生杂志社去商请签名参加,却遭到了拒绝。在当时白色恐怖的环境中,叶老对素不相识的学生代表如此坦然信任,对遭受迫害的昆明学生如此热情支持,更显得难能可贵。

抗战结束后重庆的接收大员和达官贵人们争先恐后地抢着"复员",轮船、飞机票子都很紧张,叶老不愿托人情、找关系,决定率领开明同人坐木船回上海,1945 年 12 月 28 日离渝,次年 2 月 9 日才到上海。2 月 10 日,重庆发生了暴徒在较场口打伤郭沫若等同志的消息,叶老 11 日就和郑振铎、许广平、周建人等致电国民政府表示抗议,并以"中学生杂志"的名义发表《我们的态度》一文。我参加《中学生》的编辑工作后,亲眼看到叶先生、傅先生怎样以鲜明的态度支持学生运动。印象最深的是 1947 年 5 月 20 日南京学生被反动军警打伤时,6 月号杂志已经排校完毕,即将开印。叶老马上赶写了一篇《南京事件》,作为特急稿插入当期刊物。叶老把稿子交下来时说:“学生在流血斗争,如果看到《中学生》杂志毫无反应,他们会怎么想?我们又怎样向读者交代?”我去印刷厂抽换版面时,耳边仍响着叶老这几句话,感到肩上的责任重大。任务完成,刊物也如期出版时,确实感到了作为一个编辑,“跟并世青年心心相通”的安慰和欢快。

上海解放前夕,叶先生、傅先生终被国民党反动派列入黑名单,他们接受中共地下党的安排,秘密离沪,转道香港去解放区,准备参加新政协。《中学生》杂志是由张明养负责,我当助手。叶老于 3 月 18 日到北平,工作千头万绪,既要筹组全国文艺界协会、教师联合会,又要筹备全国文代会、青代会,出任华北政府教科书编审委员会主任之后,还要主持教育座谈会,商讨接管京、沪、杭教育机关的事,这些任务在他到达的一个月内接踵而来。叶老在百忙中仍没有忘记为青年读者办刊物。他亲自动手,赶编了《进步青年》杂志,于“五四”青年节创刊。上海解放后叶老又在《进步青年》刊名下注明是《中学生》的北平版,出了五期后和上海的《中学生》杂志合并,从 10 月份起用《进步青年》的刊名继续在上海出版。向读者宣告两个杂志合并的文章由叶老亲自执笔,表达了他和杂志社同人跟新社会的青年一起随着时代前进的心愿。后来杂志社随开明迁京,又恢复原名《中学生》。叶老则出任出版总署副署长、教育部副部长等职,不再兼管《中学生》的工作。

严谨的编辑作风

《中学生》是开明书店发行的刊物。《中学生》的编辑都是开明书店的从业员。开明许多前辈编辑都兼任过《中学生》的编辑。开明和《中学生》一向以编辑作风严谨著称。这种作风是叶老和一些志同道合的前辈编辑带头在长期实践中形成的。

1985 年,在开明书店创建 60 周年纪念会上,叶老的书面发言中有这么一段话:“开明书店的读者主要是青年和少年,因而我们认为,我们的工作是教育工作的一个组成部分,一个不可缺少的组成部分。我们做的工作,就是老师的工作。我们跟老师一样,待人接物都得以身作则,我们要诚恳地以平等的态度对待我们的读者,给他们必要的条件,让他们成长为有益于社会的人。”

这段话可说是开明编辑作风的基本精神,也可说是叶老对编辑工作者的基本要求。有了这种精神,自然会严格要求自己,在各方面像个老师的样子。

开明的前辈编辑们都有各自擅长的专业。例如夏先生和叶老是文学家、语言学家,顾均正是科学家,贾祖璋是生物学家。他们都编过《中学生》,都为《中学生》知识专栏写过连载,而且为适应读者的不同层次,花费大量精力,开创了生动活泼、深入浅出的文风,成了广大读者心目中的老师。他们不为名、不为利,一心为读者编刊物、写文章的精神又给我们这些青年编辑树立了榜样。

叶老非常强调学习。我们一些青年同人组织的读书会,得到他的热情支持。他经常来参加讨论,解答问题,进行辅导,还多次为我们请作家来做报告,茅盾、曹禺、李健吾、杨晦、赵景深等都来做过报告。叶老看到我们选读的都是些文学书,还曾指出学习的范围不要太窄。他说,无论做什么工作,总是多学一些东西,多懂一些东西好。还告诉我们,鲁迅就曾劝告文学青年不要一味钻在文学里,否则文学也是研究不好的。那时我们都住在北四川路永丰坊后边的开明新村宿舍里,朝夕相处,亲如一家。前辈编辑们对青年同人既像老师,又像长辈。有人把这个集体比作一所学校,有人把它比作一个“大家庭”,还有人把它比作一片“干净土”。这样的环境既有利于青年编辑的成长,也使开明保持了原有的“书卷气”和“文化人办书店”的特色。

叶老特别强调当编辑、写文章的人“要做杂家”。因为编辑这一行本身要知道的东西极广。他自己正是这样,对各种新鲜事物密切关注,虚心学习。包括科学中的许多门类和新学科、新知识。他说:“咱们不是专门搞科学的,但是起码的常识应该懂一点。”“如高能物理、遗传工程是什么东西,假如我们不懂,就把这几个字写进稿子,登在报上,不就是对读者不负责吗?”(1978 年 4 月 20 日在新华社国内记者训练班上的讲话)这话是对记者说的,对编辑同样适用。我在《中学生》当编辑时,就听到叶老和傅先生说过:许多专业知识,我们不可能都懂,但是总要尽可能多学一些常识,请专家写的文章我们起码要看得懂。如果我们自己看不懂,就糊里糊涂地编发出去,不是对读者不负责吗?

叶老还很强调练笔。他认为凡是通过文章和读者见面的,如编辑、记者、作家,“一方面是报道、鼓动、宣传、教育,另一方面,这就是在做语言教育的工作。因为写出去的语言,不能不影响人家。除了内容实质必须就种种方面多加考虑以外,得在语言方面多下工夫。要不然,语言教育就不会到家,这是一个缺点。语言方面欠工夫,一定会使内容实质打折扣,一定会使报道、鼓动、宣传、教育的效果打折扣,这是另一个缺点”。(《广播工作和语言规范化》)因此,叶老一直提倡练笔。在他的倡导下,《中学生》和《开明少年》常常交给青年同人一些力所能及的写作任务。建国之初,为了宣传的需要,开明书店编了一套通俗小丛书,及时向青年读者介绍一些革命的知识和道理。这套丛书的作者主要是开明的青年同人,总题叫《我们的书》。一方面是借此表明开明同人拥护革命的态度,另一方面是为青年同人提供了一次“练笔”的机会。由于作者都是店内同人,联系方便,进度容易保证;又由于有前辈编辑从旁辅导,不少同人虽是第一次写书,都能顺利完成任务。从拟选题、定作者到 1950 年出书,时间不过半年。其中一本《斯大林》由我执笔,是我的第一本书。

叶老认为,培养作者是编辑的职责。尽管《中学生》是辅导学习的杂志,叶老仍然认真审读来稿。每期辟“读者之页”,刊登读者来稿。看到来稿中文艺作品多,又以增刊形式另出《中学生文艺》,专发青年读者投寄的作品。1931 年起每年一册,后来年出两册,1936 年改为年出四册,变成季刊了。篇幅超过《中学生》杂志,而且是精装本,厚厚的本子,拿到手里沉甸甸的。可以想见,叶老为此花费了多少精力,那些入选作品的青年读者从中受到过多大的鼓励。其中不乏后来有成就的作家。抗战期间和解放前那段日子,由于各方面条件的限制,不能编印这种大型的青年作品集,叶老仍然在《中学生》举办征文。

1947 年,《中学生》的征文题是《挣扎》。记得叶老出这个题目是含有深意的。他向来反对命题作文,要求国文老师出作文题要站在学生的角度着想,揣摩学生心中大致有什么可说,不能凭自己的想法和兴趣,把题目出僵,使学生无从下手,或者硬做文章。1947 年正值黎明前的黑暗时期,内战频仍,工商凋敝,物价飞涨,民不聊生,广大青年在失学和失业的双重威胁下艰苦挣扎。叶老出的征文题正针对了青年读者的处境,所以应征者踊跃。应征稿大都具有真情实感,没有勉强敷衍的毛病。当时叶老还是个为民主运动奔走呼号的社会活动家。大量涌到的应征稿,他不可能一一过目,只能由我进行初审,主要是剔除一些明显不合格的稿件,留下来请叶老复审的稿件数量仍很可观。叶老非但不嫌劳累,认真审读,还说:“看稿也是受教育,这些来稿都是青年的心声,能让我们更了解当代青年。”应征稿在《中学生》逐期发表后,于 1948 年 1 月汇集成单行本,叶老又亲自执笔写了《〈挣扎〉序》。由此也可看出叶老培养青年作者的一片赤诚。

开明书店在叶老主持下,还培养了一批青年编辑。我就是其中之一。1945 年我进开明后,先当校对,再学做广告,其实都为以后当编辑创造了条件。因为开明一向重视校对,实行编校合一,校对和编辑同室办公，校对不只对原稿负责，还要发现原稿的问题，和编辑商榷；编辑除了把好编稿的第一道关，防止出错，还要自己动手做校对。我在重庆开明做校对时，曾看到叶老、傅先生把别的工作放下，腾出手来和青年编辑、校对一起去宿舍看《中学生》校样，一看就是一整天。这种做法，能让校对了解编辑工作，又能有效地避免差错。开明的广告也有自己的特色。从叶老开始，前辈编辑们都自己动手写广告词。叶老为茅盾、沈从文、朱自清、冰心等作家著作写的广告词堪称精辟的文论，但因没有署名，而且散见于各种书刊的封三、封底和补白地位，难以查考，前几年上海三联书店出版的《叶氏父子图书广告集》收的不一定齐全。我在推广科工作时，科长徐调孚先生既是编辑，又是作家，他曾叫我把前辈编辑们写的广告词编成卡片。每种书刊的空白版面都要选登合适的广告，决不浪费。每条广告刊出时都要根据不同的情况加以增删改写。有些新书，徐先生还让我撰写广告词。这对我以后写书评和审稿意见，都有好处。

我的编辑生涯是从《中学生》开始的，最深的感受是前辈编辑对青年的放手使用。叶老、傅先生对我这样的新手采取信任态度。他们只对每期的几篇重头文章提出要求和作者人选，组稿、联系交给我办。由于要求明确，作者选得合适，稿子的质量有保证。稿子取来后，往往由我编好后再请叶老、傅先生终审。没有更多的复审层次，工作效率自然高了。为了配合形势，每期保留一些篇幅，在付印前补发几篇时间性强的稿子，如“卷头言”、“编者的话”、“时事分析”。这几个栏目的文章大多由叶老、傅先生亲自执笔，或请别的前辈编辑执笔，有时也把题目交下来让我写了经叶老、傅先生审阅后刊用。设计版式、插图、制版以及跑印刷厂等等，都是我的事。这样干下来，编辑工作的全过程熟悉得快。正如叶老所说：“在编辑工作中学习编辑最易见效。”

放手使用不等于放任不管。叶老、傅先生的工作做得很具体，处处以身作则。榜样的力量是无穷的。这里不妨以叶老的审稿、编稿方面的言传身教为例来加以说明。

叶老曾说:"做编辑工作,一定要把握好取舍标准,最怕的是以作者的地位名望为标准。"

这里所说的取舍标准,除了稿件本身的质量,还要符合读者对象的水平和需要。《中学生》发表的文章要让中学程度的读者看得懂,喜欢看。叶老和傅先生很注重在约稿时先讲清杂志的性质和读者的需求,请作者下笔时力求深入浅出。他们说,每一位作者都希望自己的文章受读者欢迎,只要编辑事先交代清楚,他们是会配合的。我按照叶老的指示为《中学生》向专家学者组稿,几乎从未遭到拒绝,组来的稿子也没有发生过退稿的事。

叶老所说的取舍标准还有另一层意思,就是不看人头、不卖情面,对无名小卒的来稿一视同仁,择优刊用。这方面事例很多,有不少作家的处女作是由叶老经手发表的。这里单说徐盈,30年代初期,他开始向《中学生》投稿时还是个中学生,叶老就曾叫他试写一组以《同学录》为题的短篇小说,要求反映当时青年一代彷徨、幻灭、追求的经历。抗战期间徐盈成了记者,走过许多地方,叶老又要他每到一处都搜集材料,陆续写出,反映战争时期有人过着荒淫无耻的生活,同时有人在严肃地工作、战斗的现实。这些文章以游记的形式在《中学生》战时半月刊连载,后来结集为《抗战中的中国》。徐盈至今回忆起来还激动不已。

开明的编辑加工的认真是众所公认的。这也和叶老的言传身教分不开。他不止一次地说:"编书、写文章和写家信不同。写家信有差错,受害的人少。编书、写文章有差错,使读者受害。即使是小错,也成了大事。"

叶老还针对《中学生》的情况说:"我们的读者是青年学生。刊物出了差错会以讹传讹,贻误青年。"

他要求编辑善于发现问题,认真加工,大至文章的内容、观点、语法、修辞，小到一个标点，一丝一毫也不能马虎。叶老自己就是这样做的。他审稿时除了注意文章内容，还常常把原稿上潦草的字迹描正，连小小的标点也不放过。遇到过于潦草的稿子，他甚至动手为作者代抄一遍。因为“我们写稿、编稿，是写给排字工人看的，字迹不清楚，就会增加排字工人的负担，增加出错率。归根结蒂是对读者不负责任。”他要求编辑人员养成字迹清楚的良好职业习惯。

叶老对刊物的如期出版专门说过一段话：“出一种杂志，标明是月刊，每月某一天出版，这就是与读者订了约。按月如期出版，那是守约，读者可以享受如期展读的快感。如果出版延期，那就是失信，读者也将因盼望不到而失望。我们深知守约是人间的起码道德，使多数读者感到失望也是我们自己深切的痛苦。”字里行间洋溢着对读者的一片深情，这正是作为编辑的可贵之处。

为了使杂志如期出版，就得如期集稿，如期编发，如期排校。这又少不了作者和印刷厂的配合。多数作者都有各自的工作要做，为《中学生》写稿往往是一种额外的负担，有时还会因各种情况耽误写稿。编辑必须随时关心作者写稿的进度，主动提供必要的帮助（如代找资料）。叶老和傅先生都说过：只要我们把工作做到家，作家是不会故意跟我们为难的。印刷厂的排印日程，也不能光靠一纸合同。逢年过节工人要放假，学期开始前要赶印教科书，都会影响原定的排印日程，不得不请工人辛苦加班。有位排字工人对我说：“每家杂志都要求我们如期排印，可是有的编辑发稿就不准期，原稿字迹潦草，排好校样还要推翻重排，我们才不替他们加班呢！你们《中学生》杂志发稿准期，原稿清楚，互相配合得好，我们说什么也要替你们赶排出来。”这自然是叶老和前辈编辑们严谨的作风赢得排字工人信任的结果。

回想我在《中学生》当编辑时，无论向作者组稿，或是跟印刷厂打交道，都一路绿灯，绝非偶然。其实是叶老和一些前辈编辑把路铺好了,我才能坐享其成。想到这里,更感到自己有责任把他们创建的优良传统继承下来,并予以宣扬推广。

原载《出版史料》1991年第4期

于平凡处见精神

——回忆编辑工作中的圣陶老人*

姚涌彬

经常听到编辑界的同行提倡一句口号:要做编辑家,不要做编辑匠。这里的意思是,编辑工作者应该有广阔的视野,开拓的精神,组织全局的能力,以及精深的学养和研究著作功夫,而不应该把自己的作用局限在案头稿件的整理编订。这无疑是积极的要求,目的是编辑出版事业的发展和人才的造就。但是,在实际生活中往往可以看到,有些人在"编辑家"和"编辑匠"之间画出一条等级的鸿沟,乐于谈论"家"的目标,不关心甚至鄙薄"匠"的劳动。这一"家"一"匠"之间应该是怎样的关系?每当接触这个问题,我总是首先想到叶圣陶老人。

在叶老的业绩中,编辑工作是一个方面。他是编辑界的名家、大师。我很幸运,当我走出学校,开始从事编辑工作的时候,走进的是叶老领导的人民教育出版社。

人民教育出版社是全国中小学通用教材的编辑出版机构。叶

---

* 这是一篇遗作,作者姚涌彬是文物出版社编审,于1991年12月30日病逝。50年代初,作者刚刚踏上编辑岗位时,就在叶圣陶先生的领导下工作,因之对这位编辑巨匠的编辑作风有着至深的感受。

老以教育部副部长兼任出版社社长和总编辑，社会主义教育方针的贯彻执行，教科书编辑出版工作的规划和实施，他的领导责任是全面的。但是出版社的编辑干部都深知，在编辑工作的每一个环节上，叶老发挥的领导作用十分具体，极其细致。

叶老倡导编辑作业中的严肃作风和严格规程，一个典型的措施是推行书稿的集体讨论制度。他亲自主持示范性的讨论会。讨论某一种书稿的时候，叶老召集有关的编辑人员，包括副总编辑、编辑室主任、责任编辑和助理编辑，到他的办公室围坐一圈。书稿逐章逐节逐段逐句地通读，大家随时插入议论，提出问题。从内容的思想性、科学性，程度的深浅，分量的轻重，直到字句、标点，一一认真斟酌，仔细推敲。叶老像普通编辑人员一样发言，总是那样平和、从容、亲切，又总是那样深刻、明确、不带一点敷衍。我当时是编辑行列中最幼稚的一个青年，参加这样的讨论会，对于编辑工作的严肃性、细致性的认识，连带着对于长者工作精神的崇敬，深深地印在心上，从此永不淡忘。就人民教育出版社的编辑工作而言，书稿的集体讨论形成定制，每一种教科书的初稿都经过编辑室或者编辑小组的讨论、修改，对于书稿质量的保证作用是不言而喻的。

叶老的领导作用更多地体现在他同各个编辑室的经常联系中，反映在他审定书稿、检查校样等等工作中。在要求教科书思想性、科学性力争完善的同时，叶老严格地要求语言文字的规范化。以语文课本为例，选进的作品，有的出自当代知名作家之手，在社会上产生过广泛的影响，但是如果从语文教学的要求看，个别字句还值得商榷，编辑部就一定会提请作者加以斟酌。曾经有一位作家简单地拒绝了值得考虑的意见，他的一篇作品就从编选目录上撤销了。叶老自己的作品选进语文课本的，尽管早已是传诵的名篇，公认的范文，他依旧要反复琢磨，一旦看到不够满意的地方，就毫不犹豫地动笔修改。语言文字规范的要求在语文课本中是如此,在其他各科课本中也是一样。在我参加编写的历史课本的校样上,就留下了叶老工笔圈改的手迹。为了提高编辑干部在语言文字方面的鉴别能力,叶老几次举办讲座会,从报刊上选择文章,他亲自作分析解剖。往往一篇一般认为不坏的文章,经过他鞭辟入里的讲评,暴露出无法原谅的破绽。从这里不能不得出结论:在编辑作业中,语言文字的检验是绝对重要的;编辑工作者自身的语言文字修养当然也是必须重视的。

* * *

经过一场历史大动荡,我离开了人民教育出版社,调到文物出版社,从事一本学术性、资料性刊物——《文物》月刊的编辑工作。多年在叶老直接领导下接受他熏陶的条件已经改变,但是我仍旧有机会同叶老联系。联系并不经常,但是我继续有幸得到他的教导。我真切地认识到,叶老对于编辑工作的态度,在各种场合是一以贯之的。

这里用叶老的两封信作例证。

一封信写于 1975 年 4 月 8 日。当时,我为《文物》月刊筹办一个栏目,叫做"文物丛谈",希望用比较清新流畅的文字来写文物专题,主要供专业圈以外的文物爱好者阅读。我约请一位朋友写了题为《漫谈鼎》的文章,作为新辟栏目的试稿,用打印件征求意见。4 月 7 日,我拜望叶老,送去一份打印件。老人视力已经衰退,我原意是请他稍事浏览,听他指点一二,实在不忍心多添他的劳累。不料想未出两天,就收到他厚厚一封信函。前面一页是给我的信:

涌彬同志:

昨日下午看交下之稿,今日上午继看之,居然完毕。期其速达,因付邮寄上。所书零星意见未必都合,幸贵社诸位同导斟酌之。即请刻安。

叶圣陶

四月八日

信后是一份审稿意见，墨笔正楷写在毛边纸上，共四页。针对一篇不过3000字的文稿，叶老提了47条意见。条分缕析，边评边改，要求集中到一点：为读者着想，务使文章的真正意思准确地交代给读者。写完47条，叶老接着又写：

另外想到几点

为一般读者着想，既然谈青铜器，什么是青铜，似乎得说一下。

一般人参观古物展览，看见那么巨大而精致的青铜器，一定会想到这些家伙怎么铸造的。因此，我以为这篇文章里应当说一说铸造方法。要避免专门术语和习用语，用最通常的语言叙述铸造的先后次第和操作方法。我看两三百字也就够了。有这么一段，一可以满足读者的求知欲，二可以给读者证明，卑贱者最聪明，奴隶创造历史。

在这之后，又写了一段审读结论：

这篇稿子大概还不宜刊用。讲道理（鼎与礼的关系的道理）讲得不透彻。原来知道的人看了，会说，是这么回事，但是没有从中得到什么新东西。原来不知道的人看了，那就似理解非理解，因为原稿只是简单地表述了作者的观点而没有顾到怎样使读者理解他的观点。

专业人员作稿子，最要注意跳出专业的圈子，为一般刊物作稿几乎可以说是天经地义。否则同行可能要看，外行就不爱看。

从这一份审稿意见,我感触到老人那颗热诚殷切的心。我珍藏起这份贵重的礼物,以后每有青年同志参加编辑部工作,总要展示出来,借以传达前辈大师的厚望,在榜样面前共勉。

另一封信写于大约三年之后的1978年1月22日。这次叶老完全是出于主动关怀,对文物出版工作中的文风问题表示意见和主张。信里说:

> 我对于贵社和他社出版的风景名胜图册、古今书画册、考古文物图册之类的"前言"或者"出版说明",还有风景名胜地区写在牌子上的"简介",一向有个意见,总觉得套语笼统语比较多,语言是似文似白,非文非白,基本上是文言底子。
>
> 我想,风景名胜,古今书画,考古文物,多是挺名贵的东西。在图册前部加的"前言"或者"出版说明",要把材料充分融化,适当安排,找到恰当的语言形式表达出来,才能使读者理会,并且感到很有兴味,否则就太不相称,有时候我几乎要说出"玷污"这个词儿来。
>
> 改进文风,大家有份,我希望干编辑工作的同志都来做促进派。
>
> 凡是套语笼统语坚决不说,只要随时留心,是容易办到的。至于语言形式,当然要用明确的干净的现代汉语。文字虽然写在纸上或者印在印上,要顾到口头念起来顺当,耳朵听起来清楚。
>
> 我的话直率,也算是"知无不言,言无不尽"的意思。倘若诸位同志不给责备,又能虚心地考虑这些话对不对,就是我的荣幸了。

针对文物出版界的文风问题提出批评,呼吁改进,据我所知叶老是第一人。叶老的批评是直率的:“我几乎要说出‘玷污’这个词儿来。”改进的要求寓原则于具体之中:“凡是套语笼统语坚决不说”,语言“要用明确干净的现代汉语”。叶老把责任交给编辑人员,希望虚心地考虑他的意见,做改进文风的促进派。应该指出,叶老写这封信的时候,已经 84 岁高龄。语重而心长,他关注的又岂止是文物出版界的文风和编辑工作。

* * *

叶老是一位可亲可敬的长者。作为编辑家,他言传身教,带领大家去追求出版物的完善,而且身教始终重于言传,从不作居高临下的长篇大论。以上所写对他的回忆只是片段的、点滴的,但是因为这是他的言传身教留下的痕迹,从中获得的几点认识,我相信是不会错的:

在叶老那里,编辑出版全局的统揽和具体环节的掌握是完全统一的。对于狭义的编辑工作,也就是书稿的审读整理,叶老倾注了满腔热诚。

按照叶老的价值观,无论亿万学生学习的教科书,还是一定范围的读者阅读的书刊以至文字简介,编辑工作都是值得认真对待的。

“为读者着想”,这一朴素的短语,是叶老要求做好编辑工作的基本出发点。他重视出版物的思想、科学内容,同时重视文字形式,考虑的都是读者的利益。

叶老认为良好的文风不仅是出版物质量的标志,更是全社会文化生活的需要。端正文风,编辑工作者有不容推卸的责任,而这是必须在日常案头作业中细细落实的。

叶老的主张和实践,没有给“编辑家”、“编辑匠”的对立留下余地。他非但不鄙薄,而且最重视被一些人认为属于“匠”的劳动。他以身作则,带动周围的编辑人员在书稿审读整理工作中运用学识才智，一丝不苟，精益求精。他认定这是出版物质量的必要保证，也是编辑工作者自身完善的必由之路。作为编辑家的叶老，在平凡的编辑劳动中显出了真精神。他是一位可亲可敬的编辑家楷模。

1991.3.14.

原载《编辑之友》1993 年第 2 期

“荒歉”年代文坛的丰碑

——叶圣陶主编《小说月报》述评

商金林

我永远是在这岸上徘徊着，
　　在沙和沫的中间。
高的潮要把我的足迹抹掉，
　　风要刮去这泡沫。
但海与岸却永远同在。

这是叶圣陶为司徒乔的油画《沙和沫》题的一首小诗，同这幅油画一起刊登在《小说月报》第 19 卷 9 号（1928 年 9 月出版）卷首。画面上，海浪涌上沙滩，浪顶翻着白沫，这是大海涨潮的景象。叶圣陶在这首小诗中说：潮水涨了，自然会抹掉印在沙滩上的一切痕迹。但他决不离开沙滩，永远“在这岸上徘徊”，“在沙和沫的中间”，决不怜惜自己的足迹将被抹掉。这大概就是 1927 年大革命失败这一特定的时代，叶圣陶当时的思绪和激情：虽然不能投身到革命的大潮搏击风云，但也不能远离时代，一定要为社会的进步和发展做一些切实有益的工作，而不顾念个人一时的得失。本文叙述的是在大革命失败后的将近两年之间，叶圣陶与《小说月报》的一段因缘。

一　擂响催人奋进的鼙鼓

叶圣陶、沈雁冰、郑振铎三人是文学研究会的骨干，又是肝胆相照的挚友，有着共同的理想和追求，"为人生"、"为革命"是他们共同的宗旨。1921 年 1 月，沈雁冰接编并彻底革新《小说月报》，推行"为人生"的文学主张，从而使《小说月报》实际上成为文学研究会的机关刊物。1923 年 1 月，由于商务印书馆保守势力的干扰，沈雁冰被迫离开《小说月报》，《小说月报》由郑振铎继任主编。1927 年"四一二"后，郑振铎为了避免锋芒，于 5 月 21 日搭乘法国邮船赴欧"游学"，把主编《小说月报》的重任托付给了他完全可以信任的挚友叶圣陶。

那么叶圣陶代郑振铎主编《小说月报》是从哪一期开始的呢？《小说月报》第 18 卷第 5 号上印着的出版期是 5 月 10 日，按说应该在 4 月中旬发稿，郑振铎的离国声明又刊登在第 6 号上，似乎都能说明，叶圣陶代郑振铎主编《小说月报》是从第 6 号开始的。但是在当时，一般期刊经常脱期，不能按时发稿按时出版，《小说月报》也是如此。这第 5 号是"柴霍夫（契诃夫）专号"，稿件一定早就约齐了，而看封面上"小说月报"4 个篆书和"第十八卷第五号"一行楷书，都是叶圣陶的手笔，可以设想，这一期是由叶圣陶最后编定发稿的；"卷头语"就引录了契诃夫的一段话，应该也是叶圣陶的主意。这段话说："一个人要写小说，我以为他应该从头至尾先都想好。……你不要在你的作品未刊以前读给别人听。顶要紧的，也须由你自己的意思。莫泊桑以他的伟大把小说的程度提高，使得别人不敢献丑。但我们仍旧要作小说，尤其是我们俄国人，一个人写他的作品一定要勇敢。比方大狗和小狗,小狗不能因为有了大狗,它就灰了心。大狗可以叫,小狗也可以叫。上帝给狗声音原是要它叫的”,用意是明确的,为的是鼓励作家大胆创作,勇敢地说出自己的话,不要被任何权威压得不敢作声。

大革命失败后,曾经为革命奔走呼号的作家或锒铛入狱(如罗黑芷、潘漠华);或避难海外(如郭沫若、成仿吾);或暂时隐蔽(如沈雁冰、戴望舒);或“默默然的叹息”(俞平伯语),回到书斋去做自己的学问;或谋“读书救国”以修炼“薄弱的心志”(谢冰莹语);或想“游戏人生,糟蹋一生”①,新文坛“呈现了刹那间的空虚”②。国民党反动派的叛变断送了革命,也绞杀了新文学。尽快巩固文学研究会成立以来所作的努力和取得的成绩,使受“四一二”冲击而暂时涣散的创作队伍尽可能重新组织起来,并增添新的力量,成了新文学发展最紧迫的课题。叶圣陶通过“卷头语”和“编后记”与作者“对话”,作种种诚挚恳切的诱导。

在第5号引录了契诃夫关于小说创作的一段话之后,第6号的“卷头语”叶圣陶又引录了厨川白村在《苦闷的象征》中的一段话:

> 文艺者,是生命力以绝对的自由而被表现的惟一时候。因为要跳进更深的生活去的那个创造的欲求,不受什么压抑拘束地而被表现着,所以总暗示着伟大的未来。因为自过去以至现在继续不断的生命之流,惟独在文艺作品上,能施展在别处所得不到的自由的飞跃,所以能够比人类的别样活动——这都从周围受着各种的压抑——更其突出向前,至十步,至二十步,而行所谓“精神底冒险”。超越了常识和物质、法则、因袭、形式的拘束,在这里常有新的世界被发见,被创造。在政治上、经济上、社会上还未出现的事,文艺上的作品里却早经暗示著,启示著的缘由,即全在于此。

叶圣陶借厨川白村的话,强调文艺的社会作用(即译文中说的“启示”作用),强调创作的欲求是为了使人们进入“更大更深的生活”,作者应该是“敢于冒险”的“精神上”的先驱者,不受任何压抑,毫无拘束地在他的作品中“暗示着伟大的未来”。

叶圣陶又引录了德国现实主义戏剧家 F. Hebbel(赫贝尔)在《文艺日记》中的一段话作为第 8 号的“卷头语”:

> 一切艺术的事业在于表现人生……艺术的最初目的和最后目的便是使生活进程的本身明白表见,藉示人生最内在的精髓如何在周围的空气里——无论它适宜与否——逐渐发达。若说惟有已经发达完竟的人生才配作诗的材料,那是一种错误。因为诗人的题目正是那方在变化中的东西,换句话说,便是凡人生因与宇宙诸元素相冲突而方在产生中的东西。

赫贝尔注重“写实”,号召作家们要全身心地投入“生活”,作品的“开拓”要深,感情要“真挚”。他说:“一切真正的诗思诗构,皆是诗人性灵里的启示,诗人之胸怀中,蕴藏着整个之人类,连带它们那全盘的苦乐悲欢之情感,他所写的每一首诗,悉系吐露为一个人生之基础,或为人生上某一状况之基础之至为深邃的情感现象。”叶圣陶引录的这段话,强调文艺的使命是要“表现人生”,文艺是“流”,作品表述的是“生活的进程”,不可能要求“已经发达完竟”了才可以写;鼓励人们抓住现实,大胆创作。赫贝尔在德国文学史上享有重要的地位,但中国读者对于他非常陌生,翻译界至今尚未翻译过他的作品,评论界似乎也很少谈论过他,叶圣陶选录赫贝尔的话,真不知煞费了多少苦心呢!

这三则“卷头说”都突出了“敢写”二字,煽动性强,虽然都是“拿来”的,却表现了“节选者”叶圣陶的智慧、胆识和感人的真诚。

在当时“衰颓”的新文坛上，无疑是催人奋进的鼙鼓！

二 揭橥“写这个不寻常的时代”的旗帜

叶圣陶接手《小说月报》以后，为了挽救新文学的“衰颓”，他着眼于创作，立即筹备第7号的“创作专号”，并在第6号的编后记《最后半页》预先了“近来”收到的“可观的创作”；其中有鲁彦的《黄金》、胡也频的《牧场上》、刘一梦的《斗》、何燕的《葡萄》、赵景深的《栀子花球》、高歌的《春天的消息》、君亮的《幸福真谛》、子恺的《闲居》、佩弦（朱自清）的《荷塘月色》③、戴菊农的《海塘上》。后面接着一段说不要给作家加作什么“进”的头衔：

> 在作家头上加上“什么进”的字样来称呼，我们觉得无聊而且不切实。我们以为，这个时候，作家们还是在同一的地位，大家需要不断的修炼——修炼思想，修炼性情，修炼技术，以期将来的丰美的收获。说“什么进”“什么进”只是夸妄与傲慢。

这话当然是针对“左”的论调说的。大革命失败后，新文学运动的当务之急是重整并扩大创作队伍，可是一些自命“先进”、“前进”的青年，却把矛头指向以鲁迅为代表的新文学先驱者，要“清算”“老脸文学家”的“落伍”和“浅薄”。叶圣陶在激励作家们要敢于写的同时，真诚地希望文艺界团结起来。众所周知，叶圣陶是一位“谦谦君子”，用“无聊而且不切实”这样严厉的话来批评某些青年作家，可以说是绝无仅有的。在叶圣陶看来，在当时白色恐怖的高压下，“作家们还是在同一的地位”，应该互相切磋，共同提高思想、修养和技巧；自封为“先进”斥别人“落伍”，只会削弱自身的力量，妨碍新文学运动的发展。

1927年7月10日出版的"创作专号"(第18卷7号),"没有论文,没有译品",这在《小说月报》是"前无其例"的[④]。以前的《小说月报》内容驳杂,实际上是一种综合性的文学杂志,而且作者群基本上是文学研究会的成员。叶圣陶为了打破新文坛"刹那间的空虚",大力提倡创作,奖掖新秀,仅在"创作专号"上崭露头角的就有胡也频、徐元度、刘一梦、何燕、高歌、戴菊农、梁州、刘枝等十余人,他们都是头一次在《小说月报》上发表作品。"创作专号"中的作品,大都倾诉了大革命失败后知识分子痛苦、彷徨的心境。请看蹇先艾的《灵魂》:

我手中有一件东西溜过,
不知道是灵魂还是躯壳。
　　躯壳那里会这样机伶,
　　准的,是那狡兔似的灵魂!

灵魂欺骗了成千的愚盲,
他咬口说善人会登天堂;
　　如今郊外的新坟真无数,
　　问谁看见了上天堂的路?

诗中凝聚着诗人对"四一二"大屠杀的满腔愤激之情,也隐约地道出了诗人对一切善良的人们的希冀。"如今郊外的新坟真无数,/问谁看见了上天堂的路?"这显然是对国民党反动派的控诉,也是对无数革命先烈的缅怀!朱自清的《荷塘月色》开头就说"这几天心里颇不宁静"。"四一二"后,他不满现实但又看不到出路,觉得"还是暂时超然的好"。然而,就连清华园幽静的"荷塘月色"也不能使他得到"刹那"的"安宁"。"荷塘"的微风、清香、蝉声、蛙鼓,天上的浮云满月所引发的却是对现实的思绪,使他怎么也不能"忘记”远在南方的朋友。

“创作专号”展示了新文学队伍后继有人的可喜局面。叶圣陶在编后记《最后一页》中说:“编者决不是一架天平。天平能把东西称量得一丝一毫没有差错,而编者岂其伦呢。但编者对于惠示的许多文篇,除了不能解悟及质料同技术很次的,也曾勉力减轻于习染、癖好等种种障蔽,只求它完成或者近于完成就行。所以这一本里所收容各篇,态度同情调几乎各色各样,殊不同趋。好在《小说月报》本来是个‘杂志’”,“希望作者们更益修炼,更益精进,《小说月报》在这里等刊载你们尤见光辉的名篇”,“只要大家努力,不肯懈怠,好收成总在后头”。这番感人肺腑的话,道出了一个编辑出版家的博大的胸怀,以及繁荣新文学创作的急切的期望。

“创作专号”的“卷头语”是叶圣陶自己写的,他重申了一再强调的文艺创作的严肃性。在“创作专号”上,叶圣陶还发表了《读〈柚子〉》、《完成》、《毫不》、《法度》等4则短论。他强调创作不能单凭“天才”和“灵感”;“创作”的“最深最深的根底”是“渗透全生活”,以及“一丝不苟,精密而又忠实的技工”;观察生活要“敏锐”。构思时要“往深里、往远里想”;“创作”是严肃的,不是“随便弄着玩玩的事情”,不能“拿起画笔便涂,挺直喉咙便唱”;作品要讲究“法度”,创作过程中得反复“酝酿”,反复“琢磨”,反复修改,把“感情思维”给它“最适切地表达出来”,使作品“花一般开成个动人的姿态”,思想和艺术都臻至“无瑕”的“满意”的境界。这些精辟的论述,既批评了当时有的“革命文学家”鄙弃艺术,鼓吹“一切的艺术,都是宣传”,以及在作品中一味地演绎“主义”和“意识”的主张,又批评了那些热衷于“自我表现”,以及坐在租界亭子间里面壁虚构的“空头文学家”。

《最后一页》实际上是“编后记”。叶圣陶在《最后一页》的开头扫了一下胡适。他说:

颇有人这样说,生活的本身就是诗,就是艺术。现在这时代到底是个什么时代,有胡适先生同几位外国朋友各发表意见,尚无定论,但总之是个不寻常的时代,当无疑义。在这个不寻常的时代生活,恐怕更其是诗的,艺术的吧。如果把它写下来,岂不是非常之好的东西。然而这类东西还很少见。读者已渴望好久了。因此在这里向作者们要求:提起你的笔,来写这不寻常的时代里的生活!

1927年春,胡适在纽约作了题为"我们这个时代应该叫什么时代"的演讲,说中国正在走向"近代化"。"四一二"后,胡适又在东京发表谈话,"同情"蒋介石的"清党反共"。叶圣陶点出胡适关于"时代"的"意见""尚无定论",要大家警惕,不要上当;同时肯定现在这个时代"是个不寻常的时代",号召作家们写这个"不寻常的时代的生活"。因为"创作专号"中还没有直接反映大革命失败前后的时代风云的作品,可能使编者叶圣陶等得不耐烦了,他不得不这样直率地说出了自己的意图,号召作家们写阶级斗争的血与火,写人民大众的生与死,促使人们震惊起来,感奋起来,走向新的生活道路。

"写这个不寻常的时代的生活",看来跟鲁迅的观点是一致的。鲁迅在1927年12月7日为黎锦明小说《尘影》写的《题辞》中说:"在我自己,觉得中国现在是一个进向大时代的时代。但这所谓大,并不一定指可以由此得生,也可以由此得死。"又说:"现在的文艺,是往往给人不舒服的,没有法子。要不然,只好使自己逃出文艺,或者从文艺推出人生。"叶圣陶号召作家"写这个不寻常的时代的生活",显然不是为了给人"舒服",而是要"从文艺推出人生",促使作家转向社会题材的开拓,使新文学成为新兴阶级"最高政治斗争的一翼"。

三 寻找“尤见光辉的名篇”

1927 年 8 月中旬，沈雁冰从牯岭回到上海，蛰居在景云里 11 号半。这“11 号半”是叶圣陶帮他租下的。1927 年 5 月叶圣陶从上海西区斜桥天祥里搬到横滨路景云里 11 号。景云里位于租界与华界的交界处，当时还比较僻静。他就帮沈家把隔壁的 11 号半租了下来，两家就成了贴邻。沈雁冰当时遭国民党反动派通缉，潜回上海之后，“足不出门，整整 10 个月”。叶圣陶几乎每天晚上都过去看他，转送朋友们的信件，传达文艺界的信息，商量《小说月报》的编辑事务。沈雁冰苦闷寂寞，常常给叶圣陶讲大革命中的经历和见闻。叶圣陶感到他所讲的只要写成文字，不正是他梦寐以求的好稿子吗？于是鼓励他写下来。沈雁冰也有写小说的愿望，叶圣陶的鼓动促使他把愿望化成了现实。他花了两周时间写成了《幻灭》的前半部分，随便写了个笔名“矛盾”，就拿给叶圣陶看。叶圣陶读了欣喜异常，第二天就急匆匆来找沈雁冰，说“写得好，《小说月报》正缺这样的稿件，就准备登在 9 月份的杂志上，今天就发稿”。沈雁冰吃惊道：“小说还没有写完呢！”叶圣陶却说“不妨事，9 月号载一半，10 月号再登后一半”；又解释道：“9 月号再有 10 天就要出版，等你写完是来不及的。”考虑到沈雁冰的安全，叶圣陶劝他改一改笔名，在“矛”上加个草头，“茅”姓甚多，可以避免国民党方面的注意。

叶圣陶迫不及待地为《幻灭》的问世作宣传，在即将付印的《小说月报》第 18 卷 8 号的《最后一页》中，添了一段文字略述《幻灭》的大旨：“下期的创作有茅盾君的中篇小说《幻灭》，主人翁是一个神经质的女子，她在现在这不寻常的时代里，要求个安身立命之所，因此留下种种可以感动的痕迹。”这样，《幻灭》就以“茅盾”的笔名发表于《小说月报》9 月号的头条位置上，从交稿到出版只有10天。叶圣陶后来在《略谈雁冰兄的文学工作》中说:《幻灭》的前半部登载出来后,“引起了读者界的普遍注意,大家要打听这位‘茅盾’究竟是谁。徐志摩先生曾经问我,‘《幻灭》是你的东西吧’?我摇摇头,‘我哪里写得出这样的东西’。他不再问究竟是谁了,我想他一定厌我不肯坦白告诉他”。

1927年10月10日出版的《小说月报》第18卷10号分量更重了。这一期,除了刊登《幻灭》的后半部,还发表了叶圣陶自己写的《夜》,这是抗议“四一二”大屠杀的第一个短篇;还有王鲁彦的短篇《一个危险的人物》,反映白色恐怖已经遍布了全国城乡。这一期《小说月报》在社会上引起了强烈的反响。朱自清读了这三篇小说随即写了书评,欣喜地说这三篇虽然“都不曾触着这时代的中心,它们写的只是侧面;但在我,已觉得是一件值得注意的新开展了”,这三篇都是“以这时代的生活为题材”的小说,“无论它们的工拙如何,可以看出一种新趋势”。⑤

鲁彦的《一个危险的人物》堪称“写这个不寻常的时代”的佳作。大革命失败后,青年子平暑假回到了阔别八年的故乡林家塘,全村人越看越觉得子平是“一个危险的人物”,几位绅士密议了一番,差人到县里举报。前来缉捕子平的兵警以为子平会拒捕,就开枪把他打死了。作者没有明确地写出子平的身份,以及他回乡的动机。他可能是革命者,“四一二”后到乡下避风;也许就是一位浪漫的知识青年,回乡纯粹为了游息。作者笔下的这个“模糊”,形象地说明了白色恐怖已遍及穷乡僻壤,行为稍不合时尚就被认为异端,遭到残杀,从而突出了那个“杀人如麻”的年代。

与《一个危险的人物》相比,叶圣陶的《夜》尤为成熟。朱自清说“这真可称得完美的短篇小说”,虽然“没有一个字是直接叙述这件党案的”,但确令人深切地感着“这是上海的一件党案”,“写得很圆满”,就连“闲闲写来,若无其事一样”的对话,“也是暗示着一般的空气的”⑥。“双线结构”的艺术手法,加重了这个短篇的思想容量。暗线——描写革命先烈“砍头不要紧,只要主义真”的献身精神;明线——通过老母亲从悲哀到愤怒,从懦弱到坚强的性格发展,深刻地展现了人民群众从反动派血腥屠杀中逐步觉醒并积极参加斗争的奋进历程。《夜》是我国无产阶级革命文学创作的最初成果之一,是叶圣陶对我国新文学的又一突出贡献。今天观摩这个短篇,仍然可以感受到一股强烈的时代气息扑面而来。

正是《幻灭》、《夜》、《一个危险的人物》这些“写大时代的文艺”,给“空虚”而“沉郁”的文坛注入了新的生活新的情调,给苦闷彷徨中的青年以抚慰和召唤。于是,在《小说月报》上发表的“以时代生活为题材”的作品越来越多。就小说而言,茅盾继《幻灭》之后,发表了中篇《动摇》、《追求》,以及短篇《自杀》、《一个女性》。叶圣陶继《夜》之后发表了揭露封建势力的残渣余孽混进了国民党,与国民党反动派狼狈为奸,绞杀革命的短篇《某城纪事》。此外,罗黑芷的《烦躁》,抨击了“大革命”中的“左”倾幼稚病;志行的《一个青年》,描写了国民党右派逐步走向反动,终于背叛革命,发动“清党”的全部过程;姚方仁的《胡子阿五》、黎君亮的《往哪里去呢》,揭露了封建军阀和反动政府的残酷;林守庄的《烟纹》、徐元度的《唱》,抒泄了青年的愤激和苦闷;许杰的《到家》、曰生的《弱者》、彭家煌的《奔丧》,也从不同的侧面,再现了那个“不寻常的时代的生活”。叶圣陶在为茅盾小说作的广告词中说:“《幻灭》只是从侧面远远地描写现代革命”,而《动摇》“已深切的触著了”现代革命的“本身”。《追求》是“大革命时代”中青年们的写照,他们“一方面幻灭苦闷”,“一方面仍有奋进的热望”。《幻灭》、《动摇》、《追求》“可以无愧地说”是“写大时代的文艺”,“分开看时,三篇各自独立;合并起来,又脉络贯通——亦惟一并看,更能窥见大时代的姿态”。这些热烈的话语固然是对茅盾的赞美,也为“写这个不寻常的时代的生活”作了诠释。

戏剧、新诗也不乏“写这个不寻常的时代”的佳作。景廉的话剧《归后》讴歌了革命者“过家门而不入”、不折不挠的斗争精神，艺术地展示了光明的前景。充满着战斗激情的诗篇或催人奋起，或令人深思。霜华的《假如我的头儿悬挂在街头》和程少怀的《拿起钢刀在手》，堪称“革命文学”宝库中壮丽的诗篇。

许许多多革命青年“写大时代”的文学作品在《小说月报》上发表，这对于时代产生的影响是难以估量的，而对于作者本人带来的欣悦却不难想像。1927 年夏天，年仅 22 岁的戴望舒写了诗作《雨巷》，抒发了他在大革命失败后的彷徨和惆怅。杜衡在《〈望舒草〉序》[7]中说：这首诗“写成后差不多有年，在圣陶先生代理编辑《小说月报》的时候，望舒才忽然想来把它投寄出去。圣陶先生一看到这首诗就有信来，称许他替新诗底音节开了一个新的纪元。……然而我们自己几个比较接近的朋友却并不对这首《雨巷》有什么特殊的意见，等到知道圣陶先生特别赏识这一篇之后，似乎才发现了一些以前所未曾发现的好处来”。叶圣陶还让戴望舒把手头的诗作都交给他。这样，《雨巷》在《小说月报》第 19 卷 8 号发表时，不是一首，而是一个诗组，题为《诗六首》。叶圣陶的赞许使戴望舒赢得了“雨巷诗人”的称号。《雨巷》像一曲抒情的乐章，回荡着郁抑而痛苦的旋律：

撑着油纸伞，独自/彷徨在悠长、悠长/又寂寥的雨巷，/我希望逢着/一个丁香一样地/结着愁怨的姑娘。……

悠长而寂寥的“雨巷”，象征着“四一二”之后那个阴暗寂寞的时代。革命失败了，同伴们零落在南北东西。诗人借用抒情主人公“我”独自在“雨巷”中彳亍和惆怅的意象，深沉地抒写了迫切寻找同伴的心情，并且执著地相信一定会找到同伴，同伴也在像他一样地在寻找着他；尽管一时还遇不到，但还要寻找下去。叶圣陶体味到诗人这种寻寻觅觅的心情所蕴藉的情感，也有同样的心情，因而对《雨巷》特别推崇。

四　兼容并蓄　广结文缘

1980 年,《文学评论》第 4 期发表了一篇批评戴望舒诗歌的论文,说《雨巷》在"内容上无可取之处",而叶圣陶"只着眼于形式和技巧的欣赏,因而作了过分的奖掖"。叶圣陶不无感慨。众所周知,到了 1928 年夏秋之季,我国新诗已经呈现出了疲敝和枯涩的迹象。《雨巷》以其特有的"诗"的"新的形式"、"诗"的"音乐的效果",以及"诗"的"绘画的效果"给冷清了的诗坛带来了一股新鲜的生气,生动地说明了"新的形式能表达旧的形式所不能表达的,这是新的形式得生存且发展的最坚强的凭证"[⑧]。叶圣陶说《雨巷》是有内容的,还说在那个不寻常的年代,怎么好在给一位青年朋友的信中谈"思想"呢?[⑨]诚然,作为一位出色的编辑出版家,叶圣陶是看重艺术的,他钦敬沈从文捕捉事象的特有风韵,赞赏沈从文笔下湘西的动人风情,以及色调繁复的人生景观,在他主编《小说月报》期间发表了沈从文《在私塾中》、《或人的太太》、《柏子》、《雨后》、《诱讵》、《第一次作男人的那个人》6 个短篇。叶圣陶觉得废名的小说与契诃夫的风格相似,就拉了《小五放牛》和《桃园》刊登在《小说月报》上。作为一个编辑,对各种见解、风格、流派的作品应该兼收并蓄;胸怀狭隘,目光如豆,势必造成刊物的贫乏、单调、板滞。1928 年,叶圣陶谈到《小说月报》应做出"新颖的贡献"时说,"这努力有两个方向:第一,求能有时间性与趣味性的作品;第二,求能有较深切新颖的研究"。"为了求达第一点","除随时征访有时代性的稿件",还特请有"特长"的作家,将他们"所想所感尽量的披露出来"[⑩]。

既注重创作,又注重理论研究;既提倡写重大题材,又"随时征访有时代性的稿件";既力图全面反映"这个不寻常的时代",又尽可能把作家们的"所想所感尽量地披露出来",这就是叶圣陶主编《小说月报》的编辑思想,从而形成了《小说月报》特有的丰富性。

俞平伯在1927年9月28日写成的《谈中国小说》[11]中说:

> 无论那种学术都是生活之反映。请问如此混乱穷困残忍的社会,反映在文艺中岂有不成乱草似的荒芜?以如此不安定的心灵所制成的文艺,如何能不草率而浅薄?若要怪我们不及古人或鬼子聪明,岂不把我们冤苦了?我们于其自责,不如咒诅我们的时代,我相信这决非怯懦。

当时的作品艺术上粗糙的多,"公式化"、"口号化"的多。在那"混乱"的局面中,叶圣陶把《小说月报》办得如此有声有色,是很不容易的。他以文会友,广交朋友,既热情地恳请鲁迅、陈望道、郁达夫、胡愈之、俞平伯、朱自清、郭绍虞、丰子恺、许地山、庐隐、夏丏尊、郑心南、潘家洵、周建人、周作人等名家为《小说月报》撰稿;他一向重视不相识的作者的来稿,总像沙里淘金一样地从中选取,还热心地指导作者进行修改。丁玲的处女作《梦珂》、代表作《莎菲女士的日记》,以及短篇《暑假中》、《阿毛姑娘》、《一个男人与一个女人》,都是经过叶圣陶指点作为修改后,分五期刊登在《小说月报》的头条位置上。小说描写了"近代女子"的感伤、苦闷,以及她们在社会变革的激浪里经历的磨难和堕落,以其特有的细腻和率直,把近代女性的意识形态表现得淋漓尽致,因而轰动文坛,"大家都不免为她(丁玲)的天才所震惊了"[12]。从此,丁玲成了一位引人注目的女作家。丁玲回忆叶圣陶指点她修改自己的小说的往事说:要不是叶老发表她的小说,"我也许就不走(文学)这条路"[13]。

巴金在1927年至1928年旅居法国巴黎期间,写了第一部长篇小说《灭亡》。1928年8月,他将书稿寄给当时在开明书店营业部工作的朋友索非,"托他代印几百册"。叶圣陶在索非那里看到这部稿子，就拿去在《小说月报》发表。他在为《灭亡》写的《内容预告》中说："这是一位青年作家的处女作；写一个蕴蓄着伟大精神的少年的活动与灭亡"；"后半部写得尤为紧张"，说巴金"将来当更有受到热烈的评赞的机会"。是叶圣陶的慧眼，使巴金和丁玲一样幸运初出茅庐就一鸣惊人。巴金曾多次很感激地说过："倘使叶圣老不曾发现我的作品，我可能不会走上文学的道路，做不了作家；也很有可能我早已在贫困中死亡。……编辑的成绩不在于发表名人的作品，而在于发现新的作家，推荐新的作品。我感激叶圣老，因为他给我指出了一条宽广的路，他始终是一位不声不响的向导。"⑭

叶圣陶提携、扶植、培养年轻作家的事例举不胜举。他"不声不响"地为青年作家当"向导"，为新文学的发展"不声不响"培植新苗，从而开创了文学研究会提拔新作家的时代。

五　开我国现代作家研究风气之先

茅盾在回忆录中说：1927 年 9 月中旬写完《幻灭》，正要构思《动摇》，"圣陶却又来约我写评论文章了。他说，《小说月报》缺这方面的稿件，而我正是'此中老手'。他建议我写鲁迅论。我同意了"。但第一篇写出来的却是《王鲁彦论》。茅盾在《王鲁彦论》的开头说："谢谢我的朋友郢（圣陶）先生，替我搜集了最近几年来国内新文坛的收获，已经是很丰富的一堆了"，就在这一堆很丰富的材料中，茅盾"仿佛看见各位作家不同的面貌"，看见各位作家"带着人生苦斗的伤痕的心"，看到他们"努力要创造"点缀"这枯寂灰色的人生"的"新"和"美"；也看到了"我们中间"的"希望"和滋长着的"蓓蕾"，"不禁踌躇满志地油然起了快感"，怀着"兴奋"的心情挥笔写下一篇篇"评论文章"，在《小说月报》上开我国现代作家研究风气之先。

茅盾先写《王鲁彦论》是“避难就易”。因为在当时，评论界对王鲁彦的作品的意见比较一致。而对鲁迅的作品，“评论界往往有截然相反的意见，必须深思熟虑，使自己的论点站得住。所以第二篇我才写了《鲁迅论》”。可是，在1927年11月号的《小说月报》上首先登出来的却仍然是《鲁迅论》。叶圣陶认为鲁迅是新文学的旗帜，研究新文学作家还是用鲁迅“打头炮”比较好，“而且那时鲁迅刚从香港来到上海，也有欢迎他的意思”。仅此一点，也能看到叶圣陶对鲁迅的敬仰之情。

1927年10月8日，鲁迅迁入景云里，住弄内23号，与叶圣陶是前后邻居。10月14日晚上，叶圣陶陪黎锦明拜访鲁迅，黎锦明请鲁迅为他的小说《尘影》作序，叶圣陶则请鲁迅提供照片和签名，同茅盾的《鲁迅论》一并在《小说月报》第18卷11号发表。《小说月报》过去刊登过照片和签名，都是外国的著名作家。刊登中国作家的照片和手迹，鲁迅为第一人，也是仅有的一人。这时的鲁迅正陷入一个既危险又悲哀的境地。国民党反动派视之为“赤化暴徒”，一位青年行李中夹带了一本《彷徨》，被反动派查出，即以此为罪，将他枪毙[15]。而在某些“革命作家”的心目中，鲁迅则是“敌人”、“封建余孽”、“反动势力”、“该死的‘老头子’”。《鲁迅论》称颂鲁迅“是青年最好的导师”，说鲁迅虽然“没有呼喊无产阶级最革命的口号”，但是我们却看到他有“一颗质朴的心，热而且跳的心”。叶圣陶用重磅道林纸印制鲁迅像和签名。在当时，《小说月报》这样“一味吹捧”鲁迅显然是要担风险的。

六　真诚地与革命文学家“认同”

1927年，叶圣陶年方33岁，精力充沛，思想和艺术臻至成熟，对敌斗争的方式方法也灵活多样。《小说月报》的封面本来是固定的，通常几年才换一次，而在1927年5月至12月的8个月间，叶圣陶每期都变换《小说月报》的封面，以画为主体，使其尽可能通俗化些，以适应“环境”，在“夹缝”中求生存。到了1928年，鉴于革命力量有所发展，叶圣陶就把《小说月报》的封面固定下来，以宣传内容为主，用较大的幅面刊登“要目”。“要目”上端，仅占封面五分之一的长条版画春意盎然。画面上，三只白鹿依傍着两位身着长裙的姑娘在绿茸茸的草地上边走边嬉，四只春燕绕着姑娘们喃喃低回。走在前面的姑娘俯身轻轻地为鹿抚挠，喁喁情话；后面的姑娘悄然张开双臂逗引迎面飞来的双燕，处处给人以“春来了”的吟味。叶圣陶主编《小说月报》的一年零八个月中（1927年5月至1928年12月），工余创作了短篇《夜》、《赤着的脚》、《冥世别》、《某城纪事》、《李太太的头发》，长诗《忆》以及长篇小说《倪焕之》等一批“写大时代的文艺”。反动文人早在叶圣陶主编《苏州评论》和《光明》半月刊时，就指责叶圣陶“赤化”、领受“卢布”的津贴。而革命文艺阵营内部却说叶圣陶生活在“资本家的腋下”（洪为法语），把那些“写人生”的新文学作品划定为应该打倒的“小资产阶级的学士和老爷们的文学”（蒋光慈语）。冯乃超在1928年1月15日发表的《艺术与社会生活》⑯中说：叶圣陶“是中华民国一个最典型的厌世家”。钱杏邨在1928年9月写的《叶绍钧的创作的考察》中竟然把《夜》和《某城纪事》也作为“考察”的对象，批评叶圣陶是“不曾表现到狂风暴雨的今日的具有伟大的力的青年”。叶圣陶辛辛苦苦创作，辛辛苦苦主编《小说月报》和“文学研究会丛书”，却招徕了“批判”和“清算”。朱自清站出来为叶圣陶申辩，在《我所见的叶圣陶》一文中说“圣陶是不会厌世的，我知道”。叶圣陶则一笑了之。为了表露心境，他特意将1927～1928年的短篇汇编成《未厌集》出版，在《题记》中说：

> 厌，厌足也。作小说虽不定是什么甚胜甚盛的事，也总得像个样儿。自家一篇一篇地作，作罢重复看过，往往不像个样

儿。因此未能厌足。愿意以后多多修炼，万一有使自家尝味到厌足的喜悦的时候吧。又，厌，厌憎也。有人说我是厌世家，自家检察，似乎尚未厌世。不欲去自杀，这个世如何能厌？自家是作如是想的。几篇小说集拢来付刊，就用“未厌”二字题之。

“不欲去自杀”这铿锵有力的话语，极其鲜明而坚定地表明了叶圣陶在那个“不寻常的时代”里的不折不挠的精神和意志，同时也否定了一部分青年的“厌世自杀”的行为，批评了他们因大革命失败的愤激而滋生的悲观的心理和幻灭的情绪。在“艺术”上永不满足，在“思想”上永不满足，“以后”要不断地“多多修炼”，力争“尝味到厌足的喜悦”，这就是叶圣陶在“革命文学论争”中惟一的表白，字里行间洋溢着积极进取的人生态度。

值得指出的是，叶圣陶与“革命作家”的心是相通的。钱杏邨和夏衍曾经说过，叶圣陶主编《小说月报》期间，“在经济上不断给拮据之中的一些党内作家以照顾”，他们自己也受惠不少。当时，《小说月报》规定文章登出之后再付稿费，而冯雪峰、夏衍、钱杏邨他们都是交了稿就领稿费，而有些稿子稿费已领，后来并不见得刊用。这些党员作家大多无固定收入，叶圣陶的特殊照顾很解决了他们在生活中的实际困难，这还在其次。叶圣陶在发表他们的文章时，都充分地尊重他们，对他们文章中的激愤的段落，都一字不加删改。下面就举钱杏邨的例子。叶圣陶在他主编的二十来期《小说月报》上，发表了钱杏邨的 8 篇评论国外作家和作品的文章，均堪称蕴蓄着“愤懑与抗斗精神”的“革命文学”。在《俄罗斯文学漫评》[17]中，钱杏邨谈到阿志巴绥夫的《朝影》，他极力推崇阿志巴绥夫笔下的巴莎。当他写到这位“可爱的革命青年”牺牲时，情不自禁地说：

> 可怜的巴莎死了，然而他永远活在人民的心里，在全俄罗斯的心里活着。……我们中国的巴莎呢？啊！我们中国的巴莎呢？中国现在需要的正是这样果敢的，超个人主义的革命家，我现在想起巴莎，我又不得不为中国的巴莎招魂了。归来哟，巴莎，归来哟，中国魂！

在那“革命犯禁”、“红色犯禁”的白色恐怖下，叶圣陶不怕“犯禁”，把这些煽动性很强、政治色彩很浓、思想很峻急的文章连篇累牍地刊登在《小说月报》上，可见他并不像钱杏邨、蒋光慈、冯乃超所说的那么“落伍”。广阔的襟怀，分明的爱憎，使叶圣陶淡化了你你我我、恩恩怨怨，执著地坚信他与“太阳社”和“创造社”作家们“还是在同一的地位”，竭尽所能，相互助援，冒着风险真诚地与他们革命文艺的主张“认同”。

记得有人说过：编辑工作是“将血一滴一滴地滴过去，以饲别人，虽自觉渐渐瘦弱，也以为快活”。叶圣陶主编《小说月报》的过程，就是“将血一滴一滴地滴过去，以饲别人”的过程。在那“黑云压城城欲摧”的岁月里，《小说月报》一枝独秀，给“荒歉的年头”的文坛赢得了差强人意的丰收。1931 年 12 月 19 日，鲁迅将他翻译的法捷耶夫小说《毁灭》赠与叶圣陶，并惠书云：“聊印数书，以贻同气，可谓‘相濡以沫’，殊可哀也。”叶圣陶一直敬仰鲁迅。鲁迅也很推崇叶圣陶，早在 1919 年 2 月叶圣陶第一篇白话小说《这也是一个人？》在《新潮》杂志刊登后，鲁迅就给予了很高的评价（详见鲁迅 1919 年 4 月给傅斯年的信）。然而，他们真正成为“相濡以沫”的“同气”，则正是在叶圣陶主编《小说月报》的那个“不寻常的时代”。

注释：

① 李白英《借着〈春潮〉给〈从军日记〉著者》，《春潮》月刊第 1 卷 7 期，1929

年6月15日出版。

② 方璧《欢迎"太阳"!》,《文学周报》第298期,1928年1月8日出版。

③ 朱自清的《荷塘月色》写成于1927年7月,而《小说月报》6月号的"预告"中则说已经"收到"了。可见,由于"四一二"的冲击,5月号和6月号的《小说月报》均未能按时出版,这也是《小说月报》自5月号起就由叶圣陶主编的一个旁证。

④ 《小说月报》第18卷6号《最后半页》。

⑤⑥ 朱自清《近来的几篇小说》,《清华周报》第29卷2、5、8期,1928年2月17日至3月30日出版。

⑦ 戴望舒诗集《望舒草》,现代书局1933年8月出版。

⑧ 胡展(叶圣陶)《新诗零话》,《开明》第2卷4号"诗歌批评号",1929年10月10日出版。

⑨ 叶圣陶1980年冬与笔者的一次谈话。

⑩ 《〈小说月报〉第二十卷内容预告》。

⑪ 《小说月报》第19卷2号。

⑫ 毅真《丁玲女士》,《妇女杂志》第16卷7期,1930年7月1日出版。

⑬ 叶至善《〈六幺令〉书后》,《人民日报》1979年6月9日。

⑭ 巴金《致〈十月〉》,《十月》1981年第6期。

⑮ 详见潘汉年《信笔写来·鲁迅也是赤化暴徒之流吧》,《幻州》第2卷2期,1937年10月16日出版。

⑯ 《文化批判》创刊号。

⑰ 《小说月报》第19卷1号。

原载《北京大学学报》1993年第4期

怀念叶圣陶

浩 然

5年前,寒冰冷雪封闭着山河大地的2月29日,我怀着极其沉痛的心情,从三河县段甲岭镇赶回北京。在八宝山革命公墓礼堂那低回的哀乐声中,与千余位各界知名人士,向五四文学运动的最后一位元老、杰出的文学家、教育家和社会活动家叶圣陶先生做最后的诀别。

长长的队伍,默默地徐徐地向灵前移动。我被裹在人流里,机械地走走停停,思绪万千。

叶圣陶先生 1894 年 10 月 24 日出生于江苏省苏州。逝世前他担任着全国政协副主席、中国民主促进会名誉主席、中央文史研究馆馆长、中国文联委员、中国作家协会顾问等职。他从 1912 年中学毕业后,就开始当小学教师,并从事文学创作。在那风风雨雨的岁月里,他用自己的笔写下大量小说、童话、诗歌、散文和杂文。《稻草人》、《多收了三五斗》、《倪焕之》等名篇,是我们国家现代文学的奠基之作和扛鼎之作,哺育了一代又一代学子和民众。叶圣陶先生又是一位具有博大襟怀的编辑家和出版家,曾经扶植了如巴金、丁玲等等一大批优秀的作家。中华人民共和国成立后,他对新成长起来的作家,尤其是从工农兵中成长起来的青年作家,更是寄托着无限厚望,倾注了无限的热情和心血,给予了无私的栽培和扶植。我本人有幸得到他的器重,因而成了他众多学生中备受关怀的一个。

几十载求索、跋涉的路途上,我身为记者、编辑、小说作者,住在京城,走遍大半中国,几乎跟所有文学界的名流巨匠都接触过,在我的心目中,叶圣陶是一位人格品德最为高尚的贤明!

在灵堂里,面对 2 月 16 日离开人世的叶圣陶先生,凝望着他那静卧在鲜花翠柏丛中的遗体,凝望着他那慈祥的面孔和被 94 年风霜染白了的浓眉,悲痛的心情,千言万语都无法表达。对他的离去不是没有心理准备,然而又觉得他走得匆匆。头两年,等待着那部反映改革后农村生活的小说《苍生》出版,打算带上一本新书,去向叶老汇报:我摔倒以后终于又爬了起来——以告慰一直关心着我的老人家。后来河北省电视中心要把那小说改编成电视连续剧。我心想,对一位年近百岁的老者来讲,看看电视要比看那么厚的书轻松省力一些。等电视剧拍完,我要搞一盘录像带,亲自送到老人家面前。于是又把汇报的时间往下拖延。没料到,叶圣陶先生没有等到我这迟到的汇报,就永远地走了……默想到这里,我悔怨交加,忍不住痛哭起来。

当日新华社从北京向全国、向世界播发的电文之中,有这样一段话:

> 身穿军装的部队作家王愿坚难忘叶老为他改稿的事。1958年,他和叶老参加十三陵水库劳动时写出小说《普通劳动者》,叶老对稿子作了认真修改并撰文予以肯定。王愿坚说:“是叶老引导我走上文学道路的。”站在一旁的浩然情绪激动,他说:“叶老不仅教我们如何做文,还教我们怎么做人。我们年轻一代不但要学习他在文学艺术上的追求,更重要的是学习他做个正正派派的作家、正正派派的人。”

我相信,我和愿坚的这些话,表达了众多受过叶圣陶先生恩泽的作家们的心声。但是,这些简单言词,比起我想要说的心里话,远不及千万分之一。

从八宝山归来的路上,我就打定主意,让心绪稳定下,把我对叶圣陶先生伟大人格的怀念和缅想之情,用笔记录下来,写成一篇回忆文章,既寄托我的一片哀思,也借机传达给后人,让后来者不忘记叶老的功绩,学习叶老的榜样,继承叶老的精神,追随叶老留下的足迹,正正派派地奋斗下去。

可惜,因为种种原因,特别近两年我又害起男性更年期综合症,一直未能动笔。此事好似一笔沉重的债务,压在我的心头。

转眼之间,已然到了叶圣陶先生逝世5周年的忌日前夕,自觉再不能拖延,就把叶老在世时给我写的、保存下来的11封书信找出来,略加注释,公之于众,以表示我的无限怀念之情。我想,读者诸君通过这些书信和介绍,可以看出我们的作家老前辈叶圣陶先生的正直、善良、热诚、高尚等等诸多品德之一斑。同时我窃想:把这些珍贵的信件第一次在我——叶老的学生创办、主编的,旨在培植文学新人的《苍生文学》之上发表出来,是有其特殊寓意的。当年叶老在信中教导、关注我的话,并非只对我个人,而是教导、关注着我们的文学后代。因为,唯有一代一代的文学青年走正路,有出息,中华民族的文学事业才能大展雄风、大放光芒。

下面的文字是叶圣陶先生的11封信和我的简要注释。

一

浩然同志:

惠书并尊集《苹果要熟了》,今日收到,敬谢厚贶。

集中各篇,我读过者不多,容徐徐读之,细细领略。我绝不善于作文艺批评,偶书所见,不过一个普通读者之水平而已,作者观之,或将失笑。然《喜鹊登枝》中,有数篇确然使我心折也。

如有机会遇见,彼此相识,倾谈一回,当为快事。

敬礼

叶圣陶

十月六日午后

此信写于1959年10月6日午后。寄至北京北门仓23号《友好报》社。

1958年5月,我的第一本短篇小说集《喜鹊登枝》出版。不相识的叶圣陶先生读到后,给《读书》杂志写了一篇题为《新农村的新面貌》的评介文章，刊于当年第14期。叶老先生对我那本很不成熟的作品给予极为热情的赞扬和鼓励。我在《友好报》社图书馆翻杂志的时候偶然发现，这使初入文学之门的我大喜过望，异常欣慰和感激。从此得知叶老对我既关心又肯定，所以当1959年9月作家出版社出版了我的第二本短篇小说集《苹果要熟了》之后，我主动给叶老寄去一册，并附去一信，恳请他批评。这是叶圣陶先生给我的复信，也是我们相见之前的第一次通信。

二

浩然同志：

出外才回，接大札迟复为歉。识面晤谈，殊所乐愿。我上午不在寓中，何日下午在寓中，亦难以预言。今以电话号码奉告，其数为四·二四八八。足下得暇之时，可拨一电话问询，如我在，即希惠临。我处距尊址固甚近也。即请著安。

叶圣陶

十一月二日下午

此信写于1959年11月2日下午。寄至北京北门仓《友好报》社。

读到叶圣陶先生10月6日的复信，因信尾有“如有机会遇见，彼此认识，倾谈一回，当为快事”的话，使我萌发起拜谒叶老，当面聆教的念头，于是又写了封求见的信。此信是叶老对我那封信的复信。我照信上告知的电话号码，与叶老通了话，约好在11月9日相见。我们见面的地点是叶宅二门外倒座房西头的会客室。

三

浩然同志：

来信收读。您把我看做熟朋友，详细告诉我您的心情和近况，我很感动。

我羡慕您。我如果也能在基层做些事，那多好。参加参观访问，究竟是走马看花，不能说毫无好处，可是好处不多。

我常有这么个想头，也曾经朝别人说过，在工厂在农村的同志，即使写惯文章的人，最好把写文章的事忘掉，专心一意地做工务农。换句话说，不要像古人“寻诗”那样去“寻文章”，待文章非来找我不可的时候自己来叩我心的门。我这个意思只是空想，绝非经验之谈，写给身在农村的您，请您证验它是否有点儿中肯。

如有空闲，希望再给我来信，我乐于读您的信。

敬礼

叶圣陶

五月廿四日清晨

此信写于1960年5月24日清晨，寄至山东省昌乐县城关镇东村。

1960年春，我随中苏友好协会的下放干部下放到山东省昌乐县东村大队劳动锻炼。经过一段劳动实践，对农村现实生活有了些新的感受，对以往的创作有了些反省，对叶老那一次当面教诲的话有了些领悟，就写信对先生倾吐一番。此信是他的回复。以后在昌乐县我们还有书信往还，可惜没有保存下来。

四

浩然同志惠鉴：

接到《收获》而后，即读大作《艳阳天》，迄于昨日，十五章读毕。此作可谓足下创作上之大进展，我喜不能禁，欲写一信致意。数年间之深入农村，潜心学习，于此足见收获之大。方针政策，农村中之两种矛盾，我皆知之甚浅，然观大作，亦能断其认识之真，体会之切。所叙若干人物，皆有血有肉宛然在目。深足感人之场面不一而足，我辄思之久久，然后读览下文。文辞亦大胜于前，循而诵之，饶有余味。此非仅技巧之事，根源还在于思想认识。根深乃能枝茂，源远乃能流长，理固然也。篇末有附语，请读者提意见。我只欲提一点，作者说明人物性习与心理状态之处，似稍嫌其多，可否作适当之删汰。此宜于叙写行动与对话之时宛委表达之，俾读者自为领悟。再者，足下此作势必传入广大农村，为农民之读物，而多作说明，其方法来自外国小说，恐未必为群众所易接受。浅见不定有当，聊供考虑耳。全书何时完成？我深盼其早日印出，获窥全豹也。据闻足下近在上海编电影剧本，未知确否。就《艳阳天》而推之，足下诚适于编电影剧本。若已有所成，愿先闻其大概。不知尊寓何在，此书托收获社转至，想必能从速达览。余不多陈，即颂著安。

叶圣陶

二月二十三日上午

此信写于 1964 年 2 月 23 日上午。寄至“上海钜鹿路 675 号《收获》社转交”。

1963 年夏秋之际，叶以群同志从上海到北京组稿，在作家出版社拿走我刚刚完成的第一部长篇《艳阳天》第 1 卷手稿，经他和魏金枝同志之手，发在 1964 年《收获》第 1 期上（因篇幅限制，我亲手压缩到二十多万字）。此稿在动笔之前，即酝酿和补充生活素材之际的 1962 年秋天，我到人民教育出版社拜望叶圣陶先生（这是我们第二次私下会面），谈到过我要写作长篇小说，但未具体谈题材和题目。冬季起我埋头写作，没有与叶老联系，所以他对我两年内的状况一无所知。他收到复刊的《收获》,翻阅了《艳阳天》想给我写信又因断了联系而不知地址,就把信寄给上海《收获》编辑求转了。

五

浩然同志:

徐盈来看我,告诉我他知道您的近况。过几天他再来看我,说已经与您晤面了,并且转达我好久怀念之意。《北京新文艺》试刊交给我了,我首先看了您的《雪里红》。好些年想着您,如今探知确实信息了,其欣慰恐非您所能充分料想的。

我时时盼望知道您的情况。曾经设想,写一封信,缮抄两份,一封寄《红旗》杂志社,一封寄《人民日报》社,谅必能够转到。如果写了,或者真能转达到,咱们早已通了信了。可是我光是设想,信始终没有写。

前几个月才买到《艳阳天》第三部,家里几个人轮流看,我是前月上旬看完的。现在书给徐盈借去了。您真是熟悉农村的阶级斗争。我可以说是完全不知农村的人,但是我敢断言您是真熟悉,由于熟悉,故而能表现得高于现实。您的书使我间接地知道了一些农村。

徐盈告诉我,您写王国福的长篇的第一部四十万字,将于今年四五月间出版。这是大好消息,我偏爱您的作品,极盼早日阅读。我很想讨个差使,我为您看校样。我自信我的校对工作能力是不错的。您如果要我看,我必认真校对,从速逐批交还,不误印刷厂的进程。如是,我的早日阅读的愿望达到了,这是最大的欢慰。

您忙,只望写一封简短的信复我。

祝您好。

叶圣陶

二月八日下午

此信写于1972年2月8日下午，寄至“北京市西长安街7号《北京新文艺》编辑室”。

《艳阳天》写完，我就到北京远郊区怀柔县琉璃庙公社得田沟参加“四清”运动，不到一年，“文化大革命”就开始了。这期间又一次与叶圣陶先生断了联系。当叶老看到复刊的《北京新文艺》(以前没有中间那个“新”字)上发表了我的短篇《雪里红》，又从徐盈同志那里得知我的一些情况，就写了这封信。徐盈是一位老新闻工作者，系著名女记者彭子冈的丈夫。叶老之所以设想往《红旗》杂志投信寻找我，是因为从1961年至1964年我在那个杂志当过文艺编辑。信中提到“王国福的长篇”，即后来的《金光大道》。1970年年底我被北京市革委会从下放劳动的房山县周口店公社新街大队抽调上来，要写大兴县大白楼生产队模范人物王国福的传记故事。后因《人民日报》刊文不让写“真人真事”的文学作品，则将其与我以前没有草完的《金光大道》小说稿合二为一了。

六

浩然同志：

前些日子承您和学鳌同志来看我，一小时半的畅谈，其乐为近年来所少有。

《金光大道》看到此刻，已经看到第360页。估计再一星期可以看完(不是看，我是不出声地念的)。

您告诉我的创作的想法和自定的高标准，我听了，自问也还记得。拿记得的这些来衡量所看的一页一页的书，我认为您是实现了这些的。为此我向您致衷心的祝贺。您展示了开国以来农村两条路线斗争的场面，复杂，深刻，精密……还有好些形容词可说。

您叫我尽量提意见。我不客气，提的意见不算少，不过全是枝枝节节的细小问题，有些是我南方人不习惯不了解您所用的北方话。不管错不错，我都记在书页旁边，候您考虑。

现在写这封信，目的在请您告诉我一个与您通话的电话号码，以便我一看完全书就打电话告知。我这里的号码是44·2488。

即问近佳。

叶圣陶

二月廿三日傍晚

或者请您于三月初来敝寓。又及

此信写于1972年2月23日傍晚。寄至“本市西长安街七号北京新文艺编辑室转”。

收读叶圣陶先生2月8日的信，我马上找人民文学出版社编辑部要了一册《金光大道》第一部铅印的征求意见稿，或许是派人，或许是约了工人诗人李学鳌陪我送给了叶老。这一点有待考查。

在“一个半小时的畅谈”中，我向叶老谈了在解放初期和在农业社会主义改造过程里，自己的亲身生活体验、感受，以及《金光大道》选材和构思的一些想法，并恳请叶老多指教。叶老很兴奋地向我讲了他对《金光大道》的印象。

七

浩然同志：

此刻接到来信，甚慰。

连日看大作，此刻已经看到第530页，稍稍疲累，但是看得出神，放不下手。后天月底一定看完了。

您将偕一位责任编辑同志来敝寓，我表欢迎。就在三月一日或三月二日的上午来，如何？决定哪一天，请先通电话告知（44·2488）。

承惠《艳阳天》农村版，谢谢。此刻尚未到，印刷品照例比信件迟些。

祝好。

叶圣陶

二月廿七日上午

此信写于1972年2月27日上午，寄至"朝阳大街人民文学出版社"。

叶圣陶先生2月8日那封主动要求为我校对稿件的信，轰动了整个人民文学出版社，也感动了诸多老编辑。《金光大道》的责任编辑许显卿同志读到叶老2月23日信，得知叶老对征求意见稿多有批示，更是激动不已，要求我引见、介绍，拜访叶老。于是我写信向叶老提出此要求。我与李学鳌同志看望叶老时，叶老提到没见过《艳阳天》农村版的版本，我从存在家中的书里找出一套（该书只有第1卷印行了上、下两册的缩写本），随信寄给了叶老。而叶老写此信时，书还未至。

八

浩然同志：

承贶《金光大道》第二部，深谢。篇幅多于前一部，当徐徐细读，辨其至味。久不相见，颇望得一回晤谈，借聆近怀，广其知闻。我多闲，只须足下有兴且有空，无论何日均可。倘蒙临顾,希先通电话,号码为四四·二四八八,俾便迎候。即请近安。

叶圣陶

五月二十五日下午

此信写于1974年5月25日,寄至"本市月坛北街六号楼108号"。

1972年叶圣陶先生春节都没有过安生,杜门谢客,批阅《金光大道》第一部征求意见稿,做了几百处眉批,指出不少语句的错误。可惜当时的人民文学出版社由军代表掌握着大权。他们看了叶圣陶先生批阅过的书稿,不仅拒绝参照修改,还出言不逊,说叶老不懂得革命新生活,不懂得劳动群众语言,说如果照叶老的意见改动了词句,"就不像正常人说的话了"。对此我忿忿不满,由于惹不起他们又无可奈何;更怕使叶老生气而不敢让叶老知晓,就不了了之。结果白费了叶老的心血和时间!由叶老校订的那本稿子,至今仍珍藏在我手中。每逢翻看,都使我无限感慨,心潮起伏,联想多多。《金光大道》的第二部没有排印征求意见本,只是多打了几份校样,开几次工农兵读者座谈会,改了几遍,就出版了。出版后,我寄给叶圣陶先生一册。

九

浩然同志:

五月下旬接到惠赠之《金光大道》第二部,未及展读,即复一信寄北京市文化局托转交,致申谢之意,并言久不相见,希足下得暇时惠顾,一叙积愫。盼赐复而不获,闻人言,足下不在京中,又有谓方在广州撰《西沙儿女》者,则亦安之。昨见报载,知近日在京,因赶写此信。尊寓地址,盖探询文学出版社而知之。

第二部业已读毕，非常激赏，以为胜于第一部，足下之意图，我大略能揣摩之。而笔下之功力又足以副其意图，此则并时作者尚鲜能企及。新出长篇，我虽未能尽观，所观颇不少。人或询及，我辄推《金光》，自以为非阿其所好也。《西沙儿女》之《正气篇》亦已读过，未知下一篇已脱稿否？

今作此书，意欲邀足下来我处一叙，略备酒肴，奉庆第二部之成功，并谈叙二三小时，俾我长其见闻。其时日宜以国庆节过后，足下稍得闲暇之候。倘以为可，盼先惠一信，然后定其确期。

我近况如常，身体尚可。日日惟为杂览，古今中外之书，到手即看之，看后即忘之，亦不以为嫌也。

即颂

佳胜。

叶圣陶

九月廿五日上午

此信写于1974年9月25日上午，寄至“本城北京市文化局转致”。

1974年春节前夕，我受到江青的重视，接触过几次之后，大有“伴君如伴虎”之感，苦不堪言。同时，既要写作，又要参加社会活动，尤其是外事活动，终日忙乱异常，所以没有及时复信给叶圣陶先生。

十

浩然同志：

五月下旬寄一信，托文化局转致，未知达览与否。上月廿五日又写一信，寄月坛北街尊寓。迄今相距十日，未蒙示复。岂地址书写有误，我书无从投递耶。今依此址亦作一书，试观其能否投到。即请刻安。

叶圣陶

十月五日

此信写于1974年10月5日，寄至“本城月坛北街六号楼108号”。

自1958年叶圣陶先生看到《喜鹊登枝》，表现出对我的厚爱、关心和重视，以后凡遇有机会，就鼓励我、支持我、扶植我。这种殷殷之情，不仅流露在他给我的书信里，在几次见面中，也都有更为强烈的表示。我从心里感激叶老，越发尊敬叶老。我总认为，对一位伟人的最大的尊敬，莫过于珍惜他的时间。所以从来不敢轻易打搅他，我们的书来信往并不繁，过从亦不太多。但是心心相印、情深义重。几次中断了联系，都是叶老主动地寻找我，使我诚惶诚恐。此番连发两信到文化局我没有及时回复，主要原因倒是由于此时江青跟我挂上了钩，致使我不仅忙乱，而且忧心忡忡。特别是在跟江青结识了一段时间之后，精神负担越发严重。此信，以及上次的信(即9月25日信)到达之时，正是我心里开始“起矛盾”的时刻。但接到叶老这封信的第二天，我专程去东四的府上看望了叶圣陶先生，而且谈得很高兴、很畅快。

十一

浩然同志：

六日惠临，异常高兴，几年不见，得闻倾谈，如饮甘露。所谈关于创作之种种，无不深契于心。知足下忙甚，但总望忙中抽暇，慰我夙愿，来共小饮闲谈，不求太久，得二三小时即可。

日期候来书定之，午间或晚间均可，绝无所为，惟在兴致，想足下必不嫌其无聊而却之。今日收到寄赠书三册。集子两册将以寄与小儿至诚，研究资料一册则将逐篇观之，其中有若干篇前未寓目也。于此申谢。即问近佳。

叶圣陶上

十月十一日灯下

此信写于 1974 年 10 月 11 日灯下，寄至“月坛北街六号楼一〇八号”。

这是叶圣陶先生写给我的最后一封信。所说“六日惠临”，也是我最后一次到叶府看望叶老。相约共饮之事，终于没有如愿。一则我不忍心叨扰年迈的老人家，二则忙于参加社会活动和赶写《金光大道》第三部稿子。信中提到“赠书三册”，其中的“集子”已忘记是何种书。那册“研究资料集”当是南京师范学院中文系编印的《浩然作品研究资料》无疑。得此信前后，我与叶圣陶先生在公共场所见过几次面，打过招呼，例如人民大会堂的宴会上；叶老还给我写过一条幅（录他的一首旧体诗），命其孙子送到我月坛寓所。

1993 年春于泥土巢

选自浩然著《泥土巢写作散论》，河南大学出版社 1997 年

叶圣陶编辑思想探讨对编辑学研究的启示

邵益文

叶圣陶先生离开我们快 10 年了，他的编辑活动一直是出版界

经常谈论的话题，而且不断从中得到启迪和教益。

叶圣陶先生是当代中国著名的教育家、文学家、语言学家，同时也是杰出的编辑家、出版家。用他自己的话来说，“如果有人问起我的职业，我就告诉他：第一是编辑，第二是教员”①。他从1923年春进商务印书馆开始，直到1988年春逝世，在编辑舞台上足足干了65个春秋。他不是一般的编辑家，而是成绩卓著，给后人留下深刻印象的职业编辑家。编辑生涯如此之长，又兢兢业业，竭诚为读者服务的职业编辑家，在近百年中国出版史上是少见的。所以，研究叶圣陶先生的编辑思想和编辑活动，对于目前的编辑工作具有十分重要的现实意义。认真研究叶圣陶先生的编辑思想，总结他的编辑经验，将大大充实编辑学的理论宝库，使编辑学的理论更加丰富、更加具有实践意义。叶圣陶先生漫长的编辑生涯，是在中国这块土地上度过的，编的是给中国人看的中国书刊，因而叶圣陶先生的编辑思想和编辑经验，就更加具有当代中国的特色。把叶圣陶先生的编辑思想和编辑经验，融入到编辑学的理论当中，对

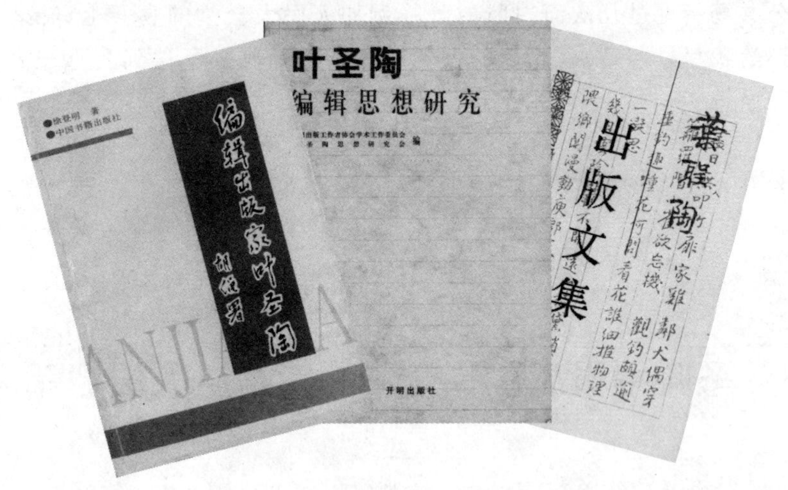

研究叶圣陶编辑思想的著作

编辑学的学科建设具有很大意义，也使编辑学的理论对编辑实际工作具有更大的指导意义。

叶圣陶先生的编辑活动非常丰富。由于材料和水平的限制，现在还很难作出比较全面的概括，但从仅有的材料中，我们可以看到叶圣陶先生的编辑思想和编辑实践具有三个鲜明的特色。

叶圣陶先生编辑思想和编辑实践的第一个特点是，他明确编辑出版工作就是宣传教育工作。他说：编辑出版工作“是教育工作的一个组成部分，一个不可缺少的重要的组成部分。我们做的工作就是老师们的工作”②。“书刊要排版，要印刷，要装订，就是工业。出了书刊要发行，要卖出去，这是商业。可是排版先得有稿子，稿子要作者写出来，编辑者编出来，这又是什么业呢？我要回答得严重些，这是教育事业。你出的书刊无论深的，浅的，通俗的，专门的，总之是影响人们的见识和思想，你不是在当人们的老师吗？所以，出版事业的性质是工业、商业、教育事业三者兼之，三者之中，教育事业应居首要地位。”③这里叶先生讲得很清楚，除去排印和发行，出版工作中撰稿和编辑工作只能是教育工作。他还说：编辑出版工作“是一种有力的宣传教育工具，不论政治建设、经济建设、文化建设，都应当充分运用这种有力的工具”④。

叶圣陶先生这些朴实的见解，有十分深刻的内涵，尤其对社会主义市场经济条件下的编辑出版工作，具有重要的现实意义。首先，这些见解，对编辑出版工作的基本性质、地位和社会功能，作了明确的论断。编辑工作是教育工作，是意识形态工作，它的基本功能在于教育，在于影响人们的精神世界，指导人们的实践活动，鼓励人们积极参加政治、经济和文化建设事业。换句话说，编辑出版工作是以影响和改变人们观念作为自己的基本目的的精神生产。这就从根本上排除了精神产品商品化的根据，也说明了少数出版者为经济利益所驱动的倾向有悖于出版事业的本质。经济利益不是不能讲，但它不是编辑事业的根本目的，只是维持扩大再生产的一种手段。正如叶先生说的,不赚钱要亏本,"就要关门,还谈得上什么发展",但搞出版"不光为赚钱",更要"考虑社会效益",这就是"有所为有所不为"⑤。

从学科建设角度看,编辑出版工作是"教育工作",它"影响人们的见识和思想"的论断,有力地批判了那种认为编辑工作是剪刀加糨糊的简单劳动,或者把编辑工作看成是单纯的"中介"或客观地"传播"的观点。也回答了那种把编辑学仅仅看成是工艺学、操作学和具体方法,无学可言的观点。坚持了编辑工作和编辑学的政治性、思想性、专业性和创造性,强调了编辑学是进行宣传教育,为社会主义两个文明建设服务,具有自己理论体系的应用科学。证实了它不同于其他学科,应该作为一门独立学科存在的客观必然性。

叶圣陶先生对教育与编辑出版相互关系的睿智论述,对编辑学的学科建设同样具有十分积极的意义。在叶先生看来,编辑出版工作是教育工作,出版物是教育工具,编辑出版工作者是教师。这就告诉我们,编辑和教师一样是人类灵魂的工程师,它要求编辑应该有丰富的知识、崇高的思想境界和高尚的道德情操。总之,编辑应该是一个能为人师表的人。实践也告诉我们,编辑是什么样的人对出版物的品位、内容、思想倾向关系极大。所以,编辑学理论要着重研究编辑的素质,这是出版物质量的根本保证。编辑学的理论体系,在这方面应该有比较集中的反映,并在整个理论体系中占有相当的比重。

叶圣陶先生编辑思想和编辑实践的第二个特点是:一切为了读者,竭诚为读者服务。他认为做编辑出版工作的,要"认定这么个方向,为的是为广大读者群服务。文盲,工农兵大众,各级各种学校的学生,研究各种学问的人,从事各种业务的人,他们对出版工作各有主观的或者客观的要求,我们非好好地为他们服务不可"⑥。"不单叫要读书的人有书读,还要叫不读书的人乐意读书。

……想尽种种办法让不读书的读书,少读书的多读书,读了书的善于读书"[7]。他还说:"我们有所为有所不为:有所为,就是出书出刊物,一定要考虑如何有益于读者;有所不为,明知对读者没好处,甚至有害的东西,我们一定不出。这样做,现在叫做考虑到社会效益。我们决不为追求经济效益而不顾社会效益,我们决不肯辜负读者。""如果离开了读者,却别出心裁地去搞什么特色,就跟为读者办刊物的宗旨背道而驰了。"[8]20世纪30年代,半殖民地半封建的旧中国,大批青年学生失学失业,"彷徨于纷叉的歧路,饥渴于寥廓的荒原",正是这个时候,他创办了《中学生》杂志,并在"创刊词"里说:"本志的使命是:替中学生诸君补校课之不足;供给多方的趣味与知识,指导前途,解答疑问;且作便利的发表机会。""我们是有志于此而奋起的,愿借本志对全国数十万中学生诸君,有所贡献。"[9]叶圣陶先生这些见解,与党的出版方针,坚持为人民服务、为社会主义服务的"二为"方向是完全一致的。他对编辑出版工作的根本目的、宗旨的论述,重要的现实意义就在这里。

为读者服务,是编辑出版工作者的天职,也是他们全部工作意义之所在。"竭诚"服务,又是一种基本的要求,或者说是应有的态度。但是现在有的出版工作者,尽管每天忙忙碌碌地奔波,辛辛苦苦地出书,但头脑里很少有"读者"两字,有的干脆忘了"为读者"。不然就无法理解怎么会抛出明知不健康的东西,为什么有如此多的平庸书,有这么多的重复出版,甚至买卖书号。当然,这种情况不限于中国,外国也有,而且更严重。所以,有的外国出版研究者惊呼:出版正在殷勤地"服侍"财神,而冷落了文化女神。

看来叶圣陶先生关于编辑出版应该竭诚为读者服务的思想,必须重申,必须牢记,必须变成每一个为有中国特色社会主义出版事业服务的编辑出版工作者的意识形态。我们所以要强调多出好书,实施精品战略,从根本上说就是为了读者,不从读者需要出发,不被读者欢迎的书,就无所谓好书,也无所谓精品。那种为出版而出版，为争大奖而出版，为赤裸裸地“侍候”财神而出版的图书，与竭诚为读者服务的宗旨是多么的不协调！

叶圣陶先生关于竭诚为读者服务的思想，对于当前编辑学的学科建设有极为重要的意义。“为读者”的论述告诉我们，编辑学的学科建设，它的根本目的和宗旨毫无疑问，应该是为编辑工作，但为编辑工作归根到底是为读者。因此，必须加强对读者的研究。只有解决了编辑竭诚为读者服务的问题才算从根本上解决了编辑的问题，从而也解决了编辑学的根本宗旨问题。所以在谈论建立编辑学的理论体系时，一定要明确这个思想，并在整个编辑学的理论体系中，加重这方面的比重。为了达到竭诚为读者服务，编辑人员首先要解决正确对待读者问题。一个编辑，无论何时何地，心中要有读者，只有读者——广大读者，才是自己真正的服务对象。为此，编辑除了要树立正确的世界观、人生观、价值观之外，还要建立正确的读者观。同时练就一身好本领，熟练地运用自己的基本功为读者服务。

编辑出版工作和编辑学学科建设的根本目的和宗旨，是为了解决竭诚为读者服务，引导读者健康成长，积极向上。当前编辑学研究着重要解决“为编辑”的问题，因为只有编辑人员才是编辑学著作的基本读者。研究和著述，首先应该在这方面首力进取，并把它看成理论结合实际的重要一环，使理论研究对实际工作更加有所裨益，改变目前这些编辑人员不关心编辑学研究的状况，甚至认为有些研究者是为学术而学术，为创立自己的学派而学术。诚然，这种看法并不全面。因为在学术研究中，存在不同的观点、不同的学派是允许的，学术上的探索是应该鼓励的。当然，一切理论研究的根本前提是必须结合实际，有利于编辑学作为一门独立学科的理论体系的形成。要防止那种故弄玄虚的文字游戏，避免那种对实际工作无助无益的无穷争论，摒弃那种为学术而学术的“学究式”研究，反对那种对同意自己观点的推崇备至；对不同意自己见解的，视为搅乱视听，不屑一顾，甚至讥嘲有加。这种现象不利于学术争鸣，不利于学科建设。在编辑学研究中，应该提倡竭诚为读者服务的观点，“为读者”是社会主义出版事业的出发点和归宿，也是编辑学研究的出发点和归宿。真正树立起认真学习，刻苦钻研，互相切磋，虚心求教，坚持真理，修正错误，求同存异，共同提高的学术风气。只有开一代勤学善学之风，具有现代科学形态的编辑学才能比较顺利地建立起来。

叶圣陶先生编辑思想和编辑实践的第三个特点是：强调编辑一定要严把语言文字关。他说：“语言是新闻出版工作者的工具，也可以说是武器”，“不把语言学好，就等于砍柴的没有把刀磨好”[⑩]。他还说：“编书和写家信不同，写家信有差错，受害人少。编书、写文章有差错，使读者受害，即使是小错，也成了大事。”当编辑的，“应该把自己负责的每一个字，每一句话，都拿到天平上衡量一下他的轻重”[⑪]。他强调“出版事业首先要抓紧撰著编辑这一环，不惮斟酌再三、不厌屡易其稿，务求做到尽可能完善”[⑫]。他说：我们“对于出版的每一本书刊。对书刊中的每一个词句，每幅画片，每一个标点符号，都要采取极端负责的态度”[⑬]。为了给青年文字修养以实际帮助，叶圣陶先生还特意在《中学生》杂志上开辟了《文章病院》栏目，目的是普及和提高读者在写作和使用语言文字方面的知识。它每期诊治三个病例，对事不对人，使读者知道这些文章的错误，并且懂得这些错误应该怎样改正。《文章病院》对于当时青年读者的写作和文字功底的造就，影响很大，解放以后还有人说“文章病院功德无量”。叶圣陶先生关于编辑工作要注重文字和帮助读者学习语言文字的思想和实践，和党的十四届六中全会决议中关于“新闻媒体和出版物要为全社会正确使用祖国语言文字做出榜样”的精神，是完全一致的。这种一致，充分地说明了叶圣陶先生的编辑思想对于我们今天的编辑工作的重要性。目前，有些出版物中编校质量滑坡，文字差错率偏高，语句不通，文题不符,生造的名词术语随处可见。面对这种状况,有的人深感焦虑,但也有人见怪不怪,司空见惯,这对于弘扬中华文化,纯洁祖国语言文字,极为不利。认真贯彻六中全会提出的上述精神,重温叶圣陶先生编辑要把好语言文字关的见解,不仅是当前编辑工作的一项重要任务,也是编辑人员的一项重要基本功。

叶圣陶先生关于编辑工作重视语言文字的见解,对编辑学的学科建设同样具有非常重要的意义。在社会主义市场经济条件下,编辑工作与市场的联系,正在密切起来,近利趋利的因素在某些人的价值天平上有所加重,某些编辑人员的浮躁心态也在或多或少地滋长,案头工作在一些人的思想上正在有意无意地被削弱,语言文字问题越来越被当作雕虫小技,而置于无足轻重的天地。这就告诉我们,新时期的编辑学研究,必须十分重视编辑基本功的研究,使图书这个精神产品名副其实地具有科学的知识,很高的文化含量,并在正确使用祖国语言文字方面起到榜样的作用。首先在基础知识读物中,恢复"书上说的不会错"这种图书为读者所依赖的崇高地位。保证编辑工作真正为图书的思想性、科学性和实践性而奋斗,使编辑学真正为编辑工作者所必需。

叶圣陶先生的编辑思想和编辑实践远不止这些,诸如发现新人,扶掖后进,为国家和民族培养一批又一批名作家和名编辑,等等,都需要认真地加以总结,深入地加以探讨,使之更好地为编辑学提供借鉴和依据,这是建立现代编辑科学不可缺少的一个重要方面。

我们不仅要总结,研究叶圣陶先生的编辑思想和编辑实践,还要研究鲁迅、韬奋和历史上其他编辑家的编辑思想和编辑实践,这是编辑学学科建设的一项重要任务。

注释:

① 彭加瑾:《叶圣陶与编辑工作》,《编创之友》杂志1982年4期。

② 《叶圣陶出版文集》,中国书籍出版社 1996 年版,57 页。

③ 同上,29 页。

④ 同上,8 页。

⑤ 同上,57 页。

⑥ 同上,7 页。

⑦ 同上,7 页。

⑧ 《叶圣陶散文乙集》,三联书店 1984 年版,504 页。

⑨ 叶圣陶:《中学生》杂志发刊词。

⑩ 《叶圣陶语言教育论集》,教育科学出版社 1980 年版。

⑪ 《叶圣陶研究文集》。

⑫ 《叶圣陶出版文集》,30 页。

⑬ 同上,26 页。

原载《编辑之友》1997 年第 3 期

语言大师叶圣陶

俞筱尧

叶圣陶(1894~1988),是我国当代老一辈的著名作家、教育家、编辑出版家和语言学家。他创作的《倪焕之》,是五四以来新文坛第一部长篇小说;和刘延陵、朱自清、俞平伯等创办的《诗》月刊,是第一个新诗刊物;《稻草人》是第一个童话集;和沈雁冰、郑振铎等发起组织的以倡导"为人生"的文学为宗旨的文学研究会,是成立时间最早、历史最久的新文学团体。

1923 年至 1930 年,叶老主编《小说月报》和《文学旬刊》等刊物。"五卅惨案"发生后,叶老到惨案发生地上海南京路进行实地考察,发表了名篇《五月卅一日急雨中》,揭露帝国主义者屠杀中国工人的暴行。"四一二"事变后,叶老又发表了短篇小说《夜》,

对反革命大屠杀进行了强烈的谴责。“九一八”事变后，叶老参与发起成立文艺界抗日反帝大同盟。全面抗战开始，曾发起成立文艺界抗敌后援会。抗日战争胜利，重庆出版界发起“拒检”运动，强烈要求国民党政府废除图书杂志原稿审查制度。叶老和他主编的《中学生》杂志都积极参加了这个民主运动的行列。叶老还在重庆杂志联谊会所编《联合增刊》发表《我们永不要图书杂志审查制度》的专论，在出版界产生很大影响。叶老还和昆明、成都等各地出版界积极响应，“拒检”运动终于获得了胜利。1946 年叶老回到上海开明书店，担任了中华全国文艺界协会总务部主任，主持“文协”的日常工作；还担任上海市小学教师联合进修会和中等教育研究会的顾问；那几年叶老继续编辑杂志、撰写文章、发表演讲，呼吁文化教育界同人“要有所爱，有所恨，有所为，有所不为；和广大的人民，为同一个目标而奋斗”，继续为民主而斗争。1949 年初，叶老应中共中央的邀请，由上海经香港辗转到达北平，担任华北人民政府教科书编审委员会主任。随之，参加新政协筹备会和第一次文代会并当选为文联全国委员，他又出席中国人民政治协商会议第一届全体会议，参加开国大典，为新中国的诞生做出了重要贡献。

建国后，叶老曾先后任中央人民政府出版总署副署长兼编审局局长、教育部副部长兼人民教育出版社社长和总编辑、教育部顾问、中央文史研究馆馆长等职。并当选为全国人大第一至第四届代表、第五届常委、全国政协第一至第五届常委等职。叶老还曾担任中国民主促进会中央副主席、主席等职务，是一位德高望重的领导人。

叶老早年当过小学教师，后来又当过中学教师和大学教授。他在三四十年代主编的《中学生》杂志是青年学生喜爱的读物。在长达七十年间，叶老发表了许许多多散文、小说、诗词，从不同角度揭露了旧社会的黑暗和人民的悲惨生活。叶老还发表了大量有关教育问题和汉语语言规范化问题的文章,多有新鲜的见解。叶老的这些作品,给中国人民留下了十分宝贵的精神财富,但是如果有人向叶老讲起他的职业和工作,他总是很谦虚地说,他的职业和工作是编辑和教员。

这里将我接触到的或知道的有关叶老的工作和言论加以粗浅的介绍。

讲授语文的片断回忆

叶老一生发表过许多讲解语文、语法修辞和怎样写文章的著作和言论,经他修改过的文章更不知道有多少。且不说解放前他在开明书店主持编辑工作的时候,建国以后,甚至中小学教材,不论语文、历史,乃至地理、数学等各课教材,不少都经过他的修改。正如他给金灿然同志的信上多次说:“日来教本编辑工作大忙,每日上下午审稿改稿,略无暇闲”,“我在最近两三月内,忙碌殊甚,每日上下午非开会即商量文稿。傍晚归来,颓然无复精神。预计此种情况,年内不会改变”。其实,他身为教育部副部长,兼任人民教育出版社社长和总编辑,这类“审稿改稿”和“非开会即商量文稿”的工作,占去了他大部分时间,这种状况在他一生中也从未改变过。叶老的著作,也多离不开语文教育。其中如他和夏丏尊先生合著的《国文百八课》和《文心》等作品,在当时都是传播很广,很受青年学生喜爱的读物。

抗战时期,我正在上初中,我们学校的几位教师是曾经留日的植物学家、数学家等,因战时不愿意在大城市为日寇做事,或受日寇骚扰而回家乡办学的。学校经费困难,又没有资料室之类。我们的课外读物,多是同学们自动从家里搜集起来,开始互相交换着看,后来办成临时图书室。《文心》和《国文百八课》也是这批书中的藏品。俗话说,读其书而想见其为人。叶老那时在四川,夏老也在上海,都没有见面的机会。抗战胜利后,我一度在上海从事出版工作。在这之后直到新中国成立,倒十分意外的有两次听叶老讲语文课的机会。一次在上海中华工商专科学校。叶老在开明书店主持编辑工作,在中华工商每周兼两节课,是大学一年级的语文,当时叫国文。一次是新中国建立以后,在中央人民政府出版总署,叶老讲的是语法修辞。这相隔时间很久的两个不同阶段的语文课,是我所聆听过的最重要的语文课了,而且还是叶老这样一位语言大师亲自讲授的,是我难得的荣幸。只是解放前我还有工作,不能每堂课都去听,实在不是一个好学生。

叶老讲课十分认真,在中华工商,听他讲课的同学很多。事隔半个多世纪,叶老讲的话我至今印象很深。他说学国文就是要求学会读书,这就不能单纯依靠老师在课堂上讲授就能解决问题。在课堂上,老师只能介绍点读书的方法。那时许多学校里的毕业考试或升学考试,规定必须以某某单位出版的几本教本为标准,只有弄通或记住这些课本的内容,便可通过考试。叶老说,这样做并不是好办法。如果这样做,一个人从小学、中学到大学的十多年时间只要求学生能养成专啃这几本规定的教科书就好了。这岂不是将青年时期宝贵的时间浪费在死啃几本教材里。一旦离开学校,工作需要他自己去应付实际生活,势必感到困难。这种情况,到今天也还存在,必须下工夫切实改正,否则后患无穷。

在语法修辞讲座上,叶老为我们举出了许许多多日常用语中不合语法的句子,并且说明不合语法的道理。例如说,“在没有解放以前”,这是指什么时间?这种说法就是不正确,正确的说法应该是“在解放以前”或“在没有解放的时候”。谈到标点符号,叶老说,“二、三人”,这二和三之间不能没有顿号,但“二三十人”,这二三之间一定不能加顿号。又说,现在常常有以“毛泽东著作为武器”的说法,我以为正确的说法应该是“以毛泽东思想为武器”。“以著作为武器”,这个说法很别扭。叶老举出的例子很多,有些例子平时大家经常在用,已习以为常了。也还有不少例子,经叶老指出,不仅恍然大悟,以至哄堂大笑。

叶老语法修辞讲座由于切合实际,所以对大家很有帮助。但在开始时,我却认为如果写文章都要照叶老讲的规矩办,岂不是所有的文章由谁来写都一个模样了,还有什么风格区别呢?后来才渐渐明白我这种想法是不正确的,语法修辞是基本知识,素材内容和观点才决定风格。总括起来说,我不敢说自己从此学会了写文章的技巧和能力,只是和以前比较,能多少注意一点经常出现的毛病和错误,也就是通常所说的有点进步。当然这仍是我终生的努力目标。

叶老谈到使用文字也就是写文章的事,他说,写文章可以说难,也可以说不难。所讲难不难决定在动笔之前的准备工夫做得怎么样。准备工夫充分,要写就写,无所谓难。准备工夫没有做到家,拿起笔来样样都得从头做起,那当然是很难的。

什么是准备工夫呢?叶老说,在实际生活里要养成精密观察和认识事物本质的习惯。这就是准备工夫。养成这样的习惯,叙述某种事物,才能又正确又周到。归根到底,是观察好认识好才能写得好,否则是无从下笔的。论说文也一样,要说明某些道理,表达某些主张,也都是依靠充分的论据和合理的推理,才能下正确的判断,得出令人信服的结论。他还说,推而广之,所有社会实践都是写文章的准备工夫,没有社会实践,还有什么可以写的呢?此外,正确的观点和正确的语言习惯,是写文章的重要条件。正确的观点和正确的语言习惯是无形的文章,文章是有形的观点和语言,如果有了正确的观点和语言习惯,写出来的文章必然错不到哪里去。反之,文章必然好不了。叶老的话把许多人认作难题的写作,用很通俗而又很随意的方式说了出来,给我的印象非常深刻。

为《中国古典文学基本读物丛书》起草编辑说明

叶老不仅仅为教材审稿改稿忙碌异常，也常为其他出版物审稿改稿或起草文件。1958 年 2 月，国务院科委古籍整理出版规划小组成立后，在一次小组会议上，叶老即席作了《纯洁语言和古籍通俗化》的发言，与会同志都十分重视。会议还讨论了编辑出版一套《中国古典文学基本读物丛书》，供干部阅读欣赏的需要。但要编辑出版这样一套基本读物，工作量很大，不能立见成效。千里之行，始于足下，对于如何编辑出版这套基本读物的设想，应及早计划。首先得搞一份编辑说明，然后再定选目。于是起草编辑说明的工作，又很自然地落在了叶老身上。叶老公务繁忙，社会活动又很多，工作十分繁重，但是他仍然应承了下来。叶老挤出时间，在很短的时间里拟出了初稿，并且工工整整亲自誊写清楚，送交齐燕铭同志。在这份编辑说明里，叶老对这套基本读物的编辑出版目的，序言的要求，编选标准，以至应当正确地加上标点和详细的注释等问题，都提出了具体要求。叶老特别强调："文学具有感染性，影响读者的世界观和人生观，因此，这些读本必须审慎编选或删节，加上指导性的序文，尽可能做到产生正作用，不致产生副作用。换句话说，要使读者读了这些读本，一方面领略古典文学，一方面更好地做个社会主义的公民。如果忽略这一点，我们的工作就不仅仅是毫无意义而已。"又说："这套读本的序文，主要说明作者的时代和思想，作品的内容、艺术，在文学史上的地位和影响，等等。"在谈到注释时，叶老认为："注释可以分为两类。凡是词语、故实，可以从通用工具书（如《辞源》、《辞海》）查到的，工具书对那些词语、故实的解放又足以解决问题的，就只注明查某种工具书。这是一类。这有两点好处，一可以养成读者使用工具书的习惯，二可以节省篇幅。凡是通用工具书上查不到的，看似寻常语言而言外还有意思,估计读者体会不到的,必须简要地注明,使读者能够仔细咀嚼,不致滑过。这又是一类。”叶老还说,“作注释必须设身处地,尽量为读者着想,务使他们得到深切的理解”。从这里我们可以看到,叶老对编辑出版这套读物多么重视,为此他曾经作了多么负责周密的思考。

叶老起草的这份编辑说明,经燕铭同志阅看后,准备稍暇与叶老和郑振铎商量,当时郑振铎即将出国访问,没有想到他竟然殉难异域,再也没有机会参与他所热爱的古籍整理出版事业,岂不痛哉!这份基本读物的编辑说明,后来也因政治形势的变化,没有机会进一步商讨和付诸实施了。

关于《永乐大典》仿制本《说明》

1958 年秋冬,中华书局筹划影印《永乐大典》。《永乐大典》是我国古代著名的类书,全书 22937 卷,分装 11095 册,字数约有 3.7 亿,全部楷书手写,其篇幅之大,工程之浩繁,为世界图书之最。《永乐大典》全书编成后,深藏宫苑。清乾隆年间纂修《四库全书》,专门成立了“校勘《永乐大典》散篇办事处”,辑出佚书 400 种。唐人林宝撰《元和姓纂》、宋人薛居正撰《五代史》(即《旧五代史》)、南宋李心传撰《建炎以来系年要录》和南宋陈振孙撰《直斋书录解题》等著名书籍都久已亡佚,赖《永乐大典》得以保存,可见《永乐大典》之重要价值。据有人统计,1860 年英法联军和 1900 年八国联军焚掠之后,至今尚残存在世的《永乐大典》约有八百余册,中华书局影印线装本已搜集其 99%,共 730 卷。这次印制的《永乐大典》分连史、毛边两种纸张朱墨两色缩小套印,成 12 开本 202 册,分装 20 函,共 500 套,于 1960 年出版,是当时最齐全的影印本。

在此之前,国内见到过原书的,在清末除了少数馆阁大臣和后来的图书馆管理工作者、收藏家和少数学者外，大多只闻其名而已。因为这个缘故，中华书局在筹划影印后，于次年 8 月，燕铭同志提出："我主张用连史、毛边印成与《永乐大典》同样开本，同样装订作为样本，读者可以与《永乐大典》合购，也可单独购买。请考虑。"于是中华书局有印制仿制本之议。后由陈乃乾、潘达人和赵万里等初步选定，经灿然同志和燕铭同志等商量后，同意将北京图书馆所藏鸟字韵的一册（卷 2345 ~ 2347），按照原书款式和装帧，用宣纸制成仿制本，以便今天的读者能够见到《永乐大典》原书的风貌。这本仿制本于 1959 年国庆节前夕出版，向新中国建国 10 周年献礼。

《永乐大典》仿制本印了一份单页的《说明》，夹在书内随书发行。《说明》初稿写成后，灿然同志送请叶老审阅。那些天叶老工作很忙，每天上午不是开会，便是审改教材，十分疲惫。但他仍旧像批改小学生作文似的逐字逐句进行了审阅和修改，连分段和标点符号也不轻易放过。例如叶老将《说明》初稿第一段和第二段归并为一段，并将其中"辑入古今图书七、八千种，其中包括经、史、子、集、天文、地理、宗教、文学、医药、工技、农艺等，搜集极为宏富"。修改为：

> 辑入古今图书七八千种，包括经、史、子、集、释藏、道经、戏剧、平话、医药、工技、农艺等门类，搜集极为宏富。

叶老不仅改正了分段不当和标点错误，还使《永乐大典》内容分类介绍更加确切具体，文字也更通顺了。叶老在"七八千种"处，特别写了"此顿号无论如何不能要"。又如第五段："我局现根据北京图书馆原本和复制本，又最近向国内外私人借到的 6 卷，合共 730 卷，正在缩小影印，不久即将出版，以供学术界作科学研究的参考。"经叶老修改润饰后，成为：

我局现据北京图书馆所藏《永乐大典》原本和复制本缩小影印,最近又向国内外私人借到6卷,合共730卷,不久即将出版,以供学术界参考。

经修改润饰,改正了逻辑上的混乱,叙述就十分清楚了。这类修改之处很多,限于篇幅不再一一介绍。但有一处修改却是应该特别提出来的。《说明》初稿最后一段有这样的话:"这里单独选出一册(卷2345至2347),仿原书大小式样印制,要说明《永乐大典》这一类型的百科全书,这一册的内容是具有代表性的,读者从而看到《永乐大典》内容的一斑和装帧形式。"叶老将这几句话修改为:

这里单独选印一册(卷2345至2347),大小式样,全照原著,让读者看到《永乐大典》内容的一斑和装帧的原来形式。

修改后,初稿中的"要说明《永乐大典》这一类百科全书,这一册的内容是具有代表性的"这些累赘而又似是而非的说法全部删去了。在"具有代表性的"一语之下,叶老特别指出:

一册的内容具有代表性,可以知道全书的体例和规模,我觉得想不通,恐怕一般读者也想不通。因此,代表性的说法不如删去。如果必须保留,应该说得明白些,说明从什么几点可以看出这一册的代表性。

《永乐大典》全书几千卷,一万册以上,卷帙如此浩大,中华书局在搜集残本影印时,连全书目录也还没有见到,怎么能够让读者从一册仿制本中见到全书的体例和规模?叶老在读到这些文字时当然不可能不提出疑问,指出其不当。中华书局起草《说明》初稿的人其实也不见得有这样以一概全的企图，无非取其一册既有文字，又有插图，版面较为丰富多彩，且当时又是苏联赠还的而已。只是“具有代表性”这类提法，平时听得多，用得多，已习以为常，在起草《说明》初稿时也就没有多加思索，想当然地写了进去，结果反而弄得语意不明，由此可见写文章是马虎不得的。叶老所指出的问题，固然是针对《永乐大典》仿制本的《说明》初稿而言的，但下笔不能马马虎虎，要认真思考，显然不仅是一篇《说明》的事。叶老当时已年逾花甲，几十年来他对待工作从来都是这样认真严肃，真正做到了一丝不苟的境地。灿然同志看到叶老的修改稿后，曾一再叮嘱我们要认真学习叶老的工作精神，当时中华书局不少人看了叶老的修改稿，也都十分感动。

《永乐大典》残存本影印出版，深受国内外学术界和出版界的重视，中华书局在社会各方面的热情协助下，又从各地陆续收集到若干卷。考古学家夏鼐也曾从英国伦敦大英博物馆搜集了几个胶卷赠送给中华书局。“文化大革命”开始，这项工作被迫中断。“文革”以后，对《永乐大典》在原来基础上作了广泛深入的调查和艰苦的搜集。从日本、德国、韩国、美国等国家搜集了一部分，“文革”中在上海和山东新发现的几册也找到了下落，连同档案中保存下来的，合计为 67 册，另残页五页缩小影印成线装 20 册，分装两函，与 1960 年的影印本配套，共 797 卷 222 册，22 函。1986 年中华书局决定将两次所印线装本，割裱成 16 开精装本 10 册，影印出版。此次影印的精装本是目前收集最为齐全的版本。1992 年《永乐大典》精装影印本荣获首届古籍整理特别奖，1994 年又荣获首届国家图书奖。

《永乐大典》的搜辑影印成书，曾经经历了艰难的岁月，又有多少有心人无私地投入了宝贵的心血。中华书局在编辑工作中得到叶老的关怀和帮助很多，为《永乐大典》仿制本审阅修改《说明》初稿，只不过是其中的一个突出的例子而已。

《颐和园》图集的《前言》

叶老对文物的出版工作也十分关心。1973 年,文物出版社恢复业务,陆续编辑出版了一批文物图集。颐和园是著名的清代皇家园林,又是国家级的重点文物保护单位,编辑出版一本文物图集是完全有必要的。但在编出初稿以后,编者的《前言》,却让出版社编辑不知如何处理。简单说,这篇《前言》,连篇的套头语,不但枯燥乏味,读者也不容易理解。但它洋洋数千言,似乎有根有据、头头是道的样子,实在使人感到为难。

当时我兼任第二图书编辑部主任,想到了叶老,只好请他老人家指点迷津。可是叶老这么大年纪了,视觉又不太好,以这样的"小事"去麻烦他,实在不好意思。最后还是硬着头皮,以第二图书编辑部的名义给叶老写了封信,同时将《前言》附去。没想到叶老对文物图集的《前言》和各地名胜古迹的介绍文字以及一些博物馆展出的器物说明等的写法,早认为有讨论的必要,这篇《颐和园》的《前言》,正好引起他发表意见的机会。叶老以这篇《前言》为例,对文物图集等说明文字讲了自己的意见,使我们很受启发。叶老的意见说得十分明白和详尽,现将他的来信全文抄录如下,供文博工作者和关心此事者参考。下面是叶老 1981 年 1 月 22 日的原信全文:

文物出版社第二图书编辑部诸位同志:

寄来《颐和园》图录的前言,此刻已经看完。要提的意见太多了,我目力不济,不能多写,只能画些黑线条,表示这个地方有些欠妥。总的意见是这篇东西还是毛坯,不像一篇可以给广大读者阅览的文字。

前一部分说颐和园的历史,后一部分说颐和园的建筑艺术，都像写在笔记本上的摘记。这些材料还得充分融化，适当安排，找到恰当的语言形式表达出来，才能使读者理会，并且感到很有兴味。假如就用这一篇作前言，读者看了前一部分会感到厌倦，看了后一部分只能似懂非懂。

我对于贵社和他社出版的风景名胜图册、古今书画册、考古文物图册之类的《前言》或者《出版说明》（还有风景名胜地区写在牌子上的《简介》）一向有意见，总觉得套语笼统语比较多，语言似文似白，非文非白，基本上是文言底子。这一篇就是个例子，因而我第一回把我的意见说了出来。

我想，风景名胜，古今书画，考古文物，全是挺名贵的东西，而在图册前加上的那篇《前言》或者《出版说明》，太不相称了，我几乎要说出"玷污"这个词来。

改进文风，大家有份，我希望干编辑工作的同志都来做促进派。

凡是套语笼统语坚决不说，只要随时留心，是容易办到的。至于语言形式，当然要用明确的干净的现代汉语。文字虽然写在纸上或者印在纸上，要顾到口头念起来顺当，耳朵听起来清楚。（像这篇稿子，放到口头是没法念的，用耳朵来听是无论如何听不清楚的。）

我的话直率，也算是"知无不言，言无不尽"的意思。倘若诸位同志不给责备，又能虚心地考虑这些话对不对，就是我的荣幸了。

如果方便，我希望把这封信转请王冶秋同志看看。

敬礼。

叶圣陶

一九八一年一月二十二日

真诚的友谊

叶老对朋友十分真诚，很重感情。50 年代，他在中央人民政府出版总署担任副署长期间，和灿然同志之间建立了亲切的友谊。后来叶老到了教育部，灿然同志到了中华书局，他们之间仍相互联系，叶老对灿然同志诚心以待，灿然同志对叶老也十分尊重。前面谈到的请叶老为中华书局印制《永乐大典》仿制本《说明》审稿改稿，只是其中一件事情。其他如请叶老为王国维《观堂集林》题签，为青年作者审稿改稿这类事情很多。但他们之间的友谊和往来，都是从工作出发的，从来没有涉及其他个人间的私事。即使有时有个人间的私事，也还是为了工作，试举一例。

1951 年春，中国作家协会继《人民文艺丛书》之后，由开明书店出版了一套《新文学选集》。这套选集由茅盾主编，第 1、2 辑共收入郭沫若等“五四”以来作家24 人。其中有作家本人自选的，也有约请专人代为编选的。

叶老是我国新文学的泰斗。是“五四”以来著名的文学研究会的创始人之一。他的作品理所当然是选编的重要对象，但是叶老很谦虚，他总觉得自己的作品已经编辑出版过多次，他把这件事形容为江浙一带人所说的“炒冷饭”，不想再炒了。但是灿然同志认为叶老的作品很丰富，如果从另一个新的“为人生”的角度重新选编，不但有必要，而且很有意义。这项编选任务，一来叶老推不掉，二来灿然同志一再鼓动，叶老便将编选任务交给灿然同志，说是这冷饭由灿然同志代炒了。

灿然同志读了叶老的作品，把准备入选的篇名一一抄录下来，分短篇小说、童话两类，另将《过去随谈》和《随便谈谈我的写小说》作为附录，全书包括附录共 39 篇。叶老看了灿然同志的选目后说：“跟以前出过的几本选集比较，取舍很有出入。”便如目交稿。《新文学选集》第 2 辑中的《叶圣陶选集》的作者自序中，叶老有这样一段话：

> 这一回编辑《新文学选集》，朋友们说其中该有我的一本，我感觉惭愧。选集已经编过几回，编来编去，总是那几篇自已也不能满意的东西，再来编一本，耗费读者的财力跟脑力，有什么意义？同一的事情，做了又做，同一的道理，说了又说，江浙人叫做“炒冷饭”。……老实说，我不敢再炒了。幸而得到可敬的朋友金灿然先生的允诺，他代我炒……现在的目录完全依据他的记载，一篇不加，一篇不减。跟以前出过的几本选集比较，取舍很有些出入。他是……把我的东西当资料看的。除了感谢他的劳力以外，我总之感觉惭愧——冷饭又炒了一回。

从这件事情上，固然说明了灿然同志的才识，但似乎更能说明叶老和灿然同志之间不同一般的友谊。

后来，灿然同志患脑瘤住院检查治疗，叶老十分挂念。1963 年 10 月叶老赴福建参观，仍以灿然同志的病情为念。这年 12 月 6 日，他写信给灿然同志说：

> 10 月中旬离京赴闽参观之时，闻知足下入北京医院，即将动手术。自此时时悬念，不识尊体健康如何。上月中旬回来，获知并未动手术，且已出院回寓。想必医生断定，不须动手术，有他法可以治疗。因此略为心慰，能免于剖脑，究是佳事。今特作书问候，聊表区区之意。如有方便，托人书一短简惠复，告以近况，实为私盼。

叶老对朋友很重感情，这封信字里行间流露的对朋友的关切之情，令人感动。

以上叙述的主要是我所直接接触到的叶老在编辑出版工作方面的几件具体事情。在叶老的一生中,这样的事在他的编辑出版工作方面,也是很小很小的一部分,而且又都是他的"业余工作",但是正因为这样,也许我们倒更可以看到叶老不图名不图利,"少说空话,多办实事"的高尚情操,切切实实地为人民服务的献身精神。

1999 年 10 月

选自俞筱尧著、沈芝盈编

《书林随缘录》,中华书局 2002 年

教材编辑中的"大"与"小"

——叶圣陶先生从事教材编辑工作的片断回顾

杨惠龙　王　刚

叶圣陶先生是我国现当代卓越的文学家、教育家、编辑出版家。他先后在商务印书馆、开明书店、人民教育出版社从事编辑出版方面的具体工作和组织领导工作,主持编辑出版了各类教学大纲、教科书、教学参考书约五百种。本文就回顾叶老关于教材编辑的几个片断,说明编辑工作的一些基本原则。因为当前我国正在进行基础教育课程教材改革,目前从事教材编辑出版的出版社已有上百家,但其中具有教材编辑出版经验的出版社并不多。因而,总结叶圣老关于教材编辑的思想和实践活动,对促进当前教材的编辑出版健康发展具有重要的现实意义。

一 做好教材编辑工作一定要“从大处着眼”

下面引述叶圣陶先生1933年7月发表的一篇文章——《不存私心的严正的批评》，其内容对我们目前在社会主义市场经济阶段，如何从大处着眼做好编辑工作具有特别的启发意义。

今天看见珠先生的《教科书大倾销》一文，他说教科书“既是有关儿童教育的特种‘商品’，自然应该比较比较”，又说“不存私心的严正的批评”实属必要。我新近编了一部小学国语课本，对于他的话有深切的同感。

国语课本既由书店出版，而且也涌进“大倾销”的浪潮，预备七折八折地出售，其为“商品”自无疑义。但是当制造这宗“商品”之初，我虽然不想戴起“为文化服务”的大帽子，却也有一点儿“非商业”的微意。我们的弟兄辈读的是“天、地、日、月”的教科书，我们的儿女辈读的据称是“儿童文学”，然而事实告诉我们，“天、地、日、月”和“儿童文学”同样不相干，儿童的阅读能力和表达能力如果确有进展，完全由于别的因缘。别的因缘未必保证可遇，而课本却是天天拿在手里的，为什么不编一部课本，以确能发展儿童的阅读能力和表达能力为目标呢？能不能达到这个目标是能力问题，姑且尽力为之却是我的野心。于是我提起笔来。

对于内容的安排，我作通盘的筹划，不取那种“拉在篮里就是菜”的办法。对于文体的采纳，我主张兼容博取，而且各篇须是各体的模式。对于课文的撰作，我希望念来上口，与平常说话一个样，而且不背于名理。这样制造出来的“商品”是否适应“顾主”的需要，是否堪为小学教育优良的工具，我虽也曾当过近十年的小学教师，可不敢自己下判断，唯有敬候全国小学教育者“不存私心的严正的批评”了。

在“不存私心的严正的批评”之下，假如我的书有一点儿可取，那么，即使在“大倾销”的浪潮里落了伍，从事营业竞争的出版家固然吃了亏，而编书的我却堪以自慰了；对于少数读到我的书的儿童，我总算贡献了一份微薄的礼物。反过来，如果我的书绝无可取，或者竟是有害于儿童的毒物，出版家固然利市十倍，而我的粗制滥造之罪且将终身莫赎。

老实说，在以营业为惟一前提的出版家是不希望有什么“不存私心的严正的批评”的。但是，为教育前途计，对于教科书这宗特殊“商品”必须有“不存私心的严正的批评”才行。同时，在抱有一点儿“非商业”的微意的编书者如我，“大倾销”的成败非意所存，“不存私心的严正的批评”才是我所切盼的。

由此可见，在市场经济的大环境下，编辑承担着更大的社会责任，必须从大处着眼，以推进先进文化的发展为已任，才能真正做好编辑工作。同时编辑也应当从小处着手，认真负责地对待编辑的每一本书，使其达到优质品的标准，这样才能对得起读者，从而才能服务于社会。市场经济发展越完善，企业面临的优胜劣汰的竞争就越激烈。产品生产者只有遵循诚信的原则，心中一直为消费者着想，才会使你的产品在市场中胜出，才会实现社会效益与经济效益的双丰收。

二　做好编辑工作更应当“从小处着手”

叶圣老在语文教育方面有着杰出的贡献，被誉为“一代宗师”。他的博大精深的教育思想不仅表述在教育专著和书信里，还体现在他主编的教材和一部分文学作品里。他一生中编写和主持编纂的课本多达二三十部。其中《开明国语课本》是先生花了整整一年的时间亲自撰写的。这套课本的内容以儿童生活为中心，课文难易适当，编排体系完整，为儿童喜闻乐见，一扫过去教材的死板、陈腐、枯燥和八股气，体现了教材编写的科学性和规律性。这套课本出版后，深受师生欢迎，十余年内印了四十多版次，学校普遍采用。就是关于这套课本中的一个字，曾有如下一段记述：

今天看见余敏先生对于我的《开明国语课本》的指摘，谨答如下：

余敏先生说我写着“马托车”，这三个字照“国音”念起来，“无论中西南北的人都不会懂得这是什么东西”。其实，同样情形的名物词正多，如，“方棚”、“德律风”，只须其人曾经传习，就会懂得这是什么东西。况且“马达”两字不是差不多“写定”了吗？“马达”的“马”就是“马托车”的“马”呀。但是我愿意接受余敏先生的指摘，把“马”字改为“摩”字，使它切近原音。

我的答语——关于《开明国语课本》(1938 年 8 月)

这样的记述还可以从叶圣老的日记中找到许多，选其中一则与大家共享之。

1952 年 12 月 2 日(星期二)：……下午到社，与治数学诸君共谈。因余读高小算术，屡见“扩大几倍”、“缩小几倍”之语，以为“缩小几倍”之说不妥，说到“倍”只有扩大之意，“缩小几倍”殊难想像。然社会间已经流行，工业部门之报告往往用之，余以为此为破坏我国语言之一例。前月愈之亦谈及，亦认为不妥。此系从俄语译来，余尝问刘泽荣。刘谓俄语中无论扩大若干，缩小若干，同用一字，此字本身并不专含扩大义，如我国之“倍”字然。而我国别无相当之字，只有一个“倍”字，用于缩小实欠妥，亦无法以易之。余遂与曹飞羽谈及，曹解其意，与同人共商之后，改为“缩小为几分之一”。而今日薰宇知之，认为不合，因乘余到社时共谈。薰宇之意，谓苏联教本讲乘除，一贯的用“扩大”、“缩小”以明之，说法必须一致，乃可使学生概念明确。若干扩大说“几倍”，缩小说“几分之一”，即不足以建立明确而一致的概念。薰宇解说谓不宜死看“倍”字，宜将“扩大几倍”“缩小几倍”合成一个概念看，“扩大几倍”即乘以几，“缩小几倍”即除以几，只须向学生说明，亦无多妨碍。诸君听薰宇之言以为然，皆主从其说。“倍”字之意义自此变更矣，“缩小几倍”之说恐更益流行，亦属不可抗拒之势。

通过以上记述，我们不仅为先生的虚怀若谷、从善如流所感动，更使我们受到启发的是先生对编辑工作的一丝不苟的认真态度。这不正是从小处着手做好编辑工作的具体体现吗？从日记中也可看出，叶圣老是在身体力行对编辑进行着“从小处着手”做好编辑工作的教育。

三　做好编辑工作是“从大处着眼与从小处着手”的有机结合

“大处着眼，小处着手”可能是做好一切工作的普遍原则，但这一原则在编辑工作中却有着突出的指导意义。“大处着眼，小处着手”作为一种做事原则，只有体现在具体的工作实践中才会产生其微妙作用。以下引述的叶圣老 1952 年两天的日记，记述了他在具体工作中是如何处理编辑工作中的“大”与“小”的。

11月20日(星期四):……校对科校对高小算术,发觉其稿体例不纯,语句生硬,来就余商量。此系俞子夷自改其旧稿,余观之,诚不能满人意。其修改殆依靠助手,然渠亦当过目,足见其于编辑之术初未措意。我社同人亦经审读,并未发现不妥,可见亦殊粗疏。余未能就每一书稿而详审之,毛病随时可出,诚为无可奈何。积极办法自当提高全体同人之责任心,磨砺其识力与眼光,然此事谈何容易……

11月22日(星期六):……下午到社,与安亭商谈高小算术课本事。曹飞羽君来告,谓详看其第四册,确属谬误甚多,以国家出版社而出版此等书,实太对不起学生。曹君青年意诚,言次几欲哭泣。共商之后,决由曹君与三位同人各改一册,以三四日为期,改毕而后,由余通体审读一过,以两日为期,争取下星期内完工,然后重排。至于浪费工力财力,耽误造货时间,亦不能说矣。我社同人不加详阅,徒闻教育部认为可用,即以付排;薰宇主持数学一科,亦未详审;余见大家通过,即签字发排,皆属无可卸责。会当公布于众,以为警戒。

在此期间,叶圣老不只是人民教育出版社的社长和总编,他还担任着出版总署副署长的职务,大事肯定很多。但他对具体的编辑细节依然一丝不苟。不仅从大处着眼抓队伍建设、教材质量,而且躬亲其事,做非常具体的审读工作。叶圣老还在日记中反复提到,说自己不善于做领导工作,最适合做一个责任编辑。叶圣老的真诚与谦虚不正是我们每一个编辑应该学习的敬业精神吗?

通过下面叶圣老对十年制语文课本初稿的批语,也很能体现其“大处着眼,小处着手”的工作原则。

练习题出得尚可,恕我直言,启发性还是不大够。要儿童动脑筋,就力所能及动脑筋,从这样的观点出题目,就是我所谓照顾到启发性。咱们把课文反复揣摩,设想面前坐着一班小学生,思之思之,将会找到富于启发性的题目。题目的内容和形式不要拘于一格,越多样越好。拘于一格,学生大概会发生“走马灯又来了”的感觉,这不免减损他们的兴致和积极性。换句话说,就是要抛掉旧框框。我觉得现在出的这些题目,多少还受旧框框的影响。帮助记忆的题目,巩固理解的题目,当然也需要,但是促使学生动脑筋得到自己的发现的题目应该占相当的比重。我的想法未必全对,我也不是能出富于启发性的题目,既有此想,不敢不告,敬请诸位度之。

练习题的语言要确切,要干净,要是普普通通的话(属于越少越好),要上口。出了个题目,不妨设身处地替学生想想。一想学生能不能回答,二想回答得出与他们有哪些方面的好处,好处大不大。

咱们提倡勤读多练,出练习题确是一项很重要的工作。

1962 年 12 月 26 日

作为总编辑和教育家的叶圣老正是从“启发性”教育这一大处着眼,才能够如此细致入微地关注语文课本的练习题,并能提出如此具体的意见。想想我们现在正在做编辑工作的敬业状况,看看我们现在充斥市场的“拼拼凑凑图书”以及“无错不成书”的现实,难道吾辈还不感到汗颜吗?因此,我们惟一能做的就是:认认真真学习,勤勤恳恳实践;在编辑实践中用心体验“从大处着眼,从小处着手”的工作原则。

参考文献:

[1] 刘国正主编. 叶圣陶教育文选(1 ~ 5 卷). 北京:人民教育出版社,1994

[2] 叶圣陶著. 叶圣陶出版文集. 北京:中国书籍出版社,1996

[3] (美)托马斯. K. 麦格劳著. 现代资本主义——三次工业革命中的成功

者.南京:江苏人民出版社,1999
[4] 杨惠龙,赵中伟.大处着眼,小处着手.编辑学刊,1997(4)

原载《中国编辑》2003 年第 2 期

存　目

著　作

叶圣陶　《叶圣陶序跋集》

三联书店 1983 年

叶至善　《叶氏父子图书广告集》

上海三联书店 1988 年

叶至善、叶至美、叶至诚编　《叶圣陶集》(全 25 卷,其中第 18 卷是关于出版方面内容)

江苏教育出版社 1987 ~ 1994 年

叶圣陶、叶圣善　《叶圣陶出版文集》

中国书籍出版社 1996 年

中国出版工作者协会编　《我与开明》

中国青年出版社 1985 年

陈　辽　《叶圣陶传》

江苏教育出版社 1986 年

万　嵩　《叶圣陶新论》

兰州大学出版社 1991 年

商金林　《叶圣陶年谱》

江苏教育出版社 1986 年

任天石、卢文一　《现代杰出的编辑出版家——叶圣陶》

南京出版社 1993 年

徐登明 《编辑出版家叶圣陶》

中国书籍出版社 1994 年

刘增人 《叶圣陶传》

江苏文艺出版社 1995 年

商金林 《叶圣陶传论》

安徽教育出版社 1995 年

张香还 《叶老和他的世界》

上海教育出版社 1995 年

中国版协学术工作委员会、叶圣陶思想研究会编 《叶圣陶编辑思想研究》

开明书店 1999 年

论 文

叶圣陶 《要做杂家》

1979 年 3 月 14 日《人民日报》

叶圣陶 《出版史料和出版事业》

《出版史料》1982 年第 1 辑

叶圣陶 《读书》创刊五周年《随笔》

《读书》1984 年第 4 期

叶圣陶 《关于开明》

《编辑学刊》1987 年第 4 期

叶至善 《旧事重提——叶圣陶与〈文汇报〉》

1988 年 3 月 2 日《文汇报》

叶至诚 《关于父亲》

《新文学史料》1988 年第 3 期

叶至善 《〈十三经索引〉始末》

中国出版年鉴 1989 年

商金林 《叶圣陶与〈公理日报〉》

《江海学刊》1983 年第 3 期

尚　丁 《得失塞翁马　襟怀孺子牛——学习编辑前辈叶圣陶先生》

《编辑记者一百人》,学林出版社 1983 年

刘国正 《叶圣陶关于编写中学语文教材的论述》

《课程 · 教材 · 教法》1983 年第 3 期

田世英 《一位令人景仰的老编辑——忆叶圣陶先生在成都二三事》

《山西大学学报》1984 年第 1 期

范伯群 《叶圣陶早年创办的〈苏州评〉》

《江海学刊》1984 年第 6 期

张炳隅 《老教育家、老编辑、老作家——德高望重的叶圣陶先生》

《语文学习》1984 年第 10 期

吕晓明 《叶老与无名作者》

《编辑之友》1985 年第 1 期

萧　乾 《向叶老致敬》

《我与开明》中国青年出版社 1985 年

朱泳燚 《叶圣陶与语言教材编写工作》

《师范教育》1985 年第 6 期

张志公 《编辑工作者尊敬的前辈叶圣陶》

中宣部编《编辑家列传》(1)中国展望出版社 1986 年

欧阳文彬 《丁玲给叶老送蛋糕》

《书城》1987 年第 3 期

林　辰 《叶老永怀录》

《新文学史料》1988 年第 3 期

陈白尘 《追怀叶圣老》

《新文学史料》1988 年第 3 期

韩小蕙 《叶圣陶老人在最后的日子里》

1988 年 3 月 2 日《光明日报》

唐锡光、周振甫 《悼念叶圣老》

1988 年 5 月 15 日《光明日报》

遇衍滨 《编辑工作者的典范叶圣陶》

1988 年 4 月 23 日《光明日报》

朱泳燚 《叶圣陶语文教材编写的实践与理论》

《课程·教材·教法》1988 年第 4 期

《出版工作》编辑部 《叶圣陶的出版工作》

《出版工作》1988 年第 4 期

赵从旻 《俯仰两无愧——叶圣陶编辑思想初探》

《出版发行研究》1991 年第 4 期

夫 里 《经历磨炼志更坚 编辑出版做贡献——叶圣陶编辑思想漫谈》

《近现代中国出版优良传统研究》,中国书籍出版社 1994 年

商金林 《叶圣陶与我国第一个新诗刊物〈诗〉》

《北京大学学报》1994 年第 6 期

徐登明 《杰出的编辑出版家——纪念叶圣陶诞辰 100 周年》

《社会科学研究》1994 年第 5 期

叶至善 《给〈编辑出版家叶圣陶〉作者徐登明的信》

《编辑学刊》1994 年第 6 期

徐登明 《〈编辑家叶圣陶〉后记》

《编辑学刊》1994 年第 6 期

严麟书 《叶圣陶的编辑生涯(一)在商务印书馆》

《出版研究》1995 年第 1 期

严麟书 《叶圣陶的编辑生涯(二)在开明书店》

《出版研究》1995 年第 2 期

李明泉 《一本填补叶圣陶研究空白的专著——评徐登明的〈编辑出版家叶圣陶〉》

《编辑学刊》1996 年第 1 期

陈应年 《文学界的“伯乐”——叶圣陶》

1997 年 5 月 5 日《新闻出版报》

欧阳文彬 《叶圣陶的编辑思想》

《编辑学刊》1998 年第 1 期

刘国正 《叶圣陶先生和教材建设》

《课程 · 教材 · 教法》1997 年第 12 期

谢清风 《论叶圣陶的为读者服务精神》

《编辑学刊》1997 年第 6 期

王久安、郑一奇 《学习叶圣陶编辑思想的几点体会 为提高青少年的素质出好书》

《出版研究》1998 年第 8 期

苏殿选 《叶老教我作嫁衣》

1999 年 3 月 25 日《新闻出版报》

胡光清 《叶圣陶先生的编辑思想》

《编辑学刊》2000 年第 1 期

邵益文 《一切为了读者——叶圣陶编辑思想的核心》

《出版科学》2000 年第 1 期

范 军 《叶圣陶的书刊广告艺术》

《出版科学》2000 年第 1 期

商金林 《编辑至少也应是先驱者——读叶圣陶先生的〈先驱者〉和〈病夫〉》

《博览群书》2000 年第 3 期

闻 默 《叶圣陶教材编辑活动与思想研究——纪念人民教育出版社成立 50 周年》

《课程 · 教材 · 教法》2000 年第 11 期

王湜华 《读〈叶圣陶和他的家人们〉所想到的》

《传媒》2001 年第 11 期

李 频 《论叶圣陶“易读性”的编辑思想》

《益阳师专学报》2001 年第 2 期

怀　远　《叶圣陶和金灿然的友谊》

《益阳师专学报》2001 年第 2 期

郁乃尧　《叶圣陶和〈公理日报〉》

《上海滩》2002 年第 11 期

章宏伟　《叶圣陶传略》

《出版文化史论》,华文出版社 2002 年

郑一奇　《"我们决不可辜负读者"——学习叶圣陶编辑出版思想》

《出版广角》2002 年第 2 期

孙伏园

孙伏园(1894~1966),浙江绍兴人。原名福源,字养泉,笔名伏庐、柏生、松年等。早年为鲁迅在绍兴初级师范学堂任校长时的学生。1917年9月,孙伏园经鲁迅向陈独秀介绍,就读于北京大学国文系,1921年毕业。在校时曾参加新潮社,参加编辑《新潮》月刊,并主编北京《国民公报》副刊。1921年,主编《晨报》副刊。曾积极发表冰心的佳作和轰动中外文坛的鲁迅的《阿Q正传》。1924年与鲁迅等发起成立语丝社,出版《语丝》周刊。同年应邵飘萍邀请,主编《京报》副刊。1926年同鲁迅一起在厦门大学工作,任厦门大学国学研究所编辑部干事。1927年,与鲁迅同在中山大学任教。不久去武汉,主编《中央日报》的《中央副刊》,此间,全文刊发了毛泽东的《湖南农民运动考察报告》。1927年冬去上海,开办"嘤嘤书屋",并主编国民党改组派创办的《贡献》杂志和《当代》月刊。1928年至1931年间在法国留学。回国后在河北定县从事平民教育工作。

抗战期间，主编重庆《中央日报》副刊，刊登了郭沫若的历史剧《屈原》，周恩来当时称“这个戏很有意义”。抗战胜利后，曾任四川大学、华西大学教授，并主编成都《新民报》副刊。其主要著作有《鲁迅先生二三事》、《伏园游记》等。新中国成立后，曾任出版总署版本图书馆馆长。

孙伏园是一位长期担任多种报刊副刊的编辑，是中国现代报纸副刊的革新者。他改变了以往副刊单纯消闲性质，重视发挥副刊在宣传新思想新文化中的启蒙作用，增强副刊的可读性。他善于催稿，竭诚发现扶持新进作家，能够把具有不同思想观点的作家聚拢在一起，荟萃了当时一批新文化界的精英，并具有一种涵容万相的大气度和眼光，从而把副刊办得卓有成就。“孙伏园是中国新闻史上主编报纸副刊种数最多、历史最长的少数几个人之一。有较丰富的副刊编辑经验。”（宁树藩语）

理想中的日报附张*

孙伏园

一

今日中国的日报附张，概括言之，可以分作两大类，我叫它们做“无线电的两极端”。怎么讲呢？

甲极端以许多日报上的“马路无线电”等文字代表之，本意是要供人娱乐，结果却成了劣等的滑稽。例如“有趣一打”、“扫兴半打”，这种文字见于古人著作中，我们并不想加以非难，如李商隐的《义山杂纂》，日本清少纳言的《枕之草纸》二书中有许多很有趣的。但今人著作，不思别出心裁，只是一意模仿古人作品，便引不起阅者的兴味，而著作本身的价值也就低降了。

又如孙慕韩作总理，王克敏作总长，两方意见不洽的时代，有一个日报的附张上发表一篇短评论，题目叫做“海甸总理与石娘总长”；临城劫案发生，田中玉与孙美瑶开对等会议的时代，又有一个日报的附张上发表一篇小评论，大意是“孙美瑶与田中玉同一玉也，而田之玉，不及孙之玉矣”云云。这也是甲极端的别一类，本欲滑稽而得不到滑稽之好结果的。

再如另有一种日报附张，常欲搜罗新奇的事物而发表之；雄鸡产卵或某处少妇一产得三男等类，三四十年前的《申报》所优为，而在今日之日报中，虽不承认其为紧要新闻，但用“姑志之以供博物学者之研究”等口调，揭布于附张上者，还是数见不鲜。毛病一大半自然由于读者缺少常识，盲目欢迎此类新闻，而据我看来，也只能归于无线电文字的甲极端，编者本欲藉以供人娱乐而结果却变了最劣等的滑稽罢了。

无线电文字的乙极端，就是简直老实不客气的讨论无线电的学问。这也是代表一个方面。有线电已经少有人懂得了，现在却越几级而讲无线电。同一类的就如西洋某某人的哲学，学院中的或是书本子上的哲学；带了许多图、许多表的或是教科书及讲义式的科学；用了五颜六色的字眼堆砌成的新选学式的文学等等；与日常生活的关系甚少，与读者的常识程度相差也甚远，而且大抵是长篇的，每篇往往延长到一二礼拜以上。这一种我都叫它们做“无线电文字的乙极端”。

试就今日日报的附张检查一过，除了这无线电文字的两极端以外，还有些别的什么吗？我可以说：即有，也是甚少的了。

二

那么，什么才是我理想中的日报附张呢？我们应先知道什么才是今日中国社会对于日报附张的需要。

第一,大战终了以后,无论在世界上或在中国,人们心理中都存着一种怀疑,以为从前生活的途径大抵是瞎碰来的,此后须得另寻新知识,作我们生活的指导。这时候日报上讨论学问的文章便增加了。不过,大多数人尽可有这样的要求,日报到底还是日报,日报的附张到底替代不了讲义与教科书的。厨川白村说得好,报章杂志只供给人以趣味,研究学问须用书籍,从报章杂志上研究学问是徒劳的。而在中国,杂志又如此之少,专门杂志更少了,日报的附张于是又须代替一部分杂志的工作。例如宗教、哲学、科学、文学、美术等,本来都应该有专门杂志,而现在《民国日报》的《觉悟》、《时事新报》的《学灯》、北京《晨报》的《副刊》和将来的本刊,大抵是兼收并蓄的。一面要兼收并蓄,一面却要避去教科书或讲义式的艰深沉闷的弊病,所以此后我们对于各项学术,除了与日常生活有关的、引人研究之兴趣的,或至少艰深的学术而能用平易有趣之笔表达的,一概从少登载。

第二,日报附张的正当作用就是供给人以娱乐,所以文学艺术这一类的作品,我以为是日报附张的主要部分,比学术思想的作品尤为重要。自然,文学艺术的文字与学术思想的文字能够打通是最好了;即使丢开学术思想不管,只就文艺论文艺,那么,文艺与人生是无论如何不能脱离的,我们决不能够在生人面前天天登载些否定人生的文艺。中国人的生活太干枯了,就是首都的北京也如此:几十个戏馆是肮脏喧扰到令人不敢进去的;音乐跳舞会是绝无仅有的;其他运动场、娱乐会和种种的游艺场所,你能指点出几个来吗?在家看方块儿的天,出门吃满肚子的土。如果有一个识字阶级的人,试问除开看看日报的附张藉以滋润他的脑筋以外,他还有别的娱乐可以找到吗?

以上所述文艺学术两项,自然不能全是短篇。如果把合订本当作杂志看,那么,一月登完的作品并不算长;只要每天自为起讫,而内容不与日常生活相离太远,虽长亦是不甚觉得的;因为有许多思想学术或人情世态,决不是短篇所能尽,而在人们的心理,看厌了短篇之后,一定有对于包罗得更丰富、描写得更详尽的长篇底要求的。记者对于学术文艺二类文字大概的意见如此,以下再讲其他各种短篇文字。

第三,也是日报附张的主要部分,就是短篇的批评。无论对于社会,对于学术,对于思想,对于文学艺术,对于出版书籍,日报附张本就负有批评的责任。这类文字最易引起人的兴味,但也最容易引起人的恶感。人们不善于做文章,每易说出露筋露骨的言语,多少无谓的争端都是从此引起的。这类争端,本刊虽然不能完全避免,也不求完全避免,但今天创刊日记者不妨先在这里声明一句,凡属可以避免的争端我们总是希望避免的。

除了批评以外,还有如不成形的小说,伸长了的短诗,不能演的短剧,描写风景人情的游记,和饶有文艺趣味的散文,这一类文字在作家或嫌其仅属断片而任其散失,而在日报则取其所含思想认为有登载的可能。我们此后要多多征求并登载此类文字。

三

"日报副刊应该登些什么文字?"我上面已经照我的意见解答了。对于稿件性质及分量的支配,记者也曾经费过许多踌躇,都得不到若干结果。从前有人劝我,最好是在报上征求读者的意见,后来我想,征求答案的结果大抵是不圆满的,因为大多数人照例不说话,说话的少数人大抵不能代表读者的意见。而且我们也有我们的理想,即使是大多数人,我们难道肯抛弃了自己的主张去服从他们吗?所谓服从,也只是参酌二者而折中罢了。现在我用变通的办法,不采公开的征求制度,只在这里首先声明,希望热心帮助本刊的和记者个人的朋友们多多指教。

"贵刊是否收受投稿?"和"贵刊投稿的章程若何?"这二问题

是编辑人时时可以见到的，我不如先在这里答复了。投稿是无限制的收受的。至于章程，因为没有必要，所以也没有定。简单一句话：如果记者认为可以登载的便登载，否则寄还或扔在字纸篓里。撰稿者如果是愿意受酬的，请在稿尾声明，本报当于月底寄奉薄酬。

最后一句声明是记者竭诚的欢迎新进作家。新进作家的名字，自然不是社会所习知，但希望读者对于他们的作品，不要以为名字生疏而厌弃之。据我的经验，读者大抵希望记者多登名人的作品，投稿者大抵指摘记者多登名人的作品，其实两者都有偏见的。社会上已经成名的作家的作品，我们固然愿意多登，不成名的新进作家的作品，我们尤其希望多多介绍。我希望此后本刊登载名人作品的时候，投稿人不妨放大一点眼光，不要尽是责备记者以为是“报界的蟊贼”，“选稿时存了势利的成见”，“不是你的狐群狗党便不登载！”登载新进作家的时候，尤其读者不要存了势利的成见，以为“京报副刊这几天太沉寂了，简直一篇名人的作品也没有”。

与读者还有相见的日子，今天时间太匆促了，就说到这里为止罢。

注释：

* 原载 1924 年 12 月 5 日《京报副刊》第 1 号。

按：《京报》为邵振青（飘萍）所主办，创刊于 1916 年，段祺瑞统治时代曾一度被迫停刊，段败复刊。至 1926 年 4 月奉军入关，邵被张学良枪决，罪状是“宣传赤化”。邵为一进步的记者，曾创设新闻编译社，并在北京大学开办新闻讲座。遗著有《实际应用新闻学》、《新闻编辑法》及《各国社会思潮》等书。

选自张静庐辑注《中国现代出版史料》甲编，中华书局 1954 年

从晨报副镌到京报副刊[①]

——1925 年(民国十四年)

伏　园

“我的所爱在山腰;
想去寻她山太高,
低头无法泪沾袍。
爱人赠我百蝶巾;
回她什么:猫头鹰,
从此翻脸不理我;
不知何故兮使我心惊。

“我的所爱在闹市;
想去寻她人拥挤,
仰头无法泪沾耳。
爱人赠我双燕图;
回她什么:冰糖壶卢;
从此翻脸不理我;
不知何故兮使我胡涂。

“我的所爱在河滨;
想去寻她河水深,
歪头无法泪沾襟。
爱人赠我金表索;
回她什么:发汗药;

从此翻脸不理我；
不知何故兮使我神经衰弱。

“我的所爱在豪家；
想去寻她兮没有汽车，
摇头无法泪如麻。
爱人赠我玫瑰花；
回她什么：赤练蛇；
从此翻脸不理我；
不知何故兮——由她去罢。”

这四首诗是鲁迅先生作的，题目叫做《我的失恋》，题下注有一行小字是“拟古的新打油诗”，曾经登在《语丝》第四期，作为《野草》的第四篇。怎么说是“拟古”呢？乃是拟的张衡的《四愁诗》

“一思曰：我所思兮在泰山；欲往从之梁父艰，侧身东望泪沾翰。美人赠我金错刀；何以报之：英琼瑶；路遥莫致倚逍遥；何为怀尤心烦劳。

“二思曰：我所思兮在桂林；欲往从之湘水深，侧身南望泪沾襟。美人赠我金琅玕；何以报之：双玉盘；路遥莫致倚惆怅；何为怀尤心烦伤。

“三思曰：我所思兮在汉阳；欲往从之陇坂长，侧身西望泪沾裳。美人赠我貂襜褕；何以报之：明月珠；路远莫致倚踟蹰；何为怀念心烦纡。

“四思曰：我所思兮在雁门；欲往从之雪纷纷，侧身北望泪沾襟。美人赠我锦绣段；何以报之：青玉案；路远莫致倚增叹；何为怀尤心烦惋。”

怎么说是“新打油诗”呢？因为他拟的只是外形，诗的内容却仍是他自己的根本思想。例如“回她什么”以下的四样东西，就与张衡原诗“何以报之”以下的四样东西大不相同，一看似乎很有“打油”意味。其实我们要找解释，也可以得到好几条。

第一，是鲁迅先生淡于处事尤其淡于酬应的表示；越是你“神气活老现”地给他恭维，他越是淡然处之，而给你的报答也许越是出人意料之外的猫头鹰、冰糖壶卢、发汗药、赤练蛇等等。对于这种性情，他新近在一篇文章里自己解释，用的是“不识抬举”四字。

第二，是又一个方面，表示他所爱好的东西，未必是人人所能了解。这一层鲁迅先生自己同我说过，如果别人以为“回她什么”以下的四样东西有失“投我以木桃，报之以琼瑶”的意义，那是完全错误的，因为他实在欢喜这四样东西。虽然他没有明说，我从他平日的言行中，不妨穿凿附会一下，那么，猫头鹰代表勇猛，也代表他不高兴剪头发；冰糖壶卢代表爱好艺术，也代表他喜欢饭后吃些甜点心；发汗药代表科学，也代表他曾经研求过医道；赤练蛇代表智慧，也代表他恨猫，常把眼光射到书箱中的那瓶青酸钾，形成“滴水不羼”的一出“龙虎风云会”。

第三，是丢开一切寓意，单就原诗的字面上讲，也可以见出鲁迅先生的恋爱观。他在《新青年》的《随感录》第四十则里说：“爱情是什么东西？我也不知道。……可是魔鬼手上，终有漏光的处所，掩不住光明：人之子醒了；他知道了人类间应有爱情；知道了从前一班少的老的所犯的罪恶；于是起了苦闷，张口发出这叫声。……我们既然自觉着人类的道德，良心上不肯犯他们少的老的的罪，又不能责备异性，也只好陪着做一世牺牲，完结了四千年的旧账。”上面的话，是看了一位不相识的青年的诗稿而发的，我所引不多，读者还是请看原书罢。但两面兜起来，我们略可看出鲁迅先生的恋爱观。恋人在走不到的地方，又在欲走而有着“山太高，人拥挤，河水深，没有汽车”等障碍的地方；“不理我”是要“心惊、胡涂、神经衰弱”的,但结果也只能“由她去罢”而已。这里面含着时代精神:因为“良心上不肯犯他们老的少的的罪,又不能责备异性,也只好陪着做一世牺牲,完结了四千年的旧账”,所以在现在的青年界中,不曾见着如何热烈的恋爱,就是半世纪一世纪以后也许未必能见着罢。

总上三点,可以估定《我的失恋》这诗的价值。现在要问什么会登在《语丝》上的呢?这才要入题,讲到“《京副》一周年”的话了。

鲁迅先生做好这诗以后,就寄给我以备登入《晨报副刊》。那时我的编辑时间也与现在一样,自上午九点至下午两点。两点以后,我发完稿便走了,直到晚上八点才回馆看大样。去年10月的某天,就是发出鲁迅先生《我的失恋》一诗的那天,我照例于八点到馆看大样去了。大样上没有别的特别处所,只少了一篇鲁迅先生的诗,和多了一篇什么人的评论。少登一篇稿子是常事,本已给校对者以范围内的自由,遇稿过多时,有几篇本来不妨不登的。但去年10月某日的事,却不能与平日相提并论,不是因为稿多而被校对抽去的,因为校对报告我:这篇诗稿是被代理总编辑刘勉已先生抽去了。“抽去!”这是何等重大的事!但我究竟已经不是青年了,听完话只是按捺着气,依然伏在案头看大样。我正想看他补进的是一篇什么东西,这时候刘勉已先生来了,慌慌忙忙的,连说鲁迅的那首诗实在要不得,所以由他代为抽去了。但他只是吞吞吐吐的,也说不出何以“要不得”的缘故来。这时我的少年火气,实在有些按捺不住了,一举手就要打他的嘴巴。(这是我生平未有的耻辱。如果还有一点人气,对于这种耻辱当然非昭雪不可的。)但是那时他不知怎样一躲闪,便抽身走了。我在后面紧追着,一直追到编辑部。别的同事硬把我拦住,使我不得动手,我遂只得大骂他一顿。同事把我拉出编辑部,劝进我的住室,第二天我便辞去《晨报副刊》的编辑了。

这种事本来没有再讲的必要，但事后想起，大家因为公事而红脸，是并不夹杂一毫私见的，倒觉得可以纪念，对于个人的感情上可以无伤了。自我辞职后三五日，承刘勉己先生过访，问我可否这样就算终了，我说当然的，我们已经不做同事了，当然可以做的朋友了。一直到今天，我与刘勉己先生的感情依然很好。

我今天提到这件事，并不因为这也是我的生活史上重要的一页，而是因为有了这件事才有今日的《京报副刊》周年纪念日。《京报》自然在无论什么时候都可以出它的副刊，但倘没有这件事，“《京副》”与“伏园”或者不发生什么关系，“十二月五日”与《京报副刊》周年纪念或者也不发生什么关系。

不但此也，因为我的“《晨副》事件”为人人（姑且学说大话）感到自由发表文字的机关之不可少，于是第一个就有《语丝周刊》的出版。《语丝》第五十四期里，岂明先生已经提起这件旧事。所谓“这件旧事”者，关于上面所讲鲁迅先生《我的失恋》一诗还只能算作大半件，那小半件是关于岂明先生的《徐文长故事》，岂明先生所说一点儿也不错的。不过讨厌《我的失恋》的是刘勉己先生，讨厌《徐文长故事》的是刘崧生先生罢了。

但是流光如驶，转瞬周年，登载那抽去的《我的失恋》的《语丝》已经出到55期，禁止发表的《徐文长故事》也居然出到第四册了[②]。我们只要一看本刊编辑室之参考报架一角，便知道《语丝》以后，这一年中不知出了多少小刊物。岂但如此，去年被人抽去的《我的失恋》的著者鲁迅先生，恰恰于今年今日，第一天发刊他的《国民新报副刊》[③]。所谓“这件旧事”以后直至今日一年中发生的学术文艺小刊物，数目总不在一百以下，而恰好请去年首当其冲的鲁迅先生所编的《国民新报副刊》出来殿军，真是再巧也没有的事。

至于一年以来，我的阅稿标准有无进步，还请各方面切实指教。

注释：

① 《京报副刊》合订本第13册。题目是编者加的，原题为《京副一周年》，是主编人孙伏园追述其离开《晨报副镌》创刊《京报副刊》的一件"旧事"。

② 《徐文长故事》是记述民间传说中有关徐文长的故事，北新书局出版。

③ 《国民新报》是1925年国民党左翼的机关报，请鲁迅主编文艺副刊、名《国民新报副刊》，1926年北伐前停刊。

选自张静庐辑注《中国现代出版史料》甲编，中华书局1954年

三十年前副刊回忆

孙伏园

五四以前的日报中，《北京日报》有一张《消闲录》，《上海时报》有一张《小时报》，《新闻报》有一栏《快活林》，《申报》有一栏《自由谈》，内容可以用"消闲"二字把它们统括了，里面没有一篇严正的文字，也没有一点严正的态度。这种单张的小报，或大报中单辟的一栏，并没有一个通名，像五四以后二三十年来的一般，规矩一点叫"副刊"，调皮一点叫"报屁股"。

《北京晨报》在这消闲栏里面登载严正的文字，开始于李守常(大钊)先生。

那时《晨报》的第七版是消闲栏，李守常先生主编《晨报》，便在这里面介绍马克思学说，也登载一些其他严正的学术性的文字，但同时也并不完全废除消闲性的文字。第七版没有栏名，报馆内部只称第七版，也间或称为学术版。

李先生以后，当中经过一位张梓芳先生，以后便由我接编。我们都沿着李先生的传统，将稿件的内容逐渐地严正化，而把消闲性

的文字全部肃清了。

登载严正性的文字，肃清消闲性的文字。在李先生时代是开山的工作；后来读者群众已经渐渐有了要求，所以在张先生和我的时代，却已经变成顺应读者的要求了。

既然顺应了读者的要求，一方面自然是读者领域的扩大，同时还有一个结果便是稿件的骤然增加。当时的《晨报》主持人蒲伯英先生，看见这稿件骤然增加的现象，主张把这第七版学术栏扩充成为独立的四开一张的小报。既成了一张小报，随着大报刊行，报名便成为第一个必须处理的问题了。

我们左想右想，都想不出一个适当的名称，于是仍是蒲先生提议，由我去问问鲁迅先生，看他对于报名有什么意见。鲁迅先生也没有什么适当的名称，只就"随着大报刊行"一点而言，他主张就用《晨报附刊》四个字。

我把鲁迅先生主张用《晨报附刊》四个字的意见，口头告诉了蒲先生，并请他写一个报头。

蒲先生把报头写好送给我，却是古气盎然的四个砖文《晨报副镌》。

以后这个小报的名称，便有了三种写法：一种是鲁迅先生的原文《晨报附刊》，小报的四个报眉上便如此。一种是照着蒲先生的报头《晨报副镌》，但连蒲先生自己也不严格的照用。还有一种是在头两种中各取一字作为《晨报副刊》。这第三种中的《副刊》二字以后便成了同类刊物的通名。《京报副刊》便是如此。甚至在大报上另辟一栏的《自由谈》方式的以后也统称为《副刊》。

副刊上登载严正性的文字，及副刊二字的来历，简单说来，大概如此。

那时的副刊有几件重要任务，现在已经不存在了的：

第一是大报改革的先驱。那时大报上的社论、新闻等文字，都是文言的。不但是文言，而且全没有标点。一行一行的文字，像一条一条的链子，什么地方是句，什么地方是逗，要让读者自己去摸索。能断句不能断句，像文盲与非文盲之间的分界。不能断句，根本上就没有读报的能力。那时我们已经决定改革了，但还有许多事实上的困难，所以只有在副刊上先加标点，先用语体文。这一点在三十年后的今日，全国报纸的社论和新闻等文字，已经全用带标点的语体文，问题早就不存在了。但是我们如果有一天要改用拉丁化新文字，照三十年前的老经验，各报副刊先行试用也是一个值得考虑的方法。

第二是为大报作学术上的解释。那时的报馆编辑部还没有图书馆、资料室等设备。新闻上的名词或史实，有需要向读者解释的地方，新闻编辑部还没有解释的余裕或可能。副刊的特约作家们，方面比较广泛，于是这个任务也由副刊担负起来了。在三十年后的今日，报纸学术化的工作已有极大的进步，专栏作品也起了广泛的作用，副刊的这个任务也已经不存在了。

因为时间关系，只能写出些零碎的情况，以后如有机会，当再写关于编辑经验及读者反应等。

原载《文艺报》1950年第16期

尊重老作家，培养新作者

——从孙伏园的编辑工作谈起

陈漱渝

孙伏园先生是中国现代著名的报人。他参加过北京《国民公报》的编辑工作，主编过号称“五四时期四大副刊”之中的《晨报附刊》与《京报副刊》,后来又发起成立著名的文学团体“语丝社”,并创办了《语丝》周刊。他为编辑这些刊物付出了辛勤的劳动,有时甚至“自跑印刷局,自去校对,自叠报纸,还自己拿到大众聚集之处去兜售”(鲁迅:《我和〈语丝〉的始终》)。他编辑的刊物上,发表了不少在中国现代文学史上影响巨大的作品——特别是发表了很多鲁迅的作品,比如在《晨报附刊》和《京报副刊》上刊登的鲁迅译著就多达一百篇左右。仅从这个惊人的数字,就足以反映出孙伏园先生编辑工作巨大成绩的一个侧面。

孙伏园先生对老作家是十分尊重的。鲁迅就满怀感念之情地谈到过颇受他优待的情况:“一是稿子一去,刊登得快;二是每千字二元至三元的稿费,每月底大抵可以取到;三是短短的杂评,有时也送些稿费来。”(出处同前)1924 年 10 月,孙伏园因为《晨报》代理总编辑刘勉己把他决定采用并已付排的鲁迅的散文诗《我的失恋》强行抽去,竟愤而辞职以示抗议。这在当时的编辑中更是不可多得。

孙伏园先生编辑工作中的这些优点,对于调动老作家的创作积极性,促使一些文学名著的问世,无疑起了不容低估的作用。比如在国内外享有盛誉的《阿 Q 正传》能够写成,就有孙伏园先生的汗马功劳。鲁迅说:“阿 Q 的形象在我心目中似乎确已有了好几年,但我一向毫无写他出来的意思。”(《〈阿 Q 正传〉的成因》)1926 年底,因为孙伏园在《晨报附刊》上添设了“开心话”专栏,又“笑嬉嬉,善于催稿”,鲁迅这才决定正式动笔。后来他“每星期来一回,一有机会,就是:先生,《阿 Q 正传》……明天要付排了”。于是鲁迅只得在“连好好的写字地方也没有”的情况下,每七天一篇地一段一段写下去。孙伏园不仅亲自敦促,而且还动员别人做鲁迅的促进工作。1921 年 1 月 10 日,他在给周作人的信中写道:“《阿 Q 正传》似乎有做长之趋势,我极盼望他(指鲁迅)尽管宽心地写下去,在他集子(《呐喊》)中成为惟一的长短篇。有许多平凡生活,要是没有人写他,真是恐怕永久不会见书面的了,岂不可惜。”就这样，鲁迅一连写了两个多月，后来孙伏园一度离京，由《晨报》编辑何作霖代理职务，鲁迅才得以收束，将第九章“大团圆”送去。“待到孙伏园回京，阿Q已经枪毙了一个多月了。”（出处均同前）可以设想，如果没有孙伏园，鲁迅当时也许不会写《阿Q正传》，即或写，也不一定具有今天这样的巨大结构和思想容量。

但是，鲁迅也有对孙伏园不满的地方，比如不满他对青年作者的忽视。鲁迅在《〈中国新文学大系〉小说二集·序》中提到："1925年10月间，北京突然有莽原社出现，这其实不过是不满于《京报副刊》编辑者的一群，另设《莽原》周刊，却仍附《京报》发行，聊以快意的团体。”这里所说的那位“《京报副刊》编辑者”，就是孙伏园。鲁迅领导莽原社、主编《莽原》周刊的目的之一，就是将这批被人忽视的青年作者组织起来，为他们提供发言之地，以便繁荣当时十分缺乏的“文明批评”与“社会批评”，以继续撕去旧社会的假面。鲁迅历来认为，刊物不一定都登名人文章，名人的话不一定都是名言，名人写出的文章也不一定都好。如果将刊物的文责只驮在少数几个名人肩上，刊物的气氛就会沉闷，文坛的新人也得不到培养造就的机会。

回顾上述报坛逸史，对于今天的编辑工作不无借鉴意义。打倒“四人帮”之后，我国文坛呈现了一派生气勃勃的景象。不但广大老作家重新焕发了革命青春，而且一批原来不出名的新人崭露头角，表现出了敏锐的政治嗅觉，深邃的思考能力和卓越的艺术才能，这是十分可喜的。这些文苑新苗之所以能够争奇斗妍，茁壮成长，也有我们编辑同志辛勤浇灌的一份功劳。但是，应该看到，“文以名扬”的情况当前也还相当普遍的存在。稿件的取舍，稿酬的高低，刊登的位置，字体的大小，有时并不是按稿件质量的优劣而是按作者名气的大小而定。这显然是不利于文艺繁荣和新生力量成长的。我觉得，孙伏园先生的编辑工作，是一面很好的镜子，值得那些自觉或不自觉受旧习惯势力束缚的编辑同志很好地照一照。

如果广大编辑都能学习孙伏园先生之长,克服孙伏园先生之短,文艺界一定能够开拓出一个更新的局面。

原载《出版工作》1979 年第 10 期

孙伏园与鲁迅

陶静波

在鲁迅的一生中,有过许多交往甚密的人,其中孙伏园便是一个。孙伏园在 1966 年 1 月间去世了,终年 72 岁。孙伏园和鲁迅是怎样一种关系呢？简言之,可以概括为同乡、师生、同事、编辑和作者、同志和战友的关系。

孙伏园与鲁迅等在一起

鲁迅和孙伏园都是浙江绍兴人,而且都居住在绍兴城内。鲁迅的家在东昌坊新台门,离孙伏园的家很近。但是孙伏园在孩童时期并不认识鲁迅。真正接触鲁迅,是在青年学生时代。那是鲁迅从日本留学回来以后,在绍兴山会初级师范学校当校长,孙伏园在这间学校读书。孙伏园给鲁迅印象最深刻的一次,是当时学校闹了一场驱逐英文教员的风波,孙伏园作为学生代表,到鲁迅(校长)面前直陈其事。后来南京临时政府成立,孙中山就任了大总统,蔡元培任教育总长。蔡元培提倡美育,他知道鲁迅研究美学和美育颇有心得,就邀请他到教育部工作。教育部开始在南京,后来迁到北京,鲁迅也随之到北京去了。鲁迅当时的名声已经很大,追随他的青年很多,孙伏园是鲁迅的高足弟子,自然也不例外。孙伏园到北京是在 1918 年。他到北京以后,仍然继续深造,进了北京大学读国文系,1921 年大学毕业。孙伏园在读书期间,兼任了报社的编辑工作。基本上是属于半工半读的生活状态。孙伏园在北京共呆了 7 年,报社编辑生涯占了他大部分时间。他先后在北京《晨报》和《京报》工作过,都是编副刊。报社经常要找一些有名望的人撰稿,加上他又是新潮社和语丝社的成员,因此和鲁迅接触的机会比以往任何时候都多。鲁迅的许多著名作品,也都是通过他在报纸上发表的。《阿 Q 正传的成因》一文,其中便有这样一段有趣的记载:"他(孙伏园)正在晨报馆编副刊。不知是谁的主意,忽然要添一栏称为'开心话'的了,每周一次。他就来要我写一点东西。……第一章登出之后,便'苦'字临头了,每七天必须做一篇。……伏园虽然还没有现在这样胖,但已经笑嘻嘻,善于催稿了。每星期来一回,一有机会,就是:'先生,《阿 Q 正传》……明天要付排了。'于是只得做,心里想着……然而终于又一章。但是,似乎渐渐认真起来了;伏园也觉得不很'开心',所以从第二章起,便移在'新文艺'栏里。"

孙伏园和鲁迅虽然是编辑和作者关系,从上述这段文字可以看出来,孙伏园是非常敬重鲁迅的。孙伏园见了鲁迅,历来都是称呼为“大先生”。“大先生”的含义大体包括两个方面:一是鲁迅排行居长,长者,大也;二是对鲁迅思想、道德、文章的倾慕,大者,指人品的高尚和学识的渊博。鲁迅对孙伏园也是很看重的,他们之间有一种特殊的亲密感。鲁迅给他写信时,总是称为“伏园兄”。其实孙伏园比鲁迅要小 13 岁。以“兄”相称,鲁迅多用在至亲好友身上,包括许广平在内,也都是以“广平兄”称谓。孙伏园在北京的七年间,经常到鲁迅家里去。因为鲁迅的母亲讲的是绍兴话,孙伏园每次到了鲁迅家里,也都是满口绍兴乡音。大家用家乡土话聊天,经常是笑声不绝。《阿 Q 正传》在《晨报》发表以后,鲁迅把这篇东西拿给母亲看过。鲁迅问母亲看了以后印象怎么样? 他母亲只淡淡地答了一句话:“还可以。”鲁迅把母亲的评价说给孙伏园听,两人哈哈大笑起来。在孙伏园的笑声里,包含有这样一种意思,鲁迅母亲是最严厉的评论家。

《晨报》和《京报》经常发表一些具有革命思想的文章,引起了北洋军阀大为不满,他们暗中布置了封闭报馆和抓人的阴谋。这件事情孙伏园一点也不知道。大约在 1925 年的一天,正在京报工作的孙伏园外出采访回来,发现报馆门前有武装士兵看守,还看见一些便衣在贴封条,知道事情不妙,便马上掉头就走。正好孙伏园是坐在黄包车里,又离报馆还有一段距离,没有被敌人发现。孙伏园告诉车夫直拉火车站。孙伏园买了张车票就直奔天津去了,从此逃离了北京。事后据他了解,那天被抓走的有《京报》经理兼总编辑邵飘萍。据传闻,在捕人的名单中也有孙伏园,一个偶然的机会使他幸免于难。邵飘萍却在 1926 年 4 月 26 日被军阀张宗昌拉去枪毙了。

孙伏园和鲁迅下一次共事是在厦门大学。鲁迅于 1926 年 9 月去厦门大学任教,前后约四个半月,在此期间,孙伏园任国学研究院编辑部干事。孙伏园到广东中山大学去,大约是在 1926 年底。他比鲁迅提前将近一个月到广州。当时中山大学聘请鲁迅任文学系主任兼教务主任,孙伏园任史学系主任。鲁迅是在1927年1月18日从厦门到达广州的。到达的第二天,孙伏园和许广平一块到旅馆去看望他。一连几天,都是孙伏园陪着鲁迅观光市容和进行其他活动。这些活动在鲁迅的日记中均有记载:

> 19日:晨伏园、广平来访,助为移入中山大学。午后晴,阅市。
>
> 20日:……下午广平来访,并邀伏园赴荟芳园夜餐。夜观电影。风。
>
> 21日:上午广平来邀午饭,伏园同往……
>
> 22日:……同伏园、广平至别有春夜饭,又往陆园饮茗。夜观本校演电影。小雨。
>
> 23日:……夜同伏园观电影《一朵蔷薇》。
>
> 24日:……广平来并赠土鲮鱼四尾,同至妙奇香夜饭,并同伏园……

孙伏园比鲁迅提前到达中山大学个把月,大体为鲁迅办了两件事:一是把鲁迅的挚友许寿裳和许广平安插进中山大学任教,二是帮助筹办"北新书屋",在芳草街44号租赁了几间房子,准备开书店。

孙伏园和鲁迅这次在广州聚首,其实不到一个月又分手了。孙伏园大约在2月间离开广州到武汉《中央日报》主编副刊去了。鲁迅当时在广州写的一些文章,和有关鲁迅的一些消息,得以在《中央日报》发表,也都是经过孙伏园办理的。例如《无声的中国》一文,原是鲁迅在香港的一篇讲演,在香港报纸刊载过,后来孙伏园又将它在中央日报上转载了,并且寄了几份报纸给鲁迅。鲁迅在1927年4月26日致孙伏园的信中,便提到了这件事:"寄给我的报，收到了五六张，零落不全。我的《无声的中国》，已看见了，这是只可在香港说说的，浅薄得很。我似乎还没有告诉你我到香港的情形。讲演原定是两天，第二天是你。你没有到，便由我代替了，题目是《老调子已经唱完》。”

在广州，“四一五”反革命大屠杀开始了，国民党制造了白色恐怖，抓捕了许多学生，鲁迅为救学生无望，愤然辞去中山大学职务，闭门著书。鲁迅离开广州去上海，是在1927年9月27日。以后鲁迅在上海定居下来。

孙伏园为了继续深造，于1928年到法国留学去了，在巴黎大学攻读文学系。后来回国的时间大约在1931年。他回来以后，在河北定县一带从事贫民教育。后来他是否再见到过鲁迅，找不到文字记载。据他的家人回忆，好像没有再见过鲁迅。因为鲁迅在上海的形迹一般不为外人知道。为了防止敌特暗算，需经十分可靠的人引荐，或党组织的介绍，才可以和鲁迅见上一面。自然孙伏园要想再见到鲁迅，就比较困难了。

收录在鲁迅书信集里有关孙伏园的书信并不很多，当然是他和鲁迅长期相处在一块有很大的关系，用不着经常写信。据说他也还有一些未收录的信，可惜在抗日战争爆发以后，失于战乱中了。孙伏园和鲁迅的交往有很多年，有关对鲁迅的回忆，他著有《鲁迅先生二三事》。

孙伏园的弟弟孙春台，曾留学日本和法国，学美术，由于孙伏园的介绍认识了鲁迅，他为鲁迅的《野草》和《小约翰》作过封面。

如今，孙伏园和鲁迅都已成了古人，他们之间的一段战斗情谊，给人们留下的印象还是深刻的。

原载1981年4月25日《羊城晚报》

孙伏园主编的《晨报副刊》

任嘉尧

说到报纸副刊，老年人也许还记得60年前的北京《晨报副刊》。它创刊于1921年10月12日，早期由孙伏园主编。

孙伏园，原名福源，浙江绍兴人。他投考大学未被录取，来到北京。1917年9月，他由其师周作人的介绍，经文科学长陈独秀的准许在北京大学国文系旁听，同时还有成平（即成舍我，后为《世界日报》及上海《立报》主持人）也和孙福源一起旁听。孙并在北大图书馆馆长李大钊手下当助理，半工半读。

五四运动兴起，北大文科学生组织文学团体新潮社，办起《新潮月刊》，孙福源亦加入新潮社。他和罗家伦旋在《国民公报》工作，初施其办事能力。《国民公报》停刊，孙伏园转入《晨报》社，因为这两家报纸都是研究系所办的。孙初编第五版（后为第七版），那是杂俎性质的文艺栏，刊登小说、散文、随笔、诗歌之类，不立名目。《晨报》的主持人蒲伯英（即蒲殿俊），前清太史公，在清末四川省铁路风潮中是个风云人物。他却有新思想，主张革新报纸，《晨报副刊》便应时而生了。

《晨报副刊》的题词为《晨报副镌》，系蒲伯英仿汉砖字体所书。它创刊于1921年10月12日，每日四开一张，四页，直排，有时登些广告。每月可合订一册，名曰《晨报副镌》合订本，销行甚广，取其方便也。

《晨报副刊》是一份综合性副刊，就其栏目来说，有讲演录、论坛、诗、评述、小说、戏剧研究、杂感、卫生浅说、传记、特载等。举凡介绍新知识、新思潮，提倡新文艺，译述欧、美、日的自然科学、社会科学论著，靡不具备。

讲演录中梁启超在京津沪等地大学、学术团体的讲稿登得最多，有《辛亥革命之意义与十年双十节之乐观》、《先秦政治思想》、《教育与社会》、《教育家的自家田地》、《学问之趣味》、《科学精神与东西文化》、《美术与生活》、《敬业与乐业》、《屈原研究》、《情圣杜甫》等等，反映了饮冰室主人当时的学术思想。

李守常（大钊）在北京中国大学作《由平民政治到工人政治》、《社会问题与政治》的讲演，胡适的《好政府主义》、《中学的国文教学》及《国语运动与文学》，蔡元培的《〈石头记索隐〉第六版自序——对于胡适之先生红楼梦考证之商榷》，刘半农和黎锦熙对国语运动的不同观点，丁文江和张君劢关于玄学与科学的论战，赵景深和周作人在童话研究的学术通信，梁实秋、俞平伯和仲密对诗的不同看法，以及张竞生爱情定则的讨论，在报端都作了介绍。

1922 年 5 月 1 日的《晨报副刊》发表了李守常《五一纪念日对于现在中国劳动节的意义》长篇论文，主张庆祝五一节应结合国情，反对国际的军阀和财阀的压迫，要求与劳农俄国成立商约并即正式承认其政府；否认督军制及巡阅使制，一律改为国军，实行裁兵；主张开国家大会，容纳各阶级的代表，制定国宪；反对以人民为牺牲的内讧的战争；八小时工作额外工作加薪，假期停工给薪，男女同工同酬，含有危险性的工作如矿路电等应该格外优待，取缔童工，要求公家在工人集合的地方多设正当娱乐的场所及设备。李大钊同志这篇劳动节纪念论文，阐述了他作为共产党人关于外交、内政、改善工人福利的政治主张。

在 1923 及 1924 年的 5 月 1 日，《晨报副刊》都刊载了“五一”节纪念文章。

1922 年 5 月 5 日马克思诞生 104 周年，刊出了马克思纪念专辑。

1922 年 11 月 7 日，“俄国革命纪念”专辑刊载守常《十月革命与中国人民》专文，肯定了十月革命的重大历史意义，呼吁凡像中国这样的被压迫的民族国家的全体人民，都应该很深刻地觉悟他们自己的责任，应该赶快地不踌躇地联结一个“民主的联合阵线”，建设一个人民的政府，抵抗国际的资本主义，这也算是世界革命的一部分工作。专辑上还刊载了十月革命之领袖列宁的照片、李骏的《俄罗斯十月革命》、川岛的《教育比革命还要紧》、伏庐的《俄国革命纪念日杂感》等文章。

1922 年 10 月 10 日出了“双十特号”。这个辛亥革命纪念日的调子是低沉的，主要是环绕军阀混战、兵连祸结、国无宁日揭示了裁兵的主题，文章有：止水的《兵和双十节》、孙几伊的《裁兵说》、蔡元培的《到了今日我们对于裁兵问题还可以没有一种普遍的表示么?》以及《抗税裁兵论》、《海防问题的商榷》、《自第十一个双十节以后》。

在 1924 年 5 月 4 日的“五四纪念专号”上刊有夷初（即马叙伦）的《“五四”》一文，对时局不胜感慨，五年来没有实现“外争国权、内除国贼”的使命，愿它“早日换一个新生命”。同时还刊载赵国约词、萧友梅谱《五四纪念爱国歌》一首。

瞿秋白访苏两年回国后，即在 1923 年 1 月 27 日《晨报副刊》发表《最低问题！——狗彘食人之中国》，慨叹归国后所受的异常刺激，指出假使不推倒世界列强的压迫，中国真正的平民的民主主义永无实现之日。瞿秋白还写了《赤俄之归途》一文。

另一个叫江亢虎（抗战时当了汉奸）的，到苏俄考察了一年，则发表《过渡时代之俄罗斯》，刊在 1922 年 9 月 23 日报上，是戴着有色眼镜谈十月革命的经验教训的。

著名学者马寅初、赵兰坪、蒋梦麟、萨孟武、陶孟和、金岳霖、杨钟健、杨树达、张耀翔、谢家荣、毕树棠、萧友梅、吴稚晖、甘蛰仙等，都有著述或演讲在报上发表。

不少外国来华访问讲学的学术界文化界知名人士，也有讲演稿经常在《晨报副刊》发表。

对于倡导新文艺,《晨报副刊》是相当重视的。鲁迅的中篇小说《阿Q正传》,署名巴人,于1921年10月4日起分9次登完,引起文坛的广泛重视,在国外产生了深远的影响。鲁迅并翻译了盲诗人爱罗先珂的童话剧《桃色的梦》,鲁迅的杂文《为俄国歌剧团》、《即小见大》,故事新编《不周山》等也散见报上。

《晨报副刊》还刊载冰心的诗《诗的女神》、《春水》、《繁星》、《迷途之岛》和小说《到青龙桥去》,春台(即孙福熙,为孙伏园之弟)的《山野掇拾》,徐志摩介绍罗素的《中国问题》,仲密的文艺谈《自由的园地》,林玉堂(即林语堂)译《海涅诗选》,郑振铎、周作人、许地山、汪静之、冯雪峰、(应)修人、潘漠华、李伟森、(耿)济之、(马)君武、(沈)尹默、(胡)愈之、傅东华、疑古(即钱玄同)、川岛(即章廷谦)、陈铭德、俞锟、徐玉诺、李俊民的诗文或译作,堪称一时之选。

不少欧、美、日本的著名作家的创作在《晨报副刊》上经常刊载。这些作家是:契诃夫、屠格涅夫、托尔斯泰、高尔基、克鲁巴金、莫泊桑、巴尔扎克、易卜生、安徒生、葛林、拜伦、王尔德、显克微支、柴门霍夫、菊池宽、秋田雨雀、武者小路实笃等等。

从1923年6月1日开始,《晨报副刊》上增辟了《文学旬刊》,王统照执笔的《本刊的缘起及主张》中说,我们所以在这个灰色的围城办这个旬刊,却是愿同努力于文学的朋友提携,愿为中国新文学尽些微贡献的力量,这便是本刊的缘起。主张绝没有偏见,绝不带有何种色彩,说出我们所愿说的话;对于反文学的作品、盲目的复古派与无聊的而毒害社会的劣等通俗文学,却不能宽容。也就是:提倡新文学,坚持进步,反对倒退。

戏剧方面,《晨报副刊》极力主张新戏剧的宣传,陈大悲、余上沅、熊佛西、焦菊隐、曹靖华都有戏剧研究论文或剧作发表;蒲伯英亦写过《中国戏天然革命底趋势》一文,对上海时髦戏(即新戏)打破了老戏旧形式、旧规矩予以肯定,甘冒老戏思想底大不韪去迎合

(以适应)多数观众,这的的确确是一种革命行动;并指出,老戏是废定了,中国戏剧革命趋势,应该怎样改正它,顺应它,使社会底娱乐向上,使社会底精神向上。

《晨报副刊》对世界著名人物,如:爱迪生、爱因斯坦、雪莱、拜伦、柴门霍夫、北岩爵士、戴东原、龚定庵、陶渊明、白居易等的传记或作品,作了较详细的介绍。尤其是,1924 年 1 月 19 日所刊的《东原二百年纪念号》,用大量篇幅介绍清代乾嘉学者戴震的生平及学说,在往后的几期中还持续有这类文章发表,大概是梁任公的兴之所至所提倡的吧。

值得一提的是 1922 年 1 月 17 日,湖南劳工会主任黄爱、庞人铨两人在长沙浏阳门外被湖南省总司令兼省长赵恒惕屠杀一事,《晨报副刊》以显著篇幅刊载了《黄庞流血记》,并由李守常、蔡元培作序,介绍两烈士的生平及殉难经过,指出黄、庞"为劳动阶级第一次流血"。

固然,《晨报副刊》是启迪新知识,宣传新思想,倡导新文艺的,但它对我国古代优秀文化传统并不是盲目排斥,所以梁启超的《国学入门书要目及其读法》、胡适的《一个最低限度的国学书目》也在报上刊载。

可以说,由于孙伏园的组稿有方,兼收并蓄,《晨报副刊》在 20 年代初期办得有声有色,开风气之先,在读者中有相当大的吸引力。

到了 1924 年秋,一位编辑叫刘勉已的竟擅自抽掉孙伏园所发排的副刊稿件,当时蒲伯英已不主笔政,孙伏园分明遭到排挤,愤而辞职,于 10 月 24 日脱离了《晨报》。算来,他编了《晨报副刊》三年多。

随后,孙伏园联络了鲁迅、周作人、李小峰、川岛、叶圣陶、顾颉刚、孙福熙诸位,组织语丝社,于 1924 年 11 月 17 日创刊《语丝》周刊。据鲁迅回忆《语丝》的特色是:任意而谈,无所顾忌,要催促新的产生,对于有害于新的旧物,则竭力加以排击。

至于孙伏园主编的《京报·副刊》出刊,那是1924年12月5日的事了。这份副刊也是一份影响较大的报纸文艺副刊。不在本文叙述之列了。

原载《新文学史料》1984年第1期

一个"笑嘻嘻,善于催稿"的编辑

——鲁迅与著名报人孙伏园

王德林

小　引

孙伏园是鲁迅任山会初级师范学堂监督时的学生,原名福源,浙江绍兴人。他因担任该校完全科第一班级长,常与鲁迅有工作上的交往。在鲁迅代任国文教员时,孙伏园因写了一篇祝贺南京新政府成立并改用阳历为内容的作文,曾受到鲁迅的赞赏,亲笔批了"嬉笑怒骂皆成文章"[①]八个字,给予热情的鼓励。1917年9月,孙伏园经周作人介绍,进北京大学国文系旁听。五四运动爆发后,他加入了北大文科学生组织的文学团体——新潮社。此后,他又相继参加过《国民公报》的编辑工作,主编过号称"五四时期四大副刊"中的《晨报附刊》与《京报副刊》,发起成立著名的文学团体——"语丝社",并创办《语丝》周刊,成为中国现代著名的报人。他是一个"笑嘻嘻,善于催稿"[②]的手段高明的编辑,且工作勤奋踏实,不辞劳苦,有时甚至"自跑印刷局,自去校对,自叠报纸,还自己拿到大众聚集之处去兜售"[③]。他编的刊物,内容丰富多彩,有声有色,刊登过大量在中国现代文学史上颇有影响的优秀作品,在当时的读者群中产生了巨大的吸引力。鲁迅对孙伏园的编辑工作，总是给予热情的支持，曾先后在他编辑的刊物上，发表了一百余篇的译著。正如孙伏园所说："鲁迅先生对我们年轻人办报的热忱，总是极力帮助和支持。"④"即如他为《晨报副刊》写文字，就完全出于他要帮助一个青年学生的我，使我能把报办好，把学术空气提倡起来。"⑤孙伏园也十分尊重鲁迅先生。他请鲁迅为《晨报附刊》取名，聆听鲁迅对办刊的意见，常亲去鲁迅寓所约稿或取稿，又亲为鲁迅送稿费……鲁迅曾满怀感激之情地说过："因为先前的师生恕我僭妄，暂用这两个字——关系罢，似乎也颇受优待：一是稿子一去，刊登得快，二是每千字二元至三元的稿费，每月底大抵可以取到；三是短短的杂评，有时也送些稿费来。"⑥一个是久负盛名的老作家，一个是名噪一时的办报人，他们在共同推动新文化运动发展上所建立起来的亲密友谊，为今天的作者与编者的之间的关系作出了表率。

译作《一个青年的梦》的问世

《一个青年的梦》⑦是日本白桦派作家武者小路实笃的四幕反战剧作，它大声疾呼地反对非正义的侵略战争，对正义的、被压迫民族的反侵略战争给予同情和支持。这部洋溢着"大家相爱"的人道主义精神的剧作，谴责了侵略战争的可耻，希望弱国人民结成一个反侵略战争的世界同盟，去阻止侵略战争的爆发，殷切期望战争消灭的时刻早日到来。

最早介绍这部反战剧作的是周作人。他在《新青年》第4卷第5号(1918年5月)发表《读武者小路君〈一个青年的梦〉》一文，提出只有"人人都是人类的相待，不是国家的相待，才得永久和平，但非从民众觉醒不可"。鲁迅读了这篇介绍文章后，立即"搜求了一本，将他看完"，深为剧作的"思想很透彻，信心很强固，声音也很真”[8]所感动，联想到世界出名的弱国——中国，“南北却还没有议和，打仗比欧战更长久”，甚至竟大言不惭地说“‘朝鲜本我藩属’这一类话”[9]，深感中国旧思想存在着许多痼疾，因而对于周作人“非从民众觉醒”的意见感到“极以为然”[10]。

1919年8月1日下午，即在鲁迅读了《一个青年的梦》后的一年余，正任《国民公报》编辑的孙伏园赴绍兴会馆补树书屋拜访鲁迅，并对鲁迅说：“可以做点东西。”[11]孙伏园的约稿，触发了鲁迅翻译《一个青年的梦》的想法：“以为这剧本也很可以医许多中国旧思想上的痼疾，因此也很有翻成中文的意思。”[12]于是鲁迅答应说：“文章是做不出了，《一个青年的梦》却很可以翻译。”[13]次日晚上，鲁迅即开手翻译《一个青年的梦》，从8月15日起，“逐日登在《国民公报》上”[14]。10月25日，当剧本刊至第三幕第二场两个军使谈话的中途时，因《国民公报》刊登揭露段祺瑞执政府的文章而被查封，《一个青年的梦》也便遭到了“腰斩”的命运。11月间，鲁迅为了借他山之石，来为国中“睡着的人”“撞一通警钟”[15]，就再次应《新青年》杂志编者的要求，将旧译稿重新校订了一遍，并译完了第四幕，从该杂志第7卷第2号（1920年1月）起，按月刊登，分四期刊完。1922年7月，《一个青年的梦》的单行本由上海商务印书馆列为《文学研究会丛书》之一出版；1927年9月，又由上海北新书局列为《未名丛刊》之一再版发行。可以设想，如果没有孙伏园的约请，鲁迅也许不会翻译武者小路实笃的《一个青年的梦》，这异域的反战呼声就不可能传入寂寞的华土，更不消说一版再版，在中国的读者中产生巨大的影响。

《阿Q正传》的催生者

《阿Q正传》是中国现代文学史上一座不朽的艺术丰碑。长期以来，它不仅为我国广大读者所传诵，而且还先后被译成多种外文,在全世界广为传播。可是,当人们陶醉于作品的艺术境界、惊叹于它的巨大结构和思想容量时,也许很少有人会想起这部伟大作品的催生者——当时的《晨报附刊》主编孙伏园。

1921年12月3日上午,鲁迅接到孙伏园的来信,约请他为《晨报附刊》新增添的“开心话”栏写点东西。其时,阿Q的形象已在鲁迅心目中酝酿了好多年,但他一直没有适当的机会写成小说;孙伏园的约请,突然激发了鲁迅塑造阿Q形象的创作热情,多年的酝酿一下子涌聚在他的笔端,当晚就写成了《阿Q正传》的第一章:序。这晚,孙伏园亲自来取稿子,连夜发排,次日便在“开心话”栏里与广大读者见面了。12月8日,鲁迅又寄去了《第二章·优胜记略》,孙伏园读了便觉得不很“开心”了,开始领会到鲁迅寄寓在这篇小说中的宏大意图和精深思想,就将它移在“新文艺”栏里发表。

此后,孙伏园每星期必来催一次稿,见面就说:“先生,《阿Q正传》……明天要付排了。”他还动员别人敦劝鲁迅将《阿Q正传》写下去:“《阿Q正传》似乎有做长之趋势,我极盼望他(按:指鲁迅)尽管宽心的写下去,在他集子(指《呐喊》)中成为惟一的长短篇。有许多平凡生活,要是没有人写他,真是恐怕永久不会见书面的了,岂不可惜。”[16]对于这种“周考”似的催促,鲁迅感到有点为难,然而经不住孙伏园一次又一次地热情催促,终于在“连好好的写字地方也没有”[17]的情况下,一章又一章地写了出来。就这样,鲁迅一连写了两个多月。不久,善于催稿的孙伏园因故离京返家了,代理编辑“于阿Q素无爱憎”[18],鲁迅为了早日能腾出手来,去干别的工作,乘机将《第九章·大团圆》寄去,便立即登了出来,待到孙伏园返京,阿Q早已被枪毙一个多月了。

诚然,鲁迅遵循阿Q悲剧性格的发展逻辑,“大团圆”的结局已经成竹在胸了。但他怕孙伏园不赞成,担心“倘一收束,他会来抗议”[19],便暂且将这一收束暗藏于心。可见,作为编辑的孙伏园,他与作者鲁迅一样,对阿Q充满着“爱其不幸,怒其不争”的强烈感情,如他自己所说,“我每次接到先生的续作时,就像捏着一团正在喷射燃烧的岩浆似的,为之感到不安和激动,只有作品付印出来以后,方始安心下来”。[20]难怪鲁迅要说:“到最末的一章,伏园倘在,也许会压下,而要求放阿Q多活几星期的罢。”[21]

鲁迅的创作向以勤奋不懈著称,他写小说,目的是“将旧社会的病根暴露出来,催人留心,设法加以疗治的希望”[22],创作《阿Q正传》自然也不例外。但是,从阿Q形象的酝酿多年到《阿Q正传》诞生的曲折过程中,我们可以体察到编辑孙伏园为催促这部闻名中外的优秀作品的产生洒下的辛勤汗水,立下的汗马功劳。

《我的失恋》引起的风波

五四运动退潮后,新文化阵营出现了急剧的分化,“有的高升,有的退隐,有的前进”[23],五四运动的策源地——北京,又成了寂寞荒凉的古战场。鲁迅虽感到寂寞孤独,但他仍一往无前,继续在《晨报附刊》上接连发表匕首似的杂文,与“学衡派”、“鸳鸯蝴蝶派”等作短兵相接的斗争。在鲁迅的热情支持下,孙伏园主编的《晨报附刊》显得生气勃勃,成为当时推动新文化运动的一个重要阵地。但不久,“诗哲”徐志摩、“学者”陈西滢等“新月派”的“正人君子”们相继留学回国,他们与伪装进步的《晨报》当局意气相投,有着千丝万缕的联系,对孙伏园主编的副刊的进步倾向深为不满,决心下手进行“改革”。于是,一场震撼当时文坛的严重斗争来临了。

“正人君子”们下手改革的第一步,就是企图侵占副刊阵地,“诗哲”的长篇诗歌和“学者”的闲话,便连篇累牍地出现在《晨报附刊》上,并竭力把孙伏园所约的稿子排挤出去。改革的第二步是“新月派”成员、“和晨报馆有深关系”[24]的刘勉己担任了《晨报》代理总编辑，执掌刊发稿子的生杀大权。改革的第三步是“诗哲”徐志摩觊觎《晨报附刊》主编的位置，于是“伏园的椅子颇有不稳之势”㉕。1924年10月，鲁迅“看见当时‘阿呀阿唷，我要死了’之类的失恋诗盛行”㉖，就作了一首“拟古的新打油诗”——《我的失恋》。这首诗模拟张衡《四愁诗》的形式，于“拟古”中挥写新意，旨在嘲弄那些陷入失恋的哀愁和令人作呕的病态的“我要死了”派，并故意用“由她去罢”收场，使全诗显得风趣横生，诙谐幽默。然而，这首诗在玩笑中仍寓意着严肃性，正如许寿裳所说：“殊不知猫头鹰本是他自己所钟爱的，冰糖壶卢是爱吃的，发汗药是常用的，赤练蛇也是爱看的。还是一本正经，没有什么做作。”㉗显然，鲁迅是想以“猫头鹰”、“赤练蛇”等被人们视为不祥或可怕的东西，来震悚人们的灵魂，引起人们的惊觉。当鲁迅将这首嘻笑讥讽的战斗诗章寄给《晨报附刊》时，一场酝酿已久的冲突终于面对面地爆发了。孙伏园回忆说：

> 1924年10月，鲁迅先生写了一首诗《我的失恋》，寄给了《晨报附刊》。稿已经发排，在见报的头天晚上，我到报馆看大样时，鲁迅先生的诗被代理总编辑刘勉己抽掉了，抽去这稿，我已经按捺不住火气，再加上刘勉己又跑来说那首诗实在要不得，但吞吞吐吐地又说不出何以“要不得”的理由来，于是我气极了，就顺手打了他一个嘴巴，还追着大骂他一顿。第二天我气忿忿地跑到鲁迅先生的寓所，告诉他“我辞职了”。鲁迅先生认为这事和他有关，心里有些不安，给了我很大的安慰。事情虽是从鲁迅先生的文章开始，但实际上却是民主思想和封建思想的斗争。㉘

在这场严峻的斗争中，孙伏园为了主持正义，维护鲁迅的尊严，不怕失业的危险，愤而辞去《晨报附刊》主编的职务。这种颇有点

“士为知己者死”的高尚品格，在当时的编辑中确是难能可贵的。

鲁迅为孙伏园因他的稿子而辞职深感抱歉，“心上似乎压了一块沉重的石头”[29]，所以，当孙伏园向他提议要自办刊物，另辟阵地时，鲁迅立即表示支持，“答应愿意竭力‘呐喊’”[30]。鲁迅还在世界语专门学校的课堂上公开表示，“我打掉了一个人的饭碗”，并坚定地宣告：“我们现在另外办一个周刊，几天就可以出版了。”[31]就这样，著名的文学社团“语丝社”诞生了，一个“任意而谈，无所顾忌，要催促新的产生，对于有害于新的旧物，则竭力加以排击”[32]的新刊物——《语丝》周刊随之出现在文坛上。鲁迅先后在该刊发表了小说、散文诗、战斗性的杂文以及学术论文一百余篇，把它作为向反动势力作斗争的主要阵地之一。在经济上，鲁迅也给予无私的资助。《语丝》第1期出版后，鲁迅在经济不很宽裕的情况下，慨然付了十元印刷费，“比商定的多付了二元，还觉得有些歉然似的”[33]。

“非把《京报副刊》办好不可”

进步报人、《京报》总编邵飘萍，得知孙伏园辞去《晨报附刊》主编的消息，立即约请孙伏园去编《京报副刊》。当时，《京报》的发行量少，还不及《晨报》的一半，社会地位也不如《晨报》，所以孙伏园“很不想去”[34]。但为了与窃取《晨报附刊》的“新月派”文人作针锋相对的斗争，鲁迅竭力主张孙伏园去编《京报副刊》。他对孙伏园说：“一定要出这口气，非把《京报副刊》办好不可。”[35]在鲁迅的积极支持下，《京报副刊》于1924年12月5日正式创刊。由于《京报》人手缺少，经费困难，有时连稿费都没有，但鲁迅毫不在意，仍一如既往，像当年支持《晨报附刊》一样支持孙伏园编《京报副刊》。

为了使刊物办得生动活泼，丰富多彩，孙伏园于1925年1月4

日《京报副刊》上开辟“征求青年必读书十部”的栏目，请当时学术界、教育界的知名人士为青年推荐必读书。同时，他又约青年们写“我爱读的十部书”，以加强学术界、教育界知名人士和青年之间的联系，活跃学术空气。梁启超、胡适等名流借机把《论语》、《孟子》等儒家“经典”列为“青年必读书”，企图引诱青年脱离社会实际，一头栽进故纸堆中。鲁迅一眼看穿了这些名流的鬼蜮用心，特意在应征栏里写道：“从来没有留心，所以现在说不出。”并在“附注”里谆谆告诫青年：“我以为要少——或者竟不——看中国书”，因为“少看中国书，其结果不过不能作文而已。但现在的青年最要紧的是‘行’，不是‘言’。只要是人，不能作文算什么大不了的事。”[36]这些语重心长的话，是鲁迅“用许多苦痛换来的真话，决不是聊且快意，或什么玩笑，愤激之辞”[37]。难怪当时一位青年看了后赞不绝口地说：“《京报副刊》上‘青年必读书’里面鲁迅先生说的‘少看中国书，多看外国书’，我一见就拍案叫绝，这真是至理名言，是中国学界的警钟、针砭，意见极高明，话语极痛快，我看了高兴得很。”[38]然而，鲁迅教导青年的这些至理名言，却遭到了不少遗老遗少的漫骂和围攻。鲁迅沉着应战，挥笔一一给予回击，并说：“你只要有一篇不答复他们，他们就认为你失败了。我就篇篇都答复他们，总要把他们弄得狗血淋头，无法招架，躲回他们老巢去为止。”[39]如当时中国大学有位名叫熊以谦的青年学生，他发表《奇哉！所谓鲁迅先生的话》，攻击鲁迅主张少读中国书是“浅薄无知识”，“糟踏了中国书”，“贻误青年”等等，鲁迅立即作《报〈奇哉所谓……〉》予以还击，指出熊文的攻击方法，不是用“老得生了锈的老兵器”，就是故意“推演”，说些违背常识的“不省人事之谈”，果决地回答：“我以为如果外国人来灭中国人，是只教你略能说几句外国话，却不至于劝你多读外国书，因为那书是来灭的人们所读的。但是还要奖励你多读中国书，孔子也还是要更加崇奉，像元朝和清朝一样。”后来有人告诉鲁迅，熊以谦“看样子，倒是非常老诚的青年”，鲁迅说，“你说他老实吗？那就是他骗取社会同情的手段。凡遗少，都有那一手，怎么样？现在还在上海吗？喊他来，我把他脑子中的中国书虫，都要打干净”[40]。鲁迅的不懈的斗争精神，孙伏园深表钦佩而又十分感激，曾回忆说：“鲁迅写了篇《青年必读书》，目的是反对当时在胡适提出的‘整理国故’‘进研究室’等反动口号影响之下，形成的离开社会实践，埋头于故纸堆中的现象。”[41]

女师大风潮发生后，鲁迅以《京报副刊》为主要阵地，接连发表文章，与形形色色的敌人和帮闲文人作不懈的斗争。鲁迅亲拟的《对于北京女子师范大学风潮的宣言》发表后，“现代评论派”的陈西滢发表题为《粉刷毛厕》的“闲话”，“装作局外人的样子”[42]，攻击鲁迅等“挑剔风潮”，“偏袒一方”，“不大公允”。鲁迅当天就作《并非闲话》一文寄给《京报副刊》，“给他碰一个小钉子”，但同时又为编者孙伏园的处境担忧，说：“不知于伏园饭碗之安危如何。”[43]此后，鲁迅又接连发表了《咬文嚼字（三）》、《忽然想到（七）》、《女校长的男女的梦》、《寡妇主义》、《我还不能“带住”》等著名杂文，斥责女师大反动校长杨荫榆及其追随者迫害进步学生的行径，坚定地站在正义学生的一边。孙伏园也积极予以配合，把他主编的《京报副刊》作为支持女师大风潮的舆论阵地，许广平曾赞扬他说：“伏园老大出力于《京副》，此时此境，究算难得，是知有其师（按：指鲁迅）必有其弟也。”[44]

1926年3月18日，段祺瑞执政府的卫队向徒手请愿的学生射出了罪恶的子弹，一霎间，执政府门前尸体横陈，鲜血流淌，震惊全国的“三一八”惨案发生了。鲁迅与孙伏园虽同被列入通缉的黑名单中，但他们毫不畏惧，并肩战斗。鲁迅在避难期间，仍源源不断向孙伏园赐稿，先后发表了《可惨与可笑》、《如此“讨赤”》、《大衍发微》等杂文，愤怒控诉北洋军阀镇压爱国学生运动和迫害文化界进步人士的罪行，揭露散布流言的帮闲文人排斥异己、营私利己的可耻行径。4 月 26 日,《京报》总编邵飘萍因所谓“宣传赤化”的罪名惨遭枪决,接着,《社会日报》主笔林白水被枪杀,《世界日报》主笔成舍我被拘捕,白色恐怖笼罩着北京的教育界和文化界。恶劣的政治环境使鲁迅和孙伏园无法在北京安身,他们相继南下,先后在厦门大学和中山大学共事了一段时间。

从不满到慢慢地疏远

孙伏园虽是一位热心办报、善于组稿的出色编辑,但鲁迅对他也有所不满。《京报副刊》由于在鲁迅等进步作家的支持下,深受读者欢迎,销路骤增;相比之下,由于《晨报附刊》态度的渐趋灰色,深为读者所不满,销路大减。《晨报》为了能立足于社会,只得挽人来与孙伏园说和。孙伏园得意之余,忘其所以,曾以胜利者的口气对鲁迅说:“真好,他们竟不料踏在炸药上了!”鲁迅即刻意识到这“炸药”是指他而言,头上“好像浇了一碗冷水”,恍然感到“用思索,做文章,都不过使自己为别人的一个小纠葛而粉身碎骨”,他曾一度“彷徨”起来,对自己“意外的被利用,心里也耿耿了好几天”㊺。

对孙伏园只注重名家的文章,不肯发表无名青年的作品,鲁迅也很不满,常对人说:“《京报副刊》越来越没有生气了。”㊻在鲁迅看来,一个刊物如果只发表少数几个名家的文章,忽视一大批年轻有为的文坛新人,这个刊物就会显得寂寞沉闷、毫无生气。他总是迫切希望中国的青年能勇敢地站出来,“敢说,敢笑,敢哭,敢怒,敢骂,敢打”㊼,对于旧中国的固有文明,毫无忌惮地加以批评,以培养和造就大批的文坛新人。为此,鲁迅决定建立新的文学团体——“莽原社”,创办并主编《莽原》周刊,将一群有为的文学青年组织起来,为他们提供抨击时弊、发表议论的园地,对古老中国的“漆黑的染缸”进行破坏工作,以繁荣当时最缺少的“文明批评”和

“社会批评”。他在《〈中国新文学大系〉小说二集·序》中明确提到:“一九二五年十月间,北京突然有莽原社出现,这其实不过是不满于《京报副刊》编辑者的一群,另设《莽原》周刊,却仍附《京报》发行,聊以快意的团体。”这里的“《京报副刊》编辑者”,指的就是孙伏园。

孙伏园与鲁迅在广州分手后,就去武汉任《中央日报》副刊编辑。不久,他与其弟孙春台为私事与李小峰闹开,从此脱离北新书局,分道扬镳。孙伏园为赌气,竟在上海为国民党改组派开办“嘤嘤书屋”,编印杂志《贡献》,并投靠“新月社”,与徐志摩、梁实秋等人打成一伙。鲁迅为孙伏园因私念而产生“深仇重怨”㊽,终于走上邪路,深表遗憾,在致友人的信中说:“伏园则在办一种周刊,曰:《贡献》(实在客气之至)。又听说要印书,但不知其详,因为极少见。”㊾“对于《贡献》,藐视者多。”㊿“嘤嘤书屋久不闻嘤嘤之声,近忽闻两孙公将赴法留学,世事瞬息万变,我辈消息不灵,所以也就莫名其妙。”51当“革命文学”论争激烈时,孙伏园竟在武汉大发议论,说他与鲁迅政见不一。鲁迅曾笑着说:“不知他有什么政见?”52他俩由于意见相左,交往逐渐减少,关系也慢慢地疏远了。《鲁迅日记》1929 年 4 月 13 日载:“上午得孙伏园等明信片。”此后,孙伏园的名字便在日记中销声匿迹了。鲁迅每每提及此事,就为孙伏园等青年在革命大动荡的年代因经不住严峻的考验而转向,深感痛心和失望。

小　跋

鲁迅信任并热情支持孙伏园编辑副刊,孙伏园尊重并主动取得鲁迅的帮助,已堪称文坛佳话,而鲁迅不满于孙伏园忽视青年作者的办刊方针,以至彼此慢慢地疏远,也堪足今天的教训。愿今天出版界的广大编辑,扬当年孙伏园之所长,避当年孙伏园之所短,在尊重久负盛名的老作家的同时，更要注重对新生力量的培育和扶植，勇于发扬“人梯”精神，甘愿做优秀作品的催生者，与广大文艺工作者一起，为促进文艺园地的百花似锦、繁荣昌盛而携手并进！

注释：

①⑤　孙伏园《鲁迅先生二三事·哭鲁迅先生》。

②③⑥㉔㉕㉖㉙㉚㉜　《三闲集·我和〈语丝〉的始终》。

④㉘㉞㉟㊶㊺　孙伏园《鲁迅先生二三事·鲁迅和当年北京的几个副刊》。

⑦　译文见人民文学出版社 1973 年版《鲁迅全集》第 12 卷。

⑧⑨⑩⑪⑬⑮　《译文序跋集·〈一个青年的梦〉译者序》。

⑫　《译文序跋集·〈一个青年的梦〉译者序二》。

⑭　《译文序跋集·〈一个青年的梦〉后记》。

⑯　孙伏园致周作人信，转引自陈漱渝《尊重老作家，培养新作者》，见《出版工作》1979 年第 10 期。

⑰⑱⑲⑳　《华盖集续编·阿 Q 正传的成因》。

⑳　孙伏园《鲁迅先生二三事·追念鲁迅师》。

㉒㉓　《南腔北调集·〈自选集〉自序》。

㉗　许寿裳《我所认识的鲁迅·鲁迅的游戏文章》。

㉛㊴㊵　荆有麟《回忆鲁迅》，见《鲁迅学刊》第三期。

㉝　川岛《和鲁迅相处的日子·忆鲁迅先生和〈语丝〉》。

㊴　《华盖集·青年必读书》。

㊲　《坟·写在〈坟〉后面》。

㊳　汪静之 1925 年 5 月 1 日致周作人信，见《鲁迅研究资料》第 8 辑。

㊷㊸　《两地书·二四》。

㊹　《两地书·二七》。

㊻　李霁野《忆鲁迅与民报副刊》。

㊼　《华盖集·忽然想到（五）》。

㊽　1927 年 7 月 28 日致章廷谦信，《鲁迅全集》第 11 卷。

㊾　1927 年 12 月 9 日致章廷谦信，同上。

㊿　1928 年 5 月 4 日致章廷谦信，同上。

㉛ 1929年1月6日致章廷谦信,同上。

㉜ 冯至《鲁迅与沉钟社》,《鲁迅回忆录》二集。

原载《绍兴师专学报》1985年第3期

孙伏园:杰出的副刊编辑

郝　雨

副刊在报纸上是一个最大的自由族。而且,由于其不太受时效限制,同时又可以涉及文艺创作和学术研究等各个领域,因而其文化色彩也就更浓厚一些。我国的五四新文化运动时期,报纸副刊的确发挥了为单纯的新闻体所无法比拟的传播作用。

我国报纸刊有副刊性质的文字甚早,但却不一定作为专页,也不称之为"副刊"。"副刊"两字首先见诸报端的,当推北京出版的《晨报副刊》,1921年10月21日创刊,由孙伏园主编。刊头写作"晨报副镌",四开单张,每日出版,每月合订成册。这时正是新文化运动的高潮时期,人们对新思想、新文化有着极端的渴求,《晨报副刊》对于新文化传播也就做出了不小的贡献,当时也销行甚广。而孙伏园也就因此成了一名极出色的副刊编辑,而且他此后也主要以编辑副刊为业。孙伏园的名字甚至与当时的大多数文化名人和新文化传播工作者的名字都是紧密联系在一起的。如鲁迅、周作人、李守常(大钊)、蔡元培、瞿秋白等。孙伏园对于五四新文化传播的贡献主要可以概括为以下几点。

第一,广辟副刊栏目,增加文化含量和知识信息。

"五四"时代是人们的精神世界最为活跃的时代。尤其是刚刚从麻木中觉醒起来的广大国民,极端渴求新知识、新文化、新思想,而当时的《晨报副刊》就正是适应了这样的形势。主编人孙伏园将其办成了一种兼收并蓄的综合性副刊，所辟栏目，名目繁多。有讲演录、特载、论坛、小说、诗、歌谣、杂感、译述、通信、游记、科学谈、卫生浅说、戏剧研究、古文艺、传记等。

"讲演录"一栏，刊载中外学者的学术讲演。其中如梁启超在京津沪等地的讲演，对政治、教育、科学、东西方文化等方面均有所论述，所涉题材较广，足能反映梁氏这时期的学术思想。李守常在中国大学所作的《由平民政治到工人政治》、《社会问题与政治》等讲演，均先后在这个专栏发表。胡适、黎锦熙、周作人、江亢虎等人的讲演稿亦杂然并陈。此外还发表了外国学者如美国山额夫人谈生育制裁、日本福田德三博士介绍马克斯(思)主义的讲演。

值得注意的是，《晨报副刊》于1922年5月5日发刊了《马克思纪念》，同年11月7日刊发了《俄国革命纪念》专辑。就当时来说，实为开风气之先。李守常在《十月革命与中国人民》一文中，肯定列宁领导下的十月革命有重大历史意义，号召凡像中国这样被压迫的民族国家的全体人民，都应该觉悟自己的责任，积极地不踌躇地联结一个"民主的联合阵线"，建设一个人民的政府，抵抗国际的资本主义，指出这也是世界革命的一部分工作。李大钊同志这一政治主张，对孙中山先生后来采取三大政策和逝世前的《总理遗嘱》也起了积极的影响。孙伏园在报上公开披露共产党人的政治主张也是煞费周折的。

第二，联系强大的作者队伍，使副刊充满文化的吸引力和战斗力。

对于任何一个报刊编辑来说，能够联系起一个相对稳定而且素质较高的作者队伍，都是作好编辑工作的最可靠的基础。在某种意义上说，编辑的工作效果和质量并不是决定于报刊读者而是首先决定于他的基本供稿作者。这对于文化色彩极浓而又发行疾速的报纸副刊来说尤其重要。孙伏园在这方面就有着极好的组织能力和联络手段。众所周知，鲁迅就曾是孙伏园的一位最忠实最友好的供稿作者。那稿作为我国现代小说经典和具有时代高峰意

义的小说《阿Q正传》,就是在孙伏园的不断催逼之下完成的。鲁迅曾这样忆道:

> 那时我住在西城边,知道鲁迅就是我的,大概只有《新青年》、《新潮》社里的人们罢;孙伏园也是一个。他正在晨报馆编副刊。不知是谁的主意,忽然要添一栏称为"开心话"的了,每周一次。他就来要我写一点东西。
>
> 阿Q的影像,在我心目中似乎确已有了好几年,但我一向毫无写他出来的意思。经这一提,忽然想起来了,晚上便写了一点,就是第一章:序。……
>
> 第一章登出之后,便"苦"字临头了,每七天必须做一篇。我那时虽然并不忙,然而正在做流民,夜晚睡在做通路的屋子里,这屋子只有一个后窗,连好好的写字地方也没有,那里能够静坐一会,想一下。伏园虽然还没有现在这样胖,但已经笑嬉嬉,善于催稿了。每星期来一回,一有机会,就是:"先生,《阿Q正传》……明天要付排了。"于是只得做,心里想着,"俗语说:'讨饭怕狗咬,秀才怕岁考。'我既非秀才,又要周考,真是为难……"然而终于又一章。但是,似乎渐渐认真起来了;伏园也觉得不很"开心",所以从第二章起,便移在"新文艺"栏里。①

这显然是对孙伏园组稿能力和联系作者态度的一种充分的肯定和赞扬。要想保证高层次的作者队伍,编辑必须以诚相待,以礼相待,作为编辑的老爷作风是不行的。孙伏园的这一大功绩,对于当今的编辑欲出精品,也是一种很好的启示。

正因为孙伏园的良好的编辑作风,所以,当时在他周围有一个强大的作者群,而且都是那些新文化运动的精英分子,李守常、瞿秋白、马寅初、吴稚晖、蒋梦麟等均为之撰文。五一、五四时曾发表大量的传播革命思想的纪念文章。1922 年 1 月赵恒惕屠杀湖南劳工会主任干事黄曼、庞人铨,《晨报副刊》发表专稿,由李守常、蔡元培分别写序,指出这是"为劳动阶级第一次流血"。其次许地山、谢冰心、胡愈之、徐志摩、王统照、郑振铎、应修人、李伟森、林玉堂(林语堂)、耿济之、汪静之、孙福熙、沈尹默、疑古(钱玄同)、川岛、冯雪峰、萧友梅、陈大悲、庐隐、傅东华、曹靖华、赵景深、陈铭德、李俊民、许钦文、梁实秋、余上沅、熊佛西、焦菊隐、徐玉诺、愈锟的作品和译文,均在报上发表。冰心的诗《诗的女神》、《繁星》、《春水》、《迷途之鸟》,相当受人注意,并成为中国现代文学史上的重要作品。

第三,为思想自由和个性精神而不懈战斗。

五四时期是一个思想解放的时代,也是人的主体精神得到确立的时代。思想解放和思想自由可以强化人的主体精神与个性意识,而主体意识的充分确立也更需要思想自由的氛围加以人文环境的保障。这是五四精神的一个重要方面,也是新文化传播的一个基本导向。

孙伏园在中学时就是周作人的学生,1917 年经周向陈独秀介绍而就读于北京大学,深受新文化、新思想的影响和浸染,主体意识强烈,思想要求自由。1924 年,孙伏园在主编《晨报副刊》三年多之后,因一编辑擅自抽掉他已编好的鲁迅诗稿《我的失恋》,于是愤而辞职。这一方面是在捍卫鲁迅的声誉,一方面也是维护自己的主编权益,同时也是在坚持自己的主体精神。

随后,由孙伏园动意和策划,由鲁迅、周作人、孙福熙、川岛等 16 人发动组成语丝社,创办《语丝》周刊。《语丝》虽为单独的杂志,而其特色实际上是《晨报副刊》的延伸,按照鲁迅所说,《语丝》的风格和原则是:"任意而谈,无所顾忌。要催促新的产生,对于有害于新的旧物,则竭力加以排击。"[②]这也正是孙伏园在编辑副刊时的思想自由和形式多样的基本作风。《语丝》的发刊词说得更加明确:“我们几个人发起这个周刊,并没有什么野心和奢望。我们只觉得现在中国的生活太枯燥,思想界太是沉闷,感到一种不愉快,想说几句话,所以创刊这张小报,作自由发表的地方。”“我们所想做的只是想冲破一点中国的生活和思想界的昏浊停滞的空气。我们个人的思想尽自不同,但对于一切专断与卑劣之反抗则没有差异。我们这个周刊的主张是提倡自由思想,独立判断,和美的生活。我们的力量弱小,或者不能有什么着实的表现,但我们总是向着这一方面的努力。”这样的办刊原则显然是很地道很典型的报纸副刊风格。以至后来逐渐形成的所谓“语丝体”,也与报纸副刊常见的文体十分相近。孙伏园曾表示“我们最尊重的是文体的自由”,而在思想内容方面,他所强调的是文化深度和学术分量,绝不是简单地迎合时势和政治,他说:“语丝同人对于政治问题的淡漠,只限于那种肤浅的红脸打进黑脸打出的政治问题,至于那种替政治问题做背景的思想学术言论等等问题还是比别人格外留意的。说得加重一点,倒是语丝同人最热心于谈政治,那种红脸打进做一条评论,黑脸打出再做一条评论的人们才真淡漠于谈政治呢。”③这都足以说明孙伏园与报纸副刊一直是血脉相连的。

到 1924 年 12 月,孙伏园又受聘主编《京报副刊》,这也是一份影响较大的报纸文艺副刊。继续遵循思想自由的原则,发表了大量同封建思想和反动势力斗争的作品,孙伏园还以笔名撰写了大量直接参战的杂文。

注释:

① 鲁迅:《〈阿 Q 正传〉的成因》,《鲁迅全集》第 3 卷,第 378 ~ 379 页。

② 鲁迅:《我和〈语丝〉的始终》。

③ 孙伏园:《语丝的文体》,《语丝》1925 年,第 52 期。

原载《编辑学刊》1987 年第 4 期

中国副刊的革新者孙伏园

——以此纪念他的一百周年诞辰

陈漱渝

只要谈到马克思、恩格斯的生平业绩,人们都不会忘记《德法年鉴》,因为在这份巴黎出版的德文刊物上,发表了马克思的《〈黑格尔法哲学批判〉导言》和《论犹太人问题》以及恩格斯的《政治经济学批判大纲》和《英国状况——评托马思·卡莱尔的"过去和现在"》。正是这些著作,标志着马克思、恩格斯从革命民主主义最终地转到了唯物主义和共产主义。只要提及普希金的《上尉的女儿》、《青铜骑士》,果戈理的《鼻子》,莱蒙托夫的《波罗金诺》,人们也都会想起刊登这些经典之作的俄国《现代人》杂志。

在近现代风云变幻、纵横捭阖的政治斗争中,报刊充分发挥了"鼓风机"和"喉舌"的作用;在近现代色彩纷呈、英俊辈出的文化史上,报刊又为培植文化界的奇花异卉提供了土壤和园丁。因此,研究近现代的报刊史,以及那些呕心沥血、默默耕耘的编辑、报人,就成为了研究整个近现代史不可或缺的组成部分。

在中国现代报刊史上,有这样一位报人:他有着宽阔的前额,炯炯有神的眼睛,略微矮胖的身躯;上唇蓄一排短髭,下巴留一撮山羊胡。他担任《国民公报》副刊编辑时,发表了鲁迅的《自言自语》——这七篇散文,成为了《野草》和《故事新编》中一些不朽之作的雏形。他编辑《晨报副刊》时,对冰心女士予以启示和鼓励,帮助这位当时还充满稚气的女性消除了创作新诗的畏怯心理,催促了中国新诗史上的佳作《繁星》、《春水》的诞生。同样是由于他笑嘻嘻的催促,《晨报副刊》刊出了轰动中外文坛的《阿Q正传》,

为世界文学宝库增添了一颗璀璨的明珠。他编辑武汉《中央日报》副刊时,全文发表了毛泽东的《湖南农民运动考察报告》,正是这篇文献,对中国现当代的历史进程产生了众所周知的影响。抗战期间,他主编的重庆《中央日报》副刊又刊登了郭沫若的五幕历史剧《屈原》。周恩来说:"这个题材好,因为屈原受迫害,感到谗谄之蔽明也,邪曲之害公也,才忧愤而作《离骚》。'皖南事变'后,我们也受迫害,写这个戏很有意义。"蒋介石则气炸了肺,斥责下属说:"怎么搞的,我们的报纸公然登起骂我们的东西了,这不行嘛!"结果,他被赶出了《中央日报》。

我提到的这位报人就是中国新闻史上的前驱者之一——孙伏园先生。他是浙江绍兴人,1894 年生,1966 年去世,今年是他诞生一百周年。

五四运动前后,想在古城北京办一张像样的报纸,并非易事。据孙先生回忆,当时北京的大人物有三个条件:一要办大学,二要办报馆,三要多娶姨太太,而报馆实在比姨太太尤滥。据不完全统计,当时北京共有二百多家报馆,一百家通讯社。由于北洋军阀对言论的钳制(既具封建专制色彩,又有法西斯主义色彩),连报纸也宣言"莫谈国事"。一般民众阅读的是《群强报》、《实事白话报》一类毫无新闻价值可言的消闲小报。各报内容也往往雷同,只有一个报头和一篇社论有所差异,所以一家印刷局有时承印一二十种报纸,把甲报报头、社论撤去,换上乙报的报头、社论,就成了乙报。如法炮制,又成了丙报、丁报。加之当时北京商人不懂广告效应,他们推销商品的主要手段是巴结高门大宅的账房先生,所以报纸很少广告收入,经费难以为继,致使报纸发行量锐减,最少的每天仅发行八份——因为报馆的东家每天仅去七八处茶楼酒肆,所到之处都能看到他办的报纸,也就有一种他的报纸遍天下之感了。

孙先生办报,最大的贡献并不在于增辟副刊,而是改变了副刊的单纯消闲性质。的确,是孙先生将《晨报》第七版改为四开四版单张出版之后，“副刊”二字才首见报端，但副刊性质的印刷品却有着较长的历史。早在1872年，《申报》在新闻之后就附载了诗词。1900年，日本人办的《同文沪报》每天都加印了一张小报——《同文消闲录》。但自从孙先生接编了《晨报》第七版后，才横扫了充斥副刊的低级趣味。

必须指出，孙先生是重视报刊可读性的。他要求副刊消除那种教科书或讲义式的艰深沉闷的弊病。但他同时强调，增强副刊娱乐性的主要手段是使文艺作品成为副刊的主要部分。为此，他大力提倡短篇创作，竭诚提携新进作家。他不以作者名字的生疏作为择稿的标准，尤其不把作者观点与编者本人的异同放在心上。所以，凡是他办的副刊都显得虎虎有生气。他编辑的《晨报副刊》，不但刊登了鲁迅及其他新文学作家的大量作品，而且译介了很多近代世界文学名著。该刊还出版了“马克思纪念专号”、“俄国革命纪念专号”，发表了一些宣传社会主义的文章。他编辑的《京报副刊》，不仅常刊登鲁迅、刘半农、王森然、徐志摩、俞平伯等名家的佳作，而且出现了蹇先艾、鲁彦、尚钺等新人的名字。在这个副刊上，吴稚晖谈国学，周作人谈思想，林语堂、魏建功谈音韵，马叔平谈考古，毛子震谈医学，张竞生谈“美的人生观”，洋溢着活跃的学术气氛。孙先生还在该刊征求《青年爱读书》和《青年必读书》。鲁迅的《呐喊》和《红楼》、《水浒》、《西厢》等古典名著被广大青年公举为爱读书目。《语丝》创刊之初，16名主要撰稿人全都是由孙先生独立邀来的。他“自跑印刷局，自去校对，自叠报纸，还自己拿到大众聚集之处去兜售”（鲁迅：《我和〈语丝〉的始终》，见《三闲集》）。他在《语丝》第12期发表的《亲送〈语丝〉记》，就反映了该刊创始之初的艰辛以及受下层民众欢迎的情况。

1926年11月底，在北伐战争的高潮中，国民政府做出了迁都武汉的决定。翌年2月，孙先生应邀赴汉，出任武汉《中央日报》副刊总编，从1927年3月22日至同年9月1日，共出版159期。这一时期，在武汉政府执政的国民党中央常委汪精卫经历了一条由“联共反蒋”到“反共反蒋”再到“联蒋反共”的道路。在1927年7月汪精卫公开反共之前，孙先生坚持了“批评的，进取的，为民众的，为少年的”编辑方针，除刊登了《湖南农民运动考察报告》之外，还发表了周谷城的《农民运动的新策略》、沈雁冰的《最近苏联的工业与农业》、郭沫若的《脱离蒋介石以后》、周开庆的《北京党案述惨》、腾波的《悼萧楚女同志》等重要文章。该刊还发表了一组苏联的美术作品，总题为《红色的艺术》，其中有一幅取义于《共产党宣言》：“工人所失去的只是锁链，而所得到的则为世界。”当革命前驱李大钊和进步报人邵飘萍被奉系军阀张作霖杀害之后，《中央副刊》陆续刊登了一批悼念文章。孙先生本人也撰写了《京报及邵飘萍先生》、《五一纪念与李守常先生》等文。他不但赞扬李大钊同志是一位蓄着鱼尾须、有着一副永远微笑的仁慈颜面的“绝顶好人”，而且肯定了李大钊同志的远见卓识——在欧战结束之后，有些知识平庸的人认为这是协约国的胜利，有些言辞巧妙的人说这是公理战胜。惟独李大钊同志率先指出这是 Bolshevism 的胜利！孙先生“从心底里发出真的声音：‘为李守常报仇去！’”(《中央副刊》第39号)。著名国民党左派领袖、中国共产党的亲密朋友邓演达对《中央副刊》给予了充分肯定，说他在船上，在车上，在五分钟十分钟短期的行程中间，都要找《中央副刊》来看看。他还特意为该刊撰写了一篇论文：《新艺术的诞生》。蒋汪合流之后，《中央副刊》的版面上一次也未出现孙先生的文章。

孙先生不仅是一位著名报人，同时也是一位独具风格的作家。他除以本名发表作品外，还采用了柏生、柏、孙柏、伏庐、伏、松年等笔名。1921年，他与周作人共同尝试小杂感创作。为杂文园圃增添了一个新的品类。1927年10月，北新书局出版了蔡元培题签的《伏园游记》，内收《南行杂记》、《从北京到北京》、《长安道上》、《朝山记琐》。这四篇游记既描写了沿途风光，也记叙了社会习俗,为现代游记提供了一种新的视角。1929 年 3 月至 1931 年 5 月,孙先生赴法勤工俭学,在远行期间撰写了一批域外游记,其中尤以洋洋四万言的《丽芒湖》最为读者称道。这篇作品构思精巧,文笔绮丽,风格沉着,被誉为“游记体文章的范本”。《自巴黎西行》生动而详尽地记叙了法国西部城市勃勒搭尼(Bretagne)的风土人情,行文时还鞭笞了国民党反动派对革命人民的摧残镇压(“我们中国是,共产党例须杀头,现在大概连上庙烧香也快要杀头了!”)。在清党后的中国公开发表上述文字,没有一定的勇气恐怕也是不行的。

孙先生从法国归来后,应中华平民教育促进会(简称“平教会”)领导人晏阳初之邀,先后出任定县平教会文学部主任和衡山县县长。平教会的宗旨是铲除“愚贫弱私”四大劣根,其途径是以文艺教育救愚,以生计教育救贫,以卫生教育救弱,以公民教育救私。尽管平民教育实践只不过是一种改变旧中国农村面貌的方法研究,只能治标,不能治本,带有明显的改良性质,但平教会成员所作的努力毕竟具有一定的历史进步性。就连毛泽东也曾应聘为长沙平民学校的教师。陶行知、张伯苓、黄炎培等知名人士也是平民教育的支持者。目前闻名全国的定县猪、定县苹果、定县小白杨,都是用当年平教会引进的优良品种栽种、繁殖而成。定县今天能成为无文盲县,也跟平教会“除文盲,做新民”的工作不无关联。

孙先生担任平教会文学部主任期间,组织力量搜集整理了定县大鼓词,指导编写了历史演义,主持编辑了内容包罗万象的平民读物。他还主编了采用注音符号和词类连书方法的《农民报》,深受农民大众欢迎。抗战全面爆发后,孙先生随平教会从河北撤迁湖南,出任平教会的实验县——衡山县县长。他关心民众疾苦,热情宣传抗战,成了闻名遐迩的“模范县长”。他手写石印的《衡山四讲》,留下了这一历史时期的工作记录。抗战时期,孙先生还在贵州、四川担负过平教会的联络工作,出任过重庆政治部文化工作委员会和设计委员会委员，跟共产党人陈翰伯、刘尊棋等共同编辑过进步报刊。

抗战胜利后，孙先生先后在齐鲁大学、华西大学、重庆平教会乡建学院等校执教，担任过成都《新民报》主笔兼副刊编辑。建国后，他跟老舍亲属联袂赴京，应胡愈之之请担任出版总署版本图书馆馆长。1966 年病逝。生病期间，元帅诗人陈毅曾前往探视，共同回忆 20 年代北京文坛的往事。

论及孙先生的生平业绩，还不能不旁及鲁迅。因为孙先生跟鲁迅既有师生关系、作家与编辑的关系，又有在厦门大学、中山大学的同事关系。仅在《鲁迅日记》中，跟孙先生交往的记载就有四百七十余处；其中尤以 1919 年至 1927 年交往最密。1929 年以后，孙先生的名字从《鲁迅日记》中消失，看来跟思想的隔阂和地域的隔阂都有关系。

据《两地书》透露，鲁迅在厦门时期对孙伏园就颇有微词，如 1926 年 10 月 23 日致许广平信中，说孙伏园“似认真非认真，似油滑非油滑，模模糊糊地走来走去，永远不会遇到所谓‘为难’。然而行旌所过，却往往会留一点长远的小麻烦来给别人打扫。”1927 年 1 月 11 日致许广平信，又说包括孙伏园在内的一批人传播他跟许广平的流言。所谓“留一点长远的小麻烦”指的是孙先生把鲁迅的厨师介绍给“陈源之徒”做饭，反遭埋怨。所谓传播“流言”，无非是孙先生说过，鲁迅在北京时，家中不但常来男学生，也常有女学生；其中有两人最熟（指许广平和许羡苏），但鲁迅是爱高的那一个。鲁迅是爱才的，而许广平最有才气。显然，这些话中并不包含丝毫恶意。所以，我们不能把鲁迅的上述文字视为对孙先生的原则性批评，更不能视为对孙先生大节的定评。

当然，我们不应掩饰鲁迅 1927 年 12 月 9 日致章廷谦信中对孙先生的另一批评：“伏园则在办一种周刊，曰：《贡献》（实在客气之至）。又听说要印书，但不知其详，因为极少见。”次年 5 月 4 日致同一人信中又说:“对于《贡献》,藐视者多。”藐视《贡献》,因为它是国民党改组派的刊物。笔者手头无此刊,故求教于鲁研界前辈林辰先生。林老说:“孙先生编辑《贡献》,与他的友人曾仲鸣有关。曾仲鸣后来跟孙氏兄弟合出过《三湖游记》,其舅父即汪精卫。《贡献》除连载过陈公博的文章外,并无其他改组派的文章。孙先生编辑《贡献》的时间不长,而且一直不愿在蒋汪政府中办官报。”我想,无论如何,这总是孙先生生命乐章中的一声噪音吧。

就孙先生这一面而言,对鲁迅一直执弟子礼,始终保持了尊崇的态度,至少未见有任何公开批评。即使在鲁迅不满孙先生传播流言的这封信中,同时也谈到孙先生为许广平出力,谋取中山大学助教之职。孙先生主编《中央副刊》时,连续刊登了鲁迅的演讲词《无声的中国》、《老调子已经唱完》。他称颂鲁迅是“思想文艺界的慧星”,焚烧积污的“火老鸦”,并敦请鲁迅来武汉引导青年做铲除旧势力的工作。孙先生办《贡献》期间,同时编辑了嘤嘤书屋出版的《当代》杂志。该刊第1期就译载了美国巴特勒特(P. M. Bartlett)撰写的《新中国的思想界领袖鲁迅》,对鲁迅给予了高度评价。

1980年5月,湖南人民出版社出版了孙先生的《鲁迅先生二三事》一书。该书以1942年重庆作家书屋出版的同名著作为底本,又增收了作者解放后撰写的四篇文章。编者在《后记》中一方面肯定孙先生的回忆文章“不失为有价值的参考资料”,同时也指出孙先生对鲁迅的思想、作品“理解是并不深刻,也并不准确的”,希望读者以鲁迅倡导的“剜烂苹果”的精神来读这本书。这篇《后记》引起了孙先生亲属的强烈反感,几乎引发一场公开论争。

我想,由于读者立场、水准、爱好各有不同,对同一作品褒贬不一是很正常的事情,无法强求一致。如果从不应求全责备的角度立论,把孙先生这本著作比喻为苹果似无不可。因为这本书跟普天下任何书籍(除开坏书,相当于穿心烂的苹果)一样,有可取之处(好比苹果完好的地方),也有难以完全避免的缺点和局限(跟苹果上的某几处烂疤一样)。但是,如果以"剜烂苹果"为喻,是要说明孙先生的书比其他同类著作缺点更多一些,那也未必。

窃以为,孙先生有关鲁迅的文章有欠准确之处。比如1956年10月17日发表于《北京日报》的《鲁迅和当年北京的几个副刊》一文,说《晨报》代理总编辑刘勉己利用职权抽下了鲁迅的散文诗《我的失恋》,孙先生愤而抽了刘勉己一记耳光,断然辞去了《晨报副刊》编辑的职务。但孙先生1925年12月5日在《京报副刊》发表的《京副一周年》说的是,孙先生因刘勉己的独断专行气得想扇他耳光,但刘勉己不知怎样一躲闪,便抽身走了。显然,事隔一年后的文章比事隔32年的文章在细节上更逼近真实,而且,刊登于《北京日报》的这篇文章文末注明"子禾记",失误的责任也许跟这位记录者不无关系。同样,孙先生的文章也必然会有并不深刻的地方——事实上,是否深刻,从来就没有一定的标尺。

不过,所有的鲁迅研究者都应承认一个基本事实:由于孙先生跟鲁迅的特殊关系,他文章中提供的一些观点和史料也因之具有独特的价值,为其他文章所无法取代。他撰写的《药》、《孔乙己》、《腊叶》、《杨贵妃》等文,都提供了鲁迅本人对创作动机、背景、艺术特点的说明,尽管作家本人的主观思想不能代替作品的客观思想,但这些意见毕竟为我们提供了一把打开这些作品思想艺术宝库的钥匙。1948年,孙先生还写作了一篇鲁迅小说综论——《鲁迅先生的小说》,《星岛日报》1951年12月27日刊登此文时特加编者按,认为此文"见解深邃,分析精辟,实为近年研究鲁迅作品最具权威性的作品"。关于鲁迅任绍兴初级师范学堂校长,赴西安讲学,赴香港讲演,孙先生都提供了第一手资料,弥足珍贵。鲁迅在广州中山大学医科讲演、讲题及内容均佚,惟独在孙先生的回忆中方能窥见一些蛛丝马迹。毫无疑义,只要鲁迅长存,鲁迅研究长存,孙先生关于鲁迅的文字也会长存的。

孙先生在《读〈热风〉》(《京报副刊》332号)一文中,曾引用罗素评论福楼拜尔的话:现在的法国人并不觉得福楼拜尔的思想怎样新奇,这可以证明现在的法国人几乎已经人人分得福楼拜尔思想的一部分了。现在,阅读报纸副刊成为了中国人生活中的有机组成部分,无人感到新奇。这也可以证明孙伏园等中国报业前驱者的劳绩已经被人人分享了。古语云:“尺之木必有节目,寸之玉必有瑕疵。”又云“小疵不足以损大器”。在孙先生一百周年诞辰之际,我勉力写了以上这些文字,聊以表达我对这位“中国副刊之父”的崇敬缅怀之情。

原载《绍兴师专学报》1994 年第 1 期

孙伏园时期的《晨报副刊》

张涛甫

在 20 世纪 20 年代,读书界曾流行“四大副刊”。它们分别是:《晨报副刊》、《京报副刊》、《民国日报》副刊《觉悟》、《时事新报》副刊《学灯》。其中《晨报副刊》的影响力最大、最持久,这中间孙伏园的贡献甚大。在《晨报副刊》的先后几任重要的主编中,孙伏园的名头显然没有李大钊、徐志摩那么显赫,但他主编的“晨副”是最有影响力的。《晨报副刊》在他手中获得巨大成功,其中的促成因素固然很多,比如说时势因素,还有周氏兄弟等大师级人物的热情扶持等。但孙伏园时期的《晨报副刊》的成功主要归功于孙伏园卓越的组织、编辑才能。作为副刊的主编,孙伏园能够把思想文化界这么多大、小人物聚拢在这块小小的园地里,如果没有出色的编辑和协调能力,这是很难胜任的。孙伏园出色的编辑才能曾得到周氏兄弟的高度评价。孙伏园这位杰出编辑将连同他所经营的报刊一起写进历史,在中国现代报刊史上留下一笔重要的精神文化财富。

一 在学理与趣味之间

李大钊主编的《晨报副刊》，注重思想性，理性色彩较浓。这种特色与当时特定的时代背景有关，因为其时正值新文化大行其时的历史时期，人们对新思想、新知识的期待较为强烈，当时有一种不正常的惟新是趋的社会心态。这种社会心态可以从20年代初来华访问的罗素感受中看出，他在给故国写的第一封信里说道：

"自从我登中国岸到现在，经过了最有意思最奇怪的时光。这些时光，完全是周旋在一般中国学生和新闻记者中间。这些人多少都有点欧化的。我给过无数的讲演在爱斯剃恩 Einstein 和教育、社会问题上面。在学生方面是非常急于要得知识的，假若有人给他们讲演，他们的眼光总看着你，如同饥饿的人要吃饭一样。无论在什么地方，他们待遇我都让我很难受，因为是太过分了。在上海的宴会上，他们欢迎如同孔子第二一般。"①在西方哲学家罗素的眼里，中国对西方的狂热崇拜、对西方文化的极度渴求大大超出他的想像。他弄不懂中国人为什么对在他看来已经没落的、千疮百孔的西方文明还如此疯狂崇拜？他更不明白当他试想用东方文明来疗救西方病症的时候，而中国人则从反方向来否定自己的传统文化。

中国人对西学的浓厚兴趣为西学的输入、传播提供了深厚的社会心理基础，没有这一重要的接受条件，西学的大肆涌入也很难有很大市场的。李大钊执编时期，正值新文化界普遍亢奋的时期，社会对西学的兴趣十分高涨，不管理解与否，人们惟西学是趋，惟恐自己落伍于时代。当时，社会舆论已经把社会转型时期的优胜劣汰的紧张氛围渲染起来了，很多人深怕自己成为时代的弃儿，趋之犹恐不及。但是，一旦这种趋新心态冷却下来，人们自然对那些超出他们接受水平线的西方学理产生厌倦心理。

自李大钊改革“晨副”以后,“晨副”就成了新文化者进行现代思想文化启蒙的一个重要阵地,成为传播西方学理,发表新文化启蒙者启蒙言论的现代话语空间,中国现代知识分子将它视为传播真理、传播新知识的重要讲坛,这个公共空间是他们在失去庙堂这一栖身之所以后虚拟的安身立命的广场。他们的才华在此施展,他们的人生和社会价值在此实现。此时的“晨副”因为负载的东西太多:中国现代知识分子把历史转型时期的时代使命贯注到这个副刊上,把这块原来以刊载轻松内容的园地变得十分严肃。虽说“晨副”作为大众传媒,定位和市场均在“大众”,不能像专业性杂志那样太学理化、精英化,但在启蒙声调高亢的历史时期,“晨副”也就被裹挟在历史的漩涡里了。

孙伏园作为“晨副”主编,他意识到“晨副”的杂志化思路、精英化趣味难免会影响到普通读者的接受和理解。他说:日报的副刊,“本以趣味为先”。副刊就是报纸的附张,当以大众为服务目标,因此,应该注重趣味,才能吸引更多人的眼球。但他又说:“在中国今日:特殊情形——教育不发达,一般人没有常识,没有研究学问的兴味——之下,日报的副刊如本刊及《学灯》、《觉悟》,要兼谈哲学科学,自是绝不可少。但是我很希望各种专门或普通的学问,都渐渐地有人起来组织杂志从事研究与传播,使我们日报的附张卸除这个重担,仍回复原来的地位,让人不把他当作讲义读,却把他当作高等娱乐的场所看。”②可见《晨报副刊》摆出一副严肃说教的面孔,也是迫于时代启蒙之需所作的无奈之举。有读者来信说,“晨副”在谈哲学、文学方面东西时,“有些东西太枯燥了”。而这时孙伏园怎么看呢?“我们在斟酌材料的性质、分配分量的多寡时,所依赖的重要依据,第一件自然是我们自己的宗旨,但是第二件就全在观察一般读者的意见。”从上述材料里可以看出,孙伏园确知副刊当以“趣味”为先,并以高雅、健康的趣味为上,但是在介绍和传播哲学、科学、文艺学理的刊物、杂志还不多的情势下，副刊还需勉为其难地承担启蒙的任务。即便有不少读者说这样讲义式地介绍、传播学理令人生厌，但出于启蒙使命计，不能放弃这样的重要工作。

其实，此时的"晨副"还是做了一些调整，"为了这样一个目的，我们遂时时打算羼入有趣的材料"。[③]它很想兼顾副刊的两种功能：启蒙和娱乐。前者偏向于理性，后者偏重于感性。最理想的状态是"启蒙"和"趣味"两全其美，但是两种功能难免会冲突：理性太强，学理偏多，副刊显得枯燥；若副刊以"趣味"为本位，对学理的传播就会削弱，让新文化的重大启蒙使命从"晨副"中淡出，这又是作为新文化人物孙伏园以及"晨副"的支持者，包括一部分倾向于现代启蒙的读者不愿意的。孙伏园的策略是：鱼与熊掌兼得。他所采取的办法是：增加文艺在副刊中的比重，同时，文笔也尽可能活泼多姿。

二　多元化的办刊思路

孙伏园主编的"晨副"非常富有活力，内容十分丰富、精彩。这小小的园地却是一个大世界，我们称之为现代知识分子的"公共空间"。这里所说的"公共空间"应该这样理解：这里的主角是中国现代知识分子，他们是那些从传统的"庙堂"中解放出来的"自由"知识分子，他们与传统知识分子不同的是，不再依附于政治权力，尤其是封建君权。在政治权力之外，他们有自己的另一片生存空间，有相对独立的意识，可以在某种岗位上靠传播知识安身立命。这里的"公共空间"并不是指西方社会中建立在"市民社会"基础上的依靠相对稳固的制度或法律保障的西方式"公共领域"，即哈贝马斯理论中所描述的那种理想化的"公共领域"[④]，中国现代"公共空间"的产生是在中国几千年封建历史终结之后，在西方现代民主思潮的冲击、刺激下，出现在历史文化大转型时期，在中国知识分子从传统庙堂禁锢中解放出来寻求自己出路和民族解放之路的非常时期。出于中国没有西方那样悠久的自由、民主传统作支撑，没有稳定的制度保障和有效的法律保证，中国现代知识分子的话语空间存在着先天不足，其存在的形式和历史脉络很不稳定。五四新文化运动之际，出现过短暂的黄金时代，但是很快就走向衰弱和分化。“晨副”这块阵地算是发育得相对健全的，尤其是在孙伏园主持的时期。在这个以知识分子为主体的话语空间里，人们可以自由发言，各抒己见。用胡适的话说，就是用“评判的态度”，“重估一切价值”，可以怀疑一切成见，并在怀疑中创造。“晨副”这样的自由的公共空间在孙伏园执编时期是最丰富的，最富有生机活力的。

多元化是保证这种自由公共空间的必要条件。

多元化主要指的是思想文化的多元化。“晨副”绝不成为某一思想的专场舞台，它尽可能地让各种思想都有充分展示的空间。五四时期，西方的各种思潮纷纷涌入中国，激活了中国知识分子的理性思维，在西学的刺激之下，知识分子的思想空前活跃，思想界的声音也多元起来。从思想内容来看，“晨副”包容的东西比以前更丰富多彩了。

启蒙仍是这时期“晨副”的主题。但是这时期“晨副”的启蒙思路与以前不同。以前的启蒙流于理念说教，作“填鸭式”灌输，而这时期的“晨副”立足中国现实，踏实而讲求效果。同样是输入西方学理，不是为学理而学理，而是针对中国启蒙之需，有针对性地进行介绍和研究。孙伏园具有敏锐的问题意识，善于把握现实文化语境中需要关注的问题，善于捕捉社会心理的细部感应。他既有全局眼光，又有明察秋毫的敏锐感觉。传播西方现代思想，是“晨副”的重要任务之一，面对眼花缭乱的西方各思想学说，如何选择？孙伏园主要是从中国现实需要出发，有针对性地介绍。比如罗素思想在中国的传播和接受经历,就能说明这一点。罗素是英国著名的经验主义哲学家,也是一个和平主义者和社会主义者,同时又是一位积极入世、富有良知的知识分子。第一次世界大战把人类推向了灾难的深渊,资本主义的罪恶本性充分暴露出来了。作为一位有责任感的知识分子,他开始探寻资本主义制度以及西方文明的根源性问题,寻找解决人类危机的出路。1920 年 10 月 12 日他来到中国,在中国作了历时 10 个月的访问,他到过中国的许多地方,亲眼目睹了文明古国的落后的政治、经济状况以及古朴的文化风习,令他感触尤深。他在中国作了多次公开讲演,他在北京作了 5 次学术讲演:(1)《数理逻辑》;(2)《物的分析》;(3)《心的分析》;(4)《哲学问题》;(5)《论社会的结构》。这些讲演稿在"晨副"多有登载。罗素的《社会改造原理》由余家菊翻译,连载于 1920 年 4 月 5 日 ~8 月 13 日《晨报副刊》。对于罗素的哲学理论,中国人可能不易理解。但启蒙者认为,必须对广大民众进行思维训练,教他们如何认识事物,理解世界的根本性问题,这样做目的是为了要普通民众换一种脑筋,即学会以西方人科学、理性的思维方式去观察、思考、解决问题。从这样深层的思想文化启蒙着眼,新文化启蒙者认为,介绍、传播名满全世界的大哲学家罗素的哲学理论是十分必要的。"晨副"不厌其烦地连载罗素的抽象理论,概在于想用罗素的认识论,给人们提供一种认识世界的方法论。罗素建议中国人抛弃幻想,超越经验,用现代的科学方法去整合知识,最终组织成一种知识体系,有了这种思想理论,就可以超越传统经验的局限,把人们的主观世界与眼前发展中的客观世界联系在一起。因为罗素的哲学,是在现代社会背景中产生的,结合了现代的知识和智慧,具有科学主义色彩,颇能迎合新知识界的启蒙诉求。

"晨副"给人们提供发表意见的空间和平台,并让这些言论在这样的思想文化"公共空间"里自由交流与争鸣。"晨副"没有人为地倾向于哪一方，即使编辑自己有倾向性，也尽可能不让个人的倾向主宰整个刊物。比如说，孙伏园对苏俄革命存在误解，他认为在“各种主义之中，最容易来中国而且最足为中国人之害者，我看莫过布尔塞维克了”。他认为目前中国最切要的问题是“没有人的自觉”，“怎样能使中国人的脑筋中对于现状发生问题？”⑤孙伏园的这些倾向性意见并不影响“晨副”对马克思主义、苏俄十月革命及其中国马克思主义者的观点的介绍与传播。例如，李大钊在“晨副”上发表了很多此类文章，诸如《十月革命与中国人民》、《国际的资本主义下的中国》等，也有瞿秋白的苏俄游记，高君宇的《“赤色帝国主义”么？》等文章，对于这些和主编观点倾向存在明显分歧的文章，孙伏园并没有因思想不合，就不刊布这些文章，不给它们发言的空间，剥夺其言论权利，事实上，副刊给这些思想言论提供极为广阔的表现舞台。孙伏园坚持五四时代的启蒙思想，精心守护着这块思想文化“公共空间”，使得中国现代知识分子有机会在这样的语境里从事新文化建设工作。

经过现代思想启蒙，中国新文化界的问题意识给唤醒了，人们开始用怀疑、理性的眼光重新估价一切价值，不再信奉传统经典、教条、观念和习俗、成见，用新的眼光审视历史与现实。不管他们能否最终解决问题，但都怀有努力探求、解决的冲动和自信。“晨副”较为具体地再现了知识界的这种思想文化状态。在当时知识界，人们的思想相当活跃、自由，我们从中可以看出，中国现代知识分子表现了前所未有的创造力和参与热情。他们对中国的政治、经济、文化、教育，对人类的前途，中国民族自身的命运，还有人生的意义，个人的生存状态等都投入了极大的热情。他们关注的内容相当宽泛，有宏观的，有微观的，有抽象的玄思，也有具体的方案。问题林林总总，人们对问题的看法也就千差万别。“晨副”上的争论尤其多，而且争鸣的空气相当热烈。著名的有“科玄论战”，“爱情定则”讨论，新文化与“学衡”派的争论，“国语问题中的一个大争点"讨论,关于"丑字"入诗的讨论,关于"社会主义"论争,"问题与主义"大争论,关于"翻译"问题讨论等等,大大小小的论争、讨论一波接一波。每次讨论,卷入讨论的有著名的思想文化精英,也有一些初出茅庐的学界新手。讨论的主题有宏大主题,如"科学与人生观"论战,即"科玄论战",也有细小的技术性的问题,如关于"丑字"入诗的讨论。

"晨副"集中了知识界多种声音,在一种宽松的言论空气中探讨学理,发表对国家、社会、人生、文学的看法。这种宽松的舆论空间的获得,一方面固然是由于当时北洋政府只顾忙于派系斗争,地方割据,穷于应付自身势力的稳固,而对思想文化控制有所松动;另一方面,也是由于被现代意识唤醒的中国知识分子,始终不放弃努力,为争取自由权利作不懈斗争。没有知识分子的斗争和争取,这种"公共空间"也不可能存在,即使存在,也不可能维持、巩固下来。这与知识分子有意识地培育这种自由言论空间是分不开的。同样是新文化刊物,后来的《新青年》、《每周评论》都因为知识分子有意识地介入政治,失去了"公共空间"赖以存在的自由语境,它们后来成为带有鲜明政治倾向的党派刊物。"晨副"能够把具有不同思想背景的人物聚拢到一起,除了有周氏兄弟以外,还拉来了很多时贤才俊加盟助阵,诸如梁启超、蔡元培、张君劢、张申府、丁文江、徐彦之、胡适、章士钊、李大钊、钱玄同、李石曾、吴稚晖、余上沅、徐志摩、王统照、许钦文、冰心、林语堂、江绍原、许地山、甘蛰仙、石评梅等。可以说是荟萃了当时新文化界的精英,群星璀璨。"晨副"虽说版面不大,可有一种涵容万相的大气度和眼光。只要有益于中国现代思想文化建设,不管其思想背景、人格个性、写作风格甚至政治背景如何,都可以在"晨副"这个空间发表声音,均可以加入到这个活跃的思想文化舞台上展示自我。孙伏园能够在五四新文化趋于落潮的历史背景下,把这块舆论阵地经营得如此充满活力,为继承五四新文化传统做出了十分重大的贡献。这些活跃在“晨副”上的人物，其中一部分人在“晨副”语境之外，可能完全是另一种角色，比如像李大钊、陈独秀、瞿秋白、李石曾、吴稚晖、张君劢、徐志摩等，但当他们各自以个人角色进入“晨副”这个公共话语空间的时候，其思想仅仅是多元中的一元，不带主流色彩，他们的观点仅仅代表了一种思想，在“晨副”中不能占据强势地位。“晨副”给每个人的话语权是平等的。“晨副”在五四之后的风雨飘摇的历史时期，在“救亡”压倒“启蒙”的时代呼声之下，它能够坚守五四启蒙传统，为中国现代知识分子精心守护着一块难得的思想文化领地，它的思想文化史意义怎么肯定也不算过誉。

三　文艺是趣味的佐料

孙伏园主编的“晨副”，对中国新文学的贡献巨大，这常为文学史家及新闻史家所津津乐道。

文艺是“趣味”的重要源泉。孙伏园加大文艺的比重。周作人在《读报的经验》一文中说，他拿到报纸，主要是读“附刊”，“附刊”中他最喜欢的内容有二：杂感和文艺。在孙伏园主编的副刊里，有一半的内容是文艺，文艺往往表现的是著者的情思。读者在阅读文本的时候，会从中得到思想的启迪，情绪的感染，审美的娱乐。“晨副”中文艺方面的内容十分丰富，译、著兼俱，而且多有佳作。既有名家赐稿，也有新手试笔。副刊没有围墙，开放式办刊，各种风格都可以显露风采。

“晨副”在培养、提携、呵护新进作家方面可谓是不遗余力。“‘每每想在青年社会中访求几位新进作家’。所以越是生疏的名字，他们作品越惹我的注意。”“编者对于新进作家持有这种迫切的希望，那么因为作者名字不熟悉而将他的稿件丢在字纸篓不看，这种事一定决不会有。”冰心、许钦文等作家都是经“晨副”一手培养起来的。冰心先是在“晨副”发表“问题小说”引起文坛注目，后又以《繁星》、《春水》系列小诗名扬文坛，后继之以《寄小读者》通信体散文给“冰心热”推波助澜。茅盾在《中国新文学大系·小说集导言》，朱自清在《中国新文学大系·诗歌集导言》，郁达夫在《中国新文学大系·散文集导言》中分别对冰心的小说、诗歌、散文创作给予了很高的评价，可见冰心在新文学史的地位。许钦文的第一篇文章《参观女高师第十四周年纪念游艺会记》发表在1921年11月16日《晨报副刊》“论坛”栏里，无甚影响，及至他发表小说《传染病》时，[7]引起了不少人的注意，这篇小说以朴实的笔致描写社会下层生活，很快引起了鲁迅的关注。此后，经孙伏园介绍，许钦文与鲁迅开始交往，情谊渐深。鲁迅对许钦文的创作影响很大，许钦文说鲁迅是他的“私淑老师”。[8]可见许对鲁迅的感激之情。鲁迅对许钦文在文艺创作上的指导尤其细致，鲁迅的小说《幸福的家庭》的副标题是“拟许钦文”，从中可见鲁迅对许钦文这一作品的欣赏。他在《〈幸福的家庭〉篇末附记》里这样写道：“我于去年在《晨报副刊》上看见许钦文君的《理想的伴侣》的时候，就忽而想到这一篇的大意，且以为倘用了他的笔法来，倒是很合适的；然而也不过单是这样想。到昨天，又忽而想起来，又适值没有别的事，于是就这样的写下来了。只是末后，又似乎渐渐的出了轨，因为过于沉闷些。我觉得他的作品的收束，大抵是不至于如此沉闷的。但就大体而言，也仍然不能说不是‘拟’。”许钦文那些描写社会底层人们生活苦痛的小说，细腻但有时流于琐屑，艺术提炼尚显不足。及至那些“乡土小说”创作，许钦文开始把描写人物对命运的挣扎与愚昧、昏暗的乡土环境结合起来，表现出他艺术上的突破。

1923年6月《文学旬刊》创刊，这是《晨报副刊》设立的专门性文艺旬刊。主编是王统照，他的《本刊的缘起及主张》公布了办刊宗旨：“我们所以要在灰色围城中办这个旬刊，却是愿同努力于文学的朋友提携，愿为中国新文学尽些微贡献的力量，这便是本刊的缘起。""至于主张,助我们几个人对于文学上的各种派别,对于所争执问题,我们绝没有偏见与任何一方的倾向。""对于文学批评所持的态度,以商榷为主","对于发表创作上,也应视其艺术的如何为准,绝不有所偏至"。"然对于反文学的作品,盲目的复古派与无聊而有毒害社会的劣等通俗文学,我们却不能宽容。"《文学旬刊》是一个比较纯粹的文艺性刊物,它不像"晨副"内容驳杂,注重思想性和趣味性的兼得,"晨副"因是日刊,又得兼顾多元,因此,要做到面面俱到,各项兼胜,也实非易事。《文学旬刊》从"晨副"中生长出来,为文艺辟了一块"自己的园地",确实有利于文学自身的成长。该刊每十日一期,力求精萃,集理论、文艺批评、创作、翻译于一体,办出了特色,构成了"晨副"另一美丽的风景。

四　于细微处见精神

"晨副"设置了一些与普通民众生活贴近的栏目,如设置有"开心话"和"星期讲坛"等栏目。"开心话"往往讲述一些令人解颐、让人开心的故事,使得读者在轻松的气氛中享受一些思想启迪或感兴。这些故事可以就近取喻,也可以"无中生有",总之,要让人开心而又不流于媚俗。比如鲁迅的《阿Q正传》先被放在此栏里,小说起首一节,可以说极尽调侃之能事。小说戏拟中国传统史传体例与文法,但又消解了正史的权威,而小说主人公阿Q就是在这被解构的历史中出场的。小说到了下一节的时候,就被安排在"新文艺"栏里了,可见编辑也意识到《阿Q正传》与中国传统讽刺小说"性质很是不同",因为《阿Q正传》的讽刺为"中国历代文学中最为少见","因他多是反语(Irony)"。"Irony"现多译作"反讽",这传统源自于国外:"其中以俄国戈果理与波国的显克微支最为显著,日本的夏目漱石、森欧外两人的著作也留下不少的影响。"⑨《阿Q正传》的故事愈到后来愈显得沉重起来,它开始关注中国"国民性"的主题,背叛了"开心"的初衷。不过,"开心话"还会有他人来接续轻松活泼的话题。

宏大叙事是五四时期惯常的叙事策略。当时,人们普遍对那些宏观性的政治、国家、民族、社会、思想文化等宏大主题充满兴趣,比如,人们十分关注像科学、民主等宏大问题,对"主义"情有独钟,而对小问题则不甚关注,对一些基本的常识性问题多有忽视。这就造成了这样的后果:五四思想文化运动表面上轰轰烈烈,但是实际上没有把现代思想文化根须扎得很深、很细。不过,"晨副"却与时潮不同,它在小问题上用力很深,这构成了它异于其他报刊的一个十分重要的特色。比如其中的"星期讲坛",从人们日常生活中寻找话题,比如《科学与吃饭》、《科学与常识》、《星期日怎么过法?》、《星期日的短旅行》,《说卫生》、《游戏的重要》、《人生的价值》、《体操的解释》、《信仰》等文章,选题切近人们日常生活,但是又不拘泥于生活表象,它们是用现代知识来解释、探究人们眼前的社会生活。既立意高远,终极目标是启蒙,但它们立足现实,贴近民众生活,不做高头讲章,作放言空谈,把启蒙思想落到实处,从点滴、具体起步。这种耐心、细致的启蒙策略应该说是孙伏园办刊的又一高明的思路,这种思路可以把启蒙主题从广场拓展到民间,同时,也可以增强副刊的趣味性。这些文章向人们传播现代常识和知识。比如,余幼尘的一篇《衣服》文章里就含有十分丰富的现代常识。该文列举了衣服的以下功用:调节体温、防御尘埃、防御外伤、被覆裸体。文章还说明了关于衣服的其他一些知识:通气度、湿润、吸湿作用、染色、污染、形状等。[10]有人在"卫生谈"专栏里不厌其烦地向人们介绍西方的卫生常识和知识,作者的动机相当明确:"我的得力于西法卫生,乃是从绝对信赖西医的学理。我总盼望西洋医药学的普遍学理,能够家喻户晓。"[11]很多文章出自于孙伏园自己的手笔,比如他在《游戏的重要》一文就批判了中国传统游戏的劣根性,提倡"一种积极的游戏"。他尖锐地指出“中国人是最不能了解游戏的意义的民族”⑫。孙伏园所提倡的“游戏”其实是一种现代意义上的游戏观，在中国的古代历史中，虽然也有游戏，但只是一种病态的游戏，不是放纵，就是虚伪的做戏，那种真正有益于身心健康的游戏往往是欠缺的。孙伏园的观点不能说全然成立，但他对中国传统游戏的批判却很到位。游戏是人们日常生活中不可缺少的调剂活动，孙伏园从人们的日常生活入手，寻找启蒙主题，做这种工作可能为那些追求高蹈热闹者所不屑，但这种启蒙可能关涉到广大民众的思想意识改造命题，因而显得十分重要，当然做起来更加艰辛。在社会中流行“根本解决”的主旋律的语境中，这种于“细微处见精神”的启蒙思路就尤其显得可贵。

注释：

① 《晨报副刊》1921 年 3 月 5 日。

② 《晨报副刊》1922 年 11 月 11 日，署名“记者”。

③ 同上。

④ 哈贝马斯：《公共领域的结构转型》，上海：学林出版社，1990 年版。

⑤ 伏庐：《俄国革命纪念日杂感》，《晨报副刊》1922 年 11 月 7 日。

⑥ 《编余闲话》，《晨报副刊》1923 年 4 月 10 日，署名“记者”。

⑦ 《晨报副刊》1922 年 11 月 27 日 ~ 19 日。

⑧ 许钦文：《“鲁迅日记”中的我》，杭州：浙江人民出版社 1979 年版。

⑨ 鲁迅：《阿 Q 正传》，《晨报副刊》1922 年 3 月 19 日，署名“仲密”。

⑩ 余幼尘：《衣服》，《晨报副刊》1922 年 7 月 29、30 日。

⑪ 陈颂平：《卫生经验谈》(六)，《晨报副刊》1922 年 10 月 19 日。

⑫ 《晨报副刊》1921 年 11 月 27 日，署名“松年”。

原载《江淮论坛》2004 年第 2 期

存目

姚香山 《孙伏园主编〈晨报副刊〉》

《编辑记者一百人》,学林出版社 1985 年

王德林、裘士雄 《〈阿 Q 正传〉的催生者——孙伏园》

《西湖》1983 年第 11 期

高全林 《编辑·作家·战士——纪念孙伏园先生》

1987 年 9 月 18 日《人民日报》

冼惠敏 《“副刊大王”孙伏园》

1991 年 1 月 9 日《新闻出版报》

吴小美、樊亚平 《理性启蒙中的〈晨报〉副刊——〈晨报〉副刊研究之二》

《兰州大学学报》1999 年第 4 期

邹韬奋

邹韬奋(1895～1944),祖籍江西余江,生于福建永安。原名恩润,笔名韬奋。1921年上海圣约翰大学毕业后,应黄炎培之邀,任中华职业教育社编辑股主任,主编《教育与职业》月刊。1926年接任《生活》周刊主编,对刊物内容进行大胆改革,关心社会问题,重视刊物与读者联系,倡导为读者服务。1931年,日本帝国主义发动侵略中国的"九一八"事变,韬奋靠近中国共产党,反对国民党的不抵抗政策,投入抗日救亡运动。他主编的《生活》周刊发表了大量宣传抗日、呼吁爱国主义的文章,刊物最初发行几千份,逐渐猛增至15万份,是当时发行量最大的期刊。1932年,创办生活书店,出版许多进步书刊。1933年,不顾国民党反动书局威胁,加入中国民权保障同盟。后因国民党的迫害,被迫流亡国外,曾先后在英、美、苏联等国进行社会考察,并研读马克思主义著作,在途中写出了《萍踪寄语》、《萍踪忆语》等著作。1935年回国后,在上海创办《大众生活》周刊,1936年被迫去香港,创办《生活日报》、《生活日报星期增刊》,继续宣传抗日。同年8月回上海,主持《生活星期刊》,并任上海文化界救国会和全国各界救亡联合会执行委员。11月间,与沈钧儒等6人被国民党政府逮捕入狱,时称“七君子事件”。1937年7月获释后,在上海创办《抗战》三日刊。1938年被国民党政府聘为国民参政会参政员,并主编《全民抗战》。同年10月赴重庆,宣传抗战,其所办书店和刊物屡遭查禁。1941年2月,又被迫出走香港,5月在香港恢复《大众生活》周刊。日军侵入香港后,他于1942年1月转入广东东江游击区,11月到达苏中抗日根据地,随后又赴苏北抗日民主根据地。1944年7月在上海病逝。

邹韬奋是一个伟大的爱国主义者,著名的政治活动家。他一生热爱祖国、热爱人民,在他病危之际,在遗嘱中还发出“心怀祖国,惓念同胞……最后一次呼吁全国坚持团结抗战,早日实行真正的民主政治,建立独立自由幸福的新中国”誓言,并请求加入中国共产党。中国共产党中央委员会接受他在遗嘱中的申请,追认他为中国共产党党员。邹韬奋逝世后,毛泽东同志高度评价了邹韬奋的一生,并题词:“热爱人民,真诚地为人民服务,鞠躬尽瘁,死而后已,这就是邹韬奋先生的精神,这就是他之所以感动人的地方。”

邹韬奋是杰出的新闻记者和编辑出版家。他一生以“文章报国”为职志,“永远立于大众立场”。他创办多种报刊。他倡导“生活精神”,“竭诚为读者服务”;传播进步文化,适应进步时代的需要,推动国家民族走上进步大道。他坚持办刊物要有突出鲜明个性,熟知读者需要,重视读者来信,对文稿的选择和编校极为严格;正确处理事业性与商业性的关系,实行科学的人文化的管理,对我们今天的出版工作均有重要借鉴意义。

邹韬奋的主要著作均收入人民出版社1995年出版的《邹韬奋全集》(14卷)中。

本刊* 与民众

邹韬奋

本刊动机的重要说明

什么是民众？这虽没有一定的界说，我以为搜括民膏摧残国势的军阀与贪官污吏不在内；兴波作浪，朝秦暮楚，惟个人私利是图的无耻政客不在内；虐待职工，不顾人道主义的惨酷资本家不在内；徒赖遗产，除衣食住及无谓消遣以外，对于人群丝毫无益的蠹虫也不在内。除此之外，一般有正当职业或正在准备加入正当职业的平民都在内；尤其是这般人里面受恶制度压迫特甚的部分。

农人的苦生活，工人的苦生活，学徒的苦生活，乃至工役的苦生活，女仆的苦生活……都是本刊已载过的材料，也就是本刊替民众里面最苦的部分，对于社会的呼吁。

生活本包括物质与精神两方面；物质不能满意，精神当然不能满意；但我们以为欲群策群力的向前奋斗，须要养成兴致淋漓，对于奋斗有乐此不疲的精神，换句话说：一面要与恶环境奋斗，同时自己又须保存其浓厚兴趣，才能继续不断的向前干去，所以我们困苦奋斗之际，仍宜极力提倡愉快的精神。这种愉快的精神是积极的，不是消极的；是前进的，不是保守的。也就是本刊上期所载孙中山先生革命失败数十次，仍本其兴会淋漓的精神向前干去，不存着"想当年"的悲观念头。

说到全国大多数民众的利益，我们以为"力求政治的清明"，与"实业的振兴"，都是根本要策。所以我们痛恶虐待职工不顾人道的

---

* 本刊系指《生活》周刊。——编者注

惨酷资本家;而对于优待职工热心群众利益的实业家,却表同情。

至于文字方面,本刊力避"佶屈聱牙"的贵族式文字,采用"明显畅快"的平民式的文字。

总之,本刊的动机完全以民众的福利为前提,今后仍本此旨,努力进行。而且本刊向来的态度是尽量容纳读者的意见,不但读者通信栏专为此而设,即其他文字,凡来稿之有价值有趣味而与此旨相合者,无论意见或有异同,无不公布以作公开的讨论,今后仍本此态度,容纳民众之意见,使本刊对于民众有相当的贡献。

(十六,三,二十七。)

选自《韬奋文集》第1卷,生活·读书·新知三联书店1956年

"生活"周刊究竟是谁的?

邹韬奋

"生活"周刊承社会不弃,最近因销数激增,来登广告的也与日俱增,大有拥挤不堪的现象,编者有时碰到朋友,他劈头第一句就说:"好了!'生活'周刊可以赚钱了!"这句话很引起我的感触,就是"生活"周刊替谁赚钱?"生活"周刊赚钱何用?再说得直截了当些,就是"生活"周刊究竟是谁的?

要回答这个问题,编者先要说明我们办这个周刊的方针和态度。

我们办这个周刊,心目中无所私于任何个人,无所私于任何机关,我们心里念念不忘的,是要替社会造成一个人人的好朋友。你每逢星期日收到这一个短小精悍的刊物,展阅一遍,好像听一位好朋友谈谈天,不但有趣味,而且有价值的谈天;你烦闷的时候,想想由

这里面所看见的三言两语，也许可以平平你的心意，好像听一位好朋友的安慰；你有问题要待商榷的时候，握起笔来写几行寄给这个周刊，也许可以给你一些参考的意见，好像和一位好朋友商量商量。

我们办这个周刊不是替任何个人培植势力，不是替任何机关培植势力，是要藉此机会尽我们的心力为社会服务。求有裨益于社会上的一般人，尤其注意的是要从种种方面引起服务社会的心愿，服务所应具的精神及德性。

一个人光溜溜地到这个世界来，最后光溜溜地离开这个世界而去，彻底想起来，名利都是身外物，只有尽一人的心力，使社会上的人多得他工作的裨益，是人生最愉快的事情。讲到编者的个人，不想做什么大人物，不想做什么名人，但望竭其毕生的精力，奋勉淬砺，把这个小小的周刊，弄得精益求精，成为社会上人人的一个好朋友，时时在那里进步的一个好朋友。

我们深信天下无十全的东西，最要紧的是要有常常力求进步的心愿，本刊决不敢说自己已经办得好，决不敢自矜，而且我们常常觉得自己有许多缺点，所堪自信者，即此常常力求进步的心愿。所以有指教我们的，我们极愿虚心领受，务使本刊的缺点愈益减少，优点愈益加多，不过对于无诚意的断章取义的谩骂，我们只得行吾心之所安，不与计较。我们以为做人的态度应该如此，办出版物的态度也应该如此。

根据上面所说的方针和态度，所以本刊因销数激增而广告涌进所得的收入，都尽量的用来力谋改进本刊的自身，由此增加读者的利益，由协助个人而促进社会的改进，试举几个较为显著的具体的例。本刊初办时每期不过一张，自第3卷31期起，每期加至一张半，价目照旧，其中虽有一部分地位用来登广告以资挹注，但材料较前增加，固为显著的事实，材料内容，亦较前更求精警，现在稿费比一年前已增加至三倍以上，也是本刊努力增进“质”的方面的一端，原拟自本期起，包皮纸改阔，包皮纸上用的签条原用油印，均改用铅印,现因赶印不及,将于下期实行,此层因销数之多,支出方面当然大增,惟前用油印,邮寄中途易于糊涂,每易辗转遗失,为求稳妥计,积极改善,惟力是视。此外自设“读者信箱”以来,发表于本刊的来信,因限于篇幅,为数不多,而每日收到来信商榷各种问题的,目前平均总在四五十封以上,其数量且与日俱增,都要分别函复,虽邮资所费殊巨,而我们尽其所知,或代征专家意见,竭诚答复,认为是辅助读者的一个途径,也是做“好朋友”的义不容辞的一件事情,是我们觉得很高兴做的。

上面随便举出的几件事,我们都认为是分内事,毫无自以为功的意思,不过我们的意思是要表明“生活”周刊是以读者的利益为中心,以社会的改进为鹄的,就是赚了钱,也还是要用诸社会,不是为任何个人牟利,也不是为任何机关牟利。

这样看来,“生活”周刊究竟是社会的。

（十七,十一,十八。）

选自《韬奋文集》第1卷,生活·读书·新知三联书店1956年

“生活日报”创刊词

邹韬奋

无论办什么定期刊物,或是周刊,或是日报,都有创刊号,在创刊号里都有创刊词,几乎成了惯例,毫无足奇的了。但是我们叙述这篇创刊词的时候,却感觉到非常严重的情绪和非常重大的责任;这是因为本报的产生正在中华民族危急存亡最迫切的非常时期。在这样的非常时期,凡是中华民族里面不愿做奴隶的每一分子,都有他的对于民族应负的特殊任务,在舆论界服务的报人们同样地

也有着他们的特殊任务。

普通社会一般人给与报人的头衔,叫做“民众喉舌”。我们不必讳言世上尽有报人做豢养他的主子的“喉舌”,和民众恰恰立于敌视的地位;但是就原则上讲,报人应该是“民众喉舌”,那却是无可疑的。平时这样,在非常时期更应该这样。同人愿以自勉的第一义,便是以全国民众的利益为一切记述评判和建议的中心标准。

本报的两大目的是努力促进民族解放,积极推广大众文化,这也是从民众的立场,反映全国民众在现阶段内最迫切的要求。

全中国民众在当前所焦思苦虑、梦寐不忘的,是争取中华民族的平等自由,是要避免亡国奴的惨祸。我们做中国老百姓的人们,不管张三李四,不问何党何派;在行动上抗敌救国的便是全国民众的好友,在行动上降敌卖国的便是全国民众的仇敌;今日在事实上表现抗敌救国的是友,明日在事实上降敌卖国,就即时是敌,“敌乎友乎”,全以是否在行动上或事实上抗敌救国为转移。我们认为须用这样的态度,从各方面扩大民族解放的阵线。

其次我们要郑重指明的是民族解放的斗争是大众的事情,不是少数人的事情;和某一国内的少数特权阶层对别一国内的少数特权阶层争夺少数人利益的斗争是不同的,和某一军阀对另一军阀的争夺个人利益的斗争是不同的。民族解放运动所争取的是民族大众的利益,所以必须唤起民众,共同奋斗,揭破汉奸理论的麻醉,制裁汉奸疯狂的行为,灌输抗敌救亡的知识,指示抗敌救亡的实践。我们要民族解放运动获得广大巩固的基础,必须积极推广大众文化,使大众集中力量对民族的内外敌人作无情的坚决的猛攻与扫除。

我们要就纯粹民众的立场,力求这两大目的的实现。

(二十五,六,七。)

选自《韬奋文集》第1卷,生活·
读书·新知三联书店1956年

聚精会神的工作

邹韬奋

现在请再回转来谈谈“生活”周刊。

关于“生活”周刊，我在《萍踪寄语》初集里也略为谈到，也许诸君已知道大概了。这个周刊最初创办的时候，它的意旨和后来的很不相同，只是要传播传播关于职业教育的消息罢了。当时我对于这件事并不感到什么兴趣，甚至并不觉得这周刊有什么前途，更不知道我和它后来会发生那样密切的关系。在事实上当时看的人也很少。大概创办了有一年的光景，王志莘先生因入工商银行任事，没有时间兼顾，职业教育社因为我原担任着编辑股主任的事情，便把这个周刊的编辑责任丢在我的身上。我因为职务的关系，只得把它接受下来。当我接办的时候，它的每期印数约有二千八百份左右，赠送的居多，所以这个数量并不算多。我接办之后，变换内容，注重短小精悍的评论和“有趣味、有价值”的材料，并在信箱一栏讨论读者所提出的种种问题。对于编排方式的新颖和相片插图的动目，也很注意。所谓“有趣味、有价值”，是当时“生活”周刊最注重的一个标语。空论是最没有趣味的，“雅俗共赏”的是有趣味的事实。这些事实，最初我是从各种英文的刊物里搜得的。当时一则因为文化界的帮忙的朋友很少很少，二则因为稿费几等于零，职业教育社同人也各忙于各人原有的职务，往往由我一个人唱独脚戏。最可笑的是替我自己取了六七个不同的笔名，把某类的文字“派”给某个笔名去担任！例如关于传记的由甲笔名专任，关于修养的由乙笔名专任，关于健康的由丙笔名专任，关于讨论的由丁笔名专任，关于小品文的由戊笔名专任，以次类推。简单说来，每个笔名都养成一个特殊的性格。这倒不是我的万能，因为我只能努力于收集合于各个性格的材料，有许多是由各种英文刊物里搜得的。搜求的时候，却须有相当的判断力，要真能切合于读者需要的材料。把材料搜得之后，要用很畅达、简洁而隽永的文笔译述出来。所登出的材料往往不是整篇有原文可据的译文，只是把各种相关联的材料，经过一番的消化和组织而造成的。材料的内容，仅有“有趣味”的事实还不够，同时还须“有价值”。所谓“有价值”，是必须使人看了在“进德修业”上得到多少的“灵感”（Inspiration）。每期的“小言论”虽仅仅数百字，却是我每周最费心血的一篇，每次必尽我心力就一般读者所认为最该说几句话的事情，发表我的意见。这一栏也最受读者的注意；后来有许多读者来信说，他们每遇着社会上发生一个轰动的事件或问题，就期待着看这一栏的文字。其次是信箱里解答的文字，也是我所聚精会神的一种工作。我不敢说我所解答的一定怎样好，但是我却尽了我的心力，有时并代为请教我认为可以请教的朋友们。

除了“唱独脚戏”的材料外，职业教育社的几位先生也常常做些文章帮忙。在这个初期里，毕云程先生做的文章也不少。关于国外的通讯，日本方面有徐玉文女士，美国方面有李公朴先生，都是很努力的。以上大概是最初两三年间的情形。

我对于搜集材料，选择文稿，撰述评论，解答问题，都感到极深刻浓厚的兴趣，我的全副的精神已和我的工作融为一体了。我每搜得我自己认为有精彩的材料，或收到一篇有精彩的文字，便快乐得好像哥仑布发现了新大陆似的！我对于选择文稿，不管是老前辈来的，或是幼后辈来的，不管是名人来的，或是“无名英雄”来的，只须是好的我都要竭诚欢迎，不好的我也不顾一切地不用。在这方面，我只知道周刊的内容应该怎样有精彩，不知道什么叫做情面，不知道什么叫做恩怨，不知道其他的一切！

“生活”周刊在这阶段的内容，现在看来显然有着很多的缺点，不过我所指出的是当时的这种工作已引起了我的兴会淋漓的精神，使我自动地用着全副的精神，不知疲乏地干着。同时还有一位好友徐伯昕先生，也开始了他对于本刊事业的兴趣。我接办本刊后，徐先生就用全力帮助我主持本刊营业的事务，他和我一样地用着全副的精神努力于本刊的事业。孙梦旦先生最初用一部分的时间加入努力，后来渐渐地也用着他的全部的时间。最初经常替“生活”周刊努力的职员就只是这三个人。

选自《韬奋文集》第3卷，生活·读书·新知三联书店1955年

一个小小的过街楼

邹韬奋

从上次所谈的情形，已可看出“生活”周刊的创办并没有什么大宗的开办费。寥若晨星的职员三个，徐先生月薪二十几块钱，孙先生月薪几块钱，我算是主持全部的事业，月薪最多的了，每月拿六十块钱。我还记得当时在辣斐德路一个小小的过街楼，排了三张办公桌就已觉得满满的，那就是我们的编辑部，也就是我们的总务部，也就是我们的发行部，也就是我们的广告部，也就是我们的会议厅！我们没有大宗的经费，也没有什么高楼大厦。我们有的是几个“患难同事”的心血和努力的精神！我们有的是突飞猛进的多数读者的同情和赞助！“生活”周刊就在这种“心血”、“努力”、“同情”和“赞助”所造成的摇篮里长大起来的。

我永远不能忘记在那个小小的过街楼里，在几盏悬挂在办公桌上的电灯光下面，和徐孙两先生共同工作到午夜的景象。在那样静寂的夜里，就好像全世界上只有着我们这三个人；但同时念到我们的精神是和无数万的读者联系着，又好像我们是夹在无数万

的好友从中工作着！我们在办公的时候，也往往就是会议的时候；各人有什么新的意思，立刻就提出，就讨论，就议决，就实行！孙先生是偏重于主持会计的事情，虽则他对发行方面也很努力。徐先生是偏重于营业和广告的事情，虽则他在总务方面也很重要；在编辑方面他常用“吟秋”的笔名作些漫画凑凑热闹，因为他不但在营业和广告方面富有创造的天才，而且也对于美术具有深切的兴趣。我的工作当然偏重于编辑和著述方面。我不愿有一字或一句为我所不懂的，或为我所觉得不称心的，就随便付排。校样也完全由我一人看，看校样时的聚精会神，就和在写作的时候一样，因为我的目的要使它没有一个错字；一个错字都没有，在实际上也许做不到，但是我总是要以此为鹄的，至少能使它的错字极少。每期校样要三次，有的时候，简直不仅是校，竟是重新修正了一下。讲到这里，我还要附带谢谢当时承印我们这个周刊的交通印刷所，尤其是当时在这个印刷所里服务的张铭宝先生和陈锡麟先生。他们不但不怪我的麻烦，而且都成了我的好朋友。

读者一天天多起来，国内外的来信也一天天多起来。我每天差不多要用全个半天来看信。这也是一件极有兴味的工作，因为这就好像天天和许多好友谈话，静心倾听许多读者好友的衷情。其中有一小部分的信是可以在周刊上公开发表和解答的，有大部分的信却有直接答复的必要。有的信虽不能发表，我也用全副精神答复；直接寄去的答复，最长的也有达数千字的。这虽使我感到工作上的极愉快的兴趣，乃至无上的荣幸，但是时间却渐渐不够起来了，因此只得摆脱一切原有的兼职，日夜都做“生活”周刊的事情，做到深夜还舍不得走。我的妻有一次和我说笑话，她说：“我看你恨不得要把床铺搬到办公室里面去！”其实后来纵然“把床铺搬到办公室里面去”也是来不及的。后来最盛的时候，有五六个同事全天为着信件的事帮我的忙，还有时来不及，一个人纵然不睡觉也干不了！

但是“生活”周刊的发展是随着本身经济力的发展而逐渐向前推的，所以在增加职员方面不得不慢慢儿来，因此事务的增繁和人手的增多，常常不能成正比例。“生活”周刊本身经济力的发展，来源不外两方面：一方面是发行的推广，由此增加报费的收入；一方面是广告费的收入，随着销数的增加而增加。我们既没有什么大宗的经费，事业的规模不得不看这两方面的收入做进行的根据，因为我们是要量入为出的；但是我们所欣幸的，是我们可以尽量运用我们在这两方面的收入，扩充我们的事业，没有什么“老板”在后面剥削我们。关于这一点，我们不得不感谢职业教育社。当时“生活”周刊还在职业教育社的“帡幪”之下，我和徐孙诸先生都只是雇员，原没有支配的全权，但是职业教育社当局的诸先生全把这件事看做文化事业，一点没有从中取利的意思。

选自《韬奋文集》第3卷，生活·读书·新知三联书店1955年

几个原则

邹韬奋

现在有些朋友想起办刊物，往往联想到“生活”周刊，其实“生活”周刊以及它的姊姊刊“新生”、“大众生活”、“永生”、“生活星期刊”，都是有它们的特殊时代的需要，都各有它们的特点。历史既不是重复，供应各时代的特殊需要的精神粮食，当然也不该重复。但是抽象的原则，也许还有可以提出来谈谈的价值，也许可以供给有意办刊物的朋友们一些参考的材料。

最重要的是要有创造的精神。尾巴主义是成功的仇敌。刊物内容如果只是“人云亦云”，格式如果只是“亦步亦趋”，那是刊物

的尾巴主义。这种尾巴主义的刊物便无所谓个性或特色;没有个性或特色的刊物,生存已成问题,发展更没有希望了。要造成刊物的个性或特色,非有创造的精神不可。试以“生活”周刊做个例。它的内容并非模仿任何人的,作风和编排也极力“独出心裁”,不愿模仿别人已有的成例。单张的时候有单张的特殊格式;订本的时候也有订本的特殊格式。往往因为已用的格式被人模仿得多了,更竭尽心力,想出更新颖的格式来。单张的格式被人模仿得多了,便计划改为订本的格式;订本的格式被人模仿得多了,便计划添加画报。就是画报的格式和编制,也屡有变化。我们每看到一种新刊物,只要看到它的格式样样模仿着别人的,大概就可以知道它的前途了。

其次是内容的力求精警。尤其是周刊,每星期就要见面一次,更贵精而不贵多,要使读者看一篇得一篇的益处,每篇看完了都觉得时间并不是白费的。要办到这一点,不但内容要有精彩,而且要用最生动、最经济的笔法写出来。要使两三千字短文所包含的精义,敌得过别人的两三万字的作品。写这样文章的人,必须把所要写的内容,彻底明了,彻底消化,然后用敏锐活泼的组织和生动隽永的语句,一挥而就。这样的文章给与读者的益处显然是很大的:作者替读者省下了许多探讨和研究的时间,省下了许多看长文的费脑筋的时间,而得到某问题或某部门重要知识的精髓。

再其次,要顾到一般读者的需要。我在这里所谈的,是关于推进大众文化的刊物(尤其是周刊),而不是过于专门性的刊物。过于专门性的刊物,只要顾到它那特殊部门的读者的需要就行了;关于推进大众文化的刊物,便须顾到一般大众读者的需要。一般大众读者的需要当然不是一成不变的,所以不当用机械的看法,也没有什么一定的公式可以呆板地规定出来。要用敏锐的眼光、深切的注意和诚挚的同情,研究当前一般大众读者所需要的是怎样的“精神粮食”,这是主持大众刊物的编者所必须负起的责任。

最后我觉得“独脚戏”可以应付的时代过去了。现在要办刊物,即是开始的时候,也必须有若干基本的同志作经常的协助。“基本”和“经常”在这里有相当重要的意义。现在的杂志界似乎有一种对读者不很有利的现象:新的杂志尽管好像雨后春笋,而作家却仍然只有常常看得到他们大名的这几个。在东一个杂志上你遇见他,在西一个杂志上你也遇见他。甚至有些作家因为对于催稿的人无法拒绝,只有一篇的意思,竟“改头换面”做着两篇或两篇以上的文章,同时登在几个杂志上。这样勉强的办法,在作家是苦痛,在读者也是莫大的损失,是很可惋惜的。所以我认为非有若干“基本”的朋友作“经常”的协助,便不该贸贸然创办一个新的杂志。当然,倘若一个作家有着极丰富的材料,虽同时替几个杂志做文章,并没有像上面所说的那样虚耗读者的精力和时间的流弊,那末他尽管“大量生产”,我们也没有反对的理由。

还有初办刊物的人,往往着急于销路的不易推广。当然,发行的技术和计划也是刊物的一个重要部分,我们不得不承认这方面也应加以相当的注意。但是根本还是在刊物的内容。内容如果真能使读者感到满意,或至少有着相当的满意,推广的前途是不足虑的。否则推广方面愈用工夫,结果反而愈糟,因为读者感觉到宣传的名不副实,一看之后就不想再看,反而阻碍了未来的推广的效能。

选自《韬奋文集》第3卷,生活·
读书·新知三联书店1955年

主持事业最主要的基本态度

邹韬奋

主持事业最重要的是在用人,所谓“干部决定一切”,所注意的也重在这一点。当然，这里所谓“用人”，是广义的；凡关于物色人材，培养人材，爱护人材，提拔人材，分配人材，督察人材乃至奖惩人材，都包含在内。

对于用人，最主要的基本态度是大公无私，是非明辨。这句话听来好像是老生常谈，但如把“理论与实践”联系起来，仔细研究一下，便知道在实践上决不是一件很容易的事情。

要真能做到大公无私，是非明辨，最重要的须能根据事实，注意理智的考虑与判断，而不可夹以私人的感情作用。

试就社会中一般的情形看，有些机关的负责人喜欢援用亲戚。往往舅老爷表老爷一类的人物充斥其间，结果总是害多于利。中国古话于“大义灭亲”之外，还有一句叫做“内举不避亲”。人材随处都有，说在亲戚里面就绝对没有人材，这诚然是过于武断的话，但是就社会中的实际情形留心观察，任何机关舅老爷表老爷一类的人物多了之后，往往糟糕的可能性大大增加！症结所在，就因为偏重了私人的感情，不能很虚心地根据事实，纯用理智来考虑和判断。别人做的错误的事情，在舅老爷表老爷做了，便不算错误！这样一来，事实不在乎，理智可撇开，所存在的只是私人的感情作用。所以我向来不赞成在自己主持的机关里用自己的亲戚。自己的亲戚里如有人材，情愿让他在别人主持的机关里去发展。本店同事自二三人发展到二三百人，我从来不肯介绍自己的亲戚（即有一二也不是在我负责时期用的，而且也不是由我介绍）。这是我在社会中看见了不少关于这方面的流弊，所以自己极力避免。本店不久以前，人委会订有回避规则，部科负责人在部科内不得用直属亲（包括兄、弟、姊、妹、夫妻等），直属亲不得管理银钱，这也含有避免私人感情作用的用意。

除了亲戚关系私人感情容易妨碍到大公无私的用人态度外，还有一个障碍物，便是私人的友谊，友谊原是天地间最可宝贵的东西，但是如因私人的友谊而妨碍到是非的明辨，由此妨碍到大公无私的用人态度，这却要不得的。倘若一个人对于友谊特别好的同事，即使他犯了错误，也要替他多方辩护，至于有了一些优点，便替他夸张到天上去；对于友谊不大好的，甚至情感不好的同事，即使他有些功绩，却要极力埋没它，或至少要减低它的估量，至于他有了一些错误，那就非把他说得“罪加一等”誓不甘休！这样一来，好像一把秤不能表现在上面所称量的东西的轻重；原是重的，给它减轻；原是轻的，给它加重，这不是负责者用人的态度。负责者的用人，应该只问事实，对的还他一个对，不对的还他一个不对；也许同一个人有对处也有不对处，都须根据事实，很客观地给他一个评判。这样才能使真有特长的同事不致埋没，也不致使并无特长的同事却加重了责任，使他负荷不了。如有这两种情形，都不是一个机关之福，都是这个机关里事业发展的障碍。

这种对于人事方面的大公无私、是非明辨的精神，必以事实为根据而不以私人的感情为标准，这是主持事业者主要的基本态度。这里当然不是说我们同事间不可有感情，不可有友谊，我们需要有诚挚的感情，我们需要有深厚的友谊，但是我们同时是共同努力于文化事业，为着整个事业的发展，我们却不可不注意这种最主要的基本态度。也许有人在主观上没有自愿违反这种基本态度的，但是私人感情之作祟，常在下意识中作怪，使上着它的老当的人不自觉，所以我们必须常常自觉地坚守这种基本的态度。我们要常常很虚心地，很客观地顾到事实，不要以私人的感情影响到理智的考认和判断。

这种态度，本店同人尤其要人人普遍地加强培养起来，因为本店同人对于一切店务均可参加意见，对于人事方面，也可以参加意见，而且还参加选举，对于人选的考虑，对于人选的考察，实在都和这基本的态度要发生密切的关系，在这个意义来说，每一个同事都是处于负责的地位，所以每一个同事都需要彻底了解主持事业的最主要态度。

选自《韬奋文集》第3卷，生活·
读书·新知三联书店1955年

关于服务的态度

邹韬奋

一 加强认识我们服务的广大对象

我们为着争取民族解放的胜利，在抗战以前和抗战以后，都是提倡并拥护全国团结一致对外的，就是除了汉奸卖国贼以外，整个民族的各阶层都要团结起来，一致为民族解放而努力奋斗。在政治上如此，在文化上也是如此。就文化工作者方面看来，是要配合抗战建国伟大时代的需要，把我们的服务范围扩大到整个民族的各阶层——只有汉奸卖国贼不是在我们的服务范围之内。最近廖庶谦先生曾说起几句有趣味而值得我们玩味的话，他说在全国团结大原则之下，就是民族资本家到生活书店来买书，也寻得到他所需要看的书，买几本他所需要的书带回去。就这个意义说，我们服务的广大对象应包括整个民族的各阶层。

就另一意义说，我们应顾到最大多数的落后群众。我们是信仰群众的伟大力量的，因此我们深信中华民族的光明前途的基础是建在最大多数的群众。这最大多数的群众，就目前文化水准方面说，是比较落后，这是无可讳言的事实，我们要希望群众伟大的力量能得到充分的发扬光大，是要使最大多数落后群众的文化水准尽量提高。这个原则是我们大家所承认的，似乎无须多所说明，但是仅仅承认是不够的，我们必须在实际上能够顾到这一点，能够对这一点加以充分的注意。我们在以往对于这方面也不是没有注意,但是还做得太不够,好像我们的注意特别偏重于前进分子的范围,而未对于最大多数的落后群众有足够的注意。关于前进分子的文化需要,我们当然也要顾到,但是如果偏于这种狭窄的范围,而忽视了满足最大多数的落后群众在文化上的需要,所发生的功效,是不够远大的。我们是深切地明白,无论民族解放的胜利,或革命事业的开展,不能仅靠比较少数的前进分子,同时还要依靠最大多数群众的觉醒与努力,这种任务,本店尤其义不容辞,因为本店十余年来的努力(生活周刊社包括在内),我们的服务对象本来是很广大的,我们所得的社会信任与同情,本来也是很广大的,我们应该宝贵这个传统,我们应该更发扬光大这个传统,使我们对于中华民族的文化有更伟大而广泛的贡献,我们要加强认识我们服务的广大对象。

二　本店同人的做人问题

诸位同人突然看到这个可惊或可异的题目,也许是吓得一跳,或者感觉到未免滑稽,我们每个昂藏七尺之躯,活了几十年,至少的也活了十几年,难道还不懂得做人之道吗?甚至引起一些反感,简直好像怀疑我们还不像人的样子,这不是含着侮辱我们的意味吗?

侮辱是不会有的,因为本店同人也包括作者自己在内,没有人愿意侮辱自己,至于懂不懂得做人之道,却也还有商量的余地,因为就是懂得了,再多懂些也无妨。

而且这个题目的写出,我并不是无病呻吟,却是有感而作。为什么呢?因为据我所知道,一般社会上的人,把生活书店的人看得太好了,或想得太好了。于是乎生活书店的人更感觉做人难,更要注意到做人之道,所以有本店同人做人问题的提出。

一般社会上的人对于生活书店的人特别的“要好”，这是多在外面跑动跑动的同事所共同感到的。我不但在国内有这样的感触，在国外遇着不少的侨胞，只要他们做过我们的读者，经过我们服务的，谈起来或问起了生活书店及生活书店的人，他们在音容上表现着的惊异、敬重、羡慕、诚恳的神情，使我们只能在心坎里感到深深的感动乃至惭愧，而不是任何言语笔墨所能形容其万一的。我每遇到这样的情景，我深切地感到我们许多同人的辛勤劳苦是不会空掷的。久在各处跑动的严长衍同事，也常和我谈起这样的感触，他在火车上，轮船上，有人知道了他是生活书店的人，就另眼看待，给他以种种特别的优待。张仲实先生不久以前往新疆去，沿途也有同样的感触，特为写信来告诉我，他也因此感觉到我们全体同人的辛勤劳苦是很值得的。

有的时候，简直使我们很惭愧的感觉到，有些人简直把生活书店里的每一个同事都看做圣人！

这些情形为什么会引起怎么做人的问题呢！朋友们把我们看得特别好，对我们特别厚，希望我们也特别好，有时责备我们也特别严。记得不久以前，重庆的同人因被空袭，有一部分同人乘卡车到郊外去，回来时有几位同情我们的朋友附乘我们的车子，有极少数同人对这些朋友的态度言词不客气了些，便引起他们格外的气愤，他们说，我们一向相信生活书店对社会是热心服务的，今天才知道原来是这样！卡车地位有限，路上人众多，这里面当然也有苦衷，但是在可以容纳的范围内，我们还是尽可能服务的，尤其在态度言辞上要有礼貌，要诚恳。我在这里顺便提起这件事，只是表示，朋友们待生活书店的人太好，不周到处引起的反感也特别深，一二同事对外的态度言辞偶有不客气，不诚恳，可以影响到朋友们对于整个书店及全体同人的印象。

从这里，我们可以引申出一个要点：我们的做人不仅是个人的问题，而是有关我们整个团体的问题。我们不仅是要自己负责任，同时也要对我们每个人所爱护的整个团体负责任。

这是我们全体同人所要注意的问题。尤其是门市部的同人对于读者接触的机会特别多,读者们在别的地方,对于商店职员的疏忽、怠慢、不耐烦、不诚恳种种缺点,也许还不甚注意,但对于生活书店的同事却特别注意,因为他们对于生活书店的每一个同事要“另眼看待”的!在别的商店,职员是要由“老板”监督着,才能减少这种种缺点,在生活书店却不然,是要由同人执行自发的、自觉的、自愿的纪律,要办到这一点,首先要彻底明了自己对社会服务的责任,对整个团体的责任。我的意思并不是说我们门市部的同人已有这种种缺点,我的意思是说,我们都要提防这种种缺点,要不让这种缺点发生。这不只是有关“生意眼”的问题,是有关本店同人的做人问题。

我们既彻底明白我们个人的言语、行动要影响到整个事业,要影响到整个团体,我们对于做人的态度便不应该乘个人的高兴,随个人的脾气,依个人的喜怒,而应该顾到整个事业,整个团体,这是有关集体的责任,而这集体的责任,是需要这集体中每一个分子热烈忠诚支持的。

本店同人的做人问题,不仅是含有个人的意义。尤其重要的是含有集体的意义。

三　我们对外应有的态度

这里所谓“我们”,是指本店的全体同人,所谓“对外”,是指对我们的读者或顾客,以及本店在社会中的一切朋友。

我曾做了一篇“本店同人的做人问题”,我想这“做人问题”,就本店的情形说,可分为对外和对内两方面,我在这篇短文里要先提出对外的方面来和同人谈谈。

我们对外应有的态度,就总的原则说,“发展服务精神”——

本店三大目标之一——可以包括无遗。但是我们对于“发展服务精神”这个极可宝贵极当重视的原则，如果只是看做老生常谈，看做口头禅，看做漠不动心的标语，而在我们的日常生活的实践上不加以亲切的体会，努力的实行，那还是不会有什么实际效果的。

这在“本店同人的做人问题”那篇文章里，提及书店门市部同人的做人问题，因为门市部同人对外接触的机会特别多，所以在实际代表本店对外的责任也特别重。关于门市部工作的技术方面，是另一个问题，这里所要连带提到的是门市部同人对于服务的态度。最须注意的是诚恳、热诚、周到、敏捷、有礼貌等等，而要做到这些，最主要的是要存心耐烦；而存心耐烦，又是从对于服务的意义有正确而深刻的认识产生出来。

所谓耐烦，就是不怕麻烦。麻烦是大家怕的，但是认识了服务的意义，存心不怕麻烦，存心先克服麻烦，就可以不怕麻烦，否则便为麻烦所克服。举一个例来说，沈志远先生是本店的好朋友，在他未正式加入本店工作的时候，在译著方面已帮了我们不少的忙。最近有一次，他无意中说起，那时他有一天到重庆分店去买一本书，有一位同事很不在意地回答他说没有。沈先生自己在门市部书架上寻着了这本书，抽出之后，拿来问那位同事，那位同事说沈先生将书名说错了一个字，不但不认错，而且现出怠慢的样子。沈先生看了觉得诧异，笑着对他说：“你不要这个样子，我也是书店的老朋友啊！”我引这段故事，并不想追究这件事，也许这是出于一个新来的门市部同事，更不是说门市部同事都是这样，我只是要说明这件事所包含的严重问题是充分表示不耐烦的态度，同时也充分表示了缺乏服务的精神。就是书名说错了一个字，那位同事也何妨费一点手续在架上找一找？后来由顾客自己找了出来，我们正应该感到抱歉，怎么还可以现出怠慢的样子呢？

沈先生是本店的好朋友，对整个本店的事业，素有深刻的认识，所以偶然的疏忽无碍于他对本店的热诚与同情，但是别的读者或顾客,大半都是以本店任何同仁的对外态度代表本店的精神,那末像上面那位“找不到”反而怠慢的同事的服务精神,岂不大坍本店的台吗?

服务不仅仅是替人做事,而且要努力把事做得好。所以我们不但做事,而且需要做得诚恳、热诚、周到、敏捷、有礼貌等等。而最要紧的是能认识服务的意义,存心不要怕麻烦。

这种对外应有的态度——发展服务精神——不但应为门市部全体同人所严格注意,而且是任何部门的同人所应严格的注意。例如:我们的发行科或邮购科对于读者来信的询问,必须迅速代为查明,一面诚恳答复,一面在事实上切实办理或纠正,倘若一信要延搁几十天,几个月,甚至如石沉大海,这便发生不良的印象。最近发生屡次由邮局退回没有贴头的“全抗”,邮差退回时还加以责备,我听到非常惭愧——简直感到伤心!这有人看来或许觉得是小事,但仔细想想,每一个读者对于我们的刊物是多么热望,因为没有贴头而收不到,他们是多么失望,至于无故麻烦邮差,他的责备,我们是应该虚心接受的。回想到在办理《生活周刊》时,因为要读者早收到本刊,我们同人常常加入社工中帮助认真卷折包封,以便迅速付寄,那时本店同人对外态度是怎样?我不相信规模大了就必然不能避免这类没贴头退回刊物的糟糕事情。还是要我们认真负责,正确认识对外应有的态度——“发展服务精神”!

又例如对于读者的任何复信,必须诚恳详细,即使有的读者问得幼稚,我们仍然必须认真答复,不怕麻烦,诚诚恳恳详详细细地答复,如果怕麻烦,拆拆烂污,简单马虎,聊以塞责,都是本店事业上的罪人!

我们对外应有的态度,是在实践上——不是在口头上——“发展服务精神”,要替本店创造无数的好朋友,不要替本店创造无数的冤家!

四　旁观的态度与参加的态度

参加一种事业的人,对于这种事业是存着旁观的态度?还是存着参加的态度?这个问题的答案,对于这事业的前途是有很密切的关系,肯定的答案必然保证事业前途的光明与胜利,否定的答案必然要使事业的前途只是黑漆一团!

旁观的态度是消极的,参加的态度是积极的。旁观的态度是只想吹毛求疵,而不想办法;参加的态度是不仅批评,而且还要想办法。旁观的态度是只唱高调,不顾到现实;参加的态度是根据实际的需要,同时并根据现实,加以慎重的考虑。旁观的态度是要说的话藏在肚子里,或背后大戳壁脚;参加的态度是知无不言,言无不尽。旁观的态度是只顾自己,不顾大局;参加的态度是把团体的利益放在第一位,个人的利益放在次要的地位。旁观的态度往往偏于个人的争意气;参加的态度特别注意正义与公道。旁观的态度事事不负责任;参加的态度处处负责任。旁观的态度把自己的事看做团体的事,参加的态度把团体的事看做自己的事。旁观的态度对于同事的好坏,马马虎虎;参加的态度对于好的同事爱护备至,对于同事的错误,总是要很诚恳的设法纠正。旁观的态度只顾到私谊不顾到团体的公共利益,于是援用私人,包庇私人的种种病态都纷至沓来;参加的态度虽重友谊,但遇到公事,必把公事放在前面。

可举的例子还多得很,但是即就上面所举的例子看,旁观的态度与参加的态度之差异,已经很了然了。

参加本店事业的同事们应该有哪一种态度?我深信诸同事一定异口同声地说:我们所需要的是参加的态度,我们所不需要的是旁观的态度!

我们可以安慰的是本店同人的传统的许多良好的精神之中,

有一个便是参加的态度而不是旁观的态度。我现在所以还要很郑重地提出来说明一下,有下面的几个理由:(一)我们大家一向虽有这样的精神,但是行之于不知不觉之中,现在有意识地提出来,有意识地把这种精神发扬光大起来,所得的效果更要大:(二)我们的事业一天天地扩大,天天发达,同事的人数一天天加多,虽然我们的同事,都是很严格地很慎重地选择来的,但也许有最小部分的同事对这种精神还不免欠缺,所以有明白提出共同加勉的必要;(三)本店事业日益扩大,所要解决的问题也日益加多,我们必须群策群力,共同拿出力量来奋斗,所以有加强参加的态度,完全消除旁观的态度之必要。

依本店的管理法,同事们更应该加强参加的态度,为什么呢?因为本店是采用民主集中制的,只有职权的差别,没有阶级的区分;更具体地说来,任何人对于事业有何好的意见,对于缺点有何积极的善意的批评,都可以大胆地提出来,共同想办法来实行,共同想办法来纠正。本店求材若渴的情形,不但各级负责人知道,我深信凡是本店的老同事都知道。能多提拔好的干部,在本店比较重要的负责人只有求之不得,只有觉得愉快轻松,没有理由加以压抑或轻视,最重要的是有才者须有事实上的表现。所以依我们的组织,依我们的实际需要,都应该有参加的态度,而不该有旁观的态度。

本店事业的发展全靠我们的许多同事有着参加的态度,极少或绝无旁观的态度。我们要共同爱护这种极为宝贵的传统的精神,我们要发扬光大这种极可宝贵的传统的精神。

五　事业性与商业性的问题

在本文里要提出来谈的是事业性与商业性的问题。

我们这一群的工作者所共同努力的是进步的文化事业,所谓进步的文化事业是要能够适应进步时代的需要,是要推动国家民族走上进步的大道。我们在上海开始的时候,就力避“鸳鸯蝴蝶派”的颓唐作风,而努力于引人向上的精神食粮;在抗战建国的伟大时代中,我们也力避破坏团结的作风,而努力于巩固团结坚持抗战及积极建设的文化工作。这可以说是我们的事业性的含义。为着要充分顾到我们的事业性,我们有时不惜牺牲,我们的同事往往为着抗战建国的文化事业而受到种种磨折与苦难,毫不怨尤。但是在经济方面,因为我们要靠自己的收入,维持自己的生存,所以仍然要严格遵守量入为出的原则。这里便牵涉到所谓商业性。我们的业务费,我们的资金,既然要靠自己的收入,所以我们不得不打算盘,不得不赚钱。这可以说是我们的商业性的含义。

这样说来,我们的事业性和商业性是要兼顾而不应该是对立的。诚然,这两方面如超出了应有限度,是有对立的流弊。例如倘若因为顾到事业性而在经济上作无限的牺牲,其势不至使店的整个经济破产不止,实际上便要使店无法生存,所谓皮之不存,毛将焉附,机构消灭,事业又何从支持,发展更谈不到了。在另一方面,如果因为顾到商业性而对于文化食粮的内容不加注意,那也是自杀政策,事业必然要一天天衰落,商业也将随之而衰落,所谓两败俱伤。但是我们不许有所偏。因为我们所共同努力的是文化事业,所以必须顾到事业性,同时因为我们是自食其力,是靠自己的收入来支持事业,来发展事业,所以必须同时顾到商业性,这两方是应该相辅相成的,不应该对立起来的。

这样看来,事业性与商业性原来是不成问题的,而竟有人觉得成问题,这又是什么缘故呢?这也是因为对这两方面都缺乏正确的认识。事业性的维持,必须在量入为出的范围内,否则便是不顾现实,破坏本店的生存。本店的出版事业,有些部分是有钱可赚的,可以移来补贴补贴蚀本的部分。此外还须多些余利来做更求发展的资金。在这样的范围之内,我们是不怕经济上有所牺牲。

倘若超出了这个范围，便是使本店走上关门大吉的道路！不但如此，我们为着要发展事业，在不违背我们事业性的范围内（我们当然不能为了赚钱而做含有毒菌落后的事业），必须尽力赚钱，因为我们所赚的钱都是直接或间接用到事业上面去。

要充分发挥商业性，在积极方面，必须注意“工作第一”。在工作上最努力，最有成绩的同事，是我们的英雄！工作能力最强，办事最负责的同事，是我们大家的宝贝！在另一方面，在工作上拆烂污，成绩上恶劣的同事是我们的害群之马，工作能力不强而办事又不负责的同事，是我们的蠹虫！前一种同事，对于我们的事业，对于我们的商业，都有切实的贡献；后一种同事，对于我们的商业固然只有破坏的作用，即对于我们的事业，也是只有破坏的作用。要充分发展商业性，在消极方面，必须爱护公物公财，极力避免浪费。自己的东西知道爱护，对自己的经济知道节省，而对于公家的东西或经济，便不注意爱护与节省，马马虎虎，随随便便，这是对于团体最不忠，最要不得的劣根性，我们对于这种劣根性必须尽力铲除。能爱护公物公财的人，对于我们的商业固然有切实的贡献，同时对于我们的事业也有切实的贡献，因为必须在经济上能力避浪费，充实力量，才有发展事业的凭藉，这样看来，充分发展商业性，同时也是充分发展事业性。这两方面是可以而且应该统一起来的。

六　作风问题与本店的个性

最近我们提出作风问题的检讨，已引起诸同仁的注意和研究。我在“加强认识我们服务的广大对象”一文中，已开了端，在第五十号所发表的“关于作风问题”一文，比较具体地提出了三点：（一）所谓作风并不仅是技术上的应付问题，而是与我们真正的目标相配合的，而我们事业的第一个目标就是促进大众文化；

(二)所谓作风的改善,并不是应付一时环境的消极作用,而是具有开展文化工作与效能的积极的作用;(三)技术上应付外界的问题仅是副产物,而且也不是仅在表面上敷衍外人,却是说我们原来就是这样,不要以不谨慎的作风使外人误会我们的本来面目而已。关于这三点,我在那篇文章里都有相当的说明。

我们在作风方面这样提高警觉性,对于本店的个性有否妨碍呢?换句话说,会不会因为作风上有这样的注意而消灭了本店原有的个性呢?这是爱护本店文化事业的朋友所愿得到解答的一个问题。我的答案是:在作风上不仅顾到少数的前进分子,同时更要充分地顾到落后的群众要求,要更充分地顾到各阶层的文化需要,这不但不致消灭本店的个性,而且是更能发挥光大本店的个性。

这个答案不是凭空制造的,是根据本店原有的个性下断语的。讲到这里,我们不得不比较详细地说明本店的个性。本店事业的发展,是建筑在广大的社会信任与同情上面的。这只要看本店的发展过程中所做的几件比较轰动社会的事情就可以明白。本店是发源于《生活》周刊,当时《生活》周刊每期发行十余万份,读者遍各阶层,深入乡村,远达海外侨胞,乃至在本刊上经常刊登广告的厂店达六七十家,都对本刊表示热烈同情,成为本刊好友。这显然是本刊的广大的社会信任与同情的最初基础,也是形成本店个性的重要成分。因为有了这样广大的基础,所以后来有几次广大的号召,都能有声有色,发生相当大的影响。举例来说,一次是马占山将军在嫩江发动惊天动地的抗日战争,本店在上海响应募款慰劳,在一二星期内达现款十余万元,捐款由数万元一人到几铜板一人,由银行大亨到挑菜老太婆,我们店门口的人山人海,热闹情形,使我们全体同事感到空前的兴奋。每晚十几架算盘滴滴答答,算个不了,算到深夜,赶着名单与结数奔往报馆发次日的广告——大幅的广告——而这大幅的广告却不费我们的一文钱!是几个素来对我们事业同情而富有经济力的厂家所捐送的。同时上海市商会也发动为马将军捐款,但是捐的人及银数不及我们多,登的广告不及我们的大,他们登了两天,觉得干不过,索性不登了!这显然又是本店的广大的社会信任与同情的表现。后来我们为着要筹办生活日报而召股款,为支持十九路军淞沪抗战而参加后方工作,都随处有相类的情形,都可以看到本店的广大的社会信任与同情。我们因为有着这样广大的基础,所以在全面抗战爆发以前,对于全国团结一致对外的提倡,尽了我们相当伟大的贡献。我们固然不能自满于已往的成就,但这种历史的事实却是值得我们注意的。

诚然,我们是前进的书店,但是在上海和我们同时或先后成立的前进的书店不止一家。何以我们的书店会比较有更广大的发展?这固然有赖于全体同仁的努力,但也在乎我们从开始及过程中就有着广大的社会信任与同情,这是我们的最可宝贵的传统的个性。所以我说,我们在作风上不仅顾到少数的前进分子,同时要更充分地顾到落后的群众要求,要更充分地顾到各阶层的文化需要。这不但不致消灭本店的个性,而且是更能发挥光大本店的个性。

我当然不是说我们在今日还能机械地照抄《生活》周刊时代或已往过程中的一切办法。时代变迁了,文化食粮的内容当然也要变化,但是我们应注意,就是在今日,广大范围的文化运动还是迫切需要的,我们既有着传统的广大基础,根据"各尽所能"的责任,我们这个书店在这方面应该有着义不容辞的任务;这正是要运用我们的个性,对于民族复兴的广大基础,努力竭尽我们的一份力量。

选自《韬奋文集》第3卷,生活·读书·新知三联书店1955年

韬奋经历的道路

沈粹缜

韬奋离开我们已经40年了,我们大家心里都还时时怀念他。这说明,一个从爱国主义走上共产主义的知识分子,他一生为人民、为祖国做出了贡献,人们是永远不会忘记他的。韬奋一生,为之奋斗的民主革命的胜利、社会主义的新中国的建立,在今天都已经是活生生的现实了。特别是在今天,党的十一届三中全会以来,为实现四个现代化建设的宏伟目标,整个社会正在发生日新月异的变化;我们的国家正在逐步摆脱落后贫穷的境地,开始走上富强的道路,人民生活有了很大改善;社会主义建设是一片欣欣向荣的气象。这正是韬奋一生梦寐以求的理想,这也是最可以告慰韬奋于泉下的。

韬奋走上革命道路,经历了曲折、艰难的过程。他经过了现实生活的教育,先进思想的指引,才逐渐地有了革命自觉性。他在少年时,目睹旧中国的黑暗腐败,早已萌发起爱国热忱和报国之志。他在青年时代,一直钦佩孙中山先生领导的民主革命。1926年他接办《生活》周刊的时候,就明显地表现出这种思想倾向。以后,现实生活的变化,特别是民族危机的日益严重,他开始接触到了中国共产党的政治主张,开始了解马克思列宁主义,使他逐步地认识到,只有社会主义才能救中国。他说:"中国无出路则已,如有出路,必将走上社会主义的这条路。"他明确地提出要"振兴中国民族,改进中国社会"。他逐渐地由一个民主革命者,转变为一个自觉的共产主义战士。他一旦认清了民族和国家的前途,明白了党的政策,他就奋不顾身地为追求那理想而奋斗不止。在他不算长的50年生涯中,曾经多次被迫流亡,一次入狱,饱受颠沛流离之苦和反动势力的残酷迫害。但是，一切艰难困苦都丝毫不能动摇他坚定的共产主义信念。直到他临终时，在遗嘱中还表示“心怀祖国，惓念同胞”，念念不忘于“建设独立、自由、幸福的新中国”，并要求党中央审查他的历史，如果合格，追认他为中共党员，这就是邹韬奋崇高的品格。他为祖国、为人民、为追求真理的不息的斗争，是至死不渝的。正如毛泽东同志在韬奋逝世后指出的：“热爱人民，真诚地为人民服务，鞠躬尽瘁，死而后已，这就是韬奋先生的精神，这就是他之所以感动人的地方。”我想我们今天纪念韬奋，应该把他这一点精神，用之于当前建设四化、振兴中华的伟大事业中去。这就是最好的纪念。

我很高兴地看到，最近几年新闻出版界对韬奋的研究逐渐增多了。从事这项研究工作的人，不仅有当年与韬奋共过事的老同志，还有不少中青年同志。用韬奋的经历和一生事业作为课题，对于青年也是一个很好的教育材料。韬奋生长在旧社会，活动在黑暗年代，在险恶的环境中，他不断地去探索真理，终于找到了走向革命、走向共产主义的道路。周恩来同志对韬奋有过深刻的概括，他说：“邹韬奋同志经历的道路，是中国知识分子走向进步，走向革命的道路。”韬奋一生走过的，就是热爱人民、热爱祖国、热爱共产党这条光明大道。今天也一样，这是我们知识分子应该坚定地走下去的道路。

我作为韬奋的家属，今天追怀韬奋在世的年代，目击当前阳光灿烂的新时期，真是感怀万端。我今年已经 84 岁了，体弱多病，已经做不了多少工作，不过我还是愿意发挥一点“余热”，向年轻的一代宣传韬奋热爱人民、忠诚于社会主义事业的精神，我希望成长在新时期的年轻一代，都能成为无愧于我们伟大时代的一代。

原载《出版工作》1984 年第 9 期

徐伯昕的《遗言记要》是韬奋遗嘱的原始版

邹嘉骊

今年 7 月 24 日，是父亲邹韬奋离开我们 60 周年。

正在想，编了多年《韬奋年谱》，应该在 60 周年纪念时反馈给社会写点什么。巧的是，我有幸得到一份与公开发表的《邹韬奋先生遗嘱》不同的“遗嘱”。很值得书写报告大家。

3 月 30 日上午，徐伯昕叔叔的次子徐敏代表徐家，来我办公的地方，送来了一本泛黄的簿子。据称是在徐叔叔的遗物中清理出来的。我仔细阅读后，不禁兴奋起来。

簿子薄薄的，小 16 开本稿纸大小，共 33 页，薄牛皮纸做的封面、封底，簿内有 5 篇文稿，全是直行书写。第一篇是无格白色纸，占 1 页，正反面直行书写，题为《遗言记要》，下注“卅三年六月二日口述”；第二篇是红格稿纸，占小半张纸，题为《家属近况》，一百多字，写有祖父邹庸倩、大姑母邹恩敏等 8 位家属的年龄，住址，按内容推测，近似简介，文后有简单记事：1. 遗像，2. 遗嘱，3. 讣告，4. 事略，5. 新闻电稿，文首写有“钱处”二字；第三篇是第一篇《遗言记要》的整理稿，占 1 页，下注“六月二日口述”，未注年份；第四篇是一张白色无格片艳纸，占 1 页，末尾书“民国卅二年十月廿三日写于病榻”，是韬奋《对国事的呼吁》一文的遗墨手迹；第五篇也是用的红格稿纸，占 29 页，是徐伯昕写的《韬奋先生的一生》，文尾缺页，全文未完。

其中最弥足珍贵的是第一篇：《遗言记要》。我把《遗言记要》一文的字迹和《韬奋先生的一生》的字迹作对照，可以确认字迹出自一人之手。《韬奋先生的一生》末尾有这样几句话：“六月一日深夜三时左右，（韬奋）突然晕厥数分钟。二日即召来最接近的朋

(友)。"又读了徐伯昕1979年7月在《人民日报》上发表的纪念韬奋的回忆文章《战斗到最后一息》,其中即引用了《遗言记要》中的一段文字,并说"这种豪迈的雄心壮志,深深地感动了当时陪着他的同志和家人"。再读了陈其襄、张锡荣、张又新等写的有关文章,说到口述中的有些内容,同他们都分别谈过。由此可以推定,《遗言记要》是由父亲口述,徐伯昕手书。它记录了1944年6月2日的情景:父亲向身边的战友们口述他最后的嘱咐,一件件,一句句,一点、两点、三点,口语化、生活化,充满着对人间、对世界的爱恋深情。整篇文稿,今日读来,仍如亲历其境,深切地感受到当时凄凉悲壮的气氛。他忍受着"恶病"带给他的巨大折磨和痛苦,那么虚弱,而对所嘱咐的事情却思虑得那么周到,那么详尽。他既交代善后,又期盼着生的希望。那时,我们的祖国正蒙受着战争的苦难和屈辱,他无限深情地依恋战斗着生活着的这个不平的世界。他还很想"再与诸同志继续奋斗二三十年"!

徐敏提出,既然肯定是韬奋的遗言,为什么当年发表的《邹韬奋先生遗嘱》和这《遗言记要》的文字表达很不一样呢?

我把两个版本作一番对照,联系当时的环境,就明白了。

未发表的《遗言纪要》全文如下:

我患此恶疾已达年余,医药渐告失效。头部疼痛,日夜不止,右颊与腿臀等处,神经压迫难受;剧痛时太阳穴如刀割,脑壳似爆裂,体力日益瘦弱,恐难长久支持。万一突变,不但有累友好,且可能被人利用,不若预作临危准备,妥为布置一切,使本人可泰然安眠。倘能重获健康,决先完成《患难余生记》,再写《苏北观感录》、《各国民主政治史》,并去陕甘宁边区及冀察晋边区等抗日民主根据地,视察民主政治情况,从事著述,决不做官。如时局好转,首先恢复书店,继办图书馆与日报,愿始终为进步文化事业努力,再与诸同志继续奋斗二三十年！

一、关于临终处理

1. 万一突变时，即送医院，转交殡仪馆殡殓，勿累住处友人。

2. 消息勿外泄，以免被敌造谣中伤，或肆意利用。

3. 遗体先为名医解剖检验，制作报告，或可对医药界有所贡献，而减少后人重犯此恶疾之痛苦。继即举行火葬。

4. 即派人通知雪（注：徐雪寒）、汉（注：潘汉年），转告周公（周恩来），如须对外发表遗言，可由周、汉全权决定内容，电告各地。

5. 火葬骨灰，尽可能设法带往延安，请组织审查追认，以示我坚决奋斗之决心。

二、关于著作整理

1.《患难余生记》第一部分与恶势力斗争，已在病中写完，第二部分为《对反民主的抗争》，可用香港华商报发表之专论辑成，第三部分为与疾病斗争，可由沪地及苏北友人分写完成。

2. 过去著作，《萍踪寄语》、《萍踪忆语》及《抗战以来》等书尚可印行，但最好能将全部著作重加整理。如能请愈之审查，可由其全权决定取舍或增删。

三、关于家属布置

1. 家中尚有老父在平，以后可由二弟、大妹、及二妹照料，不需我全部负担。

2. 与妻共同生活二十年，不能谓短，今后希望参加社会工作，贡献其专长。

3. 大宝、二宝，从小专心机件构造，有志于电机工程，可予深造。我此次患病，感于医生亦甚重要，如二宝愿习医学，在高中毕业后，即入医科攻读。小妹爱好文学，尤喜戏剧，曾屡劝勿再走此清苦文字生涯之路,勿听,只得注意教育培养,倘有成就,聊为后继有人以自慰耳。

4. 我二十余年努力救国工作,深信革命事业之伟大,今后妻子儿女,亦应受此洗炼,贡献于进步事业,或受政治训练,或指派革命工作,可送延安决定。

四、关于政治及事业意见

1. 对政治主张,始终不变,完全以一纯粹爱国者之立场,拥护政府,坚持团结,抗战到底,能真正实行民主政治。

2. 对事业希望能脚踏实地从小做起,一本以往服务社会与艰苦奋斗之精神,首先恢复书店,继则图书馆与日报。

3. 至于事业领导人,愈之思虑周密,长于计划,尽可能邀其坐镇书店,主持领导。仲实做事切实,亦应邀其协同努力。办报时仲华与仲持,亦可罗致。

五、关于其他方面

1. 如能查得愈之安全消息,速设法汇款前去,以资补助。

2. 伦敦购回之英文本古典政治经济史与马恩全集,盼能保存于将来创立之图书馆中,以留纪念。

1944 年 10 月 7 日,延安《解放日报》首次发表的《邹韬奋先生遗嘱》全文如下:

我自己(愧)能力薄弱,贡献微少,二十余年来追随诸先进,努力于民族解放、民主政治和进步文化事业,竭尽愚钝,全力以赴,虽颠沛流离,艰苦危难,甘之如饴。此次在敌后根据地视察研究,目击(睹)人民的伟大斗争,使我更看到新中国光明的未来。我正增加百倍的勇气和信心,奋勉自励,为我伟大祖国与伟大人民继续奋斗。但四五年来,由于环境的压迫,我的行动不能自由,最近更不幸卧病经年,呻吟床褥,竟至不起。但我心怀祖国，惓念同胞，愿以最沉痛迫切的心情，最后一次呼吁全国坚持团结抗战，早日实行真正的民主政治，建设独立自由幸福的新中国。我死后，希望能将遗体先行解剖，或可对医学上有所贡献，然后举行火葬，骨灰尽可能带往延安。请中国共产党中央严格审查我一生奋斗历史，如其合格，请追认入党，遗嘱亦望能妥送延安。我妻沈粹缜女士可参加社会工作，大儿嘉骅专攻机械工程，次子嘉骝研习医学，幼女嘉骊爱好文学，均望予以深造机会，俾可贡献于伟大的革命事业。

韬奋

一九四四年六月二日口述签字

那个年代，祖国的大好河山支离破碎。在中国的版图上，有共产党领导的解放区，以延安为中心；有国民党统治的国统区，陪都在重庆；有日本侵略者占领的沦陷区，东北在日本军国主义操纵下，成立以傀儡皇帝溥仪为代表的伪满洲国；民族矛盾与阶级矛盾交错，民主与独裁交错，光明与黑暗交错，战乱纷飞，人民生活在水深火热之中。中国共产党领导的中国人民，与日本侵略者，与国民党反动派进行着不懈斗争。这种斗争有公开的，也有秘密的。《遗言记要》中提到的生前友好：周恩来、潘汉年、徐雪寒、胡愈之、张仲实、金仲华、胡仲持，还有韬奋自己和记录者徐伯昕，他们或是优秀的中国共产党党员，或是非布尔什维克，在各自不同的战斗岗位上，为民族的解放，为共同的目标理想艰苦地奋斗着。

1944 年 6 月，记录《遗言记要》前后，上海还处在敌伪统治下，外面风声很紧，街上经常发生进步人士被捕或遭暗杀的事，极端恐怖。我们得到情报，文化汉奸陈彬和向日本人透露，韬奋可能在上海；不久，又有情报，传闻韬奋在上海治病，敌人正在千方百计追寻韬奋的下落。陈与父亲早年共过事，认识父亲，为了防止意外，商量对策，几次改名换姓，先后调换医院，还曾住到可靠群众的家里，从而避开了敌人的耳目。徐伯昕与少数中共地下党员陈其襄、张锡荣、张又新，母亲沈粹缜、姑母邹恩俊等，在极端秘密状况下，随时提高警惕，共同肩负着掩护父亲在上海治病的重任。可以想像，《遗言记要》在这样情况下产生，口述者和记录者，还有见证者，都承担着多么大的风险。残酷的"恶病"缠绕着父亲，使他将不能再为这不平的世界呐喊了。

这份临终前的遗言是怎样处理的？

对这份《遗言记要》，也许父亲原本没有打算公开发表，所以那样真挚直白地提到他结交的许多革命者和共产党人，并把遗愿托付给共产党。可以想见，在那样险恶的环境下，不可能公开发表《遗言记要》。发表了，就是自我暴露，就是给敌人提供明靶。父亲很清楚，所以明确嘱咐"消息勿外泄，以免被敌造谣中伤，或肆意利用"。又嘱咐死后"即派人通知雪、汉，转告周公"，更重要的是"如须对外发表遗言，可由周、汉全权决定内容，电告各地"。

1944 年 7 月 24 日清晨，父亲韬奋与世长辞。由掩护的同志们决定：请徐伯昕和张锡荣分赴淮南和重庆向党报告。徐伯昕带着"韬奋遗嘱"，于 8 月中旬，到达苏中根据地华中局。

8 月 18 日，在苏北新四军军部所在地隆重举行邹韬奋追悼大会，党政军民各界人士数千人参加。时，陈毅去了延安。代军长张云逸，代政委饶漱石，生前友好范长江、钱俊瑞、于毅夫、徐雪寒等在会上致词发言。

9 月 2 日，周恩来获悉韬奋在沪病逝，向中共中央提议：(一)在延安开追悼会，先组筹备会；(二)《解放日报》发表追悼文章；(三)中央致挽电。毛泽东同意照周恩来意见办。噩耗传到重庆，激起大后方人民的极大悲愤，悼念父亲的活动变成对国民党迫害进步民主的控诉。9 月 25 至 27 日，连续三天在报上发表由宋庆龄、林祖涵、董必武、于右任、邵力子、孙科、冯玉祥、沈钧儒、张澜、陶行知、郭沫若、沈雁冰、夏衍、徐伯昕、徐雪寒等 72 人署名发起，刊登讣告启事,公布于10月1日举行追悼大会。9月28日,中共中央向家属发出唁电,其中称:“惊闻韬奋病逝,使我们十分悲悼;接读先生遗嘱,更增加我们的感奋。”“先生遗嘱,要求追认入党,骨灰移葬延安,我们谨以严肃而沉痛的心情,接受先生临终的请求,并引此为吾党的光荣。”10月1日,在陪都重庆,召开了盛大的追悼会,郭沫若、沈钧儒、莫德惠等发言者热泪横流,台下群众泣不成声。10月7日,延安党中央机关报《解放日报》报道父亲逝世的消息,公布中共中央向家属发出的唁电,并发表社论《悼邹韬奋先生》,表示沉痛哀悼,同版发表了《邹韬奋先生遗嘱》。遗嘱前述:【本报苏北通讯】“7月24日邹韬奋先生弥留时,嘱其夫人拿出遗嘱,要人读给他听,他嘱改正几个字后,即亲笔签了自己的名字,字迹挺秀如恒。”10月11日,延安召开“纪念和追悼韬奋先生办法”发起人第一次会议,周恩来召集,参加会议的有吴玉章、博古、邓颖超、周扬、艾思奇、柳湜、张宗麟、姜君辰、林默涵、李文、程今吾(宁越)、张仲实等13人,张仲实记录。10月12日,周恩来致电林伯渠、董必武等,告知延安将于“十一月一日举行盛大追悼会和著作展览并出特刊”。同日,周恩来在记录稿纪念办法第三条后加上“提议以韬奋为出版事业模范”;在末尾加上“我们在昨天集会上,到了十多个人,定出如上的办法。全国性的,已电林(注:林伯渠)、董(注:董必武)转商沈老(沈钧儒),关于在延安要做的,正在筹备中”。10月16日,毛泽东在记录稿左上首批示“照此办理”。10月15日毛泽东为韬奋题词:“热爱人民,真诚地为人民服务,鞠躬尽瘁,死而后已,这就是邹韬奋先生的精神,这就是他之所以感动人的地方。”11月22日延安在边区大礼堂隆重举行追悼会,朱德、吴玉章、陈毅等在会上发言,《解放日报》出版长篇纪念特刊。边区不少地方先后开追悼会,发悼念文章和韬奋的《遗嘱》。

发表的《遗嘱》,简化了原始版中很多具体条款,隐去了人事上的设想和安排,变口语化为文字化,有精神,有原则,又讲究策略,文字简练,有条理。很多老同志回忆当年读《遗嘱》时的情景,犹激动不已,深切怀念,有的说是读了韬奋的遗嘱,坚定了自己的革命信心,有的说是读了韬奋的遗嘱,激励自己,申请加入了共产党。

现对两个版本的异同作如下比较:

对遗体的安排:

原始版:"遗体先为名医解剖检验,制作报告,或可对医药界有所贡献,而减少后人重犯此恶疾之痛苦。继即举行火葬。""火葬骨灰,尽可能设法带往延安。"发表版:"我死后,希望能将遗体先行解剖,或可对医学上有所贡献,然后举行火葬,骨灰尽可能带往延安。"

对入党申请:

原始版:"请组织审查追认,以示我坚决奋斗之决心。"发表版:"请中国共产党中央严格审查我一生奋斗历史,如其合格,请追认入党,遗嘱亦望能妥送延安。"

对家人的安排:

对妻子。

原始版:"与妻共同生活二十年,不能谓短,今后希望参加社会工作,贡献其专长。"发表版:"我妻沈粹缜女士可参加社会工作。"

对长子、次子、幼女。

原始版:"大宝、二宝,从小专心机件构造,有志于电机工程,可予深造。我此次患病,感于医生亦甚重要,如二宝愿习医学,在高中毕业后,即入医科攻读。小妹爱好文学,尤喜戏剧,曾屡劝勿再走此清苦文字生涯之路,勿听,只得注意教育培养,倘有成就,聊为后继有人以自慰耳。"发表版:"大儿嘉骅专攻机械工程,次子嘉骝研习医学,幼女嘉骊爱好文学,均望予以深造机会,俾可贡献于伟大的革命事业。"

关于隐去的人名。

原始版中提到好几位友好："周公"（周恩来）、"汉"（潘汉年）、"雪"（徐雪寒）、"愈之"（胡愈之）、"仲实"（张仲实）、"仲华"（金仲华）、"仲持"（胡仲持）、"我妻"（沈粹缜）、"大宝"（长子邹嘉骅，又名邹家华）、"二宝"（次子邹嘉骝，又名邹竞蒙）、"小妹"（幼女邹嘉骊，又名邹加力），加上韬奋本人，和记录者徐伯昕，共13位。而当年的发表版，所提到的人名仅四位家庭成员：妻、长子、次子和女儿小妹。除韬奋，还有八位友好，姓名都隐去了。我的理解，那是国共第二次合作时期，共产党处在半公开半秘密状态，为工作需要，必须严格服从和遵守秘密工作原则，隐去人名，正是为了保护他们的安全。

关于"再奋斗二三十年"。

原始版："如时局好转，首先恢复书店，继办图书馆与日报，愿始终为进步文化事业努力，再与诸同志继续奋斗二三十年！"发表版没有这段话，但是在10月7日刊登的遗嘱"口述签字"后有几句报道："先生临终前听到国际形势急剧变化，法西斯匪徒垮台在望，他还沉痛地说：'我过去的二十年是锻炼自己，充实自己，刚到成年，如果病好了，还可为未来的光明的新中国再奋斗二三十年。'"其中采用了原始版中"再奋斗二三十年"。1979年7月徐伯昕在《人民日报》上发表的纪念韬奋文章《战斗到最后一息》，更是首次摘引发表了原始版中的一段话："倘能重获健康，决先完成《患难余生记》，再写《苏北观感录》、《各国民主政治史》，并去陕甘宁边区及冀察晋边区等抗日民主根据地，视察民主政治情况，从事著述，决不做官。如时局好转，首先恢复书店，继办图书馆与日报，愿始终为进步文化事业努力，再与诸同志继续奋斗二三十年！"

从比较中可以肯定，当时读到的遗嘱，是在原始版的基础上精炼而成的。它严谨、机巧、高昂，促人奋进。

那么最后定稿的《遗嘱》是由谁精炼而成的呢？《遗言记要》中说到"如须对外发表遗言，可由周、汉全权决定内容，电告各地”。是“周公”还是“汉”？可惜能够回答这个问题的先辈已先后作古，这个疑案只好留给后人去解答了。

新中国成立后，《遗言记要》中提到的“友好”们，都已走上国家领导岗位，工作范围、工作责任大大超过韬奋当年的设想和安排。而发表版的《遗嘱》当年已深入人心（解放后，曾经编入过教科书，“文革”时期抽掉了，很多同志一再呼吁重新编入教科书），激励过多少青年走上革命道路。它已经在最佳时期发挥了最大化的作用，作为经典，载入韬奋的著作。

60 年后的今天，徐敏提供的这份珍贵的《遗言记要》，生动记述、真实再现了这段鲜为人知的历史片断。它是发表版《邹韬奋先生遗嘱》的有力注释，让我们重温了韬奋对革命事业的追求，对中国共产党的热情向往，直至生命的最后犹孜孜不倦的伟大精神。

至于从《遗言记要》到《邹韬奋先生遗嘱》是怎么精炼的？因手头没有资料，不能妄加猜测。60 年过去了，当年必须保密的事，现今是否可以解密？我向珍藏档案的同志们求助，也许会有新的发现。

2004 年 4 月 26 日初稿，4 月 30 日、5 月 8 日、25 日修改，6 月 22 日端午改定。

附言：关于韬奋遗嘱，徐雪寒在 1982 年的一篇文章中有一段描写。时，他任华中根据地华中局情报部副部长，是潘汉年的主要助手，多次往返于敌占区和根据地之间，从事传递情报等地下工作。1943 年 10 月，受陈毅军长委托，代表毛泽东、周恩来和华中局到敌占区上海探望慰问韬奋；1944 年二三月间，韬奋病危，陈毅去了延安，华中局领导嘱徐雪寒代表党中央和华中局第二次到上海探望。对这次见面，徐雪寒作了这样描述：

“半年不见，现在韬奋先生消瘦极了，除出大轮廓和一双眼睛之外，几乎很难认识了。他见到我，依然露出满脸高兴的样子，艰难地从棉被里伸出瘦弱的手，和我握了握。我说明来意后，他低声地道谢,迫不及待地对我说:‘雪寒先生(对于我这个后辈,他一直以平辈相待),我看来是不行了,日本帝国主义还没有赶出去,我却再也不能拿起笔保卫祖国、保卫人民了!我的心意,我的希望,寄托在延安,寄托在党中央,我要求入党,请你代我起草一份遗嘱,也就是一份申请书,请求党在我死了以后,审查我的一生,如果还够得上共产党党员这样光荣的称号,请求追认我为伟大的中国共产党党员。’接着,他还说了一些对于抗日建国的重大政治问题的意见。要而不繁,若断若续。”徐雪寒一面安慰他,一面表示自己“文字上却毫无能耐,不堪完成你的嘱咐”。韬奋坚持要求,徐只好答应了。徐自称:“我的秃笔,要在短短的几百字中,表达他的正义的崇高的请求,真是难啊!写成的稿子总不满意,只得拿去交给韬奋先生。我给他念了一遍,他点点头,说声‘谢谢’,就放在枕头旁边。后来正式公布的他的遗嘱,应该说是韬奋先生亲自起草而且是亲笔缮写而成的,同我的草稿是无关的。”“写下这段经过,无非说说韬奋先生在病榻临危前,对于党的热情向往的真实情况而已。”

原载《出版史料》2004 年第 3 期

韬奋先生的一生

徐伯昕

【编者按】本文是邹韬奋先生挚友、生活书店创办人之一徐伯昕(1905~1984 年)先生未完成的遗稿,全文只写到韬奋弥留之时,写作时间大致在上世纪 40 年代。这是一份极其难得的文稿,提供了重要的传记材料,对于学习韬奋精神有很大意义。经徐伯昕的公子徐敏整理后由本刊发表。

一　千万人关念而又期望着的人物

韬奋先生在最近两三年来成了全国千万人心底最关念而又期望着的人物。自从1926年开始,国内有几千万人经常从他所主编的刊物上受到指示与陶冶。“九一八”及“八一三”以后,他更(是)实际领导着全国的民族解放运动人物之一,国内几千万人都倾耳听着他的呼号,睁眼看着他的指挥。然而到了1941年1月皖南事件以后,国内团结发生了严重的危机,他所手创的生活书店和其他进步文化事业遭到了残酷的摧残,他主编的刊物,也不能继续出版,国人再也不能从他的言论中获得精辟透彻的指示,与伟大人格的陶冶。此后他曾去到香港,一贯地为进步文化事业与民族解放、民权自由的政治运动作艰苦的斗争。但太平洋烽火起后,这种艰苦斗争的可能也失掉了。国内环境既对他十二分的不自由,因此他只好隐藏着,埋伏着,除少数地区外,国内大多数的人们,不知他的行踪和情况。每一个关心他的人,在友好间探听他的消息,每一个盼望光明的人,期待着他的重行出现。

一件伟大事业的过程往往是多难的,一个为伟大事业而斗争的战士,也比较容易遭受意外的磨折。韬奋先生在他不自由的处境中,由于精神上的刺激和生活上的颠沛,不幸于前年(1942年)秋冬间患病,缠绵年余,终未能痊可,竟于1944年7月24日上午7时20分在华中敌后根据地某地丢下他未完成的事业与世长辞。

这一噩耗的传布,一定使得韬奋先生的同志好友以及无数敬仰他的青年,感到极大的震动和哀伤。但徒然哀痛伤悲,既不能挽回这种损失,也不能安慰死者。我们为了痛惜韬奋先生之死,惟有坚决继续他的事业和他的精神。因此,我们必须从韬奋先生一生的奋斗史中去了解他所走的路径和奋斗的方法,作为我们宝贵的教训。

二　苦学经过

韬奋先生姓邹名恩润，韬奋是他的笔名。诞生于1895年，今年50岁。祖籍江西余江，因先生的尊人宦游八闽，所以生长在福州。6岁由家中延聘西席教师教读经书，在国学方面奠定了很好的基础。15岁才进福州省立小学堂就读，所授功课，仍是经书六艺。两年后适逢辛亥革命，民国成立，先生尊人离闽赴平。先生偕同母弟恩泳留沪求学。于1913年春季考入上海南洋公学附属小学最末一期肄业。入学考试，名列榜首，以国文成绩特优而为全校师长同学所注意，毕业考试，又名列全级之冠。暑假后直升南洋中院，时为19岁。从此先生的求学才步入轨道。在进南洋(公学)以前的一个阶段，虽说在国学方面打下了坚实的根基，但十二三年的光阴，不免有些浪费。这由于先生的求学时期恰旧中国的科举刚废，新教育制度尚未发展完善的过渡时代的原故。

在南洋公学中院四年，先生以颖慧的天资，勤奋的学习，每学期必获“优行生”的荣衔，而免缴下学期的学费。这对于先生不仅是精神的鼓励，而且是物质上极大的帮助。因为先生的尊人在闽宦游十余载，境况始终清苦，家境又本寒素。赴平以后，家庭负担颇重。先生少时已不满旧家庭制度，留沪求学，即决心不欲家庭供给费用。南洋公学“优行生”免费学额的设置，使得先生在经济方面比较容易的应付过去。中院毕业，在上院电机工程科读了一年半，感到工程科对自己的性格实在不合适，数理化等各门功课，成绩虽然不差，但都出于勉强，而与自己兴趣接近的文学，南洋中(大)院(即大学部)只有土木和电机工程两科，因无文科，不能够得到深造。考虑再三，决定在大学第三年转学上海圣约翰大学。(圣)约翰没有“优行生”的奖励办法，假若转学，不但自己的学费要先设法筹措，这时还需负担正在南洋中院读书的弟弟的费用，因此在大学第四学期,即由同学介绍往宜兴蜀山镇一家公馆里权当西席教师。暑假后(圣)约翰录取,半年辛苦所得,总算解决了一时的困难。

进了(圣)约翰受到经济的压迫,日益加深,为了经常的需要,不得不每天分出时间来工作,在下午 4 时至 6 时,担任家庭教师,7 时至 9 时,在(圣)约翰图书馆服务,牺牲全部课余时间,所得的报酬,是家庭教师每月 15 元,图书馆服务每月仅 9 元,这区区的二十余元,只能维持兄弟二人的书籍零用,至于生活方面,冬无棉被,夏无蚊帐。出门连电车也舍不得乘。因而在学业上愈加刻苦自励。

1921 年暑天(圣)约翰毕业,事前筹借了一笔费用,缝制了一套黑洋纱的学士服,行毕业礼的当天,穿上又宽又大的学士服,戴上方顶帽,排在行列中,跟着校长迤逦的步进礼堂,经过家属的座位,心想自己的家长虽没有在座观礼,可以看见了喜欢,但想到自己八九年来的勤奋苦学,居然也有今天这一天,不禁悲喜交集,热泪横流,不能自已了。

三　开始文字生涯

韬奋先生从南洋公学电机工程科而转学到(圣)约翰大学文科,这一改变,不仅是学习上的转变,同时也是终身事业的抉择。

先生在南洋(公学)时代,每当课余暇时,对书籍杂志的阅读,兴趣极浓,几至沉迷。那时中国出版业还很幼稚,学校图书馆的设备简单,阅读的书刊大半是从教师处借来,所以很难得到,每借到一部爱读的书刊,深夜还在烛光底下,孜孜不倦地阅读,舍不得放手。所读的各种书刊中,以梁启超编的《新民丛报》对先生的影响最大。此外英文书报,也常涉猎。

这些课外阅读的书报杂志,对先生的影响不仅是文字技巧的修炼研习,和思想认识的启发指引,尤其对于先生将来的事业是一个极大的暗示。先生的幼年、少年、青年三个时代,恰恰经历了我国戊戌政变、辛亥革命和五四新文化运动的三大变革时期。每次变革以前,都有一班先知先觉的有志之士,利用文字对旧的社会制度和政治上的腐败现象,针砭驳斥,对新的思想文化,传播宣扬,其效力所至,唤醒多多少少在梦酣中的同胞。在当时先辈的文人志士当中,尤以梁任公的笔锋常带情感的文字,使先生内心窃慕,备极崇仰,立志将来也要尽己之所能,为国家社会努力。

阅读既多,渐渐地有些技痒,同时为经济情况所催促,在大学时代即开始写作,或翻译一些短文,送到《申报》和《学生杂志》去发表,内容多偏重在青年修养和科学常识方面。发表的文字渐多,对自己的写作技巧有了相当的自信。便毅然决然放弃了他电机工程师的前程,做一个有益于世的新闻记者。

(圣)约翰大学毕业后,经友人介绍进厚生纱厂及上海华洋纱布交易所担任英文秘书。1923 年应中华职业教育社的聘请,担任该社编辑股主任,负责编辑《教育与职业》月刊,并主持职业教育丛书的编务。此外还兼中华职业学校与海澜英文专校的英语教员。《职业教育研究》、《职业指导》等书,都是在该时所翻译著述。在这以前,还在(圣)约翰读书的时候,即已将美国杜威著的《民本主义与教育》陆续译出,该书于 1928 年在商务出版。这是先生最初期的译作。

大约在 1926 年间,先生曾一度担任《时事新报》秘书,兼负该报副刊《人生》的编务。因所任工作与素来志愿相契合,所以不论在业务或编辑方面,所接触到的种种问题,都感到浓厚的兴趣。对先生以后的事业,是一个很好的准备阶段。

1925 年 10 月,中华职业教育社创办《生活》周刊以传布职业教育消息为目的。初创时仅印两三千份,大半赠送给该社社员及教育机关。到 1926 年 3 月,原负责编辑的人另有高就,委先生继续主持编务。这是先生正式从事新闻事业的开始。

四 从周刊变迁看到个人发展

先生接编《生活》周刊以后，即着手将它改变为通俗的一般性的刊物。内容力求趣味活泼，兼采各类常识，指示人生修养，倡导社会改进。篇幅虽只有四开四面，不到一万字，但编来绝不枯燥，不空泛。如言论大半根据当时社会上所发生的事件，加以分析，剖解，短小精悍。如人物评述、游记、国内外通讯、科学谈话等材料，不但趣味浓厚，而且含有丰富的知识，不惜腾出大量篇幅，原原本本地登载。文艺方面如翻译小说、短篇创作、杂感随笔，也都有教育意义，或言之有物。最为特色的是读者信箱一栏，对读者所询，关于求学就业、婚姻、法律、卫生诸问题，无不详细答复。读者如有所委托请求，在人事可能范围内，也尽量为读者服务，所以周刊便成了一般读者，特别是青年读者的良师益友。辟设读者信箱一栏，在目前杂志报纸上虽已习见，但回溯当年，先生因鉴于我国社会的不振，实由于大多数人的蒙昧，而青年又为社会的中坚，故不惮烦琐的创设这一栏，确有极大的苦心。

周刊每星期六出一期，一年 52 期(后改 50 期)为一卷，周刊出到第 6 卷(即 1931 年)"九一八"沈阳事件发生，国家危亡迫于眉睫，民气激昂，全国舆论一变，纷纷为挽救民族危机而呼吁。《生活》周刊在以前各卷的内容，本是以讨论社会问题为主，从那时起，也由社会问题转到政治问题上面来。韬奋先生在周刊上以"言人所欲言，言人所不敢言"的犀利的笔锋，痛责当局者的苟延残喘，不能即时抗敌御侮，同时激励同胞共赴国难。该年 11 月马占山将军率领义勇军在东北浴血抗敌，《生活》周刊为鼓励民气并为马将军后援，特发动援马捐款，一呼而得 12 万元。次年 1 月 28(日)，日军又侵淞、沪，第十九路军奋勇抗战，周刊又发动十九路军抗敌捐款及各项慰劳用品军用品的征募,并在沪西曹家渡设立“生活伤兵医院”,在周刊本身则编印特辑、号外、画刊等,尽量反映实际,销数因以突增,达到十五万五六千份,开我国杂志销数的空前记录。读者遍及全国及海外华侨足迹所到的地方。

为了讨论国内政治问题,进一步需要使读者了解我们所处的世界环境,为了单凭主观讨论各项社会问题的不够透彻,进一步需要协助读者研究各种科学理论。因此6卷(1931年)以后的《生活》周刊,又逐渐扩充篇幅,增加了国际问题和经济、政治、哲学等社会科学方面的文章,使读者的视野扩大,并具备客观考察判断问题的能力。韬奋先生在《周刊》6卷1期、7卷1期、及7卷26期发表了《我们的立场》、《我们最近的思想和态度》、《我们最近的趋向》3篇文章,声明《周刊》是以“劳苦大众的立场为出发点”,认为“中国与世界的乱源应归结于阶级的榨取与压迫”。周刊的言论“要顾到大多数民众的福利,不为少数人所利用来为他们特殊利益说话的工具”。当这个时候,为审慎顾到有关方面,并求充分发挥言论的力量,征得中华职业教育社同意,将《生活》周刊脱离该社,完全独立出版。

在国内和国际环境急激转变的情况下,《生活》周刊因为不肯故步自封,而欲达到真正培养人民公正言论,对国家存亡有所贡献的目的,在刊物本身发生以上的变迁,正是可喜的现象,不幸却触犯了当局,在7卷中(1932年)被密令全国停止邮寄。可是周刊读者遍及全国及海外,停邮期间,全赖读者热心递送,并不影响发行。到了第8卷(1933年),总(终)以“言论偏激”的理由而遭密令封闭。

《生活》周刊是韬奋先生一生当中经七八年长久,集中全副精力努力经营的一个刊物。从这刊物的变迁,我们不难看到先生个人思想言行的发展。在今日先生所以得到国内千万人关怀期望,实在不是偶然。1932年,先生因感到言论出版的不自由,曾参加蔡元培、宋庆龄、鲁迅诸先生所发起的民权保障同盟，当选为执行委员。该年6月，该同盟总干事杨杏佛氏被刺，先生更由言论的不自由而预感到身体不自由的可能，因此在1933年7月14日《周刊》尚未被封闭之前，不得不飘游海外。

五 一手抚育的生活书店

韬奋先生在出国以前，将他一手创办抚育的事业委托给他一班事业上的同志，这时除了《生活》周刊而外，还有一个刚在长成中的生活书店。

早在1929年和1930年间，《生活》周刊常常受外埠读者的委托，代为购办书报杂志，周刊同人一本为读者服务的宗旨，无不乐意接受。因办理周到迅速，这类的请托愈来愈繁，不是原有的人手可以担负，于1930年7月，正式成立书报代办部，附属于周刊社。此后周刊社本身也逐渐出书，先是生活周刊丛书，渐及各种单行本，业务蒸蒸日上，1932年对外改称生活书店。但书店的经营方式与内部组织，经过一年多的研究考虑，直到先生临去国时才给予最后确定，宣告正式成立。先生出国以后，深知《生活》周刊的寿命不长，不断地写信给同事，以坚持文化工作，发展生活书店为勖勉。

生活书店并非一个普通的商业机构，它不完全是一个资本的组合，同时是一个劳力的组合。它的业务是靠同人蓄积劳动报酬（薪金）的一部分，集成少量的资金，并活用读者邮购存款，杂志定费及同业往来逐步发达起来的。而分店在读者与同业间的信用，也是由于周刊书报代办部，书店三个时期同人自动努力增强劳动的结果而建立。所以生活书店的产生，是先有了由于同人历年劳力蓄积逐渐形成一爿书店的这样一个事实，然后再确定它的性质、经营和管理方式的。如果要追问它最初的动力是什么？那就是韬奋先生一生所身体力行并不断勉励同人为正义、为进步文化努力的服务精神和奋斗精神。

生活书店在本质上既和一般商业性的书店不同,因此它须有一种独特的经营管理方式。韬奋先生在出国以前,特地和同人研究确定了书店的经营原则,为“赢利归全体,没有剥削存在,一面为社会服务,同时也为自己工作”。拟定经营的方针为:“一、服务社会;二、赢利归全体;三、以共同努力增进全体同人福利;四、店务管理民主化。”这些贤明的确定,使得生活书店的业务能够无限制地发挥它的积极性。

生活书店对社会的贡献,影响最大而又最广的,要算由书店主办或合作出版的各种不同性质的杂志。在 1933 年到 1941 年间,常有五种以上的杂志同时出版,在大众文化的建设和新学术的研讨阐扬上,尽了很大的任务,发挥了很大的作用。各种杂志中普及的综合的刊物,在《生活》周刊之后,国难期间有《新生》,救亡运动时期有《大众生活》和《永生》,抗战前夕有《生活星期刊》,抗战发动后有《抗战》三日刊及《全民抗战》。国内局势转变,《大众生活》又在香港复刊,一个遭遇了挫折,一个又接着起来,前仆后继,从来不曾间断。这一类刊物的读者最为广泛,学生、教师、店员、学徒、农村青年、工厂职工、公务人员、自由职业者、妇女、士兵、僧道以及贩夫走卒,无不包括。其次文艺刊物,创刊最早的是《文学》和《文学季刊》,注重文艺理论与创作,接着有专介绍国际文学的《译文》,注重报告文学及集体创作的《光明》,抗战以后,出版了《文艺阵地》和《文艺战线》,在香港又出版过《笔谈》,其中《文艺阵地》一直坚持到 1942 年年底方始被迫停刊。国际政治经济文化综合性的刊物有《世界知识》,整整出了七年多,国人近年来对国际问题方面知识的增长,以及研究兴趣的提高,该刊确有相当的贡献。高级学术理论的刊物,在“八一三”前有《中华公论》,“八一三”后有《理论与现实》和《国民公论》,指导青年自学的在抗战前及抗战初期有《生活知识》(后改《新学识》),抗战第二期有《读书月报》;讨论妇女问题的有《妇女生活》;研讨新教育的有以教学作为中心的《生活教育》(后改《战时教育》)等。以上各种杂志的销路,最多者十五六万份,最少的一万五六千份,即使在抗战最艰苦的阶段,印刷交通最不便的地方,最少也有七八千份。

至于书籍方面,共出版了一千二百余种,重要的丛书有《世界文库》,汇集中外古今文学名著,共出了二十余册,辅导青年自学的《青年自学丛书》出了四十余种,介绍世界科学名著的有《世界名著译丛》,高级学术有《新中国学术丛书》,此外还有《世界知识丛书》等举不胜举。总之在最近十数年内国人中曾经受过若干时期的教育的,无论青年、中年、老年,只要不是十分糊涂浑浑噩噩的人,没有接触过生活书店的书籍和刊物的,恐怕极少。而在文化水准较低浅,但思想很清楚的工农劳苦大众,他们大多数虽不能直接阅读生活书店的书刊,但听到别人的教导讲述因而知道有这样一爿书店的却是很多。

1935 年和 1936 年间生活书店创设了汉口、广州两分店,“八一三”后为配合抗战需要在全国各地及香港、新加坡等设立了 56 处分支店办事处,其中包括两个书报流动供应的服务队。同人由八十余人增加到四百余人。为了教育同人,先生在书店编印的《店务通讯》上每期撰写谈话一篇,或指示业务方针,或指示同人工作态度,后辑为《事业管理与职业修养》一书。韬奋先生对于生活书店,十数年来提携抚育,可谓极尽了保姆的职责。

六　两年多的海外萍踪

韬奋先生在 1933 年 7 月 14 日带着苦闷与憧憬的情绪出国去。苦闷的是国内漫漫长夜的政治环境,不晓得何时才能步上光明的道路,憧憬的是脑海中久已萦回到国外各地去看看的期望,这次居然偿了(夙愿),各种不同的社会情形和政治状况,即将一一亲眼目睹。韬奋先生在行前计划着这次的出国,以实际考察为主,以大学院或图书馆的研究为副。并拟定了两个问题作为考察的中心问题,在考察以后,要对这两个问题作一个总的答案。这两个问题,一个是世界大势怎样?第二个是中华民族的出路怎样?

8月6日到达了欧洲大陆,以八个多月的时间游历了欧洲的意、瑞(瑞士)、法、英、比、荷、德诸国。1934年7月到9月赴苏联考察了两个多月。1935年5月到8月去美考察。在去苏和去美之前,两次在伦敦旅居了约十个月,从事撰述考察的通讯,并赴伦敦博物院图书馆研究。

在韬奋先生萍踪所到的一些国家中,特别引起他注意的是日趋没落的资本主义发展过程中,各国挣扎的情形。例如英国只是运用无济于事的救济政策,企图掩饰经济恐慌的真相。美国采用所谓经济调整的计划,规定每人最多的工作时间和最低的工资来限制农工业的生产量,失业人数虽比较的减少,但大多数的工人仍不能维持生活,资本家因经营受限制,也不满政府的这种经济政策。德国利用极黑暗的反动独裁政治,明目张胆地压迫民众,更不惜掀起世界战争,以保全资本家的利益,为资本主义作最后的挣扎。和资本主义国家情形迥然不同的,是正在进行社会主义建设中的苏联。苏联的社会制度因为已经根本改变,生产工具为社会所公有,生产成果为人民所共享,生产力不必限制调整,可以充分发展,不仅人人有工做,绝对不会失业,而且做不及还要发起竞赛运动来赶做。人民在经济上既摆脱了被榨取的地位,在政治、法律、教育上也得到真正的平等,各方面都呈现着蓬蓬勃勃欣欣向荣的现象。因此韬奋先生对第一个问题的答案是:“目前全世界问题的症结,是生产力与生产关系的不协调,必须走上苏联同样的道路,才能根本解决。”

对第二个问题,韬奋先生在各国一听到某某学者或某些有正义感的人士对中国革命有深刻了解的,他不惜奔走访问,热烈研讨。他得的结论是:“中国革命绝对不能依赖帝国主义者,主要的革命力量,应该寄托在大多数民众身上。”

韬奋先生在各国考察,也和他在国内从事编撰工作一样,事事是以全力奔赴的。在苏联考察时,正当炎暑天气,两个多月中挥汗如(雨)参观了他们几十种的经济、文化、教育等建设事业,还多方搜集资料,研究了他们的工资制度、婚姻制度和商业情况等。在美国看了操纵美国经济政治的纽约华尔街不满足,还冒险到美国南部去看黑人的农民生活,并经历极长的旅程,到美国西部农业区去看农民运动。这种研究精神,实在使人深深地敬佩。

先生的萍踪所至,见闻所及,撰为通讯,辑成《萍踪寄语》一、二、三集,及《萍踪忆语》两书。《忆语》所记为美国部分,约十六万字。《寄语》第三集为苏联部分,约十八万字。一、二集所记,为欧洲 7 个国家的情况。这两部书是极好的世界经济、世界政治课本。因注意具体事实的记载,复经先生生动文笔的描写,非但不觉枯燥,反感到津津有味,这样的收获,不可为不丰富了。

1935 年 8 月 24 日,先生由美返国,在海外所经时间是两年零多一点。这两年多内先生等于到世界的大熔炉中受了一番洗练。此后热爱祖国的情绪,同情劳苦大众的信念,更为高亢而坚定。

七　站在救国运动的最前线

就在先生回国的那年,敌人的魔掌深入我华北各省。6 个月间何应钦与敌酋梅津签订了一个协定,内容除继续淞沪停战协定,要挟我取缔抗日运动外,并提出撤销军委会华北分会,河北省党部撤退,另行组织自治机构,实行华北五省特殊化。一时全国民众激愤万分。

先生一回国即着手筹办《大众生活》周刊,于 11 月间正式出版。极力主张开放民众运动，停止内战，组织民族统一战线，实行抗日。国内一时赞同此项主张的人士，都为该刊撰文，不期然而成为传播大众呼声鼓吹救国理论的中心刊物。12月9日北平学生举行大规模的救国示威运动，当时驻平的二十九军用大刀木棍水龙袭击学生队伍，更引起了全国学生及爱国人士的公愤。12月18日上海各界救国会宣告成立，韬奋先生被推为执行委员。《大众生活》的内容为求与全国的救国运动相配合，于是尽量登载各地的救国消息及讨论救国工作的文字。仅仅出了16期，即遭禁止。

《大众生活》的禁刊是在1936年2月底，韬奋先生好比一个愈战愈勇的战士，他随即准备实行他和一班朋友以前曾进行而中途作罢的筹办日报的计划。早在1932年“一·二八”淞沪战争时，因感到周刊的出版时间间隔太长，不能充分反映有时间性的严重问题，曾与报界及出版界同人戈公振、胡愈之先生等发起号召读者集资筹办生活日报，当时一呼而收齐资金15万元。但因先生参加民权保障同盟而不得不出国，此项计划不能实现，遂将所集股款全部发还。这是旧事重提，是另行筹集了一笔经费，出版《生活日报》，地点选择了想像中比较民主、言论比较自由、但在另一些地方却比较更不自由(的香港)，而香港印刷条件的幼稚，尤其出乎意料之外，加之与国内各都市间距太远，呼应不灵，所以出版了54天即自动停刊。

先生于8月间重回上海，创办《生活星期刊》。

该年5月11日全国各界救国联合会成立于上海，先生被推为全救执行委员，7月间先生与沈钧儒、陶行知、章乃器四人联名发表《团结御侮的几个基本条件与最低要求》小册子，主张全国团结，一致对外。返沪后更积极参加全救的工作，开展全国各地救国会的组织。11月22日深夜，先生忽与其他救国会领袖沈钧儒、章乃器、李公朴、沙千里、王造时、史良等六人同时在上海被捕，由上海地方法院坚决向租界当局要求移提。12月4日转移苏州高等法院，法官以“危害民国”罪提起公诉。对于失土辱国的政府负责官员，不治以误国辱国之罪，而对于呼号全国团结、主张抗敌御侮的先生们却加以危害民国的罪名，真可谓“莫须有”了。他们被拘押于苏州高等法院看守所，直至1937年7月底始获自由。

被捕前政府当局曾两次派要员到沪挽劝先生去京任职，先生均以“救国乃大多数民众的意志，救国会为根据此项意志而产生的组织”、“个人行动，绝对服从团体，个人参加救国工作，目的在尽国民救国的责任，绝无意于做官”等语，谢绝了。

八 从奔走国难到出走香港

“八一三”全面抗战发动，先生即在沪创办《抗战》三日刊，宣扬民族意识，鼓动民众从事抗战工作，并讨论抗战中的经济、政治、文化诸问题，待上海四周的国军向西转移，南京亦已在战区之间，全国政治中心移至汉口，韬奋先生即于10月间离沪，由港经桂、湘两省转赴汉口，生活书店总店亦实行内迁，《抗战》三日刊亦移汉(口)出版。先生经过桂省时，受该省学校机关及民众团体邀请，沿途作演讲十数次，广西民气更加蓬勃。

到了汉口，编辑刊物，出席会议，应约演讲，日无暇晷，前来访问的青年及各界人士，真是户限为穿，紧张到极点，也兴奋到极点。

然而这种紧张和兴奋，只是抗战初期一时候的情形，逐渐地从先生的眼睛中看到许多不满的现象。“八一三”全面抗战后将近一年，还没有展开有计划的动员，各种抗战工作，由国民党的某些派别包办或包而不办，一般怀着满腔热血而来投效的青年，都有救国无门的感慨。政府对于各种民众团体及民众运动不加以积极的领导，反加以消极的限制。在武汉撤退前夕，先颁布了民众团体登记办法，接着有几个拥有广大群众的民众团体，被密令解散。并加强新闻检查及图书杂志原稿审查，钳制著作自由。1938年9月间，先生与沈钧儒先生代表武汉民众团体前往赣北慰劳沿江作战的战士，曾(见)到接近前线后方的运输供应不能配合，伤兵没有迅速而周到的救护，部队中的政工人员(包括服务队和宣传队)大批大批的被遣散。韬奋先生当时在他主编的刊物上，一再提出警惕性的话说："所以发生这种种使人不满的现象的，主要的缺点在政治。抗战政治的进步，赶不上军事的发展，更妨碍了军事的发展。"

1938 年 6 月间，国民参政会筹组就绪，先生以救国会领导之一的资格被聘为第一届参政员。7 月 7 日开第一次大会于汉口，同年 10 月又举行第二次会议于重庆，韬奋先生认为国民参政会虽不是理想中的民意机关，但希望能更尽量做到反映民意这一点。因此每当参政会开会之前，先生必征求各方面的意见，然后整理为议案，提出参政会讨论。在第一届参政会所提出的议案，包括：(一)普遍动员民众，实行组训青年；(二)解放民众运动，允许民众团体合法存在；(三)承认各抗日党派合法存在；(四)保障言论、出版、集会、结社的自由，立即撤销原稿审查办法；(六)立即停止特务活动，保障人民身体之自由，并释放被捕爱国政治(犯)。韬奋先生所提议案，因均有事实根据，而且是出于多数人民的要求，所以理直气壮，加之先生激昂慷慨的演讲，虽经激烈争辩，终获胜利的通过。

然而参政会议案的通过是一回事，付诸实行又是一回事。第一届第一、二次会议的决议案，虽有几百件，实行的确没有几件，实际政治上还是"我行我素"。政府机关的不健全，以及政府官吏的腐化，一天一天地暴露出来，深深影响到抗战军事、经济、政治各方面，换句话说，政治成了抗战工作不能展开，不能获得胜利的最大病根。因此"改革政治"成为全国人民热烈的要求。至 1939 年 7 月举行第一届参政会第三次大会，各党各派的参政员分头提出六个关于实行宪政的议案，国民党参政员不甘让人专美，也提出了一个,一共是 7 个议案,会议一致通过实行宪政,情形热闹。

先生是一向主张民主政治的,不过先生所主张的民主政治,是真正的民主政治,不是虚伪的民主政治,是彻底的民主政治,不是表面的民主政治。韬奋先生所主张的民主政治,重要的包括以下各点:第一要实行无性别、财产、教育程度限制的普选制度;第二要保障言论、出版、集会、结社的自由;第三要结束训政,实行宪政;第四在抗战期内宪政开始之前,各党各派先行参政,并罗致全国无党无派的人士组织举国一致的国防政府。韬奋先生认为民主政治是根绝专制独裁倾向,肃清腐化贪污弊病的治本办法。必须立即实行而不能作为一种"口惠"。所以在该次参政会闭幕后,为加深全国人民对宪政与民主政治的认识,特为编刊各种有关宪政问题及各国民主政治运动的参考书刊,并热心参加重庆各界宪政座谈会,应学校及社教机关邀请演讲宪政及民主政治。同时联合各党各派发起组织了一个宪政促进会筹备会,作为开展宪政运动的中心组织。

不久国民党对宪政问题的真正的态度揭露了,官方报纸诿言地方自治尚未完成,不能实行宪政,或谓在战争中各国政治只有趋向集中独裁,不宜民主,(去年国民党第二届中央政治委员会第十一次大会决议,在抗战结束后一年才能实行宪政,轻轻将参政会的决议一手推翻)。重庆各界宪政座谈会因大批特务人员出席扰乱不能举行,连民间一点研究宪政问题的空气都不许存留。同时陆续传来关于国共两党摩擦的消息。各党各派人士鉴于国内团结的危机暗伏,为紧密各党各派间的联系,共同为加强全国团结而努力,(有?)一个座谈会,韬奋先生是代表救国会,参加这座谈会中的积极分子。

总结起来说,从 1939 年 7 月到 1940 年 12 月,这一年半之间,"争取民主政治","加强全国团结"是韬奋先生的两大中心工作。

1939 年 4 月生活书店西安分店忽被党部搜查封闭,同人被拘捕,其他分店也陆续遭遇同样的情形。分店向政府请示这样处置的理由,中央推说地方事件,中央没有预闻。地方则说分店出售禁书,而各地党部所称的禁书,却有十之八九是经过内政部注册(以前还未实行原稿审查)党部事前也没有通令查禁的。该年7月重庆市政府忽派员至生活书店总管理处审阅账目,带领武装警察,检查两天,毫无所获。

8月间中央派潘公展、刘百闵两氏与韬奋先生及书店经理徐伯昕先生多次商谈,提出书店与正中书局及独立出版社合并的办法。同时提出要先生加入国民党。并说明三家合并以后拟请先生担任总经理,由政府增加资本。又说规模这样大的一家书店,领导人竟不是国民党员,政府不能放心。韬奋先生回答说:"正中、独立、生活三家各有其历史及特点,各别经营对社会影响更大","个人从事文化出版工作有年,觉得以国民的立场较国民党党员的立场为佳"。后来政府方面仍坚持参加资金并由政府派员担任总编辑两点,书店方面都把它严词拒绝了,因此谈判没有结果。

某次,韬奋先生看他从前在南洋公学的同学,目前主持政府一特务机关的徐恩曾先生说:"政府为什么要这样压迫书店,不放心书店,同时又为什么一定要我加入国民党,是不是疑心我是共产党员?"徐某说:"我们对你已侦察了五六年,知道你并不是一个共产党员,而是佩服你的才干,希望能在政府领导之下工作。"

可能当局者此举是因为见到生活书店办得怎样发达,并鉴于韬奋先生的才干超越,想加以统制,攫为己用。所以一面施以种种压迫,一面进行谈判,压迫无效,谈判不成,于是对生活书店采取更激烈的打击。

在1939年下半年至1940年底,五十余分支店陆续被封,仅仅剩下7个分店,检扣书刊,拘捕同人,达43名之多,至今还有二人未释,一人遭残杀。其他闻所未闻的卑劣威胁,更难胜述。1941年2月,国内团结发生裂痕,在10日内封闭最后存留的7个分店中的6个分店,现在仅仅重庆一店,因碍国际视听,未遭同样命运。生活书店逢到这样的遭遇,正应了先生在1933年7月12日动身去国前二日写下的一段预言,他说:“我们是处在一个血腥的黑暗时代,如不为整个社会的前途努力,一个机关的内部如何充实,如何合理化,终不免要受黑暗势力的压迫摧残的。”这说明韬奋先生大者对于民族前途,小者对于一个事业的前途,无不根据真理和科学来推断事理的。

皖南事件发生,国民党反动派大为活跃,趁机捕捉青年和文化界人士,摧残进步文化事业,韬奋先生因鉴于国民党的倒行逆施,民主政治的前途黯淡,并痛心于手创的生活书店的被封,同事的被逮捕,和其他许多进步文化事业的横被摧残,遂于2月间发表了致国民参政会主席辞去参政员职,并告别参政会同人两电,愤然去港。

九　对民主政治的热望

韬奋先生于1941年3月初抵达香港,接着有大批对政府的无诚意实行民主政治感到失望,或受国民党反动派特务政策压迫的政治运动家,及文化界人士,陆续到港。这班人聚集了以后,一面从事对反民主的斗争,一面展开国外华侨间的文化工作。从5月起始在港出版的报纸期刊,有《华商报》晚刊、《光明报》晨刊、《国际》(?)旬刊港版,韬奋先生主编以前在沪出版的《大众生活》也于6月间在港复刊。在出版之前,曾有人对先生说,香港的杂志销数从来没有超过1500份,其他南洋各地,交通不便,及政治环境的各别,所销也有限,刊物的经济方面恐不易支持。不料出版以后,港九两地竟销到6000份以上,销往南洋各地的,也有万余份,主要原因,乃是先生一贯的保持他“言人所欲言,言人所不敢言”的言论态度所致。

韬奋先生除主编《大众生活》周刊外,并经常为《华商报》撰写社论、专论,大半是讨论民主政治的文章。并将抗战以来政府当局种种反民主的措施,及各党各派为民主而斗争的事实,写成长篇史料,书名《抗战以来》,先在《华商报》连载,后出单行本,两次印了15000册,还是供不应求,星洲、槟榔屿等有好几种报纸争相转载。先生写这些文章的目的,只是因为他对民主政治怀了高度的热望,把这些真实情形,能够在不受内地审检的环境下,无保留地写出来,让同胞公断,同时由于大多数同胞的力量,可以督促政府加以反省罢了。韬奋先生直至弥留时期,他还用微弱的声音,一再声明他到最后一刻为止,还是坚决坚持团结抗战,实行真正的民主政治,建设独立自由幸福的新中国。

10月10日的《光明报》上登载了一段关于中国民主政团同盟的缘起和十大政纲。该同盟于1940年成立于重庆,参加的是除了国民党与共产党以外的各党各派。该同盟的产生,是在国民党参政会第一届第三次大会通过了实行宪政案以后,政府对宪政实施的一再延宕,各党各派有配合争取民主的必要,所以成立该同盟。但由于内地环境所限,不能公开发表文件,直至1941年10月10日才正式披露出来。韬奋先生是代表救国会经常和他们取得联系,促使他们成功的一人。

12月8日太平洋烽火突起,韬奋先生为避免敌人注意,深居在贫民窟里。炮火方住,即混在归乡的难民队中,爬山越岭,逃到广东省的中国自由地区。可是政府当局对于先生的出走香港,以及在港一个时期的工作,恨如刺骨,密令通缉,"就地惩办"。他虽已踏入祖国的自由地区,他的身体却不能自由地出现。在广东乡间住了八个多月,于1942年11月赴苏中及苏北抗日民主根据地,视察该区民主政治状况。在苏中苏北各地举行民主政治演讲凡数十次。每次演讲,十里以内的民众都前来听讲。在该区视察完毕,本拟赴陕甘宁边区及冀察晋边区继续视察,将各该区民主政治的情况写成报告,以供全国实行民主政治时参考。不幸因病停顿于中途。

十　与疾病苦苦斗争

韬奋先生患病的原因，可以说是起于1939年至1940年间，政府当局对生活书店施以种种无理威胁，威胁不成，各地分支店即被封闭，同事被逮捕。先生秉性耿直，威武不屈，临难不苟，又富于情感，对事业忠诚筹谋，对同人爱护备至，自此以后，精神上受到极大的刺激。从重庆出走香港，感于时局的日非与环境的逆转，内心更是如焚如捣。港战以后，栉风沐雨，马鞍征尘的辛劳，包抄袭击，逃避隐藏的惊险，都不是韬奋先生文弱的身体所能惯适的。这样促使先生疾病的发作和加激。

先生的病是癌症，1942年8、9月间，病症初起，患部在右耳后部至右颊，右耳内有脓水流出，1943年1、2月间，病痛加重，患部剧痛如刺，日不能安生，夜不能安眠，但仍忍痛工作，写文说话或演讲。5月间经医师施以手术，将患部开刀割治，并用了五十余小时的镭锭治疗，癌病仍继续发展，但食欲增进，体力尚好，疗养若干时期，又能行动。到10月间病情突然发生变化，患部由右鼻腔右眼球而向前额发展，喉间两核涨大，痰块满涌，夜间呕吐不止，头面及臀腿等部神经剧烈疼痛。二十多天后痰涌呕吐停止，神经剧痛仍旧。今年1月间病情发生第二次变化，右下颏及右颈红肿，呼吸不畅，饮食难以下咽，后施以消肿注射，周后又告平靖。癌症逐渐向下发展，已很明显，2月间忽全部脑壳刺痛，如刀割，如蚁咬，不能安放枕上，施用麻醉性针药痛苦略减，可以安睡片刻，药性过后即醒，醒后即须坐起，接着再打针再睡，日夜如此。

疼痛最剧烈时，先生用两手捧颈，转侧起伏，呻吟不息，眼泪夺眶而出。先生常对在旁的朋友说："我的眼泪并不是懦弱，也不是悲观的表示，只是痛到最最痛苦的时候，用眼泪来和疾病斗争。"当他见到一些新朋友或者好久不见的老朋友，他兴奋地讲述他在苏北抗日根据地所目睹的许多进步的现象，以及他过去奋斗的经历。每说一二小时不知疲乏，病苦也差不多忘记了，他最后结束的一句话，常是："等我的病好了，还要奋斗二三十年！"病势稍稍减轻，立刻在病榻上放一张小木案，又手不停挥地在写他的《患难余生记》，写得最多时竟在一天内写了五千多字，屡劝而不肯罢手。《患难余生记》已写好近十万字。这书完稿以后，计划接着写《苏北观感录》及《各国民主政治运动史》，可惜竟赍志而殁。

6月1日深夜3时左右，突然晕厥数分钟。2日即召来最接近的朋(友)。(原稿至此结束)

原载《出版史料》2004年第3期

邹先生我见过一面

王仿子

每年这个时候，总觉得有话想说，虽然要讲的话已经有许多人讲过了。

今年是韬奋先生逝世60周年。60年，一个甲子，韬奋先生的形象，他的语言、道德文章，还是那么清新，那么深刻，那么辉煌，永远铭刻在我的心头。

韬奋先生是我走向出版工作的引路人。我在1939年参加生活书店，那时候我们书店同人叫他邹先生。邹先生是我一辈子从事出版工作的第一位老师；第二位老师是徐伯昕，那时候我们叫他徐先生，昵称徐老板；第三位老师是胡愈之，尊称胡愈老。在这三位老师的引导下，我走上一条抗日反蒋的出版之路。这是一条不平坦的路，在这条路上艰险跋涉，不管经历多少酸甜苦辣、腥风血雨，在几位前辈的导引下，没有退缩，没有逃避，也不会有后悔。我惟一的遗憾是，邹先生，我只见过一面。还是在我参加生活书店之前，我在苏州读书的时候，是1937年7月31日“七君子”出狱这一天。

那阵子，卢沟桥的炮火已经打响，我正在不分昼夜，投身于热火朝天的抗日救亡工作。组织像我这样的年轻人参加救亡运动的是一家小小的全民图书馆。“文革”后我才知道，发起创办这家图书馆的陈世德当年是共青团员。图书馆吸引一批热血青年，大唱抗日歌曲，举办读书会，到马路上去散发鼓吹抗日的传单，到日租界去示威游行等等。这一天，得知“七君子”出狱，就拉着一帮人赶到苏州看守所去迎接“七君子”。

看守所门前已经聚集了一大群热血青年，大家用歌声欢迎“七君子”。唱罢《义勇军进行曲》，又唱《救国军歌》，“枪口对外，齐步前进，不伤老百姓，不打自己人”。接着又是“五月的鲜花，开遍了原野，鲜花掩盖着志士的鲜血”。一辆黄包车拉着史良到来（她被关在城内女牢），引起一片欢呼。韬奋、沈钧儒、李公朴、章乃器、沙千里、王造时跨出看守所大门，整个广场顿时沸腾起来，欢呼声和歌声此起彼伏，响成一片。“七君子”向欢迎他们的群众挥手致意，跟群众一起唱着抗日歌曲，随同从上海赶来的亲朋好友离开广场。后来知道，从上海来接“七君子”出狱的有几位律师和“七君子”的亲属：邹韬奋夫人沈粹缜，章乃器夫人胡子婴，李公朴夫人张曼筠，王造时夫人朱透芳等。

在这一天，我只是一群热血青年中的一分子，我在一段距离之外见韬奋一面。好在我从1933年起就是生活书店的读者，是《文学》月刊和《新生》、《大众生活》、《生活星期刊》的长期订户，所以在我崇拜的“七君子”中，我最熟悉、最亲近的是韬奋先生，最能勾起我的情感、使我热血沸腾的也是韬奋先生。在我接触生活书店之前，我原本是乡间小镇上一家米行里的一个懵懵懂懂的学徒工，由于读了巴金、鲁迅的作品，受到韬奋先生道德文章的熏陶，得到启蒙，才有带着满身泥土气奔向苏州寻求新生活的飞跃。韬奋先生是我走向出版的老师，又是我改变人生道路、学会生活的引路人。我参加生活书店时，先在衡阳，后在桂林，邹先生在重庆，我还是通过他的文字接受他的教诲。一本《事业管理与职业修养》，是我六十多年出版工作的座右铭。直到今天，遇有工作中颇费思索的问题，还是要从这本书的许多篇章中寻求启示。

解放前的中国出版史上，有两位巨人，一位是邹韬奋，另一位是张元济。这两位巨人的业绩构成上世纪前五十年间前后辉映的出版业的辉煌。张元济先生主持商务印书馆，追求新文化，吸纳西学，为推进新式教育建功立业；他继承和弘扬中华民族优秀文化遗产，为创立中国现代出版业奠基立石。茅盾在回忆录里说到张元济道："在中国新式出版事业中，张菊生（张元济号菊生）确实是开辟草莱的人。他不但是最有远见、有魄力的企业家，同时又是一个学贯中西、博古通今的人。"

邹韬奋带领中国出版业走向革命，他是缔造新出版业的带头人（当年在蒋管区革命两字犯禁，所以用一个"新"字有别于原有的出版业）。韬奋创办生活书店，出版马列主义经典著作，出版传播进步思想文化读物，引导广大青年抗日救亡，走向革命。他的言论和工作，成为中国无产阶级革命的舆论准备的一部分。他高举革命出版路线的大旗，在蒋介石反动政府的高压下，为冲破文化"围剿"而坚持不屈的斗争，直到最后一息。与韬奋并肩战斗的有胡愈之、徐伯昕，还有读书生活出版社、新知书店的创办人李公朴、黄洛峰、钱俊瑞、徐雪寒、华应申等。

韬奋先生病危时留下的遗言有："一本以往服务社会与艰苦奋斗之精神，首先恢复书店，继则图书馆与日报。"韬奋的继承者，秉承先生的遗志，前仆后继，奋斗不息。在中国革命取得全面胜利的前夜，1948 年 6 月，生活书店、读书出版社、新知书店在香港接到周恩来副主席发自西柏坡的电报，立即联合组成生活·读书·新知三联书店,业务骨干分水陆两路奔赴解放区。到1949年春,三联总管理处迁到新解放的北平,从此成为新中国出版事业基石的一部分。直到如今,继承韬奋先生遗志的三联人,仍然坚持以发展社会主义先进文化为毕生的志愿。

今天,面对"纪念韬奋先生逝世六十周年座谈会"的横幅,我思前想后,不能不想起邹先生的教诲。他在60年前倡导"生活精神"、"竭诚为读者服务";传播进步文化"适应进步时代的需要,是要推动国家民族走上进步的大道";树立正确处理"事业性与商业性问题"的原则;具体到出版物力求"没有一个错字"等等,与今天经营出版业的准则:坚持为人民服务、为社会主义服务的方向;新闻出版是传播先进文化的重要阵地;各类文化事业和企业,都要始终把社会效益放在首位等是完全一致的,只是时代的烙印和语言的差别而已。

因此,我可以说:重温韬奋先生的教诲,继承韬奋的遗志,办好"书店",对于发展社会主义出版业依然有不可低估的重要意义。

2004年6月21日,在上海"纪念韬奋先生逝世六十周年座谈会"上的发言,整理成文时略有补充修正。

原载《出版史料》2004年第3期

新闻出版工作先驱邹韬奋

刘景华

能视事业如生命,事业未有不兴的,岂仅报业为然?

——韬奋

伟大的爱国主义者邹韬奋同志,是我国杰出的新闻记者、政论家和出版家。他毕生战斗在新闻出版战线上，为民族解放、民主政治和进步文化事业奋斗不息。他主持的生活书店，历尽创业艰辛，由上海一隅的小小店铺，发展到同人四五百，分店布满全国，在14省有55处的大型企业，成为白区的革命文化堡垒；他主编的《生活》周刊、《大众生活》、《全民抗战》等报刊，追踪时代的脚步，以宣传抗日救亡为中心，喊出了时代最强音，"风行海内，畅销寰宇"。在近代中国的著作家中，很少有人像韬奋拥有那么众多的读者，在群众中产生过如此深广的影响。正如吴玉章同志指出的："近代中国文化界，在新闻事业、出版事业上，最有成绩、最有创造能力的，要算邹韬奋同志。"①

邹韬奋主编的部分报刊

苦学与立志

韬奋原名邹恩润，"韬奋"是他主编《生活》周刊以后所用的笔名。他是取"韬光养晦、奋斗不懈"之意，用以自勉。

1895年11月5日，韬奋出生在福建永安一个没落的封建仕宦家庭，原籍是江西省余江县。他5岁的时候，在外做官的祖父年老

---

① 《哀悼为新民主主义奋斗的战士邹韬奋同志》，原载1944年11月22日《解放日报》。

告退，父亲邹国珍携眷到福州候补，曾在省盐务局任事。他的少年时代，就是在这个风光明媚、景物秀逸的古城度过的。

韬奋的母亲不幸早逝。父亲为官清正，在福州候补时，家里常常没米下锅，要领“仓米”贴补生活，其后退休，一无储蓄。韬奋17岁，独自到上海求学，整个学生时代全靠自己设法，半工半读，还要照顾两个弟弟，有时不得不中途辍学，跑到乡下做几个月家庭教师，积攒一点“束脩”，再接着读书。就这样，他捱过了经济难关，1921年毕业于圣约翰大学文学系。

在中学读书期间，韬奋一度对梁启超主编的《新民丛报》十分热衷，往往“非终篇不能释卷”；他对上海《时报》刊登的远生（黄远庸）的《北京通讯》也“着了迷”，特别佩服远生迅速探得重要新闻材料的能力和有声有色、亦庄亦谐的写作技巧。从那时起，他就立志要做一名新闻记者。可是，大学毕业后，他的志愿却一时难以实现。品格、能力、才干、学识是那个时代所蔑视的，职业部门的开放程度，往往取决于谋职者的背后“势力”。正如他“走曲线”求学一样，为了“饭碗”，在职业上也只好“走曲线”。

他踏入社会找到的第一个职业，是在民族资本家穆藕初创办的纱布交易所任英文秘书，又兼上海青年会中学的英文教员。两年后，他留意到黄炎培主持的中华职业教育社，觉得先入教育界再跨入新闻界也许是条出路，便投函自荐。经调查合格，他辞去英文秘书的职务，进“职教社”任编辑股主任，主编《教育与职业》月刊和职业教育丛书。

韬奋在“职教社”工作期间，参加了该社发起的职业指导运动，曾到江苏、浙江、湖北、山东等地去推进这一运动。这使他广泛地了解了中国社会的状况。严峻的现实告诉他：广大青年学生面临的是毕业即失业；有些人即或找到职业，也是用非所学；而“有了狐亲狗戚的靠山，阿猫阿狗都得弹冠相庆”。他越研究职业指导，越对它的效用发生怀疑，也就越想摆脱这个工作。

正在他因职业指导“感到惭愧,感到苦闷”的时候,中华职业教育社于1925年10月创办了《生活》周刊。韬奋开始只是参加编辑工作,一年后主编另有他就,便由他接任主编。这个刊物最初创办宗旨,只是为了传播职业消息,宣传资产阶级改良主义。由于内容狭窄,编排呆板,印数甚少,影响不大。韬奋接编后,经他倾注心血地培植,周刊的面目为之一新。他多年来从事新闻事业的希望总算实现了。

“空手起家”的《生活》周刊

早期的《生活》周刊,设在上海辣斐德路(现名龙华路)一间简陋的过街楼里。名为韬奋接办,实际是在一无资金、二无人力的情况下“空手起家”。当时,周刊社的全部工作人员只有两个半人:韬奋——“光杆编辑兼光杆书记”;另一个是徐伯昕——偏重于营业和广告,后来成为韬奋在事业管理上的最得力助手;还有一个叫孙梦旦——偏重于会计,每日有半天在别处兼职,故只能算半个人。

韬奋认为,“宗旨不明则无从努力,责任不专,亦无从努力”。乃明定宗旨,革新刊物,一切由他负全责。在内容上根据社会和读者的需要,改变编辑方针,使它从单纯谈论“职业教育”和“青年修养”转而讨论社会政治问题,成为主持正义的舆论机关;在文字上“力避‘佶屈聱牙’的贵族式文字,采用‘明显畅快’的平民式的文字”,注重短小精悍的评论和“有趣味、有价值”的材料;在编排格式上力求新颖、醒目以及版面的匀整、美观;在文稿选择上,“不管是老前辈的或是幼后辈的,不管是名人来的或是‘无名英雄’来的”,一律择优采用,“取稿凭质不凭名”。

《生活》周刊最受读者欢迎的栏目是“小言论”和“读者信箱”。前者每期虽仅数百字,却最费韬奋心血,他总是尽力“就一般读者所认为最该说几句话的事情”发表意见，一下子就能说到读者的心坎里；后者专门解答读者提出的各种疑难问题，被称为“人生百面镜”。韬奋把看读者来信，视为编辑的最大乐事。每到夜里，他就独处斗室之中，案旁拥着一大堆读者来信，“手拆目送，百感猬集”，“与读者的悲欢离合，甜酸苦辣，打成一片”。凡不能在“信箱”上公开发表的来信，他都一一执笔作复，其热情“不逊于写情书”。

韬奋一生嫉恶如仇，从他接编《生活》周刊后，从不放过同旧社会的恶势力作斗争。1930 年 11 月，国民党军阀、安徽省政府主席陈调元，用他搜刮的民脂民膏，花了 10 万元为其母做寿，极尽奢侈。韬奋在《民穷财尽中的阔人做寿》一文中写道：“在此民穷财尽、哀鸿遍野的中国，身居高级官吏，何得有此丧心病狂的举动！”此文在《生活》周刊上一发表，立即使这个“一掷巨万闹阔的青天白日下的高级官吏”，臭名远扬，各界震怒。

1931 年“九一八”事变，是韬奋思想急剧转变的一道分界线。沈阳北大营的炮声一传到上海，他立即写文章号召：“全国同胞对此国难，人人应视为与己有切肤之痛，以决死的精神，团结起来做积极的挣扎与苦斗。”他痛斥蒋介石的“不抵抗主义”，“就是极端无耻主义”。“天下主义多矣，如此极端无耻而亦得傲然自命曰‘主义’，实为千古奇闻”，简直“无耻之尤”。在民族的生死存亡关头，他更加认清了国民党政权的反动本质，寄希望于人民大众和“确能为民众奋斗的集团”，指出除此“绝对没有其他便宜的道路可走”。

1931 年 10 月，东北军马占山部违反蒋介石卖国政府的意志，树起抗日旗帜。韬奋立即发起“援助黑龙江省卫国健儿捐款”，群起响应，周刊社门前挤满了来捐输的男女老幼，几天时间，竟达 13 万元之多，轰动了全国，开创了抗战中以刊物代收民众捐款之门。内中有个年仅二十岁左右的“粤东女子”，独将父母遗产 25000 元全部捐作抗日经费，她要求见韬奋一面，不愿公布姓名。这种毁家纾难的义举，一时传为美谈。

次年“一·二八”淞沪战争的时候，韬奋深为十九路军孤军奋战的英勇精神所感动，他说“希望莫大于心不死”。他除号召捐款予以援助外，还和其他同人参加战时后方服务，征集军用物资，在沪西设立“生活伤兵医院”。周刊社每天增出“号外”，报道战况，常常半夜三更还有人打电话来询问前线消息。韬奋与同事轮流坐以待旦，据实答复。

《生活》周刊日益深入人心，从韬奋接办时印数两千多份，到“九一八”事变前后递增至155000份。它的革命倾向越来越引起反动派的仇视，国民党政府先施以诽谤和恐吓，继之禁止邮递，1933年12月，《生活》周刊出至8卷50期被查封，但它的影响是不会在广大读者心中泯灭的。

独树一帜的生活书店

生活书店的前身是《生活》周刊社，它的“胚胎”则始于1930年成立的《生活》周刊“书报代办部”。韬奋早就预感到《生活》周刊随时有被封禁的可能，便提前作了应变准备。1932年7月，他在胡愈之的协助下，把周刊社内部改组为“生活出版合作社”，对外简称“生活书店”。

生活书店前后出版过八种由韬奋主持的刊物（其中六种由他任主编），销数最高达三十余万份；印行书籍千余种，总计五百多万册，创建国前我国新闻出版史空前记录。生活书店通过这些进步书刊，起了伟大的宣传组织作用。它对于冲破蒋介石政府的反革命文化“围剿”，提高国民党统治区广大人民群众的政治觉悟，引导千千万万知识青年走上进步和革命道路，有着不可磨灭的历史功绩。

韬奋通过他主持的事业关心群众、热爱群众、努力为读者服务是贯彻始终的。“九一八”事变以后，每天读者的来信最多时在千封以上，他对来信大都一一作复，且存留底稿，还把来信者姓名、地址编制一套卡片，以便经常联系。原来都是韬奋一个人做，实在忙不过来，陆续增加四位同事专门担任拆信和复信工作，但每封信发出之前都要交他看过，亲笔签名。

“桃李不言，下自成蹊”。由于“生活”书刊的进步内容和“生活”同事“诚恳、热诚、周到、敏捷、有礼貌”的服务作风，生活书店任何一个分店都挤满热心的读者，“自朝至暮，川流不息，清晨赶着开门，晚间难于关门”。有许多读者简直把生活书店当作他们的家，每到一个地方，只须知道哪个地方有“生活”分店，人生地疏，认不得路，找不到旅馆，买不到车票船票，都往那里跑。生活书店的同事凡是自己努力能办到的事情，无不竭其智能，尽忠代谋。他们的服务精神温暖了无数读者的心，赢得了广大读者对这个事业的信任、爱护与支持。

竭心尽虑的服务精神，是与一丝不苟的负责精神联在一起的。韬奋勤于治事，严于律己，对任何工作决不以琐细而不为。小而至于刊物上错排一个字、一个标点，他都是校过又校，决不肯轻易放过。同事中如果有谁在工作上掉以轻心，造成差错，他的批评往往是严厉的，不讲情面的。正因韬奋以身作则，严肃认真、处事不苟，成为生活书店一种好传统，它的一个重要表现是笃守社会信用，讲求办事效率。生活书店出版的刊物，从不脱期，这在那动荡不安的社会环境里，是十分难得的。

为读者服务，对读者负责，都是建立在内部苦干精神的基础上。韬奋自己是“疲而不倦，苦而不厌”的带头人。长期以来，他的工作量大得惊人，以致积劳成疾，但他从不顾惜自己，无时不感念那些辛劳奔波的同事。他以派往内地建立工作据点的同事为例，说他们“号称‘经理’，实际上等于流亡。因交通拥挤，曾有同事乘船被挤得落下水去,勉强获救,得全生命。有同事因经济苦窘,登岸后即在码头上露宿一宵,然后建立新的工作据点,执行‘经理’职务。他们所以能有这样苦干的精神,是深刻明了他们的勤劳不是为任何少数人谋利,而是为中国文化事业奋斗”。

韬奋作为生活书店的主要领导者,对全店同事充满了深厚的手足情、真挚的同志爱。在艰苦创业的过程中,前后有四位“生活”同事以身殉职,韬奋听到这样的噩耗,都是泪如泉涌,哀痛万分,觉得自己只有“战至最后一滴血”,才不辜负这些文化战士的奋斗牺牲精神。就是对职工生活上的一些问题,他也是关怀备至、体贴入微。他曾按照每一个工作人员身材高矮、视力强弱不同,请木工把办公室的坐椅锯去长短不等的一截,使大家伏案工作时不致因弯腰贴桌而驼背近视。从这件小事,足见其爱人之诚,感人之深。韬奋的身教言教,为生活书店奠立了一种新型的同人关系,同事之间互尊、互助、互勉、互学蔚为风气。

韬奋亲自培育的生活书店这种可贵的传统精神,不仅使它与那污浊社会的旧商业形成鲜明对照,就是在当时进步文化组织中,也是独树一帜的。“生活精神”代表了白区革命文化工作的优良传统,在今天新的历史条件下,仍然有它照人的光彩。

萍踪海外　寄语同胞

1933 年 6 月,国民党反动派暗杀了中国民权保障同盟的总干事杨杏佛,作为这个同盟执委的宋庆龄、鲁迅、韬奋都上了特务暗杀的黑名单。许多朋友劝韬奋出国暂避,于是他在当年 7 月出国,过了两年零一个月的海外流亡生活。这是韬奋一生中的第一次流亡,先后到了意、法、英、比、荷、德、苏、美等国家。他把自己在各国的见闻与感受,随时记录下来,寄回国内,告诉读者。回国后又将美国的情况追忆成数十篇文字,最后结集成《萍踪寄语》(一、二、三集)和《萍踪忆语》两书出版。

韬奋自谓这次出国的目的是在观察“世界大势怎样”?“中华民族的出路怎样”?所以“苦闷”之中也交织着“憧憬”。他着重考察了资本主义、法西斯主义和社会主义苏联这三种类型的国家,以寻求正确的答案。

韬奋在考察了欧洲“比较可以左右世界政治”的国家和社会主义苏联之后,对“世界大势”作出了明确的结论:“现在的世界,除苏联外,很显然的现象是生产力的进步已和生产工具私有的社会制度不相容”,“要解决这种‘不相容’的问题,只有根本改造束缚这生产力的社会组织,代以为大众福利尽量利用进步生产力的社会组织”。关于“中华民族的出路”,他认为在于“努力于民族解放的斗争”。

离开苏联,韬奋再次去伦敦,大部分时间都在大英博物馆的图书馆里攻读马列主义书籍,并作了详细的英文读书笔记。他写道:“我每想到卡尔和伊里奇的艰苦卓绝的精神,无时不‘心向往之’。”对马克思、列宁的崇敬之情溢于言表。

《寄语》和《忆语》的写作,充满了实事求是的科学态度和分析的精神。作者既揭露了资本主义社会的许多不合理现象和资本主义世界种种无法摆脱的矛盾,得出必然要被社会主义所代替的结论;又肯定了它在发展生产力方面所获得的巨大成就,有些长处是可取的。作者既指出了资本主义社会民主、自由的虚伪性和多党制的欺骗性,又看到它比旧中国尚未摆脱的封建专制来说,仍不失为一种进步。周恩来同志在抗战期间看了《萍踪忆语》,曾当着韬奋的面赞赏说:“关于美国的全貌,从来不曾看过有比这本书搜集材料之亲切有味和内容丰富的”,认为它是“难得的一部著作”。

韬奋的文笔轻松隽永、明快有力、热情洋溢,有极强的感染力。《寄语》和《忆语》,充分表现了他的这种风格。作为“游记体”,作者并不着意描写各地的景物,只是信笔而至,便恰到好处。如苏伊士运河“明月清风”的月夜风光,苏联克里米亚“全年青翠欲滴,鸟语花香”的无双胜景,美国尼亚加拉大瀑布“山崩海裂”似的雄姿,都能使读者有身临其境之感。人们赞赏《寄语》和《忆语》,是“充满着爱与力的新游记”。

创办《大众生活》和《生活日报》

在韬奋出国的时候,《生活》周刊还在继续出刊,韬奋把它委托给自己亲密的战友胡愈之主持。几个月后,国民党政府借口《生活》周刊支持“福建事变”①而密令查封。韬奋的好友杜重远接着创办《新生》周刊。

1935 年 5 月,《新生》刊载了艾寒松用“易水”笔名写的《闲话皇帝》。日本驻沪总领事借机寻衅,说这篇文章“侮辱天皇,妨碍邦交”,迫使国民党政府封闭《新生》周刊,判处主编杜重远一年零两个月的徒刑,这就是轰动一时的“新生事件”。当时韬奋正在美国芝加哥进行考察,从报上看到这个消息,加速了他的归期,这年 8 月由美国回到上海。他下船后不入家门,首先跑到监牢里看望无辜入狱的挚友,紧接着又跑到生活书店去看望阔别两年多的同事。他要把战友被迫放下的“火炬”重新擎起,像接力赛一样,“继续在黑暗中燃着向前进”。这就是当年 11 月 16 日他在上海创办的《大众生活》。

这年 12 月,上海各界救国会成立,韬奋被推举为执行委员。次年 5 月,全国各界救国联合会成立,他又被推举为执行委员。他

---

① 1933 年底,被蒋介石从上海抗日前线调往福建参加“剿共”的十九路军,在中国共产党合作抗日主张的影响下,首先同中国工农红军订立抗日协定,成立“福建人民革命政府”,主张武装抗日反蒋。12 月间,《生活》周刊发表胡愈之《民众自己起来吧》的文章,给予支持。

一面主编《大众生活》,大力宣传抗日救国主张;一面积极参加实际工作,致力于抗日救国运动。

《大众生活》创刊时,正值伟大的"一二·九"运动的前夕。当这场革命风暴到来的时候,韬奋全力以赴予以声援,《大众生活》以最大的篇幅来反映这个运动。一连好几期的封面,都是学生运动的群众场面,每期的主要内容都是报道与响应这一运动的文章。每期出刊后,即先寄送几千份到北平学生联合会。由于《大众生活》坚决站在救亡运动的前列,深刻地反映了人民的要求,销数激增,读者来信月以万计。国民党反动派被它的浩大声势所震慑,于1936年2月9日将它查禁。

《大众生活》被封一星期后,生活书店又出版了《永生》周刊,由韬奋战友金仲华任主编。韬奋则跑到香港去筹办《生活日报》,这是他"梦回已久"的一个愿望。《永生》周刊在上海出刊3个多月,又被国民党反动派封闭了;韬奋冲破重重困难,经过千辛万苦,《生活日报》终于在香港诞生了。因受经济条件的限制,报馆不得不设在香港贫民窟。

创刊的《生活日报》以"努力促进民族解放,积极推广大众文化"作为"本报的两大目的"。它的全部言论十分成功地宣传了党的抗日主张,真正起到了"言论要完全作人民的喉舌,新闻要完全作人民的耳目"的作用。韬奋在编辑业务上也进行大胆革新,对新闻采取精编、简编,强调新鲜活泼、准确敏捷,使《生活日报》独具个性和风格。

那时被称为"文化沙漠"的香港,文化事业十分落后,《生活日报》日销两万份,已经震惊了香港的新闻出版界。尽管编辑部人才济济,有自沪赴港的金仲华和韬奋电请由欧洲回来的胡愈之等新闻界宿将,也难以大展手足。再加上香港地理位置偏于南端,日报只能及时供应西南一隅,向中国中部和北部寄递报纸非常迟缓,新闻采访和报纸推广发行都有种种不便,各地读者纷纷来信提出"迁地为良”。在中共南方组织建议下,《生活日报》在港出版55天后,宣告自动停刊,决定迁到中国新闻事业的中心上海。《生活日报星期增刊》改名《生活日报周刊》,继续在香港出版。国民党政府早已对韬奋主办的各种“生活”刊物头痛至极,绝不愿再有一个站在人民立场的《生活日报》在上海出现,因此蓄意阻挠,不准登记,《生活日报》一直未能在上海复刊。韬奋只好将《生活日报周刊》改名《生活星期刊》,由香港移至上海出版发行。该刊曾与其他报刊一道发起“以一日贡献绥军抗战运动”,对于1936年11月爆发的绥远抗战,给予了极大支持。但是,一直醉心于办一个人民自己日报的韬奋,以后再也没有机会来重新实现这个心愿,这是他终生的憾事。

狱中著书

1936年12月22日深夜,韬奋突然被捕,救国会的其他负责人沈钧儒、李公朴、章乃器、王造时、史良、沙千里等也于当夜同时被捕,这就是有名的“七君子”爱国有罪案。他们先被羁押于上海监狱,接着又被转押至“苏州高等法院”。

对国民党反动派的倒行逆施,韬奋无比愤慨,他说:“如果爱国有罪,我愿终生坐牢!”他把敌人的法庭当作宣传抗日救国主张的讲坛,把牢房当作磨炼自己革命意志的场所。他开出长长的书单,转托外面亲友为他借购书籍,坚持在狱中读书和写作。他读了美国工人运动领袖柏克曼的《狱中记》,联想到自身的处境,深为主人公悲惨的遭遇和伟大的人格所打动。

韬奋认为,“人生有涯,事业无尽”,即使在狱中,也必须抓紧每一点时间,多为人民大众做些工作。每当他埋头撰述的时候,周围的任何干扰都不能打断他的写作,在同监难友打球时,他也能坐在球场旁边的一只藤椅上运笔如飞。来看望他们的亲友络绎不绝，他宁可简慢远道而来的朋友，也不肯放弃规定好了的著译计划。就这样，前后8个月的牢狱生活，除出庭“受审”外，其余时间他都用在了读书和写作上。他在狱中写成了《经历》，续完了《萍踪忆语》的后八章，还将他旅居伦敦时的英文读书笔记整理编译成《读书偶译》，共约三十余万字。

《经历》是韬奋的第一部自传体著作。他在书中回顾了20年来的生活经历，对自己的苦学时代，就业艰难，当编辑的甘苦，一直到囚禁中的生活，都有生动具体的描述，作者的音容笑貌、思想性格，历历如绘，真切感人。

在《经历》中韬奋公开表明自己的党派观点：“有害尽苍生的党，有确能为大众谋幸福的党；前者的帽子是怪可耻的，后者的帽子却是很光荣的。”“我的立场既是大众的立场，不管任何党派，只要它真能站在大众的立场努力，真能实行有益大众的改革，那就无异于我已加入这个党了，因为我在实际上所努力的也就是这个党所要努力的。”他还瞻顾祖国的前途，信心百倍地发下这样的誓言：“我要掮着这枝秃笔，挥洒我的热血，倾献我的精诚，追随为民族解放和大众自由而冲锋陷阵的战士们，‘冒着敌人的炮火前进’！”

1937年7月31日，由于韬奋与同案难友顽强不屈的斗争和全国人民的强大声援，他们终于获得释放，结束了8个多月的牢狱生活。出狱后有人问韬奋在狱中有何感觉？他说：“我常感觉的只是自己的渺小，大众的伟大。”

从《抗战》到《全民抗战》

韬奋出狱时，“七七”事变已经爆发，正当上海“八一三”战争的前夜。《生活星期刊》已在他入狱不久被查封，他立即着手创办新刊物《抗战》。经过连续五昼夜的紧张筹备，《抗战》三日刊问世。

1937年11月，上海沦入敌手。生活书店大部分人员西撤，韬奋与郭沫若等同船绕道香港去武汉。在韬奋一行离港后路经广西时，从梧州到郁林，从柳州到桂林，所到之处，都有无数男女青年前来探望。在旅馆里，来访者络绎不绝，谈到午夜还不肯散。在梧州他有时一天应四处的演讲，往返奔走，毫无闲暇。但是"每想到这许多热烈恳挚的青年朋友，精神上的安慰和愉快是无法形容的"。

抗日的烽火燃遍了祖国大地，也烧灼着韬奋的心。到了武汉，他曾亲赴前线慰军和采访，亲眼目睹了民族解放斗争的许多可歌可泣的事迹。

1938年"七七"抗战一周年的时候，韬奋主编的《抗战》三日刊，与柳湜主编的《全民》周刊合并为《全民抗战》五日刊，仍由韬奋任主编。它继承《抗战》的传统，以努力宣传中国共产党的政策主张，巩固全国团结，提高民族意识，宣传抗战思想，剖析国内政治、军事、经济、文化以及国际形势，反映人民的呼声为自己的使命。同年10月，国民党当局准备把武汉放弃给侵略者，《全民抗战》移至重庆出刊，生活书店总店也迁往重庆。

从武汉时期开始，韬奋便直接在周恩来同志领导下工作，并奠定了他们终生不渝的战斗友谊。在武汉和重庆期间，韬奋两次向周恩来同志提出入党要求，周恩来同志对他说："你现在以党外民主人士身份在国民党地区和国民党作政治斗争，比你以一个共产党员身份所起到的作用不一样。这是党需要你这样做的。"①

抗战开始后，蒋介石为了伪装民主，召开"国民参政会"。韬奋以救国会参政员的身份，利用合法讲坛，慷慨陈词，把国民党反动派鼓吹独裁，反对民主，宣扬民族失败主义的形形色色谬论驳得体无完肤，被顽固分子视为"最可怕的人物"。周恩来同志则高度

---

① 转引自原生活书店工作人员沈一展同志为韬奋纪念馆写的回忆资料《难忘的一夜》。

评价韬奋所作的斗争,赞扬他是很好的鼓动家。

皖南事变前夕,国民党反动派加紧白色恐怖,政治形势急剧逆转,韬奋和他主持的事业,面临着最严重的考验。在国民党的中央全会上,反动分子叫嚣说:“生活书店的书籍,虽在乡村僻壤,随处可见,可谓无孔不入,其势力实在可怕,而本党(指国民党)的文化事业却等于零,不能和它竞争,所以非根本消灭它不可!”于是,他们首先向西安生活分店开刀,毫无理由地封店捕人,连书店用具也抢走,形同劫掠。短短几个月内,西安、天水、南郑、立煜、福州、南平、曲江、兰州、贵阳、桂林、成都、昆明等五十余个分店,被摧残殆尽。与此同时,国民党中央党部接连派出“大员”,对韬奋封官许愿、威胁恫吓,妄图逼迫他屈服,接受与官办书局“合并”,或由国民党党棍驻店“监督”等条件。韬奋严正回答中统特务头子潘公展、徐恩曾之流:“人有人格,店有店格,丧失了店格,也就失去了存在的价值”;“我五十多个书店可以不要,但方针必须坚持,不能有丝毫改变”。他根据周恩来同志的指示,一面公开揭露国民党反动派的法西斯暴行,一面有计划地疏散书店工作人员,把出版发行的重点转移到解放区去。

1941年2月,在第二届参政会第一次大会召开前夕,韬奋愤然辞去参政员职务,巧妙地摆脱开盯梢的特务,秘密离开重庆,出走香港,开始了他一生中的第二次流亡。《全民抗战》被迫停刊。

恢复《大众生活》

皖南事变以后,在党组织的安排下,有不少文化界的知名人士来到了香港,鼓吹抗战和民主的报刊纷纷创办,使香港的进步文化盛极一时。韬奋是空身逃离重庆的,家属随后才到,生活上毫无准备,平素又没有积蓄,全家的最低用度都难以维持。当时生活书店在香港还有一笔存款,他本来是可以挪用一些的,但他认为书店经费是全体同人共同辛苦经营而来,应当完全用在事业上。而他又不愿轻易接受友人的帮助,结果弄得窘迫异常。他答应为范长江主编的《华商报》撰写题为《抗战以来》的长文,便由报馆预支一点稿费解决一家人的生活。

《抗战以来》是韬奋继《经历》之后的第二部自传体著作。他根据自己在"政治漩涡"中所亲自观察到的情形,以无可辩驳的事实,对国民党反动派消极抗战,积极反共,吏治黑暗,特务横行,残害人民,灭绝文化的一切倒行逆施,作了无情的揭露。他还辟出六个专章,指出"这无量数的中华民族的优秀儿女,奠定了中国必然得到独立自由的基石"。同时,人民群众艰苦卓绝的斗争事迹,英勇果敢的献身精神,毁家纾难的高贵品质,也激励他更坚定地在这"伟大时代的洪炉中陶冶自己"。

韬奋一面为《华商报》及其他香港进步报刊撰写文稿,一面筹备将五年前在上海创办、中途被国民党反动派扼杀的《大众生活》复刊。他好不容易找到一位"港绅"作发行人,通过了登记这一关。在韬奋那种勇往无前精神的激励下,参加筹办的朋友都振奋起来了。只经过短短一星期,一份内容充实、印刷精美的《大众生活》复刊号,便和读者在香港"久别重逢"。它名为上海《大众生活》之复刊,实则是重庆《全民抗战》之新版。《大众生活》组成了以韬奋任主编,有金仲华、茅盾、夏衍、沈志远、胡绳、千家驹为编委的七人编辑委员会。

韬奋这段期间的工作,是异常紧张的。其他编委大都另有所忙,编辑部只有工作人员一人,整个刊物从组稿到审稿、改稿,几乎是韬奋独立支撑。他每天还要写一定数量的文章,接待来访者,答复读者来信,参加各种会议。经常忙到深夜一两点钟,放下笔杆,倒头便睡,"直如僵尸一般"。

《大众生活》从 1941 年 5 月 7 日在香港复刊,到同年 12 月太平洋战争爆发被迫停刊,共出版了 30 期。这是韬奋生前主编的最后一个刊物，也是他一生中办的最好一个刊物。他在这个刊物上写的文章以及给其他香港报刊写的文章，是他在抗战时期言论的精华。他把国民党反动派自“七七”事变以来，因为被迫抗日所积蓄的一些欺骗人民的政治资本，彻底加以清算，还它一个对外妥协苟安、对内实行法西斯专政的本来面目。这是韬奋长期受到党的影响和帮助，在思想上发展的必然结果。

1941 年 12 月 8 日太平洋战争爆发，英日经过 18 天隔海激战，港督挂出白旗，香港沦陷。日军开始大肆搜捕抗日分子，韬奋曾隐匿于西服店、番菜馆、贫民窟，但这样“蛰居”下去是非常危险的。翌年 2 月，中共华南工委根据党中央指示，决定要韬奋、茅盾等一批文化人撤离香港，转移至内地，由我东江纵队护送。韬奋忍痛把眷属暂留香港，单身与其他文化界朋友偷渡港九封锁线。这是他一生中的第三次流亡。

病魔困扰下的写作

韬奋逃出香港，来到了东江游击区，住在山野“茅寮”里，过了两个多月游击战士的生活。然后又转移到广东梅县的江头村，借住于爱国侨商陈炳传的家里。他虽然无时无刻不萦系抗战大局，却因环境所迫，不得不在乡间做较长的匿居打算，便计划编写一部关于中国历史的书。他说：“现在用马克思主义观点分析中国历史的书还很缺乏，特别是观点正确而又写得通俗的历史教科书，非常需要。如果我不能走，便在这里安顿下来，先写完这个东西再说。”

不久，广东党组织获悉，蒋介石特地派遣认得韬奋的文化特务刘百闵从桂林前来粤东侦寻他，同时还电令广东特务组织加紧缉捕，一旦抓获，就地枪决，沿途重要关卡都张贴着悬赏捉拿的文告。韬奋著史的愿望没有实现，当即离开广东，历尽艰险，于 1942 年冬辗转来到了苏北解放区，受到了新四军和各界人士的热烈欢迎。

韬奋在苏北解放区参观了部队、机关、医院、合作社等，对解放区的政治设施、生产运动、减租减息、救灾等问题，作了深入调查和研究。他说："当我在敌后抗日民主根据地亲眼看到民主政治鼓舞人民向上的精神，发挥抗战力量，坚持最残酷的敌后斗争，并团结各阶层以解决一切困难的情形，我的精神极度兴奋，我变得年轻了，我对于伟大祖国更看出了光明前途。"

在陈毅同志的亲自关怀下，当地党政领导机关已为韬奋做好去延安的一切准备，这是他多年的心愿。可是，长期颠沛流离造成的病，这时突然恶化，并且诊断出患的是中耳癌，只得护送他回上海，更名改姓进行秘密治疗。

韬奋虽然受尽了病痛的折磨，但他躺在病床上仍然心怀国事，惓念同胞。1943 年 10 月间，国民党反动派撤退河防，调集大军进攻陕甘宁边区。他闻此消息，怒不可遏，立即口授《对国事的呼吁》一文，予以严词谴责。

1944 年初，韬奋的病势靠着麻醉药的效力稍稍平定，便决定将他一生在患难中所经历的未曾发表过的故事，写成一部《患难余生记》。他完全靠自己的记忆，在三四个星期内写了五万多字。麻醉药久用会减低它的效能，韬奋的痛楚愈益加剧。来看望他的朋友劝他不要写了，他总是说："能写多少写多少，写一些是一些。"有时，一面写，一面痛得发抖，眼泪直流。他的夫人沈粹缜劝他休息一下，他回答说："不，我要尽快把心里要说的全部写出来，送到读者的面前。"他又安慰她说："你不要看我流泪而难过，我的眼泪并不是懦弱的表示，也不是悲观，我对任何事情从来不悲观。我不是为了伤心而流泪，只是痛到最痛苦的时候，用眼泪跟病痛作斗争！"

韬奋本想在写完《患难余生记》以后，接着写《苏北观感录》及《各国民主政治史》。他还对留在上海的老同事谈到他病愈后的"三愿"：第一要恢复生活书店，第二想为失学青年办一个图书馆，第三要办一个日报，以偿夙志。可是，《患难余生记》第三章还没有写完，就因病势再度加重而停笔了。

在《患难余生记》已经写出来的章节中，韬奋从他一生中的几次流亡谈起，写到他离开重庆前的政治形势和进步文化的遭难，处处流露着他对祖国和人民的热爱，倾泻出他对国民党反动派的深刻仇恨。他在回顾生活书店受摧残的情形时，以万分悲愤的心情写道："这不仅是一个进步文化机关的不幸，也是中国政治史上最污秽的一页！……我现在尽管在流离颠沛，病体危殆，九死一生之中，我只须一息尚存，必须秉笔直书，将顽固反动派摧残进步文化的残酷而卑鄙的手段呈诉于海内外公正同胞之前，并把他们的罪状宣告于天下后世。"

《患难余生记》是韬奋继《经历》、《抗战以来》的第三部自传体著作，人们通常称之为韬奋的"自传三部曲"。《经历》写于苏州监狱里，《抗战以来》写于香港流亡中，《患难余生记》写于上海病榻上，这三部著作的写作环境，本身就构成了我国著述史上传奇式的佳话。它们是韬奋战斗一生的光辉写照，是对人民的爱的大纛，也是对敌人的憎的丰碑。

1944 年 7 月 24 日，这位伟大的爱国主义者、卓越的无产阶级文化战士，以 49 岁的华龄与世长辞。在生命的最后一息，他口述"遗嘱"，希望将他的骨灰送往延安，请中共中央严格审查他一生中的奋斗历史，如其合格，要求追认入党。中共中央接读这份"临终遗言忧故国，归魂向党托生平"的"遗嘱"，以严肃而沉痛的心情，追认他为中国共产党党员。

在延安召开的追悼大会上，毛泽东同志亲题挽词："热爱人民，真诚地为人民服务，鞠躬尽瘁，死而后已，这就是邹韬奋先生的精神，这就是他之所以感动人的地方。"为人民鞠躬尽瘁，对敌人战而不屈，在这两种意义上，韬奋都真正做到了死而后已。他的高尚品格和精神，将长在人间、永垂后世；他所开创的新闻出版工作的优良传统,也必将在新时期里得到进一步的继承和发扬。

原载 1944 年 11 月 22 日《解放日报》

临终前的韬奋先生

徐雪寒

1943 年,新四军军部和中共中央华中局驻在苏皖边区盱眙县的大王庄。10 月的一天,华中局一位领导同志交给我一个急要任务,要我穿过敌人的封锁线,到敌占区的上海去探望正在病中的邹韬奋先生。

韬奋先生,我是比较熟悉的。我第一次见到韬奋先生,是 1935 年 9 月,他刚从美国和苏联考察回来。他所办的为广大进步青年所热爱的《生活》周刊,我也是一个热心的读者。那时党要在上海创办一个出版机关,我去找韬奋先生帮助。他不但热情地接待了我,而且竭力支持我们的工作。这个出版机关就是大家所知道的"新知书店"。自从鲁迅先生这颗巨星陨落以后,韬奋先生就一直站在文化战线的前列英勇作战。1941 年皖南事变后,他愤而离渝出走,到香港复刊《大众生活》,猛烈地抨击国民党制造分裂、破坏团结的罪行,呼吁抗战到底。在这几年,因为工作关系,我们时有过从。1942 年秋季,我在苏北,听说韬奋先生也到苏北来了,我心里非常高兴,满以为又可以在军部见面,谁知因敌人对根据地进行大规模的"扫荡",加上他又患了中耳炎重症,行动不便,被迫回上海去了。党中央毛泽东同志和周恩来同志对韬奋先生都十分关怀,这回是党中央特地来电报,要华中局派人去上海探望先生的病情,向他表示慰问并致赠医药费用。当时全国人民正处在艰辛的抗日战争中,多么需要韬奋先生这样杰出的战士啊!党把这个任务交给了我,我自然要坚决完成。

到了上海,我先去陈其襄同志家中了解情况。其襄为人沉着机智,长于企业经营,是生活书店最早的骨干之一。他当时正和张锡荣等几位同志在上海从事工商业,用赚来的钱维持生活书店,顶住了国民党对生活书店的残酷摧残。那时我和他们是朋友,但没有直接的组织关系,相互心照不宣而已。现在,他详细谈了韬奋先生的病情和治疗经过,告诉我医生已经确诊:不是中耳炎,是中耳癌。我听了大吃一惊,这不是已经对我们这位尊敬的前辈宣布死刑了吗?我的心隐隐绞痛。

我完全没有想到,韬奋先生在上海安全治疗的周密布置和巨额医疗费用筹措的重担,都压在其襄和他们几位同志的身上。我把从军部领来的一笔伪币现钞交给了他。我说,这区区之数,对于韬奋长期重病治疗的费用,没有多大作用,但是革命事业尚在艰难之中,全体战士正在节衣缩食同敌人浴血战斗,这一点钱只不过是表达党中央和华中局对韬奋先生的尊敬和关注而已。其襄默默地代韬奋先生收了下来,然后随我去医院探望韬奋先生。

在旧法租界的一家规模不大的私人医院——剑桥医院里,我见到了韬奋先生,他的夫人沈粹缜同志和徐伯昕同志也在他的身边。他躺在病床上,消瘦多了,脸有些歪斜,为了逃避敌人的侦查,还有意留上了一撮小胡子。但我一眼认出了他,他那副正直认真的面容依然如故,双目熠熠有光。当时是在一次大手术之后,正在进行镭锭放射治疗,他尽管遭受着同癌细胞剧烈搏斗的痛苦,却仍然热情地和我握手。我向他缕述党中央毛主席、周恩来同志对他的关注之情。和奉华中局命令专程前来探望的经过。他一边静静听着,一边不间断地对党表示感谢,反复说明自己对祖国的人民并没有做出什么贡献,不值得党中央如此关怀。他十分兴奋激动,向我叙述到苏北根据地后的所见所闻。我怕他说话过多可能引起疲劳,便拿话打断他,告诉他华中反“扫荡”的胜利,全国的抗战形势，特别是延安的整风学习等等。他精神贯注地谛听着，表示出异常的热情和兴趣，像一个健康人的样子。实际上他体内的癌细胞已经扩散，处在异常的痛苦中，各种麻醉药剂，稍稍缓和一些痛苦。谈话一个多小时，我只得离开他的病榻。过了几天，第二次去看他，向他告别。他要我向党中央毛主席转达他的感谢，表示病好之后，一定去根据地，转而去延安的心愿。他说，如有可能，就要写他苏北之行的经历。他交给我一封给华中局的亲笔信，说明了这些意思。徐伯昕、陈其襄两位同志则一再向我表示，他们会负责给韬奋先生治病，筹措一切需要的费用，根据地经济条件太困难，不要再送钱来。

我回到军部后，向华中局领导汇报探病经过，并代为起草了向党中央汇报的电报草稿。当时在军部、华中局工作的钱俊瑞、范长江、于毅夫等同志，同韬奋先生都有深厚的战斗友谊，听到韬奋患此不治之症并同剧烈痛苦作斗争的情况，无不唏嘘扼腕。

1944 年二三月间，陈毅同志突然把我找去，神态沉重地对我说："韬奋同志在上海病势危殆，华中局根据城工部的报告，决定再度派你去上海探望病情，表示慰问，并送去一笔医疗费用，希望摒挡一切，尽速成行。"听说韬奋先生病情危殆，我心里十分着急。无论于公于私，我理应有此一行，所以一口接受了这一任务。

为了安全，韬奋先生又调换了一个私人医院。回想当时的印象，他是席地而卧的。据说，剧痛发作时，他不能自持，痛得满地爬滚，睡在床上，就有跌下床的危险，所以作了这样特殊的安排。半年不见，现在韬奋先生消瘦极了，除出大轮廓和一双眼睛之外，几乎很难认识了。他见到我，依然露出满脸高兴的样子，艰难地从棉被里伸出瘦弱的手，和我握了握。我说明来意后，他低声地道谢，迫不及待地对我说："雪寒先生（对于我这个后辈，他一直以平辈相待），我看来是不行了，日本帝国主义还没有赶出去，我却再也不能拿起笔保卫祖国、保卫人民了！我的心意，我的希望，寄托在延安，寄托在党中央，我要求入党，请你代我起草一份遗嘱，也就是一份申请书，请求党在我死了之后，审查我的一生行为，如果还够得上共产党党员这样光荣的称号，请求追认我为伟大的中国共产党的党员。”接着，他还说了一些对于抗日建国的重大政治问题的意见。要而不繁，若断若续；我理解他，他是用了最后的生命的力量，说出这些出自肺腑的话的。我听了他这些话，心潮起伏，于哀痛万千中感到他的崇高的精神世界的无比力量。但我自知我的能力不足完成他的嘱托。我对他说：“我相信党中央一定会认真考虑你的请求，作出正确的决定，请你安心治疗，争取早日痊愈。我这个人，跑跑腿是行的，文字上却毫无能耐，不堪完成你的嘱咐。”但是，他却坚持他的要求，我不能违背他的好意，只好答应了。和他告辞，走出了医院，一路上我思前想后，心潮起伏，还想起 1936 年夏天，在全国救国联合会的一个秘密工作机关里，沈钧儒老先生对我说的一句话：“雪寒，只有中国共产党能够救中国！”是呀，当时正是风雨如晦，伟大祖国的命运系于一线的年代，我国革命知识分子总是把自己的希望寄托在中国共产党的身上。在七君子中间，韬奋同沈老最为意气相投，亲密无间。现在，沈老正在国民党统治中心的重庆，奋不顾身地进行斗争，而韬奋方当壮年，竟为恶病所迫，势将不得不离开战斗队伍，赍志以殁，遥想沈老一旦得知韬奋不幸消息时，将如何老泪纵横，痛悼哀愤呀！想着，想着，我的眼睛不禁润湿了，拖着沉重的脚步，穿过日本侵略者统治下的上海，那凋零、冷寂、脏乱的街道，回到了住处。

我当时落脚在汤季宏同志的家中，4 个人挤在一个 6 平方米的小亭子间住。白天，他们出去奔波，我占有了晚上作为床用的两屉桌，来写韬奋先生嘱咐我写的东西。我的秃笔，要在短短的几百字中，表达他的正义的崇高的请求，真是难呀！写成的稿子总觉不满意，只得拿去交给韬奋先生。我给他念了一遍，他点点头，说声“谢谢”，就放在枕头旁边。后来正式公布的他的遗嘱，应该说是韬奋先生亲自起草而且是亲笔缮写而成的，同我的草稿是无关的。现在我应韬奋先生的小女儿——邹嘉骊同志多次请求写下这段经过，无非说说韬奋先生在病榻临危前，对于党的热情向往的真实情况而已。

1944 年 7 月 24 日，韬奋先生被迫放下五彩巨笔与世长辞了。8 月中旬徐伯昕同志秘密地携带了韬奋先生的遗嘱，到华中局报丧，报告韬奋逝世的前后详情，并请求把韬奋遗嘱送延安中共中央。当时陈毅同志已去延安参加中共第七次代表大会。在一天黄昏时，军部和华中局在新盖的一列草房前的大坪上，召开了韬奋同志追悼会。追悼会由军政治部秘书长邓逸凡同志主持，数千名干部和战士黑压压地坐满一地。当大家听到台上的首长报告韬奋先生战斗的一生，并在临危前写下遗嘱，申请入党时，同志们的脸上无不显示出一副沉痛、严肃和振奋的表情。这时数千人的大会、静谧得只能听到呼吸的声音。

中国共产党中央委员会于 9 月 28 日向韬奋先生的家属发出唁电说："先生遗嘱要求追认为党员，骨灰移葬延安，我们谨以严肃而沉痛的心情接受先生临终的请求，并引此为吾党的光荣。"

韬奋为什么在生命临危前才申请入党呢？我当时自然不能当面问他。后来，钱俊瑞同志告诉我：1938 年在武汉时，韬奋就曾将亲笔写的入党申请书交给他，要求他转交给中共中央代表团。当时王明窃踞首席代表，王明看了申请书后说，党认为，韬奋在党外对革命更有帮助，最好去加入国民党，那末对革命就更有作用了。简单地拒绝了韬奋的一片诚心。当俊瑞把王明的决定告诉韬奋时，他勃然而起说，我活着不能入党，死后也要入党；但要我去加入国民党，这是万万办不到的。38 年过去了，回想起来如同隔日。韬奋先生对党的真诚信仰使我终身难忘。

原载《新观察》1982 年第 20 期

韬奋的编辑思想

雷群明

邹韬奋(1895.11.5～1944.7.24),原名邹恩润,江西宗江人。是我国杰出的政论家、新闻记者、出版家,也是一位著名的编辑家。他的编辑实践和有关编辑工作的论述,是一份值得我们永远继承和发扬的优秀遗产。

韬奋于1944年写《患难余生记》时说,他"差不多出了学校就踏上编辑之路"。1937年9月20日,他为上海的《立报》写的一篇《同道相知》的文章中也说:"时光过得真快,我这后生小子,不自觉地干了15年的编辑。为着做了编辑,曾经亡命过;为着做了编辑,曾经坐过牢;为着做了编辑,始终不外是个穷光蛋,被靠我过活的家族埋怨得要命,但是我至今'乐此不疲',自愿'老死此乡'。"这是韬奋对自己的编辑生涯最简明的概括。

韬奋1921年毕业于圣约翰大学。在学校期间,他就对编辑工作有所接触和了解。1919年7月,他参加了上海学生联合会主办的《学生联合会日刊》的工作,被称为"客串编辑"。以后又因给《学生杂志》投稿而接触了编辑工作,对编辑的苦衷略有了解。大学毕业后,为了饭碗的问题,他只能走"曲线就业"的道路,先在一家纱布交易所当英文秘书。不久,正好黄炎培想替中华职业教育社"物色一个中英文都有相当可取的编辑人才",挑中了韬奋,让他担任编辑股主任。从此,韬奋正式踏上了编辑之路。

韬奋的编辑生涯大体可分三个阶段:1926年以前为初期,其特点是面广、量多、事杂,得到的锻炼也大。他在中华职业教育社任编辑股主任,主持《教育与职业》月刊,还在"科学名词审查会"兼职,有点像今天的辞书编辑工作。这些工作养成了他对职业工作的热爱及认真负责的科学态度。他在《时事新报》做了约一年的秘书主任，得到张竹平先生的指导，他认为，“我在时事新报馆工作的一年，是我生平更有意义的‘练习’的时期。我常觉得我的这一年的‘练习’，比进什么大学的新闻科都来得切实，来得更有益处”。这期间他认为“较有意义”的事情就是编译“职业教育丛书”，共计编译出版的有《职业智能测验法》、《职业教育研究》、《职业指导》、《职业心理学》、《职业教育概论》、《书记之职能与任务》、《民本主义与教育》等。这些书虽译自英文，但在黄炎培先生的指导下，韬奋学会了结合实际、适应中国人水平的“中国作风”。这些不仅有助于他日后办刊物的技术，而且使他养成了明白晓畅、利于大众的文风。

从 1926 年 10 月接办《生活》周刊到 1933 年出国流亡，是韬奋编辑生涯的第二个时期，其主要特色是集中力量编辑《生活》周刊，另外也编辑了少量图书。从《生活》的早期他以“光杆编辑”开始到流亡前成为生活书店的负责人，韬奋经历了一个全面锻炼、飞速成长的过程。在编刊物方面，他的组稿、写稿能力，他的编辑、校对能力，他的推销以至拉广告的能力，都得到很大的锻炼，成了一个“全才”和“多面手”。《生活》周刊从两千多份发展到十五万多份，正是他编辑工作出色的最好证明。

1933 年以后为韬奋编辑生涯的后期。这时他接受了马克思主义，实现了向共产主义者的过渡。随着思想的成熟和工作岗位的变化，他在主编报刊的同时，更多的是从事领导和撰述工作，是在一个更高层次上参与了编辑的工作。这期间，他先后主编的报刊有《大众生活》周刊、《生活日报》、《生活日报星期增刊》、《抗战》、《全民抗战》等，它们的特点是刊期短，反映快，尖锐泼辣，切中时弊，韬奋以极少的人员把它们办得从不脱期，并很少错别字，为全国报刊界树立了榜样。他在担任好生活书店领导工作的同时，还对编辑工作进行了系统的总结和理论探讨，除刊物上的零星文章外，还写了《经历》、《事业管理与职业修养》、《生活史话》和未完成的《患难余生记》，其中大量的内容涉及他的编辑生涯、编辑经验和编辑理论。对今天的出版工作者来说，以下几方面的宝贵传统是特别值得继承和发扬光大的。

“努力于引人向上的精神食粮”

1940 年，韬奋在谈到生活书店时说道：“我们这一群的工作者所共同努力的是进步的文化事业，所谓进步的文化事业是要能够适应进步时代的需要，是要推动国家民族走上进步的大道。我们在上海开始的时候，就力避‘鸳鸯蝴蝶’派的颓唐作风，而努力于引人向上的精神食粮；在抗战建国的伟大时代中，我们也力避破坏团结的作风，而努力于巩固团结、坚持抗战及积极建设的文化工作。这可以说是我们事业性的含义。”这里很清楚地表明，无论是后期还是前期，韬奋办出版，当编辑，首先想到的是出版物内容的进步性，是它对读者的健康有益的影响。

当他接办《生活》周刊的时候，就把内容的“有趣味、有价值”当作“最注重的一个标语”，而且“十分注意‘有益’”。他在刊物上开辟“小言论”专栏，就是抓住读者最关心的时事政治或社会问题，发表自己的看法，引导人们正确对待，提高认识，向着“进德修业”的路上迈进。久而久之，“小言论”专栏的文字无形中成了读者的“导师”，“他们每遇到社会上发生一个轰动的事件或问题，就期待着看这一栏的文字”。《生活》周刊另一个最受读者欢迎的专栏“读者信箱”，也是韬奋竭心尽力的特色项目之一，他的答复，不论是发表的还是不发表的，都是热情洋溢，亲切引导，被读者称为“顾问”、“良师益友”、“灯塔”。

如果说，前期的韬奋对出版物的内容健康还是偏重于比较抽象的思想道德的话，后期的韬奋就已经能自觉运用马克思主义，把出版工作与整个国家、民族的命运联系在一起了。他十分重视出版物对读者的思想灌输作用。1932年,针对一位读者要他不问政治的来信,他明确表示,“一般性质的刊物,一般民众的读物,既以改造社会全体为对象,不应闭着眼睛不问政治”。当然,出版物谈政治也要注意点艺术性亦即是“可读性”,要学会“通过趣味谈政治”,使读者喜闻乐见,入耳入脑。如果只是像“板着面孔的教师或严厉的像‘阎王’的老子”一样进行“冰冷的教训”,即使是好心也达不到预期的目的。

在韬奋的领导下,生活书店十多年中,坚持出有益于人们身心健康的好书,不出坏书,甚至也很少出那种消闲书;生活书店办的众多的刊物,也是靠内容的精彩、思想的进步、编排的出色、印制的高质量去赢得读者、畅销不衰的。正是这些引人向上的精神食粮,引导千千万万的读者走上了革命的道路。

韬奋的可贵之处在于:当强调出版物作为引人向上的精神食粮时,并没有与“赚钱”对立起来,而是作了很辩证的处理。一方面,他强调出版物“事业性”的一面,“不以赢利为最后目标”,“如果因为顾到商业性而对于文化食粮的内容不加注意”,那就是“自杀政策”;另方面,也指出:为着要发展事业,在不违背事业性的范围内,“必须尽力赚钱”。他说:“在经济方面,因为我们要靠自己的收入,维持自己的生存,所以仍然要遵守量入为出的原则。……我们的业务费,我们的资金,既然要靠自己的收入,所以我们不得不打算盘,不得不赚钱。”“倘若因为顾到事业性而在经济上作无限的牺牲,其势不至使店的整个经济破产不止,实际上便要使店无法生存,所谓皮之不存,毛将焉附,机构消灭,事业又何从支持,发展更谈不到了。”

不过,韬奋还坚持赚钱要坚守“合理正当的途径,决不赚‘不义之财’”,决不为赚钱而做“含有毒菌落后的事业”。在办《生活》周刊时,有一个政府官员为了要韬奋中止对一件涉及自己丑闻的调查,答应出重金"资助",遭到韬奋的严词拒绝,便是一个很好的例子。又如登广告,本是一条重要的生财之道,但韬奋却坚持几个"不登":"略有迹近妨碍道德的广告不登,略有迹近招摇的广告不登,花柳病药的广告不登,迹近滑头医生的广告不登,有国货代用品的外国货广告不登",总之,"凡不忠实或有伤风化之广告,虽出重金,亦不为之登载"。这与今天某些报刊为了金钱而让伪劣广告满天飞的情况是一个何等鲜明的对照!

"以读者的利益为中心"

1930年,韬奋谈到《生活》周刊的方针时明确提出:"是以读者的利益为中心,以社会改造为鹄的。"这是韬奋对编辑工作的对象和目的的最简明的概括。

编辑处于作者与读者之间,是把作者的书稿变成书刊传给读者的主要传播者。编辑工作涉及的人际关系甚广,但最基本的是同作者和读者打交道。他们之间是一种什么关系呢?韬奋认为,"编辑是替作者读者服务的"。就是说,主要是一种服务的关系。这并不是对编辑工作的贬低,而是编辑的光荣。

"以读者利益为中心",首先要顾及大多数读者的要求,尽力满足广大读者多方面的需要。韬奋说:"大众文化的基本条件是要大众化,是要切合于大众的真正需要,是要能培养大众的伟大的力量,是要能适合于大众的容受性。……换句话说,我们要极力使我们的文化工作能影响到大多数人,影响的范围越广大,文化的功效也越大。""因此,我们在出版方面,不能以仅仅出了几本高深理论的书,就认为满足,必须同时顾到全国大多数人的文化食粮的需要。"基于这种思想,韬奋在编辑工作中十分注意大众化和通俗化,无论是办报刊还是出书,心里想到的首先是读者的接受问题。1936年,他在《生活星期刊》上发表的《我们需要的稿子》中说:

“我们所要求的是表现的具体、精致、真实、通俗,不是抽象的公式,无内容的滥调,高不可解的文字,流俗的形象。”在谈到有些“佶屈聱牙,生吞活剥,莫名其妙”的翻译书时,他呼吁:“诚恳地希望译书的先生们稍稍为读书的人设身处地想想,就是不能使人看了感到愉快,感到读书之乐,至少也要让人看得懂。”他说:“我觉得为大众的利益方面着想,以后任何专家都须特别注意到这一点:一方面有他们各个的精深的专家的研究,一方面却须训练他们自己能把专门的知识用通俗的方法灌输于大众。”甚至生活书店门市部卖的书,他也要求“文字浅显流畅,无艰深晦涩之弊”。这种处处为读者的大多数着想的思想真是细微到了极点。

当然,读者的口味多种多样,编辑有满足的义务,也有引导的义务,应该区别对待,不能放弃自己的责任。他在答复一封读者的来信时,对当时社会上黄色小报盛行的原因作了具体的分析,认为有些小报用“诲淫诲盗”的材料,迎合一些读者的“卑下的心理”,是“极不好”的。这样的小报就应在“打倒”之列。

“以读者利益为中心”,就要使自己编的书刊具有明显的特色。韬奋在评价两份刊物时指出:“办刊物似乎是一件很容易的事情……但是若稍稍为读者方面着想——稍稍为读者的时间与目力乃至经济方面着想,同时也就是为刊物的本身价值着想——似乎应该注意到一种刊物应有一种刊物自己的特色,也就是所谓独辟蹊径,不肯落入窠臼,自开一条新路来走,尤当注意于内容之有精彩,使读者看了一遍,多少有所得,不觉得是白看。”为此,韬奋历来主张编辑工作要有创造精神,反对“尾巴主义”,反对“肉麻的模仿”。他在总结《生活》周刊的经验时说:“最重要的是要有创造的精神。尾巴主义是成功的仇敌。刊物的内容如果只是‘人云亦云’,格式如果只是‘亦步亦趋’,那是刊物的尾巴主义。这种尾巴主义的刊物便无所谓个性或特色;没有个性或特色的刊物,生存已成问题,发展更没有希望了。要造成刊物的个性或特色,非有创造的精神不可。”

创造精神要求编辑站在时代的高度使书刊体现出时代的特色。韬奋在谈到他办的几个刊物时指出，这些刊物“都是有它们的特殊时代的需要，都各有它们的特点。历史既不是重复，供应各时代的特殊需要的精神粮食，当然也不该重复”。这种做法正是适应了历史发展和读者求新求变的需要。与此相适应，创造精神还表现在形式上的不断革新。1933 年 7 月，韬奋在《生活》周刊上发表的《本刊今后编辑上的改革》一文中说：“本刊向例每遇每年度或每半年开始的一期，在编辑上常有多少改革。”通观《生活》周刊，正如韬奋所说：“它的内容并非模仿任何人的，作风和编排也极力‘独出心裁’，不愿模仿别人已有的成例。单张的时候有单张的特殊格式；订本的时候也有订本的特殊格式。往往因为已用的格式被人模仿得多了，更竭尽心力，想出更新颖的格式来。”

“以读者利益为中心”，还要求编辑密切与读者的联系，认真听取读者的建议、意见和要求，从中吸取营养。他说：“做编辑的人好像是读者所用的厨子，所差异的，不过厨子所贡献的是物质食粮，编辑所贡献的是精神食粮。厨子要使菜烧得可口，往往要征求主人对于菜单的意见，我们现在是要征求读者对于精神‘菜单’的意见”，他还把读者、通信员的来信比作刊物的“真正的‘维他命’”。可见，只有密切联系读者，才能清楚地知道读者利益的所在，才能做到以读者利益为中心。所以，韬奋自始至终都非常重视与读者的联系。这种联系集中体现在他对待读者来信的态度和处理上。他在 1940 年的《生活史话》中说：“做编辑最快乐的一件事就是看读者的来信，尽自己的心力，替读者解决或商讨种种问题。把读者的事看作自己的事，与读者的悲欢离合，甜酸苦辣，打成一片。”这可以说是他一生与读者关系的生动写照。

韬奋从接办《生活》周刊起，第一个改革就是增设“读者信箱”专栏，从此以后，无论他办什么报刊，都不忘这个专栏，并且越办越好，他在“信箱”里答复了数以千计的读者，除了书稿问题，还涉及到广泛的社会题材。这些答复和原信，有一部分曾经汇集出过好几本书，这在中国出版史上似乎并不多见。除了在刊物上公开作答之外，韬奋及他领导的生活书店还个别答复了数以万计的读者来信。据他 1932 年统计，经手的来往信件一天“最多时收的在千封以上，发的在五百封以上”。可贵的是，韬奋对待读者的来信是极其诚恳、极其认真的。他曾满含感情地写道：“编者每日一到夜里，独处斗室之中，就案旁拥着一大堆的来信，手拆目送，百感猬集，投函者以知己待编者，编者也以极诚恳的极真挚的情感待他们，简直随他们的歌泣为歌泣，随他们的喜怒为喜怒，恍然若置身于另一天地中，与无数至诚的挚友握手言欢，或共诉衷曲似的，辄感负托之重，期望之殷，竭我智能，尽忠代谋。”

“以读者利益为中心”，还表现在韬奋处处为读者着想，努力减轻读者的经济负担。他在《生活》周刊 5 周年时新增“每周大事记”专栏，目的是“希望订阅一份本刊者能获得订阅中外数份报纸的利益，省时间，省脑力，省费用”。在“金价暴涨，纸价日增”的情况下，能够不加价就尽量不加价，实在不得不加时，也注意涨价幅度小，并尽可能充实内容用作对读者的补偿。

以上种种可以看出，韬奋所说的“以读者利益为中心”，并不是什么哗众取宠的宣传文字，而正是他与读者密切相关、休戚与共、忠诚为读者服务的真情流露。

“取稿凭质不凭名”

编辑的主要工作之一是编发稿件。在组织或选择稿件时不仅可以看出编辑的学术水平，更重要的是对编辑思想道德水平的检验。韬奋对于稿件的选择有一个严格的质量标准，并自觉地坚持在这个标准面前人人平等。为此，他提出了著名的“取稿凭质不凭名”的原则。他说:“我取稿向采严格态度,虽对我所敬佩的师友亦然;取稿凭质不凭名,虽有大名鼎鼎的文稿赐下,倘拜读之后觉得太专门,太枯燥,或太冗长,不适于本刊之用者,也不客气地婉谢,或说明未刊布的理由以求曲恕”,即使为此得罪作者,甚至受到攻击,他也不改初衷。在另一篇文章中,他还提出了著名的“三不知”原则。他说:“我对于选择文稿,不管是老前辈来的,或是幼后辈来的,不管是名人来的,或是‘无名英雄’来的,只须好的我都竭诚欢迎,不好的我也不顾一切地不用。在这方面,我只知道周刊的内容应该怎样有精彩,不知道什么叫做情面,不知道什么叫做恩怨,不知道其他的一切!”他之所以能够这样做,就在于他心中装着读者,“全为读者着想”:“我们只认得‘好读物’而不认得人,要使因我们介绍而去购阅的读者不至上当,不至失望。”

这种以质量高下取舍稿件的做法,虽然招致个别人的误解或攻击,但大多数作者是能谅解并予以合作的。有一次,韬奋的朋友陶行知先生从他的“革命的乡村教育”“实验地”晓庄师范出来,找到韬奋说,“我们正在准备出一种周刊,叫做《乡村教师》,我们要使这个周刊能普及于全国各乡村里去,请你在《生活》上介绍介绍”。尽管陶行知先生是韬奋“很敬重的一位朋友”,韬奋对他“为中华民族尽瘁于乡村教育的创造精神和苦干精神”“尤为心折”,但是,韬奋还是毫不迟疑地回答说:“对不住!《生活》介绍读物全以一般读者看来觉得有趣味有价值的东西为标准,并且全由本刊自动地介绍,绝对不受任何机关或个人的嘱托。请你出版后寄给我拜读拜读。我对于师友以及不认识的朋友所赐寄的著作都极感谢,都欣然拜读,觉得适宜于《生活》上介绍的便自动的介绍,否则便不介绍。”这一席坚持原则却不给情面的话,陶行知听了不但不见怪,反而点头大表同情,这使韬奋“铭感”在心,更增加了他坚持原则的信心。他在对待黄炎培、李公朴、孔另境等名家的稿件上,也坚持了这种原则,同样,也取得了他们的谅解。

“取稿凭质不凭名”，并不意味着不尊重名家。相反，韬奋对名家是极为尊重、优礼有加的。他对鲁迅先生的态度就是一个很好的例子。韬奋与鲁迅是1932年认识的，在此之前，他早就很敬佩鲁迅先生。他曾对人说：“鲁迅先生的一切作品都是很好的，我喜欢他的小说，尤其喜欢他的匕首投枪式的杂文。他的旧诗也是意味特别隽永，感情特别炽烈的。至于他的散文诗，我觉得尤其深刻动人，沁人肺腑！”在鲁迅逝世后，他在《生活星期刊》上接连发表《伟大的斗士》、《从心坎里》的短论，称鲁迅是“中国民族革命的伟大斗士”，是人民从心坎里“公认的领袖”，对鲁迅表示了极大的敬佩。1933年，韬奋编译了《革命文豪高尔基》一书，鲁迅获知消息后，主动给韬奋写了一封信，称之为“实在是给中国青年的很好的赠品”，并愿提供高尔基的画像用作书中的插图。韬奋对此十分感激，很快复信，并在编译后记中提及这些画像和鲁迅译的说明文字“为本书增光不少”。鲁迅没有在韬奋主编的刊物上发表过文字，但是在以韬奋为总经理的生活书店出版了译作《桃色的云》、《表》、《小约翰》，在生活书店出版的《世界文库》上发表了译作《死魂灵》，在生活书店出版的《文学》、《译文》、《太白》等杂志上发表了七十多篇文章，一度还实际主编过《译文》。这些事实，有力地说明了韬奋对名家的尊重和倚重。此外，韬奋对茅盾、胡愈之、金仲华、戈公振、杜重远等也无不如此。正因为这种与作者的良好关系，韬奋主编的报刊才能名人辈出，佳作如林。有人曾羡慕地称赞韬奋“拉搞的手段素来不凡”，其实，讲穿了，就因为韬奋除了“有若干‘基本’的朋友作‘经常’的协作”外，还因为韬奋对这些基本的朋友充满了尊重之情。

对“无名小卒”的作品，韬奋不但不歧视，而且是满腔热情地加以培养。1930年，韬奋读到一篇化名“何敬之”的来稿，觉得作者“是一个不可多得的人才”，就千方百计去寻找。会见之后，韬奋相当满意，就邀他参加了《生活》周刊的编辑工作。后来这位

"何敬之"(艾寒林)成了一个有名的编辑家和作家。另一个青年凌其翰也是韬奋发现、培养而走上写作之路的。

"总是要认真,要负责"

韬奋在南洋公学下院上学时,有一个叫沈永癯的老师给他影响很深。1937 年,他在《经历》中写道:"他的认真和负责的态度,是我一生做事所最得力的模范……我自己做事,没有别的什么特长,凡是担任了一件事,我总是要认真,要负责,否则宁愿不干。"综观韬奋的一生,的确完全如此,一点没有夸张。韬奋对待任何事情,都是认真负责,一丝不苟,全力以赴,务求尽善尽美,对待编辑工作更是如此。

韬奋接办《生活》周刊时,连他共有两个半人,而编辑和著述方面,差不多由他一个担任,所以他曾自嘲地称之为"光杆编辑"。一个人编一份周刊,早期还兼充大部分文章的作者,其工作量之重,可想而知。按照有些人的逻辑,工作马虎点,甚至拆拆烂污,似乎情有可原。但是,韬奋决不肯这样做。他说:"我不愿有一字或一句为我所不懂的,或为我所觉得不称心的,就随便付排。校样也完全由我一人看,看校样时的聚精会神,就和在写作的时候一样,因为我的目的要使它没有一个错字;一个错字都没有,在实际上也许做不到,但是我总是要以此为鹄的,至少能使它的错字极少。每期校样要三次,有的时候,简直不仅是校,竟是重新修正了一下。"这段叙述,正是韬奋编辑工作认真负责的最好注脚。

韬奋主编的刊物大多是周刊,甚至还有三日刊,刊期短,但从不脱期。这在当时的困难条件下,简直是个奇迹。而这个奇迹的创造,又是与韬奋认真负责的精神分不开的。他对于约稿,总是准时去要;而一般作者摸准了他的脾气,也都能准时交稿。

在对来信来稿的处理上,韬奋的认真负责精神也是十分感人的。答复读者来信的情况已如上述,对作者稿件的处理也是如此。抗日战争时期,敌机轰炸重庆,韬奋不顾家当,单把作者的稿子拿了进防空洞。在他心目中,它们就是他的“一家一当”,就是他最珍贵的财产。平时,他对于来稿,凡声明要退的,一定负责退回;有些不适合他的刊物而适合别的刊物,他就主动予以推荐。有的作者投给韬奋的稿件,被韬奋推荐给别的报刊发表后才知道,心情十分激动。

韬奋自己对工作极端认真负责,因此也决不容忍别人那种不负责任的“拆烂污”行为。1938 年,生活书店宣传科一位同志在给《新华日报》送一份杂志的目录广告时,有一个关键的字错了。为此,韬奋大为生气,不但严厉地批评了这位同志,而且硬是要求报纸连续三天刊登更正后的广告。像这种认真负责的例子举不胜举。这种认真负责的工作态度来源于对本职工作的热爱。韬奋在一篇早期的文章中曾说:“夫不以事务自任则已,既以自任,必以全副精神赴之,力求其完善,丝毫不存苟且之思,是即服务上之彻底精神;此盖为凡百事业成功之基础”,而“此种彻底精神之基础,在于乐吾所业”。所以,韬奋多次强调,一个人要充分发挥积极性,不仅要“能干”,而且要“愿干”。他认为:“无论何种事业,能干的还要愿干,否则难有责任心;愿干的还要能干,否则难有效率。”

“花匠”与“无名小卒”

编辑应该如何评价自己?应该对自己提出什么要求?这方面,韬奋也从理论和实践两方面给我们留下了宝贵的传统。

1929 年,他在一篇文章中把刊物比作由刊物创办人、同事、作者、读者“这四方面所发出的甘露而灌溉养成的一朵一朵的鲜花”的花园,而自己则是这花园中的一个“花匠”。他说作为一个“小小花匠”,“只望能在此茫茫的人生长途中寻得一花一蕊,贡献给诸君;倘诸君觉得在有些趣味的材料中,随处得一点安慰,得一点愉快,得一点同情,得一点鼓励,便是他暗中在精神上所感到的无限的愉快。他并无意要把本刊做成什么'导师',只希望把本刊做成读者诸君的许多好朋友里面的一个——一个诚恳同情欢悲与俱的好朋友。至于他个人,只愿终其身做一个无名小卒,但知尽其心力为本刊干去……"

这段话虽然是韬奋早期说的,但是,对于编辑的身份、地位、作用和自我价值都作了比较恰如其分的评价,可以说,是对编辑工作本质的基本概括。作为"花匠",编辑应该不断提高自己的"园艺"水平;作为"无名小卒",编辑又要安于默默无闻的奉献,乐于"为他人作嫁衣裳"。

甘当"无名小卒",说起来似乎容易,真正做到确实很难。只有树立正确的世界观和人生观,才能自觉而乐意地去做好。韬奋后期成为马克思主义者之后,明确指出:"倘若我们有了正确的世界观与人生观,个人的地位原是无足轻重的事情。"这样,就能愉快地"不是为着自己的地位干,是为着社会的或大众的福利干"。早期,韬奋与同事办《生活》周刊时是如此,后来办生活书店时也是如此。韬奋后来说过:"编辑是为作者读者服务的",并把"服务精神"视为"生活书店最可宝贵的八种传统精神之一",是对编辑要乐于当"无名小卒"在理论上的肯定。

1929 年,韬奋在一篇文章中说:"新闻记者倘有官迷,尽管自己识相些走别条路,倘若利用'无冠帝王'的地位而运动做官,那便是对于他的事业丧失了忠诚的精神。"韬奋是编辑、记者一身而二任的人,因此,这话对编辑也完全适用。曾经有人因为《生活》周刊事业的发达对韬奋造谣,说他办刊物发了大财,"由一清贫之文人一跃而为大红特红之时代名人,筑洋房,拥艳妻,出入以汽车代步,举止豪阔"云云。韬奋一方面据实驳斥,一方面又坦然表示,"我不想富,不想贵,本来是穷苦的无名小卒,死去时也只愿是个穷苦的无名小卒”。表现了他的坦荡和崇高境界。

甘当“无名小卒”也不能忘记或降低自己“花匠”的身份。要培植好出版园地中争奇斗艳的百花，对编辑这个“花匠”本身的要求是很高的。韬奋在《征求一位同志》一文中提出的几点，可以看做是他对编辑的最基本的要求。他认为，编辑应具备的条件是：

一、“大公无私”。这是韬奋对所有职业的人提出的共同要求。他曾说：“天下最可鄙的是自私自利，天下最可敬的是为群为公。”他还把“公正”列为“生活精神”之一，给予很高评价。对编辑来说，“大公无私”是尤其重要的宝贵品格。有了这种品格，对作品的选择不会碍于情面，与作者的交往不会厚此薄彼，与读者的联系不会因人而异，言行举止，都会光明磊落，无愧于人；遇到挫折，也能处之泰然。

二、“思想深入”，即“锐敏的观察与卓越的识见”。韬奋要求编辑“遇着一件事或是一个问题，不要人云亦云，总要运用自己的脑子深入地想他一下，这种功夫实含有分析、组织及创造等要素的能力”。就是说，编辑要有敏锐的观察和判断力，能正确判断问题的是非和质量高下；要有一定的组织能力，能动员读者、作者进入自己预定的目标；要有创造精神，表现出自己的特色。

三、“文笔畅达”。韬奋既是编辑，又是作者，所以，他要求编辑不仅要能编，还要能写；不仅能写，还要“文笔畅达”。编辑工作中有两派，一派是动口不动手，对稿件只提意见不做修改；一派是动口又动手，对稿件强调要加工修改。韬奋属于后者，他从实际工作中体会到，只会动口、不会动手，眼高手低的编辑是做不出一流编辑工作来的。

四、“至少精通一种外国文”。他认为外文作为一种“学问的工具”，是“搜集材料，贮蓄思想”的重要手段。他说：“所谓贮蓄思想，是平时无论如何忙，要能静想，想些抽象的好意思，蓄在胸中，好像‘贮蓄’一样，遇事触机而发为言论，便较有精彩。”

韬奋在答复读者认为这种要求过高的责难时，再次申明："我所提出的四个条件是我认为撰述评论——而且是限于像《生活》一类刊物的评论——的人所应具的最低限度的条件。可见就是这些条件具备，也不过配做一个编辑。"谈到他自己是否具备这些条件时，他说："关于第一条的'大公无私'，只须立志做去，用不着什么特殊本领，是人人应该会的，我自信这个条件我能为本刊作严格的遵守。其他三条件我虽有些许浅薄的程度，但决不能满意，所以不敢说具备。"

这个答复固然是韬奋的自谦之词，但是也反映了他一贯主张的"且做且学，且学且做"的思想。韬奋很早就认识到在工作中学习提高自己的重要性。1925 年，他说："吾人当知在社会服务，一方面固在处理事务，一方面即在从中学习，经验随闻见而增进，学识因应用而愈深，日积月累，乃能蔚成大器。"

韬奋在谈到报界前辈戈公振时说过这样一段话："一个人能寻着自己所爱好的事业，做到迷的程度，不但'好之'，而且'乐之'，这是何等愉快的事情！"我们在继承韬奋的传统时，不妨就从这里开始吧！

原载《出版发行研究》1991 年第 5 期

邹韬奋与周恩来忧时救国成知己

穆　欣

今年 11 月 5 日，是我国杰出的新闻记者、政论家和出版家邹韬奋的百岁华诞。1944 年 7 月 24 日，邹韬奋在日军占领下的上海病逝，他在临终前口授遗嘱说，他逝世后"骨灰尽可能带往延安，请中国共产党中央严格审查我一生奋斗历史，如其合格，请追认入党”。9月18日，中共中央致邹韬奋家属唁电中说：“先生遗嘱，要求追认入党，骨灰移葬延安，我们谨以严肃而沉痛的心情，接受先生临终的请求，并引此为吾党的光荣。”这事曾使许多人深受感动。但是，韬奋并非在生命的最后时刻才选定共产主义，并非在弥留之际才决定加入中国共产党的。他在毕生奋斗中，曾经长期和中国共产党保持密切联系，置身于无产阶级先进战士的行列。

在同共产党人交往中，韬奋接触最多的党的负责人是周恩来，特别是1938年末至1940年初，在重庆的两年多时间内，韬奋经常得到他的关怀。当时周恩来是中共中央代表、南方局书记，并且负责党的文委工作。他们在争取民族解放和民主政治的斗争中，结下了生死不渝的革命友谊。韬奋在弥留时刻，还不断地呼唤着“周恩来”的名字，向守护在身边的同志和亲人说：“恩来同志是我毕生最敬佩的朋友！”

他早就选定中国共产党

韬奋和中国共产党早就有了接触。他主持的新闻出版事业和他参与领导的抗日救亡运动，一直得到党的关怀和支持，他所取得的成就也深得党中央领导同志的重视和赞赏。早在1933年，他编译的《革命文豪高尔基》一书，曾经得到瞿秋白的热情关注；1936年韬奋在香港创办《生活日报》，又得到刘少奇的热诚支持。

1936年7月15日，韬奋与沈钧儒、陶行知、章乃器联名发表《团结御侮的几个基本条件与最低要求》一文，全面系统地阐述了救国会的抗日救国主张。文章公开响应中国共产党的号召，赞同并支持党提出的抗日民族统一战线政策，要求国民党停止内战，联合红军，共同抗日，给人民抗日言论和救国运动的自由。这篇文章在国民党统治区鼓舞了广大人民的抗日热情，引起各方面的强烈反应。

这篇文章传到陕北苏区后，毛泽东于8月10日代表中国共产党中央委员会和中华苏维埃政府，写信给韬奋等4位和救国会的全体会员，充分肯定他们的救国主张，认为这是代表全国大多数不愿意做亡国奴的人们的意见与要求，中国共产党愿与救国会及一切赞成抗日的党派、组织和个人合作。毛泽东还指出，共产党应当参加各地方的救国组织和各种形式的救国运动。9月18日，毛泽东又亲笔写信给韬奋和章乃器、陶行知、沈钧儒说："先生们抗日救国的言论和英勇的行动，已经引起全国广大民众的同情，同样使我们全体红军和苏区人民对先生们发生无限的敬意！""附上我们8月25日致国民党书，请求诸位先生予以审察，并以高见惠示我们。"信中还说："国民党军队继续对于红军进攻与一切野蛮法令的尚未撤废，到今天仍然把我们与先生们远远地隔离着，彼此不能经常共同讨论与交换抗日救国的具体意见。这也就不得不使诸位先生对于我们今天所执行的抗日民族统一战线的方针与实际行动，尚有若干的隔阂与误会。因此，我委托潘汉年同志与诸位先生经常交换意见和转达我们对诸位先生的热烈希望。"

1936年9月24日，潘汉年带着这封信和毛泽东同一天写给宋庆龄的信，离开陕北苏区前往上海。从此以后，韬奋和救国会就同中共中央的正式代表开始有了直接联系。韬奋和党的关系日益密切，遇事和党商量，尊重党的意见，同党员相处也很融洽。在他主持的新闻出版事业里面，这时有不少党的地下工作同志。国民党特务经常向他提出警告，有时提出名单来恐吓他。韬奋不仅没有被吓倒，还想尽各种方法保护他们。到了非常紧迫的时候，他就赶快把受到逮捕威胁的同事偷偷送走。他虽还没有参加党的组织，思想上早已选定了中国共产党。1936年11月间，韬奋以"危害民国"的罪名被捕，敌人想用一顶"共产党"的红帽子来陷害他（当时对共产党是要杀头的）。韬奋毫无所惧，他在狱中写的《经历》里面，就公开地表明自己的"立场和主张"，以被戴上共产党的帽子为光荣。他说:“其实戴帽子也不一定是丢脸的事情,有害尽苍生的党,有确能为大众谋幸福的党;前者的帽子是怪可耻的,后者的帽子却是很光荣的。”又说:“我的立场即是大众的立场,不管任何党派,只要它真能站在大众的立场努力,真能实行有益大众的改革,那就无异于我已加入这个党了,我在实际上所努力的也就是这个党所要努力的。”谁都可以看出,这里指的就是伟大的中国共产党。

在武汉初见周恩来

1937 年 7 月底,韬奋从监狱里出来的时候,抗日战争已经爆发。这时他对自己应该走的道路已经非常明确,再没有一点犹豫动摇的余地了。他立即站到自己的岗位上,积极地响应中国共产党在抗日战争中所提出的方针、政策,并且深信这是能够引导抗战走向胜利的惟一正确的方针,从此献身于争取民主政治和抗日战争胜利的伟大事业。

韬奋于 1936 年在上海见到潘汉年后,虽然已与中共中央的正式代表开始有了直接联系,但是直至 1938 年到了武汉,他才有机会和党中央的领导同志见面。他同周恩来就是这个时候认识的。从武汉到重庆,韬奋是八路军办事处的常客。他热爱党,信服中国共产党的正确领导,对党中央的领导同志怀有深厚的感情,表现出衷心的崇敬和爱戴。他对周恩来更是相见恨晚,一见如故,异常钦敬,从此推心置腹,把周恩来当作最可信赖的亲人,最诚挚的朋友。

1937 年 12 月中旬,韬奋到达武汉。当时生活书店已由担任经理的徐伯昕和总编辑张仲实带领,于 11 月间从沦陷后的上海辗转先到武汉。韬奋到达后,就和张仲实、金仲华等一起住在汉口文化街金城文具公司楼上,继续出版《抗战》三月刊,并由邹韬奋、沈钧儒、张仲实、艾寒松、胡绳任编委。

其时武汉已经成为中国政治、军事、文化的中心。中共中央军委副主席周恩来,受党中央和毛泽东委托与派遣,作为党中央代表,肩负重要使命,也来到武汉。随同周恩来同志一道工作的,还有董必武、叶剑英、博古、潘汉年、凯丰等我党负责同志。在设于长春路的八路军驻武汉办事处里,他们既领导着我党和国民党统治区内的地下活动和统一战线的开展,又指导着郭沫若负责的国民党军事委员会政治部第三厅的工作。

生活书店迁至武汉后,张仲实很快就与中共中央长江局文委书记潘汉年取得联系。潘汉年还常来到金城文具公司楼上,与韬奋、张仲实等共议时局,确定《抗战》下期主题,并且为它撰写文章。他还陪同张仲实到八路军驻武汉办事处会见董必武、博古、凯丰,取得联系。张仲实经常前去八路军办事处,听取负责同志介绍党中央的方针、政策,以及对形势的分析,并请他们为生活书店出版的刊物作指示和撰文。这时,每当张仲实从八路军办事处回来后向韬奋介绍我党的指示精神时,他总是以赞许的目光全神贯注地听取,完全赞同和拥护我党的政策,且常常流露出希望面见负责同志的思想。于是,张仲实先引荐韬奋到八路军办事处面见了董必武。董老介绍八路军办事处在周恩来领导下,贯彻党的抗日民族统一战线政策,与国民党反动派进行有理、有利和有节斗争的策略,以及抗日救亡宣传工作的方针等等。这些使韬奋思路大开,兴奋异常。在回文化街的路上,他连连称赞周恩来同志是时代的伟人,并向张仲实郑重提出希望面见他。

张仲实到八路军办事处转达了韬奋面见周恩来的要求。凯丰说,可以由张仲实出面给周恩来写封信。张仲实回去,很快就写了封信送周恩来。信的大致内容是,邹韬奋虽不是共产党员,但关于救国道路的问题,他选定了中国共产党,他的政府态度跟党的主张没有分歧,并且总是诚恳地听取党的主张,努力使党的主张变为他自己的实践。他很感谢我党对生活书店刊物的支持和帮助,希望能见到周恩来同志。周恩来接信后，很快就指示凯丰复信告诉张仲实，欣然同意面叙。

周恩来和邹韬奋初次见面的情况，张仲实说："一九三八年九月的一天下午，我陪同邹韬奋同志来到八路军驻武汉办事处。周恩来同志已在那里等候了。一见面，他首先伸出热情的手，和韬奋同志紧紧地握在一起，高兴地说：'欢迎你，邹韬奋先生，我们今天第一次见面。'坐下后，周恩来同志又诚恳地说：'见面就是朋友啰。当然，我们还没见面的时候就已经是朋友，好朋友了。救国会的抗日主张和我们是一致的，爱国七君子的节风，我是很佩服的。今天下午，我们可以无拘无束地畅谈一番'，他关切地问过邹韬奋同志出狱后的身体状况和家庭生活情况后，向我们分析形势，介绍我党根据形势制定的路线、方针和政策。周恩来同志爽朗亲切，诱导启发。他精辟的分析，透彻独到的见解，给我们留下了极深刻的印象。他除了认真地听取我们对形势的看法和工作汇报外，详细地询问我们在大敌当前的情况下对今后工作的设想和安排，还非常仔细地问了文化界和一些爱国知识分子的情况。他关切爱护地说：'爱国知识分子是我们国家的宝贝。你们二人都是知识分子，有知识，又很爱国，希望我们更密切地配合起来，团结更多的知识分子，一道走抗日救国的道路。'周恩来同志还语重心长地说：'现在，我们一起奋斗，以彻底打败日本帝国主义；将来，我们还要共同努力，以建设繁荣富强的新中国。抗日救国，少不了爱国知识分子的参加啰；建设社会主义新中国，更少不了爱国知识分子的参加嘛。'对于国民党反动派迫害爱国知识分子的罪恶行径，周恩来同志表现得怒不可遏，作了严厉的斥责。他的一席话，说得我们心里暖烘烘的，感到方向更明确了，干劲平添很大。我们时而哈哈大笑，时而神情严肃，充满激愤，无拘无束地谈了一个多钟头。临别时，周恩来同志紧握着韬奋同志的手，情深意切地说：'请你们记住，爱国知识分子是国家的宝贵财富，无论什么时候都需要。有什么要求，请随时提出来，我们共产党一定会尽可能地帮助解决。’韬奋同志希望周恩来同志方便时到生活书店指导工作，周恩来同志不加犹豫地接受了这个请求。

“这次会见以后，邹韬奋同志多次对我诉说起他对周恩来同志的钦敬景仰，称他是他最敬佩的朋友。他撰写时评遇到困难时，每次总是首先想到向周恩来同志请教。而周恩来同志又总是谦虚地和他一起讨论，共同分析，一道结论，还句酌词斟地为他修改文章，以商讨的口气建议他有些话应该说得隐讳婉转一点，以进行更有理、有利、有节的斗争。周恩来同志关注着韬奋同志的事业，经常挤出时间阅读他的著作和他主办的刊物，并给予很高评价。正因为他从周恩来同志那里更多地了解了党的方针政策，在许多问题上得到周恩来同志的关切和帮助，所以他多次对我说：‘周恩来先生的确是我的良师益友。’……”①

无论在武汉还是重庆，韬奋和周恩来都有许多直接来往，从他那里了解共产党的方针政策，并且在许多问题上得到周恩来的帮助。特别是到重庆以后，在当时著名的曾家岩 50 号“周公馆”，经常出现韬奋的身影。他经常到这里提出政治问题请教，及时得知党中央的最新指示，特别是有关国民党统治区文化工作的各种决定。有的时候，邓颖超出面邀请韬奋夫人沈粹缜一起到家里“做客”，在她自己的房间叙话，让韬奋同周恩来在客厅里畅谈。

毛泽东说：书店要向游击区谋发展

韬奋对于党所领导的敌后各解放区的民主建设十分向往。1938 年 10 月，他就曾经向党提出要求：在陕甘宁边区和敌后各解

---

① 《言犹在耳，记忆仍新》，《怀念周恩来》（人民出版社 1986 年版），第 202 ~203 页。

放区设立生活书店，以便对解放区军民进行文化服务工作。他的要求得到党的赞赏和支持。这年12月间，和韬奋长期并肩作战的战友、读书生活出版社创办人之一李公朴访问延安时，生活书店西安分店一位工作人员杜国钧化名“杜绝”随同前往。他们在延安会见了毛泽东。毛泽东跟他们谈话的时候，曾经具体地提出了书店工作的方针。1939年3月18日，重庆生活书店出版的内部油印刊物《店务通讯》第14期中，以《毛泽东先生在去年答复杜绝先生的问话》为题，传达了毛泽东对于当时形势的分析和对出版工作的意见。其中说：

> 敌人在攻陷粤汉之后，还要继续进攻西安、宜昌、衡阳、南昌、韶关以及粤闽的几个重要城市。这些地方，在目前虽然不会立刻失掉，但迟早终不免要失掉的。这样，将来我们的后方更要变小，可以利用的后方更小。因此，书业界的工作，便不得不向游击区去谋发展。同时，也是适应那边的需要。工作的地域大概可以分为华北、华中与华南三区，每区的游击根据地可以作为经营的中心地点。工作必须与当地军队取得联络，与自己在后方的店取得经常联系是不可能的了。因为交通太困难，所以各地区的工作又必须是独立的，自印自卖。印出的书本，应该也只能是薄薄的了。

毛泽东这一重要指示，比较韬奋当时所期望的要宏伟得多。毛泽东的预见，后来已为历史的发展所证实。他对出版界所提出的战略部署，即于1939年到1940年由周恩来亲自作了具体安排。1940年夏，周恩来在重庆亲自邀请生活书店、读书出版社、新知书店三店的负责人，到八路军办事处谈话，告诉他们可以民间企业的形式去延安和华北敌后开展图书出版发行工作。经过很短时间的准备，当年9、10月间，三家书店就派出专人，带了一部分纸型和资金，辗转到了晋东南开设华北书店；以后又派专人前往延安。在重庆的三店负责人，从此也就定期经常碰头，共商三店坚持大后方斗争和继续向敌后发展出版工作的有关问题。

1941 年皖南事变以后，对于书店如何做好隐蔽疏散等工作，周恩来又提出了很多具体意见。同年年底，太平洋战争爆发后，香港沦陷，韬奋和同时到达东江游击区的徐伯昕，共同研究了生活书店在国民党统治区出版机构的布局和工作计划。1942 年 8 月，徐伯昕带着和韬奋商定的方案，从桂林专程去重庆向周恩来汇报请示。周恩来听汇报后着重指出，在投资合营或化名自营的机构中，务必要区分一、二、三三条战线，以利于战斗，免于遭受更加严重的损失。生活书店遵照周恩来提出的具体意见，作了具体的部署。

周恩来还亲自帮助韬奋对生活书店内的共产党员干部和党支部成员做思想工作。1939 年，重庆新华书店总管理处（包括重庆分店），由于支部的党员中有些"左"倾关门主义思想，在团结某些党外人士方面存在缺点；还有一部分党员，不安心在国民党统治区工作，想去延安。韬奋作为全店的领导，对此感到为难。有一天他同八路军办事处负责人谈话，把店里存在的这些问题提出"请教"。这事以后被周恩来知道了，便于 1940 年 3 月间，召集店支部负责人张锡荣、李济安到他那里谈话，要他们汇报最近半年来生活书店的情况。当听到书店选举领导机构成员，青年人占多数，经验丰富的中年人占少数时，周恩来详细询问了落选人的姓名、职位和经历。他说，书店的工作人员，不论党内党外，都是做革命工作的，一定要做好团结工作。谈到书店有些小青年想去延安时，周恩来说，生活书店的事业是整个进步文化事业的一部分，参加生活书店就是参加革命。你们要向青年人宣传这个道理，方式要巧妙，要暗示，使他们了解工作的意义。了解了，他们就安心了。党员干部，如果不是由于暴露了身份、无法再在重庆工作，都不要去延安，应当在大后方坚持下去。当谈到生活书店受到国民党压迫的种种情况时,周恩来说:可能还会出现更坏的局面,你们要有充分的准备。对国民党反共反人民的严重性要有足够的认识,否则就会吃大亏。书店应分一部分人带着纸型和书籍转到边区去,到敌后游击区去,在那里开展文化工作。留下的,也要将一部分人和财产分出去,采取各种可能的办法,建立第二道阵线,要隐蔽,不露锋芒,长期埋伏,保存起来,等待有利时机。这样,留下的只是一部分人,坚守少数重要的机构,在进一步恶化的局面到来时,可以减少损失。总之,革命的道路曲折,要根据具体情况保存自己,战胜敌人,讲究斗争艺术。并当场作出决定,书店党支部改由八路军驻重庆办事处直接领导。周恩来说:“今后有什么事,你们随时可以来找我。如我不在,可以找徐冰同志。”自此以后,韬奋同在生活书店工作的党员干部的关系更亲密了,工作上也配合得更加协调。尤其在皖南事变发生后,生活书店遭到极其严重的摧残,党支部全力协助韬奋对付国民党反动派,尽量做到保存力量,减少损失,克服了当时的困难。

生活书店管理处每月举行的茶话会,周恩来也常应邀出席。他总是面带笑容,像谈家常一样,纵谈当前的形势,国共两党谈判的情况,每次都给大家留下难忘的印象。在一次茶话会上,他对书店的职工说:“国民党对‘拥护革命的三民主义’这句口号不满,指责我们说,三民主义就是三民主义,为什么共产党要加上‘革命的’形容词。我对他们说,你们自称是孙中山先生的信徒,你们没有读过《建国方略》这部书,孙中山先生在这部书的开头就说,‘余所著之三民主义乃革命之三民主义’。可见我们只是把‘之’字改了‘的’字,为什么不对?”大家听了哄堂大笑。他接着说:“国民党又说我们信仰马克思主义不好,马克思是外国人,是舶来品,不合中国国情。我说,我们一贯信仰马克思主义,不信仰马克思主义就不成共产党人了。说马克思是外国人不合国情,这就大错特错了。日本飞机在天空掉下炸弹,地下老太婆听了念阿弥陀佛,这里‘飞机’、‘炸弹’、‘阿弥陀佛’都是外国货，从来没有人说不合国情。”又引起哄堂大笑。他还谈到共产党名称问题。他说：“有些好心的朋友称许中国共产党团结抗战的政策和行动，但认为‘共产党’这名称不很好，为了有利于国共合作，建议我们改一下。我了解他们的好意。但我同他们说，名称仅仅是名称，是代表一件事物的符号，主要是看它的实际行动。例如我的名字叫‘恩来’，带有封建迷信的味道，大家一向叫惯了，觉得很好，何必要改？”又是一阵会心的微笑。这种深入浅出，亲切、生动而又富于说服力的讲话，使大家感到心里亮堂，对国家民族的前途充满信心。每次讲完话，他总要同韬奋细语告别，在热烈的掌声中，韬奋伴送周恩来离开会场，目送他的汽车离去。

曾在武汉、重庆常住的董必武、叶剑英、徐特立、博古等，也都曾应韬奋的邀请，到生活书店作过报告。

周恩来说：你以民主人士身份进行斗争作用更大

虽然由于种种原因，韬奋那时尚未参加党的组织，但是他的一切言行都是听从党的安排。在汉口和重庆，他曾多次向周恩来要求参加党的组织。周恩来说，你以党外民主人士的身份，同国民党作政治斗争，比以共产党员身份起的作用大不一样。1938年底，有一次在曾家岩同周恩来会见时，韬奋又提出参加党的要求，周恩来仍然劝他以党外民主人士身份做工作，并且诚挚地对他说：“目前党还是需要你这样做。”韬奋非常出色地执行了周恩来的嘱托，自觉地作为中国共产党政治上的助手，和共产党人密切配合，共同作战。他在这个时期，一方面和日本帝国主义坚决斗争，一方面和国民党统治阶级坚决斗争，同时还要和统一战线内部的动摇投降分子进行斗争。他在这个时期最大的贡献，就是有力地揭发了国民党妥协投降的一面和反民主的法西斯面貌。

在当时的尖锐斗争中，不论碰到什么情况，韬奋都记着周恩来的嘱咐，以党外民主人士的身份和特务分子、国民党的政客、官僚等相周旋。1940年7月，国民党特务丧心病狂，一度造谣说邹韬奋和沈钧儒等要在重庆"暴动"，妄图以此制造血案，残杀无辜。霎时，在韬奋所住的"衡舍"门口及附近，有不少国民党军警特务来来往往，监视他的行动。夫人沈粹缜有一天对韬奋说："在这里受国民党特务的气，环境不好，文章不能好好写，话又不能痛痛快快地讲，还不如到延安去。"韬奋说："延安当然比这里好，但是我的岗位在这里。我虽然不能用枪杆，可是我能用笔杆。正因为这里的环境恶劣，就要求我用这一枝笔对敌人更坚决地战斗，将来有机会，延安我们总是要去的。"历史实践证明，周恩来纵观全局，高瞻远瞩，做出韬奋暂不入党的决定，是完全正确的，因为韬奋的特定岗位和特殊作用，是任何人所不能代替的。

韬奋当时虽然在组织上没有参加共产党，但是，他的政治态度和党的主张完全一致。他在这个时候，绝不像有些知识分子那样，在国共两党之间，站在"中立"的地位，抱着"中立"的观点，幻想走"第三条道路"，做事情看"行情"，在对国民党的关系上留"后路"，而且是一遇到困难就动摇。与此相反，韬奋坚决地无条件地靠拢党，遇事找党商量，尊重党的意见，并且努力使党的主张变成自己的实践，严格地用革命者的标准来要求自己。面对国民党的白色恐怖，他虽六次流亡，一次坐牢，依然表现了百折不挠、坚定不移的革命精神。

这个时期，韬奋遭遇了一生最痛苦、最不容易忍受的磨难，但他表现了无比勇敢坚强的战斗精神，不管碰到多么大的风暴，他从没有向暴力屈服、向敌人低头。国民党当局对韬奋的迫害，在1941年春皖南事变以后达到了顶点。他和数百位同仁历时多年惨淡经营、艰苦发展起来的出版事业，被国民党一个个地相继毁掉。有一天，他曾接连收到8处书店被封的电报。这时情况十分清楚，如果不向国民党当局屈服，全部事业就要被毁。韬奋坚持革命立场，和党采取完全一致的态度，“宁为玉碎，不为瓦全”。

1941年2月10日左右的一天晚上，韬奋和夫人沈粹缜一起去曾家岩拜访周恩来和邓颖超。因为在上清寺通往曾家岩的街道上，日夜都有特务坐守，他们改从国民政府旁边的一条小路，走过小土丘来到曾家岩50号“周公馆”。韬奋和周恩来进行了长时间的谈话，这是他们两人最后一次见面。周恩来根据中共中央的指示，为保存进步文化界的力量，在海外开展文化宣传工作，决定逐步把在重庆、桂林等地的大批民主人士和文化界人士转往香港，建立新的文化阵地。根据周恩来的意见，韬奋一面公开揭露国民党当局的法西斯暴行，一面作了应变准备，开始有计划地疏散书店工作人员，把出版发行的重点转移到解放区去，将生活书店的领导中心移往香港。

1941年2月25日凌晨，韬奋愤然辞去国民参政员的职务，秘密离开重庆，并于3月5日飞抵香港。在香港朋友举行的便宴上，韬奋庄严地声明：“我们到香港不是为逃难来的，而是为‘坚持抗战，反对投降；坚持团结，反对分裂；坚持进步，反对倒退’，创办民主报刊而继续战斗！”

在香港，韬奋所进行的抗日宣传工作，继续得到周恩来的关注。这年12月间，香港沦陷，党即设法营救陷入虎口的大批进步人士。12月8日，日军进攻香港之始，周恩来即两次急电廖承志、潘汉年、刘少文，指示帮助在港文化名人和爱国民主人士撤离香港，特别提出要派人帮助邹韬奋等人离港。次日，周恩来又电廖承志等并中共中央书记处，提出了帮助在港朋友撤离方向及具体方法。韬奋听说远在重庆的周公，为了解救他和香港的一批进步的文化界人士脱离陷阱，经过了几个不眠之夜紧急谋划的时候，深受感动。1942年1月，韬奋经党营救，到达东江抗日根据地。鉴于国民党特务对邹韬奋、柳亚子等缉捕甚严，周恩来于2月间特致电中共南方工作委员会，接待邹韬奋、柳亚子等要“指定专人负责”，“以免暴露”。其后当他得知国民党当局已下令通缉邹韬奋后，立即电告八路军驻香港办事处负责人连贯：一定让邹韬奋就地隐蔽，一定要保证他的安全。连贯通过当地党组织，让邹韬奋暂避于梅县江村。7、8月间，国民党派特务头子刘百闵到广东探寻邹韬奋踪迹。周恩来闻讯即派人告诉邹韬奋说：隐居在广东乡间，不一定就不出问题。为了他的安全，并使他能为革命事业继续发挥作用，建议他考虑是否前去苏北抗日根据地，还可以从那里转赴延安。韬奋欣然同意周恩来的意见，9月下旬便同从桂林派来的一位书店同事离开梅县，经过上海，辗转进入苏北解放区。不幸，韬奋这时已经患了癌症。

周恩来时刻关注着韬奋和他的事业，他虽然很忙，还常挤出时间阅读韬奋的著作和他主编的刊物，并且给予很高的评价，赞扬韬奋亲手培植起来的“生活作风”。1938年在武汉，有一次就创办一张报纸的问题跟党内新闻工作者谈话，周恩来说：要好好学习邹韬奋办《生活》周刊的作风，通俗易懂，精辟动人，讲人民大众想讲的话，讲国民党不肯讲的，讲《新华日报》不便讲的，这就是方针。在韬奋的著作中，周恩来特别推崇《萍踪忆语》。韬奋记述：“周恩来先生一次偶然和我谈及《萍踪忆语》，他说关于美国的全貌，从来不曾看到过有比这本书搜集材料之亲切有味和内容丰富的。这虽承他过奖，但在当时为着搜集著述材料，不以视察美国东部为满足，特冒着相当的危险往美国南部一行……除东部、南部外，还往北部、西部，不但视察城市，而且深入乡村，所以自问是很费一番苦工的。”周恩来的关怀和推崇，给在国民党压迫下艰苦奋斗的韬奋以无比的鼓舞，使他在斗争中增长勇气，在敌人面前表现得更加坚定顽强。

“恩来是我毕生最敬佩的朋友”

韬奋是一个富于感情的人,在长期共同斗争中,他同周恩来结成了真挚的革命友谊。当着他在遭受敌人通缉,隐名埋姓流亡的途中,在癌症的病痛折磨中,一直有一个光辉的名字铭刻在他的心头,这就是“周恩来”。

1942年冬天,韬奋辗转到达苏北解放区,病痛的折磨日益加剧,又遇到敌人的残酷“扫荡”。当他带病前往各处参观的时候,经常流露出对中国革命圣地延安的景仰,对党中央领导同志的崇敬和爱戴,特别念念不忘的是真诚的朋友周恩来,时常不知不觉地呼唤:恩来同志,恩来同志!以后,韬奋回到敌人占领的上海治病。直到生命最后的时刻,他在弥留时还特别谈到:“恩来同志是我毕生最敬佩的朋友。”

韬奋忍着极度的痛楚,顽强地同癌症进行了一年多的搏斗,延至1944年7月24日早晨7时20分,在上海与世长辞。当感到生命垂危的时候,韬奋的心念转向中国革命圣地延安,转向他衷心崇敬的中共中央。一桩未了的平生大愿激励着他,使他在临终口授遗嘱中正式向党提出:请求追认入党。中共中央接到他的遗嘱,立即复电韬奋的家属:接受韬奋的请求。韬奋经过周恩来长期鼓励、帮助,其生前日夜牵挂的夙愿终于实现。

韬奋逝世的讯息传到延安的时候,周恩来倍感哀痛,对中央追认韬奋入党深感欣慰。1944年10月1日,由宋庆龄、林伯渠、郭沫若等人发起,各党派、各阶层人士在重庆举行邹韬奋先生追悼大会。周恩来、邓颖超送的挽联写道:

> 忧时从不后人,办文化机关,组救亡团体,力争民主,痛揞独裁,那怕冤狱摧残,宵小枉徒劳,更显先生正气;

历史终须前进,开国事会议,建联合政府,准备反攻,驱逐日寇,正待吾曹努力,哲人今竟逝,倍令后死伤神。

10月11日,周恩来在延安召集博古、吴玉章等,发起组织邹韬奋同志追悼会筹委会,讨论追悼事项,议决纪念办法。会上,周恩来热诚赞扬了韬奋为宣传党的抗日救国政策、主张,指引无数青年走上革命道路所立下的不可磨灭的历史功绩。他说:“我国有两个青年领袖,一个是恽代英,他已经去世了;另一个就是邹韬奋,他现在逝世了,这是我们党最大的损失。”还说:“多年来,邹韬奋同志为了反对日本帝国主义的侵略,反对国民党反动派攘外必先安内的卖国政策,奔走呼号,舌敝唇焦,动员人们起来救亡图存,赢得了广大人民,特别是广大青年的拥戴和热爱。他是继承恽代英同志的真正的青年领袖。”他再次谈到韬奋游历考察欧美所写的《萍踪寄语》和《萍踪忆语》说:《萍踪忆语》是观察研究资本主义发达到最高度的代表型美国的结果,对它的分析认识很深刻,是难得的一部著作。会后,他还亲笔修改纪念和追悼办法,加上“提议韬奋为出版事业模范”一句。1945年9月12日,在抗日战争胜利的欢呼声中,周恩来写信给韬奋夫人沈粹缜,表示慰问。信中说:“韬奋先生的功业在中国人民心目中永垂不朽,他的名字将永远是引导中国人民前进的旗帜。”

原载《炎黄春秋》1995年第11期

“与黑暗势力作殊死战”的斗士

——纪念邹韬奋诞辰百周年

吉少甫

韬奋(1895～1944),是一个真诚的爱国主义者,革命实践的民主主义者,最后成为一个共产主义者。他始终同日本帝国主义和国民党反动派作艰苦的斗争,为民族解放、民主政治和进步文化事业奋斗了一生。他主编了一系列的报刊,经历了一次入狱和6次流亡生活;他与黑暗势力作殊死战,争取集会、结社、言论、出版和生命的自由,是一个英勇果敢、坚强不屈的文化革命的斗士。他是新闻出版事业工作者的楷模,永远值得我们学习。

一

韬奋从1900年开始他的青少年刻苦勤奋就学时期,1921年大学毕业进入社会;1926年接编中华职业教育社的《生活》周刊,正式从事新闻出版工作;1930年,为了服务读者,生活周刊社成立书报代办部;1932年,在书报代办部的基础上正式建立生活书店,作为服务进步文化的中心,这是他进入社会的前期。

1931年“九一八”沈阳事变后,他积极参加人民抗日救亡运动,在《生活》周刊上坚决反对国民党反动派的不抵抗主义,主张抗敌御侮,同时表明《生活》周刊将为劳苦大众利益奋斗的立场。他说:“《生活》周刊既一天天和社会的现实发生着密切的联系,社会的改造到了现阶段又决不能从个人主义做出发点;如和整个社会的改造脱离关系而斤斤较量个人的问题,这条路是走不通的。

于是《生活》周刊应着时代的要求，渐渐注意于社会的问题和政治的问题，渐渐由个人出发点而转入到集体的出发点。”韬奋和《生活》周刊的立场转变，发生于中国新民主主义的文化革命第三时期，作为联系职业教育工作机关赠送给社员的刊物，《生活》最初（1926 年）只印 2500 份，在转变了编辑方针之后，讨论社会问题，联系千百万读者群众，鼓吹抗日，影响就日益扩大，到了 1932 年印数达到 155000 份，正反映了当时革命文化反“围剿”的胜利。由此到 1944 年 7 月韬奋逝世，正是抗日战争胜利的前夕，也是韬奋为言论出版自由，为生命自由而斗争的最辉煌的年代。

二

1933 年韬奋第一次流亡前，一方面由于《生活》周刊的力量突飞猛进，一方面由于他参加了蔡元培、宋庆龄所倡导的民权保障同盟，国民党政府密令禁止邮递《生活》周刊。韬奋认为，真有生命力的刊物和当前时代的进步运动是不能脱节的。但是由于环境的压迫，它的艰危的程度，也往往随着增加。到了 1933 年 12 月出版了八年从不脱期的《生活》周刊，终于被密令封闭了。

韬奋早在 1927 年就研究过孙中山的革命生平事迹和思想，到了 1931 年看到国民党政府的内政，除了不负责与无是非，随处发现贪污和无能外，找不出别的东西，看不见中山先生的理想有丝毫实现的踪影，便认为“民权是否仅靠文电之篇页的力争所能保障，实属疑问”。从历史上看，“民权能获得保障，决不是出于统治者的恩赐，乃全由民众奋斗争取得来的”。奋斗争取的途径：“一种是用比较和平的方法，一种则为流血革命。”“孙、蔡诸先生所发起的这个‘民权保障同盟’当然是属于第一方法。”就在这年的 6 月，同盟负责人之一杨杏佛被国民党特务暗杀，韬奋也名列“黑单”，不得不流亡海外。

三

1933 年 6 月第一次流亡，韬奋在欧美考察，以英国伦敦为中心，先到法、意，后到比、荷、德。1934 年 7 月又从伦敦到莫斯科，1935 年 5 月赴美考察了三个月，于 8 月底回国。

他在英国到伦敦博物院图书馆研读马克思主义著作及其他社会科学书籍，还读了马克思、恩格斯、列宁等生平思想的传记，认识到“理论和实践应该统一的”，同时注意运用理论联系实际为原则，力求在学习中改造自己的思想，又在莫斯科暑期大学听讲四周。

韬奋在考察访问中，特别注意各国的新闻事业，中心主题是新闻自由的问题。最后认为关于言论自由，就各国的现实说，不外三种现象：“一种是法西斯的国家，其作用是替日暮途穷的资本主义制度挣扎，实际只替少数特权的阶层说话，在大多数人方面看来固然是绝对没有言论自由，即替少数特权阶层作传声筒的人们也说不上有什么言论自由。一种是在号称民治主义国家，尤著的是英、法两国，这些是多党政治，大规模的言论机关当然也在少数特权阶层中人的掌握，但在某些范围内还许一小部分人替大多数人发表的言论有出版的可能，在表面上，似乎稍为宽容，但只是程度上的差别，并不是性质上的不同。还有一种便是政权已在勤劳大众自己的手中，言论自由为大多数人所享有，只是少数人不能享得言论自由的权利；而且所谓言论自由，也有他的相当的范围，不是无限制的。”

四

1935 年 6 月，《新生》周刊发表了艾寒松的《闲话皇帝》一文，其中提到日本的天皇,日本的领事以妨碍邦交,侮辱他们的元首为借口,向南京政府提出抗议,《新生》因而被迫停刊,主编杜重远入狱。8 月,韬奋赶回国。当时日寇的魔爪深入我国华北各省。中国共产党在 8 月 1 日发表宣言,号召停止内战,团结一切抗日力量,建立全民族的抗日民族统一战线。那时上海各界救国会成立,韬奋被选为执行委员。他筹办了《大众生活》,对"一二·九"学生运动,给予了热烈的支持。1936 年出到 16 期,又被国民党反动派封闭。接着他又筹办了《永生》周刊,由金仲华任主编,到 6 月又被迫停刊。韬奋也被迫离开上海,去香港筹办《生活日报》,这是他第二次流亡。

1935 年国民党五全大会有《开放新闻恢复言论自由案》。当局希望人民"以常识判断谣言,以镇静观察时局"。韬奋认为,所谓言论自由,就新闻业的论点来看,最简单的是"真实的消息要让民众看得到,正确的评论要让民众听得到",针对着当局所说,认为"只有'开放'真确的消息,才得使人民知道什么是'谣言';只有知道真确的策略的人,才有'镇静'的可能"。

《生活日报》发刊词说:"报人应该是'民众的喉舌'","本报的两大目的是努力促进民族解放,积极推广大众文化,这也是从民众的立场,反映全国民众在现阶段内最迫切的要求",为此,要"揭破汉奸理论的麻醉,制裁汉奸疯狂的行动,灌输抗敌救亡的知识,指示抗敌救亡的实践"。这个报纸是韬奋七八年来一直向往的合于大众需要的日报,但只发行了 55 天,因受到资金、印刷、交通邮递发行上种种条件的限制而自动停刊。韬奋最后答复读者意见中说:"理想的《生活日报》,必须是反映全国大众的实际生活的报纸;必须是大众文化的最灵敏的触角;必须是五万万中国人(连同国内外的中国人合计)一天不可缺少的精神食粮。"他还为理想的《生活日报》描绘了一个色彩缤纷的印刷设备先进、资料电讯齐全和组织机构和分工科学的蓝图,但要实现这个理想,"一定要在新中国出现的时候”。

五

1936 年 8 月韬奋从香港回到上海，把《生活日报》的副刊《生活日报星期刊》移到上海单独出版。

韬奋在第二次流亡和第三次流亡之间，还有一次在苏州八个月的铁窗生活。11 月他和其他救国会领袖沈钧儒、沙千里、李公朴、史良、章乃器、王造时等，因进行抗日救亡活动，而被国民党政府逮捕，发生了“七君子事件”。由于全国人民纷起声援，各地展开了营救运动，震惊中外的“西安事变”发生，张学良、杨虎城也通电全国，指出对这一爱国冤狱暴发，“世界震惊，举国痛心，爱国获罪，令人发指”。1937 年“七七事变”后，蒋介石被迫宣布抗日，7 月 31 日，“七君子”被释放。

韬奋虽然下了作最大牺牲的决心，但他在不失却立场的范围内，也极力避免不必要的牺牲。七君子为救国运动作了长期奋斗的准备。沙千里是个律师，当年在狱中即撰写了《七人之狱》，忠实地记述了 30 年代中国人民与蒋介石的一场斗争，这场斗争的中心问题是抗日救国，还是继续内战。沙千里从法律的角度，根据《中华民国训政时期约法》有关条文：“人民非依法律，不得逮捕、拘禁、审问、处罚”，“人民有发表言论及刊行著作之自由；非依法律，不得停止或限制之”。甚至包括《办理刑事诉讼案件应注意事项》的具体条文，把国民党非法、违法的种种事实揭露出来。

在狱中，韬奋经过高等法院五次侦讯，其中关于“人民阵线”的问题，韬奋早在 1936 年 7 月香港版《生活日报星期增刊》第 1 卷 6 版“信箱”栏里答复过一位读者的询问，说明人民阵线与民族阵线本质上的不同。当前中国所需要的是民族阵线而不是人民阵线。韬奋特地向家里要了这期刊物来，送给检查官，请其附在案卷里。结果检查官还是继续就此题提问，韬奋答复说这两个阵线的分别，和他主张哪一个阵线，在他写的那篇文章里说得非常明白，可以覆按。不料检查官却说："文人著述全是'言不由衷'的。"这一句话，直气得韬奋跳起来，声明对他的文字，负百分之百的责任，没有一篇没有一字不是"由衷之言"。他认为检察官说他"言不由衷"是侮辱他的人格，他要求证明并笔录。

韬奋在狱中写了他从入学到入狱的20年的经历，20年前他就想做一个新闻记者，现在更明确要做"永远立于大众立场的"新闻记者，以仅有的一点微薄的能力，提着这枝秃笔"和黑暗势力作艰苦的抗争"，为民族和大众的光明前途尽一部分推动工作。

六

韬奋的第一次及第二次流亡，显然受着政治的逼迫。第三次流亡却是在"八一三"抗日战争发生之后。他由上海到了当时政治文化中心的武汉，后因战局变化从武汉撤退，又到了重庆。他一方面主持文化事业，将《抗战》周刊和《全民周刊》(他都是主编)合并为《全民抗战》三日刊，仍由他主编；一方面以救国会主要领导人之一的资格应聘为国民参政员，并组织救国团体的活动。从1938年6月起到1940年的两年半期间，他的中心工作是"加强全国团结和争取民主"的斗争。在国民参政会，他先后提出了许多议案，概括起来有这样一些主张：(1)立即结束训政，开始宪政，实行无限制的普选制度；在抗战期内宪政开始之前，各党派先约参政，罗致全国无党无派人士组织举国一致的国防政府；(2)开放民众运动，允许民众团体合法存在；(3)保障言论、出版、集会、结社的自由；(4)承认各抗日党派的合法存在；(5)立即撤销图书杂志原稿审查办法；(6)立即停止一切特务活动，保障人民身体的自由；(7)立即释放爱国政治犯等。

1938年7月,国民党中央宣传部颁布了一项图书杂志原稿审查办法。办法中规定,在刊物上刊登文章和出版图书,都要事先将原稿送图书杂志审查委员会审查,认可后发给审查证,需把审查证的号码印在书刊背后才准发行。审查的目的在于扼杀进步言论和进步文化。韬奋受出版界的嘱托,在第二次参政会上提出"撤销图书杂志原稿审查办法以充分反映舆论及保障出版自由"一案,并且说明理由:并没有人主张言论出版漫无条件的自由,政府颁布的《抗战建国纲领》就是出版界共同遵守的原则,即使有失于检点地方,出版后送审也可加以纠正或禁止。原稿审查办法,容易贻误时机,不利于充分地及时地反映抗战的舆论,并且将对出版界增加很大的困难。

在图书杂志原稿审查办法的实行过程中,出现了许多闻所未闻笑话百出的事情。如看到"地主"二字就用浓墨涂掉。"前进"、"光明"、"黑暗"、"顽固"这些词都触犯了忌讳,都要加以修改。还有在原稿上做的拙劣篡改,如把"团结"改为"统一",于是提到"各党派团结"的地方,就成了"各党派统一"。把"阶级"二字改为"社会集团",于是无产阶级和资产阶级就成了"无产社会集团"和"资产社会集团",把"解放"二字改为"复兴",民族解放就成了"民族复兴",妇女解放也就成了"妇女复兴"。判处稿件"死刑"颇为堂皇的理由,则叫做"不合抗战需要"。

韬奋因为一篇稿子被无辜扣留的事情去"讲理",一位总干事摆出十足的官架子说:"你和我讲理没有用!只有处于平等地位的彼此才可以讲理,我是主管机关,我说怎么办就要怎么办,你和我是不平等的,你不能和我讲理!"由此韬奋认为,"比我们处境更苦的老百姓,遭到不肖官吏的残酷蹂躏而呼吁无门者实千百倍于我们所受的这样的欺凌,我们应该把这样的现象作为我们研究中国政治的一种材料。你听他说'我是主管机关',这种'思想'就是脱胎于法国专制魔王路易十四'朕即国家'的名言。……18世纪末叶，所谓'法律'，不是被视为'上帝法则'的解释，便是被视为统治者(君主)的'意志'。……那位总干事老爷厚着面皮说'我说怎么办就要怎么办'，你不要小觑了他，他的话在历史上是有根据的，就是以前专制君主的看法"。

七

1939年重庆国民党反动政府对日消极抗战，对内积极反共，投降、分裂、倒退的阴谋日益猖狂，对生活书店的严重压迫和横暴摧残也从此开始，4月起，生活书店西安分店首先被封闭，工作人员全部被捕；2月，生活书店总管理处也遭到两天的严密查账。7月，国民党中央宣传部部长潘公展及中统特务头子徐恩曾等又卑鄙无耻地公开强迫韬奋将生活书店和国民党反动派办的正中书局、独立出版社合并，要求参加资金，指派总编辑，更扬言威胁："如不能合并'生活'，即须全部消灭。"同时要求韬奋加入国民党。这一切都被韬奋严词拒绝。1941年1月间，国民党反动派所制造的皖南事变突然发生。在13个月中，生活书店各地55个分支店先后被封闭，只剩下一个重庆分店；工作人员有的被押送出境，有的被拘押在监狱或送集中营，被逮捕的竟达四五十人之多。

国共两党的机关处于对立的地位是很显然的，一方面是《新华日报》，在极艰苦的环境中努力奋斗，要把事实真相及其是非表白于世，以求公判；另一方面是国民党的《中央日报》和《扫荡报》，凭借执政党的便利，运用审查机关及军警宪作压迫工具。《新华日报》克服种种困难报道了皖南事变，把周恩来签名盖章负责写出的"千古奇冤，江南一叶，同室操戈，相煎何急"！"向江南为国殉难者致哀"几个大字刻板登载出来，外国记者纷纷要译电报补发，却被严密封锁，有记者偷赴香港发电，震动了世界。

对此韬奋说："我对于皖南事变并不否认在表面上看来，其中含有军令政令的因素，……在实质上我们却不能否认其为党派斗争的问题，因为在事实上是由执政的国民党一党所主持的。我们要解决问题，必须面对事实，不能以军令政令几个表面上的名词抹杀问题的真实内容，而不从根本上加强民主政治，巩固抗日党派的精诚团结与合作。”他写了一篇文章很婉转地表达了自己的这种态度，自信是很持平的。这篇文章原准备登在《全民抗战》上，但全文被审查扣留，因而那期周刊上的社论地位留下版面空白——开了一个大天窗。

那时正面临3月1日第二届国民参政会召开的前夕，韬奋一方面考虑参加应该主持正义的所谓过渡的“民意机关”，一方面却眼巴巴地望着硕果仅存的几个生活分店被暴风雨似的摧残着，国民党反动派不但违法背理大封其店，而且违法背理大捕其人！直到2月23日他“十分痛心于违法背理的现象，愿以光明磊落的辞职行动，唤起国人对于政治改革的深刻注意与推进”。在这之前，大约是2月10日左右，韬奋由他夫人陪同秘密会见周恩来，估计他们两人谈到整个时局的问题、生活书店的问题，还有他个人的去向问题。23日又向沈钧儒、黄炎培辞行并说明了辞职出走的理由。他在留致在野各抗日党派的领袖的信中说到：“原冀对于民主政治有所推进，俾于国家民族有所贡献，但二三年来之实际经验，深觉提议等于废纸，会议徒具形式，精神上时感深刻之痛苦……对于言论、出版、集会、结社自由，当予合法之充分保障。此种最低限度之民权，必须在实际上得到合法保障，始有推进政治之可言。……一部分文化事业被违法摧残之事小，民权毫无保障之事大。在此种惨酷压迫之情况下，法治无存，是非不论，韬奋苟犹孤身议席，无异自侮。即在会外欲勉守文化岗位，有所努力，亦为事实所不许。”

1941年2月25日，韬奋辞去国民参政员职务，出走香港。这便是他第四次的流亡。

八

韬奋到港后一面从事反抗国民党独裁、促进民主的斗争，一面展开对海外侨胞的文化工作。5月间，恢复了《大众生活》周刊。7月间，他把发表在《华商报》上连载的长篇史料《抗战以来》结集成书出版，受到海外华侨的热烈欢迎，在两个月内印了三版，销数达15000册之多。1941年12月8日太平洋事变，12月25日香港被日寇占领，他在中国共产党领导的东江游击队帮助下，经九龙到了东江抗日民主根据地。本想转赴桂林，但是重庆国民党反动派已密令各地特务机关严密监视和搜索他的行踪，下令发现时"就地惩办"，因此，他在中国共产党地方组织的帮助下，去广东梅县乡间隐蔽了6个月。这是他第五次的流亡。

1942年9月间，他在生活书店的两位老同事陪同下化装经韶关、长沙、汉口到达上海。这时已发现右耳患慢性中耳炎，但没有诊断出是癌症。10月间，他在专程从苏中抗日根据地大众书店来迎接的女同事和一位革命家属老太太的帮助下，辗转到达苏北华中敌后抗日民主根据地。在那里写文章和到处演讲，还计划办一个刊物。韬奋在苏北，没有能和陈毅见面，因为陈毅在延安出席党的第七次代表大会。韬奋在给陈毅的信中说："过去十年来从事于民主运动，只是隔靴搔痒，今天才在实际中看到了真正的民主政治。"1943年年初，日寇对苏北抗日民主根据地实行大扫荡，他的耳病又日益严重，不得已又秘密回上海治疗，被确定为癌症。这是他第六次的流亡。

1943年10月间，韬奋对国民党反动派调集大军进攻陕甘宁边区的罪行，愤不可抑，立即写了《对国事的呼吁》一文，严词斥责蒋介石匪帮的反共反人民的罪行。文章的最后说道："我认为人民应有思想研究的自由，言论出版的自由，必须立即取消不合理的图书审查制度,必须立即取消将青年当囚犯的特务教育,必须立即取消残害进步文化人士和青年知识分子的罪行。”

九

韬奋认为1933年的“民权保障同盟”是民主政治的一种支流的初步运动,是用比较和平的方法,来争取保障民权。“民主政治不能离开民权,说到民权,除了选举权、罢免权等等如中山先生所谓四权之外,最主要的大家都知道而且常听到的是人民的言论、出版、集会、结社的自由权和生命的自由权;而人民生命的自由权,尤为基本的基本,因为生命的自由权如果得不到合法的保障什么都无从说起。”韬奋郑重重申:各国宪法一般规定,公民有表达自己思想和意见的自由,并有权从事著述、出版、印刷、发行的活动。出版自由是公民的一项基本民主权利,是民主政治制度的重要标志和象征。

南京国民党政府成立后,一方面再三申明“保障新闻自由”,“取消新闻检查”,以显示其“开明”;另一方面又害怕革命的进步报刊的宣传,对它们横加干涉和限制。1930年颁布的《出版法》,从表面上看,对报刊的限制,不如1910年清末的《报律》和1928年袁世凯和北洋政府的《出版法》那样苛刻,但一些禁止事项写得空泛,解释权又属于执法机关,使报刊动辄得咎。在1930年继《出版法》后,又于1931~1933年公布了《危害民国紧急治罪法》、《新闻检查标准》等,把新闻检查制度进一步系统化。抗日战争初期,国民党政府内迁,新闻检查一度缓和;武汉失守以后,借口“战时需要”又逐步加强。1939年,国民党军事委员会战时新闻检查局成立,随后在各地成立了相应的新闻检查机构,并制定《战时新闻禁载标准》、《战时图书杂志原稿审查办法》等法规。1940年公布了《修正战时新闻检查标准》和《修正图书杂志原稿审查办法》,连同

1942年公布的《国家总动员法》,1944年颁布的《出版品审查法规和禁载标准》等,都对新闻出版活动作了苛刻的限制性规定。中国的《出版法》,从清末到国民党政府的立法,名为保障言论出版自由,实际上多为文化专制主义服务。

韬奋认为,民主政治的重要因素之一是法治的精神,人民的身体自由须在法律上有切实的保障,非依法律不能逮捕囚禁,更不得任意处死,即有犯罪嫌疑,亦须由具有独立精神的法庭公开审判,让人民有延请律师辩诉的机会。1941年他在香港指出在原版德国法西斯式翻版的如中国的蒋政府是最喜欢"秘密拘捕",不经公开审问,也谈不到延请律师根据法律辩诉,就秘密处死或送入集中营里去过惨苦的地狱生活。他说:"这种欧洲中古时代的黑暗情况,由于法西斯作风的罪恶漫延,又复见于20世纪光明之下,为民主政治的仇敌,为世界人类的灾祸!这种法西斯作风的罪恶,就是这次为保卫民主而战的大战所必须根除的。"1942年经26国签署的《联合国宣言》宣称:"深信完全战胜它的敌国,对于保卫生命、自由独立和宗教自由并在本国和其他国家内保全人权和正义是非常必要的。"但当时并没有确定人权保护的具体内容。韬奋所说的"人民生命的自由权,尤为基本的基本"的论断是经中国人民流血斗争和他自己"与黑暗作殊死战"的经历而得到的结论。

十

从救亡运动到抗日战争的相持阶段时期,韬奋主动地在他主编的刊物上,宣传中共的民主团结方针和对国事的主张。从武汉到重庆,他同驻在国民党统治区负责领导工作的周恩来有了较多的会晤机会。1940年他在重庆读到了由延安带来的毛泽东著作《新民主主义论》,如获至宝,不能自持地流露出他的激动之情,他在《患难余生记》中，运用毛泽东的新民主主义的文化革命的思想和理论，联系自己在抗日战争时期蒋管区中从事革命文化工作的实践和经验教训，创造性地提高到理论的高度作规律性的论述。其中最主要的是政治“曲线”和“三擦”(即军事摩擦、人事摩擦、文化摩擦)，文化和“文化摩擦”的问题。

1938年“八一三”全面抗战，在政治进步的“曲线图”上，曲线开始渐渐上升，团结和民主达到最高峰；1939年渐渐往下降，到1941年的皖南事变的数月间降到最低度。韬奋特别总结了他任国民参政员期间到第四次流亡前夕的政治形势，论述了政治如何影响文化。韬奋在他主持的言论机关发表过不少提倡宪政的言论。当时巩固团结的宪政运动，实质上包括革新政治的要求，但终于流产，而前方的“军事摩擦”，由华北到皖南，最后到皖南事变达到最高峰。新闻报道当时普遍使用政治性用词“摩擦”，意即指个人或党派或团体间，因利害冲突而引起的明争暗斗。无论军事摩擦、人事摩擦和文化摩擦，都随着政治“曲线”的下降而成正比例地尖锐化；其中所谓“人事摩擦”，就是指国民党一方面强拉人入党，否则加以种种压迫；一方面如发现其他党籍的，轻则打破饭碗，重则遭特务的监视、绑架或暗杀。它和“特务活动”是一对孪生子。

一定的文化是一定社会的政治和经济在观念形态上的反映。帝国主义文化和半封建文化结成文化上的同盟，反对的正是中国的新文化。韬奋总结他一生从事教育(包括职业教育)、新闻和出版工作的具体经验以及对国民党长期斗争的经验，形成了自己的“文化”和“文化摩擦”的理论。

所谓文化，主要具体表现在言论出版及教育各部门。言论有口头的如演讲等，文字的如报刊上的言论，出版则属于报刊和书籍。狭义的教育是指学校教育，即在校教师的教学和青年学生的研究，广义的说，言论出版也含有教育的效用，也包括课内外读物等。民办的文化出版事业有新旧之分,旧的向来偏重于教科书的出版,基本知识占相当重要的地位,但与当前进步时代的实际运动接触较少,内容上含有时代的进步性也有限。新的偏重于课余读物及一般读物的出版,与当前进步时代的实际运动有密切的接触,因之,所含的时代的进步性比较浓厚。"文化摩擦"的根源来自有关中国前途的基本政治问题,是中国整个黑暗势力所要尽力保存的落伍文化与中国整个光明力量所要努力发挥光大的进步文化的斗争。

韬奋在 1936 年第二次流亡去香港前,蒋介石曾派中国法西斯组织复兴社头目刘健群为代表,邀请他去南京充当陈布雷的助手。韬奋面对刘健群的恫吓,答复说:"不参加救亡运动则已,既参加救亡运动,必尽力站在最前线,个人生死早置之度外。"他坚决拒绝去南京充当"陈布雷第二"。1944 年韬奋第六次流亡后秘密回到日寇统治下的上海,以"李晋卿"假名住院动手术,前后三次转换医院。最后他说自己:"不过想对进步文化贡献一点小小力量,也受尽顽固派反动派老爷们的青睐,既不死于重庆'野外'偏僻之地,又不死于'暴动'祸首之列,如今仍得苟延残喘,勉强呼吸于人间,在病榻上于痛苦中愤然持笔,写此《患难余生记》,仍与黑暗势力作殊死战。"他逝世时年仅 50,在他弥留之际,仍心怀祖国,眷念同胞,最后一次呼吁坚持团结抗战,早日实行真正的民主政治,建设独立自由幸福的新中国!他以一颗赤子之心,向中共中央提出了入党的申请。中共中央在给韬奋家属的唁电中接受了韬奋临终的入党请求。

参考书目:

1.《韬奋文集》,三联书店 1956 年 1 月版。

2.《经历》,韬奋著,原三联书店版,1987 年 9 月上海三联书店版。

3.《读书偶译》,韬奋编译,生活书店 1937 年 10 月版。

4.《韬奋著译系年目录》,邹嘉骊辑,上海学林出版社 1984 年 7 月版。
5.《忆韬奋》,邹嘉骊编,上海学林出版社 1985 年 11 月版。
6.《毛泽东选集》(第 2 卷),人民出版社 1991 年 6 月版。
7.《胡乔木回忆毛泽东》,人民出版社 1994 年 9 月版。
8.《我的回忆》,胡愈之,江苏人民出版社 1990 年 7 月版。
9.《七人之狱》,沙千里,三联书店 1984 年 2 月版。
10.《韬奋的流亡生活》,胡耐秋著,三联书店 1979 年 12 月版。
11.《中国大百科全书》(法学),中国大百科全书出版社 1984 年 9 月版。
12.《中国大百科全书》(新闻出版),中国大百科全书出版社 1990 年 12 月版。

原载《编辑学刊》1995 年第 6 期

事业发展的力量源泉

——邹韬奋同志领导生活书店工作的经验

赵晓恩

生活书店 1932 年 7 月 1 日成立到 1937 年"八一三"全面抗战的 5 年间,是中国局势历史性大转变的关键时期,充满了矛盾和血与火的斗争。生活书店在狂风暴雨中,不但没有被摧倒,而且在事业上取得长足的发展,成为出版战线的堡垒。于抗战前一共出版了上 10 种杂志、400 种图书,这些进步书刊,宣传马列主义、宣传党在不同时期的主张,传播进步文化,促进抗战的实现,起了巨大的作用,从而对新民主主义革命的发展做出贡献。

我们探究生活书店这一时期的发展轨迹,按本质上来说,是从批判旧社会中开辟自己前进的道路,富有开创性,取得艰苦创业的成功经验和有效办法,为抗战后的大发展奠定了坚实的基础。主要表现在以下几个方面:

一　为人民与人民爱

生活书店和韬奋的名字是分不开的，作为生活书店主要负责人的韬奋的道路和韬奋的精神，对生活书店的工作方针起决定性的影响。生活书店的出版物又和当时的国内外形势分不开的。韬奋从事文化出版工作，凭借办刊物、办报纸、办生活书店，投身救国运动。申言"以大众的立场为立场"、"以人民的利益为前提"，九一八事变以后，"要和国人共赴国难"，"要为民族解放做贡献"。他不但在言论上这样说，而且在行动上也是这样做的。

韬奋当时虽还不是中国共产党党员，但他虚心听取党的意见，他的政治态度跟党的主张没有分歧。他宣传团结抗日，参加"民权保障同盟"和救国会等社会活动，体现了当时党提出的"停止内战"、"争取民主"、"实现抗战"的号召，体现了党的"抗日民族统一战线"的政策主张。党有韬奋这样一位在社会上有声望、公开的可以出面的代表人物，讲人民大众想讲、国民党不肯讲、共产党不便讲的话，有利于动员群众，有利于团结中间人物和有识人士的同情和支持，起到了共产党员无以替代的特殊作用。他的言论和生活书店的出版物，尤其在国民党统治地区的广大青年群众中引起广泛的共鸣，成为黑暗中照耀他们的火炬和鼓舞他们前进的号角。

国民党政府对于韬奋的言论，日益感到对他们的反动政策是一个严重的威胁，抗战前曾派高级官员和韬奋谈判，他在他们面前也坦然陈述自己的政治主张，不为各种威胁和利诱所动。后来被捕，在苏州江苏高等法院的法庭上他公开坚持自己的抗日救国的意见。胡愈之说："生活书店不断受到国民党反动派的压制，韬奋变得愈坚决，愈进步。"

生活书店"努力为社会服务，竭诚谋读者便利"的工作作风，韬奋在指导思想上突出的优良表现是高度的群众观点。从初期的朴素的群众观点,逐步形成为正确的阶级观点,使服务的内涵随着扩大和深化。由此决定了生活书店正确的政治方面,以及和作者、读者的相互关系。

生活书店肩负历史使命,有强烈的社会责任心和高尚的职业道德,履行自己的职责和义务。从为读者服务出发,团结和凝聚作家把自己优秀的精神食粮,通过出版发行,奉献于渴望求知和要求进步的广大读者,引导青年走向进步走向革命。

韬奋说:"像我们这样苦干……所以能得到许多朋友们不顾艰难地共同努力,所以能够始终得到许多共同努力的朋友们的信任,最大的原因还是因为我始终未曾为着自己打算,始终未曾梦想替自己捞一些什么。不但我这样,凡是和我共同努力于文化事业的朋友们都是这样的。""为着共同努力于我们的团体事业。"

生活书店所追求的事业出于爱民族、爱人民,为人民大众服务是一切实际行动的出发点和归宿,它贴近大众,向大众学习,而又唤醒大众,教育大众。应该说,它是属于人民的,因而得到人民的爱护和支持。

二 与作家携手合作

胡愈之说过:"办出版发行首先是要搞好作者的关系,同时要为读者服务。"夏衍说:"韬奋的特点是用他的精神和品德来团结作者和读者。"这话说得很中肯。

出版工作是一项社会系统工程,出版者和作者的关系是唇齿相依的。出版者有赖作者提供稿件,没有稿源,就难为无米之炊;作品也只有依托出版者为之印行而起作用。出版者理所当然要为作者提供必要的条件和服务。出版者与作者如同一辆车上的两个轮子,互相结合、互相推进。在当时,作者生活困苦,有固定工资收入者为数甚少，大多靠稿费来维持生活。生活书店总是及时结付稿酬或预支稿费，有助于作家安排生活，其意义超越稿酬本身。也许读者开卷首先想到的是作者，但是，不能忘记编辑出版者、印刷者和发行者。没有后者，前者的著作是不能从原稿变成书籍达于读者的。所有这一切人都是书刊的母亲、助产士和保姆。

生活书店与作者和读者的关系，既要按惯例，又非同寻常，而是为了一个共同的革命目标团结起来、形成合力，拿笔杆当作枪杆，拿纸弹当作枪弹，用公开的和隐蔽的方式，同反动势力作斗争，在文化出版领域中，建立起不可摧毁的人民革命的营垒。

韬奋最亲切的合作者徐伯昕对此深有感受。他说过："生活书店的建设和发展靠三方面的力量：著作人、作家的合作支持；读者的信任和爱护；书店本身干部的勤劳和努力。讲到著作人、作家的合作和支持，《文学》月刊所团结和联系的文艺作家和文艺评论家，《世界知识》半月刊所团结和联系的一批研究国际问题和社会科学的专家学者，实际上形成书店编辑工作的两大支柱。生活书店在中国共产党的领导和影响下，以较快的步子走上革命的道路。但如果没有编辑工作这样的两大支柱，以及许多个别的进步著作人和作家的支持，是很难有多大的作为的。"

徐伯昕所说的两大支柱，前者主要是"中国左翼作家联盟"的成员，后者主要是"中国社会科学家联盟"的成员，其中有党员作家和党外的进步作家。"左联"和"社联"都是在党的"文委"领导下开展工作的。生活书店和这两个团体取得联系，团结合作出版刊物的策划者和组织者，便是韬奋的挚友、中共特别党员胡愈之。

出版《文学》和《世界知识》这两个进步刊物，是在反文化"围剿"中打开新局面的开端，也是生活书店发展中具有重要意义的"起跳板"。生活书店随后出版了许多进步书刊，是风云际会、时势的造化，反过来又推动了时势的发展。

作者支持和帮助生活书店,可归纳为有以下几种方式:一是进入书店内做编辑工作或参与领导,成为作家加编辑的。抗战前有张仲实、金仲华、钱俊瑞、钱亦石、杜重远、毕云程、艾寒松、王纪元、林默涵等人。二是在店外替书店编辑刊物和图书的,有胡愈之、茅盾、郑振铎、傅东华、陈望道、黄源、平心(李鼎声)、沈起予、沙千里、徐步、史枚、徐懋庸、张庚等人。三是经常为书店的出版物撰稿并保持联系的,人数众多,如鲁迅、夏衍、姜君辰、汉夫、章乃器、夏征农、李公朴、沈志远、戈公振、戈宝权、艾思奇、柳湜、胡绳、薛暮桥、刘思慕、胡仲持、冯宾符、郑森禹、羊枣(杨潮)、邵宗汉、张明养,还有巴金、郁达夫、叶圣陶、老舍、张天翼、王任叔、黎烈文等等(其中有些作家后来进入生活书店负责编辑工作)。

在这许多作家中,还必须首先提到胡愈之对生活书店的贡献。胡愈之实际上是生活书店的创始人之一,贡献突出,但从未在生活书店编制之列。

邹韬奋本人也曾为文向生活书店同人介绍过胡愈之说:“我们的胡主席(指后来担任编委会主席)是对本店最有功勋的一位同事。他在《生活》周刊时代,就经常替我们写国际文章……他参加本店创办时的计划,等于本店大宪章的社章,就是由他起草的。他对于本店的重大贡献,不仅在于编审,实际上是包括了我们的整个事业。但是它总是淡泊为怀,不自居功。他的计划力,极为朋友所折服,所以有‘诸葛亮’的绰号……他的特长,不仅文章万人传诵,而且对出版营业无所不精。他的特性,视友如己,热血心肠。他是我们事业的同志,患难的挚友。”讲到茅盾,他是自始至终支持和帮助生活书店最有力的人中之一,先后为生活书店主持编辑出版的文艺刊物,有《文学》、《文艺阵地》、《笔谈》等;他为生活书店写书,为生活书店编辑《中国的一日》这样大部头的报告文学集,还替生活书店团结作家。鲁迅先生从政治上到业务上对于邹韬奋和生活书店的关怀和帮助,令人敬佩。是鲁迅先生得知韬奋在编译《革命文豪高尔基》一书时主动地为其挑选提供照片和插图、翻译图片说明,亲自送到生活书店编辑部,加以鼓励和为之推荐的,并介绍瞿秋白译的《高尔基创作选集》给生活书店出版;是鲁迅先生通过胡愈之邀约韬奋参加宋庆龄、蔡元培等诸先生所发起的"中国民权保障同盟",当选为执行委员,这是韬奋第一次加入社团接触实际的政治斗争。在反文化"围剿"斗争中,给予生活书店以声援最有力的人中也有鲁迅先生。他说:"其实《文学》与我并无关系(注:指由郑振铎、傅东华他们编辑的),不过因为有些人(注:指反动派),要它灭亡,所以偏去支持一下。"

生活书店从1933年下半年开始陆续出版了四种文学定期出版物,即茅盾、郑振铎主持,傅东华主编的《文学》;鲁迅主持,茅盾、黎烈文积极赞助,由黄源主编的《译文》;陈望道主编的《太白》;郑振铎主编的《世界文库》。这四种文学定期出版物,无形中结成了文化战线。鲁迅先生为这四种定期出版物写了或译了许多杰出的战斗文章。黄源在《鲁迅先生与生活书店》(载于《三联书店成立三十周年纪念册》)一文里提到,据他统计:

(1)《文学》(1933年7月~1935年10月)有25篇。

(2)《译文》(1934年9月~1935年10月)有27篇。

(3)《太白》(1934年9月~1935年9月)有25篇。

(4)《世界文库》1935年连刊6期,登完长篇译作《死魂灵》第一部。

在短短不到两年半时间里,共刊登有鲁迅先生的著作77篇和一个长篇译作《死魂灵》。这些文章,为了应付检查,非常难弄,鲁迅先生称之谓"带了镣铐的进军"。

鲁迅先生晚年的大部分著译,都在生活书店的出版物上发表。由此,使社会推崇鲁迅先生而及于生活书店。

生活书店得到社会的信任和声誉,社会信誉是无形的财富,它获得的报偿是无法用数字和物质表现的巨大力量。

生活书店是一个共同战斗集体,它的战斗力是真理的力量、人格的力量的集中表现,是马克思主义的胜利。生活书店事业上的成就,要首先归功于革命人民的共同努力,归功于党的政治思想的领导。

三 干部队伍的素质是事业成功的重要因素

生活书店以服务好、效率高而著称,这和它的干部素质及管理水平有密切关系。这方面逐步积累起来的经验,集中反映在韬奋所著的《事业管理和职业修养》一书中。

韬奋办生活书店的设计师是胡愈之,把韬奋的事业理想变成现实的左右手是徐伯昕及其培养出来的优秀的干部队伍。

生活书店的干部队伍,除了一些著名的编辑和少数业务骨干是聘请来的而外,绝大部分的干部,是公开招考录取的年轻练习生,在韬奋、徐伯昕等人一手培育下,从工作岗位上经受锻炼成才的。

生活书店对内是合作社性质,只有在职的职工才能参加合作社,而成为社员,每一位社员都是书店的主人,所以吸收社员,要符合书店的性质和要求,保证书店确立的方针得以贯彻。

韬奋说"事业的发展要靠人才",认为主持事业最重要的是"物色人才,培养人才,提拔人才,分配人才,监察人才乃至奖惩人才"。人才——是事业成功之本,他的干部政策可说是"人才主义"。

1. 物色人才,用人唯贤。随事业的发展需要,补充社员时,采取公开招考练习生,然后在工作岗位上加以培养提高的办法。生活书店招考练习生,不光看"资格"(指学历),而"注重真才实学"和一定的政治认识。对其要求说高不高,以具有中等学校毕业的青年为对象,多半是家庭贫穷升不起学的,或在职青年不满现状要求进步的。但考试办法是相当严格的。例如1935年韬奋回国后，于10月间亲自主持的一次考试，其程序是，先从几百名按招生简章规定前来报名者中挑出28人参加笔试，笔试分三个项目：一是作论文一篇，出的题目是“文化与社会的关系”；二是时事知识测验若干条，按题做答；三是中译英的短句翻译题。笔试完毕，再行口试，主要是考察口齿是否清楚、反应是否敏捷等办事能力，还有看精神状态。韬奋亲自参加评判，择优录取，“碍难有例外之通融”。这次考试，正取5名，有备取5名。进店后，还有6个月试用期，合格后才能转为正式职工入社。这样的做法，为有志于从事文化工作的青年提供机会，同时杜绝了任用私人的社会恶习。

就多数人来说，入社后从此尽其所能，长期致力于文化事业，献了青春献终身，甚至献出了生命。

2.岗位培养和组织管理。韬奋说过：“进步文化事业是集合许多人的心血劳动而一点一滴地造成的。凡是在这里面参加过和用过力量的人，对于进步文化的总成果便尽了他的一部分力量，他的成绩便融合在这总的成果里面……”韬奋办店，以职工为主体，视干部为宝贵财富，十分重视发现、选拔使用和培养干部队伍。

生活书店的各项业务工作，是本着精简、效率原则组合起来的，对于各项业务工作之进行，尽可能制订办事章程，作为服务规范。每位职工在自己的工作岗位上，有章可循，新参加的职工在老职工的带领下，都很快能掌握工作。韬奋教育职工办事“总是要认真，要负责”，“不要忘记你的读者”。韬奋以身作则，律己之严，是人所共知的。如果有人拆烂污，要执行“民主的纪律”。

生活书店实行民主的管理，对于奖惩事宜，由专设的人事委员会处理。韬奋要求保持公正，作出公正的评价。以事实为根据，不能凭感情作标准，寓教育于管理。

在生活书店，每位职工切实行使当家作主的民主权利，履行作为主人翁的责任和义务。书店的事情，大家出主意，大家想办法来做。对工作提出建议或批评意见,集思广益,群策群力,使大家得以发挥对工作的积极性和主动性。这是生活书店干部大振活力和干劲之由来。

对于工作和学习,韬奋说:“学习是进步的源泉,进步可以增加工作的效率。”因此,除了工作上的督促、发挥各人的专长外,提倡读书或办学习班。生活书店的从业员天天和多种书刊打交道,强调卖书不可不知书。读者一问三不知做不好工作。从业员受这个战斗集体环境的感染和在韬奋大公无私的事业精神熏陶下,自觉地严格要求自己,认真工作,努力学习,思想上和业务技能上很快得到进步和提高。

韬奋对于职工们的思想情绪也是很注意的。如有的热衷于搞社会活动而放松业务工作;有的读书看报不够,忽视时局动向,有事务主义倾向;有的批评出于冲动,不负责任和不注意影响等等,这些都是年轻人在成长过程中带有规律性的问题。一经露头,就及时进行疏导和恳切的解释,必要时提请大家来讨论。并不定期召开茶话会,听取大家的意见、谈心等,这也是爱护干部、培养干部的一个方面。

3. 关心职工生活,珍重同人情谊。如1935年秋韬奋流亡国外乘船回来,刚上码头,不到家门,径自去监狱看望因《新生事件》身系牢房的杜重远;进书店后当知道徐伯昕独掌危局,劳累过度,患有严重的肺病时,立即送去疗养院,请其夫人陪同照料。对于为工作而牺牲的优秀工作人员则始终念念不忘(如韬奋为文纪念王永德、毕子桂等)。这一点同韬奋热爱人民的真诚,基本上是一致的。

韬奋珍视友谊,他说:“友谊是天地间最可宝贵的东西,深挚的友谊是人生最大的一种安慰。有人曾有‘得一知己,虽死无憾’的话语,也是形容真切友谊的可贵。古今从友谊中不知发生了多少可歌可泣的故事!我们这一群,是为着进步的文化事业而共同努力,我们是同事,但同时也是好友,我们彼此之间应该有着深挚的友谊。我们彼此之间应该有着深厚的同情，亲切的谅解，诚恳的互助，亲密恳切的友爱应该笼罩着我们的整个的环境。”韬奋的谆谆教导，提高了同人之间的情愫，加强了团结友爱。

韬奋提出了以下爱护干部的八项指导原则：

(1)要注意干部的需要和困难，需用最关切的态度，尽力帮助解决；

(2)要注意教育干部，使他们的天才能获得最大限度的发展；

(3)要注意分配各种干部以最适当的工作；

(4)要注意保护并增进干部的健康；

(5)要注意提拔干部；

(6)要注意奖励干部；

(7)要注意使干部能有机会尽量贡献他的意见，并虚心考虑他的意见；

(8)要注意使干部没有内顾与后顾之忧。

这些问题是根据实践经验提出来的，信任与关怀更能调动职工的积极性，因而把它作为处理和检验干部工作的准则。曾经发生过一次不愉快的事情，事缘在韬奋出国期间，书店里有些青年职工，经常在外参加救亡活动，如书写标语、散发传单等，有一些人先后被租界巡捕抓了去，并由巡捕带来书店对证。这种爱国行动本是无可非议的，但由于他们都是书店的职工，自然要影响到生活书店。书店刚经过“新生事件”的折磨，处在文化“围剿”加紧之际。当时救亡运动与国民党的“安内攘外”和“敦睦邦交”的反动政策是针锋相对的。此类事一再发生给反动派以口实。徐伯昕与一些有关的负责人商量，为保全书店，寻求对策，采取紧急措施，由他出面把那几位职工除名，来摆脱干系，以抵制反动派的寻衅。这不过是权宜之计。对那些被除名的职工，有的在工作上和生活上得到了安置，有几位没有及时作出善后处理，因而自己设法跑到兄弟出版单位工作。这样有头无尾地处理问题，显然是不妥当的，伤害了同人的感情。徐伯昕对此深深感到歉疚。韬奋回国后,走访慰问了这几位同人,相互谅解,携手合作。

4.生活精神。生活书店坚持正确的政治方向,与作家合作;为读者服务,依靠群体的力量,奋发进取,艰苦斗争。它的工作作风,形成了自己的特有风格,韬奋根据亲身感受把生活书店最可宝贵的传统精神归纳为八项:一曰坚定,二曰虚心,三曰公正,四曰负责,五曰刻苦,六曰耐劳,七曰服务精神,八曰同志爱。总而言之,称为生活精神。生活精神是生活书店职工的群体意识、行动规范,也就是韬奋所倡导的事业精神的总和。

这八项最可宝贵的传统精神,韬奋生前未及一一加以阐发。但人们不难从生活书店的战斗历程中找到具体的历史事实可为印证,而且以后还有发展可以补充。例如斗争策略也可算作一条,只是那时不便这样公开讲而已。

人的素质是历史的产物,又给历史以巨大影响。从事进步出版事业,在恶劣的政治环境和经济困苦的条件下,努力改善出版队伍素质——政治素质、文化素质、业务素质,以提高经营管理水平,增进经济效益,有其特殊重要意义,是克敌制胜的一个重要条件。在生活书店干部队伍素质诸要素中,最本质的东西、牵动全局的东西有两点:一是"坚定"。沿着正确的政治方向前进,在任何困难的情况下,志不移、气不馁,坚定信念奋斗到底的精神。二是"服务精神"。不谋私利,处处为事业着想,满腔热情地真诚地竭尽自己的一切努力,为人民服务,甚至牺牲自己的生命。毛泽东主席说韬奋"热爱人民,真诚地为人民服务,鞠躬尽瘁,死而后已,这就是韬奋先生的精神,这就是他之所以感动人的地方"。韬奋是生活书店的杰出代表,出版事业模范(周恩来语)。服务精神是比什么都重要都可贵的。

生活书店抗战前所取得的业绩,为抗战后的大发展提供了社会条件和物质基础,并且造就了一支近百人的出版发行骨干队伍,这也是为进一步发展出版事业准备了一个不可缺少的重要条件。

摘自《生活书店史稿》第二编第五章，
生活·读书·新知三联书店 1995 年版

一位革命知识分子的选择

——纪念邹韬奋诞辰一百周年

胡 绳

邹韬奋同志是在本世纪 30 年代的激荡风云中产生的一个杰出的革命知识分子。

在中国近代历史中，30 年代是很重要的一个历史时期。国民党在 30 年代开始的 3 年前，背叛国共两党合作进行的革命而取得国家政权。社会上还有一部分人寄希望于这个政权，以为它可能带给中国以不同于北洋军阀时期的好局面，但是事实迅速地表明，这种希望完全落了空。国民党当权以后，内部为争权夺利而派系林立，互相倾轧，甚至酿成规模巨大的内战。国民党政权无力造成国家的统一和社会的安定，因此它也不能使国民经济有较明显的进步和发展。中国贫穷落后，百业凋敝，一如既往。对外，国民党政权也不能使中国的半殖民地地位有丝毫改变。在进入 30 年代后，日本军国主义公然攫取中国的东北，并且进逼华北。对于外来的武力侵略和严重的民族危机，国民党统治者采取逆来顺受的态度，实行所谓不抵抗政策。

中国共产党在 30 年代开始时，就其整体说，政治上还不成熟。它所实行的革命原则虽然是对的，但有些做法是错误的，“左”倾的指导思想使它继续走了几年弯路。经过 1934、1935 年的长征以后,中国共产党重新站稳脚跟,实行符合于中国情况的一系列政策。它的力量虽然还很小,处境很艰难,但是它的政治影响不断地扩大。

邹韬奋生于1895年,在上海受过直至大学的正规教育,然后在上海的工商机关和教育机关中过工薪生活。他在青年时期似乎很少受国内政治风波的影响。1927年国民党政权建立时,他在主持办《生活周刊》。当时《生活周刊》的内容主要是谈个人的修养问题,和读者进行生活、家庭、职业等方面问题的讨论。他的刊物很少谈政治,在谈到政治时也无非是要求"政治的清明"和"实业的振兴"。当时韬奋还说,"中国目前所急需的有三件东西,一是统一,二是生产,三国防",这话其实是要求国民党政权做到作为一个国家政权最低限度所应该做到的事情。当时的问题是,国民党政权为什么做不到这些最低限度应当做到的事?怎样做才能实现这些事?对这些问题在当时韬奋的看法上是找不到答案的。

国民党取得政权后的所作所为,已经证明它是中国进步发展的障碍,如同在它以前的北洋军阀政府一样。但是在这时候,如果用革命的方法去扫除这个政权,那恰好给正在以全力准备并吞中国的日本军国主义者以有利的机会。当时正确的办法应该是,把民族的矛盾放在第一位,把中华民族的生死存亡问题摆在第一位,在这个前提下,团结全国一切力量共同反抗侵略者,也推动国民党统治者参加抵抗外来侵略的斗争。这样不但为了解决迫在眉睫的亡国危机,而且可以有希望通过救亡推进全民族的进步发展。中国共产党在1935年以后,就逐步地坚决地转移到这样的政策上来。这种政策的实施,受到各方面人士的欢迎,也对于国民党政权形成重大的压力。

经过1931年的九一八事变和1932年的"一·二八"事变后,韬奋主办的《生活周刊》逐步地增加了议论政治的篇幅。他以朴素的语调、说法,说了一个爱国主义者在这时的所感所想。他揭发国家的危机,分析救亡图存的紧迫性,主张坚决抵抗,反对妥协让步。他的言论很明显的是不符合国民党当局的要求,而为广大人民所赞成的。韬奋的特点在于,他明知有政治的风险,但绝不掩饰他觉得应该讲的话。他在言论中坚决表示,要救亡图存,不能依靠国民党当局,而要依靠人民大众的力量。在 1933 年,他被列名在国民党的黑名单中,他的刊物被封闭,他被迫流亡国外。这时他并没有进行过什么政治,只是曾参加宋庆龄先生发起的民权保障大同盟。他有个别的朋友是中国共产党的地下党员,他开始去了解共产党的主义、主张和它所进行的斗争。韬奋靠自己的稿费在国外旅游两年,于 1935 年回国。这时正是日本侵略势力一步步深入华北的时候,也正是中国共产党提出建立抗日民族统一战线的方针的时候。韬奋没有因来自国民党统治势力的压力而退却,他继续经营进步的出版事业,同时参加群众救国运动。他所主编的《大众生活》周刊以更加鲜明的态度,在群众中倡导抗日救国的主张。在这刊物才创办 3 个多月的第 14 期上,发表了韬奋的一个《启事》,他说,“近来得各方读者好友来信,报告本刊将被封闭和我将被拘捕和陷害的消息”,为了“也许变起仓促来不及留下几句话和许多读者好友道别而遽去”,所以发表这一启事。《启事》中他庄严地声明说,“我深信只有大众有伟大的力量,只有始终忠实于大众的工作,才有真正的远大效果,我个人无论如何必始终坚决保持这个信仰,决不投降于任何和大众势不两立的反动势力。”又过了半个月,这个刊物终于在第 16 期上宣布被迫停刊。他又发表《启事》说:“我个人既是中华民族的一分子,共同努力救此垂危的民族是每个分子所应负起的责任,我决不消极,决不抛弃责任,虽千磨万折,历尽艰辛,还是要尽我的心力,和全国大众向着抗敌救亡的大目标继续迈进。”也就在这时,韬奋对中国共产党的主张和这个党在中国政治上的作用和地位有了明确的认识,他开始把中国的前途寄托在中国共产党身上。

在中国共产党出现于中国政坛以后，除了有许多先进分子参加党以外，总是有许多党外的同情者。他们虽然不是出身于劳动阶级，也不是，或还不是共产主义者，但是同情共产党所从事的事业和共产党人的斗争精神，以各种形式帮助共产党，他们可以说是党的同路人。在1927年的革命失败以后，共产党根据中国的具体情况，把它的主要力量放在农村。这时党在城市中的力量，包括它的同情者的数量，都显著地减少了。直到30年代中期，在国民党地区内抗日救亡运动兴起；党正确地执行抗日民族统一战线的政策，上述情况有了改变。党的中心虽然是在中国的西北角落里，但是它在全国城市中的影响大大地扩大了，同情它的事业和实际上支持它的主张的人数大大地增加了。韬奋在这时成为党的积极的同路人，有重要的意义，起了重要的作用。由于他多年间以为读者服务的精神办刊物，由于他在言论中表现出来的一片爱国赤诚，由于他坚守真理，“富贵不能淫，贫贱不能移威武不能屈”的浩然正气，他受到众多读者的爱戴。他的读者不仅在国内，而且有海外华侨。他的杂志销售数最多时达到十几万份这样一个在中国出版界中空前的数字。他对政治方向的选择，影响了数以万计的群众。

中国共产党提出的抗日民族统一战线的政策终于收到了实效。由于共产党坚持这个方针，由于全国爱国救亡运动的推动，再加上国民党统治者从维护自己的统治权出发而进行的利害得失的盘算，国民党承认了国共合作、团结抗日的原则。1937年7月抗日战争爆发，中国历史展开了新的一页。但这时韬奋和沈钧儒等在上海的7个救国运动的领袖，被国民党政府逮捕，拘禁在监狱中。抗日战争爆发后，他们才被释放。

在抗日战争期间，韬奋的社会地位、社会声望很高，被国民党政府聘为国民参政会的参政员。他在国民党地区内继续从事出版事业。由于他支持共产党的抗战、团结、进步的方针，反对国民党所实行的消极抗日、积极反共的政策，他和他所办的杂志、出版社成为国民党统治者的眼中钉。在1939年到1940年间,他所主持的生活书店分布在国民党统治区各地的50多个分支店,先后被封闭。1941年在发生皖南事变,整个政治形势恶化的时候,共产党组织为保护韬奋,安排他离开重庆到香港工作。1941年12月,日本侵略军占领香港。由于国民党政府已命令它的特务系统搜索韬奋的行踪,在任何地方捉到他时"就地惩办",所以韬奋不可能再回到内地的国民党地区。共产党组织帮助韬奋辗转到达共产党领导的苏北抗日根据地。但这时已发现他患脑癌。在艰苦的农村根据地无法进行治疗,只好把他送到日本侵略者和汉奸所统治的上海。秘密居住在那里时,治疗无效。在抗日战争胜利的前一年1944年,他在上海逝世。他的遗嘱中充满着对中国前途的希望,他说:"此次在敌后根据地视察研究,目睹人民的伟大斗争,使我更看到新中国光明的未来。我正增加百倍的勇气和信心,奋勉自励,为我伟大的祖国与人民继续奋斗。"他要求参加共产党,在遗嘱中说:"请中共中央严格审查我一生奋斗历史,如其合格,请追认入党。"这个伟大的爱国者把加入共产党作为他一生历史的总结。

在30年代以爱国救亡为主旋律的激荡风云中,出现了一批经过独立思考,把政治选择放在共产党方面来的杰出的知识分子。他们本来都对社会做过有益的贡献,他们本来不是共产主义者,甚至不是共产党的同路人,但国民党使他们失望,他们根据客观事实和自身的经历,终于确定了他们的政治选择。社会上还有众多的受他们影响的人,也随之而倾向于这种政治选择。邹韬奋是这些知识分子中的一个代表人物。

抗日战争的胜利在中华民族的历史上有重要的地位,有重要的意义。但是抗日战争结束时,还没有能确定中国今后的命运。经过一些曲折,终于爆发了国民党和共产党之间的大决战。共产党在这场大决战中取得1949年的彻底胜利,并不是因为它的军事力量强过国民党(相反,它的武装力量在战争开始时比国民党小得多),而是因为民心不在国民党方面,民心在共产党方面。为什么广大民心背离掌握着政权的国民党,而趋向力量相对弱小的共产党?追溯历史原因,就应当看到30年代。在30年代中国共产党处境还十分艰难的时候,韬奋和其他许多杰出的知识分子就愿意与共产党同甘苦,共命运,就把中国的前途同共产党紧密联系在一起。他们的正确选择不但对当时的人民群众起着一定的影响,而且对以后多少世代间人民群众的意向起着一定程度的导向作用。

这就是为什么韬奋虽然死得过早(他逝世时只有49岁),但是人民永远把他当作一个英雄来纪念的原故。

选自《胡绳全书》第3卷,人民出版社1999年

韬奋先生拒贿

小艺兵

1930年春,有位读者写信给《生活》周刊主编韬奋先生,揭露国民党交通部长王伯群贪污腐化,生活糜烂,虽然年过五旬,仍逼迫上海一位漂亮的女大学生做他的小老婆,结婚典礼之奢侈,不亚于蒋宋婚礼的豪华气派。

韬奋先生已知晓王伯群花数十万元公款在上海愚园路建了藏娇金屋的事实,他又派人明察暗访,证明读者来信属实,便对来信作了略微润色,加了编者按语,准备在"读者信箱"栏发表。

正当稿件还在排印时,接到密报的王伯群慌了,连忙派了商务印书馆一位"交际博士"和一位韬奋先生的老相识,准备以十万光洋为筹码前来与韬奋先生"谈判"。韬奋先生知道来者不善。

交际博士一进门便开口,说:"邹先生,王部长最近拨了一笔公

款,对上海各家报刊进行补助,贵刊是王部长特别爱好的,也补了一点。”韬奋先生问:“多少?”交际博士说:“不多,只十万大洋!”

韬奋先生严肃地站了起来,说:“王部长的好意我们领了,但我们的刊物是个私人刊物,从不接受官方津贴。王部长的钱,我们不能收!”

交际博士赶忙说:“邹先生,您别误会,这不是津贴,是补贴。连补贴您也不收,就算王部长入股的资金吧!连股金您也不收,我们回去就不好交代了。”

“我们刊物的股东早就满了,你们还是转告王部长,如果他钱多得没地方花,我看就把它捐给仁济堂吧,全国还有几百万受灾的农民兄弟嗷嗷待哺呢!”

这时,跟随交际博士一起来的那个老相识,把他拉到门外,悄悄对他说:“邹先生,这笔钱您无论如何也要收下,不然我回去就没脸见王部长了。”韬奋先生摇摇头,那个熟人又说:“您不收的话,不但我今后的日子不好过,恐怕您今后也不好做人呀。”

邹先生不再多言,送走了这两位客人,义愤填膺地回到办公室,拍着桌子。心想,这些腐败分子,他们以为金钱是万能的,连我也可以收买,去他妈的!

不久,邹先生就接到一个匿名电话,警告他:“你太不自重,你要小心!”邹先生回答道:“是好汉,就请报出真实姓名,我是不怕威胁和恐吓的报人!”

揭露王伯群的文章刊出以后,在上海反响很大,《生活》周刊在广大读者中威信更高了。

原载《炎黄春秋》1999 年第 8 期

邹韬奋“读者中心观”及其实践

孙景峰

邹韬奋作为中国现代史上卓越的编辑家和报刊活动家，其编辑思想无疑是中国编辑出版事业中的一笔宝贵财富。邹韬奋作为伟大的爱国者，反映人民群众要求，代表人民群众的利益，为人民群众鼓与呼是他一生的追求，表现在他的编辑生涯中，时时处处事事都体现着以读者为中心的思想。其“读者中心观”不仅是指导他个人进行编辑实践的原则，也是他主持几家报刊和书店所遵循的“圭臬”。认真探讨邹韬奋“读者中心观”的形成、内涵及实践，对于提高编辑素质、多出精品具有重大的现实意义。

“大公无私”的高尚职业道德是邹韬奋“读者中心观”的思想基石。邹韬奋在《经历》中说：“我服务于言论界者十几年，当然有我的立场和主张。我的立场是中国大众的立场，我的主张是自信必能有益于中国大众的主张。”[1](P84) 1930 年 8 月，他在《生活》周刊上发表《征求一位同志》中提出，一个编辑应具备的第一个基本条件就是大公无私。

邹韬奋“读者中心观”的形成不仅有着深厚的思想基础，而且有着深厚的实践基础。他接手《生活》周刊之前，曾在黄炎培创办的中华职业教育社任编辑股主任。在这里，邹韬奋经历了一件终生难忘的事，这件事对于他“读者中心观”的形成起着关键性作用。邹韬奋在中华职业教育社编译的第一本书是《职业技能测验》，是以 Dr. Chapman 著的 Trade Test 为主要蓝本的。当邹韬奋按照英文原书的内容和顺序，依样画葫芦地译了 3 万字之后，将译文拿给黄炎培看。黄炎培对邹韬奋的译文很不满意，对其进行了诚恳而严厉的批评：我们编译这本书的时候，不要忘却我们的重要对象——中国的读者。我们要处处顾到读者的理解力,顾到读者的心理,顾到读者的需要。这番教诲对邹韬奋震动很大,“我在刹那间好像背上浇了一大盆的冷水”,“黄先生给我的这个教训,却很益于我以后的著作和方法,很有助于我以后办刊物的技术”。“我认为这是有志著述的人们最要注意的一个原则:在写作的时候,不要忘记了你的读者。”[1](P49)

1926年10月,邹韬奋正式接手《生活》。接手伊始,邹韬奋规定了《生活》的动机“完全以民众的福利为前提”,“本刊向来的态度是尽量容纳读者的意见,不但读者通信栏专为此而设,即其他文字,凡来稿之有价值有趣味而与此旨相合者,无论意见或有异,无不公布以作公开的讨论,今后仍本此态度,容纳民众之意见,使本刊对于民众有相当的贡献”[2]。

这不仅是《生活》的宣言书,也是邹韬奋的宣言书,表达了邹韬奋为民众的利益而战的决心和信心。

1936年6月,邹韬奋在《生活日报》创刊词中写道:“同人愿以自勉的第一义,便是以全国民众的利益为一切记述评判和建议的中心标准。”[3]

1941年5月,邹韬奋在为《大众生活》撰写的《复刊词》中又明确指出,《大众生活》是一个“为了大众也是属于大众”的刊物。

一 要为读者提供最好的精神食粮

为读者提供最好的精神食粮,是邹韬奋从事新闻出版工作的一个基本出发点。在邹韬奋看来,优秀的精神食粮包括:稿件在内容上“有趣味、有价值”;文字上力避“佶屈聱牙”的贵族式文字,采用“明显畅快”的平民式文字,校对印刷无差错;及时将刊物送到读者手中。

邹韬奋将为广大群众提供优秀的精神食粮视为其工作的首要

原则。“我们必须注意到最大多数的群众在文化方面的实际需要，我们必须用尽方法帮助最大多数的群众提高他们的文化水准，我们必需使最大多数的群众都受到我们文化工作的影响。因此我们在出版方面，不能以仅仅出了几本高深理论的书，就认为满足，必须同时顾到全国大多数人的文化食粮的需要，就是落伍群众的文化食粮的需要，我们也要尽心力使他们得到相当的满足，我们深信为着国家民族的利益，我们的任务是要使最大多数的同胞在文化水准方面能够逐渐提高与普及，这对于整个国力的提高是有着很大的效力。”[4](P49)

在邹韬奋看来，优秀精神食粮的标准就是“有趣味、有价值”。“空论是最没有趣味的，‘雅俗共赏’的是有趣味的真实。”“所谓‘有价值’，是必须使人看了在‘进德修业’上得到多少的‘灵感’(Inspiration)。”

邹韬奋后来为其所办报刊总结出了几个原则，其中一个就是内容的力求精警，“要使读者看一篇得一篇的益处，每篇看完了都觉得时间并不是白费的”[1](P80)。

邹韬奋1941年在为《大众生活》所写的《复刊词》中明确指出：“对于进步的、有利于民族前途的一切设施固极愿尽其鼓吹宣扬之力，但对于退步的、有害于民族前途的现象，我们也不能默而无言。”

在国民党文化高压的政策下，邹韬奋为维护编著者和广大读者的利益，经历了种种磨难。书报审查制度是国民党进行文化独裁的重要手段。“为要挽救一篇重要的好文章被人送进棺材，不得不为着万分愚蠢的问题，流了一身大汗，爬上重庆南岸的真武山”，去与“审查老爷”激烈争辩。1940年7月，《全民抗战》第129期准备发表一篇《论法国战败速降，变更国体》的文章，被审查官删改得一塌糊涂，尤其是删掉了其中邹韬奋认为最精彩的部分，邹韬奋实在难以咽下这口气，他认为非力争恢复原文不可，经过与审查“秘书”的激烈争辩，那位“秘书”理屈词穷，“悻悻然把那篇文章往桌上一掷说,你要登就登吧"。邹韬奋"抓着那篇稿子""往外飞奔","脚下好像轻快得什么似的"[5]!

同时,邹韬奋在书报审查制度下,为向读者提供完整的文章,也颇讲究编辑策略和斗争策略。当时有的报纸的内容因为被检查官抽去,相应的地方只得开天窗,而《生活日报》就没有出现过这种情况,原因就在于邹韬奋的责任心和斗争策略。他每晚写社论之后,总是要等到检查稿送回才离开报馆。有一次因检查搁置太久,邹韬奋先行回家,不料一到家,就接到电话说社论被删去一半,邹韬奋飞快赶回报馆又写了半篇送去再试,幸得通过,这样就避免了第二天的报纸开天窗。其实邹韬奋改换的那半篇,意思并没有变,只是写法更策略。[1](P148—149)

对于邹韬奋的编辑作风和编辑策略,周恩来在1938年曾对《救亡日报》总编辑夏衍说:要好好学习邹韬奋办《生活》的作风,通俗易懂,精辟动人,讲人民大众想讲的话,讲国民党不肯讲的,讲《新华日报》不便讲的。

邹韬奋认为,"看书有人指导是可以省却许多不必要的时间和精力的耗费"。为指导读者阅读,邹韬奋经常以加编者按等方式向读者推荐优秀文章。如果在其他报刊上读到好文章,他也会通过各种方式向读者推荐。《莫斯科印象记》是胡愈之1931年初在苏联的观感,先在《社会与教育》上发表,邹韬奋读后,觉得文章写得很好,便在《生活》上发表读后感,向广大读者推荐。

邹韬奋认为,搞出版工作的人,如果在出版物上出现差错,简直就是罪过,所以他非常重视报刊的校对工作,将校对工作与编辑工作同等对待。他在《经历》中回忆《生活》周刊的编辑情况时写道:"我不愿有一字或一句为我所不懂的,或为我所觉得不称心的,就随便付排。校样也完全由我一个人看,看校样时的聚精会神,就和在写作的时候一样,因为我的上报要使它没有一个错字;一个错字都没有,在实际上也许做不到,但是我总是要以此为鹄的,至少

能使得错字极少。每期校样要三次,有的时候,简直不仅是校,竟是重新修正了一下。”[1](P75)

1936年,邹韬奋前往香港筹办《生活日报》和《生活日报星期增刊》,由于经济困窘,报馆没有自己的印刷厂,而由别的报馆代印,排字房处于无人管理的状态,校样上的错字经校对改正之后拿去,排字工人不改干净就马马虎虎打样送回,虽然经过三校四校,校样上仍然留有很多错,甚至不知所云,不忍卒读,让邹韬奋伤透了心。在强烈的对读者负责的精神驱使下,邹韬奋亲自到印刷厂“坐镇”,彻夜不眠地看着他们做。当“东方已放射出鱼肚白”,他“在筋疲力尽中好像和什么人吵了一夜的架”!邹韬奋气愤而又无奈地把这样的印刷所叫做“一只大笨牛”。“我们在后边用手推着这只大笨牛走,出了全身的大汗,用尽了全身的力气,用大声呼喊着,力竭声嘶,才把它稍稍推动了一些。”[1](P155)由此可见邹韬奋在香港这样落后的印刷条件下为消灭出版物上的差错所做的艰辛努力。

邹韬奋主编《生活》周刊8年,从不脱期,期期如此,卷卷如此,已成了他的传统规矩。在香港主办《生活日报》时,不按时出报这一他最不愿意看到的现象却时常发生,按规定每天早上六点见报,可到八九点报还出不来,急得邹韬奋团团转。同时,香港及香港与内地的交通“又是一只大笨牛”,报纸印出后经常不能够及时送达读者手中,虽经邹韬奋多方努力,也无可奈何,使邹韬奋面对全国各地的读者多感愧疚。

二 把读者利益放在首位

将作者创作的优秀作品通过自己的手发表出来,将最好的精神食粮奉献给读者,这是邹韬奋及其所主持报刊的根本宗旨,而当作者要发文章的要求与读者利益发生冲突时,以谁的利益作为重点,最能衡量编者为读者服务意识的强弱。在这一点上,邹韬奋以实际行动为我们做了表率。

为了向广大读者提供"有趣味、有价值"的稿件,邹韬奋是用"独往独来公正无私的独立精神放手去办,稿件的选择取舍,绝对不受任何人的牵制"。"我对于选择文稿,不管是老前辈来的,或是幼后辈来的,不管是名人来的,或是'无名英雄'来的,只须是好的我都要竭诚欢迎,不好的我也不顾一切地不用。在这方面,我只知道周刊的内容应该怎样有精彩,不知道什么叫做情面,不知道什么叫做恩怨,不知道其他的一切。"[1](P72—74)

邹韬奋主持《生活》周刊时,一位较有名气的经济学者向《生活》投稿,邹韬奋认为此稿不适合刊用,就果断地退了稿,遭到退稿的那位学者竟然散布流言蜚语诋毁《生活》,邹韬奋明确表示:"我职责所在,对于发刊的稿件自不得不负责任,当然须以读者利益为中心,须以文字内容精彩为前提,不应以情面而敷衍。"他择稿的原则是唯好稿是用,刊登与否,只凭稿件质量而定,即使名人稿件也决不降格以求。

在读者与权势之间,邹韬奋也抱着对读者负责的态度,坚决维护新闻的真实性和正确性,使他主办的报刊成为正义和真理的象征。1931 年 8 月,《生活》准备刊载当时的交通部长王伯群贪污纳妾丑行的文章,王得知后,便派人前往"谈判",并携带 10 万元巨款,试图行贿,遭到邹的严辞斥责:"在做贼心虚而自己丧尽人格者,诚有以为只须出几个臭钱,便可无人不入其彀中,以为天下都是要钱不要脸的没有骨气的人,但是钱的效用亦有时而穷。"

三　认真做好读者工作,热心为读者服务

邹韬奋一开始主持《生活》的出版工作,就努力为广大读者服

务。《生活》周刊社书报代办部也就应运而生，不久就又在书报代办部的基础上正式成立了生活书店。他对同事们在为读者服务方面也提出了要求："努力于本刊的同事，以能忠于《生活》及《生活》的读者为第一义，否则虽有天大本领，不敢请教。"

他在接办《生活》的第2期，就开辟了以为读者解答各种疑难问题、提供各种服务为宗旨的《信箱》栏目。他认为，看读者来信，尽力替作者解决或商讨各种问题是做编辑最快乐的一件事。由于读者来信日益增多，协助邹韬奋处理读者来信的同事多达五六位，最多时一天能复五百多封信。即使这样，邹韬奋仍然一丝不苟地对待读者来信，"对一些重要的、有关键性的问题，都由他亲自答复"。这些来信涉及政治、时事、经济、教育和职业，甚至女青年"张淑慎"遇到一位青年助教的追求而举棋不定时也想听听《信箱》的意见，可见《信箱》在读者心目中的地位及读者对《信箱》的信赖。后来邹韬奋又专门聘请了一些名人和专家做顾问，代为回答那些专业性强的问题，如名律师陈霆锐、名医师俞风宾、名会计师潘序伦等。

邹韬奋对作者来稿和读者来信十分珍视，以阅读读者来信并回复为最大乐趣，他曾说过答复读者来信的热情不逊于写情书。"我每天差不多要用全个半天来看信。这也是一件极有兴味的工作，因为这就好像天天和许多好友谈话，静心倾听许多读者好友的衷情。""这虽使我感到工作上的极愉快的兴趣，乃至无上的荣幸，但是时间却渐渐不够起来了，因此只得摆脱一切原有的兼职，日夜都做《生活》周刊的事情，做到深夜还舍不得走。"[1](P75—76)

《新华日报》记者陆诒在采访途中遇到空袭警报，急忙躲进邹韬奋家中，邹韬奋赶紧塞给陆诒两大包东西，自己也拿了两大包。进了防空洞，邹韬奋抓紧时间打开自己带来的一包东西仔细地看，连一分钟也不肯浪费。空袭警报解除后，陆诒才知道被邹韬奋视若生命的几包东西是作者来稿和读者来信。陆诒感叹道："这种对待来稿来信认真负责的工作作风，全力以赴于新闻出版工作的事业精神，给了我毕生难忘的教育！”[6]

邹韬奋把“发展服务精神”规定为一切工作上总的原则之一，要求书店职工“竭尽心力”为读者服务，“只须于读者有点帮助，我们从来不怕麻烦，不避辛苦，诚心恳意地服务”[4](P498)。他还要求发行科或邮购科对于读者来信的询问必须迅速代为查明，诚恳答复，切实纠正。“即使有的读者问得幼稚，我们仍然必须认真答复，不怕麻烦，诚诚恳恳详详细细的答复，如果怕麻烦，拆拆烂污，简单马虎，聊以塞责，都是本店事业的罪人。”

邹韬奋一旦发现个别职员在服务读者方面有欠缺，就予以批评。沈志远是生活书店的热心读者，一次他去生活书店重庆分店买一本书，职员回答说没有，后来当沈在门市部的书架上找到那本书时，职员又说沈说错了书名。邹韬奋知道这件事后，特意撰文《我们对外应有的态度》，对这种行为进行语重心长的批评：“我引这段故事，并不想追究这件事”，“只是要说明这件事所包含的严重问题是充分表示不耐烦的态度，同时也充分表示了缺乏服务的精神”。“我们对外应有的态度，是在实践上——不是在口头上——‘发展服务精神’，要替本店创造无数的好朋友，不要替本店创造无数的怨家”[4](P489)。

邹韬奋要求职员们为读者服务的范围并不局限于购买书报刊，而是全方位的，而职员们也确实是这样做的，有的读者要打官司，委托他们介绍可靠的律师，甚至远在南洋的读者要为母亲和夫人购买国内的绸缎衣料，也让他们代为购买。而生活书店的职员们都毫无怨言，乐此不疲地尽力去完成。

四　善于倾听吸收读者意见

邹韬奋主办的报刊既然是大众的喉舌，就要反映大众的呼声，就一些群众最关心的问题发表消息、进行评论。在办刊过程中,邹韬奋非常注意倾听读者对于刊物的意见,不管他多么忙,都会挤出时间,阅读读者来信和接待读者来访,从不让读者失望,因为他把读者看作是激发自己的不可或缺的力量。甚至有些选题就直接来自读者的要求。1931 年,交通部长兼大夏大学校长王伯群为娶大夏大学学生保志宁为小老婆之事,报刊盛传,社会舆论数月不止,《生活》在当年 4 月间即收到读者反映这个问题,应广大读者之要求,《生活》于 6 月 27 日在"每周新闻"栏内登出记者的《久惹是非之王保婚礼》,同时还刊出了保志宁的照片。这则消息刊出后,在读者中引起强烈反响。

1932 年底,《生活》用连载 8 期的巨大篇幅刊载了邹韬奋的《当代革命文豪高尔基》和《高尔基与革命》,向广大读者推荐高尔基及其感人事迹,高尔基也就成为《生活》读者的热门话题,特别是青年读者反应强烈,纷纷致信《生活》和邹韬奋,要求继续发表更加详细的高尔基传记。"刚巧这个时候我正看完康恩教授所著的《高尔基和他的俄国》一书,觉得其中有许多引人入胜令人奋发的事实,值得我们作更详细的介绍,同时因为受到热心读者来信的督促,便鼓着勇气,根据康恩教授所著的这本书,于百忙中编成了这本《革命文豪高尔基》。"此书一出版,就受到读者的热烈欢迎,从当年 7 月到次年 4 月,该书连续再版三次。

读者对于报刊的肯定和批评意见大多是通过信函传达的。邹韬奋对于这类信函,"一方面对于指教者之殷切,不胜感谢;一方面对于指教者的诤言,亦无不虚心考虑,尽量容纳,间有出于别有成见,则听诸社会公判,不愿多所费词,或系出于误会,则亦根据事实,径函解释"[7]。《生活日报》创刊不到半个月,各地读者的来信堆到邹韬奋的案头已有一尺多高。这些来信对《生活日报》不是提出了许多意见,便是表示了一些希望。邹韬奋对此很表示感谢。在这些读者来信中,有许多是与邹韬奋探讨如何办好《生活日报》

的。邹韬奋以《关于"生活日报"问题的总答复》为题,完全以一个知心朋友的身份与读者探讨办好《生活日报》的措施与途径,共同构思他们心目中理想的《生活日报》。[8]

在抗日战争时期,邹韬奋曾提出过新闻出版工作的三原则,即促进大众文化、供应抗战需要和发展服务精神,其实质就是对读者负责,为读者服务。"以读者为中心"是邹韬奋从事新闻出版工作的出发点和归宿,可以说,"读者中心观"是邹韬奋编辑出版思想的核心所在,也是其编辑出版思想的一大特色。

参考文献:

[1] 邹韬奋. 经历[A]. 韬奋文集:第 3 卷[M]. 北京:生活·读书·新知三联书店,1978.

[2] 邹韬奋. 本刊与民众[A]. 韬奋文集:第 1 卷[M]. 北京:生活·读书·新知三联书店,1978.

[3] 邹韬奋. "生活日报"创刊词[A]. 韬奋文集:第 1 卷[M]. 北京:生活·读书·新知三联书店,1978.139.

[4] 邹韬奋. 事业管理与职业修养[A]. 韬奋文集:第 3 卷[M]. 北京:生活·读书·新知三联书店,1978.

[5] 邹韬奋. 抗战以来[M]. 韬奋文集:第 3 卷[M]. 北京:生活·读书·新知三联书店,1978.195~196.

[6] 邹嘉骊. 忆韬奋[M]. 上海:学林出版社,1985.341.

[7] 邹韬奋. 公私经济的界限[A]. 韬奋文集:第 1 卷[M]. 北京:生活·读书·新知三联书店,1978.53.

[8] 邹韬奋. 关于"生活日报"问题的总答复[A]. 韬奋文集:第 1 卷[M]. 北京:生活·读书·新知三联书店,1978.167~172.

原载《临沂师院学报》2001 年第 2 期

韬奋精神再学习

马仲扬

毛泽东倡导的韬奋精神是宝贵的精神财富，当纪念生活·读书·新知三家书店（后为三联书店）成立70周年的时候，我对韬奋精神进行了再学习，又有新的领悟。现就自己的体会写来，以供同志们参考。

一 为什么再学习韬奋精神

每读韬奋的著作和他主编的报刊，都自然地感到两种力量：一是自感不足而奋进，一是民族受辱而愤起。不仅我有这种感受，许多人同样有这种感受。

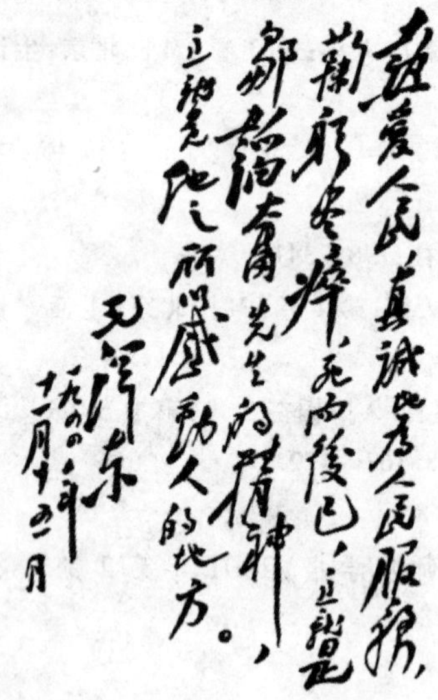

毛泽东为邹韬奋逝世题词

什么是韬奋精神，它的实质是什么？我认为最明确、最完整的是毛泽东在延安召开的追悼邹韬奋大会上的题词，他写道："热爱人民，真诚地为人民服务，鞠躬尽瘁，死而后已，这就是邹韬奋先生的精神，这就是他之所以感动人的地方。"①

就在这个题词刊出的《解放日报》同日同版上，陈毅同志在《纪念邹韬奋先生》的文章中写道："我对韬奋先生的倾慕，不仅在其少年时代的刻苦学成，不仅在其壮年时代挺身入狱，作了举国抗战的向导，不仅在其以犀利文笔，竖旗文坛，横扫千军，刺透反动派的肺肝，尽了大众喉舌的光荣职务；而尤在其能以一个中国最优秀的知识分子的代表而坚决走上为工农兵大众服务的道路，这是韬奋先生永垂不朽，可为式范的地方。”接着他又指出，韬奋以一个民主主义者走入战场，伟大的革命实践推动他向前迈步，直至与共产主义相结合，“最后以他的为国家为民族为人民服务的品质和事业说，置诸共产主义者前列，可说毫无愧色。因此邹先生的道路是彻底的革命民主主义者与共产主义最终结合的道路”。并进一步说：“继孙（中山）鲁（迅）两公之后的韬奋先生，从革命民主主义开始，直达到共产主义行列，那么，我们想一想这是一件偶然巧合吧？我想不是的，我想这里极其庄严郑重地指出了中国革命的总规律，这一条定理有不可抗拒的伟大力量。”②

毛泽东的题词，从马克思主义的立场、观点和方法评价了邹韬奋的终生，高度地概括了他的言行，并对他从事的事业给予了辩证唯物主义和历史唯物主义的科学评价。陈毅同志的文章，对题词作了必要和具体的补充，使我们真正了解韬奋精神形成的历史条件和它的时代地位，也使我们进一步了解韬奋精神的实质，就是全心全意地为人民服务！

如果把 1944 年 9 月 28 日中共中央给韬奋家属所发的唁电联系起来看，那就更加证明韬奋对中华民族和中国人民的历史价值了。唁电指出：“韬奋先生二十余年为救国运动，为民主政治，为文化事业，奋斗不息，虽坐监流亡，决不屈于强暴，决不改变主张，直至最后一息，犹殷殷以祖国人民为念，其精神将长在人间，其著作将永垂不朽。先生遗嘱，要求追认入党，骨灰移葬延安，我们谨以严肃而沉痛的心情，接受先生临终的请求，并引此以为吾党的光荣。韬奋先生长逝了，愿中国人民齐颂先生最后呼吁，为坚持团结抗战，实行真正民主，建设独立、自由、繁荣、和平的新中国而共同奋斗到底。”

在我们党的领导人中，对韬奋及其领导的事业最关心、最密切，使韬奋念念不忘的周恩来同志对韬奋的评语是：“邹韬奋同志经历的道路，是中国知识分子走向进步走向革命的道路。”③

韬奋的时代地位和历史意义，是客观实际的写照，不是人为地抬高和吹捧起来的，也不是以大权高位笼络到手的。陈毅同志文章的可贵，就在于它倾吐了时代的呼声，是震撼中华大地的强高音。什么是与时俱进的马克思主义？什么是历史性创造？这就是人们不能忘记的典型。

二　韬奋精神的形成

对韬奋著作和他主编的报刊，只要认真阅读，认真思考，就会激发我们的激情活力，使自己感到必须奋进，击退衰败、停滞的意念，才能体现生命的价值。我在青年时期遇到困难之际有过这种心态，现在到了老年时期，仍然被这种心态所激励。我也问过和看到过许多熟悉的同志，几乎异口同声回答，他们的力量源泉来自韬奋著作，不管是他的《小言论》，还是他的《萍踪寄语》或《萍踪忆语》，虽然都已是六七十年前的历史了。可是，今天读之，仍然会读出新意来，这个新意就不仅仅是历史知识，而且是当今的现实，特别是针对的是当今的人民大众愤怒鞭挞的时弊！我们对斯诺的《西行漫记》是熟悉的，因为它曾经将红色中国向全世界报道，引起了全世界人民的关注。我们更应该知道，斯诺是韬奋的同行好友，他们之间有过相互启发相互帮助的友情，韬奋写的《萍踪寄语》和《萍踪忆语》，也像《西行漫记》一样，起到过同样重要的历史作用。从这里我们感到了做人、做事的一致性。我认为这是韬奋精神的活力所在，也是韬奋精神的常青树。

韬奋精神的形成有着爱国主义的历史传统。韬奋是救国会的领袖之一，也是爱国“七君子”之一。周恩来所谈的邹韬奋的道路是知识分子走向进步走向革命的道路，就是陈毅文章的升华。他是知识分子杰出的代表。正像同韬奋常在一起工作过的张仲实所说：“在‘九一八’后，他的著作，他的救国活动，对于民族统一战线和抗日战争起了巨大的历史推动作用。无数青年受其影响而走上革命的道路。”

韬奋以人民大众的利益为重，从不计较个人的利益。他说过：“我自己做事，没有别的什么特长，凡是担任了一件事，我总是要认真，要负责，否则宁愿不干。”他的确做到了“虚心使人进步，骄傲使人落后”，他从不自高自大，却常常以“新闻记者”自居，他说：“我个人是‘且做且学，且学且做’，做到这里，学到这里，除在前进的书报求锁钥外，无时不皇皇然请益于师友。”应当说韬奋是在自我批评中成长起来的，也正是这样从民主主义走向共产主义的。从做人、做事、作风，难道不是我们都应学习的吗?!

三　韬奋怎样写作

按韬奋生年还不满50岁，而《韬奋全集》却有14大卷，近八百万字。算来令人惊奇，他花费了多少时间和精力在写作和读书上，而且他的精辟论断出自反复思考，字斟句酌，言之有理，言之有据，爱憎分明，语言生动，读后令人激动，使人奋进。他怎样写作的呢？我只举几例：

1. 抗日战争的重庆，日寇飞机时常狂轰滥炸，进防空洞躲避是经常事。有一次《新华日报》记者陆明在警报拉响以后，去催韬奋急走，进门看到韬奋才收拾包袱，把读者来信塞一大包，视为宝贵财富带进防空洞，进洞之后，因人多拥挤，韬奋被挤在门口一角，借门口的那点光亮，他仍在埋头读那些读者来信，别有一番乐趣，什么轰炸，什么嘈杂，都未能干扰他的“痴迷”！

2."七君子"之首沈钧儒被尊称为"沈老",与韬奋情同手足,是韬奋家的座上客。每逢来访,沈老一边喝茶,一边看韬奋写作,韬奋除向沈老打个招呼外,思不断,笔不止。沈老也怕干扰他的写作,仔细注视着韬奋伏案写作的情景,倒成了一种特殊的品味。

3."七君子"在苏州监狱时,除史良在女监外,其他6人都住在一起。他们生活得很有规律,每日活动都安排了具体时间,还要准备法庭上的答辩和接待各方来的探访者。即使如此,韬奋也没有放弃这个空隙,都用在写作方面。在狱中只有8个月的时间,他却写了《经历》、《萍踪忆语》、《读书偶译》、《展望》4本书。他坐在球场旁边的藤椅上,运笔如飞的情景,成了狱友们和探访者的景观。

4.他在周游欧美的路上,是乘轮船走的,他乘坐的普通舱位,人挤光暗,对他的写作都很不便,他只好在甲板上找把椅子作写作的场地,一边写作一边观赏沿途的自然风光和人文景观。即使风浪汹涌袭击船上,他也不放过这样的写作机会。

四　韬奋精神与时代精神

韬奋作为杰出的中国出版家,被后人誉为人民出版事业的首创者是当之无愧的。翻开《韬奋全集》中的辉煌篇章,无论是新闻报道、政治评论,还是专题的长篇专著,都感到功底丰厚,知识全面,理据坚实,经得起各种辩驳和推敲。正如作者所说的"认真负责"。不仅对当时的现实负责,也对今天的历史负责。韬奋在写作这些精品时,就做过缜密的调查研究,坚持实事求是的精神。这就是它的不朽之处,也就是它的常青所在。

当前,我国已进入建设现代化事业的新的历史时期。我们面临着新的历史使命,正处在形势复杂,矛盾交错的时候,各方面变化又多又快,转轨协调,人员交替,都随着形势而转换,无论思想理念,还是对应措施,就像我们崛起的建筑群,日新月异,眼花缭乱,唯物辩证法的运用已成为我们参与者迫切需要掌握的武器。在我们的前进中,不能放松警惕,不能忘却我们的优良传统,韬奋精神就是重要的财富,它是长期滋养我们的精神食粮。

注释:

①② 1944年11月15日作,刊于1944年11月22日延安《解放日报》

③ 1949年7月24日上海《解放日报》、《文汇报》、《新闻日报》、《大公报》

原载《出版发行研究》2002年第8期

最是英雄少年时

——邹韬奋怎样编《生活》周刊

徐柏容

韬奋早年编过的刊物有《教育与职业》月刊、中华职业教育社的英文年刊等,后来又主编过《大众生活》、《生活星火月刊》等;同时,还编过《时事新报》副刊《人生》,又编过许多书,主持过"生活书店"、《生活日报》等,可以说是纵横书、报、刊的编辑工作,驰骋编、出、发的出版多面手,于编辑出版工作,贡献良多。然而,他在编辑出版工作中最突出的贡献,终归非《生活》周刊莫属,以至将近一个世纪以来,人们谈到邹韬奋,自然就会想到《生活》周刊;谈到《生活》周刊,自然就会想到邹韬奋。韬奋与《生活》周刊,成为密不可分的二位一体。

《生活》周刊创刊于1925年10月11日,终刊于1933年12月16日,总共只出版了八卷,历时八年多一点,而影响之大,却远非其出版、卷数、出版年头所能计量。

这是为何呢?

十多年前,我写过一篇《〈生活〉周刊及〈生活〉系列杂志》,发表后曾收入《新民主主义革命时期出版史学术讨论会文集》(中国书籍出版社,1993 年 1 月版)及拙著《从历史走向未来——编辑出版的改革与探索》(天津人民出版社,1996 年 3 月版),篇题改为《疾风知劲草》,文字略有出入。在这篇文章中曾说:

> 《生活》之从没没无闻到成为影响最大的杂志,原因当然是多方面的,然而最关键的,恐怕莫过于它的编辑方法。

接着就其编辑方法,提出了"关键的关键"三点:

> 第一,办刊宗旨、编辑方针贴近群众、贴近社会、贴近时代。
>
> 第二,说人民心里的话,做人民的喉舌。
>
> 第三,以民族大义为重,鼓吹抗日,宣传进步思想,与当时人民群众抗日救国、追求进步的热情是一致的,做到了与人民同呼吸、共命运。

文章就《生活》周刊具体内容论证了上述三点。这三点,当然只是从其大处着眼、大而化之所言。为了发扬我国期刊编辑出版优良传统,继承韬奋先生期刊编辑成功经验,特就《生活》周刊的具体编辑出版工作,进一步试作具体的探讨。

如果我原来提出的上述三点"关键的关键"可以视作韬奋编《生活》周刊的基本精神,或者说其无所不在的灵魂,那么,他又如何在具体的《生活》编辑工作中贯彻这些基本精神、体现这灵魂呢?

宏观地说,他是抓住了坚持正确编辑出版方向、编辑方针与时俱进这个纲,在具体编辑工作中贯彻基本精神、体现灵魂的。

其核心可浓缩称之为“通变无方,与时俱进”。

《生活》周刊在出版的八年中,由韬奋主编的实只后七年。创刊第一年是由王志莘主编。它本来只是中华职业教育社的一份刊物,据韬奋说,其编辑方针原是“为了宣传职业教育及职业指导的消息和简要的言论”(韬奋:《事业管理与职业修养》)。胡愈之在《我的回忆》中也说:“《生活》周刊原先只是一个指导职业教育的刊物……谈谈生活和职业修养问题。”和韬奋说的一致。当时,《生活》周刊只印2800份,主要是分赠给中华职业教育出版社的社员和一些教育部门,所以,实际近似于今天内部刊物性质,在社会上影响有限。

一年后韬奋接编《生活》,将编辑方针定为:“暗示人生修养,唤起服务精神,力谋社会改造。”(《韬奋:我们的立场》,《生活》周刊6卷1期)可以看出,中华职业教育社创办这份刊物的初衷,还不得不在这种编辑方针中留下烙印;但同时也可以看出这个编刊方针中,已透露出《生活》周刊不甘于“内部刊物”性质,要走向广阔社会的雄心了。而同时提出的“变换内容,注重短小精悍的评论”和“有趣味、有价值”的材料等等,则明显的是要从读者需要出发,“力谋社会改造”的具体体现了。

1928年,济南发生“五三”惨案后,邹韬奋除了在《生活》周刊用黑体大字刊登标语“时刻勿忘暴日强占济南的奇耻”之外,为了丰富内容,从3卷31期起,将原本是小开张一张的《生活》周刊,充扩篇幅为一张半。并在4卷1期上进一步明确:“这份刊物以读者的利益为中心,以社会的改进为鹄的”,使之“成为社会上人人的一个好朋友”。也就此摆脱了“宣传职业教育及职业指导”的束缚,与时俱进地大步走向社会了。这时,《生活》周刊的期发数已从原来的两千多份以十多二十倍的速度猛增至约四万份了。

邹韬奋抓住了《生活》周刊这种大好形势,以及这“五三”惨案激起的悲愤人心,《生活》周刊的编辑方针又进一步与时俱进地调整为如他在6卷2期上说的:"依最近的趋势材料内容尤以时事为中心,一心为中国成一种言论公正评述精当的周刊。"(韬奋:《我们的立场》)

《生活》周刊编辑方针的这种与时俱进,对邹韬奋来说,可以认为完全是有意识而为之的。他在上面的话后接着论述:"希望我们的思想是社会进步时代进步而俱进","在振兴中国民族改进中国社会的许多努力中,希望能贡献我们一小单位或一个细流的责任"。他能这样做,固然有其客观条件,即如韬奋自己所说,已在"经济与管理方面均完全自立,幸得创办者之绝对信任,记者乃得以公正独立之精神、独来独往之态度,不受任何个人任何团体的牵掣",但如何"独来独往",总还是取决于刊物编者的自觉意识。

到了1931年"九一八"事变后,韬奋深感国难之痛,《生活》周刊的编辑方针因之进一步作了与时俱进的调整。正如他自己说的:"本刊最近已成为新闻评述性质的周报",要"就民众的立场,对政府,对社会,都以其客观的、无所偏私的态度,作诚恳的批评或建议;论事论人,一以正义为依归;正义所在,全力奔赴,生死不渝"(《生活》周刊7卷1期)。《生活》周刊已与时俱进地"按一般读者的要求","渐渐变为主持正义的舆论机关"(韬奋:《经历》)了。

从上述的简要论析中,不难发现,韬奋接编《生活》后,是如何一步步地坚持正确的出版方向,不断与时俱进地调整编辑方针,将一份本来只印两千多份的职教内部性质的刊物,办成一份与人民群众同呼吸的"主持正义的舆论"刊物。

我曾经把期刊比作江河(参见《关于江河与期刊的思想……》,《出版广角》1999年第3期),每条江河有它自己的河道、堤岸,就像每份期刊有它自己的方针、总体编辑构思,形成它们的稳定性;没有稳定河道的江河成不了江河,而只是洪水,没有自己稳定性的期刊也成不了期刊而只是杂凑。但任何一条江河的河道都不是其直如矢，而是曲曲弯弯的，即所谓“黄河九曲十八弯”，没有这种曲折的只能是死水。任何一份期刊的方针、总体编辑构想，也不是固定僵死而是要与时俱进的，否则也只会死气沉沉。期刊编辑方针、总体编辑构思的通变无方、与时俱进是在坚持正确方向、具有稳定性前提下的革新、变化，是稳定性与变革性的统一，是同与异达致和的统一。编刊要能如此“通变”，方能不失其性而弥久常新，这也就是刘勰在《文心雕龙·通变》中说的：“设文之体有常，变文之数无方”，“诗赋书记，名理相因，此有常之体也；文辞气力，通变则久，此无方之数也。名理有常，体必资于故实；通变无方，数必酌于新声；故能骋无穷之路，饮不竭之源”。邹韬奋编辑七年内的《生活》周刊实践，正是这理论的生动、具体写照。《生活》周刊不仅当时获得人民群众的喜爱和认同，也在中国期刊史上写下光辉的一页，仅从其与时俱进这一点看，也就可以知道绝非偶然。

坚持正确的编辑出版方针，不断“通变无方、与时俱进”地调整编辑方针，就像是船长掌握好了舵轮，渔翁抓住了渔网的纲，也就为在具体编刊工作中贯彻那些基本精神、体现其灵魂开辟了道路。韬奋并没有停留在这里，而是继续深入，将其贯彻体现到多方面的具体编辑出版工作中去。我们不妨从微观上再跟踪追析。

首先，质量第一，崇尚创造。

理念上或实践中，韬奋都坚持办刊质量第一的原则。他说：内容“力求精警”，“贵精不贵多，要使读者看一篇得一篇的益处”，因此，他为《生活》周刊“选择文稿，不管是老前辈来的，或是幼后辈来的；不管是名人来的，或者‘无名英雄’来的；只须是好的我都要竭诚欢迎，不好的我也不顾一切地不用”。（韬奋：《经历》）

这种只看文章不看人的选稿态度，是坚持质量第一办刊原则所必不可不有的。否则，如果惟名人、前辈是崇，甚或惟亲朋、长官为上，刊物又怎能真正坚持质量第一？

办《生活》周刊这样的期刊，要求什么样的质量？邹韬奋曾说："我接办以后，变换内容，注重短小精悍的评论和'有趣味有价值'的材料。"他所说的"有趣味有价值"，"是当时《生活》周刊最注重的一个标语"，也就是说，是和"短小精悍的评论"同样为《生活》周刊所重视的。"有趣味"只是追求趣味性甚至追求消闲乐趣吗？不是的。在邹韬奋看来，"空论是最没有趣味的，'雅俗共赏'的是有趣味的事实"。所以，他所追求的"有趣味"的，主要指的是要"雅俗共赏"的事实，不要空论。而且，"仅有'有趣味'的事实还不够，同时还须'有价值'，而所谓'有价值'，是必须使人看了在道德修业上得到益处"。也就是既说实事，说实话，而且于读者修养、事业有益，这应是《生活》周刊追求的质量，也是《生活》周刊受人民群众欢迎的原因之一。

编刊所追求的质量第一，不仅须体现在所选用的文章上，同时也要体现在刊物的整个编辑工作中，后者的重要性比前者有过之而无不及，正如贝塔朗菲(Ludwig Von Bertalanffy)系统论所认为的，对系统而言，结构的重要性比之要素有过之而无不及一样。对期刊这个系统来说，如果文章是其要素，那么，编排便是其结构。韬奋编《生活》时，虽然系统论尚未出现，他却知道编刊工作的重要，认为要坚持质量第一，就要编辑工作创新，要把刊物编得有自己的个性、特色，把编辑创新摆到最重要的地位。他在《经历》中说：

> 最重要的是要有创造的精神。尾巴主义是成功的仇敌。刊物的内容如果只是"人云亦云"，格式如果只是"亦步亦趋"，那是刊物的尾巴主义，这种尾巴主义的刊物便无所谓个性或特色；没有个性或特色的刊物，生存已成问题，发展更没有希望了。要造成刊物的个性或特色，非有创造的精神不可。

接着他便现身说法，以他编《生活》周刊的实践来印证这个道理。可惜的是，20 世纪二三十年代，韬奋指出的这些，我们 21 世纪的期刊编者，却并非人人皆知并身体力行，以致今天有些期刊，仍在“人云亦云”、“亦步亦趋”，也不能坚持质量第一。

其次，抓住重点，开辟栏目。

对韬奋所说他接办《生活》后“注重‘短小精悍的评论’和‘有趣味有价值’的材料”，前面只说到“有趣味有价值”的材料，还未来得及说“短小精悍的评论”，他的“注重短小精悍的评论”是：“不但内容要有精彩，而且要用最生动最经济的笔法写出来。要使两三千字短文所包含的精义，敌得过别人两三万字的作品。”（韬奋：《经历》）这种“短小精悍的评论”的具有代表性之作，便是《生活》周刊每期打头的“小言论”栏目文章了。

“小言论”栏目也确实给像我这个当年的中学生读者留下深刻印象。我还记得《生活》周刊改 16 开本后，仍然没有专页封面，只有占版面约 1/3 的刊头，下面便是“小言论”。这个栏题也只有简朴的三个字，原本是郑孝胥写的，近似魏碑字，郑成为汉奸后，换上的是韬奋的行书。这栏目是从韬奋接编《生活》周刊后将近一年，即 1927 年 9 月 25 日出版的第 2 卷第 47 期起开辟的。由韬奋执笔，每篇不过几百字，洵属“短小”；是否还“精悍”呢，一读便知道了。韬奋曾在《经历》中说：

> 每期的“小言论”虽仅仅数百字，却是我每周最费心血的一篇，每次必尽我心力就一般读者所认为最该说几句话的事情，发表我的意见。这一栏也最受读者的注意；后来有许多读者来信说，他们每遇着社会上发生一个轰动的事情或问题，就期待着看这一栏的文字。

从韬奋的上述夫子自道中，可以看到他是如何下大力抓“小言论”以“注重短小精悍的评论”，读者又是如何回报他这种辛勤努力的。但对于韬奋来说，这还不够，他对抓“短小精悍”的“小言论”这个栏目，真可说是到了鞠躬尽瘁地步，不仅每期从未缺位，而且每篇都必躬亲，“最费心血”、“尽我心力”。甚至抱病卧床时也仍如此。

在抓重点栏目、重要方面上，除大力抓打头的“小言论”外，还同时大力抓刊尾的“信箱”栏目。这个栏目的开辟，还早于“小言论”，即从韬奋接编的第2卷第1期起就有了，以后又扩充了篇幅，改出16开本后的1930年，就收到读者来信二三万封；来信最多的1932年，竟然有时一天能收到上千份读者来信。

“信箱”能刊登的，只是读者来信中的小部分，“信箱”的内容是“讨论读者所提出的种种问题”（韬奋：《经历》），所以，既登有读者来信，又登有编者的解答。韬奋在《经历》中说：

> 信箱里的解答文字，也是我所聚精会神的一种工作。我不敢说我所解答的一定怎么好，但是我却尽了我的心力，有时并代为请教我认为可以请教的朋友们。

可见，“信箱”也是韬奋用心所在的重点栏目、重要方向。韬奋的用力没有白费，当年我这个年轻读者拿到一期《生活》，就往往是先翻阅一头一尾的“小言论”、“信箱”，再看中间的。

第三，神形俱备，首尾兼顾。

也就是不仅内容精益求精，形式也力求美上加美，不仅重视打头文章，也重视尾腹。

刊物是内容与形式的统一体。一份好刊物总是不仅内容精，形式也美的。韬奋深知这点，所以，对质量第一的原则，不仅用于刊物内容编辑上，同时也用于刊物形式设计上。从一开始接编《生活》周刊，便在“变换内容”的同时，“对于编制方式的新颖和相片插图的动目,也很注意"(韬奋:《经历》)。接编三年后,《生活》周刊从小开张报纸改为16开本,从报纸形式改为期刊形式,是《生活》周刊形式的一次大变化,更与它的从原来登"职业教育及职业指导的消息"变为时事、社会、政治评论性的内容相适应。此后,除多次扩大刊物篇幅外,还从1932年下半年起,每隔一期增加一次影写版的画页,不仅丰富了内容,也美化了刊物形式。

在编排上,仅从对他重点抓的两个重点栏目、重要方向的版面处理,也可看到韬奋在刊物形式上的匠心独运。直到今天,还有许多刊物只注重打头文章,而往往像鸵鸟那样地顾头不顾尾,读者越读到后面,越觉得没劲了。韬奋却是将两个重点栏目、重要方面,一则置之刊首,一则置之刊尾,不但首尾兼顾,也注意中间充实,真做到"篇篇可读"。于是,一本《生活》周刊,就被他编得像一篇"凤头、猪肚、豹尾"(元·陶宗仪:《辍耕曲录·作今乐府法》)的好文章,"首尾匀停,腰肥腹满"(宋·姜夔:《白石诗说》)。至今仍值得刊物编辑好好学习。

第四,人本主义,唯才是举。

这主要表现在:重视读者、重视作者、重视人才。没有读者,刊物就虽生犹死;没有作者,刊物就无米为炊;没有人才,刊物就后继无人。读者、作者、人才,可说是期刊赖以生存和发展的水分、阳光、土壤。韬奋编《生活》周刊重视读者、重视作者、重视人才,可见他具有人本主义思想,也掌握并运用了期刊的生存与发展规律。

他的重视读者,从《生活》周刊设置"信箱"栏目并作为重点栏目、重要方面,就已经可以看得很清楚了。但这在他所做读者工作中,还只是浮在水面的冰山一角。正如他在《事业管理与职业修养》一书中所说,其余未在"信箱"刊登的大部分读者来信,"都直接答复","竭尽我们所知,分别提出意见"(《对人对境和对己的态度》)。而"答复的热情不逊于写情书,一点不肯马虎,鞠躬尽瘁,死而后已"!(韬奋:《生活史话》)前面说过,1930年《生活》周刊全年读者来信共二三万封,后来最多时更一天有上千封!光是看读者来信,就要多少时间、精力,何况还作复!韬奋的重视读者工作,并不止于对待读者来信,还进而尽力为读者服务,读者“不但大大小小的事要和我们商量,在海外的侨胞和在内地的同胞,还时常寄钱来托我们买东西,买鞋子,买衣料,都在‘义不容辞’之列……买得不十分对还要包换”(韬奋:《生活史话》)。重视读者到这地步,真可以叹为观止了。

接编《生活》周刊之初,“一则因为文化界的帮忙的朋友很少很少,二则因为稿费几等于零,职教社同人也各忙于各人原有的职务,往往由我一个人唱独脚戏”(韬奋:《经历》),这是迫不得已。他一个一个地逐一发现、团结作者,毕云程、徐玉文、戈公振、李公朴……以至发展到连英、法、德、意、日、美……以及南洋等地,都有《生活》周刊的特约作者,共同来培育《生活》这园地。

接办《生活》周刊时,连韬奋只有“两个半人”,三人中有一人是半天兼职。以后随事业发展,韬奋也只进人才。韬奋在《生活史话》中说:“我们一开始就奠定了人才主义的用人政策。我自从全权主持生活周刊社之后,始终坚决地不介绍自己的亲戚,也可以说不用私人的任何关系而作为用人的标准。”一面是不任用私人,一面又求贤若渴,他罗致后来成为得力助手艾寒松的事,堪称期刊史上佳话。韬奋在《生活史话》中略述此事说:

> 他在复旦大学刚毕业的时候,以读者的姿态写一封长信给我:讨论当时所感到的关于青年和国事的问题。我看了觉得这是一个不可多得的人才,赶紧复一封信寄到复旦大学去请他面谈,可是被邮局退回,说并无此人。他在那封信里怪作剧,署的不是真名却是何某某(后两字我记不起来了),我当时以为真名,遇着复旦大学来的朋友就探问何某某,都说不知道。我虽则常常想起他,但以为他已不在人间,我后来把他那

封信略加删改之后，并略加附语，登在《生活》周刊上。据他后来告诉我说，他有一天在马路上和几位朋友正在大兜圈子，偶在报摊上看到，知道我要看他，便飞跑地来看我。

请看，这不是很有点“三顾茅庐”的味道吗？他无论在重视读者、重视作者还是重视人才方面，都为《生活》周刊的成功，起了夯实基础作用。

第五，重视市场，取之有道。

韬奋不仅在《生活》周刊编辑工作上、延揽人才上如此上心，他也很重视市场，重视发行工作、广告工作，却又能坚持刊物品位第一而不是经济利益第一。用今天的话来说，也就是社会效益第一而不是经济效益第一，不因经济效益而稍损刊物的社会效益。

《生活》周刊八年中，不断丰富内容，不断增加篇幅，从出小开张一张到一张半，到改成16开本一印张，又陆续增加到$1\frac{1}{4}$印张、$1\frac{1}{2}$印张、$1\frac{3}{4}$印张，出增刊时更增加到$2\frac{1}{2}$印张，定价却不增加。刊物靠什么维持呢？靠的就是扩大市场份额、增加广告收入。在韬奋和徐伯昕的努力下，期发量从最初接办时的2800份逐步增加到2万、8万、12万以至“后来竟增至十五万份以上，为中国杂志界开一新纪元”（韬奋：《生活史话》）。

扩大市场、扩大发行量，负责这方面工作的徐伯昕功不可没，但从根本上来说，还不能不归功于刊物质量的不断提高。正如韬奋在《经历》中所说：

> 发行的技术和计划也是刊物一个重要部分，我们不得不承认这方面也应加以相当的注意。但是根本还是在刊物的内容。

这番道理，今天仍值得一些只知在推销上下工夫不知从根本上下工夫来扩大市场的杂志编辑回环吟诵。

广告是随刊物的市场份额消长的。但市场份额的扩大，只为广告的增长提供可能，将可能化为现实，还要人的努力。《生活》周刊白手起家，完全靠以刊养刊。因此，“只有自己设法的一条路走”，那就是“一面推广销路，一面设法大拉广告”。他们这样做，“全是为着事业”，“把所有赚来的钱，统统用到事业上面去”（韬奋：《生活史话》）。也就是说，“推广销路”、“拉广告”，不是为赚钱而赚钱，是为了发展《生活》周刊，为了扩大社会效益。所以，韬奋在百忙中，也曾亲自出马拉过“洋广告”。但他决不牺牲“刊格”、无原则地刊登广告。除了规定哪些广告不刊登之外，如 1930 年《生活》周刊第 5 卷第 47 期上，刊登过他写的一篇《请问〈申报〉》，对该报最早刊登荷兰渣华公司“侮辱中国人”，激起国人义愤时，又在首页刊登渣华公司广告，提出质问，愤怒地斥责登此广告是不顾“中国民众”、不顾“舆论”的“死要钱不要脸的勾当”。从这篇义正辞严的“短小精悍”小文章，便充分可以看出他虽重视市场、重视广告，却又是如何坚持原则、“取之有道”。他如此责人，如何对己呢？半年多后，在 1931 年 7 月 25 日的《生活》周刊第 6 卷第 31 期上，他刊出了一则《本刊重要声明》，对《生活》周刊“最近所载上海女子中学招生广告，事后始悉该校正在进行呈请教育局准予组织校董会，尚未立案”，因而承认自己“疏忽”，表示“至深歉疚”。并“自愿牺牲广告费”，将广告停刊。这种失误比起上述《申报》的错误来，不说微不足道，至少也是小巫见大巫，但他同样严肃对待，不仅“牺牲广告费”，还公开道歉，可见其一贯的坚持原则，责己尤甚于责人。

以上所举，只是其荦荦大者，略作评析。韬奋编《生活》周刊可总结以供我们学习的不但还有很多，就是已举的上述诸方面，也仍有可深入阐幽发微之处多多。从前一点来说，例如我在上世纪

70 年代末倡办《散文》月刊、《小说月报》时,反复强调要利用刊物上发表的文章出版丛书,就是向韬奋学习提出来的。韬奋编的《生活》周刊上的文章,就陆续编成《小言论》、《信箱汇集》、《萍踪寄语》诸集,不下数十种之多。这种刊书相长的做法,就也是可学习的好经验之一。从后者来说,如在具体编辑工作中认真负责到了一丝不苟,在读者工作、作者工作中的种种创造精神,也都大有可说的。甚至小到像他编《生活》周刊七年来,早期每期都是在星期日出版,后来改在星期六出版,不但从来没有脱期过,而且往往连在外埠也可于出版当晚买到(这是我当年在南昌的亲身体验)。这不也都可从细小处见精神吗!限于篇幅,像这样一些方面,就只好俟诸他日再说了。

2003.8.18

原载《出版广角》2003 年第 12 期

沿着韬奋的足迹

江曾培

韬奋是出版事业的模范,是革命知识分子的典范。我小时候,在知道鲁迅名字的时候,就知道韬奋的名字。1936 年 10 月 19 日,在上海各界公祭鲁迅先生大会上,韬奋作了讲演,只有一句话。韬奋说:“我愿用一句话来纪念先生:许多人是不战而屈,鲁迅先生是战而不屈。”实际上,韬奋和鲁迅一样,也是“战而不屈”的。在黑暗的旧中国,他坚定地站在人民大众的立场上,“横眉冷对千夫指”,向国内的邪恶势力作坚决斗争,向侵略中国的日本帝国主义作坚决斗争。他毕生办报、办刊、办书店,做记者,写文章,没有一天不拿着笔在战斗,直至生命的最后一息。按照他自己的话说,是

“题破稿纸百万张,写秃毛锥十万管”。他所创办的《生活》周刊、生活书店,成了当时中国具有广泛影响的进步文化事业,成了人民大众的喉舌。国内外反动势力把他看做眼中钉、肉中刺,必欲除之而后快。不断地拉拢威胁,乃至囚禁坐牢,都未能使他屈服。国民党主管文化出版的总头目刘百闵曾亲自找韬奋“谈判”,说什么不归顺则灭亡,韬奋的回答是:“宁为玉碎,不为瓦全。”

韬奋的“战而不屈”,是为了争取人民的解放,为了反法西斯的胜利。因而,他在“横眉冷对千夫指”的同时,又与鲁迅一样,“俯首甘为孺子牛”。他办报纸、办刊物、办出版社,都是以读者大众为本位,全心全意地为读者服务、为社会服务、为大众服务。韬奋把“服务精神”看作是生活书店的生命。他说:“‘生活’的生命,就是完全大公无我的对社会服务的精神组成的!”韬奋 1944 年 7 月 24 日逝世,延安各界于 11 月 22 日隆重集会追悼韬奋,毛泽东同志敬献的题词是:“热爱人民,真诚地为人民服务,鞠躬尽瘁,死而后已,这就是邹韬奋先生的精神,这就是他之所以感动人的地方。”

我 1956 年初调入新民晚报工作,16 年后,转入出版界,在上海文艺出版社工作 27 年,市出版协会工作 5 年,韬奋精神作为一面旗帜一直引导着我成长。它以榜样的力量,使我认识到新闻出版工作是党的工作的一条重要战线,具有重要的作用,作为一个出版工作者,就要牢记党的全心全意为人民服务的教导,爱岗敬业,忠于职守,增强使命感和责任感,以人民的利益作为工作的出发点和落脚点,多出好书好刊,满足人民大众不断增长的文化需求。为此,要努力为人民群众提供优质的精神产品,不出次品、劣品,更不可出毒品。同时,还要注意多样化,照顾不同人群的不同需要。这里,我们学习了韬奋在出版工作中将普及与提高很好地结合起来的经验。当时的生活书店,一方面出版了不少专门的学术著作,以满足一些文化水平较高的知识分子的需要,如《世界文库》、《世界学术名著译丛》、《学术与研究丛刊》等；另一方面，也出版了大量的供文化水平不高的工农大众和青年学生阅读的书刊，如“青年自学丛书”、“战时通俗读物”等。由此我在上海文艺出版社工作期间，提出一个“编辑工作三十字诀”，头6个字就是“多层次，高质量”。高质量，就是要树立精品意识，使我们的出版物，在思想、学术、知识、文字等方面，都是好的，从而在推进社会主义两个文明建设上，在促进文艺繁荣与文化积累上，在满足人民群众的文化需求上，较之同类出版物，能处于一个较高的阶梯上。同时，又要是多层次，要有各种各样的书刊来满足不同方面、不同层次读者的多样需要。高质量不是专指学术书，而是多层次的高质量，既包括提高性读物，也包括普及性读物。多层次，也不是说可以出一些粗陋庸俗的书，而是高质量的多层次，每一个层次的图书，在它的那个层次上，都应当是高质量的。基于此，在套书丛书上，我们既出了质量高层次也高的《中国新文学大系》，也出了“以最小的面积集中最大思想”的通俗读物《五角丛书》。在文学创作上，我们重点抓了高水平的严肃作品，如《皖南事变》、《九月寓言》、《醉太平》、《四牌楼》、《务虚笔记》等，同时也推出了新时期的第一部侦破小说《刑警队长》。在文化出书上，既有《中国茶经》、《中国花经》、《中国酒经》、《中国食经》、《中国衣经》这样的带经典性的书，也有销量达一千多万册的《上海棒针编结花样500种》这样普及性的书。在音乐出书上，既有《外国音乐辞典》这类供专家查阅的书，也有《音乐欣赏手册》这样供音乐爱好者使用的书。在刊物上，既有文学性强的《小说界》，也有故事性强的拥有几百万读者的《故事会》。多层次的高质量，高质量的多层次，在出书上较好地适应了人民大众多方面的需要，我们以此发扬韬奋精神，实践以民为本的思想，贯彻为人民服务、为社会主义服务的出版方针。

出版工作事关文化积累、文化传播、文化建设，极富创造性。韬奋十分重视创造精神。他所主办的《生活》、《新生》、《大众生活》等刊物,都有鲜明的时代特色,站在时代的前列。韬奋说:“历史既不是重复,供应各时代特殊需要的精神食粮,当然也不该重复。”同时,他还要求刊物具有自己的个性和特色。他说:“最重要的是要有创造精神。尾巴主义是成功的仇敌。刊物内容如果只是‘人云亦云’,格式,如果只是‘亦步亦趋’,那是刊物的‘尾巴主义’。这种尾巴主义的刊物便无所谓个性或特色;没有个性或特色的刊物,生存已成问题,发展更没有希望了。”1936 年,韬奋在香港创办《生活日报》,教育家陶行知写了一首诗表示祝贺,其中一句赞扬的话就是:“问有什么好处?玩的不是老套。”俗话说,文贵创新。出版物也是贵在创新。英国诗人杨格说:“文艺作品要为文艺王国增添新的版图。”我以为,出版物也要为出版王国增添新的版图。时下重复出版现象严重,乃是对出版创造本性的一种反对,显示了出版在某些方面的无作为。具有生命力与冲击力的书刊,一定要含有创造精神,为出版王国增添新的因子、“新的版图”。上海文艺出版社有几本影响较大的书,都是像韬奋所主张和实践的那样,为具有独创精神之作。一是 1979 年 5 月出版的《重放的鲜花》,它站在当时思想解放潮流的前头,发前人所未发,引起社会各界的热烈关注。二是 1982 年出版的《中国十大古典悲剧集》、《中国十大古典喜剧集》,它在戏剧编选上独辟蹊径,第一次运用西方悲喜剧概念分类编选中国古典戏剧,促进了中国戏剧的研究。此外,《小说界》率先倡导微型小说与留学生文学,促进了微型小说从短篇小说中分化出来,成长为一个独立的文学样式;促进了留学生文学的迅速发展,成为新时期文学的一种重要题材。编辑出版富有创造精神的出新之作,要像韬奋那样,始终坚持进步的出版方向,提高思想的敏锐感受力与学识的敏锐感受力,有胆有识地在出版阵地上为人民大众服务。

韬奋在出版工作上,不仅善于编,善于写,而且精通出版的每一个环节。从校对,到装帧设计,到印刷,到发行,到经营管理,他是样样在行。老出版家王子野同志说，韬奋“是出版工作中罕见的全面人才。他对编辑出版工作经验之丰富，我国近代出版史上很少有人能同他比肩”。今天我们纪念韬奋，要沿着韬奋的足迹，努力像他那样，热爱出版工作，精通出版工作，认真负责创造性地推进出版工作，让出版工作在马列主义、毛泽东思想、邓小平理论和“三个代表”重要思想指导下，更好地为人民服务，为社会主义服务。鞠躬尽瘁，死而后已。

原载《编辑学刊》2004 年第 5 期

存　　目

著　　作

邹韬奋　《韬奋文集》

北京三联书店 1956 年

邹韬奋　《经历》

上海三联书店 1987 年

邹嘉骊编　《忆韬奋》

学林出版社 1985 年

邹嘉骊编　《韬奋著译系年目录》

上海学林出版社 1984 年

中国韬奋基金会韬奋著作编辑部编　《邹韬奋全集》(14 卷)

上海人民出版社 1995 年

邹嘉骊主编　《走进韬奋丛书》

中国韬奋基金会 1994 年

胡耐秋　《韬奋的流亡生活》

三联书店 1979 年

曹辛之 《韬奋画传》

三联书店 1982 年

复旦大学新闻系研究室编 《邹韬奋年谱》

复旦大学出版社 1982 年

钱小柏 雷群明编 《韬奋与出版》

学林出版社 1983 年

穆 欣编 《邹韬奋新闻工作文集》

新华出版社 1985 年

俞月亭 《韬奋论编辑工作》

山西人民出版社 1986 年

邹华义 《以笔代剑的英雄邹韬奋》

百花文艺出版社 1990 年

邹华义 《韬奋的故事》

21 世纪出版社 1990 年

胡愈之 《我的回忆》

江苏人民出版社 1990 年

俞月亭 《韬奋论》

河北教育出版社 1991 年

俞润生 《邹韬奋传》

天津教育出版社 1994 年

孙 山编 《邹韬奋》

中国青年出版社 1994 年

穆 欣 《邹韬奋》

首都师大出版社 1995 年

姚眉平等编著 《邹韬奋》

中国国际广播出版社 1996 年

马仲扬、苏克尘 《邹韬奋传记》

重庆出版社 1997 年

汪习麟选编 《邹韬奋谈人生》
中国青年出版社 1997 年
中国韬奋基金会韬奋著作编辑部编 《韬奋研究论文集》,
上海人民出版社 1997 年
沈谦芳 《韬奋传》
山东人民出版社 1998 年
庞晓恩编著 《邹韬奋的故事》
汕头大学出版社 1998 年
张之华 《邹韬奋》
人民日报出版社 1998 年
关东生编 《韬奋〈读者信箱〉》
中国城市出版社 1998 年
潘大明 《韬奋人格发展的轨迹》
上海文艺出版社 1998 年
徐 城、王一方编 《韬奋——我的出版主张》
广西教育出版社 1999 年
陈 挥 《邹韬奋:大众文化先驱》
上海教育出版社 1999 年
雷群明选编 《邹韬奋新闻出版工作文选》
学林出版社 2000 年
胡愈之等 《众论韬奋》
学林出版社 2000 年
武志勇 《邹韬奋经营管理方略》
中央编译出版社 2000 年
陈 挥 《邹韬奋传》
江西人民出版社 2001 年
郝丹立 《韬奋新论——邹韬奋思想发展历程研究》
当代中国出版社 2002 年
韬奋纪念馆编 《韬奋纪念馆·韬奋故居》

上海人民出版社 2003 年

中国出版工作者协会编 《沿着韬奋的足迹》

线装书局 2004 年

论　　文

邹嘉骊 《韬奋的新闻道路》

《编辑记者一百人》,学林出版社 1985 年

邹嘉骊 《写在〈韬奋全集〉出版的时候》

1995 年 10 月 16 日上海《读者导报》

邹嘉骊 《父亲的嘱咐》

《编辑学刊》2004 年第 5 期

邹恩淳 《忆堂兄韬奋》

《名人传记》1991 年第 1 期

陈　毅 《纪念邹韬奋先生》

1944 年 11 月 22 日《解放日报》

凯　丰 《纪念韬奋先生》

1944 年 11 月 22 日《解放日报》

艾思奇 《中国大众的立场》

1944 年 11 月 22 日《解放日报》

肖　三 《韬奋同志——文化界的劳动英雄》

1944 年 11 月 22 日《解放日报》

张仲实 《一个优秀的中国人——邹韬奋的生平、其思想及事业》

1944 年 11 月 22 日《解放日报》

皇逸之 《韬奋》

上海商务印书馆 1950 年

茅　盾 《邹韬奋的〈大众生活〉》

1954 年 7 月 23 日《人民日报》

夏　衍　《学习邹韬奋同志的联系人民对人民同志负责的精神》

1954 年 7 月 24 日《解放日报》

张琴南　《向韬奋同志学习》

1954 年 7 月 24 日《大公报》

胡耐秋　《片段的回忆——纪念邹韬奋逝世十周年》

1954 年 7 月 24 日《大公报》

郑振铎　《悼念邹韬奋同志》

1954 年 7 月 24 日《大公报》

胡愈之　《韬奋和他的事业》

1954 年 7 月 24 日《人民日报》

金仲华　《韬奋的道路》

1954 年 7 月 24 日《解放日报》

沈钧儒　《走韬奋同志的路》

1954 年 7 月 25 日《解放日报》

柳　湜　《韬奋逝世十周年》

1954 年 7 月 25 日《光明日报》

邵公文　《为言论出版自由而奋斗的战士邹韬奋》

《新观察》1954 年第 15 期

胡愈之　《人民生活是创作的唯一源泉——介绍〈韬奋文集〉》

1956 年 6 月 3 日《人民日报》

胡愈之　《又一次想起韬奋》

1964 年 7 月 24 日《解放日报》

田　缨　《与读者打成一片——由邹韬奋办〈读者信箱〉谈起》

1978 年 10 月 13 日《人民日报》

胡愈之　《邹韬奋与〈生活日报〉》

《新闻战线》1979 年第 3 期

徐伯昕　《战斗到最后一息——纪念邹韬奋同志逝世 35 周年》

1979 年 7 月 26 日《人民日报》

戈宝权　《忆韬奋同志——忆从香港到东江的日子》

《人物》1980年第1期

戈宝权　《邹韬奋、戈公振与〈生活日报〉——关于筹办〈生活日报〉的史料》

《新闻研究资料》1980年第2辑

戈宝权　《邹韬奋、戈公振与〈生活日报〉:前言》

《新闻研究资料》1980年第2辑

戈宝权　《邹韬奋、戈公振与〈生活日报〉——邹韬奋给戈公振的信》

《新闻研究资料》1980年第2辑

谭启泰　《邹韬奋与〈生活日报〉》

《新闻大学》1982年第3期

程浩飞　《韬奋与编辑》

《中国出版年鉴》1983年

徐雪寒　《韬奋同志对中国出版事业的伟大贡献》

《出版史料》1984年第3辑

钱俊瑞　《韬奋同志永留人间》

《出版史料》1984年第3辑

于　伶　《韬奋同志在东江游击区》

《出版史料》1984年第3辑

雷群明　《韬奋同志与生活书店的编审工作》

《出版史料》1984年第3辑

胡愈之　《伟大的爱国者韬奋》

1984年5月6日《文汇报》

绍　嗣　《出版事业的模范——邹韬奋》

1984年7月25日《湖北日报》

李庆宇　《邹韬奋编辑出版思想初探》

《解放军报通讯》1984年第7期

朱穆之　《纪念邹韬奋逝世四十周年——文化出版战士的光

辉典范》

《出版工作》1984年第9期

王晓晴 《护送韬奋先生赴沪就医》

《人民政协报》1985年2月15日

俞月亭 《出版事业与社会信用——学习韬奋创办出版事业的经验》

《编辑之友》1985年第2期

章玉梅 《韬奋与〈大众生活〉》

《新闻传播》1985年第2期

李　文 《韬奋用人二三事》

《人才天地》1985年第2期

张树年 《邹韬奋狱中致先父张元济书简》

《出版史料》1985年第4期

俞月亭 《邹韬奋的办报思想》

《新闻业务》1985年第4期

陈其襄 《"生活"在上海敌占区》

《光明日报》1985年8月4日

俞月亭 《知识积累与新闻写作——以韬奋的海外通讯为例》

《语文导报》1985年第9期

俞月亭 《编辑的基本功——韬奋编辑工作经验谈》

《新闻战线》1985年第10期

王承云 《邹韬奋和〈生活〉周刊》

《新闻知识》1985年第11期

胡文龙 《韬奋"小言论"的特征》

《新闻与写作》1985年11期

俞月亭 《〈生活〉周刊的编辑艺术》

《新闻研究资料》1985年29期

章玉梅 《从一千到十五万的秘诀》

《新闻研究资料》1985年29期

俞月亭 《知人善任忆韬奋》

1985 年 11 月 6 日《福建日报》

邓以宁 《邹韬奋对出版发行学的研究与实践》

《安徽大学学报》1986 年第 3 期

周幼瑞 《第一次见到韬奋先生》

1986 年 11 月 5 日《新民晚报》

雷群明 《韬奋对新闻出版事业的贡献》

1986 年 11 月 4 日《文汇报》

王仲莘 《纪念韬奋,学习韬奋》

1986 年 11 月 27 日《福建日报》

俞月亭 《革旧从新　与时俱进——韬奋成功的秘诀》

《新闻研究资料》1986 年第 1 期

钟　紫 《韬奋在香港复刊〈大众生活〉》

《新闻研究资料》1986 年第 1 期

王庭岳　刘小清 《记韬奋在苏北抗日根据地》

《新闻研究资料》1986 年第 1 期

吴景平 《关于邹韬奋保卫中国同盟英文半月刊〈新闻通讯〉上发表的文章》

《档案与历史》1986 年第 2 期

邓以宁 《韬奋与发行》

《出版发行研究》1986 年第 3 期

邓以宁 《韬奋与发行》

《出版与发行》1986 年第 4 期

徐艰奋 《永远立于大众的立场——记邹韬奋和他的小言论》

《新闻实践》1986 年第 5、6 期

邵益文 《进步文化出版事业两先驱——胡愈之与邹韬奋》

《出版史料》1986 年第 6 期

施海根等 《上海医院和邹韬奋》

1986 年 7 月 11 日《上海政协报》

施海根等　《邹韬奋在病重最后的日子里》

1986 年 7 月 18 日《上海政协报》

邵公文　《编辑出版工作者的楷模邹韬奋》

中宣部出版局编《编辑家列传》(一),中国展望出版社 1986 年

华祝考　《邹韬奋编辑刊物的特点》

《编辑学刊》1987 年第 1 期

许觉民　《生活书店为何出版〈蒋委员长抗战言论集〉》

《出版史料》1987 年第 1 期

陈麟辉　《邹韬奋与中华职业教育社》

1987 年 2 月 24 日《人民政协报》

天　风　《关于生活书店在福建的情况》

《党史资料与研究》1987 年第 2 期

陈　挥　《简论邹韬奋与马克思主义世界观的确立——兼与穆欣同志商榷》

《上海师范大学学报》(哲社版)1987 年第 2 期

华祝考　《邹韬奋编辑出版工作的管理经验》

《编辑学刊》1987 年第 2 期

汪太理　《出版业的先驱者——张静庐、邹韬奋》

《瞭望》1987 年第 5 期

戈宝权　《韬奋是怎样编辑〈革命父亲高尔基〉的——写在本书新版的卷首》

《书林》1987 年第 7 期

秦　牧　《想起了邹韬奋的一件事》

1987 年 8 月 11 日《人民日报》

李宝珠　于淑娟　《服务与创新——邹韬奋新闻思想探微》

《东疆学刊》1988 年第 1 期

赵晓恩　《三十年代生活书店的推广宣传工作》

《出版史料》1988 年第 1 期

郑　展回忆　刘百粤整理　《护送邹韬奋脱险记》

《名人传记》1988 年第 1 期

杨　华　《邹韬奋和中华职业教育社》

1988 年 1 月 14 日《人民日报》

邵公文　《三十年代上海生活书店的批发工作》

《出版史料》1988 年第 2 期

陈　陵　《生活书店广东曲江分店被查封时间新证》

《江海学刊》1988 年第 5 期

振　翼　《韬奋先生关注难童》

《编辑之友》1989 年第 1 期

范兆琪　《杰出的新闻出版家邹韬奋》

《争鸣》1989 年第 6 期

王　英　《爱国出版家张元济和邹韬奋的交往》

1989 年 7 月 14 日《联合时报》

邹华义　《邹韬奋狱中纪实》

《名人传记》1989 年第 7 期

叶建忠　《"生活书店"在福建》

《福建党史月刊》1989 年第 7 期

赵浩生　《两代任务一个愿望——访邹家华部长谈邹韬奋先生》

《瞭望》1989 年第 22、23 期

陈麟辉　《韬奋与职业教材》

《教育与职业》1989 年第 11 期

胡文龙　《剀切明快的独特风格——韬奋小言论〈肉麻的模仿〉〈死路一条〉赏析》

《新闻与写作》1989 年第 11 期

杜星垣　《可贵的心胸，高尚的境界——纪念邹韬奋同志逝世 45 周年》

1989 年 12 月 1 日《光明日报》

李铁映　《在邹韬奋 95 诞辰纪念会上的讲话》

《中国出版年鉴》1989—1990

张友渔　《学习发扬韬奋精神》

《中国出版年鉴》1989—1990

钟　和　《纪念邹韬奋同志诞辰九十五周年》

《中国出版年鉴》1989—1990

张辉冠　《邹韬奋人才思想溯证》

《中国近代现代出版史学术活动论文集》,中国书籍出版社1990年

雷群明　《学习韬奋的科学管理思想》

《上海出版工作》1990年第1期

雷群明　《"出版事业模范"邹韬奋》

丁景唐编《中国现代著名编辑家编辑生涯》,中国展望出版社1990年

丁之翔　《在生活书店重庆分店工作的日子里》

《上海新闻出版》1990年第3期

赫　戈　《韬奋编辑思想论述》

《贵州师范大学学报》(社科版)1990年第3期

张锡荣口述　魏玉山整理　《生活书店邮购工作回顾》

《出版史料》1990年第4期

薛迪畅　《〈生活〉周刊的订户工作》

《出版史料》1990年第4期

贾亦凡　《初夏访韬奋故居》

《新闻记者》1990年第8期

本刊评论员　《纪念韬奋,学习韬奋》

《上海新闻出版》1990年第11期

邹华义　《为了弘扬韬奋精神》

《中国记者》1990年第12期

胡　绳　《纪念爱国的、革命的先驱者:在邹韬奋同志诞辰95周年纪念会上的讲话》

《中共党史研究》1991年第1期

宋原放　《学习韬奋　发扬进步的出版传统》

《出版史料》1991 年第 1 期

方　行　《韬奋和鲁迅的革命友谊》

《出版史料》1991 年第 1 期

李耐因　《学习范长江、邹韬奋》

《中国记者》1991 年第 1 期

宗　士　《中国知识分子走向进步、走向革命的道路：怀念邹韬奋先生》

《南通师专学报》（社科版）1991 年第 1 期

尹长虹　《试论韬奋报刊言论的大众观与自由观》

《山西大学学报》（哲社版）1991 年第 2 期

何　静　《邹韬奋与王保婚事风波》

《民国春秋》1991 年第 2 期

甘柏林　《与韬奋先生共事的片段回忆》

《民主》1991 年第 2 期

牛聿化　《韬奋编辑思想论略》

《编辑学刊》1991 年第 2 期

陈宗彪　《邹韬奋盐阜地区遇险纪实》

《新文化史料》1991 年第 3 期

王仿子　《我在生活书店的经历》

《出版史料》1991 年第 3 期

俞月亭　《归来，韬奋精神》

《编辑之友》1991 年第 3 期

刘作民　《韬奋一生勤苦读书笔耕不辍》

《大学图书情报学刊》1991 年 3、4 期

王晓吟　《邹韬奋与读者》

《历史大观园》1991 年第 7 期

史一兵　《国统区较早的出版合作经济——邹韬奋的“生活出版合作社”概述》

《学海》1992 年第 1 期

朱允兴　沈谦芳　《论邹韬奋的抗日救国主张》

《抗日战争研究》1992 年第 2 期

朱健华　《试论韬奋的编辑活动》

《黔东南民族师专学报》(哲社版)1992 年第 2 期

俞月亭　《韬奋的杂家观》

《新闻出版交流》1992 年第 3 期

范格正　《试论邹韬奋杂家语言大众化的风格》

《杂文界》1992 年第 3 期

侯月祥　《韬奋隐居梅县二三事》

《岭南文史》1992 年第 3 期

周保昌　《我在生活书店的工作是为读者找到书》

《出版史料》1992 年第 4 期

方振益　《邹韬奋〈抗战〉编辑思想初探——读〈抗战〉三日刊随笔》

《出版发行研究》1992 年第 5 期

卢玉忆　《发扬韬奋精神　繁荣出版事业——在第三届韬奋出版奖颁奖大会上的讲话》

《中国出版》1992 年第 5 期

朱　宏　《著名新闻记者邹韬奋的坎坷人生》

《史志文萃》1992 年第 6 期

雷群明　《邹韬奋与〈大众生活〉》

《大众生活》1993 年创刊号

雷群明　《中国现代进步出版事业的先驱邹韬奋》

《出版史研究》1993 年第 1 期

赵晓恩　《抗战前的上海生活书店》

《出版史料》1993 年第 1 期

朱生华　《昭昭铁则,拳拳赤心:漫话邹韬奋的报刊经营之道》

《中国记者》1993 年第 1 期

李冬春　《邹韬奋与〈抗战〉三日刊》

《阜阳师范学院学报》(社科版)1993 年第 1 期

赵晓恩　《载入史册的友情:胡愈之与邹韬奋》

《人物》1993 年第 2 期

赵晓恩　《按企业原则进行文化生产经营活动的生活书店》

《出版发行研究》1993 年第 3 期

薛鸿瀛　《弘扬韬奋先生的"服务精神"》

《中国出版》1993 年第 3 期

孙京家　《邹韬奋及其出版思想》

《泰安师专学报》1993 年第 3 期

史慧慈　《一位妻子母亲的默默奉献——韬奋夫人沈粹缜追叙往事》

《人物》1993 年第 5 期

赵晓恩　《重视书刊宣传推广工作——生活书店的经营管理经验》

《出版发行研究》1993 年第 6 期

雷群明　《中国现代进步出版事业的先驱邹韬奋》

《出版史研究》第 1 辑,中国书籍出版社 1993 年

冬　春　《邹韬奋报刊编辑出版思想的教益》

《聊城师院学报》1994 年第 1 期

王　畅　《"永远立于大众的立场"——论邹韬奋的出版编辑思想》

《编辑学刊》1994 年第 3 期

俞润生　《与社会进步时代进步而俱进——邹韬奋编辑思想研究》

《编辑学刊》1994 年第 4 期

郑宗钊　《略论韬奋编辑思想》

《河北青年管理干部学院学报》1994 年第 4 期

刘亚、夏锐　《浅谈韬奋的读者观》

《南京政治学院学报》1994 年第 5 期

曹欣欣 《邹韬奋与〈生活〉周刊紧急号外》

《文化天地》1994 年第 6 期

俞月亭 《韬奋的金钱观》

《中国记者》1994 年第 7 期

齐 峰 《报刊工作的楷模:邹韬奋报刊工作成功经验浅谈》

《中国出版》1995 年第 1 期

华 敏 《“出版事业模范”邹韬奋》

《新闻出版天地》1995 年 3 月创刊号

沈谦芳 《胡适与邹韬奋》

《西北民族学院学报》1995 年第 3 期

徐广芬 《韬奋与编辑出版工作》

《出版科学》1995 年第 4 期

柯 维 《真情服务 甘愿奉献——纪念韬奋诞辰 100 周年》

《新闻出版天地》1995 年第 5 期

桂明欢 《韬奋书店在余江》

《新闻出版天地》1995 年第 5 期

雷群明 《邹韬奋的道路》

《新文化史料》1995 年第 6 期

俞筱尧 《邹韬奋战斗在新闻出版战线上——从〈生活〉周刊到〈大众生活〉述要》

《新文化史料》1995 年第 6 期

武志勇 《论韬奋的对读者负责精神》

《编辑学刊》1995 年第 6 期

陈 挥 《抗日先锋民主战士——纪念抗日胜利 50 周年暨韬奋诞辰 100 周年》

1995 年 7 月 2 日《解放日报》

腾朝阳 《学习韬奋的服务精神》

《新闻与写作》1995 年第 10 期

李　鹏　《在邹韬奋同志诞辰一百周年纪念会上的讲话》

1995 年 11 月 6 日《人民日报》

雷群明　《出版事业的模范邹韬奋》

1995 年 11 月 6 日上海《读者导报》

吴冷西　《做邹韬奋式的新闻工作者》

1995 年 11 月 8 日《新闻出版报》

于友先　《学韬奋精神　推进新闻出版事业繁荣健康发展》

1995 年 11 月 8 日《新闻出版报》

赵晓恩　《对韬奋先生的深切怀念》

《中国出版》1995 年第 12 期

杨超伦　《忆周总理对邹韬奋的评价》

《新闻战线》1995 年第 12 期

姜建山　《不要忘记读者——试论邹韬奋的读者观》

《声屏世界》1995 年第 12 期

沈谦芳　《邹韬奋与中国共产党》

《学术月刊》1995 年第 12 期

陈　挥　《抗战时期邹韬奋的思想发展和革命实践》

《学术月刊》1995 年第 12 期

宋木文　《学习和发扬韬奋精神》

《宋木文出版文集》,中国书籍出版社 1996 年

丁淦林　《邹韬奋的报刊广告观》

《新闻大学》1996 年(春季号)

雷群明　《邹韬奋办〈生活周刊〉——邹韬奋的编辑生涯之一》

《出版研究》1996 年第 1 期

魏华龄　《韬奋——我们的楷模》

《出版广角》1996 年第 1 期

陈　挥　《从南洋到圣约翰:邹韬奋在上海的求学生涯》

《档案与历史》1996 年第 1 期

新闻爱好者编辑部　《照照“韬奋”这面镜子——呈给读者的

新年礼物》

《新闻爱好者》1996年第1期

陈　挥　《邹韬奋在上海》

《上海师范大学学报》(哲社版)1996年第1期

雷群明　《邹韬奋与高尔基——邹韬奋的编辑生涯之二》

《出版研究》1996年第2期

雷群明　《流亡海外,心系祖国——邹韬奋的编辑生涯之三》

《出版研究》1996年第3期

王　益　《韬奋精神的继承和发扬》

1996年3月8日《中国图书商报》

雷群明　《让火炬永远燃烧——邹韬奋的编辑生涯之四》

《出版研究》1996年第4期

方学武　《生活书店的茶话会》

《编辑学刊》1996年第4期

雷群明　《智斗检察官——邹韬奋的编辑生涯之五》

《出版研究》1996年第5期

陈　挥　《金仲华和邹韬奋》

《编辑学刊》1996年第5期

赵晓恩　《邹韬奋与抗日救国运动》

《出版发行研究》1996年第6期

徐雪寒　《在韬奋最后的日子里:忆陈其震同志》

《编辑学刊》1996年第6期

成　才　《不畏强暴的新闻出版家邹韬奋》

《大江南北》1996年第6期

赵晓恩　《事业发展的力量源泉——邹韬奋同志领导生活书店工作的经验》

《中国出版年鉴》1996年

赵晓恩　《重见天日——新发现韬奋佚文11篇》

《中国出版年鉴》1996年

王子野　《〈韬奋与出版〉序》

《王子野文集》,中国书籍出版社 1997 年

雷群明　《邹韬奋论职业道德》

《编辑学刊》1997 年第 1 期

雷群明　《创办〈生活日报〉——邹韬奋的编辑生涯之六》

《出版研究》1997 年第 1 期

张亚华　《试论邹韬奋新闻思想的内涵及现实主义》

《新闻传播》1997 年第 1 期

高建立　《论邹韬奋的编辑思想》

《许昌师专学报》1997 年第 2 期

王立家　《邹韬奋的编辑思想刍议》

《淄博师专学报》1997 年第 4 期

吕　琼　《浅谈邹韬奋办报思想及成功经验的启示》

《荆门大学学报》(哲社版)1997 年第 4 期

张东黎　《邹韬奋严谨求精的编辑作风》

《南都学坛》1997 年第 5 期

乔云霞　《邹韬奋在香港的办报活动》

《党史文汇》1997 年第 10 期

刘永梅、杨为民　《半个世纪不了情——论邹韬奋传记作者马仲杨夫妇》

1997 年 12 月 15 日《新闻出版报》

李书敏　《青史垂范——评〈邹韬奋传记〉》

《出版广角》1998 年第 1 期

李宝珠、于淑娟　《服务与创新:邹韬奋新闻思想探微——读〈邹韬奋新闻工作文集〉》

《东疆学刊》1998 年第 1 期

苏双碧　《一心为祖国　一心为大众——读〈邹韬奋传记〉》

1998 年 1 月 24 日《光明日报》

吴瑞民　《论邹韬奋报刊思想的民众观》

《编辑学报》1998 年第 2 期

黄侯兴　《邹韬奋和几位名人的交往》

《炎黄春秋》1998 年第 3 期

吴志刚　《论邹韬奋的宪政主张》

《浙江师大学报》(哲社版)1998 年第 4 期

高智喻　《中国现代史上的不朽人物:〈邹韬奋传记〉读后》

《马克思主义研究》1998 年第 5 期

陈　挥　《永远立于大众立场的文化斗士——邹韬奋为进步文化事业奋斗的历程》

《党史文汇》1998 年第 6 期

马鋆伯　《学习邹韬奋精神:读〈邹韬奋传记〉》

《中流》1998 年第 7 期

罗　兰　《倾听大众心声,为读者释疑指路:简析邹韬奋的"读者信箱"专栏》

《新闻与写作》1998 年第 8 期

李书敏　《中国知识分子的光辉道路:〈邹韬奋传记〉编后谈》

《中国图书评论》1998 年第 12 期

张之华　《纵笔写寰宇,丹心系祖国——邹韬奋与〈萍踪寄语〉、〈萍踪忆语〉》

《国际新闻界》1999 年第 1 期

陈　挥　《邹韬奋和〈生活〉周刊》

《电视·电影·文学》1999 年第 1 期

张卫国　《韬奋编辑思想探究》

《报刊之友》1999 年第 2 期

柯文辉　《韬奋出版奖与装帧艺术》

《编辑之友》1999 年第 3 期

张之华、张　熠　《邹韬奋与新闻出版事业管理》

《中国报刊月报》1999 年第 4 期

滑战锋　《韬奋与〈生活〉作者工作》

《编辑学刊》1999 年第 6 期

伍　杰　《追求韬奋精神——写在本世纪最后一次韬奋出版奖揭晓之际》

《出版广角》1999 年第 12 期

徐　成　《鞠躬尽瘁　死而后已——论邹韬奋出版编辑工作中为民众服务的思想》

《北京第二外国语学院学报》2000 年第 4 期

甘奉先　《韬奋论编辑与编辑工作》

《编辑学刊》2000 年第 6 期

叶　辉　《邹韬奋挑战赫思特的报刊旗帜》

《报刊管理》2000 年第 7 期

孙景峰　《邹韬奋的出版广告思想与实践》

《出版发行研究》2000 年第 10 期

王久安　《永不过时的韬奋精神》

2001 年 2 月 19 日《中国新闻出版报》

郝丹立　《论邹韬奋研究的时代转型——兼论〈韬奋文集〉序》

《编辑学刊》2001 年第 4 期

赵晓恩　《邹韬奋与抗日救国报刊》

《〈延安出版的光辉——六十年出版风云散记〉续编》，中国书籍出版社 2002 年

赵晓恩　《人品与书品——纪念邹韬奋诞辰一百周年》

《〈延安出版的光辉——六十年出版风云散记〉续编》，中国书籍出版社 2002 年

赵晓恩　《永远的怀念——邹韬奋先生逝世 55 周年纪念》

《〈延安出版的光辉——六十年出版风云散记〉续编》，中国书籍出版社 2002 年

章宏伟　《邹韬奋传论》

《出版文化史论》，华文出版社 2002 年

伍　杰　《韬奋精神与“入世”》

《出版科学》2002 年第 2 期

董　霞　《民众观是邹韬奋报刊思想的核心》

《山东省青年管理干部学院学报》2002 年第 3 期

沈　荟　《邹韬奋报刊活动与社会信用》

《新闻记者》2002 年第 5 期

提文静　《我们不能丢掉的精神》

《编辑之友》2002 年第 5 期

刘　燕、郭永彬　《邹韬奋〈生活日报〉股份制经营思想》

《新闻记者》2003 年第 2 期

张志强　《邹韬奋先生永远是我们学习的楷模——韬奋纪念馆参观记》

《出版广角》2003 年第 4 期

谭世平　《论邹韬奋永远立于大众立场的报刊思想》

《零陵学院学报》2004 年第 1 期

巢　峰　《弘扬韬奋精神》

《出版科学》2004 年第 3 期

李远涛　《韬奋精神:青年出版人的思想火炬》

《编辑学刊》2004 年第 5 期

雷群明　《韬奋精神的核心》

《编辑学刊》2004 年第 5 期

邵益文　《爱国爱民　勤奋正直　造就了现代出版的楷模韬奋》

《中国出版》2005 年第 8 期